카를 마르크스 1835/36년 본에서. 하인
리히 로스바흐 그림. 트리어 지메온 재단
시립박물관이 2017년 처음 공개함 ↑

카를 마르크스 트리어 출신 대학생들의
단체 그림에 따라 1953년 헬무트 바흐가
그림 →

술자리 본 대학에서 트리어 출신 대학생들(오른쪽에서 6번째가 마르크스)

요한 루트비히 폰 베스트팔렌 마르크스의 장인

예니 폰 베스트팔렌 마르크스의 부인. 안경띠를 목에 건 모습(1832년경)

후고 비텐바흐 요한 안톤 랑부 작(1829). 트리어 지메온 재단 시립박물관 소장

게오르크 프리드리히 빌헬름 헤겔 야콥 슐레징거 작(1831)

에두아르트 간스

베를린의 파로키알슈트라세
에두아르트 개르트너 작(1831)

프리드리히 카를 폰 자비니

다비트 프리드리히 슈트라우스

브루노 바우어

아르놀트 루게

카를 마르크스와
근대 사회의 탄생

카를 마르크스와 근대 사회의 탄생

마르크스의 생애와 저술
제1권: 1818-1841

미하엘 하인리히 지음
이승무 옮김

 21세기문화원

일러두기

1. 이 책은 미하엘 하인리히Michael Heinrich의 *Karl Marx und die Geburt der modernen Gesellschaft*: Biographie und Werkentwicklung, Band 1: 1818-1841(Schmetterling Verlag, 2024)을 번역한 것이다.
2. 맞춤법과 표기법은 국립국어원의 어문 규범에 따랐다. 다만 외국어 표기가 원음과 멀어진 경우에는 예외로 했다.
3. 강조점이나 따옴표 등은 가로쓰기의 부호를 중시하되, 단행본과 잡지는 『 』, 권과 기사는 「 」, 영화와 공연은 〈 〉로 표시했다.
4. 대괄호 안의 주는 모두 지은이의 주이다. 옮긴이의 주는 소괄호 안에 넣은 다음 '옮긴이'라고 적었다.

옮긴이의 말

이 책은 독일의 미하엘 하인리히Michael Heinrich가 쓴 『카를 마르크스와 근대 사회의 탄생 — 마르크스의 생애와 저술 제1권: 1818-1841』(*Karl Marx und die Geburt der modernen Gesellschaft. Biographie und Werkentwicklung Erster Band: 1818-1841*) 개정판을 옮긴 것이다. 이 책에서는 카를 마르크스의 출생부터 그가 이른바 박사학위 논문이라고 하는 대학 졸업 논문을 제출할 때까지의 내용을 다루고 있다. 초판이 2018년에 나왔고 제2권은 2025년 8월에 나온다고 하는 것에서 알 수 있듯이 철저한 학문적인 고증을 거친 내용이다. 제2권이 나오기 전에 제1권의 개정판이 작년 8월에 발간되었다.

이 책에서 마르크스는 평범한 학생으로 김나지움이라는 고등학교를 졸업하고 대학에 들어가서는 주전공인 법학보다는 문학과 철학 공부에 열중하며 장래의 직업 희망과 관련하여 방황하는 모습을 보여 주고 있다. 마르크스의 아버지인 하인리히 마르크스는 자상한 아버지로서 마르크스에게 거의 모든 고민을 털어놓을 수 있는 상담자였다. 마르크스의 장인이 된 루트비히 폰 베스트팔렌도 어린 시절부터 마르크스에게 지적인 면에서 많은 영향을 주었다. 마르크스에게 최선의 관심을 기울이는 이들의 특별함이 부각된다.

마르크스의 진로와 공부에 많은 영향을 미친 것은 헤겔의 철학과 헤겔을 중심으로 한 여러 학자들과의 만남이었던 것을 볼 수 있다. 마르크스는 시 창작 활동을 통해 세상에 기여하려는 꿈을 가지고 문학자가 되려고 했으나 헤겔 미학에서의 낭만주의 비판을 접하면서 시인으로서 세상을 미적으로 변화시킬 수 있다는 관념론적인 희망을 버리고 헤겔 철학으로 전환하게 되는 것으로 설명이 된다. 헤겔의 영향을 받은 신학자들인 포이어바흐, 다비트 슈트라우스, 브루노 바우어를 직간접적으로 접하면서 마르크스는 무신론자가 되었고, 이러한 그의 철학적 입장은 다른 사람들보다 훨씬 더 공을 들여서 작성한 그의 대학 졸업 논문으로 집약이 된다.

이 책의 내용은 '서론'과 3개의 장으로 나누어진 '본문' 그리고 오늘날 전기 집필이 어떻게 가능한가 하는, 전기의 문학적 역사학적 의미와 방법론을 다룬 '부록'으로 구성된다.

첫 번째 장은 카를 마르크스가 태어나서 성장한 도시인 트리어가 무대가 된다. 트리어는 독일 서부의 접경 지역에 있고 나폴레옹 시대에는 프랑스 점령 지역이었던 곳으로 프로이센의 엄격하고 권위적인 프로테스탄트교를 중심으로 한 정치문화의 영향이 상대적으로 약하고 계몽사상과 프랑스 혁명의 영향이 강한 특성을 지니고 있었다. 더구나 마르크스의 집안은 유태계였고 외가 쪽은 네덜란드에 있어서 애초부터 독일의 전통적인 보수 세력과는 거리가 있을 수밖에 없었다. 아버지 하인리히는 유태인에 대한 법적 차별을 피하여 변호사로서의 직업을 유지하기 위해 프로테스탄트 교회에서 세례를 받아 유태인 신분에서 벗어나고 프로테스탄트교인이 되지만, 그보다는 계몽사상의 영향을 받은 이신론자로서 합리주의자이고 입헌민주주의자인 것으로 서술된다. 마르크스는 경제적으로 유복한 환경과 열려 있는 지적인 가정 배경에서 사회 지도층에 들어갈 인문 교양인을 양성하는 목적을 가진 김나지움이라는 인문계 중고등학교를 수료하고 아비투어라는 고졸자격고사를 통과하여 대학생이 될 자격을 얻는다. 그때 마르크스가 적어 낸 논술시험 답안지들이 남아 있는데, 이를 통해 그의 청소년 시기의 정신적인 지향을 짐작할 수 있다. 그는 프로테스탄트 신앙을 지닌 신실한 학생으로서 인류를 위해 봉사하려는 순수한 사명감을 가졌던 것으로 보인다.

두 번째 장은 김나지움을 마치고 트리어를 떠나 본에서 대학 생활을 시작하는 것으로 시작된다. 이 시기에 카를 마르크스와 트리어에 있는 양친 간에 많은 편지가 오갔다. 그 서신들에서 마르크스의 생활과 정신적인 변화들을 읽을 수가 있다. 그는 법학부에 적을 두고 법조인이 되기 위해 여러 강의를 들으면서도 시문학에 관심을 가지고 문학 동아리 활동을 하고 시를 짓는 등 문학청년으로 지냈다. 본에서 2년간 공부한 후 베를린 대학으로 전학해서 학업을 이어 가던 중에 그는 헤겔 철학을 접하게 되며, 이는 낭만적인 이상주의에서 벗어나는 계기가 된다. 문학을 통해 세상을 변화시킨다는 관념적인 목표를 접게 된 것이다. 그의 생각의 변화는 아버지와 자신의 약혼녀인 예니에게 보낸 편지 그리고 그가 지은 시들에서 엿볼 수 있다.

베를린에서 대학 공부 중에 예니와 약혼했고 법학 공부보다는 문학과 철학 공부에 열중하면서 아들과 아들의 여자 친구의 장래를 걱정하는 아버지와 상당한 갈등이 있었던 것이 드러난다. 이는 지난 시절 우리 사회의 경험에서도 낯설지 않은 광경으로 카를도 집안에서 다들 걱정하는 그런 외로운 길을 걸어간 것이 확인된다. 그러나 아버지 하인리히는 아들의 결정을 염려하고 결혼을 앞둔 자로서의 책임을 강조하면서도 그를 존중하고 인정하는 마음을 편지들을 통해 보여 준다. 그러던 아버지는 마르크스가 부활절 연휴에 집에 돌아오지 않고 열심히 공부하여 대학을 빨리 졸업하겠다는 결심을 알리는 것을 대견히 여기던 중에 지병으로 숨을 거둔다. 마르크스는 정신적 경제적인 든든한 후원자를 잃게 됨으로써 더 이상 지적인 방황을 할 처지가 안 되었다. 그는 대학 졸업을 서둘러 당시 졸업자격을 얻을 수 있는 논문인 박사학위 논문을 준비한다.

마지막 장인 제3장은 마르크스가 박사학위 논문을 작성하고 대학을 졸업하기까지의 경과와 그의 박사학위 논문 『데모크리토스와 에피쿠로스의 자연철학의 차이』에 표출된 형이상학적인 종교철학에 영향을 준 당시의 신학계와 철학계의 여러 학자들의 사상들이 소개된다. 라이마루스, 칸트, 다비트 프리드리히 슈트라우스 그리고 마르크스와 가까운 지인이었던 브루노 바우어의 신학사상들이 마르크스가 졸업을 준비하던 과정에서 대결하게 되는 종교철학적인 배경으로 등장한다. 이런 서술 과정에서 미하일 하인리히는 청년 헤겔파 또는 헤겔 좌파와 구舊헤겔주의자라는 통념적인 구분에 대해 비판적으로 검토하고 그러한 통념적인 분류는 상당히 문제성이 있음을 밝히고 있다.

제3장은 1830년대 당시의 헤겔 철학을 중심으로 한 종교철학 그리고 고대의 원자론의 유형들을 정밀하게 논의하는 논문 내용을 다루고 있어 이해하고 번역하기도 상당히 난해한 점이 있었다. 그 당시 철학과 신학, 종교철학 등에서 독일 학계가 펼친 백화제방百花齊放의 도약기는 인류 지성사에 독일이 길이 남을 공헌을 한 시기로서 그런 지적인 시대 상황에서 마르크스는 거기에 자신의 고대철학 문헌 연구와 사색으로 기여하고자 하는 졸업 논문을 통해 자신의 학문적 세계관적인 입장을 일단 정립한 것이다. 1830년대 독일의 그런 지적인 움직임은 산업 문명 시대에 오늘날까지도 전 세계의 사회가 지적으로 스스로를 성찰하는 중요한 준거가 된다는 점에서 깊이 살펴볼 기회를 가지는 것이 중요하다. 그 핵심에 속하는 것을 마르크스의 지적인 수련 과정을 중심으로 하여 제3장에서 다루는 의미가 크다. '카를 마르크스와 근대 사회의 탄생'이라는 제목에도 상당히 부합하는 측면이다.

이러한 기초 확인 과정은 독자들이 카를 마르크스의 앞으로의 산업 자본주의 시스템에 대한 분석을 정확히 이해하게 해 주는 인식 방법론 측면에서 중요할 뿐 아니라 산업 문명 초창기에 들어가던 당시 사회의 지적인 통찰 노력의 단면을 드러내어 주는 것으로서 산업 문명 이후의 체제를 모색하는 과제를 안고 있는 지금의 사회에서도 새로이 조명되어야 할 부분이 아닌가 생각한다.

『카를 마르크스와 근대 사회의 탄생』 제1권으로 나온 이 책은 그런 점에서 경제학 분야를 중심으로 한 사회과학도뿐만 아니라 다양한 전공 분야를 배경으로 인간과 사회가 이루는 근현대 문명의 기초와 진행 방향을 궁금해하는 모든 독자들과 탐구자들에게 생생하고도 확실한 근거를 갖춘 논의의 소재를 마련해 준다.

전기 집필의 의미를 다루는 부록은 전기가 전기 문학을 뛰어넘는 역사학적인 가치를 어떻게 확보할 것인지를 고민하는 사람들에게 탄탄한 방법론적인 쟁점을 제공해 주는 간략한 지침으로서 그리고 본인이 시도한 마르크스 전기가 왜 그를 다루는 또 하나의 전기로 추가되어야 하는지에 대한 정당화를 해 주는 논리로서 제시된다.

이 책을 읽고 우리말로 옮기면서 독일 사회가 형성되던 19세기의 문화와 교육제도 등을 포함한 지적인 사회 환경, 나아가 사회경제적 상황에 대해 친절하고도 정확성에 크게 유의한 저자의 묘사 덕분에 아주 생생하게 간접 경험을 할 수 있었다. 우리말과는 문장구조가 완전히 다른 독일어는 기계적인 번역이 허용되지 않으며, 문의를 파악하고 그 뜻을 우리말로 거의 새로 표현하는 식으로 옮길 수밖에 없다. 독일어에는 대명사들이 격변화를 하기 때문에, 번역을 하는 과정에서 대명사가 앞의 어떤 것을 가리키는지에 대한 오해를 할 가능성이 크게 줄어드나 완전히 그렇게 될 수는 없으며, 문장의 의미를 충분히 이해해야만 잘못된 번역을 피할 수 있음은 물론이다. 애매한 부분이 나오면 본문의 경우에는 직접 저자에게 이메일로 문의했으며, 인용문의 경우에는 그 출처를 찾아보고 그 문장이 나온 맥락을 살핀 다음 영어 번역본과 대조했다. 이를 통해 도움받기도 했지만 의견이 다른 부분에서는 나름대로 문맥상의 판단에 따라 옮긴이의 해석에 맞게 번역을 하기도 했다.

저자인 미하엘 하인리히의 경우에도 전기의 모든 내용을 출처로 뒷받침할 수는 없었으며, 많은 내용들에서는 앞뒤의 맥락상 자연스럽게 추정되는 내용들을 집어넣었고, 그럴 경우에는 반드시 조건법 2식의 조동사 dürfte를 사용했다. 이는 "~했을 수도 있겠다"는 추정의 의미로 번역될 수 있으나 그런 곧이곧대로의 번역만으로는 전기의 표현으로서 불확실한 의미가 강하여 아쉬움이 없지 않았다. 그래서 어법이나 문법상의 틀을 벗어나지 않는 범위에서 "~했다고 할 수 있겠다", "~했다고 보아도 좋겠다" 정도로 번역을 했다.

저자 미하엘 하인리히는 정치사상을 전공한 마르크스 전문 연구자로서 MEGA 텍스트에 대한 엄정한 고증에 기초하여 기존의 마르크스에 대한 교조적인 해석과 다른 길을 걷는 학자로 이름이 높다. 그는 전기 작성이 가지는 역사적인 의미를 부록에서 방법론적·원론적으로 해명하고 역사가로서의 전기 작가가 지켜야 할 필수적인 요건들을 제시하고 있다. 그의 마르크스 전기 작성은 현재 진행형이고 앞으로 언제 마무리될지 모르는 역사 서술이 되는 것이다.

출처에 대한 충실한 확인, 여러 출처들의 신빙성에 대한 비교 검증을 통해 사실 확인을 가장 중요시하는 바탕 위에서 그 시대와 현재 시대와의 대화를 주선하는 것이다.

마르크스라는 인물은 현대의 많은 사람들에게 사실상 종교적인 권위가 실린 메시아로서 그의 뜻에 대한 충실한 계승을 주장하므로 권력이 만들어지기도 한다. 그런 정치적인 필요의 맥락에서 사실 관계의 엄격한 고증은 인기 없는 작업이 되기 쉬우며, 틀릴 수도 있는 인간으로부터 벗어나 신성화된 상이 만들어지기도 한다. 이러한 모든 과정이 인간 사회에 오래전부터 존재하는 역사 자체의 현재를 비추어 보이는 거울과 같은 고유한 역할을 퇴색시키는 셈이다. 미하엘 하인리히의 마르크스 전기가 모범을 보여 주어 이러한 준엄한 역사의 의미가 새로이 부각되기를 기대해 본다.

　이 한글판이 지금과 같은 모습으로 나오는 데 큰 도움을 주신 분들의 이야기를 하지 않을 수 없다. 기꺼이 책에 대한 소개 문구를 적어 주신 강신준 교수님, 소개 문구를 써 주셨을 뿐 아니라 원고를 세세히 읽고 번역과 용어 선택상의 오류를 바로잡아 주신 정성진 교수님, 중요한 용어 선정의 문제점을 바로잡아 주신 곽노완 교수님 등 평생 마르크스의 사상을 연구해 오신 분들의 도움이 컸다. 원저자 미하일 하인리히 선생께서는 번역상의 불명확한 점들에 대한 질문에 매번 친절하게 답을 해 주셨고, 원서에 있는 도판 외에 다른 관련 그림에 대한 요청에도 성의를 다해 응해 주셨다.

　끝으로, 21세기문화원 류현석 원장님은 이 책을 선정하고 좋은 책이 나오도록 물심양면으로 배려해 주셨다.

　이 모든 분들께 진심으로 깊이 감사드린다.

　내용 면에서, 또 새로 제기하는 문제의 면에서 함량이 상당히 높은 이 책을 우리나라 독자들에게 전달하는 자부심도 크지만, 그에 못지 않게 제대로 전달해야 하는 면에서 책임감도 무겁다. 정말 그런 말이 있었는지, 도대체 무슨 말인지, 혹 이런 뜻은 아니었는지 등 옮긴이로서 독자들이 어떤 견해나 질문이라도 우리나라의 지적인 자산을 쌓아 가는 과정으로 생각하고 아낌없이 전해 주기를 바랄 뿐이다.

2025년 1월 2일
송파 연구실에서
옮긴이 이승무

차 례

아주 많은 것이 시작되었을 때 함께해 준

카린(1955-2013)에게

머리말

예컨대 『마이어 백과사전』 측에서는 나에게 오래전부터 전기를 글로 써 주기를 요청했소. 나는 그런 것을 제공하지 않았을 뿐 아니라 그 편지에 결코 답장도 하지 않았소.

카를 마르크스 1868년 10월 26일
루트비히 쿠겔만에게(MEW 32: 573)

카를 마르크스는 전기를 원하지 않았고, 더구나 여러 권으로 구상된 전기는 원하지 않았을 개연성이 높다. 함부르크의 빌헬름 블로스 Wilhelm Blos에게 그는 "인기에는 아무런 가치도 없다"고 강조했다. "예컨대 그 증거로, 모든 인물 숭배에 대한 반감에서 나는 인터내셔널[1864-1876년의 국제 노동자 협회] 기간 동안 나는 여러 나라로부터 수많은 인정받기 술책들로 시달렸는데, 이것들을 나는 결코 공개된 무대로 들여보내지 않았으며, 또한 여기저기서 야단치는 것 외에는

그것에 응답하지도 않았다."(1877년 11월 10일자 편지, MEW 34: 308)

인물 숭배는 여기서는 할 것이 아니다. 마르크스가 연단에 세워지지도 않고 비난받지도 않는다. 똑같이 역사도, 또한 중요한 이론들의 형성사도 '위대한 인물'의 업적이라고 말하는 것으로 다 설명된 것처럼 여겨서는 안 된다. 이 책은 카를 마르크스가 인간으로서, 이론가로서, 정치 활동가요 혁명가로서 발달해 간 역사적 과정을 다룬다. 이 과정에 마르크스는 자신의 분석들과 논평들의 출간을 통해서만이 아니라 신문들의 창간 그리고 '공산주의자 연맹'이나 '국제 노동자협회' 같은 조직들의 변혁을 위한 그의 노력을 통해서도 개입했다.

그의 생애 마지막 십 년간에 이미 그의 저작은 폭넓게 또한 점점 더 국제적으로 수용되어 가기 시작했고, 이는 오늘날까지 유지되고 있다. 20세기에 들어와 사람들은 부르주아 자본주의적 관계들을 극복할 여러 번의 혁명과 국가수립에서 마르크스의 이론에 의지했다. 서로 간에 큰 차이를 보인, 그리고 부분적으로는 격렬하게 서로 싸운 엄청난 수의 정당들과 그룹들이 20세기에 스스로를 '마르크스주의적'이라 칭했다. 엄청난 정치적 효과들이 그의 반대자들과 추종자들이 그 인물을 긍정적으로건 부정적으로건 세워진 성상聖像으로 변환시키기를 추진한 것과 결부되어 있었다. 동시에 광범위한 마르크스의 저작은 대체로 오직 아주 선별적으로만 수용되었다.

거기서 마르크스 자신이 출간한 것은 20세기에 비로소 차차 모습을 나타낸 거대한 빙산의 일각일 뿐이었다. 세대마다 다른 마르크스의 '저작 전집'을 가졌으며, 그때마다 건포도 혹은 건포도 비스름한 것을 그로부터 따 먹었다. 지금 21세기 초에 비로소 우리는 새로운, 그러나 아직 완전히 출간되지 않은 마르크스 엥겔스 전집MEGA의 도움으로 —근사적으로 —마르크스의 전체 저작을 개관하게 된다.

마르크스 스스로가 모든 정신적 생산활동들이 얼마나 시대에 매여 있는지를 거듭 강조한 동안, 정작 그 자신의 저작은 빈번하게 그 생성조건에서 떼어 내져 무시간적 발언들의 체계로 간주되었다. 마르크스의 엄청난 학습 과정들도, 거듭하여 이론적인 새로운 접근들과 수정들로 이어졌고 무엇보다도 완결되지 않은 것을 남겼지만, 흔히 실제로 지각되지 않았다. 마르크스는 언제나 이미 '마르크스'여야 했다. 이와 달리 지난 두 세기에 여러 차례 필요한 '역사화'가 이야기되었다. 마르크스의 삶과 저작을 역사적 맥락에 놓을 필요성 말이다. 부분적으로 이는 일종의 방어였다 —역사적 마르크스는 역사의 대상이며 우리에게 오늘날 더 이상 아무것도 말해 줄 것이 없다는 것이다. 부분적으로 이는 또한 일종의 규정 종목 연기演技였는데, 이는 그다음에 이제까지와 마찬가지로 계속해 나가기 위한 것이다. 그러나 적절한 역사화는 역사적 배경에 좀 더 주의를 기울이는 한에서 시선의 방향 변경을 요할 뿐 아니라 이런저런 자기 확신도 실패할 수 있는 실제의 연구과제가 되는 것이다.

많은 마르크스 전기들을 읽어 본다면 마르크스에 관한 발언들이 애초부터 확정되어 있고 전기상의 소재는 이미 존재하는 결과들의 근거 마련에만 소용된다는 인상을 받을 수 있다. 이에 대해 나는 이 전기에 대한 다년간의 작업이 그 인물에 대한 그리고 그 저작과 저작 발달에 대한 나의 상을 변경시키는 쪽으로 이끌었음을 기꺼이 인정한다. 이 탐구 과정은 아직 마무리되려면 멀었다.

여기에 내놓은 제1권은 트리어에서 마르크스의 젊은 시절 그리고 최초의 독자적인 저작으로서 박사 논문과 함께 본과 베를린에서 그의 수학 시기를 다룬다. 많은 마르크스 전기들에서 이는 한두 개의 짧은 도입하는 장들을 위한 소재이며, 그것 뒤에 가서야 비로소 제대로 흥미로워지는 것으로 보인다. 나는 이런 판단을 반박할 수 있기를 희망한다. 마르크스의 학창 시절의 의미, 그의 시 창작 활동의 시도들, 그의 종교 및 종교철학과의 논란, 그리고 그의 학위 논문은 나에게 이제까지 보통 그랬던 것보다 더 정확한 고찰을 할 만한 것으로 보이며, 1830년대 프로이센에서의 정치 과정들과 논쟁들이 더구나 시야에 집어넣어져야만 한다. 거기서 나는 이 이른 국면이 생애와 저작에 대한 열쇠 같은 어떤 것이라고 주장하려고 하지 않으며, 예견할 수 없었던 전환들이 충분히 있었다. 그럼에도 불구하고 마르크스의 수학 시기의 경험들과 학습 과정들은 이어지는 수년간의 그의 언론 및 정치 작업이 그 앞에서 펼쳐지는 배경이다.

전기의 대상이 역사적 대상일 뿐 아니라 이 전기가 기술하는 인물도 그것의 문제제기 및 전제조건들과 함께 그 시대와 사회적 정황의 산물이다. 그러한 고정조건에서 벗어날 수는 없으나 어느 정도 이를 의식적으로 다루려고 시도할 수는 있다. 지난 8년간 나는 다양한 나라들에서 학술대회에 참가할 수 있었으며, 특별히 브라질·중국·인도에서는 마르크스에 관한 세미나와 워크숍도 진행하고 다른 정치적 사회적 맥락에서 활동하는 사람들과 토론할 가능성도 가졌다. 내가 거기서 수집할 수 있었던 경험들, 내가 거기서 알게 되었던 마르크스와 그의 저작에 관한 구분되는 관점들은 나 자신의 판단들을 역사적으로 위치시키고 겉으로 보이는 자명성들을 그 이면까지 캐물을 수 있게 도와주었다.

언어도 고정조건으로서 비로소 의식적으로 만들어져야 할 그런 문화적 고정조건들에 속한다. 다른 많은 언어들에서도 그렇지만 독일어에서도 남성형이 일반적인, 성을 통합한 형태로 통한다는 것은 이미 자주 비판이 되었다. 이를 극복하기 위한 다양한 시도들에도 불구하고 어떤 대안도 실행될 수 없었다. 여기서 무엇보다도 19세기에 나온 본문들을 가지고서 작업하는데 거기에는 중간 빗금(/)도 별표(*)도 밑줄도 사용되지 않았으므로 나는 그러한 수단들을 포기하며, 그 대신에 거듭하여 그때마다 명시적인 거명을 통해 사회적 투쟁들이 남자들(남성노동자들Arbeitern, 남자 시민들Bürgern)에 의해서만이 아니라 또한 여자들(여성 노동자들Arbeiterinnen, 여자 시민들Bürgerinnen)에 의해서도 전개되었음을 명확히 하고자 시도한다.(최근 독일어에서는 남녀 노동자들을 Arbeiter/in 또는 Arbeiter*in, 남녀 시민을 Bürger/in 또는 Bürger*in이라고 표기하기도 한다 — 옮긴이)

다른 이들의 도움 없이 나는 이 책을 쓸 수 없었을 것이다. 원고의 여러 부분들을 읽어 주고, 여러 가지 자극과 격려를 해 준 데 대하여 나는 특별히 발레리아 브루스키, 아나 다제, 안드레이 드라기치, 라이문트 펠트, 크리스티안 프링스, 피아 가르스케, 요르게 그레스판, 롤프 헤커, 얀 호프, 루돌프 쿠헨부흐, 마르틴 크로나우어, 조피아 랄로풀루, 크리스토프 리버, 콜야 린더, 우르스 린트너, 얀니스 밀로스, 한나 뮐러, 안토넬라 무추마파, 아르노 네츠반트, 자비네 누스, 올리버 슐라우트, 도로테아 슈미트, 루디 슈미트, 하르트비히 슈크, 킴 로빈 슈톨러, 잉고 슈튀츨레, 안 비젠탈, 파트릭 칠테너, 파울 잔트너에게 감사한다. 슈메털링 출판사의 파울 잔트너와 외르크 홍거님에게 나는 훌륭한 협조에, 특히 그분들의 인내와 상시적으로 늘어나는 프로젝트에 대해 이해를 해 준 데 대해 감사한다. 지메온 수도원 시립

박물관에 나는 하인리히 로스바흐가 그린 마르크스 초상과 요한 안톤 랑부의 요한 후고 비텐바흐 그림을 활용할 수 있도록 허락해 준 데 대하여 감사드린다.

개정판 서문

　독일에서 그리고 외국에서도 발표된 대부분의 서평들에서 나의 마르크스 전기의 제1권은 아주 긍정적으로 받아들여졌다. 이때 전기와 활동 전개의 서술만이 아니라 부록에서 개략적으로 논해진 전기의 집필에 대한 체계적 접근법도 좋은 평가를 받았다. 이미 이 권에 대한 (브라질의) 포르투갈어, 영어, 프랑스어, 스페인어, 아랍어 번역판들이 출간되었고 막 중국어와 한국어 번역도 준비 중이라는 것도 나의 작업에서 고무적이었다. 물론 나는 이어서 나올 권들을 위해 필요한 노력의 지출을 상당히 과소평가해서 제2권은 아직 나오지 못했다. 나는 이 제2권을 내년에 내놓을 수 있기를 바란다.

　지금 내놓는 제1권의 개정판은 약간의 사소한 교정 사항들 외에 일련의 보완 사항들도 포함한다. 보완 사항들은 역사적 배경과 일부 전기적 상황에 관련되며, 이 점에서 나는 가능한 만큼 그간 새로 출간된 문헌을 고려했다. 개중에 나는 하인리히 마르크스의 세례와 마르크스 가정 내에서의 종교 이해의 문제에 좀 더 상세히 파고들었으며, 또한 고졸자격시험Abitur 그리고 대학생 마르크스의 생활 사정과 금전 지출에 대해 약간의 보완적인 정보들을 취합하여 반영하였다. 어린 마르크스의 지적인 발달에서 나는 그의 시 창작 활동으로부터 벗어남이 헤겔의 낭만주의 비판에 의해 동기 부여가 된 것임을 강조했다. 이 점을 나는 계속해서 적확하게 짚으려고 했다. 마르크스의 박사학위 논문과 발췌문 노트에서의 준비작업에 관해서도 나는 좀 더 상세히 파고들었다. 부록에서 추가로 전기의 집필에 대해 새로이 발간된 문헌을 두고 시시비비를 논했다.

이 책의 초판에 대한 고무와 격려, 그리고 비판적 논평들에 대해 존 벨라미 포스터, 하산 깁산, 라르스 람브레히트, 죠바니 스그로 그리고 작년에 유감스럽게도 작고한 마르틴 훈트에 충심의 감사를 보낸다.

인용 방식에 관하여

마르크스와 엥겔스의 본문들은 원칙적으로 1975년 이래 발간되고 있는 새로운 마르크스 엥겔스 전집MEGA에서 인용된다.(Walter de Gruyter Verlag, Berlin) 거기서 로마 숫자는 분과, 아라비아 숫자는 권이며 그 뒤에 쪽수가 나온다. MEGA III/1: 15는 그래서 제3분과, 제1권, 15쪽을 뜻한다. 이에 병행하여 (거기에 있는 경우에) 마르크스 엥겔스 저작집MEW에서의 본문 대목이 거명되는데(Karl Dietz Verlag, Berlin), 거기서 첫 번째 숫자는 권수를, 두 번째 숫자는 쪽수를 알려 준다. 본문에서 MEGA 정보가 표시되지 않았다면 이 본문은 거기서 아직 발간되지 않은 것이다. MEGA로부터의 인용문에서는 본문들이 원래의 철자법으로 제시된다는 데 유의해야 한다. 달리 표시가 없으면 인용문에서의 강조 표시는 마르크스가 한 것이다. 인용문에서 내가 단 설명은 모두 대괄호([ ]) 안에 넣었다. 헤겔의 저작들은 (거기에 나온 한에서) 슈르캄프 출판사의 20권으로 된 헤겔 저작집에 따라 인용되며, HW7:15는 헤겔 저작집 제7권, 15쪽을 뜻한다.

서론: 왜 마르크스인가?

1. 어떤 도항渡航과 책 하나

그 여행은 이틀이 넘게 걸렸다. 4월 10일 수요일에 '존 불'호는 아침 여덟 시에 런던을 떠났다. 증기선은 금요일 12시경에 함부르크에 도착했다. 항해는 어지간히 폭풍을 거쳐 왔고 대부분의 승객들은 배멀미로 객실에 뻗어 있었다. 한 작은 모둠만이 한 독일 사람의 모험담을 엿들으며 휴게실에서 폭풍을 개의치 않았다. 이 독일인은 지난 15년간 동페루 지방을 여행했으며, 거기서 이제까지 좀처럼 탐험되지 않은 지역들에 들어갔었다. 사람들은 기분 좋은 전율을 느끼며 그의 원주민들과의 마주침, 그리고 유럽인들에게는 아주 생소한 그들의 관습에 관한 일화들을 들었다.

이 이야기들을 즐거워한 한 승객은 그가 나중에 적은 것처럼 폭풍에도 불구하고 "마치 500마리의 돼지 떼처럼 유쾌함"을 느꼈다. ― 이런 특이한 표현에 의아해하는 자에게는 그것이 그 여행객의 애독서 중 하나인 괴테의 『파우스트』에 나온 것이라고 말해 두자. 잘 손질된 겉모습을 지닌, 조금 단신에 속하는 약 1미터 70센티 키의 남자를 말하는 것이었다. 아직도 빽빽하지만 이미 많이 희어진 머리카락이 고르게 뒤로 빗질된 물결을 이루며 머리를 덮고 있어서 그는 널찍한 이마가 더 두드러지게 보였다. 아직 짙은 눈썹들만이 전에는 검었을 머리털처럼 검었고, 그 아래 주의 깊은, 암갈색의 두 눈이 반짝였다. 그 얼굴은 덥수룩한 턱수염으로 감싸졌고 검은색과 회색이 수염에 섞여 있었다. 이 남자는 이제 40대 말이라고는 해도 머리카락과 수염이 많이 희어서 10년은 족히 더 늙어 보였다. 그는 아주 인상적인 모습을 하고 있었다. 그가 이야기할 경우에는 언제나 모젤 지방의 정겨운 억양을 분간해 낼 수 있었는데, 이는 그가 어디서 어린 시절을 보냈는지를 알게 해 주었다. 이 승객은 분량이 많은 책 원고의 두 번째 부분을 소지했고 이를 몸소 그가 거래하는 함부르크의 출판사에 가져다주고 싶었던 것이다. 그는 이 원고를 몇 달 전에 이미 첫 번째 부분을 그렇게 한 것처럼 우편선으로 보낼 수도 있었지만 그러기에는 그 원고가 그에게는 너무 중요했다. 이 책을 쓰기 위한 다년간의 작업은 그를 건강상으로, 재정상으로 거의 파멸시켰다. 그리고 그에게 더 안 좋은 일은 그의 아내와 자녀들도 상시적인 긴장과 궁핍으로 심하게 고생해 왔고, 아직도 고생하고 있었다는 것이다. 한 편지에서 그는 자신이 이 저작에 "건강, 인생의 행복 그리고 가족을 제물로 바쳤다"고 적었다. 이제 그는 완성된 원고를 마침내 출판사에 넘길 수 있게 되어 홀가분했다. 교정쇄의 제작과 수정에서 약간 지체가 된 후에 그 저작은 결국 1867년 9월에 발간되었다. 그 제목은 '자본, 정치경제학 비판'이었다.[1]

---

[1] 그 항해의 상세한 사항들에 대해서는 마르크스의 엥겔스에게 보낸 1867년 4월 13일자 편지(MEW 31: 287), 마르크스의 함부르크 체류에 대해서는 Sommer(2008)과 Böning(2017)을 참조하라. "우리에게는 마치 오백 마리의 돼지 떼처럼 완전히 유쾌하다"는 아우어바흐의 술집에서 부른 노래다.(Faust 1: 2293f) 본문에서 언급된 편지를 마르크스는 1867년 4월 30일에 지크프리트 마이어에게 썼다.(MEW 31:

벌써 23년 전인 1844년에 카를 마르크스는 초석을 놓는 정치경제학 비판을 위한 사전 준비 작업을 시작했다. 1845년에 그는 심지어 이미 두 권으로 된 『정치학 및 경제학 비판』의 저작 출판에 관한 출판 계약에 서명했다. 이 시기에 마르크스는 상승을 추구하는 젊은 저자로서 1842/43년에 자유주의적인 라인신문 편집부장으로서 프로이센의 당국들과 다투기 시작하여 결국 그 신문이 금지될 때까지 계속되었다. 젊은 마르크스는 학식이 있으면서도 그만큼 똑똑한 사람으로 통했다. 그의 날카로운 펜촉이 독일 검열 당국에 의해 극도로 비판적으로 주시되던 동안 아주 많은 출판업자들이 그를 열린 마음으로 대했다. 그 두 권으로 된 저작을 실제로 쓰는 대신에 마르크스는 자기 친구 프리드리히 엥겔스와 공동으로 완전히 다른 작업에 착수했다. 그러나 이는 그런 다음 서랍 속에 들어 있는 신세가 되었고, 90년 후에야 비로소 '독일 이데올로기'란 제목으로 출판되었다. 마르크스는 경제 문제들도 거기서 중대한 역할을 한 글 몇 편을 발표하기는 했다. 예컨대 1848년에는 나중에야 유명해진 『공산당 선언』을 발표했으나 경제학 비판을 위한 큰 저작은 거듭 연기되었다.

마르크스가 저자로서 그리고 신라인신문의 편집부장으로서 중요한 역할을 하던 1848년, 혁명의 폭풍이 몰아치던 시대에, 긴 이론적 논고들을 생각할 수는 없었다. 혁명이 패배한 후, 마르크스는 가족과 함께 독일을 가능한 최대로 속히 떠나야 했다. 이 시기의 다른 많은

---

542) 마르크스의 외모에 대한 상세한 설명은 Kliem(1970: 15ff.)에서 찾아볼 수 있다. Franziska Kugelmann(1983: 253)은 "정겨운 라인 지방 방언"을 언급하며 거기서 하노버 사람인 그에게 라인 지방 말과 트리어와 모젤 지방에서 말하는 것 사이에 있는 차이가 물론 좀처럼 익숙하지 않았다.

정치적 망명자들에게처럼 그에게도 런던은 최후의, 어지간히 참담한 도피 장소가 되었다. 친구 프리드리히 엥겔스의 대범한 후원 덕택에 마르크스 가족은 그곳에서 연명해 갈 수 있었다.

런던에서도 그는 자본주의 경제에 대한 포괄적 분석을 집필하려는 자신의 계획을 추구했다. 그는 당시 자본주의의 중심지 런던에서 비로소 이 분석에 필요한 것이 무엇인지를 일정한 방식으로 인식했으며, 그가 그 출판만이라도 생각할 수 있게 되기까지 또 수년이 지나갔다. 마르크스는 출판업자를 찾아내는 데 어려움이 없지 않았지만, 계획된 대작에 대한 단 하나의 작은 전주곡을 그에게 제공해 준 것은 상품과 화폐를 다룬 그리고 1859년에 '정치경제학 비판을 위한 시론: 제1노트Zur Kritik der Politischen Ökonomie. Erstes Heft'란 제목으로 출간된 두 개의 장이었다. 마르크스가 함부르크로 다른 출판업자를 찾아가던 당시에 이 출판물도 벌써 8년이 지나간 것이었다.

1859년에 발간된 소책자는 그 효과로 보자면 어지간한 실패로 드러났다. 마르크스의 가까운 정치적 친구들조차 환멸을 드러냈다. 이는 그들에게 상당히 추상적이고 언제나 단순하지 않은 상품과 화폐에 관한 이런 논고가 그들의 정치적인 논란에서 도대체 무슨 도움이 될지 알 수 없었기 때문이었다. 처음에는 이 『제1노트』의 직접 후속편을 출판하려고 계획했던 마르크스는 이 계획을 몇 년 후에 포기했다. 1863년 이래 그는 독자적인 저작 『자본』을 계획했으며, 이는 모두 네 권으로 구성될 것이었다. 이 네 권의 첫 번째 권에 대한 원고의 두 번째 부분에는 '자본의 생산과정'이란 제목이 붙었으며 그는 1867년 4월에 이를 함부르크에 있는 새로운 출판업자에게 가져갔다.

마르크스는 큰 성공을 예상했다. 왜냐하면 그는 1859년의 실패를 교훈으로 삼았기 때문이었다. 그는 이론적 부분들을 더 대중적이고 더 이해하기 쉽게 하려고 시도했다. 또한 더 이상 상품과 화폐만 다루지 않고 전체 자본주의적 생산과정을 다루었으며, 이는 공장노동, 노동자 가족들과 일간 노동시간 단축을 위한 투쟁에 대한 구체적 묘사들을 담은 것이었다. 전체 내용이 너무 건조하고 전문가들에게만 맞추어져 있다는 비난을 이제는 더 이상 그에게 할 수 없었다.

정치적 조건들에서도 약간의 변화가 있었다. 1864년 9월에 런던에서는 국제 노동자협회IAA가 창립되었다. 마르크스는 이 협회의 총평의회 회원이 되었고 빠르게 그 협회의 수뇌가 되었다. 그 후 몇 년간 그 협회는 영국뿐만 아니라 다른 나라에서도 점점 더 많은 가입자를 받았다. 노동자 단체와 노동조합이 발달했다. 이 모두는 그 책의 수용을 위한 토양이 이제 전의 글들에 대해서보다 훨씬 더 유리하다는 희망을 가지게 했다. 마르크스를 위한 묘비문에서 엥겔스는 다음과 같이 강조했는데, 이는 맞는 말이다.

> 마르크스는 무엇보다도 혁명가였다. 이런저런 방식으로 자본주의 사회 그리고 이 사회를 통해 만들어진 국가제도들의 전복에 협력하고, 현대 프롤레타리아트의 해방에 협력하는 것이 그의 진짜 인생 소명이었다.(MEGA I/25: 208; MEW 19: 336)

물론 마르크스는 이런 인생 소명을 바리케이드 투사로서 혹은 심금을 울리는 민중 연설자로서가 아니라 무엇보다도 자본주의적 관계들에 대한 과학적 분석을 통해서 추구했고, 이는 그의 가장 예리한 무기였다. 그가 그 원고를 함부르크로 가져다주기 위해 런던으로부터 떠나고서 일주일 후에 그는 그의 책에 관하여 이렇게 썼다: "이는 확실히 부르주아지들(토지 소유자들을 포함하여) 머리에 내던져지게 될 가장 무서운 미사일이라네."(요한 필립 베커에게 보낸 1867년 4월 17일자 편지, MEW 31: 541)

하지만 『자본』의 이 제1권도 마르크스가 바라던 성공을 거두지 못했다. 초판 1천 부가 판매되기까지 4년이 흘러야 했다. 상당한 노력에도 불구하고 마르크스는 『자본』의 이어지는 권들을 완성하는 데 도달하지 못했다. 마르크스의 사후에 엥겔스가 1885년에 『자본』 제2권을, 그리고 1894년에 제3권을 마르크스의 유고로부터 발간했으며, 이 두 권에서는 원고의 미완성된 성격이 명료하게 눈에 띈다. 이렇게 해서 『자본』의 (이론적인) 세 권이 나왔지만(네번째 권은 경제이론의 역사를 다룰 것이었다) 마르크스의 유고로부터 중요한 본문들이 계속 출판되기까지는 또 수십 년이 흘렀다. 그럼에도 불구하고 마르크스는 자신의 관점들과 분석들을 통해 과학적인 지평에서 그리고 정치적 지평에서 지난 2, 3백 년간 다른 저자가 좀처럼 가지지 못한 그런 포괄적이고 지속적인 영향력을 얻었다. 거의 백 년 전부터 수많은 비판자들에 의해 거듭하여 새로이 의기양양하게 "마르크스는 죽었다"고 고해지기는 했다. 하지만 바로 이런 여러 번 반복된 알림들이 그 반대의 가장 확실한 증표다: 마르크스가 과학적 정치적으로 정말 그렇게 죽었다면 거듭하여 새로이 그의 사망을 되새길 필요도 없었을 것이다.

2. '마르크스'라는 암호

　마르크스의 이론은 왜 그런 영향력을 얻을 수 있었는가, 왜 그것은 거듭하여 새로이 감흥을 불러일으키는가? 그것은 우리에게 오늘의 문제들에 대해 대체 뭔가 할 말이 있는가? 마르크스 이론의 가능한 현실성에 대한 쉽게 떠오르는 항변은 그 이론이 생겨난 때는 지금과는 시간적으로 거리가 있다는 것이다. 최근에 출간된 전기 두 편은 바로 이 점을 강조한다. 스퍼버(2013)는 마르크스의 이론들이 현재를 위해 더 이상 의미를 가지지 못할 정도로 19세기에 뿌리를 둔 것으로 본다. 스테드먼 존스(2017)는 마르크스 이론들의 배척에서 완전히 스퍼버만큼 나가지는 않지만, 그에게도 마르크스 사고가 그의 시대의 논제들과 문제 설정들에 사로잡혀 있었다고 하여 무엇보다도 그 한계들을 지적하는 것이 중요한 위치를 차지한다. 그러나 시간적 거리로부터 완전히 신속하게 마르크스 이론들의 어쩔 수 없는 뒤떨어짐이란 결론을 내리기 전에 우선 일단 19세기의 경제적 정치적 변혁들이 우리의 현재와 어떤 관계를 가지고 있는지를 숙고해 보아야 했다.

　그런가 하면 유럽이나 미국에서는 매 10년 혹은 20년마다 새 '시대'가 왔다고 외친다. 지난 1990년대에는 그 새 시대란, 이미 1960년대 이래 '컴퓨터 시대'라는 것이 입에 오르고 나서 찾아온 '인터넷 시대'였다. '서비스 사회'도 이미 여러 번 들추어졌다. 1960년대 독일의 '경제 기적' 시기 동안 '소비 사회'가 그리고 1980년대에는 '탈물질주의 시대'가 크게 유행했다. 그때마다 최신의 기술적 혹은 경제적 변화들을 새로운 '시대'로 양식화하는 것은 새로운 현상과 접하는 일상의 경험과 연결되며 언론매체의 주목을 불러온다. 그러나 몇 년 뒤에는 보통 그 새로운 시대란 것이 별것이 아님이 명료해진다. 위기들, 실업 그리고 불안정 고용을 볼 때, 특히 탈물질주의적이고 탈자본주의적 시대란 표상들은 그것들이 전에 가졌던 그럴듯함을 많이 상실했다.

그런 구도들에서 아주 쉽게 잊히는 것은 얼마나 많은 사회적 경제적 기본 구조들이 지난 한 세기 반의 시간에 있었던 모든 변동들에도 불구하고 적어도 서유럽과 북아메리카에서는 변함없이 있었거나 혹은 이미 주어지고 개관할 수 있는 틀 안에서 계속 발달했는가 하는 것이다. 현대 유럽 사회들과 현대 자본주의의 많은 기술적·경제적·사회적 그리고 정치적 기초들이 1780년과 1860년 사이에 일어난 격변에서 만들어졌다. 서유럽과 북아메리카에서 오늘날 심지어 이 격변기의 마지막 국면이 얼마나 우리와 가까이에 있으며 우리는 1780년 이전의 시대와 얼마나 멀리 떨어져 있는가 하는 것은 작은 사고 실험으로 예증된다.

한 교육받은 사람이 1710년의 프랑스나 영국으로부터 1860년의 프랑스나 영국으로 150년만큼 옮겨졌다고 상상해 보자. 이 사람은 여러 가지 변화들에 놀라기만 하지 않을 것이다. 예를 들어 그에게 전신이 무엇인지 혹은 증기선이 무엇인지를 설명하기가 어려울 것이다. 수천 년간 육지에서 말이, 그리고 바다에서는 범선이 가장 빠른 이동 수단이던 때가 지난 후 이제 기관차와 증기선에 의해 전보다 훨씬 더 짧은 시간에 그때까지 상상할 수도 없던 많은 인원과 물자가 운반된다. 이 사람이 1710년의 것으로 단지 수공업 기업들의 이어져 내려오던 모습보다 별로 낫지 않은 아주 작은 공장제 수공업들만 알았다면, 이제 거대한 기계들과 연기를 내뿜는 굴뚝을 가진 거대한 자본주의적 공장들이 놀라움을 준다. 전에는 임금 노동자들이 거의 오직 단순한 일용 노동자의 모습으로만 존재했고, 인구의 대다수가 농촌에서 살았던 반면, 이제 엄청난 변혁 과정이 진행 중이다: 도시들이 점점 더 커지는 동안 농촌은 텅 비어 간다. 공업에 종사하는 임금 노동자들 그리고 무엇보다도 여성 임금 노동자들의 수는 엄청난 속도로 늘어난다. 그러나 남녀 노동자들의 이 새로운 계급은 양적으로만 늘어나는 것이 아니라 단체들과 정치 조직들로 조직화되며 정치적 공동결정을 요구한다. 왕권과 황제권 지배의 '왕권신수설'은 여전히 유지되기는 하지만 점점 더 광범위한 계층들에 의해 근원적으로 의문시된다. 종교 자체도 상당히 입지를 잃었다. 그 대신에 인민 주권과 보통 선거권을 향한 요구들이 점점 더 크게 확산되었다. 1710년으로부터의 방문자는 또한 이미 신문이란 것을 알기는 했지만, 이는 부정기적으로 그리고 아주 작은 부수로 발행되는 매체로서 흥미로운 뉴스를 소수의 교육받은 계층에게 전해 주었다. 1860년에는 대규모로 발행하는 정기 일간 신문들이 확고하게 자리 잡았고, 이는 최초의 '대중 매체'다. 이는 소식만 가져다주는 것이 아니라, 그 안에서 또한 중대한 정치적 논쟁들이 공개적으로 벌어진다.

외적인 모습들조차 근본적으로 달라졌다. 분을 뿌린 가발, 반바지, 긴 비단 양말을 착용한다고 해서 1710년 영국이나 프랑스의 잘 사는 부르주아나 귀족이 계속 이목을 끌지는 않을 것이다. 이는 1860년과는 완전히 다른 것이다. 그런 의상은 가령 영국의 왕궁에서는 보이긴 하지만 오직 공식적인 기회들에서만 과거를 소환하는 소품들로만 선보인다.

우리가 비슷하게 교육을 받은 사람을 1860년의 서유럽으로부터 마찬가지로 2010년으로 150년만큼을 옮겨다 놓으면 사정은 완전히 다르다. 이 사람도 그에게 당장 생소하고 놀라운 세계에 처한 자신을 발견할 것이지만 그에게는 현재의 상황을 이해하는 데 극복해야 할 것으로 훨씬 더 경미한 문제들이 마련되어 있다고 해도 좋겠다. 이미 그의 의상은 앞의 경우처럼 오늘날의 의상과 대충 그다지 크게 어긋나지 않는다. 우리가 다양한 사진들에서 아는 마르크스와 같이 그렇게 옷을 입은 사람이 오늘날 파리나 런던의 거리를 걸어간다면, 그는 좀처럼 주의를 끌지 못할 것이다. 이 인물에게 인터넷조차 아주 빨리 이해시킬 수 있을 것이다. 계속 더 발달된 전신 체계로서 거기서는 누구나 자기 전신 접속설비를 집에 가지며 모스 부호만이 아니라 그림과(사진은 1860년에는 몇 년 전부터 알려져 있었다) 음성도 전할 수 있는 것이라고 말이다. 증기기관차는 전기기관차로 계속 발달되었고 더 빨라졌다. 그리고 증기선이 한때 항해에 혁명을 일으킨 것처럼, '항공선'은 이제 공중 공간의 정복을 가능케 해 주었다. 자본주의적 공업 기업들은 부분적으로 더 커졌으며 더 능률적인 기계들을 가진다. 인민 주권 그리고 보통의, 즉 여성을 포함한 선거권은 더 이상 급진적인 정치적 관념들로 통하지 않으며, 원칙상 세계의 많은 부분들에서 인정되고 다소간에 (전에 한때 사람들이 희망했던 그런 정치적으로 변혁적인 결과들을 초래한 것은 아니라고 해도) 관철되고 있다. 그리고 대중 매체들은 인쇄물 형태로만 있는 것이 아니고 또한 라디오와 텔레비전 형태의 전자기적 '전송'으로서도 존재한다.

1710년의 영국이나 프랑스로부터 1860년으로 옮겨진 그 인물에게 거론된 변화들이 그가 자명하고 불변인 것으로 간주했던 어지간한 모든 것과의 깊은 단절을 나타낸다면, 1860년의 영국이나 프랑스로부터 2010년도로 옮겨진 다른 인물이 체험하는 대부분의 변화들은 그의 경험 지평에 완전히 통합될 수 있는 것이다. 이는 상당 부분 그 인물이 이미 아는 어떤 것의 상승과 계속 이어지는 발달이다. 이전과 이후의 질적인 차이를 본다면, 단 하나의 영역만 끄집어낸다고 할 때 증기기관차·증기선·전신은 인간의 이동성과 원격 통신에 역사적으로 기초를 놓은 변화들이다. 비행기와 인터넷이 증기선과 전신에 비해 그런 것보다 증기기관차·증기선·전신은 과거의 상태에 대한 훨씬 더 원리적인 차이를 기록한다.

물론 1780년과 1860년 사이에 우선 서유럽과 북아메리카에서 일어난 경제적이고 정치적인 변혁들에서 인류사에서의 기초를 놓는 시대적 단절을 본다면 이는 과장된 것이 아니다.[2] 경제는 점점 더 현대 자본주의에 의해 지배되었으며, 이는 지난 세기들에서처럼 상업만이 아니라 생산도 지배했으며 되풀이되는 경제 위기들을 수반했다. 이와 걸맞게 서유럽과 북아메리카에서는 19세기에 점점 더 세

---

[2] 근대의 지구 역사를 표방하는 서술들은 19세기에 일어난 이런 시대적 단절을 이미 그 제목에서 명확히 밝힌다. 가령 『세계의 탈바꿈. 19세기사』(Osterhammel 2009) 혹은 『현대 세계의 탄생. 지구 역사 1780-1914』(Bayly 2006)를 참조하라.

속적이 되고, 상당한 물질적 불평등에서도 남자 부르주아들의 (나중에는 여자 부르주아들과 유색인들도 포함한) 형식적 평등과 개인적 자유에 의존한 사회가 만들어졌다. 이 시대 단절은 또한 전 세계적으로 볼 때 자본주의의 모습 및 정치 체제들에서 상당한 차이가 있다고 해도 현재의 사회적·경제적 상황을 규정해 주는 것이다.

마르크스는 어느 정도 이 시대적 격변의 소생이면서 마찬가지로 그 변혁에 대한 탁월한 반성의 권위들 중 하나이기도 했다. 내가 이 책의 제목에 사용한 '현대 사회'란 표현으로 마르크스는 정확하게 자본주의 이전과 전前부르주아 사회와 자본주의적 부르주아 사회 간의 차이를 겨냥했다. 『자본』서문에서 그는 "현대 사회의 경제적 운동 법칙을 폭로하는 것이 이 저작의 최종 목적"이라고 적는다.(MEGA II/5: 13f; MEW 23: 15f.) 현대 사회에 대한 마르크스의 분석들에 바쳐진 것은 『자본』만이 아니며, 이 분석들은 결코 '경제적 운동 법칙'에만 국한되지 않지만 완결된 상태로 존재하지도 않고 상당한 단절들과 개념상의 이동들과 맞물리는 상당한 발달을 스스로 보여 준다. 그처럼 마르크스가 얼마나 그의 현대 사회관을 가지고서 유럽 중심적 고찰 방식이란 덫에 걸리는지, 또 얼마나 그런 고찰 방식에서 벗어나는 데 성공하는지를 토론할 수 있을 것이다.

자본주의적 관계들을 생산에서 관철함은 유럽 안에서 그리고 전 세계적으로 그때까지 알려지지 않은 사회적·경제적 변동들의 기본 동력이었다. 생산양식으로서의 자본주의는 일단 생겨난 후에는 확장되면서 자본주의 이전의 관계들을 변형하는 경향을 가진다. 그 역사적 관철의 과정에서 자본주의적 생산양식은 자유 임금노동에 의존할 뿐 아니라 오늘날에도 완전히 사라지지 않았고 거듭하여 재생산되는 노예제 그리고 다른 부자유 노동의 형태들에도 마찬가지로 의존했다.(이에 대해서는 Gerstenberger 2017을 참조하라) 특이하게 다채로운 것은 자본주의적 생산양식과 맞물리는 정치 형태들인데, 이것들은 결코 모두가 의회주의, 권력 분립 그리고 인권의 방향으로 발달하지 않았다. 유럽에서도 이 발달은 불가역적인 것으로 드러나지 않았으니, 이는 20세기 전반기의 파시스트 정권들이 명료하게 보여준 것과 같다. 전 세계적으로 '현대 사회'는 결코 동질적으로 드러나지 않는다.

『자본』에서 마르크스는 자본주의적 생산양식의 근본적인 기초를 오늘날의 경제학의 단순화 모델을 지향한 제한된 방식에서가 아니라 계급 관계들과 사회적 갈등들의 동학動學의 토대를 이루는 사회적 관계들에 대한 탐구로서 착수한다. 거기에서 그의 분석은 결코 동시대 영국 자본주의의 관계들에 국한되지 않았다. 이 영국 자본주의의 관계들은 그가『자본』제1권 서문에서 강조하는 것처럼 오직 그의 '이론적 전개'의 '예증'으로만 그에게 소용된다.(MEGA II/5: 12; MEW 23: 12). 제3권을 위한 원고의 끝부분에서 그는 이 이론적 전개의 내용으로서 "자본주의적 생산양식의 내적 조직, 말하자면 그 생산양식의 이념적 평균을 나타내는 것이"(MEGA II/4.2: 853; MEW 25: 839) 중요하다고 확언한다. 마르크스에게는 이처럼 자본주의의 특수한 역사적 모습이 아니라 어떤 모습의 자본주의를 위해서도 기초적인 의미를 가지는 구조들이 중요하다. 그런 한에서 마르크스의 분석은 ― 그 분석 결과들을 세부적으로 어떻게 평가하든 이와 상관없이 ― 오늘날에도 현실성을 지니며, 현재의 사회들에도 유관한 질문들을 다루는 것이다.

그러나 마르크스 이론을 놓고 벌이는 논란에서 벗어나지 못하게 하는 것은 주제상의 현실성만은 아니다. 기초적인 사회 이론들은 결코 단지 순수한 분석만은 아니다. 그것들은 인간 해방이 무엇을 의미하는지, 우리는 어떤 의미에서 자유·평등·연대·정의에 관해 이야기할 수 있는지, 또 어떤 사회적 관계들 아래서 그것들이 도대체 가능한지 하는 질문에 의해서도 언제나 추진된다.

부르주아지와 그 사회 이론의 대변자들에게 자유와 해방의 가능성은 이미 봉건적 예속과 특권의 극복, 자유 시장과 자유 선거의 관철과 함께 주어졌다. 부르주아지는 시장에서 재산을 벌어들일 기회와 마음에 안 드는 정부를 투표로 해임할 가능성을 통해 개인의 해방과 전체 사회의 정치적 자유를 실현했다. 행복과 자유에 대한 이 자유주의적인 약속의 위력적인 힘은 최근 1980년대와 1990년대에는 신자유주의의 승승장구에서 드러났다.

마르크스는 이 자유주의적인 행복의 약속에 대해, 자본주의 이전 시대의 인적 지배 및 예속 관계들로부터의 해방이 지배와 예속 전반으로부터의 해방과 결코 동일하지 않다고 반박한다. 인적인 지배 관계들 대신에 자본주의적 조건 아래서는 비非인적·물적인 지배 관계들, 『자본』(MEGA II/5: 592; MEW 23: 765)에서 이야기되는 그런 경제적 관계들의 "무언의 강제"가 등장한다. 그리고 봉건적 권력 대신에 부르주아 국가가 등장한다. 부르주아 국가는 자신의 국가권력을 가지고 인물의 명망 없이 사유재산권을 보장하고, 그래서 부르주아지들의 자유와 평등을 존중하면서 바로 이 "무언의 강제"가 지극히 효력을 과시하며 펼쳐지는 것을 가능하게 해 준다.

진보적 신문의 필자이자 편집인으로서, 노동자 단체들에서 정치적 교양사업을 추진하는 자로서, 공산주의자 연맹과 국제 노동자 협회 총평의회의 회원으로서 그 자신의 정치 활동으로 그러나 무엇보다도 그의 기초적인 자본주의 비판으로, 마르크스는 정치적 사태 전개에 완전히 직접적으로 영향을 주었다. 19세기 전반기 이미 그의 생전에, 더욱이 20세기에 노동운동의 상당 부분이 그리고 반체제 그룹들과 당파들의 다수가 다소간에 마르크스의 관점들, 혹은 당시에 마르크스의 관점들로 간주되었던 것을 지향했다. '마르크스'는 19세기의 마지막 사반세기 이래 정치적 지성적 발달에서 더 이상 떼어 놓고 생각할 수 없는 하나의 암호가 되었다. 20세기에 생겨나고 영향력이 커진 거의 모든 기초적인 정치적 경제적인 기획들이 진보적이든 보수적이든 마찬가지로 마르크스와 어떤 형태로든 대결할 수밖에 없었다. '마르크스'는 19세기 이래 더 이상 지나쳐 갈 수 없는 마찰지점이다.

동시에 이 마찰지점은 거듭하여 그 자신의 효과들과 그 효과들의 여러 형태 변화에 의해 은폐되었다. 마르크스의 비판이 '마르크스주의'와, 이 비판이 노동운동 그리고 다양한 좌익 정당들에서 수용되고 효력을 띠게 된 방식과 동일한 것으로 취급되는 일이 드물지 않았다. 이 동일시는 1917년 러시아 혁명 후에 생겨난 공산주의 정당들에 의해 강하게 촉진되었다. 소련은 마르크스·레닌주의 학설의 일관적 실행 결과로 자신을 연출했으며 거기서 레닌은 기질이 같은 마르크스의 계승자로 통했다. '마르크스·레닌주의'는 스탈린 치하에서 당의 사회에 대한 잔혹한 지배의, 그리고 당 지도부의 당에 대한 그에 못지않게 잔혹한 지배의 정당화 이데올로기가 되었다. 냉전 기간 동안에 공산주의 국가 정당들은 그 부르주아 비판자들과 적어도 한 가

지 점에서, 이런 정당들의 정치는 마르크스주의 학설의 진정한 표현
이라는 점에서 생각이 일치했다. 마르크스는 스탈린주의의 극악한
범죄에 대하여 책임이 있는 것으로 만들어졌다. 동양에서도 서양에
서도 마르크스의 비판과 당 공식 마르크스주의 그리고 권위적 국가
사회주의의 다양한 형태들 간의 기초적 차이를 강조하는 것은 언제
나 오직 작은 좌파 그룹들로서 보통은 통일적이지도 않고 영향력이
있는 것도 아니다.

트리스트럼 헌트Tristram Hunt의 엥겔스 전기의 독어판 부제목이
주장하는 것처럼3) 엥겔스가 마르크스주의의 '발명자'라는 것은 아
주 거친 단순화다. 무엇보다도 마르크스·레닌주의에서 마르크스와
엥겔스의 저작들을 일심동체인 한 저자의 것으로 간주하는 것은 그
들 둘 중 누가 어떤 것을 말하는지는 그 어떤 것이 언제나 그 두 사
람에게 타당성을 가지는 것이기에 상관없다는 것으로서 이보다는
그 둘 간의 구분을 제거하지 않는 것이 적절하기는 하다. 마르크스
와 똑같이 엥겔스도 그 후의 세대들이 그들의 글을 활용한 때 가진
목적에 따라 세워진 상像대로만 취급되어서는 안 될 것이다.

소련과 그 위성국가들에서 실천된 '현실 사회주의'의 붕괴로 한 역
사적 순간에 마르크스의 자본 비판과 그것의 모든 변종의 '마르크스
주의'도 마감된 것으로 보였다. 자본주의는 자신의 대안보다 더 오래
살아남았다. 이제부터는 오직 실재로 존재하는 자본주의의 개선 작
업만 할 수 있고 그 폐지의 시도는 늘 시대에 뒤떨어진 자들의 실패

---

3) 『프리드리히 엥겔스. 마르크스주의를 발명한 사나이』(Berlin: Propyläen 2012) 원
   서는 상당히 적확한 제목을 지닌다: 『연미복 차림의 공산주의자. 프리드리히 엥겔
   스의 혁명적 생애』(London: Allen Lane, 2009).

판정을 받은 노력이라는 것이다. 1990년대 초에 널리 퍼진 신념이 그러하다. 그러나 그러는 사이에 전 세계적으로 승승장구하는 자본주의의 전쟁들, 경제 위기들, 진행해 가는 환경 파괴 등에서의 파괴적 잠재력이 점점 더 명료해졌을 뿐 아니라 마르크스의 여러 분석이 권위적 정당들이 그것을 가지고 만들어 낸 것과 꼭 동일하지 않다는 통찰도 다시 입지를 얻는다.

3. 무엇이 문제인가?

마르크스 전기들의 수가 부족한 것이 아니다. 스파고(1910)와 메링 (1918)의 최초의 방대한 작업들 이래 30편에 가까운 거대한 마르크 스 전기가 발간되어 있다. 이제 또 하나의 방대한 마르크스 전기를 내놓는다면 그 정당한 이유가 필요하다.

오래된 전기들이 크고 작은 부정확한 내용들로 가득하다는 것은 별로 놀랍지 않다. 부족함의 일부분을 저자들이 세심하게 살펴본다 면 스스로 확인할 수 있었을 것이며, 부분적으로 이런 부족함은 나 중에 가서야 비로소 더 새로운 인식들에 의해 명료해졌다. 그러나 현존하는 오류들의 단순한 수정은 새로운 전기를 쓰는 것을 정당화 해 주기에는 약한 이유일 뿐이다. 많은 마르크스 전기들이 실토해야 할 일방성 — 마르크스 이론의 추종자들 다수는 마르크스라는 인물 을 미화시켰고 적지 않은 비판자들이 그 저작에 대한 비판을 그 인 물의 나쁜 특성들에 대한 증명으로 보충하고자 시도했다 — 은 새로 운 전기를 위해 별로 강한 논거는 못 된다. 나의 새로운 전기 집필 작업의 착수에 대한 정당화와 그 구상의 새로운 점에 대한 특징 부 여를 위해 세 가지 사항을 들 수 있다.

첫 번째 사항은 내가 전기적 과대평가라고 칭하는 현상과 관련된다. 전기들은 한 사람의 생애를 이야기하며 보통은 독자들에게 이 인물을 더 가깝게 데려다주고 그의 모든 인간적인 강점과 약점들을 가진 것으로 그린다는 주장을 하면서 등장한다. 옛 사회민주당의 위대한 역사가 프란츠 메링은 그의 마르크스 전기 서문에서 마르크스에 관해 그가 추구한 서술을 이렇게 적었다: "그를 강하게 거친 위대함으로 본떠 내는 것이 내가 자임한 과제였다."(Mehring 1918: 9) 메링은 그 일에서 마르크스의 딸 로라의 힘을 입었다. 이는 로라가 메링을 이 서문에서 그가 전해 주는 것처럼 "마르크스의 인간적 본질에 가장 깊이 파고들었으며, 이를 가장 적절하게 서술할 줄 아는 자"(같은 책: 7)로 간주했기 때문이다.

다른 전기 작가들은 그렇게 명료하게 발언하지는 못했지만, 그들이 그리는 인물의 "인간적 본질"에 파고든 자는 같은 주장을 빈번하게 한다. 많은 이들이 관련 인물을 사적으로 잘 알았다는 것으로 이 주장을 뒷받침하며, 다른 이들은 그들이 일기장이나 사적인 편지 같은 내밀한 문서들을 연구할 수 있었다는 것을 든다. 그와 같이 1930년대에 처음으로 완전히 출판된 마르크스와 엥겔스 사이의 서신 교환집은 많은 마르크스 전기 작가들에게 그들 작업의 근거로 소용되었으니, 이제는 — 결국 — '사적인' 마르크스에 대해서도 접근 가능성이 있기 때문이다. 그러나 이미 이런 판단은 단지 아주 제한적으로만 유효하다. 모든 편지들이 보전되어 있지 않았고 바로 순수하게 사적인 성격의 일련의 편지들은 마르크스의 딸 엘레아노르에 의해 아버지 사후에 추려서 제거되었을 개연성이 아주 높다.4)

(단지 마르크스 전기들만 읽는 것은 아닌) 많은 독자들은 전기 작가들의

포괄적인 주장들을 진짜로 받아들이며, 읽은 후에는 거기 그려진 저자·예술가·정치인만이 아니라 '인간'도 안다고 믿는다. 그러나 이미 스파고와 프란츠 메링은 카를 마르크스를 사적으로 알게 된 것이 아니었다. 시간적인 거리의 문제는 논외로 하고서라도 하나의 전기는 특정 인간의 '본질'이나 '성격'을 폭로한다는 주장을 언제나 겨우 단편적으로 완수할 수 있을 뿐이다. 물론 어느 사람이든지 그가 스스로 다소간에 명확히 알지만, 누구와도 공유하지 않는, 혹은 완전히 몇 안 되는 신뢰하는 사람들과만 공유하는 사상·감정·바람의 영역을 가진다. 우리가 자기 경험으로부터 아는 것처럼, 우리가 하는 것에서는 또한 우리의 근심과 희망, 우리의 허영이나 복수심이 중대한 역할을 하지만, 그러면서도 우리는 이를 다른 이들에 대해 언제나 공개적으로 두지는 않는다. 전기는 편지들, 일기장, 친구나 식구들의 의견들에 대한 세심한 검토를 통해 어떤 저작이나 공적인 개입이 필시 일반적으로 가정된 것과는 다르게 이루어졌을 것이란 것을 말해 주는 여러 배경적 이유들을 밝힐 수가 있다. 우리는 결코 우리가 그리는 인물의 전체 동기와 의도를 알아냈는지를 확신할 수는 없다. 거기서는 '무의식'의 영역이 중요한 것이 아니라 해당 인물이 의식하는 것, 그가 필시 심지어 작은 동아리에서 논의했지만 그것에 관한 아무 증거도 없는 것이 중요하다.

다른 인간의 본질을 나타낸다는 주장은 전기의 가능성들에 대한 강한 과대평가다. 물론 쉽게 떠오르는 과대평가인 것이다. 어떤 인물의 생애에 대한 집중적인 몰두, 지극히 내밀한 편지들을 읽음, 공사의

---

4) 엘레아노르가 언니 로라에게 쓴 1883년 3월 26일자 편지(Meier 1983: 191)를 참조하라.

논란들에 파고 들어가면 전기 작가들에게 빈번히 그려지는 인물에 대한 깊은 친숙함의 인상을 받게 된다. 서술된 인물을 정확히 알고, 그 인물이 어떻게 느꼈는지, 왜 그렇게 반응했고, 다르게 반응하지 않았는지를 안다고 믿는다. 그 때문에 많은 전기 작가들이 그들에게 특별히 그럴듯하게 여겨지는 추측들을 사실로 간주하고 그렇게 제시하는 쪽으로 기운다. 독자들에게 이는 치명적이다. 어떤 저자가 추측을 표명하노라고 명료하게 밝히면, 비판적인 독자로서는 그 추측의 그럴듯함에 관해 숙고할 것을 요구받으며, 필시 이를 의심할 것이다. 이와 달리 저자가 어떤 사실 관계를 출처를 통해 입증된 사실로 제시한다면 이 사실 관계를 수용하는 쪽으로 기울게 되는데, 읽는 사람은 그 저자가 그 출처를 세심하게 검토했다는 것을 전제로 할 것이기 때문이다. 어느 정도 보장된 지식, 다소간에 그럴듯한 추측과 단순한 억측이 구분되지 않고 필시 또 모종의 통속 심리로 곁들여지면, 전기로부터 전기적 허구로 가는 경계선이 속히 돌파된다.

여기에 이제 본 전기를 위한 첫 번째 접근 방식이 있다: 나는 어떤 전기적 허구도 피하기를 시도한다. 그러나 이는 내가 추측을 완전히 포기했다는 말이 아니다. 그러나 기존 출처[신뢰성은 개별 사례에서 논의해야 함]를 근거로 다소 확인된 것으로 전제해도 좋은 것과 단지 추측[추측의 타당성은 논의해야 함]할 수 있는 것과 알지 못하는 것을 정확히 구분하고 명료하게 밝혀 두어야 한다.

출처를 통해 비교적 확인된 지식과 단순한 추측 간에 구분해야 한다는 요구는 많은 독자들에게는 자명한 것으로 들릴 수 있는 반면, 근대의 인식이론적 논쟁과 친숙한 다른 사람들은 필시 확인된 역사적 사실과 단순한 추측 간의 엄밀한 경계 획정이 그렇게 들리는 것처럼 간단하지 않다고 항변할 것이다. 지금 나에게는 순진한 실증주의, 과학은 사실의 확인으로 환원된다고 믿는 이 실증주의를 지지하는 것이 할 일이 아니다. 역사적 경과에 대한 어떤 서술에도 그런 것처럼 이 전기에도 필연적으로 개별 사실들의 취합과 중요도 판정 그리고 이로부터 이끌어 내어지는 결론들에서 (이에 대해서는 부록을 참조하라) 표현되는 주관적 계기가 붙는다. 물론 출처들을 다루고 이 출처들을 근거로 행해지는 발언들의 지위를 성찰하는 양태와 방식에서는 상당한 차이가 있다. 예를 들어 특정한 행동과 결부된 의도들에 관해 이야기한다면, 이 의도의 확인이 해당 인물의 자술에 의존하는지 아니면 특정한 징표를 근거로 그런 의도가 겨우 추측되는지 사이에는 상당한 차이가 있다. 그러한 구분은 서술에서 지워져서는 안 될 것이다.

여러 마르크스 전기들에서 출처들의 취급 방식은 상당히 의심스럽다. 몇몇 저자들, 예컨대 프리덴탈(Friedenthal 1981)은 개별 발언들에 대한 상세한 출처의 제시를 완전히 포기함으로써 그들의 발언을 검증할 어떠한 시도도 완전히 곤란하게 만든다. 다른 저자들은 출처를 제시하기는 하지만 출처를 놓고서 비판적으로 작업하지 않고 특정한 발언에 관해 대체로 어떤 한 출처를 알려 줄 수 있는 것으로 만족한다. 그러나 그 출처가 다른 어떤 전기에서 어떤 것이 (출처 없이) 주장된다는 데만 있다면, 그 전체는 별로 가치가 없다. 많은 마르크스 전기들에서 가령 휜(Wheen 1999)에서 그런 것처럼 순전한 공상의 산물들 또한 발견되며 그런 것들 몇몇에 대해 나는 해당하는 대목에서 간단하게 파고들어 갈 것이다. 스퍼버(Sperber 2013)는 그때까지 있던 것들 중 가장 출처가 풍부하게 밝혀진 마르크스 전기를 내놓았다.

거의 모든 쪽마다 문헌 참조 사항이 달린 여러 주석들이 있어서 지극히 부차적인 발언들에마저 출처가 붙는다는 인상을 받게 된다. 하지만 유감스럽게도 이는 언제나 그런 것은 아니다. 참조 사항들을 추적해 보면, 때로는 제시된 출처들이 그때마다의 대목에서 발언된 것을 전혀 드러내 주지 않는다는 것이 밝혀진다. 이런 경우들 몇 가지도 살펴보려고 한다.

대부분의 전기들에서 다른 전기 작가들의 발언이 상당히 무비판적으로 사용되므로 전기 문헌에는 개별 연구들에서 오래전에 반박된 판단오류들과 전설들이 보전되어 왔다. 출처들을 다루는 문제 삼을 만한 방식으로 인해 나는 다른 전기들로부터 발언들을 단순히 받아들이는 것을 단념했다. 본 전기에서 나는 마르크스에 관한 어떠한 중요한 전기적인 발언에 대해서도 가능한 최대로 신뢰할 만한 동시대인의 출처를 알리거나 적어도 그런 출처들을 정확히 검토하는 연구들을 활용하고자 시도했다. 필요한 경우에는 어떤 출처가 얼마나 신뢰할 만한지도 논해진다. 전지적 화자의 관점에서 쓰인 많은 전기들이 성장소설Entwicklungsroman을 닮은 반면, 본 전기는 그래서 때때로 범죄소설의 면모를 가진다. 특정한 본문은 무엇을 말하는가, 제3자의 발언은 얼마나 믿을 만한가? 사실적으로 특정한 징표로부터 무엇이 도출되는가? 그러나 이런 조사들이 언제나 명확한 결과로 이끌어 가는 것은 아니다.

이 전기가 정당화될 수 있게 해 주는 두 번째 접근 방법은 인생과 저작의 관계에 관련된다. 전에 그러했듯이 이후에도 인생과 저작을 고르게 포괄적으로 시야에 두는 마르크스 전기는 없다. 대부분의 전기들은 저작을 들여다보는 근시적 조망으로 만족한다. 많은 전기 작가들이 마르크스의 이론들에 관해 오직 표면적인 지식만 있는데도, 이것이 그들 중 어떤 이들이 광범위한 판단들을 내리는 것을 막지 못한다. 하나의 예외를 이루는 것은 데이빗 맥렐런(David McLellan 1974)의 전기로서, 그는 큰 전문 지식을 가지고 저작에 대한 체계적 고려를 위해 노력했다. 물론 그는 '청년' 마르크스를 질적으로 또한 양적으로도 그의 저작 해석의 중심에 두었다. 또 하나의 예외는 오귀스트 코르뉘Auguste Cornu가 1954년에서 1968년 사이에 내놓은 세 권으로 된 마르크스와 엥겔스의 이중 전기다. 그러나 그것은 단지 1846년까지만 다룬다. 이 기간에 대해 코르뉘의 저작은 일련의 개별 항목들 전체에서 사실적인 오류들 그리고 때로는 좀 문제 삼을 만한 판단들을 담고 있다고 해도 그 상세함과 세세한 지식에서 이제까지 이를 능가하는 전기는 나오지 않고 있다. 물론 코르뉘와 맥렐런의 저작들은 1975년 제2차 마르크스·엥겔스 전집MEGA의 출판이 시작도 되기 전에 나왔다.5) 당시에 제2차 MEGA를 활용하여 가장 철저하게 마르크스의 저작을 파헤친 것은 스벤 에릭 리드먼Sven Eric Liedman의 마르크스 전기에서 발견되는데, 이는 2015년에 스웨덴어로, 2018년에는 영어 번역본으로 발간되었다. 물론 본래의 생애사는 거기서 때로는 좀 피상적으로 다루어진다.

제2차 MEGA의 중요성은 마르크스의 저작을 논하는 데서 아무리

---

5) 제1차 MEGA는 모스크바의 마르크스·엥겔스 연구소의 위탁으로 다비트 랴자노프(1870-1938)에 의해 시작되었으며, 제1권이 프랑크푸르트암마인에서 1927년에 출간되었다. 이 프로젝트는 1930년대에 깨어질 수밖에 없었으며, 스탈린주의와 국가사회주의의 희생 제물이 되었다. 랴자노프는 스탈린의 사형집행인에 의해 총살당했다. 랴자노프와 제1차 MEGA에 관해서는 『마르크스 엥겔스 연구에 대한 기여 논문들 별권 1』(1997), Hecker(2000, 2001)을 참조하라.

높게 평가되더라도 충분할 수가 없다.6) 이런 발언은 근거를 요한다. 마르크스의 전체 저작을 본다면, 그 자신이 출간하지 않은 텍스트들이 질적으로 또 양적으로 아주 상당한 부분을 차지한다. 그 미출간 부분들의 사후死後 출간은 부분적으로 아주 긴 휴지 기간을 가지고 성사되어 19세기 말 이래로 각 세대는 시대의 문제들이 달라졌으므로 다른 질문들을 마르크스에게 제기했을 뿐 아니라 또한 그때마다 다른 마르크스 '전집'이란 것을 대했다. 거기서 개별 판들은 그 본문 충실성이란 면에서 아주 질이 달랐다. 마르크스가 출판하지 않은 본문들은 완결성의 정도가 달랐다. 『자본』의 제2권, 3권을 출간한 프리드리히 엥겔스에서 시작된 옛 편집자들은 남겨진 본문을 더 가독성을 가지고 무엇보다 더 체계적으로 만들고자 시도하여 편집된 본문이 마르크스가 — 추정상 — 추구한 당시 저작들의 모습에 접근해 가도록 했다. 그렇지만 편집상의 개입, 위치와 표현 바꾸기는 또한 내용상의 변동과 맞물렸다. 원래 원고에서 발견할 수 있는 많은 애매한 것들과 공백들이 기워졌다. 독자들은 다소 크게 가공된 본문을 얻게 된 것이지만 그들에게 이 가공의 범위가 명료히 알려지지는 않았다.7) 그래서 마르크스와 엥겔스의 저작은 MEGA가 일단 완결될 경우에 MEGA를 가지고서 처음으로 사실상 존재할 것인데, 어떤 이에게는 원고와 발췌문 전체가 출간되므로, 완전하게, 다른 이에게는 원고가 그 원상태대로, (거의) 편집상의 개입 없이 제시되므로 원문에 충실하게 존재할 것이다.8) 그러나 MEGA는 각 본문에 대해 부속 자

---

6) 다음부터 단순히 'MEGA'라고 하면 이는 제2차 MEGA를 말하는 것이다.
7) 그러한 절차의 진행 방식은 마르크스의 본문에 국한된 것이 아니었고, 20세기 초까지 널리 통용되는 편집 관행이었다.

료 권卷에서 또한 그 발생과 전승의 조건들도 개관되므로 처음으로 마르크스와 엥겔스의 저작에 관한 일에 종사하기 위한 보장된 본문 토대를 제공할 뿐이 아니다. MEGA는 또한 전기상으로 유관한 정보들도 넘치게 제공해 준다.9)

그러나 무엇보다도 마르크스의 저작에 관심이 있는 누군가가 도대체 상세한 마르크스 전기를 왜 읽어야 할까? 마르크스가 내놓은 주장들과 대결하는 것으로 충분하지 않은가? 일체의 '마르크스주의적' 체계화 시도들에도 불구하고 마르크스의 저작은 토르소torso인 채로 있었다는 것을 간과해서는 안 된다. 대부분의 기초 작업들은 미완성이며, 부분적으로 미출간된 원고들로 이루어진다. 마르크스의 대량의 서신 교환 내용이 중대한 보완과 해명을 제공해 주는 일이 드물지 않다. 그러나 편지들은 출간된 글이나 미출간된 원고들과는 완전히 다른 종류의 문서다. 편지에서 친구들과 논란을 벌이고, 알려

---

8) MEGA는 역사적·비판적 편집 원칙을 따른다: 모든 본문은 완전하게, 원문에 충실하게 그리고 전체의 변형 과정들(인쇄된 본문들에서 개개의 판들 사이의 차이, 손으로 쓴 원고들에서 삭제, 대체, 위치 이동)을 수록하여 출간한다. 편집자들의 본문 개입은 최소한으로 제한되고 정확히 문서화된다. 본문과 아울러 본문 변형 과정들, 사항 해설, 색인, 본문 증거, 당시의 본문의 발생과 전승에 대한 정확한 기록을 포함하는 부속 자료가 있다. MEGA는 네 분과로 구획된다: I. (『자본』 이외의) 저작들, II. 『자본』과 사전 준비물, III. 편지들(마르크스와 엥겔스의 편지들만이 아니라 그들에게 보낸 편지들도 포함한다), IV. 발췌 노트(빈번하게 주석, 논평들을 포함하는 책들로부터의 발췌 내용들). 각 분과들 내에서 본문들은 본질적으로 시기 순으로 제시된다. 제2분과는 벌써 완전히 나와 있다. MEGA의 역사와 편집 원칙들에 세세히 매달리는 사람들은 들루벡(Dlubek, 1994), 후브만, 뮝클러, 노이하우스(Hubman, Münkler, Neuhaus, 2001), 슈페를(Sperl, 2004), 노이하우스, 후브만(2011)이다.

9) 전기의 이 제1권에서 다루어진 1841년까지의 시기에 대해서는 이미 MEGA의 모든 분과들에 이 시기를 다루는 모든 권들이 나와 있다. 그 후에는 약간의 공백들이 있지만 개별 MEGA권들의 출간은 그 시간 순서를 따르지 않으므로 아직 MEGA의 권들이 나와 있지 않은 마르크스 생애의 어떤 긴 국면도 없다.

진 것을 더 친숙하게 알려 주거나 출판업자에게 특정한 기획에 관해 설득하기를 시도한다. 이미 편지들에서 말해진 것 혹은 말해질 수 없는 것의 적절한 이해를 위해 사람들은 전기적 맥락에 의존해 왔다. 그러나 이는 무엇보다 마르크스의 이론에 관심이 있더라도 전기에 몰두해야 할 유일한 이유는 아니다.

마르크스의 저작은 토르소일 뿐 아니라 토르소들의 계승이다. 그것은 연속적인 일련의 중단되는 시도들, 계속되지 않거나 다른 방식으로 계속되는 새로운 시작들로 이루어진다. 이런 다양한 접근법들은 주제의 변동만이 아니라 거듭하여 이제까지 구상들과의 단절을 나타내는 이론적인 신新구상들도 포함한다. 마르크스는 자신의 비판으로부터 자기 저작을 결코 제외하지 않았다. 전체 저작의 발달을 개관해 보면, 중대한 연속들도 여러 개의 깊은 잘린 곳들도 인식된다. 지난 70년간 많은 논의들이 마르크스의 지적 발달을 상당히 연속적인 일로 이해해야 하며 1844년의 『경제학·철학 수고』 뒤에 (많은 이들이 1843년의 『헤겔 법철학 비판』 뒤에 혹은 이미 1841년의 박사학위 논문 뒤에라고 주장한다) 아무런 근본적인 변경이 더 이상 일어나지 않았는지 아니면 발달의 '단절'이 대체로 『포이어바흐에 관한 테제』 그리고 『독일 이데올로기』와 함께 1845년의 시점으로 비정되는 것으로 있었는지를 둘러싸고 많은 논의들이 전개되었다.

내가 볼 때는 연속성 가설도, 널리 퍼진 '청년'(철학적·인문적) 마르크스와 '노년'(경제학적·과학주의적) 마르크스를 대비시키는 단절의 상상도 마르크스 저작과 그것의 발달의 복잡성을 놓치는 것으로 보인다. 그가 1843-1844년 후에 아주 강하게 정치경제학에 매달렸다고 해서 그 발달이 필연적으로 '주저작'으로서의 『자본』으로 귀결된 것은 결코 아니다. 경제학 비판과 아울러 마르크스에게서는 1843년 이후에도 여전히 정치 및 국가 비판도 중요했으며, 그의 연구들은 항시여러 분야들에서 전개되었다. 그리고 주선主線들과 아울러 때에 따라 떠오르고 부분적으로 다시 사라지는 부수적인 선들이 있다. 마르크스는 그중에서도 수학과 자연과학들, 민족학과 언어과학들과 씨름했고 거듭하여 역사 문제와 씨름했다. 이런 주제의 다채로움은 마르크스가 쓴 무수한 신문 기고들을 고려함으로써 또 무엇보다 MEGA 제IV분과에서 처음으로 완전히 출간되는 그의 발췌문 노트들을 통해 명료해진다. 이 모든 분야들에는 연속선들이 있고 또한 다른 크기의 균열들도 있지만, 이 균열들은 결코 동시에 이루어지지 않았다. 이 모두는 마르크스의 저작들을 — 성공했건 실패했건 — 시간을 뛰어넘는 진리의 정식화로 이해하는 대신 완결되지 않은, 평생에 걸친, 그리고 결코 선형이 아닌 학습 과정의 표현으로 이해할 준비가 되어 있을 경우에만 열린다. 막다른 골목도 포함하는 마르크스의 학습 과정들에 대한, 그의 서로 다른 개념들의 실험에 대한 그리고 그의 점점 더 새로운 경험들의 가공에 대한 연구는 나에게는 이 전기를 쓰는 작업 중 가장 매혹적인 측면에 속한다.

평생토록 마르크스는 연구를 수행한 학자이기만 한 것은 아니었고 또한 엄청난 수의 신문과 잡지의 기고문을 쓴 정치적 언론인이었으며, 여러 연맹들에 들어가고 여러 조직들의 설립에 참여하고, 이전 전우들과의 깊은 불화, 국가의 박해로 이끈 정치적 분쟁들에 연루된 혁명적인 정치 행위자였다. 거기서 과학적 저작, 언론인으로서의 개입 활동, 정치적 참여는 결코 깨끗하게 분리되지 않았다. 거기서 얻어진 과학적 통찰들은 언론 및 정치 활동의 방향에 영향을 주었고 다른 한편 이 활동들은 빈번하게 학문적 작업의 중단을 요했으며, 또한 새로운 주제들과 문제 설정, 새로운 개념 형성으로 이끌었고 이를 통해 과학적 연구의 방향에 영향력을 행사하게 되었다. 그런 한에서 마르크스의 생애를 모르면 과학적 분석적 작업과 그 작업의 발달에 관해 제한된 의미에서만 이야기할 수 있을 뿐이다. 마르크스가 그의 저작에서 왜 특정한 주제들을 추구했고 다른 주제들은 방치했는지, 왜 이런 수많은 중단들, 새로운 시작들, 주제의 변경들이 생기게 되었는지를 알고자 한다면, 마르크스가 개입된 정치적 사태 전개, 그가 관련을 맺은 분쟁들과 논쟁들, 때에 따라 아주 불안정한 그의 생애의 사정들도 적지 않게 고려해야 한다.

이로써 우리는 본 전기의 세 번째 접근 방식, 생애와 저작의 발달이 역사적 맥락에서 위치 지어지는 양태와 방식에 도달해 있다. 물론 어떤 전기이든 다루어지는 인물의 시대 상황을 다룬다. 어떤 전기는 이미 부제목에서 그 사람'과 그의 시대'를 그리겠다고 약속하는 경우가 드물지 않다. 19세기의 역사를 이야기하지 않는 마르크스 전기는 없지만 거기서 빈번하게 정치사에 국한된 채 있고 생애의 이야기를 위한 일반적 배경보다 별로 많은 것이 되지 않는 일이 많다. 생애와 저작의 발달에서 큰 진행 단계들이 알려져 있다는 바로 그런 이유로 암묵적이기는 해도 빈번히 이런 발달의 다소 강한 필연성이 바탕에 전제된다. 그러나 이 생애의 단절들과 돌발 상황들에 접근해 가려면 그 조건들이 명료하게 나타내져야만 한다. 이는 좁은 의미에서의 생애사의 조건들에만 해당되는 것이 아니라 마르크스의 지적 과학적 발달이 진행되는 일반적 조건에도 해당된다. 그처럼 적지 않은 마르크스 비판자들이 마르크스의 성취물들의 독창성을 낮게 평가하고,

그를 오히려 리카도, 헤겔 혹은 포이어바흐의 2등 학생으로 만들면 서도 마르크스와 이 저자들과의 관계를 더 상세히 탐구하는 일은 없는 쪽으로 쏠린다. 거울에 반대로 비추어지듯이 많은 마르크스주의자들은 마르크스를 과도하게 높이는 경향을 띠며, 리카도, 헤겔 그리고 다른 많은 이들이 원천으로 거명되기는 하지만 그들의 성취물은 마르크스의 그것 옆에서 빛이 바래지며, 그들은 단순한 자극하는 자들로 격하된다. 마르크스의 스미스·리카도·헤겔·포이어바흐에 관한 (후기의) 판단들만이 아니라 브루노 바우어와 페르디난트 라살레 혹은 미하엘 바쿠닌 같은 나중의 적들에 관한 판단들도 무비판적으로 계승되어 서술의 기준이 된다. 그렇지만 거명된 인물들에 대한 마르크스의 입장은 — 때로는 여러 번 — 달라졌고, 단순한 판단으로 된 것은 아니다. 특히나 마르크스의 평가들도 비판적인 검증을 받아야 한다.

마르크스가 연루된 동시대인들의 논란들이 단순한 배경으로 축소되지 않고, 마르크스의 적들처럼 친구들도 단순한 조연들이 되지 않을 경우에만 생애사와 저작의 역사가 적절하게 서술된다. 마르크스를 물질적으로 엄청나게 후원했을 뿐 아니라 거의 40년 넘게 그의 가장 중대한 의논 상대이고 정치적 동반자였던 프리드리히 엥겔스의 생애와 저작을 마르크스 전기가 심도 있게 다룰 수밖에 없음은 저절로 이해되며, 그의 아내 예니 폰 베스트팔렌에게 중대한 역할이 돌아간다는 것도 마찬가지다. 그러나 개개의 생애 국면들에서 또 다른 인물들도 마르크스에게 큰 중요성을 지녔고 그들도 상세한 고찰이 필요하다.

마르크스를 포괄적으로 그의 시대의 분쟁들에 위치시키고 그의 독창적인 성취물들을, 그의 지적인 종속성과 한계와 똑같이 명료하게 밝히는 것은 이제까지 전기들에서 단지 미흡하게만 풀린 과제다.[10] 그 때문에 우리는 19세기의 정치만이 아니라 과학도, 마르크스의 출처들과 그의 동시대인들, 또한 그와 밀접한 관계를 가지지 않았거나 단지 간접적인 관계만을 가졌던 많은 이들도 상세히 다룰 수밖에 없을 것이다. 이로써 우리는 전기 집필의 원칙적 문제에 도달했다. 어떤 개별 인물, 한 개인의 생애는 역사의 흐름으로부터 사실상 꺼내어지는가? 무엇보다 독일에서 지배하는 19세기와 20세기 초의 역사 기술 형태인 역사주의에서 이는 자명한 것이었으며, 역사는 '위인들'에 의해 만들어지며, 전기 작가는 그들의 행위들을 '이해'하기 위해 이들의 입장에 서서 '느껴 본다'는 것을 출발점으로 삼았다. 전기는 이로써 역사 탐구와 해명의 중심 구성 부분이 되었다. 그렇지만 사회생활이 그 안에서 펼쳐지는 구조적 조건들의 의미를 시야에 둔다면, 그 문제는 더 이상 그렇게 간단하지 않다. 20세기에 전기적 서술의 가능성에 관해 전개된 논쟁에서 저명한 프랑스 사회학자 피에르 부르디외에게서 원칙적인 부정으로 이끈 상당한 회의론도 생겨났다. 어떤 전기든지 그 윤곽의 테두리선이 그어질 수 있는 인생이 있다는 환상에 의존하기 때문이라는 것이다.(Bourdieu 1998)

이런 비판에서 인간들이 그들이 그 아래서 행동하는 조건들로부터 분리될 수 없다는 것은 맞는 말이다. 그렇지만 그들의 행동도 그들의 사고도 정황에 의해 완전히 정해지는 것은 아니며, 어떤 것은 가능해지고 다른 것은 불가능하게 되며, 어떤 것은 촉구되고 다른

---

10) 여기서도 1846년까지 다루는 코르뉘(1952-68)의 저작이 다른 모든 전기들에 비해 두드러진다. 물론 그것도 어느새 50년도 넘은 오래된 지식수준에서 나온 것이다.

것은 커다란 장애물의 극복 후에만 도달될 수 있다. 그러나 우리의 사고와 행동에 전제되는 조건들은 정태적이지 않다. 그것들은 인간의 행위를 근거로 해서 달라지며, 이를 통해 새로운 행동 가능성들이 생겨나고 존재하는 가능성들이 달라진다. 한 인물은 단순히 먼저 영향들을 받아들이고 그다음에 효과들의 출발점이 되는 고정된 단위가 아니다. 그러나 단순화하는 구도 위에 세워진 세 부분으로 된 서술이 많은 전기들에 바탕이 된다. 어린 시절과 성년 초기에 받은 영향들이 인성에 새겨진 후에 성숙한 성년으로부터 나오는 직접적인 작용들이 중요하고, 끝으로 해당 인물의 최종적 연령 국면과 유산(간접적 작용들)이 중요하다는 것이다.11)

(그의 저작과 마찬가지로) 그 인물은 다양한 지평들에서 완성되어 가는, 항구적인 형성 과정의 결과물이다.12) 이런 통찰을 진지하게 받아들인다면 그런 식으로 큰 생애 국면들로의 분할에서는 지극히 신중할 수밖에 없음이 명백해진다. 보통 그 배경에는 객관적 사실들로서 제시되는 다소간에 문제 삼을 수 있는 해석들이 숨겨져 있다. 본

11) 이런 전통적인 구도에 따르는 것으로는 스퍼버(2013)의 마르크스 전기의 세 부분도 있다: I. 인성에 새겨진 영향, II. 투쟁, III. 유산. 거기서 스퍼버는 그가 어지간히 자의적으로 그은 이 세 국면 간의 경계선(1847년과 1870년)에 근거를 제시하려는 시도를 결코 하지 않는다. 그러한 분할이 얼마나 터무니없는지는 바로 마르크스에게서 아주 명료해진다: 높은 연령에까지 그는 학구열이 있을 뿐 아니라(50이 넘은 나이에 그는 러시아에서 나온 경제학 문헌을 읽을 수 있기 위해 러시아어를 배운다) 또한 자신의 구성들도 파기할 준비가 되어 있다. 그의 '투쟁'은 1847년에 비로소 시작되는 것이 아니라 늦어도 그의 수학 시기 후 1842년에 라인신문 편집부장이 되고 1843년에 결국 신문이 판금되기까지 검열 당국과 대립되던 때에 시작된다. 그리고 '유산'으로는 『자본』만이 받아들여진 것이 아니라 1844년의 『경제학·철학 수고』 같은 그의 미출간된 청년 시기의 글들도 받아들여졌다.
12) 부록에서 나는 그로부터 나오는 전기 집필의 방법상 문제와 더 상세히 씨름한다.

전기에서 나는 그러한 분할들을 피했다. 장 구분에서 나는 한편으로는 마르크스가 살았던 당시의 외적 조건들, 어떤 도시들에서, 어떤 활동을 하면서 살았는지 등, 다른 한편으로는 그의 사고 발달 및 저적 발달을 이정표로 삼았다. 선취와 재소환 그리고 개별 장들에서의 어떤 시간적인 겹침은 거기서 언제나 피해지지는 않았다. 이런 전기가 여러 권으로 이루어진다는 것은 재료의 규모에 책임이 있다. 하지만 개개의 권들은 인생에 대해서도 저작의 발달에 대해서도 완결된 단위들의 서술을 제시하는 것이 아니다. 그래서 세 권에서 장의 번호 붙임도 연속된다.

제1장 실종된 청춘기

그 젊은이는 인상을 심어 주었고, 강한 인상을 심어 주었다: "그대는 가장 위대한, 필시 지금 살아 있는 유일한 본연의 철학자를 알게 될 각오를 할 수 있으니 그는 마침내 (글에서 그리고 강단에서) 공적으로 등장하게 될 경우에 독일 사람들의 이목을 끌 것이네. (…) [그는] 아직은 완전히 젊은 사람(가령 기껏해야 스물네 살이 된)으로서 중세적인 종교와 정치에 최후의 일격을 가할 것이네. 그는 지극히 심오한 철학적 진실성과 가장 날카로운 재치를 결합시킨다네. 루소·볼테르·돌바크·레싱·하이네·헤겔이 한 인물 안에 통합되었다고, 내가 말하노니 뒤섞인 것이 아니라 통합되었다고 생각해 보라. 그렇게 하면 그대는 마르크스 박사를 만나게 된다네."(Hess 1959: 79f)

이 문장들을 1841년에 친구인 베르트홀트 아우어바흐에게 쓴 모제스 헤스(1812-1875)는 마르크스보다 여섯 살 위였고 최근의 철학을 정치적으로 돌리려 시도한 여러 권의 책의 저자였다. 이와 달리 청년 마르크스는 그때까지 두 편의 시 말고는 아무것도 발표한 것이 없었다. 그럼에도 불구하고 그는 그의 친구들에게서 철학자의 하늘에 뜰 미래의 별로 통했다.

젊은 마르크스는 그의 친구들에게 인상을 심어 주었을 뿐이 아니다. 겨우 스물네 살에 어떤 직업에서도 실무 경험이 없는데도 그에게 1842년 10월에 쾰른의 라인신문 편집부장직이 맡겨졌다. 작은 지방지가 아니라 자유주의적인 라인란트 부르주아지를 대변하는 언론이었다. 자본을 든든하게 갖춘 주식회사로서 라인신문은 가장 중요한 독일 신문들 중 하나가 되어 가는 길에 있었다.

젊은 마르크스가 그렇게 일찍 그의 주변 사람들에게 그런 인상을 심어 줄 수 있었던 것은 어떻게 된 것인가? 카를 마르크스는 1818년 당시에 프로이센 왕국의 서쪽 끝의 작은 도시 트리어에서 태어났다. 트리어에서 그는 여러 형제자매들과 함께 유년기와 청춘기를 보냈고 여기서 고등학교Gymnasium를 다녔고 최초의 지적인 자극들을 받았고, 이미 일찍이 나중에 아내가 될 사람인 예니 폰 베스트팔렌을 알게 되었다. 가족, 학교, 친구들, 성장의 주변 환경, 청춘기와 유년기의 체험들과 갈등들, 이 모두가 한 사람의 발달에 상당한 영향을 미친다. 이른 시기의 희망들과 성공들은 이른 시기의 근심들과 실패들과 똑같이 오래 사후적인 영향을 미친다. 그렇지만 젊은 시절 마르크스의 희망과 번민에 관해 우리는 아무것도 알지 못한다. 그의 유년기와 청춘기는 1835년에 친 아비투르 시험 이전의 시절로서 이는 실종되었다. 마르크스는 일기를 쓰지 않았고 어린 시절의 회상을 쓰지 않았으며, 그의 젊은 시절의 증인들의 어떤 보고도, 그가 언급되는 제3자들의 편지도 없다. 친척들, 지인들 혹은 스승들의 개별적인 언급들도 전혀 전해지지 않는다. 그의 동급생들 중 누구도 마르크스가 알려진 인물이었던 나중에도 그에 대한 어떤 회상을 발표하지 않았다. 겨우 그의 막내딸 엘레아노르Eleanor가 그의 사후에 두 편의 작은, 시간이 더 자세히 특정되지 않은 일화를 전해 주었다. 그 외에 겨우 몇 가지 자료가 공적인 문서들에서 취해진다.

1. 우리가 확실히 아는 것

카를 마르크스는 1818년 5월 5일 화요일 새벽 2시경에 하인리히 마르크스와 그의 아내 헨리에테 프레스부르크의 아들로 태어났다. 이것은 트리어 시의 출생 기록부에 적힌 내용인데, 이름이 'Carl카를'이라고 되어 있다.(Monz 1973: 214)[1] 마르크스는 대체로 'Karl카를'과 이중 이름 'Karl Heinrich카를 하인리히'를 썼으나, 'Carl'은 많은 전기들에 등장하며 학창시절에만 사용했다.[2]

---

1) 그다음 정보는 무엇보다도 Monz(1973: 214ff)와 Schöncke(1993)의 상세한 출처 모음을 참조하라.
2) 그는 1835년 본 대학 등록 서류와 본 대학 수료증에도 'Carl Heinrich Marx'로 기입했다.(Faksimiles in Bodsch 2012: 15 ynd 160) 베를린 대학에 그는 'Karl Heinrich Marx'로 등록했다.(Faksimile in Museum für Deutsche Geschichte 1986: 26) 이런 표기법은 1841년 그의 박사학위 논문 표지에서도 발견된다. (Faksimiles in MEGA I/1:9) 다른 모든 공식 서류에는 1835년의 고등학교 졸업증명서 (Faksimile in MEGA I/1:471) 혹은 1843년의 혼인 계약서(Kliem 1970: 141)처럼 단지 'Karl' 또는 'Carl'만 발견된다. 이니셜 'KHM'도 마르크스는 그의 부친과 예니 (다음 장 참조)를 위한 시집들에서만 사용했다. 'Karl Heinrich Marx'란 이름이 아직도 퍼져 있는 것은 초기의 부정확한 두 출처를 수십 년간 베낀 결과이다: 프리드리히 엥겔스는 이 이름을 1892년에 작성된 『국가학 사전』을 위한 전기 개요에서 사용했다. 1918년에 최초로 포괄적인 마르크스 전기를 낸 프란츠 메링도 마찬가지였다.(MEGA I/32: 182; MEW 22: 337)

카를은 맏아이가 아니었다. 1815년에 이미 아들 마우리츠 다비트 Mauritz David가, 1816년에는 딸 조피Sophie가 태어났다. 하지만 마우리츠 다비트는 1819년에 죽었다. 그 후 나머지 동기들도 태어났다. 헤르만(1819), 헨리에테(1820), 루이제(1821), 에밀리(1822), 카롤리네(1824), 에두아르트(1826)가 태어나서 카를은 총 일곱의 형제자매들과 같이 성장했다. 하지만 모두가 오래 산 것은 아니었다. 막내 남동생 에두아르트는 1837년에 열 한 살의 나이로 죽었다. 다른 세 동생들은 스무 살이 채 안 되어 죽었다. 헤르만은 1842년에, 헨리에테는 1845년에, 카롤리네는 1847년에 죽었다. 그들 모두의 사망 원인은 18세기에 널리 퍼진 질병인 '결핵'이었다. 나머지 세 누이들은 남동생 또는 오빠인 카를보다 더 장수했다. 조피는 1886년에, 에밀리는 1888년에, 루이제는 1893년에 죽었다.

양친인 하인리히(1777-1838)와 헨리에테(1788-1863)는 1814년에 혼인했다. 양친은 유태인 집안 출신이지만 프로테스탄트 기독교로 개종했다. 카를 마르크스는 1824년 8월 26일에 그의 여섯 명의 동기간들과 함께 세례를 받았다. 이 시점에 그의 아버지는 이미 세례를 받은 상태였다. 그러나 그가 세례를 받은 날짜는 알려지지 않는다. 어머니는 1825년 11월 20일에 세례를 받았다. 자녀들이 세례를 받던 때에 어머니는 교회 기록부의 기재 내용에 따르면 자신의 세례는 아직 살아계신 친정 부모에 대한 배려에서 미루기를 원하지만 자기 자녀들은 세례를 받기를 원한다고 공언했다는 것이다.(Monz 1973: 242)

마르크스의 아버지는 트리어에서 저명한 변호사였다. 그의 수입으로 가족은 일정 수준의 안락한 생활을 할 수 있었다. 브뤼켄가세

마르크스 생가 ⓒ 마르크스 박물관

(오늘날의 브뤼켄슈트라세)에 있는 세들어 살던 — 마르크스가 태어난 — 집3)도, 좀 더 작지만 중심부에 위치한 가족이 1819년에 구입했던 지메온슈트라세에 있는 — 어린 카를이 성장한 — 집도 그 도시에서 잘 사는 축에 속했다.(Heeres 1993: 20)

---

3) 바로크 양식의 전형적인 트리어 부르주아 주택인 마르크스의 생가는 오늘날에도 남아 있다. 이곳은 박물관으로 차려진 '카를-마르크스-하우스'이다.

학비 납부 기록이 입증해 주는 것처럼 열두 살의 카를은 1830/31
년의 겨울 학기에 7학년Quarta에, 그래서 트리어 김나지움의 3학년
에 받아들여졌다.(Monz 1973a:11) 그는 17세인 1835년에 대입자격
(아비투르)을 취득했다. 그의 아비투르 논술시험 답안지들은 더 오래
되었을 개연성이 있는 시를 논외로 한다면 그가 가장 이른 시기에
지은 글들이다. 카를이 초등학교를 다녔는지를 우리는 알지 못한다.
초등학교들은 이 시대에는 별로 좋지 않았으며, 카를이 김나지움 3
학년에서 즉시 시작했으므로, 김나지움 입학 이전에는 개인 교습을
받은 것으로 추정된다. 서적상인 에두아르트 몬티니Eduard Montigny
는 1848년에 마르크스에게 보낸 편지에서 자신이 그에게 한때 쓰기
교습을 해 주었다는 것을 언급했다.(MEGA III/2: 471)

마르크스의 어린 시절에서 남아 있는 사적인 것은 그의 딸 엘리아
노르가 전해 주는 두 편의 일화에서 나오는 것뿐이다. 마르크스의
사후 12년이 지나 엘리아노르는 이렇게 썼다.

> 고모[마르크스의 누이]들은 모르Mohr[평생을 따라다닌 마르크스의 별명]
> 가 어린이로서 지독한 폭군이었다고 나에게 자주 이야기해 주었다.
> 아빠가 고모들에게 전속력으로 트리어에 있는 마르쿠스베르크로 마
> 차로 오도록 강요했고 더욱 나빴던 것은 고모들이 아빠가 더러운 손
> 으로 더 더러운 반죽으로 만든 요리를 먹도록 고집을 부렸다는 것이
> 다. 그러나 고모들은 이 모두를 군말 없이 받아들였는데, 왜냐하면
> 카를이 고모들에게 그 보답으로 아주 경이로운 이야기들을 해 주었기
> 때문이란 것이다.(E. Marx 1895: 245)

카를 마르크스와 그의 동기간들

하인리히 마르크스 ∞ 1814.9.20 헨리에테 프레스부르크
1777.4.15 ~ 1838.5.10 　　　　　　 1788.9.20 ~ 1863.11.30

마우리츠
1815.10.30
1819.4.15

조피
1816.11.13
1886.11.29
∞ 1842.7.12
로베르트
슈말하우젠
1817.4.21
1862.11.1

카를
1818.5.5
1883.3.14
∞ 1843.6.19
예니 폰
베스트팔렌
1814.2.12
1881.12.2

헤르만
1819.8.12
1842.10.14

헨리에테
1820.10.28
1845.1.3
∞ 1844.9.3
테오도르
지몬스
1813.6.5
1863.2.9

루이제
1821.11.14
1893.7.3
∞ 1853.6.7
얀 카렐
유타
1824.3.23
1886.4.8

에밀리
1822.10.24
1888.10.24
∞ 1859.10.22
야콥
콘라디
1821.11.19

카롤리네
1824.7.30
1847.1.13

에두아르트
1826.4.7
1837.12.14

* Monz(1973)와 Schöncke(1993)에 따름.

마르크스의 사후 곧바로 쓴 전기적인 스케치에서 엘레아노르는 그가 그의 "급우들로부터 사랑을 받으면서도 두려움의 대상이었는데, 사랑을 받은 것은 아빠를 항시 장난에 끼워 넣을 수 있었기 때문이고, 아빠를 두려워한 것은 아빠가 당신의 적들에 대해 풍자적인 문구와 비방문을 쉽게 썼기 때문이었다."(E. Marx 1883: 32)

거기서 엘레아노르는 또한 마르크스의 가장 이른 시기의 놀이친구에는 나중에 그의 아내가 된 예니 폰 베스트팔렌과 예니의 남동생인 에드가르Edgar가 있었다는 것도 보고한다. 에드가르는 카를과 같은 학년이었고 또한 1834년 3월 23일에 그와 함께 견신례를 받았다. (Monz 1973: 254, 338) 하지만 그 어린이들의 우정이 어떻게 생겨났는지, 언제 시작되었는지는 알 수가 없다. 우리는 마르크스의 누나 조피가 예니와 친분이 있었다는 것을 알기는 하지만, 우정으로 이끈 것이 그 두 소녀였는지 아니면 카를과 에드가르 두 소년이었는지, 아니면 그 어린이들의 우정이 양쪽 아빠들의 친근한 관계에 의해서 비로소 시작되었는지는 알려지지 않는다.

에드가르는 학창 시절 후에도 마르크스가 오랜 시간 친분을 유지한 유일한 동창생이었다. 마르크스가 학창 시절 동안에 다른 동창들과도 친밀한 관계를 쌓았는지를 우리는 알지 못한다. 하지만 모른다는 것을 가지고서 그가 아무 친구도 없었다고 결론 내리는 것은 좀 성급하다. 나는 본 장의 말미에 가서 이 문제로 되돌아올 것이다.

엘레아노르는 또한 어린 마르크스가 무엇보다도 그의 아버지 그리고 나중에 그의 장인이 될 루트비히 폰 베스트팔렌에 의해 지적으로 자극을 받았다고 전해 주었다. 후자로부터 마르크스는 "낭만파에 대한 '그의 첫사랑'을 품었을 것이고 그의 아버지가 그에게 볼테르와 라신을 읽어 준 것처럼 베스트팔렌은 호머와 셰익스피어를 읽어 주었다."(E. Marx 1883: 32) 마르크스가 1841년에 그의 박사학위 논문을 루트비히 폰 베스트팔렌에게 헌정하며 아주 다감한 헌사를 붙인 것은 그에게 이 사람이 지닌 중요성을 보여 준다.

이상이 우리가 대입자격시험 이전 시기의 카를 마르크스에 대해 확실히 아는 것 전부다. 물론 우리는 그의 주변 환경을 관찰할 수 있다. 트리어에서 생활 조건들, 그의 가족 관계들, 학교 같은 것들이다. 특히 그의 아버지와 나중에 장인이 될 사람에 관해서는 지난 수십 년간 어느 정도 알 수 있게 되었다. 이런 주변 환경으로부터는 인적 특성도 나중의 발달 양상도 도출되지 않지만, 어린 마르크스가 이른 시기의 경험을 어떤 배경에서 가공해 갔는지를 말해 준다.

2. 목가牧歌와 극빈상태 사이의 트리어

마르크스가 태어난 곳은 한 지방 도시였다. 1819년에 트리어 주민 수는 11,000명을 좀처럼 넘어서지 못했다. 그 밖에 약 3,500명의 병사들이 아직 트리어에 주둔하고 있었다.(Monz 1973: 57f.) 당시에 다수의 사람들이 아직 농촌에 살았고 도시들은 오늘날보다 훨씬 주민들이 적었음을 감안하더라도 이는 별로 많은 인구수가 아니었다. 19세기에 들어서도 한참 동안 도시 성곽으로 둘러싸인 트리어는 적은 주민 수에도 불구하고 면적은 상당히 넓었다. 많은 트인 평지들이 도시 내에서도 부분적으로 경작지와 원예지로 혹은 목초지로 활용되면서 경작이 여기저기 분산적으로 이루어졌다. 1840년에도 미개간 평지들이 트리어 내에서 경작지들을 능가했고 석조 주택들과 아울러 단층의 목조 주택들을 볼 수가 있었으며, 어떤 거리에는 심지어 "지극히 작은 농촌 읍내에서도 좀처럼 볼 수가 없는 막사들"(Kentenich 1915: 746)이 보였다.

마르크스가 자라난 곳 트리어는 농촌 색채가 짙었고 간선도로가 둘 있을 뿐 나머지는 골목과 작은 거리들로 이루어졌다.(같은 책: 747) 건축과 위생상태가 어땠는지는 1818년 가로치안명령의 금지 사항을 보면 명료해진다.(같은 책: 713ff.에 전문 수록) 주택들은 이제부터 확정된 동렬선에 따라서만 건축이 허용되었고, 붕괴 위험이 있는 주택들은 (외관상 그런 집들이 적지 않았다) 철거되어야 했다. 굴뚝과 난로연통은 더 이상은 직접 거리 쪽으로 나와서는 안 되며, 지붕에까지 연장되어야 했다. 부엌·축사·영업소의 오폐수가 거리로 배출되는 것은 금지되며 마찬가지로 오수와 요강을 길거리에서 비우는 것은 금지되며, 돼지나 송아지는 이제부터는 길거리에서 도살되면 안 되었다.

트리어 시내에는 로마 건축물의 상당한 유적이 있었고, 바깥에는 수려한 경관이 펼쳐졌다. 둘 다 마르크스의 청춘 시절에는 중요했다. 로마 건축물과 수집된 고미술품들은 대규모로 행해진 라틴어 수업을 위한 생생한 예시가 되었고 야외경관은 산책과 소풍으로 곧장 사람들을 끌어들였다. 그의 박사 논문 헌사의 원래의 문안에서 드러나는 것처럼(MEGA I/1: 11f., 887; MEW 40: 259f.) 어린 마르크스는 나중에 장인이 될 루트비히 폰 베스트팔렌과 멀리 도보 여행을 다녔다. 당시의 시와 교외의 모습을 에른스트 폰 실러Ernst von Schiller(1796-1841) ─ 그 시인의 차남은 1828년에서 1835년 사이에 트리어 지방법원의 판사였다 ─ 가 자신의 누이 에밀리에게 1828년 6월 1일 쓴 편지에서 이렇게 묘사한다.

상당히 긴 거리를, 많은 정원으로 끊겨 가면서 도시가 모젤강 오른편에 펼쳐져 있고 강 위에는 여덟 개의 아치형 교각으로 된 돌다리가 이어진다. 북쪽 끝에는 거대한 건축물인 흑문Porta Nigra으로 도시가 폐쇄된다. (…) 시내에는 동쪽으로 엄청난 넓이의 광장에 보병 30연대 사령부 건물이 서 있다. 시의 동남쪽 구석에는 로마의 목욕탕과 원형극장의 커다란 유적이 있다. (…) 시의 남쪽과 북쪽에는 옛날 부유한 제국 직속 수도원 건물이 당당히 서 있다. (…) 모젤강 왼편 강둑에는 다리 바로 뒤에 깎아지른 듯 붉은 바위가 서 있고 그 사이로 편도나무와 커다란 마로니에 나무가 있다. 이 바위 위에는 성지 순례객을 위한 성당이 보이고, 그 꼭대기에는 홀로 십자가가 있어 거기서부터 가파른 절벽 아래로 바닥을 내려다보게 된다. 이 바위 뒤에는 높은 산이 솟아 있고 아름다운 마로니에·참나무·너도밤나무로 된 교목림이 있다. (…) 바위 사이에서 숲의 개울이 모젤강으로 흘러들고, 모젤강 합류부에서 15분 정도 올라가면 70피트 높이에서 바위산의 협곡으로 접어드는데, 그곳에는 해가 전혀 들지 않는다. 이곳은 웅장하고 언제나 서늘하며 계곡물 흐르는 소리 말고는 아무 소리도 들리지 않는다. 산과 바위 위에 서면 마치 지도를 보듯 시가지를 내려다볼 수 있다. 어디나 아름다운 골짜기다. 이 모든 아름다운 자연은 아주 가까이에 있어서 몇 시간이면 다 보고 돌아갈 수 있다.(Schmidt 1905: 335f.)

역사와 문화 생활

트리어는 로마인들에 의해 기원전 16년경에 세워졌고 독일의 가장 오래된 도시들에 속한다. 기원후 처음 몇 세기 만에 트리어는 알프스 북쪽의 가장 큰 로마 도시로 발달했고 4세기에는 약 8만 명의 주민이 있는 서로마 황제의 주재도시 중 하나였다. 트리어에서 가장 유명한 로마 건축물인 흑문과 매우 가까운 곳 지메온슈트라세에 카를 마르크스가 자란 집이 있다.

중세 시대와 근세 초기에 트리어의 인구수는 전쟁·전염병·기근 때문에 크게 줄어, 1695년경에는 3천 명이 못 되었다.(Kentenich 1915: 534) 중세 시대 이래 트리어는 주변 지역들과 더불어 선選제후국을 이루었다. 트리어 대주교는 성직자 선제후 3인 중 한 사람이었고, 이 성직자 선제후들이 네 명의 세속 선제후들과 함께 독일의 왕을 선출했다. 선제후 시대로부터 수많은 교회, 수도원들만이 아니라 실러가 언급한 (보병 30연대 사령부 건물인 — 옮긴이) 왕궁도 유래한다. 12세기 이래 트리어에는 권위 있는 성聖유물이 보관되었으니 이는 성의聖衣(Heilige Rock)로 예수가 입었던 튜니카라고 한다. 이 성의가 드물게만 공개적으로 전시되는데, 그럴 때 이는 신자를 대량으로 끌어모은다. 그러한 전시회는 1844년에 카를 마르크스의 부인 예니도 트리어를 방문했을 때 함께 가 보았고 이에 관해 보고했다.

가톨릭 교회의 강한 입지는 트리어에서 종교개혁을 통해서도 흔들리지 않았다. 프로테스탄트 교인들은 19세기 초 트리어에서는 단지 미미한 소수였다. 가톨릭교의 도시 계획적 철저성을 다음과 같이 특징적으로 묘사한 것은 요한 볼프강 폰 괴테(1749-1832)로서 그는 1792년에 트리어를 알게 되었다: "그 도시 자체는 두드러진 성격을 가지는데, 같은 규모의 다른 어떤 도시보다 더 많은 종교 건물들을 보유하기를 포기하지 않으며, 이런 명성은 그 도시에 대해 좀처럼 부정될 수 없다. 왜냐하면 성벽 안에 여러 교회, 성당, 수도원, 수녀원, 신학교, 기사들과 형제들 수도회 건물들로 골치를 썩이고 숨이 막히기 때문이다. 성벽 바깥으로는 대수도원들, 종교재단들, 카르투지오 수도원으로 병풍처럼 둘러져 있다. 아니 포위되어 있다."(Goethe 1822: 292f.)

괴테는 혁명이 일어난 프랑스에 대한 제1차 원정에 참여했다. 오랜 군주제를 유지하는 유럽의 군대, 새로운 프랑스를 경멸심으로 가득 차서 깔보던 유럽 군대는 나중에 유명해진 발미Valmy 포격 앞에서 퇴각해야 했다. 퇴각 때에 괴테는 얼마 동안 트리어에서 지냈으며 그곳에서 그는 한 젊은 교사를 알게 되어 그와 함께 나들이를 하는 중에 그 도시에 관해 어느 정도 배웠고 그와 더불어 "많은 유쾌한 학문적이고 문학적인 대화를 즐겼다."(같은 책) 이 젊은 교사, 요한 후고 비텐바흐Johann Hugo Wyttenbach(1767-1848)는 괴테의 체류 후 40년 간 트리어 김나지움의 교장이었으며, 어린 카를도 가르쳤다. 나는 뒤에 가서 그에 관한 이야기로 다시 돌아올 것이다.

괴테의 방문이 있고 26년 후에 카를 마르크스가 태어났을 때에는, 그 도시의 모습은 크게 달라져 있었다. 트리어는 1794년에 프랑스 군대에게 점령당했었다. 혁명 중인 프랑스는 군주제 세력들을 격퇴했을 뿐 아니라 상당한 영토 획득도 달성했다. 프랑스의 지배는 트리어에 결정적인 변동을 가져왔으며 이 변동은 여러 영역들에서 생활을 근본적으로 변화시켰다. 1798년에 당시로서는 아주 진보적인 프랑스 사법제도가, 1804년에는 나폴레옹의 '민법전'이 도입되었다. 이로써 신분상의 특권들은 폐지되었고, 이제 모든 시민이 법 앞에 평등했다. 농민들의 농노신분과 동업조합들은 폐지되었고, 직업 활동의 자유가 효력을 지녔다. 법정 소송은 공개적이었고 형사사건에 대해서는 배심법정이 설치되었고, 그래서 시민들의 협력을 받게 되었으며, 이는 판결에도 반영되는 것이었다. 교회의 힘은 제한되었고 혼인에서 호적법상의 절차를 밟아야 할 의무가 도입되었다.

1802년부터 트리어에서는 대부분의 수도원들과 종교재단들이 폐쇄되었고, 수많은 건물들이 철거되었다. 대부분의 교회 재산들은 국가로 넘어갔고 이어서 경매에 부쳐졌다. 개별 교회 재산들이 분할되지 않은 채 매각되었기 때문에 취득을 위해서는 상당한 재원이 필요했는데, 도시의 재산을 보유한 부르주아지들만 이런 재원을 보유할 수 있었다. 취득 후에는 그 재산들은 분할되어 큰 이익을 보면서 매각되었다. 그 결과, 이미 부유한 상류층의 재산이 엄청나게 증가했다. (Clemens 2004)

상공업에 대해서는 프랑스의 점령군은 무엇보다 1800년 후에 아주 유익하게 작용했다. 트리어는 프랑스 시장에 대한 접근권을 얻었고 프랑스 군대를 위해 생산된 융단, 도자기, 여러 가지 직물 제품들이 있었다.(Müller 1988을 참조하라) 이를 넘어서 생산자들은 나폴레옹이 영국에 대해 가한 대륙 봉쇄로 우수한 영국 경쟁자들로부터 보호를 받았다. 나폴레옹의 러시아 원정 실패 후에 프랑스 지배는 끝이 났다. 1815년 빈 회의에서 트리어는 라인란트와 함께 프로이센에 합쳐졌고 이때 영리 활동에서 더 발달되고 압도적으로 가톨릭적인 라인란트와 아직 상당히 농촌적이고 프로테스탄트적인 프로이센 사이에 사회적·경제적·문화적 차이는 상당했으며, 지속적인 갈등의 근원을 이루었다.(Heeres/Holtz 2011)

프로이센 시대에 트리어에는 일련의 유복한 가족들과 약간의 아주 부유한 가족들이 있었다. 이러한 유복한 계층들에게 에른스트 폰 실러가 "이곳의 인구 집단"에 관해 자신의 아내에게 쓴 1828년 4월 12일의 편지에서 제시한 서술이 잘 들어맞는다.

부인들은 어지간히 모양을 내고 많은 이들이 내게는 낯선 취향으로 모양을 냅니다. (…) 작은 동아리들과 나들이를 나온 일행들 안에서 그들은 일을 합니다. 즉 뜨개질을 하지요. 금요일 오후 다섯 시에서 여섯 시까지 그들은 비텐바흐의 역사 강의를 들으러 갑니다. (…) 수요일에는 여름이면 다섯 시에서 여덟 시까지 길베르트의 정원으로 가서 커피와 포도주를 마시고, 음악을 듣고 담배를 태우고, 뜨개질을 합니다. (…) 다른 주중의 날들에는 때로는 가족들이 혹은 그 지역을 사랑하는 부인들만으로도 베텐도르프의 자그마한 집을 향해 가서는 커피나 초콜렛을 즐깁니다. 14일마다 부인들이 참석하는 사랑방 Casino 야회가 열리는데 주로 춤을 춥니다. 하지만 가장 많이는 가족 단위로 서로를 찾아가는데, 적어도 일주일에 한 번은 좋은 친구들 집을 방문합니다. (…) 가서는 차와 맥주를 마시고 휘스트(카드놀이의 일종―옮긴이)를 치고, 담배를 피우고 뜨개질을 하고 여덟 시 반쯤 샐러드·불고기·우설·치즈 등을 먹고 거기에 포도주를 같이 마십니다. 식사가 끝나면 파이프 담배를 피우고, 그다음에 10시나 10시 반쯤 집으로 갑니다.(Schmidt 1905: 329f.)

그로스Groß는 이 시대에 "트리어 사회의 최고 위치에 있는 인물들"을 열 명에서 열두 명을 지목한다. 주둔군의 장군들, 구청장과 법원장들, 몇몇 부유한 상인들, 은행가들과 토지 재산 보유자들, 특히 요세프 폰 홈머Josef von Hommer(1760-1836) 가톨릭 주교가 그들이다. 그들은 자주 일요일의 성대한 만찬에 엄선된 추가의 인물들과 함께 모였고 그 소문은 베를린에까지 들려왔다.(Groß 1998: 77)

그 주민 수가 적은데도 불구하고 트리어는 다채로운 문화생활을 하는 곳이었다.(그 개략은 Zenz 1979: 159-179를 참조하라) 1801년에 창립된 "유익한 연구를 위한 학회"가 중요한 역할을 했으며, 이는 1817년 이래 자연사·물리 분과와 역사·고미술품 분과로 나누어졌고 역사·고미술품 분과는 그중에서도 트리어의 고대 사적에 대한 탐구와 관리에 종사했다.(Gross 1956: 93ff) 괴테가 언급한 비텐바흐는 그 학회의 공동 창립자이자 다년간의 서기였다. 그의 고고학적 연구는 그를 트리어를 훨씬 넘어서까지 알려지게 했다.(같은 책: 102) 그는 또한 트리어 시립 도서관을 설립했고 세속재산으로 넘어간 원근의 주위에 있는 수도원과 종교재단 도서관들로부터 수천 권의 책을 건져내어 그 도서관은 수많은 필사본과 옛 인쇄본을 보유했다. 그가 운영하는 김나지움은 또한 화폐·박물·고미술품 수집물 등도 소장했다. 실러가 언급한 그의 공개 강의들로 그는 지식인에 속하는, 그리고 교양에 관심을 둔 부르주아지에 다가갔다. 교양에 대한 바람은 18세기 말 이래 엄청나게 늘어났다. 일련의 전체 도시에서 알려진 학자들의 정기적인 공개 강연이 있었다. 가장 유명한 것은 알렉산더 폰 훔볼트(1769-1859)가 1827-28년에 베를린 성악 아카데미Singakademie에서 한 "코스모스" 강연이었으며, 여기에는 800명이 넘는 청중이 참석할 때가 많았다.(Humboldt 2004: 12) 트리어 김나지움에서 1802년 이래 다양한 주제를 내건 저녁 강좌 시리즈가 열렸다는 것이 확인된다.(Gross 1962: 34)

빈 출신의 시인 에두아르트 둘러Eduard Duller, 또 마찬가지로 시를 쓰면서 그와 친분이 있는 슐레지엔의 프리드리히 폰 잘레트Friedrich von Sallet 소위는 1832년부터 트리어에서 활발한 문단 활동을 했다.(Gross 1956: 136) 1820-30년대에는 고전파인 실러와 레싱과 아울러 무엇보다 역사적·낭만적인 작품들과 여러 편의 오페라가 상연된 극장도 있었다. 카를 마리아 폰 베버의 낭만 공포물인 〈마탄의 사수 Freischütz〉는 여러 번 큰 성공을 거두며 올려졌고 그중에서도 1834

년의 공연이 그랬다.(같은 책: 129f.) 어린 카를도 학창 시절에 그의 첫 번째 시를 쓴 것으로 본다면 그 공연들 중 하나를 찾아갔으리란 것은 충분히 가능한 일이다.

트리어의 사회생활의 중심을 이룬 것은 1818년에 창립된 문인회 Literarische Casinogesellschaft(실러가 언급한 그 문인 사랑방Casino이다) 그 정관에는 "학식 있는 인사들을 위한 사교적 여흥을 위한 회합 장소와 결합해서 독서회를 유지한다"는 목적을 규정했다.(Kentenich 1915: 731에 따라 인용함) 1825년 완공된 문인 사랑방 건물 안에 일련의 외국 신문들도 비치된 독서실이 있었고, 정기적으로 무도회와 음악회가 열렸으며 특별한 경우에는 연회도 열렸다.(Schmidt 1955: 11ff.를 참조하라) 상층 부르주아지와 주둔군 장교들이 그 문인 사랑방에 속했다. 카를의 아버지 하인리히 마르크스는 1818년에 창립회원 중 한 사람이었다.[4] (부분적으로는 같은 이름을 쓰는) 비슷한 회들이 18세기 말 19세기 초에 다른 독일 도시들에서도 생겨났으며 부르주아 문화 탄생의 중요한 결절점들이었다. 정치적 상황에 대한 비판도 여기서 표명되었다. 1834년에 트리어의 문인 사랑방은 앞으로 이야기하게 될 두 정치적 사건의 무대였다.

사회적 상황

트리어는 자연경관의 아름다움과 문화생활의 묘사에서 필시 감지할 수 있는 것과 같은 비더마이어 시대의 목가적 정경이 아니었다.

---

4) Schmidt(1955: 88)에 재수록된 1818년 1월 28일 소집된 총회의 회의록 명부를 참조하라.

프로이센 지배에 의한 프랑스 지배의 해소는 상당한 경제적이고 사회적인 결과를 초래했다. 트리어는 비중 있는 프랑스 시장들로부터 단절되고 프로이센 왕국의 극서쪽에서 제국의 나머지 지역과는 교통로 연결이 나쁜, 불리한 구석진 위치에 처해졌다. 프로이센 정부는 새로 획득된 트리어의 공간을 무엇보다도 프랑스와의 분쟁이 일어날 경우에 자국 군대의 집결 지역으로 군사 전략적 관점에서 바라보았다.(Monz 1973: 52) 지방 경제의 지원을 위한 국가적 수단은 마련되지 않았고 정부가 점점 더 경제적 자유주의의 원칙들을 따르면서 더욱 그랬다. 자유 시장만 있으면 경제적 발달은 신경 쓸 것이 없다는 원칙이었다.

선選제후국 시대와 프랑스 시대에 그 본부를 트리어에 두었던 많은 관청들이 이제 쾰른이나 코블렌츠로 이전되었다. 프랑스 시대에 폐쇄된 대학은 더 이상 재개되지 않았고 그 대신에 1818년에 본에 라인란트를 위한 대학이 설립되었다. 프랑스 지배 시대에 비해 조세 부담도 크게 늘어났다. 프로이센은 전쟁 비용을 조달해야 했으며 이를 위해 라인 지방을 과도하게 끌어들였다. 토지세는 프랑스 시대에 비하여 상당히 인상되었다. 반면에 동프로이센에서는 귀족들로 대규모 토지 소유자들이 토지세에서 꽤 면제되었다. 새로 도입된 방앗세와 도축세는 식품 가격을 올렸으며, 이로써 무엇보다 가난한 인구에게 부담을 주었다.(Heimers 1988: 401) 이 모두가 프랑스의 지배에 잘 적응한 압도적으로 가톨릭이 많은 트리어 인구를 프로테스탄트적인 프로이센의 추종자로 만드는 데 별로 도움이 되지 못했다. 거꾸로 프로이센 정부는 프랑스에 대한 강한 공감이 있다고 추측되는 그 도시에 대하여 큰 불신을 품었다.(Monz 1973: 110ff.을 참조하라)

프로이센 지배의 초기에 라인란트는 자르 및 모젤 지방도 그랬던 것처럼 심한 경제 침체를 겪었다. 트리어와 트리어 지방은 이 침체에 특별히 민감했다. 직물 업종은 전에는 프랑스 군대를 위해 생산하고 천 명이 넘는 노동자를 고용했었고, 도자기 제조업은 전에는 백 명이 넘는 고용자들이 있었지만, 이 업종들과 모포제조업은 더 이상 판로를 충분히 찾지 못했다. 생산은 중단될 수밖에 없었고 단지 소기업들만 남아 있었다.(Heimers 1988: 402)

　판로 문제는 프랑스 시장들이 떨어져 나간 데 따른 결과만은 아니었다. 대륙에서 영국 상품의 판매를 막던 대륙 봉쇄의 폐지 후에 지방의 생산자들은 부분적으로 크게 우월한 경쟁에 노출되었다. 아이펠과 훈스뤼크라는 트리어 주변의 단 두 곳뿐인 공업 지역들의 철강 공업들도 심한 후퇴를 기록했다. 모젤강 골짜기의 빈곤에 관해서는 이미 18세기에도 보고가 되었는데(Monz 1973: 45), 이곳에는 마찬가지로 큰 문제들이 있었다. 모젤강 유역 포도 재배자들은 처음에는 프로이센의 지배로 덕을 보았다. 1818년의 프로이센 관세법은 그들에게 프로이센에서 실질적인 독점 지위를 주어서 재배 면적이 크게 확장되었다. 그러나 더 많은 양의 포도주는 더 나쁜 품질과 결부된다. 프로이센이 1828년과 1829년에 헤센 및 뷔르템베르크와 관세 협정을 체결하면서 남부 독일의 포도주들이 모젤 유역의 포도주를 포로이센 시장에서 대대적으로 추방했다. 모젤 유역의 포도 재배자들의 빈곤은 크게 늘었으며 1830년대에 그들의 형편은 독일의 관세 동맹 창설의 결과로 계속해서 악화되어 갔다. 1840년대 초에 마르크스는 모젤 유역 포도 재배자들의 곤궁을 라인신문의 보도를 통해 널리 알렸다.

따라서 트리어 주변 지역 전체는 늦어도 1820년대 말부터 경제적으로 쇠퇴했다. 주변 지역이 주요 판로 영역이었기 때문에 트리어 소상공인들의 상황도 악화되었다. 트리어의 부유층은 인구가 과밀한 주거 지역에 살고 있는 수많은 가난한 수공업자들과 광범위한 빈곤층 및 부분적으로 실업 상태인 노동자들과 대립했다. 그들의 궁핍은 심해진 구걸 행각, 늘어나는 민사 소송, 가재도구의 경매, 저당 및 매춘의 증가로 나타났다.(Monz 1973: 83ff.) 그런 새로운 사회 현상은 19세기 초 서유럽 전체에 퍼져 갔는데, 트리어에서도 뚜렷이 드러나고 있었다. 이는 극빈상태Pauperismus였다. 가난한 자들은 과거에도 있었다. 하지만 초기 공업화에 따라 전에는 자신들의 노동으로 충분히 먹고살 수 있었던 노동자와 수공업자 등 인구 상당수가 빈곤에 빠졌다. 이런 사람들이 언제 어떻게 다시 빈곤에서 헤어 나올 수 있을지 알 수 없었다. 트리어에서는 인구의 약 4분의 1이 완전히 공적 부조와 사적 도움의 손길에 의존했다. 지방 빈민구제시설은 1826년에 이미 수용 인원이 넘칠 지경이었다. 4년 뒤에 지분 증서 발매를 통해 재정 조달을 하는 "감자창고Brotfruchtmagazin"[5]가 설립되었다. 이는 공공 창고의 판매로 감자 가격에 영향을 주어 가난한 자들을 먹여 살리려는 것이었다. 1831년에는 수프 급식소가 설치되었다. 하인리히 마르크스도 사회적 곤궁에 명백히 마음이 움직여서 감자 창고의 지분 증서 두 매를 구입했다. 이보다 더 많이 산 자는 유복한 부르주아 16명뿐이었고, 대부분은 단 한 매씩만 샀다.(같은 책: 96ff.)

다년간 트리어의 시장을 지내던 빌헬름 합Wilhelm Haw(1793-1862)

---

5) 그림Grimm 형제들이 출간한 『독일어 사전』은 'Brotfrucht'를 감자의 다른 명칭이라고 알려 준다.(Grimm 1860: Sp 403)

은 정부에 보내는 행정 보고서에서 인구의 폭넓은 부분들의 빈곤화
를 거듭 강조했고 프로이센 정부의 구호 조치를 요구했다. 그러나
이런 조치들은 경제 자유주의자들이 포진한 프로이센 정부에 의해
동의되지 않거나 단지 아주 미흡하게만 동의되었다. 합의 보고서들
에서 부각되는 것처럼 "중간 계급들"도 빈곤의 위협을 받았다. 중간
계급들은 자신들의 곤궁을 바깥을 향해 숨기기는 하겠지만 강제 경
매와 저당의 수가 많음은 참된 상황을 나타내 주었다고 그는 썼다.
(같은 책: 73)

납세자 명부에 대한 상세한 조사에서 헤레스Herres는 1831/32년
에 대해 좋은 시기에는 트리어 가구들의 약 20퍼센트, 나쁜 시기에
는 약 30퍼센트가 직접 공적 부조에 의존했다는 결과에 도달한다.
가령 40에서 50퍼센트의 가구들이 빈곤 한계 아래에서 사는 것은
아니었지만, 그들의 상황은 아주 불안정했다. 사고나 질병을 통해 그
들은 완전히 빠르게 빈곤으로 떨어질 수 있었다.(Herres 1990: 185)
가난한 자들 혹은 빈곤으로 위협을 받는 하층은 그래서 가구들의 약
80퍼센트를 차지했다.

납세자 명부에는 중간층과 상층만이 포착되었는데, 이에 속한 것
은 연소득 200탈러를 넘는 나머지 가구들이었다.6) 그들 중에 상당
한 소득 및 자산 차이가 있었다. 가령 총가구수의 10퍼센트(그래서 과
세되는 가구들의 절반)가 200에서 400탈러의 연소득을 가졌다. 약 8.8

---

6) 1탈러의 구매력을 오늘날의 통화로 환산하려는 시도를 나는 의미가 크다고 보지 않
는데, 이는 소비되는 재화들과 서비스들이 너무나도 다르기 때문이다. 예를 들어서
세탁기·냉장고·텔레비전 혹은 자동차 같은 현대적 소비재들 다수는 아직 존재하지
않았고 다른 한편으로 '하녀'의 급여는 아주 낮아서―오늘날과 달리―많은 소부르
주아 가구들이 그들을 고용할 수 있었다.

퍼센트는 400에서 2,500탈러의 소득을 가처분 소득으로 보유했다. 연소득 2,500탈러 이상의 정말로 부유한 가구들은 가구 총수의 약 1.2퍼센트를 차지했다.(과세되는 가구들의 약 6퍼센트, 같은 책: 167) 헤레스가 감정한 납세자 명부에 따르면 트리어에서 최고로 부유한 두 사람의 부르주아는 연간 약 3만 탈러의 소득을 달성했다. 빈민 구호의 관심사에 크게 헌신한 빌헬름 합 시장은 (그의 관직으로부터, 그러나 무엇보다 그의 소유재산으로부터) 총소득 약 1만 탈러를 가졌고, 가톨릭 주교 요제프 홈머는 8,000탈러를 가졌다. 루트비히 폰 베스트팔렌과 하인리히 마르크스는 1,800 내지 1,500탈러의 연소득을 가졌고, 김나지움 교장 후고 비텐바흐는 약 1천 탈러의 소득을 가졌다.(같은 책: 189ff.) 이런 자료를 근거로 소득 분배에 관한 다음의 개략이 제시된다.

트리어 가구들의 연소득 1831/32년(Herres 1990에 따름)

1.2% 2,500탈러 초과
8.8% 400-2,500탈러
10% 200-400탈러
80% 200탈러 미만(빈곤하거나 빈곤 위협을 받음)

트리어의 형세가 주는 인상 속에서 1825년에 독일 최초의 사회주의 문서들 중 하나인 루트비히 갈Ludwig Gall(1791-1863)의 『무엇이 도움이 될 수 있을까?』가 나왔다. 갈은 1816년 이래로 트리어에서 자치구 서기로 일했는데, 초기 사회주의자들인 로버트 오언Robert Owen, 샤를 푸리에(1772-1837), 앙리 드 생시몽(1760-1825)의 관념들에 영향을 받았다. 그의 글 서문에서 그는 노동자들의 곤궁한 생활

형세를 강렬하게 서술했다. 사회 문제들의 원인을 같은 모든 것을 지배하는 돈에 있다고 보았다. 노동하는 자들은 화폐를 가처분한 것으로 보유하는 자들에 완전히 종속되어 있다는 것이다. 물론 같은 사회 형국의 완전한 변혁이나 화폐의 폐지를 목표로 두지는 않았다. 그는 오히려 국가의 도움으로 부자들에 비해 빈자들의 지위를 개선하기를 원했다. 국가는 빈민들과 거지들을 유익한 노동에 종사하게 해서 그들이 이를 통해 스스로 먹고살 수 있게 해 주어야 했다. 또한 빈자들은 국가의 후원을 받는 협동조합적 제도들에 의해 힘을 보충받아야 했다. 1828년에 창간되었지만 단 제1호만이 나온 잡지에서 같은 자신의 관념을 선전했다. 그러나 트리어에서 그 관념을 큰 호응을 얻지 못했다. 젊은 카를 마르크스가 같의 글을 알았는지 우리는 알 수가 없다.(같Gall에 대해서는 Dowe 1970: 43f., Monz 1973: 105ff., Monz 1979를 참조하라)

빈곤이란 주제는 트리어에서 1820년대와 30년대 내내 현실적인 주제로 있었다. 트리어 생활의 상세한 묘사가 1840년대에 처음으로 익명으로 편지 형태로 『트리어의 박애주의자Trierer Philanthrop』라는 잡지에 등장하고 곧이어 책으로 인쇄되던 때에 중대한 역할을 했다. 그 저자는 요한 하인리히 슐링크(1793-1863)인데, 그는 트리어 지방 법원 판사이면서 하인리히 마르크스의 친구였다. 슐링크는 프랑스인들에 의해 소개된 법 앞의 평등에 상관없이 사회에는 세 주요 계급이 있다고 썼다. 말하자면 1. 민중(일용 노동자), 2. 중간층, 3. 관리들, 장교 집단을 포함한 상층 부르주아지가 있다는 것이다. (…) 최하층 계급에 나는 자신들의 손으로 하는 매일의 벌이로 자신을 부양하며 아무 재산을 소유하지 않는 모든 사람들(일용노동자들)을 집어넣는다.

이 계급은 아주 수가 많으며, 당시의 아주 많은 직종들의 경색은 그들을 큰 곤경에 처하게 하여 많이 퍼진 빈곤이 거기서 자신을 드러낸다. (…) 이제 이 궁핍에서 벗어나기 위해 가재도구들이 빈번히 되찾을 것이란 기만당하는 희망 속에서 전당포로 운반된다. (…) 알콜음료에 대한 취향은 계속해서 커져 가고, 가정은 점점 더 후퇴에 처하고 곧 빈민위원회나 병원[7]의 조력 없이는 더 이상 존재할 수가 없다.(Kentenich 1915: 759f.에 따라 인용됨)[8] 슐링크는 형국의 서술에 머무르지 않았고 그에게는 미래에 관한 불길한 예감이 들었다.

> 그런 중에 극빈상태는 도처에서 아주 커져서 그것은 때때로 벌써 위협적으로 등장하여 끝내 프롤레타리아의 계속 이어지는 확산을 억제하지 않을 수 없을 것이다.(같은 책: 761)

빈자들의 곤궁에 대한 동정 뒤에는 대중이 언젠가 폭력적으로 자신들의 곤궁한 운명에 저항할 수 있을 것이란 두려움이 느껴진다. 이는 당시 부르주아지에 널리 퍼져 있던 두려움이다. 마르크스에게서도 우리는 1842년 라인신문 편집부장으로 그가 활동하는 동안에 이런 두려움의 자취를 만나게 될 것이다.

---

7) 19세기에 들어서까지 병원들은 병자들만이 아니라 취약한 노인들과 빈자들을 위한 일을 담당하여 이들은 여기서 적어도 따뜻한 식사를 제공받을 수 있었다.
8) Kentenich는 한 익명의 저자에 관하여 이야기한다. 슐링크라는 저자에 관해서는 Schiel(1954: 15f.)을 참조하라.

3. 카를 마르크스의 양친

카를 마르크스는 부계 쪽으로는 수많은 랍비들을 배출한 유태인 집단 출신이었다. 그러나 그의 양친은 (프로테스탄트적) 기독교로 개종했다. 유태의 전통과 기독교 세례가 카를 마르크스에게 어떤 역할을 했는가 하는 질문이 쉽게 떠오른다. 전기 문헌 일부에서는 이 질문이 도무지 다루어지지 않는다. 다른 일부에서 이 질문은 바로 마르크스의 정신에 들어가는 열쇠로서, 때로는 마르크스의 저작으로 들어가는 열쇠로서 간주되지만, 거기서 유태교와 세례는 보통은 완전히 비역사적으로 관찰된다. 유태 혈통과 기독교로의 개종은 19세기 초에는 50년이나 100년 전과는 뭔가 다른 것을 의미했다. 우리가 카를 마르크스의 가족을 더 자세히 들여다볼 수 있기 전에 19세기 초 서유럽의 유태인 자치 공동체들이 겪은 정치적 사회적 변혁을 살펴보아야 한다.

18세기와 19세기 초 유태인의 위상

18세기의 신분 사회에서 권세와 영향력, 부와 소득으로의 불평등한 접근 통로는 상속된 재산만이 아니라 수많은 신분 질서들과 법적 규정들을 통해서도 확정되었다. 구체적인 생활 조건들만이 아니라 개인에게 허락되거나 금지된 것도 귀족, 부르주아 혹은 농민 신분에서의 그의 출생에 의해 상당한 정도로 정해졌다. 일상에서 수많은 특권과 금지 사항들이 존재했으며 이는 심지어 복장 문제도 규율했다. 예를 들어 오직 도시 유지들, 즉 박사·재판관·시의원·시장 들만 우단羽緞과 비단옷을 입는 것이 허락되었다. 나머지 부르주아들은 (그들의 재산과는 상관없이) 천으로 만족해야 했다.

이런 신분 사회에서 대부분의 유태인은 불안정한 형세 속에 살아갔다. 유태인을 허용하지 않는 동업조합 질서를 통해 그들에게는 수많은 수공업 직종들이 허용되지 않았다. 유태인에게 토지 소유가 금지되었으므로, 생업 분야로 농업도 고려되지 않아서 거의 오로지 상업과 금융업만이 남았다. 유태인의 법적 지위도 불안정했다. 그들은 사람들이 그들로부터 경제적 이익을 기대한 한에서만 용인되는 외국인들로 통했다. 거주의 권리는 수많은 납부금·보호세·특별세로 거듭하여 새로 매수되어야 했다.

유태인 인구 안에 상당한 사회적 구분이 있었다. 지속적으로 군주의 궁정을 위해 서비스를 바친 유복한 궁정 유태인의 작은 상층, 대부분 상인과 은행가들로 된 폭이 좁은 중간층, 당시 군주들의 '보호장'을 보유하여 일정한 권리들을 보장받았던 '보호 유태인' 그리고 법적으로 상당히 무보호 상태이고 시종과 직원들로 고용되거나 행상과 영세상업으로 생존 최저선의 언저리에서 살아갔던 유태인 하층 간에는 큰 차이가 있었다.(Reinke 2007: 9ff.)

프리드리히 2세(1712-1786)가 1744년에 슐레지엔의 수도 브레슬라우에서 — 이때 이 프로이센 국왕은 볼테르(1694-1789)를 자신의 궁전으로 초대한 자로서 18세기의 가장 진보적인 지배자 중 한 사람이었다 — 반포한 유태인에 관한 칙령은 18세기 유태인들의 처우에 대한 선명한 인상을 전달했다. 그는 "모든 유태 민족의 아주 과도한 열광이 침투하고 퍼져서 이를 통해 그들이 행하는 실천들과 비밀스런 장사가 (…) 우리의 왕실 금고에 상당한 손해가 생길 뿐 아니라 우리의 수도 브레슬라우에 있는 충직한 상업 신분에도 다채로운 피해들이 생겨난다"고 인지했고, 그렇게 말하고 있다. 그래서 그는 "이 부조리에 현재의 법률을 매개로 대처하기로, 전체의 방종한 유태 민족을 완전히 그 도시에서 추방하지만, 평판이 좋고 진실되게 상업을 영위하는 유태인은 우리가 우리 브레슬라우의 조폐국에 불가피하게 필요하며, (…) 폴란드의 유태인 사회와의 중요한 상업의 영위에도 무익하지 않기를 바라며, 그들의 장사를 그로부터 우리의 상인 집단에게 심대한 손해가 생겨날 수 없는 그런 형태로 제한하기로" 결심했다는 것이다.(Reinke 2007: 11에 따라 인용함)

유태인에게 가한 멸시가 여기서 아주 명료해진다. "유태 민족"은 전체적으로 "방종한" 것으로 분류되고 그 도시에서 이미 오랫동안 살아온 것과 상관없이 추방되고 방출되어야 한다는 것이다. 그러나 "정직하게" 상업을 영위한다고 인정하는 그런 자들도 오직 그들이 국가에 이롭고 "우리의 상인 집단", 즉 토착 독일 상인들에게 아무런 손해가 생기지 않는 한에서만 장사를 허락받는다.[9]

기독교인 인구의 상당 부분이 유태인들을 깊은 불신을 가지고 바라보았고, 이 불신은 중세의 수백 년 묵은 반反유태적 전통에 뿌리를 두었다. 유태인 인구 대다수의 일상은 그들의 불안정한 법적 지위로 특징지어질 뿐 아니라 또한 기독교적 환경에 의한 크고 작은 의기소침하게 만드는 일과 냉대로 가득 찼다. 유태인들은 거의 예외 없이 "인류적으로 타락"했거나 비유태인 주변 인구보다 도덕적으로 훨씬 저열했다는 것은, 바로 가령 크리스티안 빌헬름 본 돔(1751-1820)처럼 유태인들의 처지의 개선을 위해 나선(Dohm 1781) 18세기 후반의 계몽자들도 공유한 주지의 사실로 통했다. 그의 이해에서 새로운 점은 그가 유태인들을, 그들의 열악한 법적 사회적 형편이 개선될 경우에는 대체로 "부르주아적 개선"을 할 능력이 있는 것으로 보았다는 것이었다.(vgl. Reinke 2007: 13ff.)

　근본적인 변화는 프랑스 혁명으로 도입되었다. 프랑스에서 그 변화는 유태인들에게 우선 완전한 법적 차별 철폐를 가져다주었다. 1791년에 국민의회는 유태인들에 차별적인 모든 특별 법령들을 폐지했고 (남자) 유태인들에게 (남자) 프랑스 시민의 모든 권리와 의무를 주었다. 프랑스의 정복 과정에서 서유럽에서는 유태인들의 권리상의 평등은 가령 라인 왼쪽 편, 옛날 독일 영토로 트리어도 속한 곳처럼 다른 영토들에도 확장되었다. 물론 이 차별 철폐는 1808년이면

---

9) 계몽된 프리드리히의 인용된 칙령은 결코 예외가 아니었으며, 유태인 적대는 그의 전체 재위 기간에 걸쳐 행해졌다.(Breuer 1996: 143ff.) 프로테스탄트인 프리드리히의 가톨릭 맞수인 오스트리아 여자 마리아 테레지아(1717-1780)의 지배하에서 사정은 더 나아 보이지 않았다. 1745년에 그녀의 부추김으로 유태인들이 프라하에서 추방되었다. 정당한 이유로 그들은 전쟁에서 프로이센이란 적을 지원했다.(같은 책: 149)

나폴레옹에 의해 상당 부분이 거두어졌다. 유태인들이 토지 투기와 의심스러운 금융사업을 영위한다는 비난에 대한 반응으로, 유태인들에게 지불해야 할 채무가 축소되거나 심지어 완전히 폐지되었다. 나아가 유태인들은 지금 여러 직업들을 실행하기 위해 평판이 좋은 때에만 주어졌던 "특허"들이 필요했다. 유태 동아리와 기독교 자유주의적 동아리에서는 "악명 높은 명령décret infame"에 관하여 이야기되었는데, 이는 개인들에게 비난이 가해지는 것이 아니라 유태인들에게 다시 전에 그랬던 것처럼 집단적으로 그들이 부정직하고 고리대금업자의 성격이 있는 것으로 가정되었기 때문이다.(Jersch-Wenzel 1996: 28f.)

다른 국가들에서도 19세기 초에 유태인들의 차별 철폐에 관해 점점 더 강하게 논의되었다. 이때 경제적 고려가 중대한 역할을 했다. 프로이센에서 1806년 나폴레옹한테 겪은 초토화를 가져오는 패배 후에 경제·행정·입법의 현대화 과정이 시작되었으며, 이는 1807년에 농민적 농노제의 폐지 그리고 1810년에는 영업 활동의 자유로 이끌었다. 빌헬름 폰 훔볼트가 이미 1809년에 한 자문 의견에서 유태인들의 즉각적이고 단지 점진적이지만은 않은 법적 차별 철폐를 요구한(Humboldt 1809a) 후에 1812년에 유태인들에게 부분적인 차별 철폐를 부여한 칙령이 반포되었다: 프로이센에서 살아가는 유태인들은 기독교적 다수와 같은 권리를 보유해야 할 프로이센 국민으로 선언되었다. 유태인들에게 농사나 교직과 마찬가지로 그들이 필요한 자격을 갖출 경우에 모든 직종의 영업이 허용되었다. 칙령은 유태인이 전체 국가 공직을 맡는 것이 허용되는지는 미해결 상태로 두었으며 나중에 제정될 규정을 참조하도록 했다.(Jersch-Wenzel 1996: 32ff.)

전체적으로 19세기 초에 서유럽에서는 사회적 개방이 두드러지게 나타났다: 유태인들은 전보다 훨씬 더 많은 직업을 가질 수 있었고 법적으로 상당히 덜 차별받았다. 그들은 더 이상 단순히 사회의 언저리에서 용납되고 항시 위험에 처한 생존을 견딜 수밖에 없는 것이 아니고, 이제는 이 사회에 정말로 속할 수 있다는 전망을 가졌다.

유태인 자치 공동체 내에서도 18세기에서 19세기로 넘어오는 전환기에 상당한 변화들이 있었다. 이미 18세기 후반에 유태의 계몽 유파가 생겨났다. "하스칼라"라는 것으로 그 가장 중요한 대표자는 모제스 멘델스존(1729-1786)이었다.(Graetz 1996) 유복한 상인들, 은행가들, 제조업자들로 이루어진 유태인 상층은 같은 시기에 형성되던 기독교적 부르주아지의 가치, 문화 그리고 행동 방식에 더 강하게 접근했다. 이런 사태 전개는 세기의 전환기에 베를린의 살롱에서 정점에 이르렀다. 주로 부유한 집안의 부인들이 문단, 과학과 철학의 명사들을 자신들의 집으로 초대하여 신분과 종교의 한계를 넘는 비교적 비非통념적인 사교가 그곳에서 가능했고, 자연스럽게 문학과 철학에 관해 논쟁이 벌어질 수 있었다. 적지 않은 수의 이런 살롱들이 젊은 유태인 부인들에 의해 생기를 띠게 되었고 가장 유명한 유태 부인은 헨리에테 헤르츠(1764-1847)와 라헬 파른하겐(1771-1833)이었다.

독일에서는 출범하는 연합체, 많은 독서회와 프리메이슨연맹을 거쳐 (교양적) 부르주아 생활이 발달했는데 유태인들은 여전히 이것들에서 배제되기는 했다. 그러나 19세기 초에 유태인들에게는 전보다 훨씬 더 높은 정도로 학술적 수련을 시작하고 직업과 교양에 관해 사회적 인정을 받을 가능성이 있었다. 교양적 부르주아적인 사회적 상승의 이런 새로운 가능성을 활용한 첫 세대의 유태인들에는 카를 마르크스의 아버지도 속했으며, 그는 나폴레옹의 지배 시기 동안 법학을 공부하고 변호사가 된 것이다.

나폴레옹의 패배와 그에 이어지는 왕정복고로 전에 프랑스에 점령되었던 독일 영토에서 유태인들의 심대한 법적 차별 철폐는 부분적으로 회수되었다. 차별적인 1808년의 나폴레옹 칙령의 효력은 프로이센의 지배 하에서 실현되었고 1812년의 프로이센 칙령은 유태인들에게 부분적인 차별 철폐를 부여한 것으로서 이제는 더 제한적으로 다루어졌다. 유태인은 국가 공직에서 최종적으로 배제되었고, 이때 "국가 공직"은 어지간히 폭넓게 해석되었다: 유태인들에게는 교사·법관·장교가 되는 것이 금지되었을 뿐 아니라 변호사나 약사가 되는 것도 허용되지 않았다.(Monz 1973b: 176) 프로이센의 내무장관 프리드리히 폰 슈크만Friedrich von Schuckmann(1755-1834)은 1812년의 칙령을 원칙적으로 문제시했다.

> 확실히 정당하고 존경할 만한 개별 유태인들이 있고 나는 그런 사람들을 안다. 그러나 이 민족 전체의 성격은 여전히 계속하여 저열한 허영, 더러운 탐욕, 간교한 사기성으로 이루어지며, 민족 정신을 가지고 자신을 존중하는 민족이 그들을 자신과 같은 자들로 존중하는 것은 불가능하다.(Monz 1973: 32에 따라 인용함)

이미 이런 의견 표명에서 읽히는 것처럼 1815년 후에 유태인들의 법적 상황이 악화된 것뿐만이 아니다. 독일에서 유태인 해방의 원칙적 반대자들이 목소리를 높였다. 특별히 영향력이 강해진 것은 베를린의 역사가 프리드리히 뤼스Friedrich Rühs의 1815년에 발표된 논문이었다. 그 논문은 1816년이면 확장 개정판으로 나오게 된다. 뤼스는 독일 민족을 혈연·관습·언어 그리고 최종적으로 (기독) 종교 공동체로 이해했다. 유태인들은 무엇보다도 그들의 종교 때문에 이 공동체 바깥에 있을 것이므로 그들에게는 역시 사회 정치적 생활에의 같은 권리의 몫도 돌아갈 수 없으리라는 것이다.(Rühs 1816) 상세한 서평에서 하이델베르크의 철학 교수 야콥 프리드리히 프리스Jakob Friedrich Fries(1773-1843)는 이 논거에 동의했고 이를 더 예리하게 만들었다. 뤼스와 프리스 두 사람은 유태인들의 기독교로의 개종과 더불어 그들의 독일 민족으로의 완전한 동화를 목표로 했다. 뤼스가 개종 의사가 없는 유태인들을 나라에서 시민권이 없는 채로 두기를 원하던 동안 프리스는 그들의 국외 추방에 찬성했고 개종한 유태인들에게는 몇 년간 그들이 완전한 시민으로서의 자격을 가진 것으로 인정될 수 있기 전에 제한 조치(예를 들어 금융 거래의 금지)가 부과되어야 한다는 것이었다.(Fries 1816)

뤼스와 프리스에게서 우리는 종교적으로 근거가 주어진 중세와 근세 초기의 유태인 적대(반유태주의)를 대하는 것이 아니라 종교 이후의 세속화된 유태인 적대(반셈족주의)를 대하는 것이다. 이때 뤼스와 프리스에게서 보는 반反셈족주의는 민족주의적이었지만 아직 인종주의적으로 근거를 마련한 것은 아니었다.(이에 관해서는 Hubmann 1997: 176ff.를 참조하라) 반反유태주의에서는 한 사람의 유태인 집단에의 소속은 그의 기독교로의 개종으로 끝난다.[10] 종족적 반셈족주의는

---

10) 그러나 거기서 세례를 받은 유태인은 반유태적인 소수민족 박해의 희생 제물이 될 수 있었다. 그들이 비밀리에 유태인으로 남아 있었을 것이고 세례는 단지 위장 수단

개종한 유태인을 상당한 불신감을 가지고 바라보았으며, 개종한 유태인이 사실상 민족적 문화 및 종교 공동체를 지향했는지에 관해 확신하지 못했지만 이는 원칙적으로 가능한 것으로 여겨졌다. 인종주의적 반셈족주의의 입장에서는, 인종적 특성을 버릴 수 없다고 전제하기 때문에 개종과 문화적 동화는 고려 대상이 못 된다.11)

경제 사정이 악화되는 과정에서 1819년 여름 독일의 여러 지방에서는 유태인들에 반대하는 폭력적인 난동이 일어났으며, 이 난동에는 "헵-헵 소요"라는 호칭이 자리잡았다. 약탈과 유태인들에 대한 습격은 "헵-헵 유태인은 죽어 버려라"(Hep-Hep Jud' verreck')라는 외침을 수반했다.(Jersch-Wenzel 1996: 431ff.)

프로이센이 이런 소요에서 상당히 비껴 나 있었다는 것은 그곳에 유태인 적대적 여론이 없었다는 것을 의미하지 않았다. 기성의 동아리들만이 아니라 반反나폴레옹 전쟁 후에 결성된 대학생 단체들 같은 재야 세력들도 반셈족주의에서 결코 자유롭지 않았다. 뤼스와 프리스가 선전한 민족적 반셈족주의는 점점 더 추종자들을 많이 얻었지만, 또한 결연한 비판자들도 만났다.12) "유태인 해방"의 문제는 아직 수십 년간 논란이 되는 상태로 있었다. 이는 마르크스가 1843

이라고 그들을 비난했다.

11) 반유태주의와 반셈족주의 개념들은 오늘날까지 일관되게 사용되지 않았다. 빈번하게 어떤 형태의 유태인 적대도 반셈족주의적이라 칭해졌으나 이는 중대한 역사적 차이를 무시하는 것이다. 반셈족주의와 반유태주의 개념들에 대한 차별화된 논의를 보려면 Heil(1997)을 참조하라.

12) 이런 반셈족주의적 견해들에 비판적인 생각을 드러낸 것은 가령 자울 아셔Saul Ascher 같은 유태인 작가가 그의 『게르만광Germanomanie』에서 그런 것만이 아니라 요한 루트비히 에발트Johann Ludwig Ewald 같은 프로테스탄트 신학자들도 그랬다.(1816, 1817, 1821) 벤첼-슈테르나우Bentzel-Sternau 백작의 풍자적 비판도 특기할 만하다.(1818)

년에 작성한 『유태인 문제에 관하여Zur Judenfrage』라는 기고문의 배경이 되기도 했다. 이는 20세기에 한동안 반셈족주의적이라 칭해진 글로서, 나는 제2권에서 이 문제로 돌아올 것이다.

하인리히 마르크스의 가족과 교육배경

하인리히(원래는 헤르셸Herschel) 마르크스는 1777년 4월 15일에 자를루이Saarlouis에서 태어났을 개연성이 있으며13), 모르데카이(또한 마르크스 레비Levi로 거명된다, 약 1746-1804년 10월 24일)와 그의 아내 하예 르보프(Chaje Lwów, 또한 에바 레보프Eva Levoff 약 1757-1823년 5월 13일)의 두 번째 아이였다. 모두 해서 그 부부는 자녀 여덟을 두었다. 모르데카이는 먼저는 자를루이의 유태 율법학자였고 그다음 1788년부터 사망 때까지는 트리어의 유태 율법학자였으며 그곳에서 그의 작고한 장인 모제스 르보프(?-1788)의 뒤를 이었다. 모제스 르보프는 1764년부터 트리어에 있었다. 그동안에 모제스 르보프의 조상

---

13) 하인리히 마르크스의 생년월일에 관해서는 여러 가지 다른 정보들이 있다. 1802년의 인구 조사 때 그의 나이는 17세로 제출되었고 이에 따르면 생년은 1785년이었을 것이다. 1838년의 사망증명서에는 향년 56세로 기재되어 있고, 이에 따르면 생년은 1782년이었을 것이다. 이해는 메링도 말하는 해이고 많은 마르크스 전기 작가들이 그로부터 이를 계승했다. MEGA 제1권/1도 이를 인명 색인에서 거명한다. 그러나 1814년의 혼인을 위해 하인리히의 형 자무엘은 하인리히가 1777년 자를루이에서 태어났다는 것을 확인한다.(Monz 1973: 217 und Fn. 33) 끝으로 몬츠는 하인리히의 코블렌츠에서 하인리히의 법학교 졸업 증서를 발견할 수 있었으며, 거기에 생년월일이 1777년 4월 15일로 기재되어 있다.(Monz 1979a: 133) 1988년에야 파리 국립도서관에서 발굴된 오스나브뤼크 프리메이슨 연맹지부의 회원 명부에는 1782년 3월 24일이 하인리히 마르크스의 출생 정보로 기재되어 있다.(Sandmann 1922: 14) 그러나 1777년 4월은 두 건의 지극히 중대한 공식 서류에 등장하므로 거기서 옳은 자료를 접할 개연성이 가장 높다.

들 중에 더 많은 트리어의 유태 율법학자들만이 아니라 유명한 유태 신학자들도 있음을 사람들은 알게 되었다.14) 하인리히 마르크스의 가문에서 이런 율법학자 전통은 분명하게 의식되었다. 게오르크 아들러는 1887년에 출간된 마르크스의 경제학 비판 분석에 부록으로 실린 마르크스 전기에서 이렇게 보고한다.

> 카를 마르크스의 종형제인 브레슬라우의 마르크스 철학박사님에게서 나는 마르크스의 집안에 관한 정보들을 얻었으며, 그로부터 아주 방대한 일부는 탈무드에 근거한 사법 판결 그리고 일부는 신학 논문들의 문집이 내게 보여졌는데, 이는 거명된 유태 율법학자들에 의해 작성된 것들이다.(Adler 1887: 226, Fn. 1)15)

율법학자들은 사제와 교사였을 뿐 아니라 18세기 후반에 들어서까지 유태 자치 공동체는 내부 사안들을 자율적으로 규율할 수 있었던 공동체로서 그 내부에서 법 전문가로서 기능을 수행했다. 대외적으로 그들은 자신들의 자치 공동체의 대표자들이었다. 율법학자의 높은 명망에는 빈번히 이에 부합하게 높은 수입 아니 충분한 수입만이라도 상응하게 주어지지 않았고 드물지 않게 또 다른 직업에서 돈

---

14) 바흐슈타인(Wachstein 1923)과 호로비츠(Horowitz 1928)는 르보프 가문에 관한 기초적인 정보를 취합했으며, 브릴링(Brilling 1958)은 모르데카이의 조상들에 관한 약간의 것을 찾아낼 수 있었다. 이 정보들은 몬츠(Monz 1973: 215ff)와 빌케(Wilcke 1983: 775ff)에 의해 사소한 내용으로 보충되고 더 세세한 사항들에서 교정이 되었다.

15) 이 종형제는 하인리히의 형 자무엘의 아들 모제스 마르크스(1815-1894)를 말하는 것이다.(모제스 마르크스에 대해서는 Schöncke 1993: 58ff.를 참조하라) 호로비츠(1928)는 이 논문들 중 몇 개에 대해 깊이 검토한다.

을 벌어야만 했다. 카를 마르크스의 할아버지 모르데카이도 완전히 가난한 사정 하에서 자신의 직무를 수행했고(Rauch 1975: 23을 참조하라) 상인으로서 활동했다.(Monz 1973: 242) 그의 사후에 율법학자 자리는 우선은 빈자리로 남아 있었고 결국 그의 큰아들 자무엘(1775-1827)이 트리어의 율법학자가 되었다.16) 자무엘은 1808년에 자신과 자기 형제자매들을 대표하여, 마르크스Marx란 성姓을 취하고 싶다고 선언했다. 19세기 초까지 유태인들은 명백한 성을 가지지 않았다.17) 프랑스에서는 1808년에 확고한 성姓을 취할 것이 요구되었고, 프로이센에서 이는 1812년의 칙령을 통해 법적인 동등 지위의 전제조건으로 요구되었다. 자무엘의 가문은 트리어에서 마르크스라는 이름을 지닌 유일한 가문은 아니었다. 특히 가톨릭 지역들에서는 (마르쿠스에서 유래하는) 마르크스란 이름은 널리 퍼져 있다.

모르데카이의 미망인 하예는 1809년에 새로 결혼했고 그것도 모제스 자울 뢰벤슈탐(1748-1815)이라는 암스테르담의 독일인 자치 공동체의 상급 율법학자와 결혼한 것이다. 하예는 두 번째 남편과 암스테르담에서 살기는 했지만 여전히 트리어에 있는 자기 자녀들과 접촉을 유지했으며 1823년에 카를의 다섯 번째 생일날이 며칠 지나지 않아 트리어에서 죽었다.

---

16) 자무엘은 미흘레 브리자크Michle Brisack(1784-1860)와 결혼하였으며 미흘레는 남편보다 30년 이상 더 생존했다. 그 부부는 모두 일곱의 자녀를 두었다.(Monz 1973: 219f.)

17) 유럽에서 중세 시대에 처음에는 귀족 집단에서 그다음에는 부유한 도시 부르주아들에서 이명異名(Beiname)이 확고한 성이 되었는데, 이는 상속 청구권의 추구에서 유리했다. 많은 농촌 지역들에서 성姓은 17, 18세기에 시행되었다. 유태 자치 공동체들은 확고한 성 없이 지냈다.

트리어의 유태 율법학자로서 모르데카이는 그의 가족과 함께 베버바흐의 시나고그 건물에서 살았다. 이 건물은 붕괴 위험이 있었고 너무 작았다.(Monz 1979a: 126) 그곳에서 하인리히 마르크스는 참으로 보잘것없고 비좁은 환경 속에서 성장했고, 분명히 이런 상황에서 해방되기를 원했다. 그가 간혹 아들 카를에게 보낸 편지에 내비친 것처럼 이는 쉬운 길이 아니었다. 본에서 공부하는 카를에게 그는 1835년 11월에 이렇게 썼다.

> 내가 바로 그렇게 유리한 전망 속에서 세상에 태어났다면 필시 이런 사람이 되었을 것이라고 생각하는 그런 모습을 나는 너에게서 보고 싶구나.(MEGA III/1: 290; MEW 40: 617)

덜 유리한 전망은 가난한 가족 상황만이 아니라 또한 유태인들에 대한 차별이기도 했다.(이에 대해서는 즉결사법 위원회에 보낸 더 아래에서 인용된 편지를 참조하라) 1837년 8월 카를에게 보낸 다른 편지에는 이렇게 되어 있다.

> 나는 내 가족들한테 산목숨 말고 아무것도 받지 못했지만, 못된 사람이 안 되려면 내 어머니로부터 사랑을 받은 것은 말해야겠지.(MEGA III/1: 311)

보기에는 어머니의 사랑을 논외로 한다면 그의 인생 경로를 위한 정서적 지원이 그에게는 결여되었다. 그의 아버지에 대한 관계는 물론 그다지 친밀하지 않았을 터인데, 그게 아니라면 그는 어머니의 사랑이 아니라 양친의 사랑에 관해 썼을 것이다.

하인리히 마르크스의 아버지의 종교적·정치적 입장들에 관해 아무것도 알려져 있지 않다. 좀 더 많은 것을 우리는 트리어의 유태 율법학자로서 아버지를 계승한 하인리히의 형 자무엘에 관해 안다. 자무엘은 1807년에 파리의 "그랑 산에드랭Grand Sanhédrin"에 참가했는데 이는 나폴레옹이 소집한 유태인 명사들의 모임이었다. 거기서는 종교법적 문제들 그리고 유태 자치 공동체의 미래의 발달과 유태인의 직업 가능성의 확장이 다루어졌다. 자무엘은 그로부터 아주 큰 인상을 받아서 같은 해에 트리어의 주 시나고그에서 열린 나폴레옹의 생일잔치에서 유태인 젊은이들에게 수공업, 토지 경작, 학문 등을 습득하라고 권유한 것으로 보인다.(Rauch 1975: 21)

그의 동생 하인리히는 아마 이 권유를 따르고 싶어 한 것 같다. 그의 젊은 시절과 초기의 성년기 생활에 관해 아무것도 알려져 있지 않다. 확인된 것은 하인리히가 1809년과 1810년에 트리어의 유태인 교구행정청Konsistorium 서기였다는 것이다.(Kasper-Holtkotte 1996: 313 Fn. 322; Monz 1979a: 126) 1811/12년에 그는 오스나브뤼크 재판소에서 번역가로서 일했다. 그곳에서 그는 1812년에 새로 설립된 프리메이슨 연맹 지부 "한자동맹의 별l'Etoile anséatique"의 회원이 되었다.18)

---

18) 하인리히 마르크스는 (다른 출석자들과 함께) 1812년 12월 19일의 특별 회원총회의 의사록과 1813년 1월 21일의 회원 명부에 서명했다.(Sandmann 1993: 137, 144, 거기에는 이 지부 내부의 논란들에 대해 상세한 정보들도 발견된다). 프리메이슨 연맹 지부들은 18세기에 생겨났으며, 자유·평등·형제애·관용·인간애의 이상을 추구할 의무를 졌다. 회원은 사회적 지위와는 상관없이 '형제'로 간주되었다. 비밀 원칙 — 내부 논의와 프리메이슨의 관습은 외부로 전달해서는 안 된다는 원칙 — 때문에 오늘날까지 아주 다양한 음모 이론에서 선호되는 대상이다.

하인리히 마르크스와 그의 동기간의 가계도

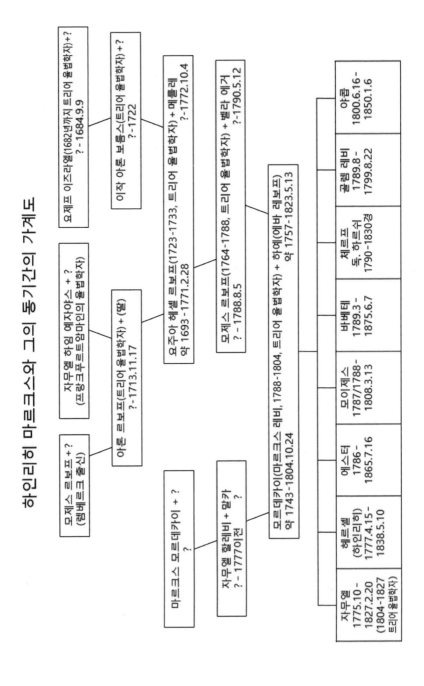

모제스 르보프 + ?
(렘베르크 출신)

자무엘 하임 예차아손 + ?
(프랑크푸르트암마인의 율법학자)

요제프 이즈라엘(1682년까지 트리어 율법학자) + ?
? - 1684.9.9

이작 아론 보름스(트리어 율법학자) + ?
? -1722

아론 르보프(트리어 율법학자) + (딸)
? -1713.11.17

여주아 헤셸 르보프(1723-1733, 트리어 율법학자) + 메틀레
약 1693-1771.2.28
?-1772.10.4

모제스 르보프(1764-1788, 트리어 율법학자) + 벨라 에거
? - 1788.8.5
?-1790.5.12

마르크스 모르데카이 + ?
?

자무엘 항레비 + 말카
? - 1777이전

모르데카이(마르크스 레비, 1788-1804, 트리어 율법학자) + 하예(에바 레보프)
약 1743-1804.10.24
약 1757-1823.5.13

| 자무엘 1775.10-1827.2.20 (1804-1827 트리어 율법학자) | 헤르셸 (하인리히) 1777.4.15-1838.5.10 | 에스터 1786-1865.7.16 | 모이제스 1787/1788-1808.3.13 | 바베테 1789.3-1875.6.7 | 체르포 독. 하르쉬 1790-1830경 | 굴렘 레비 1789.8-1799.8.22 | 야콥 1800.6.16-1850.1.6 |

* Wachstein(1923), Horowitz(1928), Brilling(1958), Schöncke(1933)의 정보에 따르면 하인리히 마르크스의 증조부 요주아 헤셸 르보프는 한 사법 자문 의견에서 두 사람의 유명한 유태 법학자인 요제프 벤 게르존 코헨(약 1511-1591년 1월 28일)과 마이르 카체넬렌보겐(약 1482-1565년 1월 12일)이 그의 조상이라고 언급했다.(Wachstein 1923: 284f.) 그것에 입각하여 바흐슈타인은 요주아의 아버지 아론 르보프의 첫 번째 아내(혹은 또한 이미 아론의 아버지 모제스 르보프의 아내)가 모제스 코헨(루크Luck의 유태 율법학자)과 그의 아내 네슬라의 딸이었을 것으로 추정했는데, 이는 모제스 코헨이 요제프 벤 게르손에게서 나왔고, 네슬라가 마이르 카체넬렌보겐에게서 나왔기 때문이다. 이런 추정을 근거로 바흐슈타인은 15세기에까지 미치는 계통도를 그린다. 그러나 호로비츠(1928: 4 87, Fn. 2)는 아론의 첫 번째 아내를 프랑크푸르트의 유태 율법학자 자무엘 하임 예자야스의 딸로 식별할 수 있어서 첫 번째 가능성은 탈락한다. 그런 다음 몬츠(1973: 222)는 확장된 계통도를 그리는데, 거기서 아론의 아버지 모제스 르보프는 모제스 코헨과 네슬라의 이 딸과 결혼했다, 물론 아론의 아버지에 대한 출처는 없으며, 우리는 모제스 코헨과 네슬라가 대체 딸을 가졌는지를 전혀 모른다. 게르존과 카체넬렌보겐과의 친인척 관계는 다른 방식으로도 성립되었을 수 있겠다. 그래서 나는 이 확장된 계통도의 재수록을 포기하고 확인된 조상으로만 한정을 두었다.

오스나브뤼크에서 하인리히 마르크스는 공중인 후보자에게 규정된 시험을 볼 허가를 얻으려 노력했으나 허사였다.(Monz 1981) 1813년 1월 31일에 그는 1806년 프랑스 지배하에 설립된 코블렌츠의 법학교에 등록했고, 1813년 11월 8일에 자격증Certificat de capacité을 취득했다.(Monz 1979a: 133) 이는 제공되는 졸업장의 가장 낮은 등급이었고 겨우 1년(3학기로 분할)의 형법 및 소송법 공부를 전제로 했다. (Mallmann 1987: 122) 물론 하인리히 마르크스는 1학기가 아닌 2학기에 등록했는데 이는 그가 이미 법학적 사전 지식을 보유했을 것으로

추정하게 한다.(Monz 1981: 60) 다른 서류도 이를 시사해 준다. 1811
년에 트리어의 유태인 교구행정청은 유태인 배척에 관해 프랑스 행
정 당국에 항의했다. 그중 하나로 하인리히 마르크스의 예가 들어졌
다. 그는 코블렌츠의 (법학) 중앙학교를 성공적으로 졸업했음에도 불
구하고 일자리를 구하지 못했다.(Kasper-Holtkotte 1996: 383, Fn. 34)
하인리히 마르크스는 이처럼 이미 1811년 이전에 법학 공부를 마쳤
음이 분명하다.19)

---

19) 스퍼버Sperber(2013: 28)는 하인리히 마르크스를 거짓말쟁이로 소개한다. "법학
을 공부하고 싶은 그의 열망 — 이는 자기가 코블렌츠의 법학교에서 그 학교에 등록
하기 전에 공부했다는, 그리고 베를린 대학이 세워지기 전에 베를린에서 법학을 공
부했다는 어지간히 확실하게 허구인 주장들로 표출된다 — 은 그의 상응하는 능력
보다 더 컸다." 이 명제에 대한 주석에서 Sperber는 Kasper-Holtkotte(1996:
383)과 Schöncke(1993: 123)를 그의 발언에 대한 출처로 든다. 전자는 방금 언급
한 것처럼 트리어 유태인 교구 행정청의 항의 서한을 들었다. 거기 포함된, 하인리
히 마르크스가 코블렌츠의 중앙학교를 성공적으로 마쳤다는 발언이 왜 거짓인지를
Sperber는 설명하지 않는다. 유태인 교구 행정청이 한 항의문에서 하필이면 랍비의
동생에 관한 거짓 정보를 꾸몄다는 것은 별로 그럴듯해 보이지 않는다. 오히려 하인
리히 마르크스의 경우가 들어진 것은 제시된 사실이 맞다는 것을 확신하기 때문이
라는 정반대의 것을 가정할 수 있다. 하인리히 마르크스가 자신은 베를린에서 법학
을 공부했다고 밝혔다는 Sperber의 두 번째 주장은 완전히 맞는 것은 아니다.
Schöncke는 Sperber가 제시한 대목에서 하인리히가 1813년 1월 15일에 케퍼베
르크Keverberg 현에 주민증을 발급해 달라고 청원한 것을 제시한다. 이 청원서에
서 하인리히 마르크스는 자신이 성년이 되었을 때 공부Etudes를 위해 베를린에 체
류한 것을, 이 공부를 더 자세히 소개함이 없이 언급한다. 하인리히가 성년이라고
한 것은 21세를 말하는 것이 아니고, 1807년의 만 30세를 말하는 것일 개연성이 있
다. 이 시점부터는 프랑스 법에 따라 양친의 동의 없이 혼인할 수 있었다.(Monz
1981: 63f.을 참조하라) "공부"가 법학 공부를 말한 것이었다는 데서 출발하더라도
하인리히 마르크스의 거짓말을 증명하려는 Sperber의 시도는 역사적 사실에 대한
미흡한 지식에 의존한다. "공부"를 가능하게 해 준 공공 강의들이 베를린에서는
1800년 이전에도 있었다. 할레Halle 대학이 1806년에 프랑스인들에 의해 폐쇄된
후에 몇몇 교수들이 베를린으로 이주했고 여러 전공 분야들에서 공개적으로 공지된
강의들을 대학의 창립 이전에도 시작했다. 테오도르 슈말츠Theodor Schmalz(17
60-1830)는 나중에 창립 총장이 된 자인데, 1807년부터 법학 강의를 했다. 쾨프케

1814년 1월부터 트리어의 소송대리인avoué으로서 하인리히 마르크스의 활동이 입증된다.(Monz 1979a: 134f.) 소송대리인은 재판 과정을 준비하고 서면을 작성하는 임무를 지녔다. 장기간의 수학 과정을 마쳐야 했던 변호사는 그러고 나면 법정에서 변론을 했다. 프랑스 점령 이전에는 그러한 변호사 신분의 분업이 알려지지 않던 독일에서는 무엇보다도 소송대리인은 반半지식인으로 통했고 별로 큰 명성을 누리지는 못했다.20) 앞으로 논하게 될 하인리히 마르크스의 진정서가 보여 주는 것처럼, 그의 지식은 소송대리인 수준의 지식을 훨씬 더 넘었기 때문에 그가 코블렌츠에서 두 학기 이상 공부했다는 것은 아주 그럴듯하다. 그의 지식은 공공연히 인정되었다. 1816년부터 하인리히 마르크스는 트리어에서 변호사로 등록되었고 1820년에 그는 (모든 법률 활동을 수행할 수 있는) 아드보카트Advocat-안발트 Anwalt로 임명되었다.(Monz 1973: 256)

하인리히 마르크스의 일반교양 교육 수준도 상당했을 것 같다. 이는 그의 아들 카를에게 쓴 편지들에 적은 것들을 통해서만이 아니라 그의 사후에 유산 감정평가를 위해 작성된 그의 도서 목록을 통해서도 입증된다. 법학 저작들과 여러 종의 사전과 아울러 많은 대중문학과 역사 및 정치 저작들이 등재되었다. 그중에는 헤르더와 실러의

(Köpke 1860: 141)가 내놓은 논제들(Tenorth 2012: 39에 재수록)은 대중 강의가 아니라 법학 전문 강의였음을 드러내 준다. 법학 공부는 이처럼 대학 창설 수년 전에도 베를린에서 가능했다. 또 베를린이 1806년부터 1808년까지 프랑스 군대에 의해 점령되었으므로 하인리히 마르크스도 당시에 프랑스 시민으로서 프로이센 관청과의 문제들을 겁낼 필요 없이 베를린에서 공부를 추진할 수 있었다.
20) 코블렌츠의 법학 교육 및 소송대리인에 관해서는 Mallmann(1987: 61, 114, 122)을 참조하라.

저작집과 38권으로 된 프랑스 희곡집도 있다. 또한 21권의 라틴어 책들(그중에는 키케로, 리비우스, 플리니우스 세쿤두스의 저작들이 있다) 그리고 여러 권의 이탈리아어 및 영어 책들(그중에는 토머스 페인의 『인간의 권리』가 있었으니, 이는 그가 1791년에 에드먼드 버크가 프랑스 혁명을 질타한 발언에 대응하려고 쓴 책이었다.)이 등재되었는데, 이는 상응하는 어학지식과 관심이 있었던 것으로 유추하게 해 주는 것이다. 1840년대에 나온 카를 마르크스의 다양한 도서 목록이 쉽게 떠오르게 해 주는 것처럼 이 책들의 일부가 그의 소유로 넘어갔다.[21]

하인리히 마르크스의 초상은 전해지지 않는다. 그렇지만 그는 물론 그의 아들 카를과 비슷해 보였다.(하지만 19세기 초에는 유행이 아니었던 턱수염은 없었다) 카를 마르크스의 막내딸 엘레아노르는 자신의 할아버지의 사진을 아버지가 항시 지니고 다녔지만 남에게 보여 주고 싶어 하지 않았는데, 그것이 실물과 별로 닮아 보이지 않았기 때문이라고 보고한다. 엘레아노르는 그 사진에 대해 이렇게 적는다.

> 얼굴은 아주 아름다워 보였고 눈과 이마는 아들의 그것들과 비슷했지만 입 언저리와 턱은 더 갸름했다. 전체적으로 뚜렷하게 유태인답지만, 아름답게 유태인다운 전형을 보였다.(E. Marx 1897/98: 240)[22]

---

21) 하인리히 마르크스의 주해가 붙은 도서 목록은 카를이 인수한 책들도 거명하는 것으로 Schöncke(2006)가 발간했다.

22) 엘라아노르에 의하면 이 사진은 옛 금속판 사진으로부터 취한 것이라고 한다. 하인리히 마르크스가 1838년에 사망했으므로, 그 자신에 대한 금속판 사진일 수는 없고 단지 그림의 금속판 사진을 말하는 것일 수 있다. 마르크스는 1863년 12월 15일의 한 편지에서 그의 어머니가 그의 누이 조피에게 "아버지의 초상화"를 유산으로 남겼다고 보고한다.(MEGA III/12: 453; MEW 30: 644)

어머니 헨리에테 프레스부르크

1814년 11월 22일에 이미 37세인 하인리히 마르크스는 네덜란드의 네이메헌Nimwegen 출신의 열한 살이 어린 헨리에테 브레스부르크와 결혼했다. 헨리에테는 그곳에서 1788년 9월 20일에 이작 프레스부르크Isaak Presburg(1747-1832)와 그의 아내 나네테 코헨Nanette Cohen(약 1764-1833)의 딸로 태어났다. 헨리에테에게는 세 명의 동생 다피드(1791-1829년경), 마르쿠스(또한 마르틴, 1794-1867), 타이티(1797-1854)가 있었는데, 타이티는 나중에 조피아로 명명되었고, 리온 필립스(1794-1866)와 결혼했다.(Monz 1973: 221f., Giekens 1999: 37f.) 필립스 가문과는 훗날 카를 마르크스도 관계를 유지했을 것이다. 조피아와 리온의 손자들은 1891년에 오늘날 여전히 존재하는 필립스 콘체른을 설립했다.

하인리히와 헨리에테 사이에 어떻게 연결이 되었는지는 명확하지 않다. 두 번째 남편과 함께 암스테르담에서 살던 하인리히의 어머니가 어떤 역할을 했을 가능성이 충분히 있다. 그 결혼 생활은 꽤 조화롭게 진행된 것으로 보이며 어떤 긴장이나 갈등도 알려지지 않는다. 유일하게 보전된 하인리히가 자기 아내에게 1837년 8월 12일에 쓴 편지에서 그는 아내를 "내 사랑하는 착한 한제"라고 부르고 아주 벅찬 감정으로 "안녕, 나의 소중한 두 번째의 더 나은 나인 당신"(MEGA III/1: 313)이라고 끝맺는다. 그리고 카를에게 하인리히는 1837년 9월 16일에 자신은 스스로를 부자인 것으로 치는데, 왜냐하면 "비할 데 없는 아내의 사랑을 보유하기" 때문이라고 썼다.(MEGA III/1: 319; MEW 40: 632)

헨리에테에 관해서는 별로 많은 것이 알려져 있지 않다. 제1차 정보들은 카를 마르크스의 딸 엘레아노르에게서 나오는데 엘레아노르는 빌헬름 리프크네히트Wilhelm Liebknecht(1826-1900)에게 "모르의 어머니는 친정의 성이 프레스부르크였으며 네덜란드의 유태인 여성이었다. 16세기 초에 프레스부르크가 사람들은 — 프레스부르크 시 [오늘날 브라티슬라바, 슬로바키아의 수도]로부터 자신들의 성을 빌려왔다 — 홀란트로 이주했으며, 그곳에서 아들들은 여러 세기에 걸쳐 유태 율법학자들이었다. 모르의 어머니는 홀란드어로 말했고, 죽을 때까지 독일어는 서투르고 어렵게 말했다."(Liebknecht 1896: 144)고 썼다. 마르크스의 어머니가 옛 유태 율법학자 집안 출신이었다는 엘레아노르의 정보는 여러 전기들에서 되풀이되었다. 그러나 헨리에테 프레스부르크의 조상들이 유태 율법학자였던 것이 사실인지는 의문 없이 말해지진 않는데, 확인된 계통도가 별로 멀리 거슬러 올라가지 않기 때문이다.(Monz 1973: 223f., 228을 참조하라)23) 필시 엘레아노르는 여기서 카를 마르크스의 어머니를 그의 아버지 하인리히의 어머니와 혼동하는 것 같다. 하인리히의 어머니에 관해서는 사실상 "그 아들들이 여러 세기에 걸쳐 유태 율법학자였던"24) 집안 출신이라고 말할 수 있다. 헨리에테의 아버지 이자크 프레스부르크는 아무튼 유

---

23) 이름의 유사점들에 대한 언급 그리고 이자크 프레스부르크의 조상들이 유태 율법학자였다는 전제조건 하에서 몬츠는 특정한 가계도를 추정했고 이는 이로부터 그다음으로는 심지어 먼 카를 마르크스와 하인리히 하이네 간의 친인척 관계도 나올 그런 가계도였다.(Monz 1973c: 224-229) 물론 이 추측은 상당한 불확실성을 안고 있다.
24) 유태 율법학자로서의 활동에 대한 정보가 들어 있는 가계도는 Monz(1973: 222)에서.

태 율법학자가 아니라 네이메헌의 유태인 자치 공동체의 "강사" 또는 "선창자"였다. 그는 직물상인·환전상·복권판매자였고, 이런 활동들을 통해 아주 유복하게 된 것으로 보인다. 1814년에 그는 자신의 두 아들의 병역을 대리인들을 세워 면제시킬 수 있었고 그해에 그의 딸 헨리에테는 모두 2만 굴덴의 가치가 되는 상당한 지참금을 하인리히 마르크스와 결혼을 위해 받았다.(Gielkens 1999: 32) 하인리히와 헨리에테는 오직 이 지참금을 토대로 해서 그들의 가산을 이루었을 개연성이 있는데, 이는 하인리히 마르크스가 변호사로서 활동을 막 시작하던 때라 아직은 이렇다 할 저축을 하지 못했을 수 있기 때문이다.

헨리에테의 독일어 지식이 한평생 미흡한 채로 있었다는 것은 보전되어 남아 있는 그의 편지에서 명료해진다.[25] 이 편지들은 일상사들을 위주로 하고, 그가 어떤 지적인 관심사들을 가졌는지에 대한 귀납적 추론을 허락하지 않는다. 이미 프란츠 메링에 앞서 첫 번째의 방대한 마르크스 전기를 쓴 존 스파고John Spargo는 헨리에테가 "단순한 선량한 영혼이고 가정주부의 전형이고 특별한 정신적 자질을 가지지 않은" 것으로 추론했다.(Spargo 1909: 10) 이에 뒤이어 이 판단은 대부분의 마르크스 전기 작가들에 의해 단순히 계승되거나 (예컨대 Cornu 1954: 53; McLellan 1974: 14; Padover 1978: 13을 참조하라) 심지어는 더 첨예화되었다. 예를 들어 휜(Wheen 1999: 22f)에게서는 ─어떠한 새로운 출처 정보도 들어지지 않으면서─ 반半문맹여성과 같은 사람이 된다: "그는 무식했으며, 좀처럼 읽고 쓸 수 없었다."

---

25) 카를에게 쓴 편지들은 MEGA III/1에, 자신의 네덜란드 친척들에게 쓴 편지들은 Gielkens(1999)에 재수록되어 있다.

헨리에테 프레스부르크와 그의 동기간의 가계도

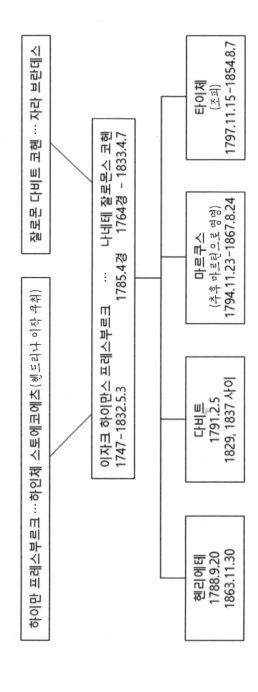

하이만 프레스부르크 … 하인체 스토예코에츠(헨드리나 이차 우취)

잘로몬 다비트 코헨 … 자라 브란데스

이자크 하이만스 프레스부르크 … 나네테 잘로몬스 코헨
1747-1832.5.3   1785.4경   1764경 - 1833.4.7

헨리에테
1788.9.20
1863.11.30

다비트
1791.2.5
1829, 1837 사이

마르쿠스
(추후 마르틴으로 명명)
1794.11.23-1867.8.24

타이체
(조피)
1797.11.15-1854.8.7

* Monz(1973)와 Gielkens(1999)에 의함. 헨리에테의 아버지에 대해 모즈는 더 광범위한 또 하나의 가계도, 그러나 부분적으로는
단순한 추측에 의존하는 가계도를 제시하지 않는다. 나는 여기서 확인된 조상들만 겨우 제현했다.

메어리 가브리엘(2011: 16)에게서도 "교육을 받지도 교양을 갖추지도 않은 헨리에테 프레스부르크"라고 이야기가 된다. 헨리에테에 대한 평가절하의 최신판은 스퍼버Sperber에게서 나오는데, 그는 하인리히 마르크스가 직업 경력과 공적 생활의 참여를 원했지만 "그의 네덜란드인 부인" 그리고 부인의 "완전히 가사일에 맞추어진 유태인 여성의 신앙 형태"는 그것에 어울리지 못했을 것이라 주장한다.(Sperber 2013: 36) 물론 스퍼버는 이런 특정한 신앙에 대해서도 헨리에테가 트리어의 부르주아 세계에 어울리지 못했을 것이란 데 대해서도 어떠한 증거도 내놓지 않는다. 헨리에테가 예를 들어 문인회나 시가 개최한 무도회에 참가하지 않았을 것이란 데 대한 아무런 언급도 없다. 헨리에테의 편지 중 하나는 마르크스 집안에서 춤은 전혀 이례적인 것은 아니었다는, 정반대의 내용을 보여 준다. 그녀는 1836년 2월/3월에 좀 병약한 아들 카를에게 이렇게 편지를 써 보낸다.

> 카를아, 네가 다시 완전히 회복될 때까지는 춤을 추지 말거라.(MEGA III/1: 294f.; MEW 40: 622)

무식한 가정주부로서의 헨리에테에 대한 널리 퍼진 상像에는 상당한 의문이 제기되어 있다.26) 하인리히 마르크스의 편지에 적힌 것들은 헨리에테가 당신의 커 가는 가족을 위해 전적으로 헌신하는 근심 많은 가정주부이면서 어머니였음을 명료하게 보여 준다. 어린 카를도 이 점을 비슷하게 보았고 1837년의 한 분실된 편지에서 그렇게

---

26) Heinrich Gemkow(2008: 506, Fn 33)와 Stedman Jones(2017: 45f.)는 마르크스 전기에서 주를 이루는 어머니상을 비판하는 얼마 안 되는 자들에 속한다.

적었는데, 왜냐하면 그의 아버지가 이렇게 답장했기 때문이다.

> 너 스스로 너의 훌륭한 어머니의 인생을 아주 아름답게 묘사했구나.
> 어머니의 인생 전체가 어떻게 사랑과 충심의 계속된 희생 제물인지
> 를 아주 깊이 느꼈구나. 그리고 너는 참으로 과장한 것이 없다.(MEGA
> III/1: 312)

보전되어 남아 있는 카를의 1837년 11월 10일자의 첫 번째 편지
에서 헨리에테는 "천사 어머니Engelmutter", "위대한 영광스런 여성
große herrliche Frau"으로 묘사된다.(MEGA III/1: 18; MEW 40: 11) 카를
의 누이동생 에밀리는 1865년에 자기 어머니에 대해 이렇게 썼다.

> 당신은 자녀들을 위해 아주 많이 염려하고 걱정하고 고뇌하셨다.
> (Schöncke 1993: 341에 따라 인용함)

하지만 덮어놓고 헨리에테가 무식하고 특별히 지적이지 않았다고
전제하는 것은 성급한 일일 것이다. 그 반대를 암시하는 약간의 언
급들도 있다. 1835년 11월 작성된 본에서 학업에 착수한 아들 카를
에게 보낸 편지에서 헨리에테는 예를 들어 어떤 풍자적인 해학을 보
인다. 카를에게 느슨하고 수다스러운 어조로 청결과 정돈에 유의할
것을 충고한 후에 계속해서 이렇게 말한다.

살림과 관계된 모든 걸 내게 알려 주기 바라. 너의 사랑스런 뮤즈는 엄마의 산문으로 모욕감을 느끼진 않겠지. 낮은 것을 통해 더 높고 더 나은 것이 달성된다고 뮤즈에게 말해 주렴.(MEGA III/1: 292; MEW 40: 619)

그리고 조피와 리온 필립스에게 보낸 1853년 2월 2일에 쓴 편지 (Gielkens 1999: 145f.)에서 나폴레옹 3세에 대한 지적은 헨리에테가 정치적 사태 전개를 주의 깊게 추적했음을 명료하게 보여 준다. 카를의 누나 조피로부터 "작고 연약하고 아주 지적인 분"(Schöncke 1993: 556에 따라 인용함)으로서 어머니에 대한 특징 묘사가 나온다.27) 마르크스의 딸 라우라가 1907년에 존 스파고에게 한, 마르크스의 어머니가 하느님에 대한 당신의 신앙에 관해 질문을 받고서 "나는 그분을 믿지만 하느님을 위해서가 아니라 너희들을 위해 믿는 것이란다"고 했다는 전언도 헨리에테에 대해 대부분의 마르크스 전기들에 의해 전제되는 그런 우둔함을 꼭 암시하지는 않는다. 성년이 된 카를 마르크스는 1840년대 초부터 어머니와 관계가 멀어졌는데, 그도 특기할 만한 진술을 했다. 1861년 트리어를 방문한 후에 그는 페르디난트 라살레(1825-1864)에게 당신의 어머니가 "어머니의 아주 섬세한 정신과 흔들림 없는 평정심 때문에도"(Brief vom 8. Mai, MEGA III/11: 463; MEW 30: 602) 내게는 흥미로웠다고 보고했다. 이 발언이 비꼬는 의미였다는 데 대한 근거는 없다.

물론 어머니의 이 "정신esprit"은 무엇보다 자기 생계와 자녀들의

---

27) 조피는 1883년에 정신병원에 보내졌으며 그 진술은 병원 입원 문진표에 나온다.

생계를 향한 것이었다. 마르크스는 자신의 50번째 생일 직전에 엥겔스에게 보낸 편지에서 이렇게 썼다.

반세기를 뒤로 하고도, 여전히 거지라네! 어머니 말씀이 얼마나 옳았는지! "카를이 (…) 등을 하는 대신 자본을 벌었더라면!"(MEW 32: 75)

마르크스의 사위 폴 라파르그의 언급도 이런 방향을 가리킨다.

마르크스 집안은 그 아들을 위해 문인이나 교수의 인생 경로를 꿈꾸었는데, 가족의 소견으로는 나중에 그가 사회주의 선동에 넘어갔고 당시 독일에서 아직 저평가되던 경제학에 매달림으로써 망가졌다는 것이다.(Lafargue 1890/91: 303f.)

가족이 사회주의적 선동을 부끄러워했다는 것은 오직 어머니와 형제자매들에만 관계되는데, 마르크스의 아버지는 카를 마르크스가 정치적으로 나서기 전에 이미 죽었기 때문이다.

그러나 예니 마르크스가 1860년 6월 4일 페르디난트와 루이제 폰 베스트팔렌에게 보낸 편지(Hecker/Limmroth 2014)에서 드러나듯이 어머니는 모든 가족적이고 정치적인 이견에도 불구하고 당신의 아들 카를을 구체적인 논란들에서, 가령 1859/60년에처럼 카를 포크트 Karl Vogt에 대한 명예훼손 소송에서 재정적으로도 후원할 준비가 되어 있었던 것으로 보인다.(같은 책: 16) 1861년의 위에서 언급된 트리어 방문 시에도 어머니는 마르크스의 채무 증서를 파기했으며 마르크스가 엥겔스에게 3월 7일 보낸 편지에서 강조한 것처럼 이는 그가 어머니에게 그 일로 간청했기 때문에 된 것이 아니었다.

> 나 자신은 어머니와 돈 문제에 관해서는 전혀 이야기하지 않았고 어
> 머니는 이런 점에서는 주도권을 쥐었다네.(MEGA III/11: 458; MEW
> 30: 161f.)

현존하는 정보들이 카를 마르크스의 어머니에 관한 상세한 인물
묘사에 충분하지 않더라도 문헌상 지배적인 우둔하고 무식한 가정
주부의 상은 타당할 수 없다는 것이 명료해진다.

하인리히 마르크스의 진정서

하인리히 마르크스의 사법적 논술 능력은 정치적 입장과 마찬가
지로 그가 1815년과 1816/17년에 작성한, 보전되어 오는 두 편의
진정서에서 드러난다. 빈 대회 후에 라인란트는 프로이센에 들어가
기는 했으나 여러 영토들에서 유태인들에 대한 상당한 차별을 포함
한 1808년의 나폴레옹 칙령이 앞으로도 계속해서 존속할지는 명확
하지 않았다. 1815년 6월 13일에 하인리히 마르크스는 프로이센의
자크Sack 총독에게 이 칙령이 무효로 선언되어야 한다는 의견을 표
명하는 진정서를 제출했다.[28]

---

28) 『우리 주州와 프로이센 왕국의 다행스런 통합에 즈음하여 1808년 3월 17일의 나
폴레옹 칙령에 대한 몇 가지 언급』은 Kober(1932)가 처음 출판한 것으로, 거기에는
나폴레옹 칙령의 조항에 대한 자세한 설명도 들어 있다. 진정서는 Schöncke(1993:
141ff.)에 재수록되었다.

도입부에서 하인리히 마르크스는 자신의 신앙 동지들을 위한 논문을 제출하고 싶은 것이 아님을 강조하는데, 왜냐하면 그런 논문이 필요하다고 보지 않기 때문이란 것이다.

관용이 시대의 풍조입니다. 19세기에 누가 유태인들에 대해 불관용해야 한다고 말하고 싶겠습니까? 그러면 왜? 가령 그들이 할례를 받았고 부활절에 누룩 없는 빵을 먹기 때문에? 그러면 그는 우스운 효과를 낼 것인데, 변변치 못한 사람도 우습게 보이기보다는 차라리 악하게 보이고 싶어 할 것입니다.(Schöncke 1993: 141f.)

널리 퍼진 반反유태주의를 생각해 본다면, 확실한 풍자의 인상을 받는 것을 금할 수가 없다. 물론 제기된 주장은 완전히 풍자적이지 않은 의도에서 생겨났을 수 있겠다. 관용을 설교하는 계몽적인 사고에 비추어 보면 유태인에 대한 부정적인 선입견은 실제로 우습게만 보일 뿐이다. 프로이센 국가는 프리드리히 2세 때부터 정확히 "계몽" 국가임을 주장해 왔는데, 하인리히 마르크스는 이 주장의 논리적 귀결을 바라보라고 한다. 이때 그는 프로이센 군주의 계몽적 주장을 암묵적으로 끌어댈 뿐이 아니다. 진정서에 대한 부속서에서 그는 "가장 계몽적인 위정자"(같은 책: 146)로서의 프로이센 왕에 관해 이야기한다. 하인리히 마르크스가 시사한 결론은 이 군주가 유태인에 대한 부정적인 선입견에 넘어간다면 우습게 여겨지리란 것이다.
　유태인에게 적대적인 선입견을 전파하는 자들에 관해서는 아주 명료하게 이렇게 말하고 있다.

인류의 복지와 시민 정신은 어떤 녀석의 혀 위에서도 어른거립니다. 이 녀석도 의지할 데 없는 과부와 고아를 희생하여 보물을 긁어모았고 착실하고 부지런한 가정들을 곤궁에 제물로 바쳤을 것입니다. 양 가죽을 쓴 이 늑대들은 대다수가 이스라엘의 자신들의 형제들을 무자비하게 공격하는 자들입니다. 그들이 하는 말을 믿고 싶다면 그들의 증오의 근거는 이 인종이 인류의 낮은 등급에 속한다는 것일 것이며, 그들 가슴의 유일한 희망은 그들의 갱생일 것입니다. 하지만 본래 그들은 이따금씩 유태인 건달들을 길에서 만나며 바로 이들과 함께해야만 한다는 것으로 인해 야곱의 후손들에 대해 아주 적대적인 태도를 취했습니다.(같은 책: 142)

하인리히 마르크스는 개별 유태인들에 대한 비난이 정당함을 시인하기는 한다. 물론 이는 개별 기독교인들에도 해당된다는 것이며, 이는 그에게 계속해서 이런 지적을 할 동기를 제공한다: "기독교의 온화한 정신은 흔히 광신에 의해 어두워질 수 있었습니다. 복음의 순수한 도덕은 무지한 사제들에 의해 더럽혀질 수 있었습니다."(같은 책) 완전히 유사한 논변 전략은 이미 그의 부속서에서도 발견될 수 있는데, 거기서 그는 우선 이렇게 인정하며 분노한다.

나의 신앙 동지들에게 시민이 되는 행운을 누릴 자격을 완전히 갖추도록 하는 데 어떤 조치도 필요치 않다고 주장하는 것과는 나는 거리가 멉니다. (…) 하지만 어떤 선의 싹도 불명예스러운 행동으로 질식시키면서는 칭송할 만한 목표에 도달하지 못합니다. 선은 반대로 고무되어야 하겠고 악은 뿌리부터 근절되어야 하겠습니다. 그러나 이것을 오직 아버지 같은 정부만이 할 수 있고 할 것입니다.(같은 책: 147)

하인리히 마르크스는 나폴레옹 칙령을 상세히 분석하고 그것이 일련의 기초적인 법 원칙들 전체에 모순된다는 것을 보여 준다. 무엇보다도 그는 개인들의 잘못된 행동이 집단 전체의 처벌로 이끄는 것에 결연히 반기를 든다. "현명한 입법자"라면 죄지은 자를 밝혀낼 수단을 발견할 것이다. "그리고 그가 그렇게 할 수 없다면 그는 그의 신민 수천 명 위에 유죄 판단을 내리기보다는 차라리 작은 악행들에 너울을 씌워 덮을 것입니다. (…) 그러나 한 종파 전체에 닥치는 처벌은 오직 온통 지극히 혐오할 만한 불관용의 발로일 수 있을 뿐입니다." 그리고 그는 고리대금이 있을 경우에 법률의 완전한 엄격함을 가지고 절차가 진행되어야 할 것이지만 이는 고리대금을 처벌하는 법률, "지나가는 말로 하자면 많은 비非할례자들에게도 아주 건전한 속박일" 법률이 도대체 존재할 것을 전제로 한다고 덧붙여 말한다. (같은 책: 145)

이 진정서는 하인리히 마르크스를 법학적으로 숙달되었을 뿐 아니라 또한 영리하고 철저히 자의식적으로 논리를 펼 줄 아는 자인 것으로 보여 준다. 그에 대한 답변은 전해 오지 않는다. 그 칙령이 유지되었으니 하인리히 마르크스는 그의 진정서를 통해 정부 쪽에서 우군을 얻지 못했을 수 있겠다. 그러나 그는 비판받은 칙령을 승인했을 군주에 관해 생각한 바를 아주 명료하게 나타냈다.

또 한 편의 글을 하인리히 마르크스는 1816/17년의 연말연시에 라인 지방 즉결사법위원회에 제출했다. 이 위원회는 라인 지방에서 유효한 "라인 법"(즉, 프랑스법 중에서 아직 유효한 것)이 어떻게 프로이센 법에 동화될 수 있을지를 검토해야 했다. 이런 목적에서 그 위원회는 그것을 위해 제안들을 제출하라고 요청했다. 하인리히 마르크스는

그 위원회에 상업법원들에 대한 입장을 보냈다.(Schöncke 1993: 154ff. 에 수록됨)

프랑스에서 계승된 상업법원들은 오직 상인들로만 채워졌고, 오로지 상인들과 은행가들의 상업 분쟁들에 관해서만 심판하도록 되어 있었다. 하인리히 마르크스는 상업법원에 대해 반대 입장을 표명했는데, 도대체 특수법원들이 있는 것이 악폐라는 것이었다. 상업법원은 특권화된 법원으로서 오직 특정 "계급"을 위해서만 존재한다는 것이다.(같은 책: 154) 이를 넘어서 법원이 사법적으로 문외한인 자들, 게다가 자신들의 경제적 이익을 추구하는 자들에 의해 이끌어지는 것은 문제가 있다는 것이다. 그와 같이 "불행하게도 이 부자들 중 한 사람을 인도해야 하는 변호사가 쓸데없는" 이야기를 하고 있다.(같은 책: 160)

그 위원회는 그런 논리에 깊은 인상을 받았음을 드러내어 저자에게 그의 글을 유명한 라인강 하류 입법, 법학 및 사법 아키브(Niederrheinisches Archiv für Gesetzgebung, Rechtswissenschaft und Rechtpflege)에 발표하도록 권했는데, 이는 드물게만 있는 일이었다.(Mallmann 1987: 176) 하인리히 마르크스는 출판에 동의했지만 자기 이름과 고향 도시는 밝히지 않을 수 있게 해 달라고 간청했다. 이는 그에게 이 글이 트리어에서 불이익을 가져올 것을 두려워할 수밖에 없었기 때문이다. 이 두려움은 상인들에게서 그들의 특권 일부를 박탈하기를 원한 그의 글의 내용과 저 "부자들"에 대한 그다지 우호적이지 않은 성격 묘사를 볼 때 물론 근거가 없는 것은 아니었다. 그의 글에서 거듭하여 경험되는, 유태인으로서 받는 냉대에 대한 완전한 통분도 표현된다. "그러나 유감스럽게도 나의 사정은 가장으로서 좀 신중할 수밖에 없는 그런 종류의 것입니다. 하늘이 나를 한 종파에 묶어 놓았고 이 종파는 주지하듯이 특별한 명성을 누리지 못하고 있으며 우리가 사는 이 지방은 별로 관용적이지 않습니다. 그리고 사람들이 한 유태인이 또한 뭔가 재능을 가지고 올바를 수 있다고 믿기로 단지 결심할 수 있게 되기까지 내가 많고 많은 지독한 일을 견디고 나의 작은 재산을 거의 완전히 들일 수밖에 없었다면 내가 어느 정도 자괴감을 가지게 되었다고 해도 물론 나를 나쁘게 생각할 수는 없을 것입니다."(1817년 1월 17일의 편지, Schöncke 1993: 151에 수록됨) 그의 바람에 호응이 있었고 그 글은 무명으로 1817년 1월에 실렸다.

고리대금을 다룬 또 한 편의 진정서를 하인리히 마르크스는 1821년 6월 30일에 법무장관 프리드리히 레오폴트 폰 키르하이젠Leopold von Kircheisen에게 보냈다. 부속서에서는 "해로운 만큼 저열한 악덕, 말하자면 고리대금의 박멸을 향한 간절한 바람"은 "짧은 논고"를 쓸 동기를 주었다고 되어 있다.(Schöncke 1993: 171) 이제까지 이 글은 그 행방을 찾을 수 없었고 1821년 6월 27일의 키르하이젠의 짧은 대답만이 보전되어 남아 있는데, 그 답변에서 서두가 확인되며, 그 서두에서 그는 "선생님 인종의 죄악들"에 대처하려는 "선한 의지를 기쁨을 가지고 인식했습니다." 하고 지적한다. 하인리히 마르크스가 특별히 "유태인의 고리대금"을 문제시한 것이 아니라 완전히 일반적으로 고리대금을 문제시했다고 가정할 수 있으므로, 고리대금을 유태인들의 "죄"로 환원시키는 법무장관의 답변은 유태인들이 거듭하여 직면했던 그런 증오의 한 예다.

세례

라인란트가 새로운 프로이센의 지방으로 편입되면서 겪은 법적 변동은 마르크스의 가족에게 직접적으로 작용했다. 유태인들은 더 이상 국가 공직을 맡는 것이 허용되지 않고 변호사 활동도 국가 공직의 부분으로 통했기에 하인리히 마르크스의 직업적 미래는 최고로 불확실했다.

상급지방법원장 크리스토프 빌헬름 하인리히 제테Christoph Wilhelm Heinrich Sethe는 1816년 4월 23일 라인 지방 사법부의 유태인 수에 관해 보고하면서 사법 공직에 종사하는 세 명의 유태인(이중에는 하인리히 마르크스도 속했다)의 활동을 위해 예외적 허가를 발부할 것을 권고했다. 그는 트리어의 항소법원장이 하인리히 마르크스에게 "아주 칭찬할 만한 진술"을 했으며 그를 다음과 같이 특징적으로 묘사했음을 언급했다: "많은 지식을 가지고, 아주 근면하고, 언변이 좋고 철저하게 바른 사람이다" 제테 자신은 하인리히 마르크스가 아헨의 정부에서 제출한 그리고 "두뇌와 지식"을 드러내 주는(Schöncke 1993: 148f.)[29] 논문을 언급한다. 그러나 예외적 허가는 프로이센의 법무장관 키르하이젠에 의해 각하되었다. 내무장관 슈크만Schuckmann도 같은 의견이었다.(Monz 1973: 247) 하인리히 마르크스에게 이는 그가 자기 직업을 포기하든지 아니면 이 시기의 다른 많은 유태인들처럼 세례를 받든지 해야 함을 의미했다.[30]

---

29) 이 논문은 이제까지 그 소재를 찾을 수 없었다. 이때는 위에서 언급된 자크 총독에 보낸 1815년의 진정서를 말하는 것은 아닌데, 왜냐면 이 사람은 뒤셀도르프에 주재했었기 때문이다. 하인리히 마르크스는 그래서 적어도 네 편의 논문을 작성했었다.

하인리히 마르크스의 정확한 세례일은 알려져 있지 않다. 그러나 그 날짜가 있다면 이는 많은 실마리를 제공해 주었을 것인데, 왜냐하면 그것에서 하인리히가 어떻게 자신에게 가해지는 압력을 대처해 갔는지를 읽어 낼 수 있겠기 때문이다. 프리드리히 엥겔스는 1892년의 전기적 개관에서 하인리히 마르크스가 그의 가족과 함께 1824년에 기독교로 개종했다고 알려 주었고(MEGA I/32: 182; MEW 22: 337), 이는 메링과 다른 전기 작가들에 의해 계승되었다. 그러나 1824년에는 자녀들만이 세례를 받았다. 세례 등록부에는 아버지는 이미 군목 뮐렌호프Mühlenhoff로부터 세례를 받았다고 기재되었다.

30) 이런 평가는 새롭게 논란이 되었다. Horst Sassin은 1816년 8월 30일 명령을 근거로 "현상 유지의 실용적 원칙이 통했으며, 이는 가장 나중의 하인리히도 그런 것처럼 거의 모든 전기 작가들이 간과하는 정황이다. 하인리히 마르크스에게 이는 그가 변호사로 남아 있지만 소송대리인이나 공증인이 될 수 없음을 의미했다. 변호사로서 그는 형사 소송을, 소송대리인으로서는 그 외에도 민사 소송을 하도록 허가되었다."고 주장한다.(Sassin 2019: 116) 『프로이센 왕국 법령집』에는 1816년 8월 30일에 반포된 1812년의 유태인 칙령에 관계되는 명령이 있기는 하지만 거기서는 토지의 취득만이 다루어지고 Sassin이 주장하는 사실 관계는 다루어지지 않는다. 현상 유지가 사실적으로도 수용되지 않은 것은 Barbara Strenge(1996: 29-33)에서 명료해지는데, Strenge는 제제에 의해 언급된 다른 두 사람의 유태인의 잔류를 조사했다. 요한 야콥 마이어는 크레펠트 법원 서기로 일했는데, 그는 업무에서 배제된 것 같이 보이며, 이는 그가 나중의 공직자 명부에 더 이상 기재되어 있지 않기 때문이다. 필립 베네딕트는 정리廷吏와 집달관으로서 하인스베르크에서 고용된 자로서 자신의 해고 통보에 맞섰다. 그러나 그의 청원은 1821년과 1822년에 법무장관과 수상에 의해 기각되었다. 내각은 (그래서 프로이센 정부는) 1822년 3월 25일에 유태인의 국가 공직 배제는 "일반적으로 유효한 행정 원칙으로서 보통 국가 공무에 종사하는 그런 유태인들에게도 적용되어야 한다"(같은 책: 32)고 단언했다. 국왕에게 낸 청원을 근거로, 국왕은 1823년 4월 12일에 베네딕트가 우선 그의 자리에 있도록 놔두게 하지만, 그가 "조만간에 기독교 종교로 개종할지" 기다려 보아야 한다고 결정했다.(같은 책: 33) 이처럼 현 상태가 앞으로도 계속 유효했으리란 것에 대한 이야기는 있을 수가 없다. 하인리히 마르크스는 겨우 국왕의 은혜에 희망을 둘 수 있었을 뿐이다. 유태인의 법적인 동등 지위는 1871년의 제국헌법으로 비로소 생겨났다.

뮐렌호프는 1817년에서 1820년까지 트리어의 군목이어서 세례는 이 기간 중에 행해졌음이 분명하다. 슈타인(1932)은 세례가 이미 1816/17년에 베풀어졌다고 추측했다. 이는 상급 지방법원장 제테의 1816년 4월 23일의 글이 있은 후이고 1817년 중반 트리어의 복음 교회의 창립 전인데, 왜냐하면 교회의 창립 후에는 군목에 의한 세례는 더 이상 필요하지 않았기 때문이다. (마르크스가 태어나기도 전인) 이 세례를 받은 기간은 거의 모든 새로운 전기들에서 계승된다. 물론 몬츠(1973: 243f.)는 이미 군대 및 민간의 통합 교회가 있어서 세례가 1817년 이후에도 군목에 의해 가능했다는 것을 언급했다. 군대 교회의 교회 기록부는 1820년부터 비로소 보전되어 있고 거기에는 하인리히 마르크스의 세례가 기록되어 있지 않으므로 몬츠는 세례가 1816년 4월 23일과 1819년 12월 31일 사이에 있었다고 결론 짓는다.(같은 책: 245)

그 수수께끼에 대한 가장 개연성 있는 풀이를 제공해 주는 것은 트리어 유태인들의 역사에 나오는 흥미로운 사건이다(Laufner 1975을 참조하라): 1817년 6월 21일에 하인리히 마르크스는 자무엘 칸Samuel Cahn과 함께 유태인 채무 변제위원회에 호출되었다. 이 '유태인 채무'라는 것은 유태인에게 부과되는 특별세로서 프랑스 점령 시기 이전부터 있었으며 집합체로서의 유태인 자치 공동체에 의해 납부되어야 했다. 그 위원회는 유태인 시민들을 포착해서 이 조세 채무를 불어난 이자와 함께 그들에게 배분해야 했는데, 이는 특별히 감사할 만한 임무는 아니고 또한 예상대로 일련의 불만을 초래했다. 그 불만들 중 하나에서는 왜 자무엘 칸이 작성한 배분자 명부에 하인리히 마르크스가 나오지 않느냐는 질문이 던져졌다. 1819년 4월 3일자 그의 답변서에서 칸은 이에 대해 하인리히 마르크스가 위원회를 위해 아주 많은 대가를 받지 않은 일을 하여 그가 명부에서 누락된 것은 단지 작은 보상일 뿐이란 것으로 근거를 댔다. 기독교로의 개종은 이때 이야기가 없어서 하인리히 마르크스는 이 시기에 아직 세례를 받지 않은 것으로 추측할 수 있다. 이 추측을 따른다면 하인리히 마르크스는 1819년 4월 3일과 12월 31일 사이에 세례를 받았으며 그래서 비교적 늦게 받은 것이다. 유태인 변호사들에 대한 예외적 허가의 기각 후 3년이 지나서였다.

1819년의 세례는 슈윈케(1993: 562)가 상세히 설명한 것처럼 또 다른, 이례적인 사건을 설명해 줄 수 있겠다. 1819년 8월 12일에 헤르만이 하인리히와 헨리에테의 넷째 아들로 태어났다. 그러나 다른 자녀들처럼 트리어에서가 아니라 네이메헌에서 태어났다. 임신한 헨리에테가 트리어로부터 네이메헌으로의 여행에 나섰고 이에는 적절한 이유가 없지 않았다고 간주할 수 있다. 이 이유는 헨리에테의 양친에게 자기 남편의 세례가 막 있었다거나 곧 있을 것이라고 편지를 통해서만이 아니라 대면하여 알리는 데 있었을 수 있겠다.

하인리히 마르크스의 세례가 그의 직업적 상황으로 부득이하게 되었음은 의심할 바 없으며, 이는 카를 마르크스의 막내딸 엘레아노르도 빌헬름 리프크네히트를 상대로 확인해 준 것이다.(Liebknecht 1896: 144) 하인리히 마르크스가 세례를 거부했더라면 여러 해 동안 법학을 공부하고 변호사 직업을 얻고자 하는 노력은 무위로 돌아갔을 것이다. 또한 이 직업이 없었다면 그는 자기 가족을 좀처럼 먹여 살릴 수 없었을 것이다. 그런 한에서 그는 세례 말고 다른 대안이 없었다. 그러나 이런 행보가 그에게 얼마나 고통스러웠는지, 또 세례가 사실상 몇몇 저자들이 주장하는 가족과의 절연과 그의 아들 카를과의 갈등의 토대를 나타냈는지는 의문으로 남는다.

하인리히 마르크스는 세례받기를 주저하여 늦추려 시도한 것으로 보인다. 필시 그는 세례를 회피할 수 있다고 믿은 것 같다. 그리고 그가 결국 세례를 받던 때에 그는 당장 자기 가족에서 유일하게 세례를 받은 사람이었다. 이 모든 것은 그가 세례를 자발적인 행위이거나 아예 메링(1918: 13)이 추측한 것처럼 해방적 행보로 느꼈다는 것을 뒷받침해 주지 않는다. 다른 한편 하인리히 마르크스는 유태 종교에 대해 특별히 강렬하게 매이지는 않았던 것으로 보였다. 그의 사후에 그의 서재에 대한 공증인의 재고 조사가 행해질 때 딱 한 권의 히브리어 책이 목록에 올랐는데 이는 더 자세히 특정되진 않는다. (Schöncke 1993: 294) 1835년 11월 본에서 공부하고 있는 아들 카를에게 보낸 편지에서 드러나는 것처럼 하인리히 마르크스는 신앙을 가지긴 했지만, 계몽적 이신론을 추종했다. 그는 카를에게 "신에 대한 순수한 믿음"을 갖도록 권했으며 이는 "뉴턴·로크·라이프니츠"도 이미 가졌던 것이다.(MEGA III/1: 291; MEW 40: 617) 이는 마르크스의 아버지가 "종교·과학·예술에 관한 18세기의 프랑스적 관념에 물든" 남자였다는 엘레아노르의 지적과 잘 맞는다.(E. Marx 1883: 32)

몬츠(1973: 25)와 스테드먼 존스(2017: 36f.)는 확신에 의한 기독교로의 개종의 가능성을 완전히 배제하고 싶어 하지 않는데, 이는 하인리히 마르크스가 그의 자크 총독에 대한 진정서에서 기독교를 시종 긍정적으로 그렸기 때문이다. ("기독교의 온유한 정신", "순수한 복음의 도덕") 그러나 사람이 어떤 종교에 대해 개별적인 긍정적 측면들을 인정한다는 것은 신앙에 대한 증거이기에는 한참 부족하다.31)

계몽 정신의 영향을 받은 하인리히 마르크스가 특정한 예식에 집착

31) Sassin(2019)은 하인리히와 헨리에테 마르크스의 기독교에 대한 영적인 얽매임을 증명하려는 가장 포괄적인 사도를 했다. 그는 세 가지 논거를 든다: 그 두 사람은 여러 번 성찬식에 참석했고, 그들의 딸 에밀리는 하인리히의 임박한 죽음을 맞아 일찍 견신례를 받았고 헨리에테는 여러 번 대모代母가 되었다는 것이다. 더 상세히 들여다보면 이 세 논거 중 어느 것도 정말로 설득력을 가질 수 없다.
1833년 말에 트리어의 작은 프로테스탄트 교회에서 성찬식 참가자들이 특별히 기록되었다. 헨리에테는 1826년 9월 24일과 1828년 10월 5일에, 그리고 남편과 함께 1827년 6월 3일과 1828년 4월 4일과 6일에 성찬에 참례했다.(Schöncke 1993: 188, 101, 195, 200) Sassin은 거기서 "개종의 영적 의미에 대한 강한 신호"(같은 책: 120)를 본다. 성찬이 대부분 오직 큰 축일들(성금요일·부활절·오순절·추수감사절·성탄절)에만 거행된 것을 생각해 본다면, 1825년에 세례받은 헨리에테 마르크스는 1826년에서 1833년(참가자 이름을 파악한 조사의 마지막 연도)까지 적어도 40번의 참가 가능성이 생겨나고, 늦어도 1819년에 세례를 받은 하인리히 마르크스는 심지어 70번의 참가 가능성이 나온다. 헨리에테의 다섯 번의 성찬식과 하인리히 마르크스의 세 번의 성찬식은 이처럼 아주 적은 숫자다. Sassin은 성찬식들이 보통 많은 사람이 참석하는 것이었음을 참조하라고 한다. 이는 진짜 신자들은 빈번하게 참여해 왔음을 의미한다.
1838년에 에밀리 마르크스는 자신의 언니인 루이제와 함께 하인리히 마르크스가 죽기 한 달 전에 견신례를 받았다. Sassin은 하인리히가 견신례를 볼 수 있도록 에밀리가 미리 견신례를 받았다고 추측한다. 이로부터 하인리히의 기독교에 대한 영적인 매임이란 결론을 도출한다.(Sassin 2019: 121) 다섯 명의 형제자매들의 견신례 날짜들이 전해져 온다.(Schöncke 1993: 577, 631, 746, 812, 837) 이로부터 에밀리는 만 15세 5개월이 된 때 견신례를 받아서 가장 이른 나이에 받은 것이기는 하지만, 카를(만 15세 10개월)과 카롤리네(만 15세 8개월)는 조금밖에 더 늦지 않았다.(3월/4월에 있는 견신례 시기를 근거로 하면 몇 달의 나이 차이는 정상이다) 겨우 헨리에테와 루이제가 (둘 다 만 16세 5개월) 견신례를 에밀리보다 1년 늦게 받은 것이다. 이 날짜로부터 에밀리가 미리 견신례를 받았다고 꼭 결론이 나오는 것은 아니다.
헨리에테 마르크스가 세 번 대모를 선 것도 정말로 놀라운 것은 아니다. 1843년과 1859년에 헨리에테는 두 명의 손주의 대모가 되었고, 1840년에는 율리 엠메리히의 아이의 대모가 되었는데,(Sassin 2019: 129) 율리 엠메리히는 헨리에테의 딸 조피와 카롤리네의 대모였고, 1865년에는 에밀리의 딸의 대모가 되기도 했다.(Schöncke 1993: 834, 783) 명백히 율리는 (그는 트리어의 복음 교회 목사 요한 아브라함 퀴퍼의 딸이었다) 헨리에테와 그의 딸들의 좋은 친구였다. 헨리에테의 기독교 신앙에 대한 틀림없는 증거를 이 대모 역할이 제공해 주지 않으며, 이는 역시 단순히 그때마다 세례받는 자의 양친의 연줄 덕분일 수가 있는 것이다.

하지 않아서 세례도 그를 종교적 양심의 갈등에 빠뜨리지 않았을 개연성이 있다. 그러나 그는 자기 직업을 행할 수 있으려면 세례를 받아야 한다는 요구를 받고 이를 비감하고 굴욕적인 것으로 느꼈다고 볼 수 있겠다. 에두아르트 간스Eduard Gans(1797-1839)는 가장 비중 있는 헤겔학파의 한 사람으로서 특출한 학문적 자격에도 불구하고 세례를 받은 후에야 교수가 되었는데, (그리고 나중에는 베를린에서 카를 마르크스의 학문적 스승들 중 한 사람이었다) 그는 유태인들이 국가 공직을 위한 불가피한 전제조건으로서의 세례에 직면한 경우에 다수의 교육을 받은 유태인들이 느꼈을 개연성이 있는 것을 표현했다.

> 국가가 아주 편협하여 내가 믿지도 않고 장관도 내가 믿지 않는다는 것을 잘 아는 신앙 고백을 할 경우를 제외하고는 내 능력에 맞는 방식으로 국가에 이로움을 주는 것을 나에게 허락하지 않을 정도라면 그렇게 하라고 하지.(Reissner 1965: 36)

하인리히 마르크스가 세례를 비슷한 느낌으로 바라보았으리란 것은 충분히 가능하다. 세례를 미룬 것은 이런 국가적으로 요구되는 위선에서 그래도 벗어나고자 하는 시도였다고 할 수 있겠다. 필시 하인리히는 또한 아직 살아 있는 어머니와 트리어에서 유태 율법학자로 일하는 형에게 걱정을 덜어 주고 싶었을 것이다. 자기 어머니에 관해 하인리히 마르크스는 말하자면 "내가 다만 가능한 대로 오랫동안 어머니를 병들지 않게 하기 위해 어떻게 분투했고 고생했던가"(MEGA III/1: 311)라고 썼다. 이는 전적으로 세례에 관련된 것일 수 있겠다. 헨리에테도 1824년 자녀들의 세례 시에 아직 살아 계시는 양친을 고려해서 세례를 미루고 싶다고 알렸다. 물론 헨리에테는 양친이 여전히 생존해 있음에도 불구하고 한 해 뒤에는 세례를 받았다.

왜 하인리히와 헨리에테의 자녀들이 하필 1824년에 세례를 받았는지는 명확하지 않다.[32) 한편으로 하인리히의 어머니가 1823년에 작고한 것이 어떤 역할을 했다고 할 수 있겠다. 다른 한편, 카를은 생존해 있는 장자로서 지금 의무 교육을 받을 나이였다. 기독교 학교에 다니는 유태인 어린이들은 심지어 구청이 이를 단속하라는 명령을 발할 정도로 공격적인 다른 어린이들의 조롱에 노출되어 있었다. (Monz 1973b: 181f.를 참조하라) 어린이들의 세례를 지금 행하는 것은 이들이 학교를 다닐 때 이런 조롱에서 보호해 주려는 바람에서 나왔다고 할 수 있겠다. 물론 그 어린이들이 대체로 초등학교를 다녔는지 아니면 개인 교습을 받았는지는 명확하지 않다.

가톨릭적인 트리어에서 마르크스의 가족은 가톨릭교가 아니라 프로테스탄트교로 개종했다. 합리주의적이고 계몽주의적인 입장을 가진 하인리히 마르크스에게 그 성자들, 기적 및 성유물 신앙과 함께 가톨릭교는 합리주의적인 지향을 가진 프로테스탄트교보다 훨씬 덜 궁금한 것으로 다가왔다고 할 수 있겠다.[33)

블룸베르크(1962: 15) 그리고 무엇보다도 퀸츨리(1966: 42)는 하인리히 마르크스와 그의 가족 간에 단절이 된 것은 세례 후에 있은 일이라고 주장했다. 그러나 그러한 단절을 말해 주는 지표들은 있지

---

32) 여러 전기들에서 주장하는 것처럼 세례가 큰 잔치와 함께 행해졌는지 우리는 알지 못한다. 이를 시사해 주는 것도 전혀 없다.

33) 물론 프로테스탄트교에서도 경건주의의 모습으로 합리주의에 대한 반대운동이 있었다. 청년 엥겔스는 경건주의적인 부모의 가정에서 성장했다.(이에 대해서는 제2권을 참조하라)

않다. 퀸츨리는 단지 누군가 오랜 유태 율법학자 집안 출신이면서 기독교로 개종한다면 이는 가족 관계의 단절을 가져올 수밖에 없다고 단순히 주장할 뿐이다. 가족 관계에 대한 유일한 언급은 1837년 월에 나온다. 엠스 온천 요양 후에 하인리히 마르크스는 자기 아내에게 "사랑스러운 형수님[미흘레 브리자크, 작고한 형 자무엘의 아내]과 그의 자녀들에게 충심의 인사와 입맞춤을 보내오."(MEGA III/1: 313)라고 썼다. 이 시점에 가족 관계가 흔들리지 않았음은 퀸츨리도 반박할 수 없다. 그래서 그는 하인리히 마르크스가 "배교의 죄책감"에서 "다시" 친밀한 접촉을 구했다고 추측한다.(Künzli 1966: 43) 그러나 가족들에게 "다시" 다가간다는 말은 단절이 일어난 것을 전제로 한다. 하지만 이 단절에 대해서도 자신이 주장한 죄책감에 대해서도 퀸츨리는 어떤 증거도 대지 못한다. 가족만이 아니라 유태인 자치 공동체의 다른 구성원들에 대해서도 세례 후에도 친밀한 관계가 존속했다. 저명한 유태인 의사 리온 베른카스텔Lion Bernkastel(약 1770-1840)은 물론 마르크스 가족의 주치의였다.(1836년 5-6월의 편지, MEGA III/1: 297을 참조하라) 그와 공동으로 하인리히 마르크스는 메르테스도르프에 포도원도 소유했다.(Monz 1973: 252)

직업적 성공과 사회적 인정

하인리히 마르크스는 트리어에서 저명한 변호사였다. 특히 그의 직업상의 동료들과 그는 좋은 관계를 유지했음이 분명하다. 예를 들어 그의 자녀들 대부분의 대부, 대모는 변호사들과 그들의 아내들이었다. 카를의 대부들은 변호사인 요한 프리드리히 보흐콜츠와 요한 파울린 샤크였다.(Monz 1973: 257) 루트비히 폰 베스트팔렌은 그의 아들 페르디난트에게 보낸 1838년 1월의 한 편지에서 하인리히 마르크스가 몸이 아프지만 아주 인기가 있어서 그의 동료들이 그의 공판을 그 대신 진행할 것이라고 고한다.(Gemkow 2008: 520) 나중에 카를 마르크스는 그의 아버지가 "오랫동안 그곳 변호사회 회장"이었고 그래서 트리어 변호사 집단의 대표였다고 언급했다.(Brief vom 3. März 1860 an Julius Weber, MEGA III/10: 340; MEW 30: 504)

더욱 친밀한 관계는 무엇보다도 변호사 에르네스트 도미니크 라이스Ernest Dominik Laeis(1788-1872) 그리고 이미 트리어에 관한 절에서 언급된 요한 하인리히 슐링크Johann Heinrich Schlink(1793-1863)와의 사이에 존재했다고 할 수 있겠다. 라이스와 그의 아내는 1824년에 자녀들의 대부모가 되었고, 라이스와 슐링크는 1838년에 호적사무소가 하인리히 마르크스의 죽음을 등기하도록 했으며 그 두 사람은 또한 1842년 카를의 누나 조피가 변호사 빌헬름 로베르트르 슈말하우젠과 결혼하던 때 결혼 입회인이 되었다.(Monz 1973: 257, 231 Fn. 19) 하인리히 마르크스의 사후에 슐링크는 아직 성년이 되지 않은 자녀들에 대한 후견권을 승계했으며, 그중에는 카를도 있었다. 당시에는 21세가 되어야 비로소 성년이 되었다.34)

1825년에 빌헬름 합Wilhelm Haw 시장이 시장 자격으로 유태인 채무 변제위원회 위원장으로서 몇 명의 유태인 시민한테 그들의 변제 채무 때문에 고발당했을 때 하인리히 마르크스는 합의 변호인으로 직무를 수행했으며(Laufner 1975: 13f.), 이는 마찬가지로 그의 높은

---

34) 슐링크의 후견권은 Schöncke(1993: 287)에 수록된 하인리히 마르크스의 유산 등록 서류에서 나온다. 이는 Gemkow(1978)에 수록된 또 하나의 증서다.

명성을 시사해 준다. 1831년 하인리히 마르크스는 지방정부로부터 마침내 '법률고문관Justizrat'이란 직함을 수여받았는데(Schöncke 1993: 215), 이는 트리어·쾰른·아헨·코블렌츠의 법원에서는 모두 해서 단지 15명의 법률가들만 받은 직함이었다.(Mallmann 1987: 174)

칸트와 피히테에게로 쏠리는 하인리히 마르크스 자신의 에토스는 베를린에서 공부하는 그의 아들 카를에게 보내는 편지들에서 특별히 뚜렷하게 표현된다.

> 모든 인간적 덕성 중 첫 번째 것은 의무가, 사랑이 명할 경우 자신을 희생하려는, 자신의 자아를 뒤로 돌리려는 힘과 의지이며, 빛나는 낭만적이거나 영웅적인 희생 같은 것은 아니니라. 이런 것은 최고의 이기주의자도 할 수 있는 것인데, 왜냐하면 바로 자아가 그런 다음 높게 빛을 발하기 때문이니라. 그런 게 아니라 매일 매시간 반복되는 희생이 선한 사람의 순수한 심장에서 (…) 솟아 나오는 것으로 이런 것이 삶에 유일한 자극을 주며 일체의 불쾌한 것들에도 불구하고 삶을 더욱 아름답게 만드느니라.(Brief vom 12.-13. August 1837, MEGA III/1:312)

직업적 성공은 일정한 복지 수준에서도 표현되었다. 1819년이면 하인리히 마르크스는 지메온슈트라세에 집을 매입할 수 있었다. 헤레스가 감정한 조세 자료에 따르면, 하인리히 마르크스는 1832년에 1,500탈러의 연 소득을 올리는 것으로 평가되었고(Herres 1990: 197) 이로써 트리어의 200탈러가 넘는 연소득을 올리는 중상층의 상위 30퍼센트에 속했다.(같은 책: 167) 이 중상층은 단지 인구의 약 20퍼센트만을 이루었으므로(같은 책: 185) 마르크스의 가족은 소득상으로 총인구의 상위 6퍼센트에 속했다. 이런 소득과 함께 그의 가족은 또한 일정한 자산을 이룰 수 있었고 농업에 활용되는 여러 필지를 보유했고 포도원들에 대한 지분도 이에 속했다. 부유한 트리어 부르주아들에게서는 포도원을 소유하는 것이 인기 있는 노인 복지였다.(Monz 1973: 274) 마르크스의 가족은 집사도 고용했다. 1818년에 적어도 한 명의 하녀가 있었고(Schöncke 1993: 161을 참조하라), 1830년과 1833년에는 그때마다 "두 명의 하녀"가 있었다는 것이 증명된다.(같은 책: 295)

물론 하인리히 마르크스는 그가 인생에서 달성한 것에 결코 만족하지 않았다. 그렇게 그는 자기 아들 카를에게 써 보냈다.

> 나의 형편에서 너를 가지는 데는 충분한, 내가 만족하기에는 한참 모자란 원가를 달성했다.(Brief vom 12.-13. August 1837, MEGA III/1: 313)

4. '헌정 약속'에서부터 '7월 혁명'을 거쳐 '프랑크푸르트 경비대 습격'까지 ─ 독일에서의 정치 상황

1834년에 하인리히 마르크스는 한 정치적 사건에 연루되었으며 이는 그의 정치적 견해에 관해 얼마간 드러내 준다. 또한 당시에 아직 만 16세가 안 된 카를이 이를 의식적으로 함께 체험했다고 보아도 좋겠다. 이어지는 제5절에서 묘사할 트리어에서 있었던 사건들의 정치적 유관성을 이해하기 위해서, 나는 1815년에서 1834년까지의 정치적 사태 전개에 대해 좀 더 상세히 파고들지 않으면 안 된다. 이 사태 전개는 또한 다음 장들에서 말해지는 일련의 논쟁과 갈등의 배경을 이루기도 한다.

나폴레옹 지배의 마지막 몇 년간에 프랑스가 점령한 독일 영토들과 프랑스에 종속된 독일 주들에서 불만은 점점 더 늘어 갔다. 상시적인 전쟁으로 인해서 인구가 감당해야 했던 조세 부담은 올라갔고 점점 더 많은 젊은 남자들이 프랑스 군대에 강제로 보내졌다. 어느 때보다도 더 프랑스인들은 점령자로 간주되었고 독일 민족의식이 확산되었다. 1813-15년의 반反나폴레옹 전쟁은 곧 "해방 전쟁"으로 미화되었고 인구의 상당 부분에 의해 지지받았다. 이미 프로이센의 러시아 원정을 통해 약화된 프랑스에 대한 1813년의 선전포고는 프로이센의 왕 프리드리히 빌헬름 3세의 "나의 민족에게"라는 호소를 수반했으며, 거기서 그는 "프로이센과 독일인들에게" 나폴레옹에 맞서는 자신의 투쟁에 대한 지지를 간청했다. 이 호소는 큰 반향을 얻었다. 프로이센 군대는 일종의 민병대인 새로 형성된 육군만큼 확장될 수 있었다. 추가로 자발적인 수렵자 단체들이 생겨났다. 가장 유명해진 것은 아돌프 폰 뤼초프Adolph von Lützow(1772-1834)였으며 많은 학생들과 문인들이 이에 가담했다. 또한 젊은 시인 테오도르 쾨르너Theodor Körner(1791-1813)도 이에 속했는데, 그는 의용군을 나중에 아주 애독된 시에서 열렬히 경축했다.(「뤼초프의 저돌적인 사냥」) 쾨르너 자신은 투쟁에서 목숨을 잃었고 이는 그의 명성을 높여 준 것이다.

나폴레옹의 패배 후에 독일 인구의 상당 부분은 그들의 군주로부터 더 많은 정치적 자유와 발언권을 기대했다. 1815년 5월 22일의 칙령에서 프리드리히 빌헬름 3세는 헌법과 전체 프로이센 대의 기구의 소집을 약속했으며, 이는 이후로 '헌정 약속'으로 통했다.(Koselleck 1967: 214ff., 286f.; Clark 2007: 395을 참조하라)

괴테의 친구 카를 아우구스트(1757-1828) 대공이 통치한 바이마르에서는 이미 1816년에 헌법이 도입되었고, 이는 다른 여러 가지 중에서도 심대한 언론의 자유를 규정했다.[35] 남독일 국가들도 헌법을

---

35) '자유주의'란 여기서 3월 혁명의 전시대에 통용되던 넓은 의미에서 사용된다. 자유주의자들은 헌법을 통해 군주의 절대 권력을 제한하기를 원했으며, 언론의 자유와 배심법정을 찬성했고 개인들에게 더 많은 자유와 더 많은 정치적 발언권을 가져다

받아들였다. 1818년에 바이에른에서는 차등 선거권에 따라 선출된 "양원兩院"(제1원에서는 귀족 집단과 성직자들이 대표되었다)을 둔 헌법이 도입되었다. 같은 해에 바덴도 헌법 그리고 정치적으로 영향력이 큰, 더 이상 신분 원칙들에 따라 선출되지 않은 "양원"을 받아들였다. 1819년에 뷔르템베르크 왕국에서 헌법이 이어졌고 1820년에는 헤센 대공국에서도 이어졌다. 그러나 프로이센에서 헌정 약속은 이행되지 않았다. 보수주의권이 우위를 차지했고 국왕은 헌법은 거들떠보려고도 하지 않았으니, 이는 자유주의적 부르주아지에는 두고두고 불만을 조장한 것이었다. 빈 대회에서 창설된 "독일 연맹"도 해체된 독일 제국 대신에 등장했지만 결코 독일 민족국가의 선행자가 아니었고, 독일 군주들이 무엇보다 자신들의 지배권에 안전장치를 하기를 원한 수단인 국가 연맹이었다.

이런 사태 전개에 반발하여 저항이 일어났으며, 그 가장 급진적인 대표자들은 "대학생 학우회들"이었다. 이는 정치적 청년운동으로서 "해방 전쟁"에서 정치화된 대학생들에서 출발한 것이다. 또한 프리드리히 루트비히 얀Friedrich Ludwig Jahn(1778-1852)에 의해 1811년에 창설된 체육운동도 같은 방향으로 목표를 두었다. 이때 신체적 단련에는 여러 대학생들이 실천한 펜싱도 속했는데 이는 근본적으로 전前 군사적인 수련이었다. 단순 회색의 체육복과 일반적인 평어는 부르주아적 평등의 표현이었으며, 이 평등은 차별적 사회 계층들

줄 사회 개혁을 공공연히 옹호했다. 물론 이 자유와 발언권이 얼마나 가야 할지 그리고 인구의 어떤 부분들이 그로부터 우선 이익을 볼지(모두인지 아니면 재산 소유자들만인지)의 문제에서는 큰 차이가 있었다. 자유주의자들은 반드시 민주주의자들이거나 공화주의자들인 것은 아니었고, 그런 경향들은 '급진적'인 것으로 통했고 또한 많은 자유주의자들에 의해 불신을 가지고 주시되었다.

그리고 다양한 독일 내부적 지방경계선들을 극복하려는 것이었다. 이런 민족주의적 운동들은 원칙상 반反군주제적이 아니었지만 "민족"의 통일을 군주제적인 왕조보다 위에 두었다.

바이마르의 대공의 허락으로 1817년 10월 18일 아이제나흐의 바르트부르크에서 열린 '바르트부르크 축제'에는 수백 명의 대학생들이 참가했고 대학생 학우회들은 정치적인 큰 행사를 조직했는데, 이는 독일에서는 선례가 없던 것이었다. 그 축제로 두 가지 기념일이 기억되어야 했다. 마르틴 루터의 테제 게시문과 더불어 종교개혁 시작 300주년 그리고 라이프치히의 민족 대결전 4주년이었는데, 이 결전에서 나폴레옹은 결정적으로 패배했다. 이 두 사건은 대학생 학우회들에게는 독일 해방의 표지석들로 통했다. 하나는 로마 교황청이란 외세 지배로부터의 해방이고 다른 하나는 프랑스란 외세 지배로부터의 해방이었다. 축제의 절정은 프로이센, 헤센 그리고 오스트리아 군대 휘장을 — 왕조의 지배권이 아니라 독일 민족국가가 목적이었다 — 그리고 "독일적이지 않은" 글들을 태워 버리는 것이었다. 그중에는 시인 아우구스트 폰 코체부에August von Kotzebue(1761-1819)의 희곡들도 들어갔는데, 이 시인은 학우회들과 체육운동을 악의 온상으로 공격했고, 차르의 첩자로 통했다. 또한 『게르만 광기Germano-manie』(1815)도 들어갔으니, 이 작품에서 독일 유태계 언론인 자울 아셔Saul Ascher(1767-1822)는 "독일성이란 조장된 관념"(같은 책: 11) 그리고 민족 운동의 커 가는 유태인 적대에 반기를 들었다. 무엇보다도 야콥 프리드리히 프리스Jakob Friedrich Fries와 그의 제자들의 영향 하에서 민족적인 반셈족주의는 학우회들의 민족주의의 중대한 구성 부분이 되었다.(Hubmann 1997: 191ff.) 명시적으로 반셈족주의가 아니었던 것은 겨우 하이델베르크의 헤겔학파 프리드리히 빌헬름 카로베Friedrich Wilhelm Carové(1789-1852)를 위시한 작은 흐름이 있었으니, 카로베는 공공연하게 학우회에 유태인을 받아들이는 것을 옹호했다.(같은 책: 188 Fn. 150) 바르트부르크 축제 후에 프로이센에서 학우회들은 금지되었지만 그렇다고 해서 그들이 더 많은 동조자들을 얻는 것을 막지는 못했다.

바르트부르크 축체가 있고 일 년 반 후인 1819년 3월 23일에 아우구스트 폰 코체부에August von Kotzebue(1761-1819)는 신학대학생이면서 학우회원인 카를 루트비히 잔트Karl Ludwig Sand(1795-1820)에 의해 살해되었다. "독일연맹"에 이 사건이 "카를스바트 결의"를 위한 구실로서 소용되었으니, 이 결의로써 민족적 경향과 자유주의적 경향이 타도의 대상이 된 것이다. 그런 관념은 이제 "민중 선동"으로 통했고, 그 주창자들은 위험한 "선동 정치가"로 통했다. 학생과 교수들은 더 엄격하게 감시를 받았고, 민족적이거나 자유주의적인 사상을 가진 교수는 취업 금지를 당했고, 공공 운동장은 폐쇄되었다. 신문과 전지 20장 미만의 인쇄물에 대해서는 사전 검열이 도입되었다.(Geisthövel 2008: 20ff.) 프로이센은 검열에서 더 나아갔고, "극장 프로그램부터 광범위한 학술 논문까지" 모든 것을 검열 대상으로 했다. (Holtz 2013: 108)

프로이센의 개혁 정책은 1806년의 패배 후에 시작되었으며 이는 이제 최종적으로 그 막바지에 도달했다. 빌헬름 폰 훔볼트는 카를스바트 결의를 비판했다고 해서 국가 공직에서 면직되었다.(Gall 2011: 333ff.) 프로이센 정부는 물론 법정에서 그 억압 정책을 관철해야 하는 문제를 안고 있었다. 가령 법정이 박해받는 자들의 자유주의적이고 민족적인 관념에 공감했기 때문이 아니라 많은 판사들이 법적 규정의 엄수를 고집했기 때문이다. 그들은 단순한 사상이 아니라 사실적으로 발생한 범죄 행위만 처벌하고 싶어 했다.(Hodenberg 1996: 243ff.)

시작되는 탄압의 정신을 호프만E.T.A. Hoffmann(1776-1822)이 자신의 이야기 『마이스터 플로Meister Floh』(1822)에서 풍자적으로 서술했다. 호프만은 오늘날 무엇보다도 낭만주의 시인으로 알려진 사람인데, 1819년에서 1821년까지 베를린 고등법원 재판관이면서 "반역 모의 및 그 외의 위험한 음모 수사를 위한 즉결심판 위원회" 위원이었으며 이때 소름 끼치는 고소들에 직면했다. 그의 이야기에 주인공에게는 "고귀한 부인"의 유괴 혐의가 씌워졌다. 어떤 유괴도 일어나지 않았다는 항변에 대해 베를린의 경찰국장이면서 나중의 프로이센 법무장관을 한 카를 폰 캄프츠Karl von Kamptz를 희화화한 수사를 하는 궁정고문관 크나르판티는 이렇게 응수했다. "범죄자가 먼저 조사된다면 저질러진 범죄는 스스로 밝혀질 것이다. 다만 피상적이고 경솔한 판사만이 주요 고소 내용조차 주피고의 완강함 때문에 확정하지 못할지라도 피고에게 어떤 작은 오점을 덧붙이고 구속을 정당화할 이것저것을 조사해야 할 텐데 그럴 능력이 없다"는 것이다.(Hoffmann 1822: 375) 공판 서류를 인용한다는 비난을 근거로 『마이스터 플로』는 검열을 당했고 호프만에 대해서는 징계 절차가 도입되었다. 호프만은 1822년에 이 절차가 종결되기도 전에 사망했다. 검열을 받지 않고 그의 이야기는 1908년에 비로소 출간될 수 있었다.

남독일의 여러 주들이 헌법과 일정한 발언권을 지닌 인민 대표를 두게 된 지 한참 후에 프로이센에서는 1823년에 이른바 "지방신분 의회"가 설치되었다. 이는 개별 지방들로 국한된 귀족 집단, 도시민 그리고 농촌 자치 공동체의 신분제 대표들이었으며, 토지 소유권을 보유한 자만이 선출될 수 있었다. 이 지방의회들은 인민 대표 기구가 아니었고 또한 아무런 실제적인 발언권을 가지지 못했다. 이것들은 지방정부에 겨우 자문 역할을 하는 것이었고, 그것도 가능한 최대로 조용하게 하는 것이었다.

인구의 광범위한 부분들에서 프로이센 국왕의 지켜지지 않은 헌정 약속과 권위적인 정치에 대한 환멸이 지배했다. 정치 집회들은 금지되었고 신문에서 정치적 의견을 표명하는 것은 검열되었다. 이런 조건 하에서 외국에서의 사태 전개에 관해서는 독일의 정치 상황에 관해서보다 더 공공연하게 이야기가 될 수 있었고, 이는 큰 관심을 가지고서 추적되었다. 특히 오스만 제국에 맞선 그리스의 독립투쟁은 큰 공감으로 주시되었다. 18세기 후반기 이래 특히 독일에서 고대 그리스는 '고전' 예술의 홀로 솟은 봉우리로 미화되었고 프로이센의 교양 개혁을 통해 그리스 고대를 공부하는 것은 고등학교 수업에서 높은 위상을 지녔다. 이를 넘어서 고대 아테네는 자유와 민주주의의 아성으로 통했다. 보수주의자와 자유주의자들이 고대 그리스에 대한 감격에서 만날 수 있었고 "그리스 독립 지원 운동Philhellenismus"은 학자들 사이에 널리 퍼졌으며 그리스의 독립투쟁을 실천적으로 지원하는 것으로 표출되었다.36) 프로이센의 국왕과 그의 정부는 그러한 노력을 의심했고 도처에서 선동자를 두려워했으며, 특히 1815년에

---

36) 그리스 독립 지원 운동은 독일에만 국한되지 않았다. 유명한 영국 시인 바이런 경은 해방투쟁에 참여했고 1824년 그리스에서 사망했다. 유럽 열강 영국·프랑스·러시아의 군사적 개입 후에 1830년에 작은 그리스 국이 세워졌고 1832년에 바이에른의 오토 황태자는 그리스의 초대 국왕이 되었다.

자유가 인민을 이끌다 외젠 들라크루아 작(1830), 파리 루브르 박물관 소장

새로 획득한 라인 지방의 주민을 불신했다.

　이런 억압적인 복고 시대에 1830년 파리의 7월 혁명은 번개처럼 맑은 하늘에서 내리쳤다. 오늘날 1789년의 프랑스 대혁명과 1848/49년의 유럽 혁명 사이의 이 혁명은 대중의 의식에서 거의 사라졌지만, 동시대인들에게는 매우 중요한 사건이었다. 프랑스 국왕 샤를 10세(1757-1836)는 오스만 제국의 약점을 이용하여 1830년에 알제(알제리의 수도— 옮긴이)를 정복했다.37) 이 군사적 성공 후에 그는 1830년

---

37) 그 후 몇 년간 프랑스는 알제리 전역을 정복했고, 알제리는 비참한 프랑스 식민 지배와 8년간 계속된 극도로 잔혹한 '알제리 전쟁' 끝에 1962년에야 독립을 달성했다.

7월에 하원을 해산하고 차등 선거권을 첨예화하며 언론의 자유를 더욱 더 제한했다. 파리에서는 시위가 일어났고 이는 결국 바리케이드 투쟁의 물꼬를 텄다. 3일 후에 샤를 10세는 퇴위하고 영국으로 도주했다. 외젠 들라크루아의 유명한 그림「자유가 인민을 이끌다」에서는 이 사건이 기려진다. 인민 앞에서 젖가슴을 드러낸 마리안느는 부르봉 왕조가 금지한 삼색기를 들고 자코뱅파의 모자를 쓰고 있다. 그렇지만 프랑스의 현실에서 급진적인 자코뱅 성향의 세력은 승리할 수 없었다. 정치적으로 온건한 상층 부르주아지는 오를레앙의 루이 필립(1773-1850)이 샤를의 먼 종형제로서 국왕 자리로 오르게 하는 데 성공했다. 루이 필립은 하원과 조율했고 "시민 왕"으로서 역사에 기록되었다. 물론 그가 유념한 것은 상층 부르주아지 일부의 이해관계일 뿐이었음이 금세 드러났다. 1831년과 1834년 리옹의 비단 직조공의 봉기와 같은 파업과 노동자 봉기는 유혈로 진압되었다.[38] 루이 필립과 그 앞잡이들의 부패한 정치는 오노레 도미에Honoré Daumier

---

[38] 카를 마르크스는 20년 뒤에『프랑스에서의 계급투쟁』에서 7월 혁명의 사건들을 적절하게 이렇게 특징을 지어 설명했다: "프랑스 부르주아지가 루이 필립 치하에서 지배한 것이 아니라 그들 중 한 분파인 은행가들, 증권시장의 왕들, 철도왕들, 석탄 및 철광산 및 삼림 소유자들, 그들과 합세한 토지 소유권자들 일부 — 이른바 금융 귀족 정치 집단이 지배한 것이다. 그 집단이 왕좌에 앉았고, 상하 양원에서 법들을 통과하도록 지시했고, 내각의 국가 직위에서부터 담뱃가게 자리까지 수여했다. 본래 공업 부르주아지가 공식적인 부르주아지의 일부를 이루었다. 즉 그들은 상하 양원에서 오직 소수파로 대표되었다. (…) 그 모든 층위의 소부르주아지는 농민계급과 마찬가지로 완전히 정치 권력으로부터 배제되었다. (…) 그 재정 궁핍으로 7월 왕정은 애초부터 상층 부르주아지에 의존했으며, 상층 부르주아지에 대한 그들의 종속성은 커 가는 재정 궁핍의 고갈되지 않는 원천이었다. (…) 7월 혁명은 프랑스의 국부를 착취하기 위한 주식회사에 지나지 않았으며, 그 배당금은 장관, 은행가, 240,000명의 유권자 그리고 그들의 추종자들 간에 분배되었다. 루이 필립은 이 회사의 지배인이었다."(MEGA I/10: 119ff.; MEW 7: 12ff.)

(1808-1879)에 의해 무수하게 희화화되었다—정치 풍자화의 위대한 시대가 정부의 박해와 함께 시작되었다.(그것에 대해서는 NGBK 1974를 참조하라)

프랑스의 사태 전개에 관해 독일 공중은 루트비히 뵈르네Ludwig Börne(1786-1837)의 파리로부터의 편지들(1832-1834)을 통해 그리고 하인리히 하이네의 처음에는 아우구스부르크 일반신문(당시에 독일의 가장 중요한 정치 일간지 중 하나)에 발표되고 그다음으로 책으로 출판된 연재 기고문 『프랑스 사정』(Heine 1832)을 통해 최신 정보를 접하고 있었다. 프리드리히 겐츠Friedrich von Gentz(1764-1832)라는, 오랫동안 오스트리아의 수상 클레멘스 벤체슬라우스 폰 메테르니히Clemens Wencelslaus von Metternich의 가장 친밀한 협력자였고 여전히 독일 반동 세력의 수뇌였던 자의 개입 후에 하이네의 기고문은 1832년 중반부터 더 이상 게재되지 못했다.(Höhn 2004: 283) 그 기고문들은 분석상의 예리함으로 볼 때 너무 비판적이었다. 하인리히 하이네(1797-1856)는 중요한 시인이었을 뿐 아니라 그의 에세이들과 논쟁들에서 또한 명확한 눈을 지닌 사회분석자로 자신을 드러냈다. 우리는 뒤에 가서 1844년 파리에서 하이네와 친분을 가진 청년 마르크스가 이론적인 면에서도 그에게 영향을 받았음을 보게 될 것이다.

1830년의 7월 혁명은 비록 1789년 프랑스 혁명만큼의 중요성도 파급 영향도 지니지 못했는데도 불구하고 전에처럼 이후에도 혁명적 봉기들을 기대할 수 있으며 이런 것들은 또한 일정한 성공을 거둘 수 있다는 것을 명확히 해 주었다. 군주들과 제후들에게 7월 혁명은 경악할 만한 데자뷔를 나타냈으며, 이에 대해 그들은 강화된 탄압과 감시로 반응했다. 라인 지방에서 군수 하인리히 슈나벨Heinrich

Schnabel(1778-1853)은 프로이센 내무부의 위임으로 10년간 주민 인구만이 아니라 지방 관청들도 감시한 간첩 체계를 수립했다.(Hansen 1906, Bd. 1: 219ff.를 참조하라)

　많은 반대당과 사람들에게는 7월 혁명은 희망의 원천이었고 사실상 그로부터 유럽의 다른 지방들도 사로잡은 혁명적 충동이 나왔다. 벨기에는 1830년에 네덜란드에서 분리됨으로써 비교적 자유주의적이고, 입헌적인 군주제를 가진 독립국가가 되었다. 이 가톨릭적이고 자유주의적인 벨기에는 권위적·프로테스탄트적인 프로이센에게는 상시적인 정치적 도전이 되었다. 1840년대 중엽에 마르크스에게는 도피처로서 중요하게 되었다. (당시에 이탈리아의 상당 부분을 포괄한) 교회국가에서도 그리고 몇 개의 다른 이탈리아 국가들에서도 소요가 일어났다. 바르샤바에서는 1830년 11월에 러시아 지배에 맞선 폴란드 장교들의 봉기가 시작되었고, 이는 1831년 9월에야 진압될 수 있었다. 이 봉기는 수년간 지속될 폴란드 지지 열기를 독일과 프랑스의 자유주의적 동아리들에 불을 붙였다. 그 패배한 폴란드 군인들은 독일을 가로질러 프랑스 망명지로 이동하면서 가는 길에 열광적으로 환호를 받았다. 혁명적인 동요에 휩쓸리지 않은 영국에서도 모든 것이 옛날 그대로 있지는 않았다. 1832년에는 첫 번째 선거법 대개혁이 있었다. 유권자 수가 확대되었고 선거구들이 새로 구획되었으며 이는 오랫동안 정당들의 힘에 영향을 미쳤다.

　독일에서는 일련의 지방 소요들이 일어났다. 작센에서, 무엇보다 쿠르헤센에서 사회적 소요로 이끌어 간 것은 인구 여러 부분의 극단적 빈곤이었다. 입헌적인 야권은 이 사회적 압력을 이용했고 그 두 주에서 헌법을 관철했다. 하노버와 브라운슈바이크도 1830년 초의 저항 후에 헌법을 받아들였다. 그러나 독일의 가장 큰 두 국가 프로이센과 오스트리아에서는 아무것도 달라지지 않았다.

일정한 시간적 지체는 있었지만 혁명의 물결은 남부 및 남서 독일도 장악했다. 바덴과 바이에른에서는 지방의회에서 선거에 따라 야권이 다수가 되었으며, 이를 통해 정치적 갈등이 첨예화되었다. 검열이 강화되었지만 이를 기자들과 출판업자들이 반대 없이 수용하지는 않았다. 법정에서 그들은 약간의 극적인 성공을 거두었다. 언론의 자유의 관철을 위해 1832년에 "자유 언론 후원을 위한 독일 조국협회"가 창립되어 5월 27일부터 30일까지 함바흐의 성터에서 열린 "함바흐 축제"의 조직에 주도적으로 참여했다. 민중 축제로 통지되었지만 — 정치 집회들은 금지되었다 — 이는 2만에서 3만 명이 참가한 독일에서 최초의 정치적 대중 시위였다.[39] 상인인 라우츠와 체토 같은 여러 알려진 트리어 부르주아들도 그곳에 있었다.(Böse 1951: 8 Fn. 41) 집회의 자유, 사상 및 언론의 자유, 시민권과 독일의 민족 통일이 요구되었다. 이 요구들의 상징으로서 처음으로 흑적황 삼색기가 다수 사용되었다.(이 색상들은 위에서 언급된 뤼초프의 의용군에 의해 인식 표지로 착용되었다.) 학우회의 대표자들은 임시 정부의 결성과 무장봉기의 개시를 요구했으나 이는 전망이 없는 것으로 기각되었다.

독일 연방은 함바흐 축제의 연사들과 조직자들에게 대대적 탄압으로 반격했다. 여러 명이 기소되었고, 일련의 사람들이 모두 외국으로 도주했다. 트리어에서는 가장 많이 알려진 희생 제물은 비트부르크 출신의 학우회원(그리고 나중에는 변호사) 요한 아우구스트 메세리히

---

39) 함바흐 축제와 그에 이어지는 탄압의 파도에 대해서는 Wehler(2008 Bd. 2: 363-369)를 참조하라.

Messerich(1806-1876)였다. 그는 1834년에 트리어에서 체포되었고 징역 13년에 처해졌지만 1839년에 석방되었다.(Trierer Biographisches Lexikon: 294) 이러한 주목을 유발하는 사건들은 16세의 카를에게도 숨겨진 채로 있지 않았다고 해도 좋겠다.40)

함바흐 축제에 이어지는 탄압은 계속되는 급진화로 이끌었다. 대학생 집단들은 독일 연방의 상시적인 파견 대의원 대회인 연방의회의 소재지인 프랑크푸르트에서 두 곳의 파출소를 습격하고, 무장하고 나서 독일 연방의 금고를 차지하고 독일 국가들의 파견자들을 붙잡아 둘 계획을 했다. 이 사건들이 일반적인 독일 혁명의 시초를 여는 결과를 가져오리라고 희망한 것이다. 1833년 4월 3일에 "프랑크푸르트 경비대 습격"은 약 50명에 의해, 무엇보다도 학우회원들에 의해 실행되었다. 젊은 카를 샤퍼Karl Schapper(1812-1870)도 참여했는데, 마르크스는 나중에 "의인 동맹"에서 이 사람과 함께 일하는 입장이 되었다. 그렇지만 전체 계획은 누설이 되어 이미 착수 단계에서 실패했다. 그 행동은 물론 학우회들에 대한 많은 공감을 주민들에게 불어넣었다. 독일 연방은 다년간의 박해로 반격했다. 1842년까지 2천 명이 넘는 혐의자들이 수사를 받았고, 그들 중 다수가 미국으로 이주했다.(Geisthövel 2008: 38)

당시에 만 19세였던 게오르크 뷔히너Georg Büchner(1813-1837)는 오늘날 가장 중요한 독일 시인으로 통하는 사람으로서 자신의 가족

---

40) 나중에 마르크스는 메세리히와 친구가 되었다. 마르크스가 매제인 요한 야콥 콘라디한테 받은 편지에 "그대의 몸이 토실한 친구 메세리히"라고 되어 있다.(MEGA III/12: 493) 그러나 이런 친분이 1834년이면 이미 존재했을 개연성은 없다. 메세리히는 마르크스보다 12살이 많았고 1829년부터 본 또는 하이델베르크에서 공부했다.

에서 쓴 편지에서 프랑크푸르트 사건들에 관해 아주 적확하게 판단했다.

> 우리 시대에 뭔가가 도움을 주어야 한다면, 그것은 폭력입니다. 우리는 우리의 군왕들로부터 기대해야 할 것을 압니다. 그들이 승인하는 것 모두가 그들에게서 필요를 통해 억지로 빼앗은 것입니다. (…) 우리의 지방신분의회는 건전한 이성에 대한 조롱입니다. (…) 사람들은 젊은이들의 폭력 사용을 비난합니다. 하지만 그렇다고 우리가 영원한 폭력 상태에 있습니까? (…) 그러면 무엇을 합법적 상태라고 이름 붙이시나요? 국민 대다수를 부역 노동하는 가축으로 만들어 미미하고 형편없는 소수의 비자연적인 필요를 충족시키게 하는 법 말입니까? 그리고 이 법은 무자비한 군사력과 그 대리인들의 간교함에 의해 지원을 받으며, 정의와 건전한 이성에 가해지는 영원하고 무자비한 폭력이니, 나는 할 수 있는 한, 입과 손으로 이에 맞서 싸울 것입니다. (Büchner 1988: 278)

그러나 뷔히너는 혁명적 봉기의 기회에 관해서는 회의적이다. 그는 이렇게 계속한다.

> 내가 벌어진 일에 참여하지 않았고 필시 일어나고 있을 일에 참여하지 않으려 한다면 이는 부동의 때문도 두려움 때문도 아니고 오직 내가 현시점에서 일체의 혁명 운동을 헛된 시도로 간주하며 독일인들을 자신의 정의를 위한 투쟁에 준비된 민족으로 보는 자들의 현혹됨을 공유하지 않기 때문입니다.(같은 책)

같은 해에 뷔히너는 기쎈에서 비밀 "인권을 위한 회"의 창립에 참여했다. 1834년에 그는 최초의 그리고 1848년의 『공산당 선언』까지 독일에서 가장 중요한 사회 혁명 선언인 「헤센 급전Der Hessische Landbote」을 작성했다. 거기서 그는 나중에 유명해진 "오막살이집에 평화를! 궁전에는 전쟁을!"이라는 전투 구호를 만들었을 뿐 아니라 또한 민중에 대한 착취와 지배자들의 낭비를 증거해 주는 숫자들과 사실들을 통해 자신의 비판에 대한 근거를 대었다. 프랑크푸르트의 경비대 습격 같은 개별 행동을 통해서가 아니라 계몽과 비판을 통해서 민중에 의해 담지된 혁명이 준비되어야 했던 것이다. 자유주의자들로부터 뷔히너는 아무것도 기대하지 않았으며, 그는 1835년에 구츠코프Gutzkow에게 "빈자들과 부자들 간의 관계는 세계에서 유일한 혁명적 요소"라고 써 보냈다.(Büchner 1988: 303) 그러나 「헤센 급전」을 배포한 뷔히너 주변의 집단은 발각되었고, 뷔히너는 스트라스부르로 피신해야 했다. 프리드리히 루트비히 바이디히Friedrich Ludwig Weidig(1791-1837)는 뷔히너와 함께 그 집단의 가장 중요한 두뇌로서 1835년에 체포되었고, 예심판사에 의해 거듭 심하게 학대를 당했다. 그는 1837년에 감옥에서 죽었다 — 자살이라고 한다. 그 불과 며칠 전에 취리히에서는 23세의 뷔히너가 티푸스로 죽었다.

5. 트리어의 1834년 문인 사랑방 사건과
하인리히 마르크스의 정치적 견해

트리어에서도 나쁜 경제 사정, 이행되지 않은 국왕의 헌정 약속, 또한 1820년대 프로이센 군부의 고압적인 등장으로 인해 프로이센 지배에 대한 불만이 점점 커져 갔다. 파리의 7월 혁명은 자유주의적 경향에 자극을 주었다. 회펠레(Höfele 1939: 28)는 한 정부 보고서를 인용하는데, 이는 "익명의 투쟁의 외침"에 관해 이야기하며, 활발한 논쟁들 그리고 파리의 사건들에 대한 "칭송하는" 서술들을 팔려고 내놓은 서적상들에 관해 이야기한다. 1830년 9월에 여러 라인 지방 도시의 문인회 지도부들을 향한 익명의 글에서 '국가 헌법 만세'라는 제목 아래 헌법, 개혁 그리고 라인란트의 구舊프로이센과의 상당 정도의 분리가 요구되었다.(Monz 1973: 126f.,; Höfele 1939: 30f.) 그러한 비판은 주변 집단들이나 개인들의 사안이 아니었고 바로 부르주아지와 시청 공직자들 사이에도 확산되었다. 트리어의 행정 수반은 이 글 뒤에 심지어 "정의 당파에서 급조된 졸렬한 작품Machwerk"(Monz 19 73: 127에 따라 인용함)이 있을 것으로 추측했다. 1830년 10월에 행정 수반은 합Haw 시장에게 자치단체 관리들이 아주 공공연히 "국내외 정치 문제에 대해" 경멸하는 판단을 내놓는다고 불평했다.(Monz 1973: 129f.) 시 행정청이 사임하는 시 사령관 리쎌 중장을 위해 1830년 12월 29일 연회를 베풀었을 때, 초청받은 278명 중에 단지 79명만이 초대에 응했다.(같은 책: 131)

프로이센 정부는 라인 지방 인구를 불신하여 그들이 프랑스에 가서 붙기를 구할 수 있다고 두려워했다. 소소한 상징적인 비판 행위들도 아주 정확하게 기록되었다. 가령 1832년 8월에 상업재판소의 재판장의 고별 연회에는 합 시장도 참석했는데, 여덟 번의 건배사가 있기는 했지만 국왕의 만수무강을 위해서는 한 번도 건배를 하지 않았다는 것이다.(같은 책: 132, 193)

정부가 트리어 지방법원의 광범위한 부분들에 얼마나 불만이었는지는 1833년 1월 26일 캄프츠 법무장관의 지시 사항에서 드러난다. 거기서 트리어 사직 당국이 정치적 음모를 충분히 결연하게 추적하지 못하고 정치적인 미결수들에게 큰 자유를 주고 피고인들의 진술을 진실에 부합하는지의 검토 없이 수용했다고 질책을 받았다.(같은 책: 138f.)

원래는 비강압적인 사교를 가능케 하기 위해 창립된 문인회Casino-gesellschaft는 1830년 후에 점점 더 강하게 반정부적 사고의 중심으로 발달했으며, 자유주의적이고 프로이센에 비판적인 경향들이 상층 부르주아지·공직자들·변호사·상인·의사 등에, 그래서 문인회의 대부분의 구성원들이 속한 그런 계층들에 적지 않게 있었음을 고려한다면 이는 그다지 놀랄 일은 아니다. 이런 반정부적 경향들이 1834년의 여러 사건들에서 명료하게 표현되었다.

1834년 1월 12일에 라인의 지방의회에서 돌아온 트리어 대의원 환영 연회가 열렸다. 이 축하회의 발의는 약 40명의 부르주아들로부터 나왔고, 이들은 5인 조직위원회를 선출했는데 이에는 위에서 언급한, 그와 친분을 가진 법률고문관 슐링크와 마찬가지로 하인리히 마르크스도 속했다. 축하회에는 160명이 참석했다. 트리어 신문만이 아니라『쾰른신문』들도 이에 관해 보도했다. 왜냐하면 대의원의 복귀를 환영하는 그런 연회는 결코 통상적이지 않았기 때문이다. 정치 집회들이 금지되었기 때문에 남부 독일에서는 대체물로 연회를 조직하기 시작했다. 프로이센에서 이런 관행은 새로웠다.41)

조직위원회에서 하인리히 마르크스는 중대한 역할을 했으며, 이는 그가 인사말을 했고, 이에 더 많은 발언들이 이어졌다는 점에서 알 수 있다.42) 오늘날 하인리히 마르크스의 인사말을 읽는다면 이는 얼핏 보기에 아주 소박하고 심지어 "공손한"43) 것으로 들린다. 그는 복귀한 대의원에게 그가 완수한 과업에 대해 감사하고, 국왕에게 지방의회의 제도에 대해 감사한다. 그러나 이 인사말을 좀 더 정확하게 살펴보면, 이를 그 시대의 어법의 맥락 안에 놓는다면 그것이 지배적인 정치적 사정에 대한 결연한 비판을 정식화하는 것임이 명료해진다.44)

---

41) 노래도 포함한 반정부 문화의 이런 형태에 대해서는 Brophy(2007)을 참조하라.
42) 전체의 발언들은 Schöncke(1993: 226ff.)에 수록되어 있다.
43) 예컨대 맥렐런(McLellan 1974: 16)의 판단이 그러한데, 그는 겨우 단 하나의, 프로이센 국왕을 찬양하는 문장만을 알아차린다.
44) 이 인사말을 퀸츨리(1966: 43)는 하인리히 마르크스의 "기회주의적 비굴함"의 증거로 받아들이는데, 그는 모든 반정부적인 내용을 "세심하게 근심스러운 대세 순응의 솜으로 감쌌다"는 것이다. 퀸츨리에 이어서 Raddatz(1975: 17)는 "비굴함, 황홀하게 하늘을 쳐다보는 군주 숭배 그러면서도 아주 영악한 거리 두기의 혼합"이 작

벌써 대의원의 공적인 영접과 그를 환영하는 축하연의 거행 자체가 반정부적 행동이었다. 신분제 의회의 구성원들은 국왕과 정부의 시각에서는 인민의 이익 대표자로 선출된 것이 아니다. 그들은 국왕의 정부를 위한 자문역으로 기능을 수행하도록 선출되었다. 그래서 그들은 자신들의 선출자들에 대해 책임을 지지 않았고 국왕에게 책임을 졌다. 그 선출자들이 그들을 영접한 것과 그들의 노고에 대한 공개적인 치하로 그들은 — 국왕으로서는 꼭 바라지 않는 바처럼 — 인민의 대표자로 취급되었다.

하인리히 마르크스의 인사말도 작지만 명료한 국왕에 대한 조롱으로 시작한다. 국왕이 첫 번째로 감사 인사를 받는 자가 되지 않고 도시의 대표자들이 첫 번째로 감사를 받는다. 이어서 그는 국왕에게 "최초의 인민 대표 제도"에 대하여 감사한다. 그러나 인민 대표부가 꼭 신분제 의회인 것은 아니라는 것이다! 하인리히 마르크스가 또한 "최초의" 제도에 관해 이야기하면서 그는 계속 더 많은 제도들이 이어져야 함을 암시한다. 많은 부르주아들이 바라는 전체 프로이센 의회의 소집을 빗대어 말하는 것이 명확하다. "진리가 그 권좌의 층위에 도달하도록" 군주가 의회를 설치했으며, 이는 "정의가 등극하는 곳에서는 진리도 입장해야 하기 때문"이라는 지적은 비판적인 예봉이 없지 않다. 군주는 진리에 귀를 기울이기 위해 의회가 필요하며, 그가 진리에 귀 기울일 경우에만 옳게 통치할 수 있다는 말이다. 이

동하는 것을 본다. 양 저자에 의해 당시 시대에 군주에 관해 말할 때 어떤 어조가 보통이었는지가 무시될 뿐 아니라 (위에서는 심지어 국왕을 위한 건배사를 하지 않은 건배가 정부에 의해 기록되었음이 언급되었다.) 그들은 이 건배사에 대한 더 정확한 분석을 생략한다. Sperber(2013)에서는 이 인사말은 아예 언급되지도 않는다.

5. 트리어의 1834년 문인 사랑방 사건… 163

는 뒤집어서 말하자면 이런 것이다: 지방의회를 다시 폐지하려는 계획은 군주가 진리를 경험하는 것을 막아서 정의로운 통치는 더 이상 가능하지 않을 것이라는 것이다.

하인리히 마르크스는 이 인사말에서 아무런 공화주의적인 혹은 원칙상 반군주제적인 입장을 취하지 않으며, 여전히 계몽된 군주를 통해 "위로부터" 정치적 상황이 개선되기를 희망한다. 그러나 그는 당시의 어법의 틀에서 자신의 비판을 아주 명료하게 표현했으며, 폰 캄프츠 법무장관의 반응에서 알 수 있듯이 정부는 이 비판을 아주 잘 이해했고 위험한 것으로 간주했다. 폰 캄프츠는 이렇게 썼다.

> 예약을 통해 모인 개인들의 오찬회가 국왕 폐하의 그리고 폐하 자신에게만 책임을 지는 의회의 행동들, 아니 심지어 원칙과 표결 그리고 개별 의원들의 처신을 자격이 없는 것과 마찬가지로 지식이 없는 방식으로 조명하고 꾸짖는 망동을 한 최초의 예를 트리어 시가 보여 주었다. 이미 지방의회 의원들 대다수는 자신들을 독일의 신분제 지방의회 의원이 아니라 인민 대표로 간주하며, 그들이 영국에서처럼 술집에서 자신들의 지방의회에서의 공로에 관해, 지방의회를 위협한, 자신들에 의해 퇴치된 위험과 계획에 관해 발언들을 경청하고 발언을 하며 손님들로부터 시민 관冠을 받는 경우에 이런 망상이 공중에 의해 강화된다.(Monz 1973: 135에 따라 인용됨)

의원들의 영접은 문인 회원들의 반정부적 입장을 명료하게 해 준 유일한 사건으로 남지는 않았다. 두 주 뒤인 1월 25일, 문인회 창립일에 그곳에서는 성황리에 만찬이 행해졌다. 술을 마셨고 대부분의 손님들이 이미 떠난 늦은 시간까지 노래도 불렀고 그것도 프랑스어로 불렀다. 트리어에 주둔하고 있는 군 부대장은 자신의 사단장에게 그 행사의 여러 참가자들 중에는 하인리히 마르크스 그리고 어린 카를의 선생들 중 한 사람인 요한 게르하르트 슈네만Johann Gerhard Schneemann(1796-1864)도 있었는데, 이들은 발언을 하고 혁명가를 부르기 시작했으며 그중에는 라 마르세예즈도 있었다고 신고했다. 마찬가지로 로베르트 슐라이허Robert Schleicher(1806-1846)도 그 자리에 와 있었다. 그는 베스트팔렌 가족의 주치의였고(Monz 1973: 326) 나중에는 카를 및 예니와 친분을 가졌다. 군 부대장에 따르면, 그들은 노래하는 데만 그치지 않았다는 것이다. 프랑스의 삼색기 색상과 7월 혁명의 죽은 전사들을 위한 추념의 초상이 그려진 천이 보였고, 이를 향해 변호사 브릭시우스는 이렇게 피력했다는 것이다.

> 우리가 프랑스의 7월 혁명을 겪지 않았다면 우리는 지금 소처럼 풀을 뜯어 먹어야 했을 것이다.

이 모든 것을 그는 우연히 문인 사랑방 앞을 지나다가 창문을 통해 들었다는 것이다. 그 사단장은 그 보고를 행정 수반에게 전달했고 결국 브릭시우스는 반역 혐의로 기소되었다. 그러나 트리어 지방법원은 그를 1834년 12월 15일에 무죄를 선고했는데, 이는 반역의 의도가 없었기 때문이란 것이다. 이어서 내무장관은 항소했지만 쾰른의 고등법원은 당시 발생한 일은 적절하지는 않지만 형법에 저촉되지 않는다는 이유로 1835년 7월 18일에 원심을 확정했다.(같은 책: 135ff.)

또 하나의 사건도 여러 문인 회원들의 반정부적 분위기를 보여 주었다. 1834년 6월에 정부 고문 슈멜처Schmeltzer가 문인 사랑방에서 자신의 인생 추억을 이야기하면서 자코뱅주의자들을 정죄했을 때, "그는 '야유'와 조롱을 받았다."(같은 책: 137) 보기에는 이 모든 사건들을 근거로 큰 압력이 문인회에 가해진 것 같았고 그래서 문인회는 1834년 7월 6일에 해산했다. 물론 8월이 되면 새로 창립이 되었다. (같은 책, 그리고 Schmidt 1955: 31ff.)

프로이센 정부가 이런 사건들을 근거로 트리어의 인구를 불신한 것만이 아니라 빌헬름 합 시장도 점점 더 정부의 주시를 받았다. 1832년에 벌써 트리어의 행정 수반은 합에게서 "프랑스풍 취향"을 확인했다. 1월 25일에 혁명가를 부른 것을 합은 순수한 것으로, 또 너무 술에 많이 취해서 야기된 것으로 설명하려고 시도했다. 동시에 그는 이 사건에서 정부 수반과 사단장의 처사를 비판했는데, 이로써 그는 징계 절차를 밟게 되었다. 8월 2일에 그로부터 심지어 도시 경찰의 지도권을 박탈했다. 정부는 그에게 큰 혐의를 두어 그가 1838년 브뤼셀로 여행하여 자기 아들을 상업학교Ecole de commerce에 집어넣으려고 했을 때 감시하도록 할 정도였다. 1839년에는 결국 구 자치행정에 대한 시의 권리를 놓고 논쟁이 벌어졌다. 그 진행 과정에서 합Haw이 더 이상 시민의 이익을 대표할 능력이 자신에게 없다고 보기 때문에 결국 퇴진을 선언하기까지 그에게 상당한 압력이 가해졌다.45)

---

45) 이 논란들은 Monz(1973: 193ff.)에서 상세히 묘사된다. 이어지는 해들에 트리어에서 자유주의와 공화주의 경향들은 더 분명해졌다. 1840년대에 『트리어 신문Trier-ische Zeitung』은 비교적 '좌파' 입장을 취했고, 1848년 민족의회의 선출에서 트리

이 모든 사건을 통해 1830년대에는 특히 법조계와 합 시장 사이에 계몽적이고 자유주의적 입장이 널리 퍼진 것을 분명히 알 수 있다. 바로 이런 동아리 안에 하인리히 마르크스에게는 많은 친구와 지인들이 있었다. 그는 심지어 법정에서 시장을 변호했다. 하인리히 마르스크가 트리어 대의원의 영접을 위한 조직위원회에 선출되었고, 인사말을 했다는 사실은 그가 얼마나 이 비판적 동아리들에서 높이 평가받았는지를 보여 준다. 그의 인사말은 당시의 조건을 감안하면 대담한 것이었다. 이는 하인리히 마르크스가 공개적으로도 자신의 비판적 태도를 고백했다는 것을 나타낸다. 어린 카를 마르크스도 이 사건과 아버지의 비판적 태도를 아주 의식적으로 인지했다고 가정할 수 있겠다.

물론 하인리히 마르크스는 자주 프로이센의 애국자로도 특징지어 말해졌다. 노년의 에드가르 폰 베스트팔렌만 해도 엥겔스에게 보낸 한 편지에서 하인리히 마르크스에 관해 "애국자이면서 레싱류의 프로테스탄트"(Gemkow 2008: 507: Fn 33에 따라 인용함)로 이야기했고 메링도 그가 "프로이센의 애국자"였다고 썼으며, 물론 "그 말이 오늘날까지는 김빠진 의미에서가 아니라 옛 프리츠 어르신의 계몽altfritzige Aufklärung46)(Mehring 1918: 12)에 대한 좋은 믿음"이란 점에서라고 덧붙였다. 많은 저자들이 메링으로부터 "프로이센의 애국자"를 베껴왔지만 그것의 정확한 의미를 부연하는 것은 방치했다.

어는 오로지 좌파 공화주의자들만을 의원으로 선출한 유일한 라인 지방의 도시였다. (Monz 1973: 207)
46) '프리츠 어르신', 즉 프로이센의 왕 프리드리히 2세(1712-1786)에 의해 대표되는 계몽을 말한다.

애국적 감정은 무엇보다도 하인리히 마르크스가 1837년 3월 2일에 그의 아들 카를에게 쓴 편지에서 인식할 수 있다고 생각되었다. 문필가 활동을 하는 아들 카를은 그에게 자신의 희곡을 가지고 공공의 무대에 나서고 싶다는 뜻을 전한 것으로 보인다. 아버지는 장남으로서 드라마는 하지 말라고, 실패의 위험이 아주 크다고 충고했다. 그는 프로이센 역사의 전환점인 워털루 전투, 프로이센에게는 많은 것이 경각에 처해 있던 그 전투에 관한 송가를 쓰라고 권한다.

> 애국적이고, 감정이 넘치고 독일적인 의미로 가공이 된다면 그러한 송가는 그것만으로 명성을 뒷받침하고 이름을 확고히 굳히기에 충분하겠다.(MEGA III/1: 310; MEW 40: 628)

이런 권고에서는 이처럼 하인리히 자신의 정치적 견해가 중심에 있지 않고 어떤 방식으로 아들이 이름을 낼 수 있을까 하는 고려가 중심에 있다. 그러나 그는 왜 역사의 이 시점에 열성을 조장할 수 있는지에 대해 하나의 근거도 덧붙인다. 하인리히 마르크스가 이것에 근거를 제시해야만 한다고 생각한다는 것만으로도 프로이센의 애국심이 그에게는 자명한 것이 아니었음을 명확히 해 준다. 그러면 그는 이 열성을 무엇으로 정당화하는가? 나폴레옹의 승리는 "인류를 또 특별히 정신을 영구적인 사슬에 매어 놓았을 것이다. 오직 오늘의 얼치기 자유주의자들만이 나폴레옹을 숭배할 수 있다. 그의 아래에서는 참으로 독일 전체와 프로이센에서는 특별히 일상적으로 지장받지 않으면서 글로 쓰이는 그런 내용을 어느 단 한 사람이라도 감히 공공연하게 생각지도 못했다. 그리고 그의 역사를 공부한 자라면,

또한 그가 정신 나간 표현 중에 이데올로기라고 한 것이 무엇을 말하는 것인지를 공부한 자라면, 선한 양심으로써 그의 추락과 프로이센의 승리를 높이 고무할 이유가 있다."(같은 책: 310; 629)

특기할 만한 것은 하인리히 마르크스가 나폴레옹에 관해 가장 많이 기억하고 잊지 못하는 것, 말하자면 그의 "이데올로그들"에 대한 취급이다. 데스튀 드 트라시Destutt de Tracy(1754-1836)는 1790년대에 "이데올로기" 개념을 표상과 지각들에 관한 학문으로서 정립해 냈다. 거기서는 경험적 방식으로 인간의 표상들을 분석하고 다양한 반계몽주의(즉, 미신이나 전통에 대한 교리적 집착에서 유래하는 세계의 "암흑화")의 형태들을 비판하는 계몽적 기획이 중요했다. 정치적으로 데스튀 드 트라시와 그의 제자들은 온건 공화주의자였다. 정신적·시민적 자유는 그들에게는 혁명의 가장 중대한 쟁취물이었다. 젊은, 상승을 추구하는 나폴레옹은 처음에는 이런 저명한 "이데올로그들"의 지원을 구했다. 그가 독재적 지배자가 되고 황위에 오르는 도중에 특별히 가톨릭 교회의 지원을 구한 것과 같은 정도로 이 관계는 악화되었다. 반정부 세력이 자신의 지배에 맞서 우뚝 설 수 있는 기반이 되는 정치적 혹은 도덕철학적 주제에 대한 독립적 연구에 그는 관심이 없었다. 결국 "이데올로그들"은 프랑스에 혁명 이래로 닥친 모든 불상사에 대해 책임이 지워진 속죄양으로서 그에게 소용되었다. "이데올로기"란 말이 오늘날에도 가지는 부정적 의미는 "이데올로그들"에 대한 나폴레옹의 비방으로 소급된다.47) 하인리히 마르크스는 나폴레옹에 대해 이처럼 바로 그의 반계몽적·비자유주의적 측면을 비판

---

47) 나폴레옹과 "이데올로그들"간의 갈등은 Barth(1945: 13-31)를 참조하라.

했으며, 이런 측면을 보면서 그는 프로이센의 승리를 선호한다. 하인리히 마르크스는 이처럼 무비판적으로 프로이센을 사랑하는 자와는 완전히 달랐다.[48]

그의 마지막 텍스트인 1838년 작성된 "쾰른의 교회 논쟁"에 대한 기고문 초안은 카를로부터 약간의 교정이 있었던 것으로서(MEGA IV/1: 379-380) 여기서도 하인리히 마르크스는 프로이센 편에 섰다. 논쟁의 계기는 신앙이 다른 자들 간의 결혼으로 태어난 어린이들에 대한 종교 교육이었다. 프로이센 법에 따르면 어린이들의 종교는 아버지의 종교에 따르게 되어 있었다. 그러나 라인란트에서 지배적인 가톨릭 교회는 혼례 전에 가톨릭 교인 신부新婦에게 자녀를 가톨릭적으로 교육해서 모든 "혼성 신앙의 결혼"에서 태어난 자녀들이 가톨릭적으로 교육받게 되도록 할 것을 약속하라고 요구했다. 1836년에 취임한 쾰른의 대주교 클레멘스 아우구스트 드로스테 추 피셔링 Clemens August Droste zu Vischering(1773-1845)은 "혼성 신앙 결혼 문제"에서 비타협적으로 가톨릭의 입장을 대표했다. 이미 몇 달 전에 그는 헤르메스주의에 반대 입장을 취했는데, 이는 가톨릭 계몽파 출신인 신학교수 게오르크 헤르메스Georg Hermes(1775-1831)의 가르침이다. 그리고 자신의 권한을 넘어서서 본의 가톨릭 신학생들이 해당하는 강의를 듣는 것을 금지했다. 혼성 신앙 결혼에 관한 논쟁의 정점에서 정부는 1837년 11월에 대주교를 체포하여 가택 연금 상태에 두었다. 이는 보수적인 가톨릭 권(프로이센에 의해 장려되는 라인-베스

---

48) 퀸츨리(1966: 45)는 이 편지와 관련하여 "아주 많은 굴욕을 느끼게 하는 굴종으로 목숨이 유지되어야 했던 프로이센에 대한 열정"에 관해 이야기하지만, 왜 하인리히가 프로이센의 승리를 우선시했는지에 대해서는 조금도 파고들지 않는다.

트팔렌 귀족 집단을 포함해서)에서 그를 순교자로 만들었고 강한 반反프로이센적 분위기를 조성했는데, 이는 교황 그레고리오 16세의 공격적 언사로 더 강화되었다.(Herres/Holtz 2011: 145ff.)

프로이센 정부의 가혹한 조치는 종교가 일상생활에서 큰 역할을 하고 프로이센 국가는 프로테스탄트 국가로 자신을 이해한다는 것에만 관련된 것이 아니었다. 마찬가지로 중대했던 것은 교황이 당시 이탈리아의 큰 부분들을 포괄한 교회국가의 지배자로서 가톨릭 국가인 프랑스와 긴밀히 연결된 세속적 세력을 나타냈다는 것, 그리고 프로이센과 프랑스 사이의 관계는 전에처럼 이후에도 긴장이 되었다는 것이었다. 이를 넘어서 1830년의 혁명 후에 벨기에라는 가톨릭적이고 자유주의적인 국가가 생겨났고, 프로이센 정부는 이로부터 벨기에가 라인란트를 위한 매력적인 모델이 될 수 있을 것을 두려워했다.

대주교의 체포는 수많은 공개적인 입장 표명을 유발했다. 청년 헤겔파의 정치적 형성에도 이 갈등은 중대한 의미를 지녔다.(이에 대해서는 제3장을 참조하라) 그의 짧은 초안에서 하인리히 마르크스는 프로이센 정부의 조치를 공격적인 가톨릭교에서 출발한 정치적 위험에 대한 방어로 정당화했다.49)

그 두 경우에서 모두, 나폴레옹에 대한 프로이센 승리의 찬양에서

---

49) 그 논쟁은 1842년까지도 이어졌고 그다음에 새로운 프로이센 국왕 프리드리히 빌헬름 4세 때에 타협으로 끝이 났으며 이 타협은 가톨릭교회의 뜻을 많이 받아들인 것이었다. 이 "쾰른 소란들"은 지방 차원의 촌극과는 완전히 달랐다. 이는 독일에서 정치적 가톨릭교의 발달을 위한 촉매로서 작용하여 1870년에는 마침내 가톨릭 중도당의 창설을 가져왔다. 이 당은 황제 제국과 바이마르 공화국에서 중대한 역할을 했다. 제2차 세계대전 후 범종교적 기독교 집합 당으로서 기독교민주당의 창립으로 마침내 중도당이 그 의미를 잃었다.

그리고 쾰른의 교회 논쟁에서도 하인리히 마르크스는 결코 프로이센 관료주의 국가의 맹목적 투사로서 자신을 드러내지 않았다. 그는 프로이센을 (옳건 그르건) 계몽과 자유정신의 수호자로 본 곳에서는 프로이센 국가를 편들었다.

6. 아버지뻘 친구 요한 루트비히 폰 베스트팔렌

엘레아노르 마르크스가 위에서 인용된 전기적인 개관에서 강조한 것처럼 카를 마르크스는 젊은 시절에 자신의 아버지만이 아니라 나중에 장인이 될 요한 루트비히 폰 베스트팔렌에게서 지적으로 강하게 자극을 받았다. 하인리히 마르크스와 루트비히 폰 베스트팔렌은 여러 해에 걸쳐 우정 어린 관계를 유지해 왔다. 여러 접촉점들이 있었다: 그 두 사람이 모두 트리어의 작은 프로테스탄트 교회와 문인회의 회원이었다. 이를 넘어서 변호사 마르크스가 그의 공판들에서 또한 직업상 정부 고문인 베스트팔렌과 접촉하게 되었을 가능성도 충분히 있다. 각기 다른 이유들에서 그 두 사람은 우선 어느 정도 트리어의 가톨릭 명망가 사회 바깥에 있었다. 하인리히 마르크스는 프로테스탄트교의 세례를 받은 유태인으로서 그랬고, 루트비히 폰 베스트팔렌은 이주해 온 프로테스탄트적인 프로이센의 관리로서 그랬다. 이것도 필시 연결을 시켜 주는 것으로 작용했을 것이다. 그러나 아버지들의 관계가 어떻게 언제 시작되었는지는 불명확하다. 다섯 살 먹은 예니가 자기의 나중의 남편을 한 살짜리 젖먹이로서 자기 아빠가 마르크스의 집을 방문했던 때에 처음 보았다는, 휜Wheen이 출

처도 대지 않고 퍼뜨리고 다닌 이야기는 어지간히 개연성이 없다.50)
이 이야기가 맞다면, 그 친구 관계는 이미 1819년에 존재했을 것이
다. 그렇지만 하인리히 마르크스의 자녀들이 1824년에 세례를 받던
때에 루트비히 폰 베스트팔렌은 대부들 중에 들어가지 않았는데, 그
가 대부가 되는 것은 이 시기에 이미 친밀한 우정이 존재했었다면
기대할 수 있었을 일이다.

가족적 배경

베스트팔렌의 집안은 프로이센의 오랜 귀족이 아니었다.51) 루트
비히의 아버지는 1724년 아직 완전히 부르주아적으로 크리스티안
필립 베스트팔이란 이름을 받은 자로 태어났다.52) 그는 헬름슈테크
대학과 할레 대학에서 법학을 공부했고, 그 후에 폰 슈피겔 씨의 유

---

50) 마찬가지로 출처 없이, 그 대신에 어린 카를이 막 젖을 먹고 있었다는 추가 정보를
가지고서, 이 이야기가 또한 이미 Peters(1984: 26)의 예니 마르크스 전기에서도
발견된다.
51) 같은 이름의 베스트팔렌 귀족 가문과 그들은 친족 관계가 아니다.(Adelslexikon
Bd. 16: 135f.를 참조하라)
52) 필립 베스트팔의 인생행로에 대한 가장 중대한 출처는 그의 손자 페르디난트 폰
베스트팔렌의 텍스트들(1859, 1866)에서 찾아볼 수 있다. 프란츠 메링(1892)의 연
구도 이에 의지했다. 필립과 그의 아들 루트비히에 대해 더 많은 정보를 제공해 주
는 것은 Krosigk(1975)에 있는 방대한 부록이다. 이 책의 저자 루츠 그라프 슈베린
폰 크로지크Lutz Graf Schwerin von Krosigk(1887-1977)는 예니의 이복 자매 리
제테Lisette의 손자였다. 1932년에 그는 폰 파펜 수상으로부터 독일 제국 재무장관
으로 부름을 받았는데, 나치 시대 전체 동안에도 이 직위를 보전했다. 전쟁 후에 그
는 1949년에 전범으로 유죄 판결을 (여러 죄목이 있지만 그중에서도 재무 관직들을
통한 유태인들의 재산에 대한 약탈 때문에) 받았으나 1951년에 이미 사면되었다.
베스트팔렌 가문에 대한 최신 연구들은 Gemkow(2008)와 Limmroth(2014)에서
찾아볼 수 있다.

럽 여행에 수행했는데, 이는 당시 부유한 귀족들의 교양 필수 목록에 속했다. 1751년에 그는 3년 위인 페르디난트 폰 브라운슈바이크 Ferdinand von Braunschweig(1721-1792) 대공의 비서가 되었다. 이 사람은 재위 중인 대공의 동생이고 프로이센의 장교였다. 페르디난트와 곧 긴밀한 신뢰 관계가 맺어진 것으로 보인다.

7년 전쟁(1756-1763)이 시작되면서 이 두 사람에게 그들의 위대한 시간이 닥쳤다. 프로이센은 프랑스·오스트리아·러시아에 맞서 동군연합同君聯合으로 하노버도 통치하는 영국과 동맹을 맺고 있었다. 페르디난트는 영국 국왕 조지 2세의 요청에 따라 프로이센 국왕 프리드리히 2세에 의해 서부 독일에서 영국-하노버-헤센 군대의 총사령관으로 임명되었다. 그의 임무는 무엇보다 서쪽 측면을 보장하는 데 있었다. 프리드리히가 동쪽에서 러시아 및 오스트리아 군대를 제압하기를 시도하는 동안 페르디난트는 프랑스군을 동쪽에서의 전쟁 과정에 개입할 수 없을 만큼 전투 상태로 묶어 두어야 했다. 물론 프랑스군은 페르디난트의 명령을 받는 군대보다 대체로 두 배 이상 강했다. 이를 넘어서 페르디난트의 군대가 연합의 덕을 보았고 그래서 다른 군주들에 의존한 동안 프랑스 군대는 통일적으로 지휘되었다. 자신의 군대의 수적인 열세에도 불구하고 페르디난트는 프랑스군에 여러 번 뼈아픈 패배를 안겨 주었다. 그때 필립 베스트팔은 비록 군인은 아니었지만 이 승리에 결정적으로 기여한 전략가였다.(Mediger 2011의 상세한 서술을 참조하라) 그는 비서직 외에는 아무런 공식적인 직책도 맡지 않았다. 한가득 보전되어 오는 서류들에서 드러나는 것처럼 그는 사실상 참모총장으로서 기능을 수행했을 뿐 아니라 군대의 보급도 조직했고 대공의 서신 왕래 전체를 도맡아 처리했다. 부르주아 혈통의 한 인물이 그런 식의 군사적인 신임을 받는 자리를 차지한 것은 이 시대에는 프란츠 메링(1892: 406)이 옳게 강조하는 것처럼 처음 있는 일이었다. 영국 국왕도 베스트팔에게 영국 군대의 부관참모 adjutant general란 직함을 주면서 그를 치하했다.

야영지에서 필립 베스트팔은 나중에 아내가 될 여성을 알게 되었는데, 이 여성은 18년 연하의 지니 위셔트 오브 피터로Jeanie Wishart of Pittarow(1742-1811)였다. 그는 영국 장군과 결혼한 자기 언니를 만나러 그곳을 방문했던 것이다. 그의 조상들은 옛 스코틀랜드 귀족 가문 출신이었다. 1547년에 그의 아버지의 선대는 스코틀랜드에 종교개혁을 도입하기 위한 투쟁 중에 장작더미 위에서 죽었다. 아가일 Argyll 백작인 아치볼드 캠벨Archibald Campbell(1629-1685)은 지니의 어머니의 선조로서 영국 국왕 제임스 2세에 대한 (실패한) 반란을 이끌었고 에딘버러에서 참수되었다. 나중에 지니는 자신의 선조들에 대한 역사를 썼고 그의 아들 루트비히가 이를 번역했다. 루트비히의 자녀 각자가 이 번역의 필사본을 보관했다.(Krosigk 1975: 170) 예니와 그녀를 통해 카를도 그래서 이 조상 혈통에 관해 정확한 정보를 가지고 있었다.[53]

필립 베스트팔은 1764년에 귀족 작위를 받았으며 이는 지니와의 신분에 맞는 결혼을 가능케 하기 위한 것이었을 개연성이 있다. 이 작위는 페르디난트가 마련해 주었다. 필립 베스트팔이 필립 에들러 폰 베스트팔렌Philip Edler von Westphalen이 되었다. 1765년에 그는 지니와 결혼했다. 전쟁 후에 그는 대공을 보좌하는 일을 그만두고

---

[53] "Herr Vogt"(1860)에서 마르크스는 한 대목에서 자신의 아내의 이 선조들을 참조하도록 한다.(MEGA I/18: 101; NEW 14: 433을 참조하라)

농장 소유주로 처음에는 오늘날의 니더작센에서, 그다음에는 메클렌부르크에서 살았는데, 그곳에서 1792년 9월 21일에 사망했다. 페르디난트의 원정의 역사를 쓰려는 그의 계획을 그는 더 이상 완수할 수 없었다. 그의 손자인 루트비히의 큰아들 페르디난트가 프로이센의 내무장관까지 지낸 사람으로서 1859년에 자신의 할아버지의 유고로부터 이 저작을 간행했고, 베스트팔렌 집안에 대한 전기적 정보를 약간 보충했다.

직업과 정치적 입장

필립과 지니에게는 네 명의 아들이 있었다. 1770년 7월 11일 브라운슈바이크의 보르눔에서 태어난 루트비히는 그들의 막내 아들이면서 가족을 이루고 자녀를 가진 유일한 아들이었다. 그는 괴팅겐 대학에서 법학을 공부했다. 이 대학은 당시에 독일에서 가장 비중 있는 대학들에 속했다. 그의 학문적 스승들에는 그의 아들 페르디난트(1842)의 사망자 약력 보고에 따를 때 역사적 법학파의 창시자 중 한 사람(카를 마르크스는 나중에 이 사람과 비판적으로 논란을 벌였다)인 구스타프 폰 후고Gustav von Hugo(1764-1844), 스위스의 1782년 마지막 마녀 재판을 계기로 "사법 살인" 개념을 만들어 낸 유명한 논객이면서 역사가인 아우구스트 폰 슐뢰처August von Schlözer(1735-1809), 그리고 오늘날 무엇보다도 그의 격언들로 유명한 게오르크 크리스토프 리히텐베르크Georg Christoph Lichtenberg(1742-1799)도 속했다. 루트비히는 1794년에 수습 사법관Assessor으로 시작했지만 1798년에 국가 공직에서 자원 사직했다. 그는 농장을 매입하여 농업을 해 보려고 했다. 같은 해에 그는 8년 연하의 엘리자벳(리제테Lisette) 루이제 빌헬미네 알베르티네 폰 펠트하임Luise Wihelmine Albertine von Veltheim과 결혼했다. 그와의 사이에 네 명의 자녀를 두었다. 1799년에 페르디난트가 태어났고, 1800년에 루이제(리제테Lisette), 1803년에 카를, 1807년에 프란치스카가 태어났다. 1807년에 스물아홉밖에 안 된 나이에 엘리자벳이 사망해서 루트비히는 37세의 나이에 네 명의 자녀가 딸린 홀아비였다. 딸들은 어머니의 친척들에게로 갔고 아들들은 그에게 남았다. 그렇게 하는 것은 당시에는 결코 이례적인 것은 아니었으니, 아들들은 대체로 이른 나이에 집을 떠났지만 딸들은 보통 결혼 때까지 부모와 같이 살았기 때문이다. 그의 어머니 지니는 루트비히의 살림을 이끌다가 1811년에 작고했다. 1812년에 루트비히는 새 장가를 들었다. 그의 두 번째 아내는 1779년 태어난 카롤리네 호이벨Caroline Heubel이었는데, 귀족은 아니었고 지체 높은 튀링엔의 관리 집안 출신이었다.(호이벨의 가족에 대해서는 Limmroth 2014: 28-34를 참조하라.) 호이벨과의 사이에 루트비히는 세 자녀를 두었다: 1814년에 예니가 태어났고, 1817년에 라우라가 (태어났지만 1822년이면 죽는다), 1819년에 에드가르가 태어났다.54)

　두 부인으로부터 루트비히에 대한 아주 긍정적인 서술들이 전해져온다. 그의 첫 번째 부인은 그를 "천사같이 온화한 성품, 보기 드문 착한 마음씨, 언제나 변함없는 기분"을 가진 것으로 특징지었다. (Monz 1973: 330에 따라 인용함) 그의 두 번째 부인은 1826년 12월 21일에 출판업자이면서 서적상인 그녀의 사촌 프리드리히 페르테스

---

54) 첫 번째 결혼에서 태어난 자녀들, 특히 리제테 그리고 그들의 예니 및 에드가르와의 관계에 대해 Konrad von Krosigk(1973)는 가치로운 정보들을 제공해 준다.

Friedrich Perthes에게 보낸 편지에서 이렇게 썼다.

> 운명은 내게 한 남편을 데려다주었으니 영혼의 위대함과 이해력에서
> 그와 비슷한 사람은 별로 없어. 내가 지상에서 하늘을 누리는 수단이
> 되는 훌륭한 성격이라고. 인생의 모든 폭풍을 우리는 사랑으로 우리
> 끼리 감내하니, 왜냐하면 자주 물론 운명이 우리를 짓궂게 잡아끌었
> 기 때문이지. 우리가 결혼하여 갖은 고생을 했지만 나의 다리는 주저
> 앉지 않으니, 나처럼 그에게서 그런 버팀목을 가지는 자가 누구인가.
> (Monz 1973d: 22에 따라 인용함)

농장 소유주요 농부로서 루트비히 폰 베스트팔렌은 별로 성공적
이지 못했다. 그는 물론 자신의 첫 번째 (귀족인) 부인인 엘리자벳 폰
펠트하임과 결혼하고 그 부인에게 신분에 걸맞은 삶을 제공해 줄 수
있도록 농장을 매입했을 뿐이었다. 결국 루트비히는 상당 부분 신용
으로 매입한 농장을 임대하고 1804년에 브라운슈바이크의 공직으
로 되돌아왔다. 농장 소유주 시절부터의 채무가 그를 오랫동안 짓눌
렀다.

1806년 프로이센의 패배 후에 나폴레옹은 하노버와 브라운슈바
이크에서 왕족으로 벨펜 가문을 축출하고 "베스트팔렌 왕국"을 세
웠는데, 이는 오늘날의 니더작센과 헤센 연방주의 상당 부분을 포괄
했다. 그는 자기 동생 제롬Jérôme을 왕으로 앉혔다. 루트비히 폰 베
스트팔렌은 1807년에 이 왕국의 공직에 나갔고 처음에는 할버슈타
트에서 도道(Präfektur)의 총서기가 되었고 1809년에는 결국 잘츠베
델에서 부윤府尹(Unterpräfekt)이 되었다. 많은 다른 이들처럼 루트비

히도 짓누르는 조세 부담과 나폴레옹이 늘 새로 벌이는 정복 전쟁을 위해 필요했던 상시적인 징병 때문에 나폴레옹의 적이 되었다. 메링은 그가 심지어 1813년에 다부Davoust 원수에 의해 체포되었다고 보고한다.(Mehring 1892: 414) 같은 해에 잘츠베델에서 프로이센의 지배가 시작되면서 정부는 그를 그곳의 방백으로 두었다. 1816년에 농장 소유자들은 다시 방백을 선출할 권리를 얻었으며 그들은 루트비히 폰 베스트팔렌에게서 벗어나기 위해 이 기회를 활용했다. 그들에게는 그가 너무 자유주의적이었을 개연성이 있고 그 외에도 부르주아적 여성과의 그의 두 번째 결혼이 신분에 걸맞지 않았다는 점도 있다.(Krosigk 1975: 178을 참조하라)

프로이센 정부는 그를 그 즉시 트리어로 발령했다. 상당히 자유주의적인 관리들은 기꺼이 새로이 획득된 라인란트로 보내졌으며, 그곳의 인구를 우선 신중하게 대하고 싶어 했던 것이다. 첫 번째 부인이 낳은 아들 카를, 두 살 먹은 예니, 그의 부인 카롤리네 그리고 그러는 사이에 75세가 된 부인의 부친과 함께 루트비히는 트리어로 이주했다. 크리스티아네는 카롤리네의 미혼의 동생으로서 늙은 어머니를 모셨고 장남 페르디난트는 곧 아비투르(고졸자격시험)를 쳐야 해서 잘츠베델에 남았다. 트리어에서는 라우라와 에드가르가 태어났다. 어머니의 작고 후에 크리스티아네도 트리어로 왔으며, 그곳에서 1842년 사망할 때까지 루트비히와 카롤리네의 집에서 살았다.(Limmroth 2014: 41; Monz 1973: 329, Fn. 64를 참조하라) 늦어도 1818년부터는 두 사람의 하녀가 고용되었다.(Limmroth 2014: 42) 1828/29년경에 나중에 카를과 예니의 살림을 이끌어 간 헬레나 데무트Helena Demuth는 여덟아홉 살에 베스트팔렌 집안에 들어왔음이 분명하며 아무튼 엘레아노르 마르크스가 이를 빌헬름 리프크네히트에게 보고했다.(Lieb-knecht 1896: 142를 참조하라)

루트비히 폰 베스트팔렌은 트리어에서 구청 참사관이 되었다. 방백이라는 전직에 비하면 이는 좌천이었으며 물론 그는 비교가 가능한 지위에 있는 모든 행정관리들 중 최고 연봉인 1,800탈러를 받았다.(Monz 1973: 331) 하지만 그는 그것으로 6-7명을 포괄한 살림을 꾸려나가야 했을 뿐 아니라 농장 매입으로 이 농장들이 별로 많은 것을 가져다주지도 않으면서 생긴 묵은 채무도 갚아야 했다.55)

베를린에서는 그 사이에 보수적인 내무장관 폰 슈크만(그의 반反셈족주의적 입장은 이미 저 위에서 언급되었다)은 자유주의적인 카를 아우구스트 폰 하르덴베르크(1750-1822) 수상에 맞서 점점 더 강하게 자기 입장을 관철하여 관리들에게 자유주의적 사상은 이제 오히려 혐의를 받는 것이 되었다. 루트비히 폰 베스트팔렌은 더 이상 승진되지 않고 1834년에 마침내 — 연금이 딸린 퇴직 시에 — 추밀 정부 참사관이란 직함을 받았다.56)

트리어에서 루트비히 폰 베스트팔렌은 여러 업무 중에 지방경찰·교도소·자선사업기관·통계·관보를 담당했다. 그는 이처럼 그곳에 있

---

55) 1859년 12월 23/24일 엥겔스에게 보낸 한 편지에서 예니 마르크스는 큰아버지인 하인리히가 자기 어머니의 근소한 미망인 수당에서 요구한 연간 종신 연금도 언급한다.(MEGA III/10: 137; MEW 29: 654) 루트비히는 농장의 매입 자금을 조달하기 위해 자기 형의 아버지 재산 상속 지분을 종신 연금으로 지급하게 했을 가능성이 있다.

56) 2, 3년 후에 그는 또한 프로이센 공로훈장도 받았다. 트리어의 1838년과 1840년의 주소록은 그를 4급 붉은 독수리 훈장을 받은 기사로 지칭한다.(Schöncke 1993: 876) 붉은 독수리 훈장은 프로이센의 두 번째로 높은 훈장이며, 4급은 그 훈장의 가장 낮은 급이었다.

는 모든 사회문제들과 직접 대면했다. 그의 상관들의 평가에서 그는 한편으로 지칠 줄 모르는 일꾼이며 많은 지식을 가졌다는 칭송을 받고 다른 한편으로는 그의 설명들이 대체로 너무 장황하고 그를 본질적인 것에서 벗어나게 한다는 비판을 받는다. 1831년에 베를린 국가정부의 트리어 행정 수반은 심지어 베스트팔렌이 모르는 중에 그의 퇴직 후 연금 생활을 제안했다. 다음 해에 그는 이 제안을 다시 철회했다. 결국 베스트팔렌 자신이 심한 만성적인 "폐 카타르"로 퇴직 후 연금 생활을 신청했고, 이는 1834년에 받아들여졌다.(Monz 1973: 324 ff.) "문인 사랑방 사건" 후에 정치적으로 완전히 신뢰할 수 있는 자로 간주되지 않은 고위 관리가 더 이상 현업의 공직에서 활동하지 않은 것은 정부에게는 적절한 것이었을 개연성이 있다.

루트비히 폰 베스트팔렌의 정치적 관점에 관해 우리는 그가 1831년 4월 7일에 이미 언급된 그의 아내의 사촌인 출판업자 프리드리히 페르테스에게 보낸 편지(Monz 1973d에 완전히 수록되어 있음)에서 약간 알 수가 있다. 페르테스는 트리어의 상황에 관해 설명을 듣고 싶어한 것 같다. 1830년의 7월 혁명 후에 독일을 향해 온 프랑스의 "선동자들"에 관해 또한 정부 전복을 외치곤 한 독일의 프랑스 동정자들에 관해 무성한 소문들이 있었다. 이 편지에서 루트비히 폰 베스트팔렌은 트리어의 경제 문제와 "짓누르는 부담을 주는, 거의 거둘 수 없는 조세" 및 "여러 지역들에서 정말로 존재하는 커다란 궁핍"(같은 책: 18)에 관한 탄식들을 확인해 준다. "프로이센 국가에 대한 특별한 추종성"은 아직 커지지 않기는 했지만 전에처럼 이후에도 정부에 대한 신뢰 그리고 "무엇보다도 왕들 중 가장 정의로운 왕에 대한 높은 존경과 사랑"이 있다는 것이다. 프랑스로의 편향은 트리어에서는 "오직 부르주아 사회의 상층 계급들, 특히 변호사·은행가·상인·의사·공증인 등에서만" 발견된다. "고등학생과 대학생들도 이런 프랑스 열풍에 전염되었다."(같은 책: 14, 15, 16)

그 자신의 견해는 다음 구절에서 가장 명료하게 표현된다. 현재의 정치적 상황에서 두 개의 조화되지 않는 원리가 격돌하며, 이는 "신적인 정의라는 오래된 것이 인민의 주권이라는 새것과" 격돌하는 것이다. 이런 격돌에서 출발하는 소란들에 관해 그는 이렇게 쓴다.

> 오직 하나의 생각만이 이때 평정심을 제공해 줄 수 있네. 말하자면 공화주의적인 세계 개혁자들의 공상들은 불행과 저열한 감각의 학교에서 성숙한 세대에게는 더 이상 통하지 않는다는 생각이라네. 이런 의식 속에서 나는 발효해 부풀어 오르는 유럽의 서부와 남부에서의 무정부주의적 상태의 위협해 오는 현상들에도 불구하고 여전히 기꺼이 나의 청년 시절의 열정을 쏟은 희망들, 8개월 전부터 일반적인 흥분을 일으킨 세계의 여건[프랑스에서의 7월 혁명과 그 결과들을 말하는 것이다]으로부터 그리고 마찬가지로 그 구석으로부터 솟아오른 정치 세계의 현재의 혼란으로부터 참된 자유가 질서 및 이성과의 분리될 수 없는 연계를 가지고 마치 재 속에서 나오는 불사조처럼 나오리라는 희망들에 나를 맡긴다네.(같은 책: 15, 강조 표시는 원문에 되어 있음)

이 편지로부터 어떤 사람에게는 베스트팔렌이 트리어의 사회적 사정에 관해 비판적 시각을 가졌고 프로이센의 조세 체계가 (빈곤층에게는 전의 프랑스 체계보다 더 큰 부담을 수반한 것으로서) 계속되는 빈곤화를 가져온다는 것을 명확히 인식했음이 부각된다. 다른 사람에게는 그 편지는 또한 그의 원칙적인 정치적 입장들을 뚜렷하게 해 준다. 베스트팔렌이 "공화주의적 세계 개혁자들"로부터 거리를 두기는 하지만 그렇다고 해서 절대 왕정의 추종자는 결코 아니다. 그 자신이 추구할 가치가 있다고 여기는 것은 단지 모호하게만 암시된다. "질서 및 이성"과 연계된 "참된 자유"란 것이다. 그는 이 상태가 7월 혁명의 혼란으로부터 부르봉 왕조의 국왕 샤를 10세가 추락하고 "시민왕" 루이-필립이 권좌에 등극하면서 생겨날 수 있다고 희망하므로, 그의 암시 뒤에는 입헌군주제의 구상이 숨겨 있다고 어렵지 않게 짐작이 된다. 루트비히 폰 베스트팔렌이 여기서 아주 모호하게 생각을 표명하는 것은 염탐과 감시에 대한 두려움 탓이었을 수 있는데, 이런 감시는 바로 7월 혁명 후의 시기에 특별히 집중적이었다. 이 두려움은 그의 아내 카롤리네가 편지에 덧붙인 몇 줄에서도 표현된다. 카롤리네는 사촌에게 그 편지를 읽은 후에 소각하라고 부탁했다.(같은 책: 18)

　루트비히 폰 베스트팔렌이 절대주의를 얼마나 혐오했는지는 자신의 아버지보다 현저하게 더 보수적인 견해를 가진 그의 아들 페르디난트의 편지를 통해 분명해진다. 페르디난트는 1830년 11월 23일에 자신의 처남 빌헬름 폰 플로랑쿠르Wilhelm von Florencourt에게 자신의 어머니의 친척이 프랑스 국왕 샤를 10세의 근위대 장교였으며, 그가 1830년 폐위된 후에도 "초超샤를파Ultra-Karlist"인 채로 있었다고 고했다. 그는 그런 다음 자신의 아버지 루트비히에 관해서 이렇게 쓴다.

아버지에게는 이런 낡은 관념과 그 예수회 및 궁정의 근왕당을 거느 린 벌레 먹은 왕조에 대한 편협하면서도 강한 집착, 그것도 젊은 남 자가 보이는 집착이 이해가 가지 않으셨다네.(Monz 1973d: 11에 따라 인용함. 강조 표시는 원문대로임)

이런 비판적인 입장에는 막심 코발레프스키Maxim Kowalewski(1851-1916)가 전한 정보도 들어맞는다. 그 러시아의 역사가이자 사회학자 는 1870년대 중반에 한동안 런던에 살았고, 거기서 마르크스·엥겔 스와 자주 만났다.(그 두 사람은 나중에 러시아의 자치 공동체 토지에 대한 그 의 저작을 아주 주의를 기울여 공부했다) 1909년 코발레프스키는 카를 마 르크스에 대한 자신의 회상을 발표했다. 다른 것 중에서도 그에게 마르크스는 자신의 장인 루트비히 폰 베스트팔렌이 생시몽의 가르 침에 감격했고 자신에게 그것에 관해 이야기한 최초의 사람이라고 설명했다는 것이다.(Kowalewski 1909: 355) 앙리 드 생시몽Henri de Saint-Simon(1760-1825)은 재화와 서비스의 생산에 참여하는 모든 자 들이 속하는 것으로 보는 "산업계급"을 유일하게 생산적인 계급으 로 간주한다. 이 계급에 기생적이고 쓸모없는 귀족 집단과 성직자 집단의 계급이 대치하는데, 유감스럽게도 이 계급이 나라에서 지배 계급이라는 것이다. 생시몽은 사유재산권도 자본주의적 생산양식도 거부하지 않았지만 그의 귀족 집단과 성직자 집단에 대한 원칙적 비 판으로 인해 그와 그의 추종자들이 왕정복고기의 프랑스에서 그리고 프로이센에서 위험한 전복자로 간주된 것은 놀랍지 않다.

루트비히 폰 베스트팔렌이 사실상 생시몽으로부터 얼마나 강하게 영향을 받았는지는 알려져 있지 않다. 그렇지만 마르크스의 박사학위 논문에서의 열띤 헌정사는 무엇보다도 모든 새로운 것에 대해 그가 열려 있음을 강조한다.

> 젊은이처럼 강인한 노인이 진리에 대한 열정과 신중함으로써 시대의 일체의 진보에 인사하며, 오직 참된 말, 그 앞에 모든 세상의 영들이 나타나는 그런 참된 말만 할 줄 아는 이상주의를 가지고서, 흔히 시간의 어두운 구름 덮인 하늘 앞에서 뒷걸음질 치는 것이 아니라 신적인 기력과 남자답게 확실한 시선을 가지고서 모든 고치를 꿰뚫고 세상의 심장에서 불타는 천상의 세계를 바라본 것을 경탄하는 나만큼 관념을 의심하는 모든 이들이 행복하기를. 나의 아버지뻘 벗인 선생님은 나에게 항시 이상주의는 상상이 아니라 하나의 진실이라는 것에 대한 눈앞의 명증이셨습니다.(MEGA I/1: 12; MEW 40: 260)

루트비히 폰 베스트팔렌이 어린 카를과 나눈 수많은 대화들은 트리어의 목가적 주변 환경을 함께 돌아다니면서 나눈 것이었다고 해도 좋겠다. 이 헌정사의 지워진 한 단락에서 마르크스는 원래는 곧 트리어에 가서 "선생님 곁에서 우리의 놀랍도록 그림 같은 산들과 숲들을 다시 헤매고 다니기를 희망합니다."라고 덧붙였었다.

7. 김나지움에서의 카를 마르크스

부모의 집 그리고 루트비히 폰 베스트팔렌과의 접촉과 아울러 김나지움에 다닌 일은 어린 카를에게 크나큰 영향을 미쳤다고 할 수 있겠다. 이미 본 장의 도입부에서 언급한 것처럼 마르크스는 초등학교를 다니지 않고 개인 교습을 받아서 열두 살 때에 김나지움 3학년(4년제 초등학교 후의 중등과정 3학년— 옮긴이)에 직접 입학할 수 있었다.

프로이센의 교육 개혁

어린 카를이 1830년부터 다닌 프로이센의 김나지움은 당시에는 비교적 새로운 제도였다. 30-40년 전에 지배하던 학교 유형과는 별로 상관이 없는 것이었다.57) 18세기 말에 들어서까지 독일에서는 라틴어학교Lateinschule가 지배했다. 그 학교에서는 라틴어 문법을 과도하게 훈련시켰지만 독일어는 그러지 않았다. 또한 많은 신학적인 내용들이 교수되었는데, 이는 교사들이 드물지 않게 자기 목사직을

---

57) 프로이센의 김나지움의 발달에 대해서는 Jeismann(1996), Kraul(1984)을 보라.

기다리는 젊은 신학자들이었기 때문이다. 그들에게는 교수직이 성 가신 징검다리 일자리인 경우가 빈번했다. 학교들은 사정이 좋지 않 은 경우가 흔했고, 교사들은 봉급이 적었으며 단지 불충분한 양성 과정만 거쳤다. 구속력 있는 요건이나 교원임용시험은 구속력 있는 교육 과정과 마찬가지로 존재하지 않았다. 최초의 개혁 노력은 이미 18세기 말에 있었다. 1788년의 프로이센의 고졸자격시험 규정으로 고졸자격Abitur은 대학 입학의 전제조건이 된 것이었다. 그러나 신분 에 따라 짜인 사회에서 귀족의 아들들을 나쁜 학업성적 때문에 배제 하는 것은 관철되지 않았다. 프랑스 혁명과 이어지는 전쟁들에 직면 하여 이런 이른 시기의 개혁 노력은 무산되었다.

1806년 프로이센의 패배를 통해 터져 나온 강력한 개혁 추진이 비 로소 교육기관의 기초적인 변혁도 가져왔다. 요한 고틀리프 피히테 Johann Gottlieb Fichte(1762-1814), 프리드리히 슐라이어마허Friedrich Schleiermacher(1768-1834), 빌헬름 폰 훔볼트Wilhelm von Humboldt(17 67-1835)는 인간 교양과 교육에 관한 자신들의 관념들을 퍼뜨렸다. 그들은 지금 인신의 자유와 법 앞의 평등을 보장하는 국가가 성숙하 고 교양 있는 시민이 필요로 한다는 데서 출발했다. 아무튼 개혁된 국가는 잘 양성된 관리들이 다수 필요했다.

조직적으로 김나지움 교사들을 위한 고시 칙령(1810)으로 구속력 있는 교원양성과 함께 초등학교 및 실업학교 교사와는 구분되는 김 나지움 교사의 직업도 처음 만들어졌다.(Kraul 1984: 37f) 1812년의 고졸자격Abitur 규정은 고졸자격을 아직 대학에 들어가기 위한 유일 한 전제조건으로 만들지는 않았지만 물론 장학금 지급과 차후의 국 가 공직 진입은 고졸자격과 연계되어 있었다. 확정된 시험 요건들을 통해 이 규정은 또한 수업의 통일화에도 기여했는데, 수업에는 일반적인 골자상의 계획만 존재했고, 이에 개별 학교들이 참으로 다양하게 내용을 채워 넣었다. 1834년에 비로소 라인 지방을 위한 일반적인 교육 과정이 있었고 1837년에 마침내 프로이센의 김나지움들을 위한 구속력 있는 교육 과정이 있어서 개별 학교들의 독립적인 교육 과정 마련은 폐지되었다. 1834년의 고졸자격 규정은 제쿤다Sekunda (중등과정의 6~7학년에 해당) 다음에 프리마Prima(김나지움의 마지막 단계)도 두 학년(운터 프리마와 오버 프리마)으로 만든 것으로서 이 규정과 더불어 고졸자격은 대학에 들어가기 위한 구속력 있는 전제조건이 되었다.58) 대학들은 이제 더 이상 독자적 결정이나 특수한 시험을 기초로 학생들을 받아들일 권리가 없었다. 더 이상 신분이 아니라 오로지 학업 성취만이 기준이 되는 것이었다. 결정적으로 "교육"은 사회적 상승의 강한 수단이 되었고 동시에 교육 내용은 점점 더 강하게 국가에 의해 규범화되었다.

　내용상으로 프로이센의 교육 개혁은 한참 후에 프리드리히 파울젠 Friedrich Paulsen(1846-1908)에 의해 그의 『가르쳐진 수업 내용의 역사』(1855)에서 '신인문주의'로 칭해졌다. 구인문주의적 수업이 '옛것의 모방'에 목표를 둔 반면, 18세기 말에 생겨난 신인문주의는 "이런 의도를 현실에 의해 고물이 되는 것으로서 포기하고 옛 문필가들의 작품 읽기를 통해 라틴이나 그리스 것의 모방으로 인도하는 것이 아니라 판단력과 미각, 정신과 통찰력을 형성하여 자기 언어로 독자적인 생산을 할 능력을 배양하려고 한다."(Paulsen 1885: 438) 거기서

---

58) 이를 위해서는 고졸자격의 단순한 존재만으로 충분했다. 개별 교과들의 평가는 질적으로 이루어졌고, 평균 점수는 아직 존재하지 않았다.

특별히 그리스 고대는 요한 요하힘 빙켈만Johann Joachim Winckelmann (1717-1768)의 예술사적 견해에 뒤이어—마르크스는 2학년 때에 그와 대결을 했다(2.3장을 참조하라)— 아주 이상화되어 받아들여졌다. 신인문주의적 교육 구상에서 옛 언어들의 공부는 '인간성의 발달'에, 즉 자신의 정신 및 마음의 역량을 조화로운 전체를 향해 완성하는 인간에 기여해야 하는 것이었다. 1792년에 빌헬름 폰 훔볼트는 『국가의 효능의 한계를 정하려는 시도에 대한 관념』에서 이렇게 썼다.

> 인간의 참된 목표—변화하는 성향이 지시하는 목표가 아니라 영구히 불변하는 이성이 그에게 지시하는 목표—는 그의 역량들의 전체를 향한 가장 높고 가장 비례적인 형성이다.
> (Humboldt 1792: 106)

그리고 그는 그러한 형성이 전제로 하는 것을 마찬가지로 명료화했다. "이런 형성에는 자유가 제1의 불가결한 조건이다."(같은 책)59) "인간의 심미적 교육에 관한"(1795/96) 실러의 편지도 같은 방향을 가리키며 신인문주의적 교양 표상의 중대한 원천이 되었다.

1809/10년에 내무부의 문화교육국을 이끈 빌헬름 폰 훔볼트는 프로이센에서 학교와 대학을 신인문주의의 기초 위에서 개혁하기 시작했다. 바이에른에서도 프리드리히 임마누엘 니타머Friedrich Immanuel Niethammer(1766-1848)가 헤겔의 평생 친구이면서 서신 왕래자로서

---

59) 그 본문은 전체적으로 훔볼트의 생전에는 출판되지 못한 상태로 있었으나 (인용된 문장들을 포함하여) 일부분이 1792년에 프리드리히 실러가 발간한 『노이예 탈리아 Neuen Thalia』에 수록되었고, 이를 통해 그 문장들에 교양 있는 공중이 확실히 주목하게 되었다.

1807년부터 학교들을 신인문주의적 방향으로 개혁했다. 학교는 실용적인-쓸모 있는 지식만 전달하는 것이 아니라 "일반적 인간교양"도 전달해야 했다. 이는 무엇보다 고대 문화와 언어에 몰두함을 통해 달성되어야 하는 것이었다. 그때 오래전부터 교수되어 온 라틴어와 아울러 이제 고대 그리스어도 등장했고, 그 두 언어에서 모두 문법만 습득되는 것이 아니라 오히려 고대철학, 역사 서술과 문학의 고전 작가들과 씨름하는 일이 벌어져야 했던 것이다. 언어·철학·예술은 이 교양 표상의 중심에 있었다. 라인홀트 베른하르트 야흐만Reinhold Bernhard Jachmann(1767-1843)은 그와 프란츠 파소Franz Passow가 발행하는 『국민교양 아키브Archiv der Nationalbildung』에서 이런 "교양"의 목표를 강령 형태로 정식화했다: 교육자는 "신체적 정신적으로 완성된 인류의 이상"에서 출발해야 한다는 것이다. "이런 순수한 인류의 이성적 목적은 그래서 또한 교육학Pedagogik의 목적이기도 하다. 인류가 그렇게 되어야만 하는 것을 향해 또한 각 사람도 교양되어야 한다. 너는 다른 어느 누구와도 같이 완전한 인류의 이상을 네 안에서 나타내어야 한다."(Jachmann 1812: 5)

홈볼트와 그의 투쟁 동지들, 야흐만처럼 내각의 "학술 대표부"에 모여 있던 그들은 그때 결코 사회적 엘리트를 위한 교양만 생각한 것이 아니다. 자신의 국局의 업무와 관련하여 홈볼트는 이런 입장을 고수했다.

일반적이어야 할 일정한 지식들이 정말로 존재하며, 더구나 누구에게 도 없어서는 안 될 사상과 성격의 일반적 교양이 존재한다. 누구든지 그 자신이 그리고 자신의 특수한 직업에 상관없이 좋은 예절 바른,

그의 신분에 따라 계몽된 인간이면서 시민일 경우에만 좋은 수공업자·상인·군인·사업가라는 것이 명백하다.(Humboldt 1809b: 205)

벨러Wehler는 19세기 초의 부르주아적 교양 개념의 애매함을 정당하게 강조하는데, 이 개념은 귀족 집단과 재산 소유 부르주아지의 특권들에 맞선 사회적 투쟁 개념이었을 뿐 아니라 언제나 또한 "아래를 향한" 경계 설정과 방어에도 소용되었다는 것이다.(Wehler 2008 Bd. 1: 215f.) 그렇지만 이런 배경 바로 앞에서 야흐만과 훔볼트가 대표한 구상의 해방적 차원은 명료해진다: 이미 19세기에 "아래를 향한" 경계 설정의 중요한 기구가 되고 오늘날까지도 그러한 기구인 김나지움이 그들에 의하여 통일 학교, 원칙적인 "인간 본성의 완전화 가능성"(Jachmann 1812: 7)에서 출발하는 모두를 위한 학교로 구상되었다. 학생의 출신 배경인 사회적 계급과 상관없이 교양을 통한 인간 완성이 추구되었다. 하나의 경계선이 이 구상에 의해 물론 건드려지지 않았다. 김나지움은 오로지 젊은이들을 위한 학교라는 것이 아주 자명하여 이는 결코 별도로 언급될 필요가 없었다.

숭고한, 계급을 넘어서는 목표들과 프로이센 김나지움들의 실재 간에 물론 큰 차이가 있었다. 그럼에도 불구하고 김나지움 교사들의 1세대에 속하는 적지 않은 사람들이 이런 표상들로 각인이 되었다. 어린 마르크스는 그러한 교사들로부터 수업을 받았으며, 우리가 더 살펴볼 것처럼 이런 관념들에 강하게 영향을 받았다.

김나지움은 통일 학교로서 결코 관철될 수 없었으나 생겨나는 교육받은 부르주아지에게 김나지움에서 달성된 교육을 통해 또한 김나지움 교사라는 그 명성이 상당히 높아진 직업을 통해 즉시 상승

기회들을 제공하였다. 모두를 위한 학교가 되는 대신에 김나지움 교육은 몇십 년이 지나지 않아 평민과의 구별 표지로서 소용되었다. 더 나은 학교 교육은 프로이센에서는 또한 완전히 실무적으로도 단축된 병역으로 표현되었다. 중등학교를 마쳤거나 김나지움에서 오버제쿤다(초등학교 4년 후 중등학교 7학년 ─ 옮긴이)에 도달한 자는 3년의 병역 대신에 더 짧고 덜 엄격한 "1년의 자원 병역"을 마칠 수 있었고, 이는 물론 무장과 의복 비용을 스스로 부담할 의무를 포함했으며, 그렇기 때문에라도 경제적으로 더 나은 위치의 계층들에게 한정된 채로 있었다. 우리는 제2권에서 젊은 프리드리히 엥겔스가 무엇보다 적어도 자신의 병역 기간에 베를린 대학에서 한 학기를 보낼 수 있기 위해 그 특권이 필요했다는 것, 이는 그의 아버지가 그에게 공부를 허락하지 않았기 때문이란 것을 보게 될 것이다.

김나지움에 상당한 변화를 가져온 것은 1819년의 카를스바트 결의에 따라 시작된 반동의 시기였다. 신인문주의적 교양 추진은 제약되었다. 인간들의 완성에서 그 정치적 예봉이 제거되었고, 그것은 점점 더 내면으로 한정되었으며, 단순한 심미주의로 향했다. 그리스어의 중요성은 축소되었지만 그리스 고대는 자유의 터전으로 이상화되었다. 19세기가 지나는 동안 인문주의적인 김나지움은 결국 대략 1890년부터 생겨나는 "개혁 교육학"이 맞서 싸운 대상이 된 현학적이고 삶과는 동떨어진 제도가 되었다. 이런 다분히 희화화된 주입식 교육장은 그러나 결코 19세기 초의 김나지움과는 동일하지 않다.

카를스바트 결의로 언론의 자유가 제한되고 학우회들과 조직된 체육 활동이 금지되었을 뿐 아니라 대학들과 함께 김나지움들도 엄격한 감시 아래에 놓였다. 교사들의 처신은 그들의 학생들의 사고와 행동에 결정적인 영향력을 가질 것으로 사람들이 가정하는 것인데, 이는 직무상의 영역에서만이 아니라 사적인 영역에서도 규제되었다. 사적으로도 교사들은 (프로이센 국가에 이익이 되게) 좋은 모범을 제공해야 했다. 수업은 오로지 지식 전달에 소용되고 그렇지만 정치적 사건들의 토론에는 소용되어서는 안 되었다. 그와 같이 1819년 10월 30일의 칙령에서는 어떠한 교사도 "그의 수업 경향을 통해 청년들에게 마치 이미 시사와 공적인 사안들에 관한 독자적인 판단 권한이 있다는 듯이, 또 그들이 공적인 생활의 형성에 활동적으로 개입하거나 아예 꿈꾸어진 더 나은 사물의 질서를 초래할 소명을 특별히 받았다는 듯이 음흉한 오만불손을 저지르도록 동기 부여를 하지 않는 것이"(Rönne 1855: 100) 필요하다고 되어 있다. 역사 수업에서는 직접적인 현재와의 어떠한 비교도 제시되어서는 안 되었고 청년들과의 일체의 불필요한 시시비비와 토론은 그들이 반론 없이 지시된 법칙들을 따르고 자발적으로 기존의 당국에 복종하기를 배우도록 회피되어야 한다는 것이다. 이를 준수하지 않는 교사들은 직무에서 배제되어야 했다.(같은 책: 101)

그러나 교사들은 그들의 학생들을 학교생활의 품행 면에서 감시할 뿐 아니라 또한 이들이 "그들 사이에 혹은 다른 청년들과 단체들과 집회를 만들고 행하는지"를 "적절한 방법으로 알아내고" 그리고 "그 단체와 집회의 목적을 추적하여" 교장에게 신고해야 했다.(Kraul 1984: 51에 따라 인용함) 교장은 이번에는 교사들을 감시하고 교사들의 사적 행동에서 모든 인지 사항들을 기록해야 했으며, 교장은 교육청에 의해 감시를 받고 평가를 받았다.(같은 책) 교사와 교장은 이처럼 수업을 맡고 도덕적 모범이어야 할 뿐 아니라 국가의 감시와 탄압을 대신하는 연장된 팔로도 기능해야 했다. 그들이 이 의무에서 벗어나고자 시도한다면 탄압적 조치를 받을 생각을 해야 했다.

트리어의 김나지움과 그곳의 교사들

트리어 김나지움의 모체는 1563년에 설립된 예수회 학교였다. 프랑스 시대에 김나지움은 처음에 중등학교로 문을 열었고 1809/10년부터는 '콜레주 드 트레브Collège de Trèves'라는 이름을 얻었다. 빈 대회에 따라 라인란트가 프로이센 땅이 되면서 '콜레주'는 국립 '트리어 김나지움Gymnasium zu Trier'이 되었다. 여러 마르크스 전기들에서 거명되는 '프리드리히 빌헬름 김나지움'이란 이름은 1896년에 비로소 얻은 것이다.(Gockel 1989: 8을 참조하라)

카를스바트 결의 후에 강화된 감시를 트리어 김나지움도 느끼게 되었다. 1819년에 이미 본을 향해 길을 나서서 그곳에서 "국가에 위험하고 공안에 해를 끼치는 원칙들로 인해 나쁘게 소문이 난" 사람들과 접촉한 교사들과 학생들이 비난의 대상이 되었다.(1819년 6월 28일 트리어의 구청에 대한 공안부처의 보고서, Monz 1973: 146에 따라 인용함) 1820년대 말에 학생들 중에는 그리스의 독립을 후원한 많은 '친親헬라파'들이 있었다.(Groß 1956: 60) 니콜라예프스키와 맨히옌헬펜(Nicolaevsky und Maenchen-Helfen, 1937: 13f)은 비록 출처를 밝히지는 않았지만 1833년에 한 학생에게서 함바흐 축제 연설의 한 사본이 발견되었고, 어떤 김나지움 학생들은 1834년에 정치적 경향을 지닌 시를 지었다고 전해 준다. 1833년 트리어의 행정 수반은 자기 상관에게, 김나지움 학생들 사이에는 "좋은 정신이 지배하지 않으며 이런 정신은 여러 교사들에 의해 의도적으로 조장된다."(Monz 1973: 298에서 표현되는 바에 따름)고 보고했다. 뵈제(Böse 1951: 12)는 1834년의 정부 보고서를 보라고 하는데, "그 보고서에 따르면 교사와 학생들이 선동 정치적 음모의 혐의를 받고 비밀리에 감시"되었다는 것이다.

트리어 김나지움의 뛰어난 인물은 그곳에서 오랫동안 교장으로 있던 요한 후고 비텐바흐Johann Hugo Wyttenbach(1767-1848)였다. 고대 연구가이자 트리어 시립도서관 설립자로서 그의 업적은 이미 트리어의 문화생활 묘사에서 언급한 바 있다. 비텐바흐는 이미 1804년에 프랑스 중등학교 교장이었고 1846년까지 김나지움의 교장으로 있었다. 그의 사고는 계몽으로 강하게 새겨졌고 젊은 시절에 그는 프랑스 자코뱅파의 추종자였다. 프로이센 지배 아래서도 그는 자기의 자유주의적이고 인간주의적인 사상을 버리지 않았다.[60] 그의 교사와 학생들과의 관계에 대해 1818년 슐체Sculze 장학관의 철저히 비판적인 보고서에는 이렇게 되어 있다.

> 모든 교사들과 그는 지극히 친근한 소통을 하면서 살고 학생들을 사랑스럽게 대한다. 다만 그에게는 더 많은 힘·성실성·강인함·단호함이 아쉬운 점이었다고 할 것이다.(Gross 1962: 27에 따라 인용함)

1846년에 그가 거의 80세가 되어 교직에서 은퇴하던 때에 『트리어 신문Trierische Zeitung』은 이렇게 보도했다.

---

60) Monz(1973: 160-168)는 50년에 걸친 비텐바흐의 출판물을 근거로 그의 정치적 윤리적 견해들에 관한 개관을 제시한다. 비텐바흐의 전기는 Klupsch(2012)가 내놓았고, 그의 루소와 계몽주의를 지향하는 교육학은 Klupsch(2013)에서 개관된다.

비텐바흐를 특별히 특징지어 준 것은 그가 젊은이들을 대하는 방식이었다. 그와 이야기할 때는 친한 친구와 이야기하는 것 같았으며 사람들은 그러면서도 커다란 품위를 느꼈다. 그는 모든 위대한 것, 고귀한 것, 선한 것을 향하도록 고무했고 청년들과 교류 속에서 다시 젊어졌다.(Gross 1962: 34에 따라 인용함)

이미 위에서 언급한 것처럼 김나지움의 교장들은 질서에 부합하는 수업을 위해 신경 써야 했을 뿐 아니라 그들 아래 있는 교사들을 정치적인 면에서 감시하고 필요한 경우에는 상급 관청에 신고해야 했다. 그러나 그러는 대신 비텐바흐는 공격받는 교사들을 지키는 입장에 섰으며, 이로 인해 1833년 6월에 그가 너무 약하고 "자기 사상에 결단성이 너무 없다"(Monz 1973: 172에 따라 인용함)는 상급 관청의 질책을 받았다.

1년 뒤에 그는 그에게 요구된 경찰 당국과의 협력을 의도적으로 무력화시킨 것으로 보인다. 1834년 10월 2일에 트리어의 행정 수반은 베를린의 내각위원회에 비텐바흐가 "존경할 만한 분인 것과 마찬가지로 학식 있는 분이며 다만 보다시피 조금의 기력과 권위도 없으며 별로 신중하지 못해서 그에게 비밀리에 전달된 경찰 행정의 보고서를 부분적으로 악한 생각을 가진 김나지움의 교사들에게 전하여 경찰을 위태롭게 하는 이 보고서의 출간을 불러 왔다"(Gemkow 1999: 409 Fn. 22에 따라 인용함)고 보고했다. 행정 수반이 부족한 조심성 탓으로 돌린 것은 감시당하는 교사를 위한 가능한 최선의 보호였으며 비텐바흐가 이런 행보를 완전히 의식적으로 취한 것이라고 가정할 수 있다.

이미 이른 시기에 고전적 고대에 열광했던 비텐바흐에게서 교양에 관한 신인문주의적 표상은 비옥한 토양에 떨어진 것이 되었다. 특히 김나지움 상급반에서 스스로의 몫으로 남겨 둔 역사 수업을 통해 그는 자기 학생들에게 영향을 주었다. 그로스(Groß 1956: 148)에 따르면 고전적 고대에서 출발하여 그에게는 "역사 수업이 의무감과 덕성의 감각을 젊은이들의 가슴에 심어 주는 데 소용되었다." 카를도 운터제쿤다(초등학교 4년 후 중등학교 6학년 — 옮긴이)와 오버제쿤다(7학년 — 옮긴이) 그리고 프리마(8~9학년 — 옮긴이)에 비텐바흐에게 역사 수업을 받았다. 그에 의해 물론 결정적으로 그의 독일어 졸업자격시험 논술 답안지에서 표현된 그런 특정한 인문주의가 각인되었을 수 있겠다.

어린 카를이 1830년에 김나지움에 들어갔을 때, 비텐바흐는 이미 63세였다. 대부분의 교사들은 상당히 더 젊었으며 보전되어 온 서류의 파편적인 정보들로부터 취할 수 있는 것처럼, 적어도 그들 중 몇 사람은 지배적인 사회 정치적 관계들에 대해 아주 비판적인 입장에 있었고, 프로이센 당국에 의해 이에 상응하게 의혹의 눈으로 관찰되었다.[61]

우선 여기서 토마스 지몬Thomas Simon(1794-1869)을 거명해야 하는데, 그는 카를에게 테르티아(4~5학년 — 옮긴이)에서 프랑스어를 가르친 교사였다. 그는 오랫동안 빈민구호 활동에 참여했고 그 자신이 말한 것처럼 그 일에서 "사회생활의 궁핍 상태를 그 참된 모습과 흔

---

61) 마르크스의 스승들에 대해서는 Monz(1973: 169ff.)와 Trierer Biographische Lexikon을 참고하라. Monz(1973: 154ff.)는 학교 연보年報들을 근거로 다루어진 교재들에 관한 개관도 제시한다.

히 가슴 졸이게 하는 현실로 알게 될" 기회를 충분히 가졌다. 그는 "가난한 내팽개쳐진 민중의 대의에" 눈을 돌렸는데, 이는 교사로서 "차갑고 더러운 금전 소유가 인간을 인간으로 만들어 주는 것이 아니라 성격, 사상, 자기 곁에서 일어나는 행복과 불행에 대한 이해력과 동정심이 그렇게 만들어 준다는 것을 매일같이 보았기" 때문이라는 것이다.(Böse 1951: 11에 따라 인용함) 1849년에 토마스 지몬은 프로이센 의회 의원으로 선출되었고 그곳에서 그는 좌파에 가담했다. 그의 아들 루트비히 지몬(1819-1872)도 트리어 김나지움에 다녔고 카를보다 한 해 뒤에 고졸자격시험을 치렀다. 그는 1848년에 민족의회 의원으로 선출되었다. 프로이센 정부는 혁명 시기인 1848-49년 그의 활동을 근거로 그에게 여러 건의 소송을 걸었고 궐석 재판으로 그에게 사형을 언도하여 그는 스위스로 망명해야 했다.

하인리히 슈벤들러Heinrich Schwendler(1792-1847)는 오버제쿤다와 프리마에서 마르크스에게 프랑스어를 가르친 교사로서 1833년에 프로이센 정부로부터 선동적인 전단의 작성자라는 혐의를 받았으며, 또 "나쁜 사상"을 가졌고 "이곳 도시의 모든 건달패들과 친하게 교류한다"는 것으로 고소를 당했다. 1834년에 내각위원회는 지몬과 슈벤들러의 파멸적인 방향에 대해 경고했고, 1835년에는 지방교육위원회가 그의 면직을 바람직한 것으로 보았지만, 거기에는 아무런 충분한 근거도 없었다.(Monz 1973: 171f., 178)

요한 게르하르트 슈네만Johann Gerhard Schneemann(1796-1864)은 고전 문헌학, 역사, 철학, 수학을 공부했고 트리어의 고고학에 기여하는 수많은 논문을 썼다. 테르티아(4~5학년 ─ 옮긴이)와 오버제쿤다(7학년 ─ 옮긴이)에서 그는 카를에게 라틴어와 그리스어를 가르쳤다.

1834년에 슈네만은 문인 사랑방에서 혁명가요를 부르는 데도 참여했고 그 때문에 경찰의 조사를 받았다.

지몬·슈벤들러·슈네만이 수업에서 그들의 정치적 견해를 좀처럼 공개적으로 표명하지 않았을 수 있을지라도 (그랬다면 그들의 면직은 확실했을 것이다) 수업 자료를 다루는 방식과 양태에서, 수업 내부에서 그리고 수업 바깥에서의 개별적인 지적들을 통해서 자신들의 입장을 표현했을 개연성이 있다. 이를 통해 카를이 자기 아버지를 통해 또 루트비히 폰 베스트팔렌을 통해 알게 되었던 정치적 상황에 대한 그 비판적 시각이 계속 더 강화되었다고 해도 될 것이다.

요한네스 슈타이닝거Johannes Steininger(1794-1874)의 영향은 좀 다른 종류의 것이었을 개연성이 있다. 그는 운터제쿤다(6학년)와 오버제쿤다(7학년)에 카를에게 박물학과 물리를, 그리고 오버 제쿤다와 프리마(8~9학년)에 수학을 가르쳤다. 슈타이닝거는 처음에는 신학교를 다녔지만 1813년에 이 학업을 중단하고 나서는 파리에서 수학·물리학·지질학을 공부했다. 1817년의 학교 연보年報에서 부각되는 것으로서 그가 가르친 것들 중에는 "산악의 생성과 소멸에 관한 것 그리고 지표면이 달라지게 하는 것만이 아니라 유기체들이 다르게 분포하고 옛날의 동식물체들이 사라지는 반면 새로운 동식물체들이 등장하게 한 혁명들"에 관한 것도 있었다.(Groß 1994: 88에 따라 인용함) 이런 수업 내용으로 그는 성서의 문자적 이해에 의존한 기독교와 갈등 관계에 있었다. 장학관 랑게가 1827년의 한 보고서에서 전한 것처럼, 슈타이닝거는 성직자 집단의 적대 행동에 대해 자신을 방어해야 했다.(같은 책) 결국 지방교육위원회는 1834년에 그의 "애국심"을 의심했는데, 이는 그가 수학자요 물리학자로서 항시 특별한 애착심을 가지고 프랑스인들의 업적들을 거론한다는 것 때문이었다. 1837년에 슈타이닝거는 익명의 글들에서 그의 수업으로 20년 전부터 기독교를 위협하며, "이를 통해 많은 청년들이 신앙을 잃는다"(Monz 1973: 170에 따라 인용함)고 고발을 당했다. 슈타이닝거가 이런 비난에 맞서 싸우기는 한다. 그러나 수업에서 적어도 문자적 성서 이해에 대한 자연과학 연구의 논리적 귀결들에 관해 이야기가 되었다는 것은 그의 방어로부터 부각된다. 슈타이닝거는 지질학적 진실들이 성서에 대해 외관상 모순 관계에 있을 때라도 이것이 신의 계시에 해를 끼치지 않는다는 것을 강조해 왔노라고 주장했다.62) 종교 비판적 충동과 아울러 마르크스는 (Krüger 2000: 156에서 강조하는 것처럼) 슈타이닝거로부터 무엇보다도 자연사적이고 지질학적인 발달에 대한 기초 지식을 얻었고 이는 그의 후기의 자연과학 공부는 물론 1870년대의 지질학 공부에도 도움이 되었다.

트리어 자치행정부의 참사관이면서 장학관이고 동시에 트리어의 작은 복음 교회의 목회자인 복음주의자 요한 아브라함 퀴퍼Johann Abraham Küpper(1779-1850)는 1831년 11월부터 김나지움에서 복음적인 종교 수업도 했으며, 카를은 그로부터 4년간 수업을 받았다. 퀴퍼는 기독교 세계가 계몽사상과 합리주의로부터 공격을 받는다고 보았다. 그는 볼테르와 칸트에 대한 거부감을 가지고 있어서 그의 수업은 어린 카를이 그의 양친의 집에서 또한 그의 스승들 대부분에게서 알게 된 계몽적 견해들과 대립되는 것이었다. 퀴퍼에게는 참된

---

62) 마르크스보다 꼭 20년 후에 트리어 김나지움을 다닌 페르디난트 모이린도 그의 회상에서 슈타이닝거의 수업 시간은 흔히 "수학과 지극히 느슨한 연관을 가진"(Meurin 1904: 148) 설명들로 흘러갔다고 지적했다.

종교성에 속한 것은 인간의 죄성에 대한 인식 그리고 인간이 단독으로는 죄성으로부터 해방될 수 없고 구세주가 필요하며, 이는 예수 그리스도라는 견해였다.(Henke 1973: 116ff.)

어린 카를의 대부분의 스승들과 달리 피투스 로어스Vitus Loers(1792-1862)는 지극히 보수적이고 아주 교회와 국가에 충성했다. 학생들을 대함에서도 그는 사뭇 권위적이었음이 분명하다. 그는 예컨대 콧수염을 기른 학생을 가르치기를 거부했다.(Monz 1973: 176) 로어스는 저명한 고문헌학자로서 여러 편의 논문과 책을 출간했다.63) 마르크스에게 그는 오버제쿤다(7학년) 때와 프리마(8~9학년) 때에 그리스어를 가르쳤고, 프리마 때에는 라틴어를, 때로는 독일어도 가르쳤다. 1835년에 그는 김나지움의 교감이 되었다. 1833년이면 이미 트리어의 행정 수반은 교장 비텐바흐를 다른 사람으로 대체하자는 제안을 했다.(같은 책: 172) 그러나 당국자들은 명성이 높은 비텐바흐를 그의 의지에 반하여 쉽게 만드는 것을 명백히 꺼려 했다. 그렇게 로어스를 공동 교장으로 그의 옆자리에 둔 것이다. 하지만 자유주의적인 비텐바흐에게서 김나지움의 운영권을 빼앗아 이를 프로이센 국가에 충성하는 사람의 손에 넣어 주는 것이 하고자 하는 일이었음은 어느 모로 보나 명백했다. 1835년 11월 17일 로어스의 취임을 축하하는 행사가 열렸으며, 이에 관해 하인리히 마르크스는 본에서 공부하는 자기 아들 카를에게 편지에 이렇게 썼다.

---

63) 모이린은 애호하는 시인으로 로마의 작가 오비디우스(기원전 43-서기 17)와 베르길리우스(기원전 70-19)를 거명한다.(Meurin 1904: 138) 마르크스도 『자본』 제1권에서 참조 사항이 명확히 보여 주는 것처럼 이 두 시인을 높이 평가했다.

로어스 씨의 축제를 하는 판국에 선량한 비텐바흐 씨의 처지가 내게
는 극도로 고통스럽구나. 나는 유일한 결점이 아주 커다란 선량한 마
음인 이분에 대한 모욕을 보고서 울 뻔했구나. 나는 그분에게 나의
높은 존경심을 입증하기 위해 최선을 다했고, 그분에게 한 말 중에는
너도 얼마나 그분에게 감화되었는지, 그리고 그분에 대한 존경심으로
시를 한 편 쓰고 싶었지만 시간이 없었다는 것도 있었다. 이는 그분
을 행복하게 해 드렸다. 너는 내게 그분을 위해 몇 줄을 적어서 보내
주지 않으려느냐?(MEGA III/1/1: 292; MEW 40: 618)

같은 편지에서 또한 드러나는 것은 카를과 하인리히 클레멘스가
통상적인 작별 인사로 로어스를 찾아가는 것을 하지 않은 졸업반의
단 둘뿐인 학생들이었다는 것이다.(같은 책: 291) 우리는 그 이유를 알
지 못하기는 하지만 카를이 이 반동적인 스승에 대해 명시적으로 작
별 인사를 하고 수업에 대해 감사하고 싶어 하지 않았다는 추측은
쉽게 떠오른다.

고졸자격 논술답안지
— 어린 카를의 정신적 발달을 처음으로 들여다보기

1835년 8월에 카를 마르크스는 31명의 동급생들과 고졸자격 필
기시험을 보았다. 그의 고졸자격 논술문들은 (날짜가 불명확한 두 편의
시는 논외로 하고 이에 관해서는 다음 장을 참조하라) 그의 가장 오래된 알려
진 텍스트들이다. 독일어를 프랑스어로 번역하기, 고대 그리스어를
독일어로 번역하기, 독일어를 라틴어로 번역하기 그리고 수학시험64)

과 아울러 라틴어 논술, 종교 논술, 독어 논술의 세 편의 논술이 작성되어야 했다.

번역 문제들에서 주제상 특기할 만한 것은 독일어를 프랑스어로 번역하는 것이다. 번역해야 할 본문에는 펜실베이니아의 벌목을 예로 든, 기후에 미치는 인간의 영향에 관한 휴 윌리엄슨Hugh Williamson (1735-1819)의 한 논문을 독일어로 정리한 것이 출제되었다.65) 어린 마르크스는 이 번역에서 처음으로 가장 넓은 의미의 '생태적인' 질문들과 접촉하게 되었을 개연성이 있다.

그 논술들에서 감안해야 할 점은 그것들이 반드시 어린 카를의 의견을 재현하지는 않는다는 것이다. 정확히 그 주제는 아니지만 당시의 주제 분야는 수업 대상이었으며, 교사들은 당시의 문제들에 대한 '타당한' 견해를 다소 명료하게 해 주었다고 가정할 수 있다.

라틴어 논술을 위해서는 이런 질문이 제시되었다: "아우구스투스의 원수정을 로마 제국의 행복한 시대들 중에 집어넣는 것이 옳은가?" 마르크스는 아우구스투스의 시대를 초기의 공화정 그리고 네로의 제정시대와 비교했다.66) 네로의 제정시대와 비교해서 아우구

---

64) Raussen(1990)은 수학 시험에 심도 있게 매달린다. 어린 카를이 한 문제에서 계산에서 틀린 부호에도 불구하고 옳은 결과들을 적어 내고, 에드가르 폰 베스트팔렌이 유일하게 카를과 비슷한 계산 방식을 선택했기에 Raussen(1990: 229ff.)은 카를이 이 문제 풀이를 에드가르로부터 (완전히 오류가 없지는 않게) 베꼈다고 추측한다.

65) MEGA(I/1: 1203)에서는 윌리엄슨의 1811년 출간된 책『다른 대륙의 상응하는 부분들에서의 기후와 비교한 아메리카의 여러 부분들에서의 기후에 관한 고찰』이란 책을 참조하라고 되어 있다. 물론 1771년에 출간된 논문「북아메리카 중부 식민지들에서 관찰되어 온 기후 변화에 대한 설명의 시도」가 배경에 있는 것으로 보이며 번역해야 할 본문의 첫 번째 문장부터 이 논문의 도입 문장의 축약된 판이다.

66) 라틴어 논술은 MEGA I/1: 465-469에(독일어 번역문은 MEGA I/1: 1212-1215; MEW 40: 595-597에) 수록되어 있다. 그의 동급생들의 라틴어 논술들은 출간되지

스투스의 시대는 틀림없이 더 나았다. 초기의 공화정과의 비교는 그렇게 명확하게 결론이 나오지 않았다. 아우구스투스는 온화한 지배자이기는 했으나 시민들에게는 자유가 없었다. 물론 마르크스는 아우구스투스가 내전으로 야기된 혼돈을 제거한 것을 참작한다. 마르크스는 아우구스투스가 세운 국가가 주어진 조건 아래서 가장 적합한 국가였다고 결론을 짓는다. MEGA의 편집진이 강조하는 것처럼 마르크스의 논술은 그의 동급생들의 논의들을 넘어서지 않았고 물론 무엇보다도 로어스의 수업에서 가르쳐진 것을 재현했고, 그것을 괜찮은 라틴어로 옮기기를 시도한 것이다. 로어스의 마찬가지로 라틴어로 표현된 카를의 논술에 대한 평가는 그래도 제법 긍정적인 것으로 나왔다. 그것은 이런 문장으로 끝났다: "Verum quam turpis litera!!!별 형편없는 글씨도 다 있군!!!"(MEGA I/1: 1212) 그 점에서는 차후에도 달라진 바가 없었겠다. 크바르타(3학년)부터 오버제쿤다(6학년)까지 "습자" 과목이 있기는 했으나(Monz 1973: 158) 마르크스에게서는 이는 아무런 소용도 없었다.

종교 논술은 "요한복음 15장 1-14절에 따른 신자들과 그리스도와의 연합을 그 근거와 본질에서, 그 무조건적 필연성에서, 그 효과에서 서술함"이란 것을 주제로 했다. 이처럼 토론할 문제가 아니라 요한복음의 한 단락에 근거하여 제시된 발언의 해설과 근거 제시가 중요했다. 여기서도 논술은 큰 공통점을 보이고 수업에서 가르쳐진 것을 반복했을 개연성이 있다.67) 어린 카를은 그리스도와의 연합의

않았다.

67) 종교 논술을 탐구하고 퀴퍼의 견해에 이를 대조해 본 Henke(1973: 127f.)가 이런 결론에 도달했다.

근거가 "우리를 죄로 쏠리는 본성, 우리의 흔들리는 이성, 우리의 파괴된 마음, 우리의 신 앞에서의 잘못"임을 강조한다.(MEGA I/1: 451; MEW 40: 599) 우리가 그리스도와 연합된다면 우리는 "그분에 대한 사랑으로" 덕을 가진 자들이며, 그러면 우리는 "공명심·명성의 추구에서가 아니라 오직 그리스도로 인해 인간 사랑에, 모든 고귀한 것, 모든 위대한 것에 열린 마음"을 가지게 된다.(같은 책: 452; 602) 이런 발언들은 헹케에 의해 재구성된 쿼퍼의 신학적 견해의 계열에 있기는 하지만 또한 (그리스도의 구원 행위의 의미와 같은) 몇 가지 측면은 빠져 있다. 쿼퍼는 카를이 "사상이 풍부한, 생기발랄한, 힘찬 서술"을 한 것을 인정했으나, "문제의 연합의 본질은 전혀 알려 주지 않았고 그것의 이유는 오직 한 편에서만 파악되었고 그것의 필요성은 오직 부족하게만 증명되었다"는 입장을 고수했다.(MEGA I/1: 1191) 카를의 동급생들도 그는 비슷하게 비판적으로 평가했다.(Henke 1973: 125ff.) 마르크스의 고졸자격 증서에는 이렇게 되어 있다.

상기인의 기독교 신앙 및 윤리 학식은 상당히 명료하며 기초가 튼튼하다. 또한 상기인은 어느 정도 기독교 교회의 역사를 안다.

이런 문장은 별로 말해 주는 바가 없는데, 왜냐하면 이것은 단지 — 상당히 문자적으로 — 1834년의 고졸자격시험 규정에서 지식으로 학생들에게 요구되는 것을 표현하는 것이기 때문이다.(Monz 1973: 313, Fn. 84)

어린 마르크스가 이 시기에 신앙을 가진 기독교인이었는지는 그의 종교 논술을 근거로 해서는 명확히 밝혀지지 않는다. 그가 시험을 통과하는 데 필요한 것을 정확히 썼다는 것은 어지간히 명확하다. 곧 이야기할 독일어 논술과 비교해서 그가 오래전부터 그렇게 적극적으로 임하지는 않았다는 인상을 받게 된다. "이처럼 그리스도와의 연합은 에피쿠로스주의자가 그의 경박한 철학에서, 심오한 사상가가 지식의 깊숙이 숨겨진 심연에서 캐내고자 헛되이 애쓰는 기쁨을 준다."(MEGA I/1: 452; MEW 40: 601) 여기서 오직 종교 교사 퀴퍼의 수업에서 일러 준 미사여구만 재현되는지 아니면 벌써 풍자의 흔적이 표현이 섞이는지는 판가름되지 않는다. 불과 몇 년이 지나지 않아 에피쿠로스 철학에 관한 판단은 아무튼 완전히 다르게 내려지게 된다.

지극히 흥미로운 문건은 「직업 선택에서의 한 젊은이의 고찰」이라는 독일어 논술이다. 여기서 어린 카를은 내용은 물론 문체도 공을 들였다. 문장 교정 교사로서 얼마 전부터 비로소 수업을 행하는 하마허(Hamacher MEGA I/1: 1198을 참조하라. 비텐바흐는 겨우 결재를 했다)는 그의 평가에서 작성자가 "여기서도 그에게 익숙한 결함, 드문, 비유가 많은 표현들에 대한 과도한 추구"(MEGA I/1: 1200)에 빠진다고 좀 깎아내리는 쪽으로 생각을 했다. 오늘날의 독자들에게 그 논술은 다소 과도하게 격정적으로 작용할 수도 있다. 하지만 이 시기에는 오늘날보다 훨씬 더 격앙되게 표현되었다는 점, 또 우리는 열성적인 17세가 쓴 글을 대하고 있다는 점을 고려해야만 할 것이다.

마르크스의 독일어 논술이 1925년에 처음으로 출판된 이래 그것은 수많은 그리고 부분적으로는 아주 심도 있는 해석들을 유발했다. 거기서 그 텍스트는 보통 어린 마르크스의 생각과 감정의 직접적 표현으로 파악되었다. 퀸즐리(1966: 79ff.)와 힐만(Hillmann 1966a: 214ff.)

은 이 논술을 토대로 심지어 어린 마르크스의 정신적 갈등도 도출하고 싶어 한다. 이 논술의 진지한 해석을 하려면 먼저 일단은 이 텍스트에서 마르크스의 독창적인 몫이 어떤 것인지, 또 오히려 수업의 결과로 통할 수 있는 것이 무엇인지를 구분해야만 한다. 이런 구분은 마르크스의 논술을 그의 동급생들의 논술들과 비교해 보면 가능하다. 몬츠(1973a)가 이 논술들을 완전히 출간하기는 했으나 그것들은 전기 문헌들에서는 대체로 고려되지 않은 채로 있었다.

프리마(8~9학년)에서 독일어 수업은 1학기에는 임시로 로어스가 맡았고, 2학기에는 새로 학교에 부임한 빌헬름 하마허(1808-1875)가 맡았다. 아주 일반적으로 내걸린 논술 주제는 몬츠(1973: 302)가 추측하는 것처럼 임시변통의 해결책이었을 수 있겠다. 이는 이미 더 빈번하게 비텐바흐의 졸업식 훈화의 대상이었다.68) 그것은 그에 의해 일반적인 형태로 이미 수업에서 다루어졌을 개연성이 있다. 많은 학생들에게서, 마르크스에게서 발견되는 것과 비슷한 논술의 기본 구조가 이를 시사해 준다. 직업 선택의 중대한 인생사적 의미, 잘못된 선택이 초래하는 나쁜 결과들, 한 직업의 화려한 외관으로 눈이 멀게 될 위험성이 언급되고 자신의 성향과 능력에 대한 정확한 검증의 필요성이 설명되며 경험 많은 사람(부모·친지·스승)에게서 조언을 구하라는 권고가 주어진다. 직업은 그것을 취하는 자에게만이 아니라 다른 사람들에게도 이로워야 하며 뭔가를 자신의 동료 인간의 안녕을 위해 행하는 가운데 사회의 유익한 지체가 스스로 된다는 고찰이 여러 논술들에서 등장한다.

---

68) 가령 1832년의 그의 훈화에서 그랬다.(Wyttenbach 1847: 164f.)

물론 마르크스의 텍스트는 그것의 명확한 구조를 통해서만이 아니라 일련의 내용상 특별함을 통해 나머지 논술들로부터 명료하게 두드러진다. 바로 서두에 마르크스는 직업 선택의 문제를 넓은 인류학적 맥락에 두는데, 이는 그의 동급생 누구에 의해서도 표명되지 않은 것이다. 동물은 고정된 활동 범위를 가지지만 오직 인간만은 다양한 활동들 간에 선택을 한다는 것이다. 그리고 인간의 이런 특별함은 신적 창조의 결과란 것이다. 마르크스에 따르면 "신성"은 인류에게 스스로를 고귀한 존재로 만드는 일반적 목표를 제시하며, 또한 "지상의 존재들을 결코 완전히 지도자 없이 놔두지 않고 이들에게 느리지만 확실하게 이야기한다."(MEGA I/1: 454; MEW 40: 591)는 것이다. 모두 다섯 번 마르크스는 "신성Gottheit"을 언급하는데, 이는 희망 직업으로 목사를 댄 학생들을 포함하여 그의 동급생 누구보다 더 잦은 것이다. 수험생의 반수 넘게는 신을 도무지 언급하지도 않는다. 마르크스가 그렇게 빈번하게 "신성"을 언급하고 논술의 말미에서도 긍정적으로 종교를 참조하는 것, 그러면서도 이것이 주제상 어쩔 수 없이 요구되는 것도 아니었다는 것은 마르크스가 이 시기에 아직 신앙을 가졌다는 데 대한 강한 징표다. 물론 특이하다고 할 만한 것은 그가 신이 아니라 — 더 거리를 두고서 — "신성"에 관해 이야기한다는 점이다. 종교 논술에서는 그는 겨우 서두에 두 번 신성에 관해 이야기하고, 이어서 다섯 번을 "신"에 관해 이야기했는데, 이 "신"이 오히려 프로테스탄트적 어법에 부합했다. 또한 인간의 본성에 있는 죄성이라는, 종교 논술에서 이야기가 된 것은 이제는 더 이상 아무런 역할도 하지 않는다. 이는 어린 카를이 기독교의 인격신에서 출발하는 것이 아니라 오히려 계몽사상에 널리 퍼져 있던 바와 같은 이신론에 기울어 있다는 것에 대한 징표라고 보아도 될 것이다. 세상을 창조한 신의 존재를 고수하기는 하지만 이 신은 개별 종교들이 신에게 부여하는 구체적인 모습으로 표상되지는 않는다. 이미 인용된 1835년 11월의 아버지의 편지(MEGA III/1: 291; MEW 40: 617)는 아버지가 그런 식의 어떤 관점을 추종했음을 시사해 준다.

직업 선택 시에 등장하는 어려움들에 대한 논의에서 마르크스는 문헌에서 널리 뻗어 가는 여러 해석의 대상이 된 한 문장을 적는다: "그러나 우리는 언제나 우리가 어떤 신분으로 부름받았다고 믿는 대로 그 신분을 취할 수 있는 것은 아니다. 사회 내에서 우리의 상황은 우리가 이를 정할 능력이 있기 전에 어느 정도 이미 시작되었다."(같은 책: 455; 592) 다른 동급생들도 자신의 상황에 관해, 또 직업이 이 상황에 맞아야 한다는 것에 관해 이야기한다. 그러나 누구도 우리가 상황을 정할 수 있기 전에 상황이 우리를 정한다는, 이런 특이하다고 볼 만한 일반화로 이를 몰고 가지는 않는다. 프란츠 메링은 거기서 이미 "유물론적 역사관의 최초의 싹이 무의식적인 전조로 있음"을 보았다.(Mehring 1913: 366) 다른 이들은 그 점에서 그를 좇았다.(예컨대 Cornu 1954: 61이 그러하다) 이에 대해 정황이 개인에게 미치는 제한하는 작용에 관한 인식은 18세기의 통찰이라는 이의 제기가 있었다. (예컨대 Hillmann 1966: 39f., Oiserman 1980: 51을 참조하라) 이 대목에 대한 다소간에 미묘한 더 많은 해석들이 문헌상으로 발견된다.(예컨대 Thomas 1973) 이 문장에 대한 훨씬 더 단순한 설명이 내게는 더 그럴 듯해 보인다. 즉 그 문장은 카를의 아버지의 경험을 반영한다는 것이다. 이분은 물질적으로 소박한 유태인의 상황에서 성장하여 그의 직업 희망에는 물질적인 또 법적인 한계가 두어졌고 이 한계들을 부분적으로만이라도 극복하는 데는 상당한 공을 들여야 했던 것이다. 하인리히 마르크스는 자기를 제약하는 젊은 시절의 상황에 관해 자신의 아들과 이야기하고, 그러면서 아들 카를은 이제 훨씬 더 적은 제약을 받는다는 점을 그에게 뚜렷이 말했다고 볼 수 있겠다.

대부분의 다른 수험생들처럼 마르크스도 잘못된 직업 선택이 자신에게 얼마나 해롭게 작용할 수 있는지를 강조한다. 그러나 그의 동급생들이 오직 불행의 감정에 관해 글을 쓰는 동안 마르크스는 이를 훨씬 넘어서 간다. 우리가 직업의 소임을 다하지 못한다면 우리는 "창조 세계의 쓸모없는 존재"라고 스스로 독백할 수밖에 없으리란 것이다. 그 결과는 "자기 멸시"(MEGA I/1: 456; MEW 40: 593)라는 것이다. 이는 어떠한 외부 세계의 질타보다도 더 나쁘며, 그런 것 없이도 생겨난다는 것이다. 마르크스는 이로써 그의 동급생 누구보다 더 날카롭고 실존적으로 자기 무능력으로 실패한 데 따른 결과를 표현한다. 그러면서도 그는 이로써 독자적 판단의 심판에 합격하는 것이 남들의 찬사나 질타보다 훨씬 더 중대함을 명확히 했다 ─ 이는 그의 차후의 인생에서도 효과를 나타낼 태도였다.

그렇지만 임의의 직업을 선택할 가능성을 가질 경우에 어린 카를이 선택을 위해 거론하는 세 척도가 있다: 우리는 첫째로 "가장 큰 품위를 보증해 주는", 둘째로는 그 진실성에 관해 우리가 확신하는 관념들에 의존하는, 그리고 끝으로 "인류를 위하여 일하고 어떠한 신분도 그것을 위해서는 단지 수단일 뿐인 일반적 목표, 완전성에 우리 자신을 접근시킬" 가장 큰 가능성을 제공해 주는 "신분"을 취해야 한다는 것이다.(같은 책)

첫 번째 척도인 품위에 관해서 마르크스는 그것이 "사람을 가장 많이 고양시키며", 그것이 사람을 "대중으로부터 경탄을 받고 대중 위로 높이 존재하게 한다"(같은 책)고 적는다. "대중"으로부터 우뚝 솟구치고, "대중 위에 높이" 있고 싶은 바람에서 부르주아적인 엘리트주의가 감지되며, 이를 어린 카를은 완전히 자명한 것으로 전제한다. 그는 다수 "대중"이 얻고자 애쓰는 품위에 도달할 수 없고, 이는 오직 소수에게만 허락되고 이 소수는 그리하여 대중 위에 서게 된다는 것을 당연한 것으로 전제하고 있다. 그렇지만 어떤 신분이 이제 이런 품위를 가져다주는가? "그렇지만 우리를 노예적인 도구로 여겨지게 하지 않고 우리의 영역 내에서 독립적으로 창조하게 하는 신분만이 품위를 가져다줄 수 있다."(같은 책) 이로써 왜 다수 대중이 얻으려고 애쓰는 품위로부터 배제되는지가 명확하다. 필시 수공업 장인, 장인 혹은 자영 농민 (이들의 시장에의 종속성은 마르크스에게는 아직 주제가 아니다)을 논외로 하고, 하인, 일용 노동자로서 혹은 막 생겨나는 공장들에 고용되는 하층계급들 중에는 누구도 "독립적으로 창조할" 수 없다.

마르크스는 의사·변호사·학자 같은 직업들을 추구할 수 있고, "독립적으로 창조하는 것"이 중심을 이루는, 고졸자격을 얻은 자들을 위한 품위 넘치는 신분에 대한 질문을 던진다. 어떤 직업들을 마르크스가 품위 없는 것으로 배제하는지를 그가 기술하는 것은 아니다. 물론 고졸자격 취득자들에게 인간이 "노예다운 도구"가 될 수 있는 두 직종이 떠오르는데 이는 군과 국가 행정이다. 그 두 경우에서는 하급자는 상급자의 지시를 옳고 적절하다고 보는지 그렇지 않은지에 상관없이 그것을 실행해야 하는 엄격한 위계질서가 중요하다. 그런 식의 권위적인 구조들을 마르크스는 품위를 떨어뜨리는 것으로 간주했다고 할 수 있겠다.

　어린 카를에게 비슷하게 나쁜 것은, 직업으로서 고르는 신분이 "우리가 나중에 틀린 것으로 인식하는 관념들"에 근거를 두는 경우다. 그럴 때는 유일한 구원으로서 남는 것은 "자기기만"(같은 책)이다. 여기서도 어떤 활동들을 그가 염두에 두었는지는 열려 있는 질문으로 남는다. 예를 들어 국가가 스스로 틀린 것으로 간주되는 정부 형태에 의존할 경우에 다시금 국가 공직이 생각에 떠오른다.

　마지막 척도 — "인류의 안녕"과 "우리 자신의 완성" — 는 마르크스에 의해 가장 중대한 것으로 간주되며 직업 선택 시의 "최고 지침 Hauptlenkerin"(같은 책: 457; 594)일 수밖에 없다는 것이다. 사람이 자신의 직업을 통하여 사회나 전체 인류의 안녕을 위해 일해야 한다는 표상은 ("인류"는 모두 해서 여섯 번 거명된다) 이미 계몽사상에 속했다. 여러 동급생들에게서도 이런 사상이 발견되어 그것은 수입의 구성 부분이었다고 가정할 수 있다 — 물론 이 "안녕Wohl"이 무엇을 말하는 것인지는 더 이상 적시되지 않는다.

　'자신의 완성'이란 계기는 그 시대의 고상한 부르주아 문화의 중대한 주제였다. 그것은 실러의 『인간의 심미적 교육에 관하여』(1795/96)에서 중심 역할을 하며 이는 바로 괴테의 『빌헬름 마이스터의 수업시대』(1795/96)의 주제다. 신인문주의적 교양 구상을 위해서도 그것은 중심점이 되었다. 교양은 개별 인간 그리고 이로써 인류를 가능한 만큼 완성시키는 것을 목표로 삼아야 한다는 것이다.(위에서 나온 야흐만의 강령 형태의 정식화를 참조하라) 마르크스가 거론된 텍스트를 그의 고졸자격시험 때에 알았는지는 모르더라도 자신의 완성과 인류의 개선이란 관념은 비텐바흐의 독일어 및 역사 수업에서 중대한 역할을 했다고 가정할 수 있다.

1834년 졸업식 훈화에서 그는 학교를 젊은이가 "진보와 고귀하게 됨에 대한 거룩한 믿음을 지니도록 양성되는" 그런 기관으로 칭했다. (Wyttenbach 1847: 175) 우리는 나중에 개인적 능력을 펼친다는 목표가 마르크스의 다양한 공산주의 구상들에서 중심 역할을 하는 것을 보게 될 것이다.

자기 완성은 다른 학생들에게서도 목표로 거명되거나 최소한 암시된다. 그와 같이 프란츠 루트비히 블레즈Franz Ludwig Blaise는 올바른 직업 선택으로부터 "유익한 지체로서 기쁘게 인간 사회에 힘닿는 대로 이로움을 주고 자신과 자신의 동료 인간들의 고귀한 존재가 되어 감을 위해 신경을 쓸 것"을 기대하지만, "이는 모든 인간적 노력의 최종 목표"(Monz 1973a: 52)라고 한다. 에드가르 폰 베스트팔렌은 사람이 "자기 자신의 행복만이 아니라 국가의 행복과 세상을 같이 살아가는 사람들의 행복도 개인이 할 수 있는 만큼" 촉진해야 함을 강조한다.(같은 책: 49) 많은 학생들이 자기 이익과 일반 대중을 위한 유익 간의 갈등을 부각시키면서 사회 혹은 국가의 안녕을 위해 일하기 위해서는 무거운 짐도 각오해야 한다고 강조한다. 이와 달리 마르크스는 도대체 그러한 갈등 관계가 있으리란 것을 반박하는 유일한 사람이었고, 이를 그는 인류학적으로 근거 지었다. "인간의 본성은 그가 자신의 동시대인들의 완성을 위해, 안녕을 위해 일할 경우에만 자신의 완성을 달성할 수 있게끔 만들어져 있다. 그가 오직 자신을 위해서만 창조한다면 물론 유명한 학자, 위대한 현자, 특출한 시인일 수 있지만 결코 완성된, 참으로 위대한 인간일 수는 없다." (MEGA I/1: 457; MEW 40: 594)

여기서 다시 종교 논술과의 차이가 명료해진다: 종교 논술에서는 고귀함과 위대함의 추구가 그리스도와의 연합에서 나와야 하는 것인 반면, 여기서는 그러한 연합에 관해서는 더 이상 이야기가 되지 않으며, "인간의 본성"이 이미 충분히 이를 위해 만들어져 있다.

자기의 완성은 인류의 안녕을 위한 노동과 결부될 뿐 아니라 그러한 노동에 바로 의존한다는 입장을 가지고서 어린 마르크스는 그의 동급생들 그리고 비텐바흐의 논지를 넘어서 간다. 그러나 몬츠(1973: 309)가 쓴 것처럼 그가 이로써 이미 "많은 그의 동급생들의 부르주아적 환경을 앞질러 갔다"는 것은 맞지 않다. 고졸자격시험 논술에는 어린 카를이 인류의 안녕을 위한 노동과 부르주아 세계의 안녕을 위한 노동 간에 갈등을 알고 있다는 조짐이 전혀 없다. 정반대다: 품위 넘치는 인간으로서 대중 위로 오르고 싶은 그의 바람을 근거로 명료해지는 것처럼 그는 다수에게 "품위 넘치는" 직업을 아예 허락하지 않는, 눈앞에 대면하는 계급 위계질서를 문제시하지 않는다. 그는 부르주아 세계 안에서 부르주아적 엘리트의 일원으로서 인류의 안녕에 기여하고자 한다.

마르크스는 인류의 안녕을 위해 가장 잘 일할 수 있게 해 줄 특정한 직업을 들지 않는다. 그는 마지막으로 인용된 문장에서 여러 예들을 거론하는데, 거기서 흥미로운 점은 고졸자격 취득자들에게 아주 쉽게 떠오르는 직업들로서 그가 어떤 것들을 거명하지 않느냐 하는 것이다: 상인·행정관리·장교·변호사를 거명하지 않는다.(그래서 그가 자신의 공부를 통해 준비하려고 하는 작업들이 아니기도 하다.) 마르크스에게 더 쉽게 떠오르는 것은 명백히 학자·현자·시인이다. 이런 사람들이 자기들의 활동으로 인류의 안녕을 지향한다면 그런 자들이 "참으로 위대한 인간"이 될 수 있다. 어린 마르크스가 마찬가지로 그런 인간이 되고자 애쓴 것은 그의 논술의 격정적인 결말 문장에 따르면 좀처럼 의심될 수 없다. "우리가 인류를 위하여 가장 많이 일할 수 있게 해 주는 신분을 선택했다면 무거운 짐이 우리를 굽어지게 할 수가 없으니 이는 그 짐이 단지 모두를 위한 희생 제물이기 때문이다. 그럴 때 우리는 빈약한, 제한된, 이기적인 기쁨을 누리는 것이 아니며, 우리의 행복은 수백만 명에 속하며 우리의 행위들은 조용히 그러나 영구히 작용하면서 계속 살아 있고 우리의 유골은 고귀한 인간들의 빛나는 눈물에 의해 적셔진다."(같은 책) 여기서 끝으로 다른 이들에 의한 인정이 언급된다 — 인류의 안녕을 위한 책임 있는 행위의 내적인 지침에 따른, 필시 뒤늦게야 오게 될지라도 불가피한 결과로서 말이다.

구두 시험은 9월에 있었다. 32명의 수험생 중에 최종적으로 22명이 합격했다.(Monz 1973: 302) 몬츠는 질적인 평가들을 오늘날 통상적인 성적으로 환산하려 시도했는데, 마르크스가 다른 한 학생과 공동으로 8위로 고졸자격을 취득했고, 에드가르 폰 베스트팔렌은 또 다른 학생과 공동으로 3위를 차지했다는 결과에 도달한다.(같은 책: 298f.) 9월 24일에 배부된 고졸자격 증서에는 마르크스의 "노력"에 관해 이렇게 적혀 있다.

상기인은 좋은 자질을 가지며 독일어 고어와 역사에서 아주 만족스러운 노력을, 수학에서 만족스러운 노력을, 그리고 프랑스어에서 단지 근소한 노력을 보였음.(Monz 1973: 312에 따라 인용함)

이런 평가는 항시 부지런한 모범 학생을 향한 것으로 들리지는 않는다. 수업에서 읽은 라틴 고전작가들과의 친숙한 정도에 관해서는 그는 쉬운 대목들을 사전 준비 없이도 잘 번역하고 설명하며, 어려운 대목들은 약간의 도움을 받아서 그렇게 할 수 있는데, "난점이 언어의 독특성보다는 사실과 사고 맥락에 있는 경우인 그런 대목들이 그러하다."고 되어 있다. 그리스 고전작가들에서 사정은 비슷하다는 것이다.(같은 책: 313) 증서의 끝부분에는 "사정위원회가 그가 그의 자질상 정당화되는 긍정적인 기대들에 부합하리란 희망을 품으면서"(Ebd.: 314) 그를 졸업시킨다고 적혀 있다. 더 나은 학생들을 위한 표준 문안처럼 들리는 것이 — 오늘날의 근무 증명서들처럼 — 섬세한 평가들을 포함했다고 볼 수 있겠다. 겜코브(Gemkow 1999: 411)는 에드가르 폰 베스트팔렌의 증서로부터 상응하는 문장을 재현한다: "상기인은 그의 자질 그리고 그의 이제까지 입증된 노력으로 정당화되는 아름다운 기대에 부합하리란 것 (…)" 카를보다 더 나은 증서를 가진 에드가르에서는 이는 "긍정적인" 기대만이 아니라 "아름다운" 기대이며, 무엇보다도 그의 노력이 언급되는데, 이는 카를에게는 없는 언급이다.

졸업식은 9월 27일 열렸다. 학년별로 개별 교과목의 최우수 학생들은 책을 시상받았다. 상장도 있었다.(Meurin 1904: 139f.) 마르크스에 관해서는 이전 연도들에 거둔 성적에 대한 두 장의 상장이 알려져 있다. 1832년에 고어와 현대어로, 1834년에 독일어로 받은 것이다.(Schöncke 19 93: 836, 838) 카를의 졸업반에서는 야콥 푹시우스가 연설을 했는데, 그 연설에서 그는 소크라테스의 죽음을 세네카의 죽음과 비교했다.("Comparatio mortis Socratis ac L. A. Seneca") 또 동급생

하인리히 폰 노츠Heinrich von Notz가 학생들에게 작별 연설을 했다. 끝으로 비텐바흐의 연례적인 졸업식 훈화가 있었는데, 이해에는 지식 전달 수업과 도덕 교육의 연관성에 중점을 두었다.(Monz 1973: 316ff.)

8. 속박과 자극

가정생활

우리가 아는 모든 것에 따른다면 카를 마르크스는 트리어에서 아주 여유로운 유년기와 청년기를 보낼 수 있었던 것 같다. 그는 비교적 유복한, 교양상 부르주아적인 상황 속에서 성장했다. 소득 면에서 마르크스의 가족은 1.2퍼센트의 최고 부자에 속하진 않았지만 그래도 트리어 가구들의 상위 10퍼센트에 속했으며(Herres 1990의 앞에 든 자료들을 참조하라) 가사 일을 보는 급사들도 고용된 것은 완전히 자명하다. 아홉 명의 자녀들 중 겨우 한 명이 어린 나이에 사망한 것은 그 자녀들이 어떤 세심한 돌봄을 받았는지를 말해 준다. 양친의 집이나 학교에서 큰 갈등을 시사해 주는 것은 없고 신체적인 체벌에 대한 언급도 없다. 카를과 그의 형제자매들의 관계도 꽤 원만했던 것으로 보인다. 학업 중인 아들에게 보낸 전해 오는 편지의 문체를 근거로 그의 양친이 자주 걱정을 하고 또 충고를 아끼지 않기는 했어도 이 모두가 권위적인 것과는 달랐다는 것이 명료해진다.69)

맏아들 마우릿츠 다비트가 어린 나이에 벌써 죽은 후에 양친의 희망은 온전히 카를을 향했다. 그는 좋은 학생이었고, 똑똑하고 열린 마음을 가졌고, 사람들은 그에 관해 그가 대학에서도, 장차 직업 생활에서도 성공하리라 가정할 수 있었다. 그래서 이 시대에—국가적 사회 체계가 없는 시대에—성공적인 아들이 나중에 언젠가 형제자매들 그리고 필요한 경우에는 연로한 양친을 재정적으로 뒷받침하리란 희망도 이와 결부되었다. 1835년 11월에 그의 아버지는 그에게 이런 편지글을 썼다.

> 나는 내가 너와 마찬가지로 유리한 전망을 가지고 세상에 태어났더라면 필시 되었을 나의 모습을 네게서 보기를 바라노라. 나의 최고로 아름다운 희망들을 너는 이룰 수도 있고 부술 수도 있을 테지. 한 사람이란 터 위에 자신의 최고로 아름다운 희망의 집을 지어서 그렇게 자신의 평온을 좀먹는다는 것은 필시 부당하면서도 어리석은 짓일 것이다. 하지만 다른 점에서는 그렇게 약하지도 않은 남자들이 그럼에도 불구하고 약한 아비들임을 자연 말고 달리 누가 편들어 줄 수 있겠느냐?(MEGA III/1: 290; MEW 40: 617)

---

69) 하나의 예를 들자면: 카를이 1835년 10월에 본으로 공부하러 간 후에 그의 아버지가 그를 상당히 강하게 꾸짖었는데, 이는 그가 석 주가 넘게 편지를 하지 않아 양친이 큰 걱정을 하게 했기 때문이었다. "이는 내게는 유감스럽게도 너의 많은 좋은 점들에도 불구하고 품는, 네 마음 안에 이기심이 지배적이라는 생각을 너무나도 잘 확증해 줄 따름이구나."(MEGA III/1: 289) 카를의 자세한 편지에 따르면 그의 아버지는 다음번 편지에서 이런 혹독한 꾸지람이 미안했음을 분명하게 밝힌다. "카를아, 보거라! 먼저 너에게 못마땅했을 가능성이 있는 내 글에 관해 몇 마디 적겠다. 너는 내가 현학적으로 내 권위를 고집하지 않고 내가 잘못을 했으면 자식에게도 털어놓는 사람이란 것을 알겠다. 나는 네게 주위를 좀 더 상세히 살피고 나서 비로소 글을 쓰라고 정말로 일렀다. 하지만 너는 일이 그간 그리 흘러온 마당에 내 얘기를 덜 문자 그대로 받아들여야 했을 줄 안다. 특히 네 어머니가 얼마나 걱정 근심을 하는지 네가 알기에 하는 말이다."(MEGA III/1: 290; MEW 40: 616)

이런 속내를 밝힘은 카를에게로 향한 높은 기대를 보여 주며, 이런 기대를 충족시키라는 일정한 압력도 그에게 짐으로 지워졌음을 보여 준다. 그러나 또한 명료해지는 것은 아버지가 이런 기대를 어느 정도는 반추하면서 처리해 간다는 것이다. 그런 기대가 자기 아들에게 부담을 주는 것임이 그에게는 명확히 보이며, 그는 이 점을 아들에게 인정하기도 한다. 이런 자기 태도에 대한 성찰은 당시에는 (이는 오늘날에도 그럴 개연성이 있는데) 꼭 전형적인 것만은 아니었다. 우리가 제2권에서 어린 엥겔스를 다루게 될 경우 완전히 다른 아버지의 전형을 알게 될 것이다.

아무튼 카를은 집에서 힘닿는 대로 밀어주었다. 무엇보다도 그에게는 자기 아버지 그리고 나중에 장인이 될 분, 해서 두 명의 정신적 정치적으로 관심을 가진 어른이 있었고, 이들은 그에게 많은 자극을 주었을 뿐 아니라 이미 아주 이른 나이에 그를 말 상대로 진지하게 대하기도 했으니, 이는 그의 지적인 발달에 사뭇 유리하게 작용했다고 할 수 있겠다. 상당 부분의 문헌에서 가정하는 것처럼 어머니가 그렇게 무식한 분이 아니었다고 해도 카를이 아버지와 비슷하게 어머니와도 강한 지적인 관계를 가졌음을 시사해 주는 것은 없다.

유태인 집단

카를 마르크스가 유태인 가정 출신이란 것은 일련의 온갖 추론들로 이끌었다. 륄레Rühle는 마르크스의 나쁜 건강 상태, 륄레 자신의 말로는 마르크스가 일평생 오점으로 느꼈다는 그의 유태인 혈통, 그리고 높은 기대로 힘겨워하는 맏아들이자 외아들의 자리로부터 열

등감이 나온다는 결론을 짓는다.(Rühle 1928: 338ff.) 마르크스가 맏아들이고 외아들이라는 것은 확정적으로 틀렸다. 마르크스의 건강 상태가 장년의 나이에 별로 좋지 않았다는 것은 맞다. 하지만 그의 어린 시절에 관해 우리에게는 모든 정보들이 결여되어 있다. 마르크스가 자신의 유태인 혈통을 오점으로 간주했다는 것에 대해 뢸레는 단 하나의 증거도 내놓지는 못하지만, 그는 "인종 소속감이 세례의 물로 씻길 수는 없었다"(같은 책: 444)고 주장한다. 명백히 뢸레는 그가 1920년대부터 알게 된 인종주의적 반反셈족주의를 19세기 전반으로 소급하여 투사하는 것이다. 한참 위에서 서술한 것처럼 세례를 받음으로써 19세기 초에 지배했던 반유태주의의 표적이 되는 것을 완전히 벗어날 수 있었다.

또한 마르크스의 중심 견해들이 유태 전통과 유사성을 보인다는 주장이 있었다. 그런 예로 카를 뢰비트Karl Löwith가 거명되는데 그는 마르크스의 역사관을 "공공연한 메시아주의"의 표현으로 이해하고 마르크스가 "구약적 체재의 유태인"(Löwith 1953: 48)이란 결론을 도출한다. 또한 이미 구스타프 마이어(Gustav Mayer 1918)도 비슷한 논지를 펼쳤다. 주장되는 유비 관계들이 사실적으로 들어맞는지는 마르크스의 저작에서 논의될 수밖에 없겠다. 여기서 흥미로운 것은 유태인 양친의 혈통이 이미 어린 마르크스가 유태의 전통과 유태적 사고로 무장하도록 여건을 조성했으리라는 가정이다. 뢰비트 그리고 다른 사람들이 이를 단순히 암묵적으로 전제하는 동안 퀸츨리(1966)와 마시첵(Massiczek 1968)은 이를 상세히 증명하기를 시도한다. 그들이 도출한 결과로 본다면 이 두 저자는 지극히 대립적이다. 퀸츨리는 유태인 혈통이 카를 마르크스에게서 결국 "유태적 자기증오"

와 반셈족주의로 이끌었음을 보여 주고자 하며, 마시첵은 특정하게 마르크스의 것인 휴머니즘이 그에게 유태인 혈통을 근거로 매개된 전통들로부터만 이해된다는 것을 증명하려고 한다. 그 두 사람 모두 그들이 도출한 결과를 전기적 사실로 사실적으로 입증하는 데서 큰 문제에 마주한다. 그 두 사람 다 결국에는 주장만 할 수 있을 뿐이다. 퀸츨리는 하인리히 마르크스의 세례가 그의 가족과의 단절을 가져왔으며, 나중에는 카를과 그의 아버지 간의 외상성外傷性 갈등을 초래했다고 주장한다.(카를은 세례 때문만이 아니라 아버지의 온건한 정치적 의사 표명 때문에도 아버지를 약하고 기회주의적인 사람으로 거부했다는 것이다.) 퀸츨리는 과연 그 두 가지에 대해 아무런 증거를 대지는 못하면서도 거듭하여 그것은 그럴 수밖에 없다고 확언하며, 그리고 그가 주장하는 마르크스의 트라우마로부터 계속되는 결과들을 얼마든지 이끌어 낸다. 마시첵은 유태인 가정의 특수한 성격, 어머니와 아버지의 구분되는 역할, 관계들의 특별한 긴밀함, 또 많은 것들에 관해 많은 자료를 수집한다. 이를 넘어서 그는 한 인간에게 이른 유년기의 영향이 얼마나 강하게 새겨지는지를 명료하게 해 줄 심리학 이론들을 든다. 마시첵이 어떤 유태인 가정이든지 그가 강조한 이런 특수한 성격들로 각인되어 있다고 암묵적으로 전제하므로, 그는 무작정 그리고 어떤 더 이상의 검증 없이 카를 마르크스의 가정도 유태인 가정의 들어진 특성들을 보유했고 마르크스가 이를 통해 그의 차후의 생애에 결정적인 영향을 받았다고 추론한다. 마시첵의 숙고에 의지하여 몬츠도 더 최근의 출간물에서 국가에 의해 강제된 세례로 인한 부모의 '트라우마'에 관해 이야기하는데, 이는 카를 마르크스에게서도 거듭하여 나타난 트라우마였다는 것이다.(Monz 1995: 137, 148)

카를 마르크스의 가정에서 유태교 축일이 거행되었다거나 자녀들이 유태식 교육을 받았다는 데 대한 단 한 건의 언급도 사실상 존재하지 않는다. 현실적인 이유들에서 이는 또한 별로 개연성이 없다. 하인리히 마르크스는 1819년, 그래서 카를의 출생 직후에 세례를 받았을 개연성이 있다. 그가 자녀들에게 불이익이 돌아가는 것을 막고 싶으면 그의 자녀들도 세례를 받아야만 한다는 것이 그에게는 명확했다고 할 수 있겠다. 자기 자신과 자녀들에 세례를 베풀게 하면서도 자녀들을 유태식으로 교육하는 것은 자녀들을 큰 문제에 봉착하게 했을 것이며, 그랬다면 자녀들은 이 교육을 숨길 수밖에 없었을 것이다. 그러한 처사는 양친이 아주 신앙심이 강해서 그들의 유태교 신앙을 어떤 대가를 치러서라도 자기 자녀들에게도 전하고 싶었을 경우에만 기대할 수 있었던 것이겠다. 어머니가 강하게 새겨진 신앙을 가졌는지의 여부는 우리가 알지 못한다. 이미 언급한 바 있는 하인리히 마르크스가 아들에게 보낸 1835년 11월의 편지에서 알 수 있는 것처럼 아버지는 사뭇 합리주의적 이신론적 입장을 가졌다. 그는 신을 믿었지만 특정한 숭배에 쏠리지는 않았다. 그런 한에서 명시적인 유태식 교육, 유태교 규정들의 준수 혹은 유태교 축일들의 거행이 행해졌을 개연성은 거의 없다. 그 가족이 프로테스탄트적 기독교로 개종했어도 이것도 똑같이 카를 마르크스의 교육에서 특별히 큰 역할을 했을 수는 없을 것 같다.

이 모든 것은 유태교가 마르크스의 가족에게서 도무지 아무런 이야깃거리가 아니었으리란 말은 아니다. 늦어도 장성한 자녀들에게 그들의 양친에게 유태인 친지들이 있지만 그들 스스로는 유태인이 아니란 것이 눈에 띄었을 경우에 그들은 왜 그런 것인지를 물어보았을 것이다. 양친의 사고와 입장들이 그들의 유태적 배경에 의해 함께 형성되었고 많은 의견 표출과 처신에서 표현되었으리란 것도 마찬가지로 그럼직하다. 그러나 이로부터 특수한 가족 상황이 생겨났다는 이론을 시사해 주는 것은 아무것도 없다. 퀸츨리·마시첵·몬즈는 유태인 가문 출신이란 것이 유태교의 영향이 강하게 새겨지도록 이끌었을 수밖에 없다는 것을 겨우 말할 수 있다. 그러나 그러한 강한 각인을 보여 주는 징표가 없다는 것은 논외로 하고 또한 고려해야 할 점은 유태의 전통들이 오랫동안 양친이 받아야 했던 유일한 영향은 아니었다는 점이다. 하인리히 마르크스의 여러 의견 표명 내용들에서 명료해지는 것처럼 그의 사고에는 계몽사상이 결정적 역할을 했다. 칸트의 철학도 하인리히 마르크스에게는 어느 정도 친숙했다고 할 수 있겠다. 카를에게 보낸 편지에서 그는 한 걸음 더 나가 부수적으로 칸트의 인간론을 언급한다.(MEGA III/1: 292; MEW 40: 618) 이런 계몽사상의 강한 영향력은 벌써 유태교로부터 일정하게 소원한 관계를 유발했다고 할 수 있겠다. 저 위에서 보여 준 것처럼 19세기 초 유태인 자치 공동체들이 겪은 격변 안에서 그러한 거리 두기는 결코 단 하나의 개별 사례가 아니었다.

유태교의 깊은 영향 대신에 어린 마르크스에게는 계몽적·인문주의적 영향이 있었음을 뚜렷하게 시사해 주는 것이 (가령 고졸자격 논술에) 있다. 거기서 아버지, '아버지뻘 친구'인 루트비히 폰 베스트팔렌의 견해들과 트리어 김나지움의 여러 선생들의 견해들도 완전히 비슷한 방향으로 작용해서 그 견해들은 서로를 강화해 주었다고 할 수 있겠다.

젊은 시절의 벗들

어린 카를이 에드가르 폰 베스트팔렌과 친구였다는 것은 알려져 있다. 아이들의 관계가 얼마나 친밀했을 수밖에 없는지를 여태껏 출판되지 않은 에드가르의, 마르크스가 죽기 석 달 전에 쓴 프리드리히 엥겔스에게 보낸 편지가 보여 준다. 1883년 6월 15일에 에드가르는 이렇게 썼다.

> 예니 그리고 마르크스와 나와의 관계에 대해 나는 구두로만 그대에게 털어놓을 수 있겠소. 난 마르크스의 집에서 아이로 성장했소. 그의 선친 마르크스는 애국자이고 레싱Lessing류의 프로테스탄트 신자였소. 이는 언제나 나를 에밀리(Conradi 부인)에게로 끌어당겼소.70) 평온한 시간들이었소.(Gemkow 2008: 507: Fn. 33에 따라 인용함)

어린 카를의 더 많은 친구 관계에 관해서는 직접 전해 오는 것이 아무것도 없어서 일련의 전기 작가들은 마르크스가 젊은 시절에 벗들을 가지지 않았으며 어지간히 고립되어 성장했다고 추론했다. 오토 륄레(Otto Rühle 1928: 17f.)만 해도 마르크스가 유년 시절에 자신의 유태인 혈통을 오점으로 여겼고, 이는 그에게 정신적인 최고의 성과를 올리도록 박차를 가했지만 거기서 그는 아무 친구도 얻을 수 없었다고 추측했다.71) 코르뉘(1954: 60)도 마르크스가 "동급생들 중에

---

70) 1822년에 태어난 마르크스의 여동생 에밀리는 1859년에 수리시설 감독관인 요한 야콥 콘라디Johann Jacob Conradi와 결혼했다.

71) 이미 언급한 것처럼 카를은 평균 이상으로 선량했지만 뛰어난 학생은 아니었다. 그 성적에서 뚜렷하게 더 나았고 졸업자격증의 요건에 따를 때도 더 근면했던 것은

별로 친구들이 없었다"고 쓰며, 프랜시스 휜(Francis Wheen 1999)은 그의 전기 제1장을 마르크스의 젊은 시절에 바치면서 심지어 "외톨박이Außenseiter"라는 제목을 붙였다. 과연 마르크스가 학생으로서 그런 외톨박이의 자리를 차지했을 수 있다는 생각이 애초부터 틀렸다고는 할 수 없다. 트리어 김나지움에서의 "촌뜨기들"에 관한 마르크스의 훗날 털어놓은 소회도 그가 동급생들과 친밀한 관계를 가지지 않았다는 데 대한 증거로 기꺼이 들어진다. 그러나 "촌뜨기들"로 그의 모든 동급생들이 격하되는 것은 아니고, 그 문장은 말하자면 이런 수식어가 붙는다: "(가톨릭) 신학교 입학을 준비하고, 대부분 장학금을 받는 촌뜨기들"72)

릴레와 휜은 어린 마르크스의 이런 추측상의 외톨이 역할에서 벌써 최초의 정신적으로 아로새겨진 영향이 있음을 본다. 물론 친구가 없는 이런 외톨이 표상에 대립하는 일련의 표징들도 있다. 마르크스는 평생 동안 자기 고향의 강한 억양을 보존했다.(F. Kugelmann 1983: 253을 참조하라) 두 분 다 트리어에서 성장하지 않은 그의 양친으로부터 그는 이런 억양을 좀처럼 물려받을 수 없었다. 그것은 급사給仕들과의 접촉에서 왔을 수도 있지만, 그가 다른 아이들과의 접촉을 근거로 이런 억양을 얻었다는 것이 내게는 더 개연성 있어 보인다. 이는 그가 유년기에 다른 아이들과 많은 시간을 보냈음이 분명하다는

에드가르 폰 베스트팔렌이었다.

72) 이 농민 자식들은 부분적으로 이미 좀 나이가 더 많았다.(마르크스의 졸업반에는 두 명의 최고 연령 학생은 24세와 27세였다. Monz 1973: 299) 그들의 학업 성적은 흔히 다른 학생들보다 더 나빴고 품행에서는 좀 거친 경우가 드물지 않았다. 그들은 교회 장학금을 받았고 학교 졸업 후에는 신학교에서 가톨릭 성직자로 양성되었다. 마르크스의 동급생 중 열한 명이 나중에 가톨릭 신부가 되었다.

것을 뜻한다. 또한 이와 그의 딸 엘리아노르가 보고하는 것도 맞아떨어지는데, 카를은 학생으로서 (모든 장난에 기꺼이 동참했기에) 인기가 있었고, 그의 풍자 시구들로 두려움의 대상이었다는 것이다. 그러한 성격 규정은 외톨박이였다는 결론을 내리게 하지 않는다.

카를은 학창 시절 동안 혹은 그 시절이 끝나 갈 무렵에 함께 졸업 자격을 취득한 하인리히 발타자르 크리스티안 클레멘스Heinrich Balthasar Christian Clemens(1814-1852)와 친분을 맺었다. 카를과 하인리히 클레멘스가 반동적인 비투스 로어스에 작별 인사를 하지 않은 단 두 명의 학생들이었다는 것은 이미 언급되었다. 카를이 1835/36년에 본에서 공부할 때 하인리히 클레멘스도 그때 거기서 공부했다. 나중에 그는 자를루이스에서 공증인이 되었다.(MEGA III/1: 932) 카를과 예니가 1843년에 크로이츠나흐에서 결혼했을 때 결혼 입회인 중 한 사람은 공증인 후보 하인리히 발타자르 크리스티안 클레멘스였다. 이름과 직업이 같음을 근거로 볼 때 옛날 동급생을 말하는 것일 개연성이 아주 높다.(Monz 1973: 351) 몇 년간 여전히 지속되었던 학생 때의 우정이 있었을 가능성이 이처럼 충분한 것이다.

하인리히 마르크스의 여러 편지글에는 더 많은 젊은 날의 친구들에 대한 언급이 있다. 1837년 2월 3일의 편지(MEGA III/1: 306; MEW 40: 625)에는 "네 친구 카를 폰 베스트팔렌"의 이야기가 나온다. 이 사람은 1803년에 태어난 (그리고 벌써 1840년에 사망한) 에드가르의 이복형이었다. 계속해서 모두 세 편의 편지에서 하인리히 마르크스에 의해 마찬가지로 "네 친구"라고 칭해진 클라이네르츠Kleinerz라는 자가 나온다.(MEGA III/1: 298; 계속되는 언급들 301, 306) 마르크스의 아버지도 그를 "클라이네르츠 박사"(MEGA III/1: 306; MEW 40: 265)라고 말하므로 그는 카를 폰 베스트팔렌과 마찬가지로 카를보다 좀 더 나이가 많았음이 분명하다. 이 클라이네르츠가 누구인지는 알려져 있지 않다.[73]

마찬가지로 1837년 2월 3일자 편지에서 하인리히 마르크스는 이런 지적을 한다: "폰 노츠 씨는 네가 가을 방학 때 이리로 올 것이라고 내게 말했다."(같은 책: 307; 625) "폰 노츠씨"라는 것은 카를과 고졸자격을 함께 취득한 하인리히 폰 노츠를 말하는 것이었을 개연성이 있는데 그도 마찬가지로 베를린에서 공부했다.(Kliem 1988: 23) 이 옛날 동급생들이 공부하는 중에도 카를과 접촉을 했다면 이는 이미 전부터 존재하는 학창 시절의 우정을 가리켜 준다고 할 수 있겠다.

끝으로 우리는 1850년대에 마르크스에게서 이른 시기의 지인 한 사람에 대한 언급을 보게 된다. 엥겔스가 크림 전쟁에 관한 한 기고문에서 투르키예군에 복무하는, 과거의 프로이센 장교 그라흐Grach를 언급하던 때에, 마르크스는 그에게 이 자는 "내가 트리어 시절부터 알던 사람이며, 프로이센의 교관이 아니라 이미 19년 전부터 투르키예에서 자신의 행운을 시험하러 간 재기 넘치는 모험가"(MEGA III/7: 116; MEW 28: 367)라고 1854년 6월 13일에 편지에 썼다. 거기서는 1812년에 트리어에서 태어난 (그리고 1854년에 죽은) 프리드리히 그라흐Friedrich Grach를 말하는 것이다.[74] 이 사람이 1854년에 19

---

73) Kiehnbaum(2013)은 클라이네르츠Kleinerz라는 판독은 틀린 것이며 라이나르츠 Reinartz라고 불려야 했다고 추측한다. 프란츠 안톤 라이나르츠(1813-1887)라는 자는 쾰른에서 김나지움을 다녔으며 1837년 10월부터 베를린에서 의학을 공부한 자로서 그는 이 사람을 찾아내긴 했지만 이 사람은 그 편지들의 작성 시기에는 아직 박사학위를 받지 못했다. 카를 마르크스의 이 라이나르츠와의 면식을 시사해 주는 증거는 오늘날까지 아직 나타나지 않았다.

년 전부터, 즉 1835년부터 투르키예에 있었다면, 마르크스는 그를 이미 학창 시절에 알았음이 분명하다.

빅토르 발드네르Viktor Valdeniare(1821-1881)도 가능한 학교 친구가 아니었을까 여겨진다. 그는 1843년에 라인신문에 모젤강 지역에 관한 정보를 제공하고 1848년 혁명에 적극적으로 참여하며 1856년 말에 런던으로 마르크스를 찾아갔다. 또 1864년에 마르크스의 작고한 어머니의 포도원 경매에서 좋은 값을 제시하는 배려를 해 주었다. (Conradi an Marx, 12. März 1864, MEGA III/12: 494) 발드네르는 1834년에 카를보다 1년 앞서서 트리어 김나지움에서 고졸자격을 취득했으며, 1834년 라인 지방의회의 의원들 중 하인리히 마르크스가 인사말을 한 문인회 축하연에 초대된 네 명의 의원들에 속한 니콜라우스 발드네르Nikolaus Valdenaire(1772-1849)의 아들이었다. 그 아버지들은 이처럼 서로를 알았다고 할 수 있겠다. 카를과 빅토르의 친구 관계는 이미 김나지움 시절에 시작되었을 가능성이 상당하다.

에드가르를 논외로 하고 이미 얼마 안 되는 전해 오는 문서들로부터 이른 시기의 친구 관계가 있었을 개연성이 다소 있는 여섯 사람이 식별된다. 그 외에 카를이 본에서 공부한 두 번째 학기에 트리어 향우회 "회장단"의 한 사람으로 선출되었다는 것이 (이에 대해서는 다음 장을 참조하라) 맞다면, 이 또한 그가 이미 트리어에서 일련의 친구들과 좋은 지인들을 가졌으며, 휜이 주장하는 외톨박이와는 아주 달랐다는 것을 말해 준다.

---

74) 이미 Grünberg(1925: 429f.)는 이 편지를 참조하도록 했지만 장교인 프리드리히 그라흐를 마르크스와 함께 고졸자격을 취득한 엠머리히 그라흐(그 후 그는 1926년 부록 239쪽에 정정함)와 혼동했다. 오귀스트 코르뉘(1954: 60)도 마르크스가 엠머리히 그라흐와 가깝게 교류했다며 출처를 대지 않고 썼을 때 같은 오류를 범했다.

시 짓고 펜싱하고 춤추고

7월 혁명 후에 정치적·사회적으로 뭔가 시작되기 직전의 분위기는 문학적 영향을 끼쳤다. 대부분 1830년대 초에 작품 발표를 시작한 일련의 젊은 작가들은 오늘날까지 '청년 독일Junges Deutschland'이란 칭호 아래 집약된다. 이 작가들은 물론 실제로 집단을 구성한 것은 아니다. 1835년 12월 독일 연방이 그들의 글을 금지한 일이 비로소 그렇게 하도록 만들었다.[75] 젊은 프리드리히 엥겔스의 최초의 문학적이고 언론적인 시도도 '청년 독일'로부터 영향을 받았다. 트리어에서 문학상 이런 뭔가 시작될 것 같은 분위기는 마찬가지로 그 흔적을 남겼다. 이미 그 도시의 문화생활에 대한 소묘에서, 검열 상황 때문에 빈으로부터 이주해 온 시인 에두아르트 둘러Eduard Duller(1809-1853)와 1832년 이래 트리어에 근무하며 무례한 시구 때문에 이미 한 차례 금고형에 처해진, 시를 쓰는 슐레지엔의 중위 프리드리히 폰 잘레트Friedrich von Sallet(1812-1843)에 관해 이야기가 되었다. 이 두 사람을 둘러싸고 극장과 시가에 관심 있는 젊은이들의 동아리Kränzchen('꽃목걸이'란 뜻 — 옮긴이. 잘레트가 붙인 명칭으로 Groß 1956: 135를 참조하라)가 형성되었다. 이 동아리에 속하는 사람으로는 요한 후고 비텐

---

75) 1835년 12월 10일에 프랑크푸르트의 독일 연방의회는 '청년 독일'에 속한 자들의 저술 인쇄와 유포를 금지했다. 특히 하인리히 하이네, 카를 구츠코브Karl Gutzkow, 하인리히 라우베Heinrich Laube, 루돌프 빈바르크Ludolph Wienbarg, 테오도르 문트Theodor Mundt가 거명되었다. (이런 지향으로 또한 분류하는 루트비히 뵈르네를 집어넣는 것은 서둘면서 잊어버렸다.) 금지하는 이유를 보면, 그들의 목표는 "문학적인 모든 독자 계급들이 접할 수 있는 글에서 기독교를 극히 파렴치하게 공격하고 현존하는 사회 상황을 타락시키며 모든 규율과 인륜을 파괴하는 것"(Miruss 1848: 397)이었다.

바흐의 아들인 화가 프리드리히 안톤 비텐바흐(1812-1845)와 김나지움의 두 젊은 교사 니콜라우스 잘Nikolaus Saal과 프란츠 필립 라벤 Franz Philipp Laven(1805-1859)도 있었다.(Böse 1951: 12f., Groß 1956: 135f.) 라벤은 1834/35년에 일주일에 두 번 발간되는 문학 오락 신문 트레비리스를 편집했는데, 그는 지식·예술·기술의 여러 분야의 기사들과 아울러 잘레트 및 다른 문단 구성원들의 시를 몇 편 실었다.(Groß 1956: 138) 이런 '동아리'가 얼마나 오래 존속했는지는 알려지지 않는다. 1834년에 둘러는 프랑크푸르트 암 마인으로 이주하여 그곳에서 잡지 『불사조Phönix』를 냈고, 그 문학란은 '청년 독일'의 주요 대표자 카를 구츠코브라(1811-1878)가 편집했다. 그곳에서 1835년에 뷔히너의 혁명적 희곡 『당통의 죽음』의 부분 발표본도 출간되었다.76)

어린 카를이 "연령상의 이유"만으로도 "동아리"에 가입하지 못했을 수 있기는 하지만 그 존재에 관해서는 알았으며, 그 논쟁에 흥미를 가졌다고 할 수 있겠는데, 이는 그가 이미 학창 시절에 시를 썼기 때문이다. 그의 누나 조피는 그의 시 몇 편을 공책에 모았으며, 가장 오래된 시에 1833년이란 날짜를 붙였다.(MEGA I/1: 760ff) 경우에 따라서는 카를은 동아리의 구성원 몇 사람도 개인적으로 알았고, 그들

---

76) 뷔히너 자신은 '청년 독일'과 거리를 두었다. 그는 모든 의견 차이에도 불구하고 구츠코브를 높이 평가하기는 했다. "구츠코브는 자신의 영역에서 자유를 위하여 대담하게 싸웠다"고 뷔히너는 1836년 1월 1일에 자신의 양친에게 편지를 썼다. 자기 자신의 '청년 독일'과의 관계에 관하여 그는 양친에게 이렇게 전했다: "어디서나 나는 나 개인으로는 이른바 청년 독일이라는 구츠코브와 하이네의 문학 당파에 속하지 않습니다. 우리의 사회적 상황에 대한 단 하나의 완전한 오해만으로 사람들에게 일상의 문학을 통해 우리의 종교적·사회적 관념들의 완전한 변혁이 가능하다는 것을 믿게 할 수 있었습니다."(Büchner 1988: 313)

중 여러 명이 트리어 김나지움의 졸업생 내지는 교사였다. 또 하나의 징표가 있다. 1843년 프리드리히 폰 잘레트의 이른 죽음이 있는 직후에 언론에서 그의 "평신도 복음"에 관한 논란이 전개되었을 때, 마르크스도 이 시기에 라인신문의 편집부장이었으면서 논쟁에 끼어들었다. 그가 잘레트의 종교적 견해들에 비판적으로 대립했음에도 불구하고, 잘레트의 신상에 대한 헌신적인 수호를 자청하여 그에 대한 비판자를 라인·모젤신문에서 논박했을 뿐 아니라 트리어신문에서 그에 대한 미온적인 옹호자에게도 논박을 가했다.[77] 이러한 결연한 개입의 배경은 잘레트의 작품에 대한 친숙함만이 아니라 트리어에서의 그와 사적으로 알고 지낸 것도 있었을 수 있겠다.

어린 카를에게 중대한 또 다른 영역은 필시 체육이었을 것이다. 1816/17년에 트리어에서는 조직된 체육 활동은 얀Jahn의 제자 프란츠 하인리히 룸슈외텔Franz Heinrich Rumschöttel의 지도하에 시작되었다.(Schnitzler 1988) 그러나 1819년의 카를스바트 결의와 "체육 금지"에 따라 그것은 다시 중지되었으며 룸슈외텔은 여러 해에 걸쳐 감시를 받았다. 1831년에 트리어의 시장 합Haw은 체육의 재허용을 위한 청원을 냈으며 정부는 이를 허가했다. 1834년부터 (경우에 따라서는 이미 1832년부터, Schnitzler 1993: 92를 참조하라) 룸슈외텔은 트리어의 체육을 새로이 조직하여 이에는 학생들만이 아니라 성인들도 참여했다.(같은 책: 97f.) 1842년에 체육 금지의 공식적 폐지 후에 룸슈외텔은 그의 체육보고서에서 처음으로 펜싱을 언급한다. 슈니츨러는 펜싱이 얀의 체육 구성의 중대한 구성 부분으로서 이미 처음부터 룸

---

77) 마르크스의 기고문 「대심문관으로서의 '라인·모젤신문'」은 1843년 3월 12일에 라인신문에 났다.(MEGA I/1: 360-62; MEW 40: 431-433)

슈외텔의 체육 교육 과정에 속했고 단지 공식 문서에서 언급되지 않았던 것뿐이란 것을 그럴듯한 견해로 간주한다.(같은 책: 100)

어린 마르크스가 이 체육 및 펜싱 연습에 참여했는지를 우리는 모른다. 본에서 학생으로서 (그리고 나중에도 여전히) 그는 아무튼 열의를 가지고 펜싱을 수련했다.(이에 대해서는 다음 장을 참조하라) 카를이 펜싱을 이미 트리어에서—룸슈외텔이 지도하는 체육수업에서 배웠을 가능성도 충분하다. 거기서 그는 그 외에도 몇 명의 동급생을 만날 뿐아니라 그 자신보다 몇 년 위인 젊은 성인들과도 알게 될 기회를 가졌을 것이며, 아마 거기서 위에 언급된 클라이네르츠와 프리드리히 그라흐를 만났을 것이다.

끝으로 어린 마르크스는 또한 기꺼이 춤을 추었음이 분명하다. 그렇지 않았다면 어머니는 이미 인용된 1836년 2/3월의 편지에서 그에게 건강이 다시 완전히 회복되지 않는 한 춤을 춰서는 안 된다는 충고(MEGA III/1: 294f.; MEW 40: 622)를 좀처럼 하지 않았을 것이다. 어린 카를이 본에서 처음으로 춤이란 것을 발견한 것은 아니었다고 할 수 있겠다. 귀족 계층에서와 똑같이 바로 교육받은 부르주아지 계층에서 춤추기는 젊은 성년의 포기할 수 없는 사회적 자격에 속했는데, 이는 가령 트리어의 문인회가 개최한 것과 같은 무도회에서 자연스럽게 "신분에 걸맞은" 상대 남녀를 알게 될 수 있었기 때문이다.

한 고졸자격 취득자의 경험과 견해

트리어에서 널리 퍼진 가난은 뚜렷하게 눈에 띄었다. 사회 상황, 조세 부담, 빈자 구호를 위한 시市의 조치들은 거듭하여 공적인 논쟁들로 이끌어 갔으며, 위에서 언급한 루트비히 갈Ludwig Gall의 예가 보여 준 것처럼 이미 최초의 사회주의적인 구상들로 이끌어 갔다. 어린 마르크스는 인구 상당 부분의 빈곤을 이미 아주 이른 시기에 독자적 관찰을 통해 알게 되었을 개연성이 있다. 직업적으로도 사회적 상황과 관계를 가진 루트비히 폰 베스트팔렌과의 대화에서 이는 집에서의 대화와 마찬가지로 대홧거리였다고 할 수 있겠다. 아버지가 진행한 공판 몇 건에서도 소송의뢰인들의 빈곤이 역할을 했다고 할 수 있겠다. 아버지의 공판과 경험들은 대홧거리였고 이로써 어린 카를의 경험 영역에 속했다는 것을 마르크스가 1868년 3월 25일에 엥겔스에게 써 보낸 편지(MEGA 32: 51f.)도 입증해 주는데, 거기에서 그는 그러한 대화를 언급한다.

1830년 프랑스에서 7월 혁명이 일어났을 때 카를은 꼭 12세로서, 이는 경우에 따라 정치적 사건에 처음으로 관심이 커 가는 나이였다. 트리어에서 정치적 사건들이 촉발한 흥분을 그 소년도 감지했다고 볼 수 있겠다. 이후 정치적 격동기인 1832년의 함바흐 축제, 1833년의 프랑크푸르트 경비대 습격, 1834년의 트리어 문인회 사건, 변호사 브릭시우스에 대한 반역 혐의 공판 등을 어린 마르크스는 그의 학창 시절 동안의 몇몇 교사와 학생들에 대한 혐의와 똑같이 의식적으로 함께 겪었을 개연성이 있다.

이 모든 일에 관해 그는 자신의 아버지와 루트비히 폰 베스트팔렌과 토론했다고 할 수 있겠다. 그 두 사람 다 계몽된 자유주의적 입장을 가졌다. 그들은 가난한 자들이 자신들의 가난에 대해 책임이 있다고 보지 않았고 사회 정치적 상황을 비판했다. 프로이센 정부의 권위적이고 비사회적인 정치에는 하인리히 마르크스도 루트비히 폰 베스트팔렌도 비판적으로 맞섰다. 그들은 혁명 사상은 없었지만 광범위한 정치 사회적 개혁의 투사들이었다.

카를의 교사들 또는 둘러와 잘레트를 중심으로 한 문단 동아리의 구성원들은 좀 더 급진적인 입장을 대표했다고 할 수 있겠다. 카를의 친구 집단에서도 비판적·자유주의적 견해가 지배적이었다고 할 수 있겠다. 하인리히 클레멘스와 그는 반동적인 교사 로어스에 대한 혐오를 공유했다. 나중에 라인신문을 떠받쳤고 1848년 혁명에 참여했으며 자유주의적인 양친의 집에서 성장한 빅토르 발드네르는 청년으로서 또한 꼭 보수적이지 않았다고 할 수 있겠다. 하인리히의 증언에 따를 때 아무튼 카를과 친구 관계를 가졌음이 분명한 카를 폰 베스트팔렌의 정치적 견해가 주는 인상을 페르디난트의 부인 루이즈 샤소 폰 플로랑쿠르Louise Chassot v. Florencourt가 1831년에 자기의 양친에게 쓴 편지를 통해 받게 된다. 그 편지에는 "카를은 그가 처음으로 분개하여 장담하는 것처럼 오래 그런 식으로 있기가 불가능한 프로이센에서의 지금의 사정에 맞서 혁명적인 열의"로 가득하다고 되어 있다.(Monz 1973: 336에 따라 인용함)

자신의 가정 내에서도 자신의 친구 집단 내에서도 어린 카를은 그가 감지한 사회 정치적 과정들을 함께 논할 수 있었던, 정치적으로 관심을 가진 계몽적 자유주의적인 주변 환경을 발견했다. 그러나 결정적으로 정치적인 그의 입장들은 알려지지 않는다. 그가 로어스에게 작별 인사를 하러 찾아가기를 신경 쓰지 않은 것은 그의 반동적 태도에 대한 혐오에 기초한 것일 수 있지만, 이는 당시 마르크스가 가졌던 견해에 대해 별로 많은 것을 드러내 주지 않는다.

우리가 그로부터 몇 가지 시사점을 취할 수 있는 유일한 문건은 독일 고졸자격시험 논술문이다. 이 텍스트에서 세 가지가 취해진다. 첫째, 마르크스는 여전히 ─ 아주 추상적으로 이해된 것일 개연성이 있는 ─ "신성"을 믿는다. 둘째, 그는 "노예적 굴종"의 어떠한 형태도 품위 없는 것으로 거부하지만 하층 계급의 다수 "대중"이 그런 식으로 품위 없게 살아갈 수밖에 없다는 것을 불변의 사실로 수용한다. 셋째, 그는 "인류의 안녕을 위하여" 일하고 싶은 강한 희망을 품으면서도 이 일이 구체적으로 어떤 모습을 띠어야 하는지가 뚜렷하게 표현되지는 않는다.

코르뉘(1954: 62)의 견해, 곧 고졸자격시험 논술문에 마르크스가 "반동과 민주주의 간의 거대한 시대적 투쟁에서 이미 결연하게 입장을 정한 것"이 표현된다는 견해는 내게는 어지간히 지나쳐 보인다. 어린 카를은 확실히 반동의 반대자였으나 그의 아버지 혹은 장래의 장인이 될 분처럼 계몽적 입헌 군주제의 추종자들도 그랬다.

그러한 상당히 추론에 의지한 판단들보다 중대한 것은 고졸자격시험 수험생 마르크스가 아직 정치를 그가 그곳에서 "인류의 안녕"을 위하여 일하고 싶은 분야로 아예 여기지 않았다는 사실이다. 카를이 고졸자격 취득 후에 양친의 집을 떠나던 때에는 아직 많은 것이 열려 있었다. 정치보다 훨씬 더 많이 그의 관심을 끈 것은 문학과 예술이었다. 변호사나 판사로서 부수적으로 문단에서도 활동하는 교양 부르주아적 경력은 정치적으로 참여적이고 자유주의적인 대학 교수의 역할과 똑같이 가능한 것의 영역에 있었다. 어린 카를에게 가장 공감이 갔던 것은 시 짓기를 통해 사회적으로 활동하는 시인으로서의 미래였다고 할 수 있겠다.(이에 관해서는 다음 장을 참조하라) 그가 법학 공부를 시작한 것은 확고한 직업인 양성을 향한 아버지의 희망에 부합한 것이었을 개연성이 있다. 나중의 혁명가와 사회주의 이론가는 아무튼 고졸자격시험 수험생에게 아직 엿보이지 않았다.

제2장 길의 시작과 최초의 위기

1835/36년 겨울 학기에 마르크스는 본에서 공부를 시작했으며, 1년 후에 그는 베를린 대학으로 전학해서 그곳에—그와 약혼한 예니 폰 베스트팔렌과 떨어져—5년간 머물렀다. 본과 베를린에서 마르크스는 법학을 공부했지만, 그의 관심은 우선은 문필 활동에 훨씬 더 두어졌다. 그는 시, 유머러스한 단편 소설과 희곡들을 썼고 출판 가능성을 모색했다. 그렇지만 1837년 여름에 마르크스는 자신의 문학에 관한 이제까지의 상상들을 의심하기 시작했고 1837년 가을에 지적인 면에서도 정서적인 면에서도 깊은 위기에 빠졌다. 그는 자신의 공부 방향과 장래에 관해 아버지와 심한 논란을 벌였다. 1838년 초에 아버지의 건강 상태가 악화되었고, 5월에 아들의 방문 직후에 그는 사망했다. 카를은 이로써 자신의 가장 중대한 가족적인 준거점을 상실했다. 동시에 그는 헤겔 철학에서 새로운 지적인 방향 정립을 위한 기초를 발견했다.

마르크스의 대학생 시절로부터는 그의 텍스트 단지 몇 편만이 전해져 온다. 간략한 소식과 아울러 유일하게 보전된 채로 있는 이 시기의 편지는 그가 이미 1년 이상 베를린에서 거주하던 1837년 11월 10일의 것이다. 이 글은 대체로 마르크스가 베를린에서 보낸 첫해에 몰두한 주제들에 대한 출처로 소용된다. 물론 이 편지글은 열아홉 청년의 위기도 서면화해서 보여 주며, 이런 측면은 문헌상으로 훨씬 덜 고려되었다. 이 편지와 아울러 마르크스에게는 시 짓기와 문학의 시도들이 고작 존재하며, 이 시도들은 대부분 1835년과 1836년에 있었고, 마지막 시도들은 1837년 상반기에 있었다. 보전되어 오는 마르크스의 최초의 학문적인 텍스트는 1841년에 쓴 불완전하게 전해 오는 박사학위 논문이다. 대학 관계 서류들과 아울러 본 시절과 베를린 시절 초기의 주된 출처들은 카를에게 보낸 그의 아버지의 편지들이다. 이런 빈약한 자료 출처의 형편에도 불구하고 여러 전기들에 아주 입체적인 묘사들이 그가 머리를 다치게 된 원인이었던 결투 때까지의 대학 생활에 대한 내용들로 들어 있다. 이런 세부 내용이 풍성한 여러 묘사들은 희귀한 사실보다는 전기 작가들의 공상에서 생겨난다.

1. 본에서의 막간극

카를이 1835년 9월 27일에 졸업식에서 고졸자격 증서를 받고서 꼭 3주 후에 그는 본에 가서 법학을 공부하기 위하여 길을 떠났다. 10월 17일에 그는 등록을 했다. 수강을 위한 신고서 양식에 그는 법학 및 재정학부 학생studiosus juris et cameralium으로 기입한다.(Lange 1983: 186, 221) 재정학Kameralistik으로 칭해진 것은 18, 19세기에 고위 국가 관리를 위해 필요한 행정 및 부기 지식이었다. 카를이 공부하러 본으로 간 것은 쉽게 생각할 수 있는 일이었다. 트리어에서 볼 때 이는 가장 가까운 프로이센의 대학이었다. 그와 함께 고졸자격을 취득한 여덟 명도 본에서 공부를 시작했다.[1] 그가 트리어에서 떠난 정확한 날짜는 우리가 알지 못하고, 여행 수단도 모른다. 열일곱이 된 학생에게는 부모 없이 가는 첫 번째 여행이었을 개연성이 있고, 필시 심지어는 그를 트리어의 직접적 주변 환경 너머로 데려간 최초의 여행이었을 것이다.

---

[1] Heinrich Clemens, Jakob Fuxius, Gustav von Horn, Emmerich Grach, Matthias Haag, Johann Baptist Müller, Karl Praetorius, Ernst Pütz를 말한다. (Schöncke 1994: 247f.) 1년 뒤에 에드가르 폰 베스트팔렌도 본에서 공부를 시작한다.(Gemkow 1999: 411)

19세기 초의 대학 생활

마르크스는 6년 동안 대학생이었다. 오늘날의 대학 생활과 당시의 대학 생활 간에는 일련의 중대한 차이들이 있다. 아마 가장 두드러진 차이는 이런 것일 것이다: 당시에는 여자 대학생도 여자 교수도 없었으며, 대학들은 순전히 남성들의 기관이었으며 또한 한참 동안 그런 상태로 있어야 했다. 스위스에서 여자들이 이미 1860년대부터 취리히 대학에 등록할 수 있었던 반면에 독일 대학들에서는 19세기 말까지도 여자들이 정규 대학생으로 허용되기까지 그런 상태가 지속되었다. 프로이센은 심지어 여성의 일반적인 대학 수학을 1908년에야 비로소 허용했다. 또 하나의 중대한 차이는 절대적인 수에서만이 아니라 인구 대비 백분율에서도 오늘날보다 대학 공부를 하는 학생은 훨씬 더 적었다. 1840년에 독일 전체에 단지 딱 12,000명의 대학생이 있었으며, 이는 총인구의 약 0.4%였다.(Ringer 2004: 202) 이와 달리 독일의 고등교육을 하는 학교들은 2016년 말에 약 2,800,000명의 학생들을 보유했고, 이는 인구의 약 3.4퍼센트를 차지한다. 다르게 표현하면 1840년에 주민 250명에 대학생이 1명이 되었다면 현재의 비율은 약 29 대 1이다. 오늘날과는 달리 당시의 대학들은 대기업이 아니었고 대학 수학은 (의무적 졸업시험은 아직 없었다) 19세기에도 이미 최초의 대학 졸업자 공급 과잉이 발생했음에도 불구하고 거의 언제나 높은 직업상의 지위를 보장해 주었다. 세 번째의 중대한 차이는 이런 것이다: 오늘날에도 아직 그런 것보다 훨씬 더 강한 정도로 대학생은 부르주아지와 귀족 집단의 자산 소유 계층들로부터 충원되었다. 가난한 수공업자 가정 출신의 대학생들도 약간 있기는 했지만 노동자 가정 출신자들은 거의 없다시피 했다. 대다수는 소득 상으로 인구의 상위 10% 내지 15%로부터 나왔다고 할 수 있겠다. 대학생들이 대체로 유복한 가정 출신들이고 비교적 많은 돈을 지출할 수 있었다는 것은 특히 작은 대학 도시들에서 그들을 중대한 경제적 요인으로 만들어 주었다. 이에 상응하게 그들이 소중한 자들로 여겨졌지만 무조건 사랑받은 것은 아니었다.

대학생들의 구체적인 생활 상황도 오늘날과는 다른 것이었다. 대학생들은 대부분 자기 숙소가 없었다. 보통 그들은 작은 수공업자들, 흔히 또한 과부들 집에서 사는 세입자였다. 집주인에게 임대소득은 중대한 부수입원이었다. 대학생 전차인들이 주택의 가장 좋은 방에 드는 일이 드물지 않았다. 대체로 주인 부부는 작은 서비스도 맡아서 했으며, 심부름을 했고, 빨래를 맡아서 했고, 부분적으로는 대학생들에게 밥을 해 주었다.[2] 대학생들은 돈을 가져올 뿐 아니라 그들의 가정 배경 그리고 정상적인 경우에는 지방의 상류층에 속한 교수들과의 교류를 기초로 하여 사회적 위계에서 본질적으로 그들의 주인 부부 또는 그들이 상대하던 상인들과 식당 주인들보다 더 높은 위치에 있었다. 이에 걸맞게 그들은 대체로 존경 넘치는 대우를 받았다. 뒤집어서 본다면 대부분의 대학생들은 급사가 있는 가계에서 성장했으며(카를의 양친의 가정에도 적어도 두 '여급女給'이 있었다) 많은 이들이 상응하는 "기품 있는" 처신에 익숙해져 있었다. 게다가 흔히 어떤 학문적인 오만이 더해져서 평민("민중Pöbel")은 물론 "속물들"(즉 정상적인 부르주아·수공업자·상인들)보다 자신이 훨씬 우월하다고 느꼈다.

---

2) 본에서의 대학생들의 거주 조건에 대해서는 Dietz(1968: 232-236)을 참조하라.

"신분이 높은" 사람들은 보통 이미 값비싼 옷차림을 보고 알 수 있었기 때문에 (또한 그들 역시 알아보아지기를 원했다) 대학생들의 "신분에 걸맞은" 생활은 비용이 적게 들지 않았다. 이미 본 시절에 카를의 아버지는 카를이 많은 비용을 지출하는 것을 한탄했고 베를린에서 카를은 심지어 채무 때문에 고발을 당했는데, 이는 그의 수료증에도 적혀 있다.(Lange 1983: 192) 지출은 상당 부분 옷을 사는 데 들어간 것으로 추측된다. 마르크스가 그의 본 시절의 것으로 알려진 그림에서 입은 끈 여밈 저고리는 아주 싸지는 않았다고 할 수 있겠다.

대부분의 대학생들에게 공부의 시작은 양친의 직접적 감독으로부터 해방된 인생의 첫 국면이었다. 사실 양친의 감독은 19세기에는 보통 오늘날보다 훨씬 더 권위적으로 가해졌다. 새로운 자유는 한껏 활용되었다. 흔히 술집에서 밤늦게까지 한데 어울려 술을 마시고 가끔씩은 이어서 노래를 부르고 소란을 일으키며 거리를 행진했다. 경우에 따라서는 다른 학생 집단들과 작은 충돌을 일으키고, 곧잘 도시의 시민들과도 그랬다. 시민들이 항의하고 싶고, 술값을 지불하지 않았거나 그 밖의 피해를 입힌 것으로 학생들을 신고하고 싶으면 그들은 대학을 찾아가야 했다. 대학생들은 (봉건적 질서의 잔재로서) 특수 지위를 가졌다. 그들은 일반 재판관할권에 구애받지 않았고, 그들에 대해서는 특수한 대학 판사가 관할권을 가졌다. 대학들은 독자적 재판관할권만이 아니라 '수위Pedel'(때로는 건물관리인Hausmeister으로 번역되나, 이는 당시에는 틀린 것이다)과 함께 독자적인 작은 집행권도 보유했다. 수위는 정리廷吏나 보조경찰과 같은 것이었다. 수위는 저녁 시간에 술집들을 돌아다니며 대학생들이 이곳들을 정해진 영업 종료 시간에 떠나도록 하고 소란을 피우는 대학생들을 단속하고 필요할 경우에는 대학 판사에게 데려가야 했다. 흔히 대학 판사는 대학생들에게 아주 관대했다. 그러나 1830년대에 대학생들이 함바흐 축제와 프랑크푸르트 경비대 습격 사건 후에 프로이센 정부에 의해 정치적으로 의심스럽게 평가되면서 여러 곳에서 대학 판사의 체제가 엄격해졌다. 본 대학 판사 프리드리히 폰 잘로몬Friedrich von Salomon(1790-1861)은 엄격함으로 본을 훨씬 넘어서까지 알려졌다. 그는 불도마뱀Salamander이라는 별명을 얻었고 또한 그렇게 풍자화로 그려졌다. (Gerhardt 1926: 75에서의 삽화를 참조하라) 카를 마르크스도 그와 물론 대수롭지 않은 사건으로 통성명을 했다.

본에서의 대학과 공부

1830년대 중반에 본에는 꼭 14,000명의 주민이 있어서 그곳은 트리어보다 좀처럼 더 큰 도시가 아니었다. 물론 약 700명의 학생을 가진 대학이 하나 있었다.(Höroldt 1968: 346) 이는 당시로서는 상당한 수였다. 본 대학은 오래되지 않았다. 프로이센의 교육 개혁 진행에서 1810년에 베를린 대학이, 1811년에는 브레슬라우 대학이 설립되었다. 그리고 1818년에는— 새로운 라인 지방을 위해— 본 대학이 이어졌다.

초기의 본 대학교수들 중에는 그 시대에 아주 잘 알려진 몇 사람들의 이름이 있다. 개중에는 고문헌학자이고 고고학자인 프리드리히 고틀리프 벨커Friedrich Gottlieb Welcker(1784-1868)도 속했는데, 그는 자원병으로 반나폴레옹 전쟁에 참가했었다. 카를스바트 결의 후에 그는 체포되었지만 그의 교수 활동은 계속될 수 있었다. 그의 남동생은 자유주의 헌법학자로 알려진 카를 테오도르 벨커Karl Theo-dor Welcker(1790-1869)로서 프라이부르크에서 가르쳤고, 카를 폰 로테크Karl von Rotteck(1775-1840)과 함께 1834년부터 19세기에 독일에서 아주 유명한 15권짜리 『국가학 사전Staatslexikon』을 발간했다. 이 사전에는 그 시대의 정치학 지식이 자유주의적 시각에서 서술되었다. 프로이센에서 이 저작은 금지되었다. 당시에 아주 잘 알려진 문필가인 에른스트 모리츠 아른트Ernst Moritz Arndt(1769-1860)도 1818년에 본 대학교수가 되었는데, 그의 불타오르는 민족주의는 프랑스인과 유태인에 대한 깊은 증오심과 맞물렸다. 물론 그는 1820년 카를스바트 결의 후에 직무 정지가 되었으며 프리드리히 빌헬름 4세 국왕의 등극 직후 1840년에 비로소 그에 의해 복권되어 다시 가르칠 수 있었다. 직무 정지의 전체 기간 동안 그는 자기 주소지를 지켰고 1836/37년 겨울 학기부터 본에서 공부한 법학자 카를 쇼른(Karl Schorn 1898: 68)이 그의 인생 회고록에서 보고한 것처럼 대학생들이 큰 경외심으로 우러러보는 자가 되었다. 마찬가지로 1818년에 교수로 부임한 자로 아우구스트 빌헬름 슐레겔August Wilhelm Schlegel (1767-1845)도 있었는데, 그는 그 남동생 프리드리히 슐레겔Friedrich Schlegel(1772-1829)과 공동으로 독일 낭만주의 창시자들에 속했고, 이 시기에 큰 저명인사였다.

1836년 그의 수료증에 따르면 카를은 본 대학에 '카를 하인리히 마르크스Carl Heinrich Marx'(Lange 1983: 186)란 이름으로 등록했다. 그는 자신의 아버지를 공경하여 '하인리히'란 부칭父稱을 선택했는지, 아니면 그에게 'Carl Marx'가 단순히 너무 단조로웠을 따름이었는지 우리는 알지 못한다. 그가 공부를 마친 후에는 더 이상 이 부칭을 다시 쓰는 일은 없었다.

본에서 마르크스는 처음에는 트리어 김나지움 졸업생인 크리스티안 헤르만 비넨브뤼게Hermann Wienenbrügge, 빌헬름 케베니히Wilhelm Kewenig와 같은 집에 살았다. 마르크스보다 1년 앞서 고졸자격시험을 통과한 자들이었다.(Schöncke 1994: 247, Gockel 1989: 30)

카를은 10월 중순에 본에 온 후에 처음에는 양친에게 아무 소식도 전하지 않았다. 11월 8일에 아버지가 그에게 격분한 편지를 썼다: 이미 3주가 넘게 부재 중이고 여전히 아무 소식도 없다는 것이었다. (MEGA III/1: 289) 카를에게 이 3주는 그가 양친의 감시하는 눈에서 최초로 벗어났을 개연성이 있는 기간으로서 날아가듯 속히 지나갔을 수 있겠다. 전해져 오지 않는 답신에서 마르크스는 자신의 새로운 생활 사정들을 묘사했다. 비넨브뤼게와 그는 빠르게 친해졌는데, 왜냐하면 이 첫 편지에서 그는 비넨브뤼게를 아주 긍정적으로 서술했음이 분명하기 때문이다. 아무튼 그의 아버지는 그다음 번 편지에서 "인생의 첫 번째 중대한 정거장에서 한 친구, 그것도 아주 품위 있는 친구를 발견"한 것에 대해 그에게 축하해 준다. 트리어 김나지움에서 비넨브뤼게는 여전히 사람들의 좋은 기억 속에 있었고 그곳에서 사람들은 하인리히 마르크스에게 이 사람이 그의 아들의 친구라는 것에 대해 축하를 해 준 것이다.(같은 책: 291)

1813년생인 크리스티안 헤르만 비넨브뤼게는 본에서 철학과 문헌학을 공부했다. 첫 학기에 그와 마르크스는 등록자 명부에 따르면 몇 개의 세미나에도 함께 들어갔다.3) 다섯 살 위이고 학식도 더 많

---

3) 마르크스가 참가한 행사들의 등록자 명부는 Deckert(1966)가 검토했다.

앉을 개연성이 높은 비넨브뤼게에게서 마르크스가 우선 감명을 받았다고 충분히 상상할 수 있다. 물론 그 우정은 아주 빠르게 식은 것으로 보인다. 다음 학기에 카를이 이사했던 것이다.(Gockel 1989: 30) 그는 트리어에서 함께 고졸자격시험을 본 엠메리히 그라흐와 같은 집에서 살았고(Schöncke 1994: 251), 비넨브뤼게에 관해서는 더 이상은 일언반구도 없었다.4)

카를의 어머니의 편지에서 우리는 또 당시에 통용되던 청결 관련 상황에 대해서도 좀 알게 된다. 어머니는 카를에게 그의 방을 매주 (명백히 주인 부부에 의해) 청소하도록 할 뿐 아니라 카를 자신도 "매주 스펀지와 비누로" 목욕을 하도록 유의해야 한다고 요구한다.(MEGA III/1: 292; MEW 40: 619)

첫 학기에 마르크스는 활력에 차서 공부에 뛰어들었다. 아버지에게 그는 아홉 개의 강의를 들었다고 편지에 써서 아버지는 그에게 너무 과욕을 부리지 말라고 충고했다.(MEGA III/1: 290; MEW 40: 616) 등록 서류에서 드러난 것처럼 마르크스는 사실상 아홉 개의 강좌에 대해 등록금을 납부해서—당시에는 수강료를 내야 했으며 학기 말에는 성공적인 수강을 교수로부터 개인적으로 검증받아야 했다—물론 세 강좌는 다시 취소되었다. 마르크스가 강좌들에 아주 드물게 출석해서 증명서로서 결코 "수강필"을 기대할 수 없었을 개연성이 있다.(Bodsch 2012: 15)

1836년의 수료증(Lange 1983: 186ff.)은 1835/36년의 겨울 학기에 대한 상응하는 평가들과 함께 법학부에서 정식으로 수강한 세 개의

---

4) 비넨브뤼게는 1837-40년에 트리어의 신학교에서 공부했고 1841년에 신부로 서품되었으며 1851년에 사망했다.(Lexikon Westfälischer Autorinnen und Autoren)

강좌에 대한 기록이 있다. 에두아르트 푸게Eduard Puggé(1802-1836) 에게서 "법학 백과사전"을 ("아주 열심히 그리고 주의깊게"), 에두아르트 뵈킹Eduard Böcking(1802-1870)에게서는 "여러 기구들"을 ("아주 열심히 그리고 상시적인 주의력을 기울여"), 페르디난트 발터Ferdiand Walter(1794-1879)에게서는 "로마 법제사"를 ("상동上同") 수강했다. 그 외에 철학부의 세 강좌를 들었는데, 이미 언급된 프리드리히 고틀리프 벨커에게서 "그리스 로마 신화"를 ("특출한 열심과 주의로"), 에두아르트 달통 Eduard d'Alton(1772-1840)에게서 "근대 예술사"를 ("열심히 그리고 주의 깊게"), 그리고 끝으로 아우구스트 빌헬름 폰 슐레겔에게서는 "호메로스에 관한 질문들"을 ("열심히 그리고 주의 깊게") 수강했다.

1836년 여름 학기에도 마르크스는 실제로 수강한 것보다 더 많은 강좌에 수강을 신청했다.(Bodsch 2012: 17) 수료증에는 겨우 네 강좌가 평가와 함께 적혀 있다. 페르디난트 발터의 "독일 법제사"("열심히"), 에두아르트 푸게의 "유럽 국제법" 및 "자연법", 이는 "8월 5일 푸게 교수의 갑작스런 서거로 평가될" 수 없었으며5) 다시 슐레겔의 "프로페르티우스의 비가"("열심히 그리고 주의 깊게")를 수강했다.

마르크스는 법학을 공부하기는 했지만 법학 강좌들만 수강 신청한 것은 아니었다. 주전공만 공부하지 않고 완전히 다른 분야들의 강좌들도 수강한 것은 19세기에는 결코 이례적인 것은 아니었다. 대학을 다니는 것은 당시에는 여전히 교양과 관계가 있었다. 매 학기에 암기하여 습득한 지식이 질문이 되는 여러 번의 시험으로 학습 성취를 검사하는 오늘날 통용되는 관행은 터무니없는 것으로 거부

---

5) 푸게는 불운한 홀아비이자 두 어린 자녀의 아버지로서 그의 연구실에서 목을 매달았다. 자살이었다는 것은 처음에는 비밀에 부쳐졌다.(Bodsch 2012: 17, 26)

되었을 것이다.

  본에서 수강한 여섯 개의 법학 강좌로 마르크스는 확고한 법학적 토대를 마련했다. 이때 이미 그의 법이론적 이해는 최초의 면모를 또한 얻었다고 할 수도 있겠다. 마르크스가 푸게에게서만 세 강좌를 수강했는데, 이 푸게 그리고 뵈킹Böcking은 베를린에서 프리드리히 카를 폰 자비니Friedrich Carl Savigny(1779-1861)에게서 공부한 사람들이었다.(Böcking에 대해서는 Lenz 1910 Bd. 2.1: 384f.를 참조하라) 그들 두 사람은 구스타프 폰 후고Gustav von Hugo(1764-1844)와 자비니가 창립한 '역사법학파'의 대표자들이었다. 자비니는 초역사적 자연법 학설을 비판했고 법이 역사적으로 조건 지워짐을 강조했다. 거기서 자비니는 법의 발달이 "민족정신"에 근거를 두는 것으로 보았는데, 이 발달은 자연법적 원리를 가정하는 입법자에 의해 변형될 수 없으리란 것이다. 마르크스는 페르디난트 발터의 강의를 수강 신청했는데, 이는 그가 강의를 들은 세 번째 법학자였다. 발터는 지비니의 적수들 중 한 사람인 안톤 프리드리히 티바우트Anton Friedrich Thibaut (1772-1840)에게서 공부를 하기는 했지만, 인생 회고록에 쓴 것처럼 법학파들의 날카로운 방법 논쟁은 그에게는 달갑지 않았다.(Walter 1865: 110) 마르크스는 이처럼 역사학파의 두 대표자들을 대했지만, 그들에 대한 비판자들은 아무도 알게 되지 못했다. 우리는 마르크스 자신이 지비니한테 배운 곳인 베를린 대학에서 그가 지내던 시절과 연관을 가지고 '역사학파'로 되돌아오게 될 것이다.

  철학부에서 마르크스는 겨우 아우구스트 빌헬름 슐레겔에게서 하나 이상의 강좌를 수강했다. 나중에 마르크스의 친구가 되는 하인리히 하이네Heinrich Heine(1797-1856)는 1819/20년에 본에서 공부를 하면서 슐레겔의 허영에 관해 이미 조롱했다. 언제나 최신의 파리의 유행에 따라서 옷을 입고 광택이 나는 가죽장갑을 끼고서 슐레겔이 강의 시간에 나타나는데, 제복을 입은 하인을 대동하고 오며 그 하인은 은촛대를 들고 와서 강단 옆에 서서 촛불을 보살피도록 했다.(Heine 1835: 418f.) 그렇지만 슐레겔은 그의 수강생들에게 언제나 강한 인상을 심어 주었음이 분명하다. 에마누엘 가이벨Emanuel Geibel이(이 사람에 관해서는 곧 이야기해야 할 것임) 강조한 것처럼 그는 "고령의 노인에게서[1835년에 슐레겔은 68세였다] 아직도 재기발랄하고 세련되고, 예리한 감각의 사나이"를 발견했다.(Geibel 1909: 34) 마르크스도 슐레겔에게 완전히 매료되었음이 분명하다. 그의 강좌를 두 번 수강한 것만 이를 시사해 주는 것이 아니다. 40년 후 그가 요양차 카를스바트에 머물고 카를스바트신문(1875년 9월 19일 Der Sprudel)이 만화에서 유명한 요양객에 관해 보도하던 때에, 그는 기꺼이 이 강좌들을 회상했다. 그 기사에는 이렇게 되어 있다. 대담에서 "마르크스는 자신의 잘 정돈된 회상들의 풍성한 보물상자로부터 두 손 가득히 꺼내어 보여 준다." 이 회상들에는 "낭만주의가 그 마지막의 자유로운 숲의 노래6)를 부르던 때 그가 검은 곱슬머리의 열정적인 총각으로 슐레겔의 발치에 앉아 있었던 것"(Kisch 1983: 75에 따라서 인용함)도 들어 있었다.

---

6) 명백히 하인리히 하이네의 가장 인기 있는 책들 중 하나 『아타 트롤』을 빗대어 말하는 것이다. 그 책의 마지막 장에서는 자신의 책이 이야깃거리가 된다.
"아, 필시 낭만주의의
마지막 숲의 노래이겠구나
대낮의 화재와 전투의 소음 속에
슬프게 울려 퍼지리라."(Heine 1843: 570)

1835/36년 겨울 필시 크리스마스 때 마르크스는 홀란드로 여행에 나섰다. 그의 어머니가 1836년 2월/3월의 한 편지에서 그에게 자기 "조도祖都"에서 어땠는지를 물었으므로(MEGA III/1: 295) 이 여행은 그를 또한 님베헨으로 이끌었음이 분명하다. 그곳에는 아직도 외삼촌인 마르틴 프레스부르크Martin Presburg가 살았다. 외조부모는 벌써 돌아가셨다. 1835년 여름 카를의 누나 조피는 네덜란드의 친척들을 방문했고 거기서 마스트리히트·리에주·아헨·님베헨·잘트보멀에 머물렀다.7) 카를도 비슷한 여정을 택했을 가능성이 있다. 1836년 2월/3월의 편지에서 양친은 물론 그가 자신들에게 이 여행에 관해 사후적으로 비로소 보고한 것에 관해 놀랐음을 보여 주며 아버지는 걱정하면서 이렇게 물었다.

내 희망이긴 하다만 넌 동냥질Fechten로 잘 헤쳐 나가지 않았겠느냐? (MEGA III/1: 294)8)

그들의 아들은 자신의 양친으로부터 완전히 독립하여 행동하는 데 아주 빠르게 익숙해졌음이 명백하다.

---

7) 이는 조피의 시 앨범에 기재된 것에서 나온다.(Gielkens 1999: 364)
8) 여기서 'Fechten'은 사브르나 단검을 가지고 하는 싸움을 말하는 것이 아니라 방랑하는 수공업자 젊은이의 구걸을 말하는 것일 수 있겠다. 이런 의미에서 'Fechten'이란 낱말은 17세기 이래 독일에서 퍼져 있었다.(Duden Herkunftswörterbuch, 2007: 208)

문학 동아리

양친이 보내온 1836년 2월/3월의 편지는 전기 문헌에서 기꺼이 언급되고 널리 윤색된, 마르크스의 두 회원 자격에 대한 유일한 동시대인의 증언이다. 하인리히 마르크스는 이렇게 적었다.

> 너의 동아리는 너도 그리 생각하겠지만 술집보다는 내게 더 호감이 가는구나.(MEGA III/1: 293; MEW 40: 621)

이 '동아리'가 시 동아리였다는 것은 편지의 계속되는 내용이 시사해 주는데, 그 편지에서 하인리히 마르크스는 자기 문학작품의 출간을 아직 기다리는 아들에 동의한다.

경찰 관계 서류들에 의지해서 — 물론 이는 증명되는 것은 아니다 — 니콜라예프스키/맨히엔-헬펜(Nicolaevsky/Maenchen-Helfen 1933: 34f. und 1937: 19f.)은 "시인 동맹"의 창설자들이 "학생들로서, 처음에는 빈에서, 다음에는 바덴에서 1848년에서 1849년에 가장 활동적인 혁명가들의 한 사람인 펜너 폰 펜네베르크Fenner von Fenneberg 그리고 김나지움 학생으로서 이미 '선동적인 시'를 쓴 것으로 혐의를 받은 트리어 사람 비어만Biermann"이었다고 기술한다. 명백히 이 사람은 요한 미하엘 비르만Johann Michael Birmann을 말하는 것인데, 그는 1832년 트리어 김나지움에서 고졸자격시험을 보았고, 정치적인 시의 작자로 수사가 되었다.(Monz 1973: 128, 133을 참조하라)[9] 경찰은

---

[9] 비르만은 — 출처는 없는데 — MEGA(III/1: 725)에서도 시인 동아리의 공동 창립자로 거명된다. 마찬가지로 출처 없이 코르뉘(1954: 66)는 (비르만 대신) 비더만(Bieder-

동아리를 감시했고, 물론 아무런 결과도 가져오지 못했다는 것이다. 보드쉬(Bodsch 2012: 22f.)는 펜네베르크와 비르만이 단지 1835년 여름 학기까지만 본 대학에서 공부했다는 것을 참조하도록 한다. 그들은 마르크스가 그곳에 오기 전에 떠났으며, 그래서 그와 동시에 이 동아리의 회원이었을 수는 없었다. 게다가 펜네베르크와 비르만이 창설한 동아리가 그들이 떠난 후에 여전히 계속 존재했는지는 완전히 불명확하며, 존재했다고 해도 그것이 마르크스가 들어간 동아리와 동일한 것이었는지도 불명확하다. 이를 시사해 주는 것은 아무튼 없다.

이 '동아리'에 대한 더 많은 출처들이 있으며, 이는 거듭하여 기꺼이 인용된다. 모리츠 카리에르Moriz Carrière(1817-1895)의 인생 회고록이 그런 것인데, 그는 1836년부터 괴팅겐에서 공부했고 나중에 뮌헨에서 예술사를 가르쳤다. 그의 괴팅겐 친구 집단에는 카를 루트비히 베르나이스Bernays(1815-1876)도 속했는데, 이 사람은 1840년대에 마르크스와 파리에서 협력한 사람이었고 나중에 시인이면서 문학사가가 된 테오도르 크라이체나흐Theodor Creizenach(1818-1877)도 이에 속했다. 이 친구 동아리에 관해 카리에르는 이렇게 적었다.

우리는 가이벨, 나중에 유명한 선동가이면서 예리한 사상가가 된 카를 마르크스 그리고 카를 그륀이 시인동맹을 맺은 곳인 본과 서신 교

mann) 그리고 (펜너 폰 펜네베르크 대신) 펜너 폰 펜너슬레벤(Fenner von Fenner-sleben)을 창립자들로 거명하고 이로써 전기 문헌에 약간의 혼동을 조성했다. Karl Biedermann(1812-1901)은 학우회원이었고 나중에는 민족자유당을 대표하는 제국의회 의원이었다. 물론 그는 결코 본에서 공부하지 않았다. 이미 Deckert(1966: 42)는 코르뉘가 명백히 이름을 혼동한 것이라고 언급했다.

환을 했고, 이들과 시 짓기 내기를 했다. (⋯) 우리는 문학 연감을 기획했는데, 이는 괴팅겐과 기센의 최상의 시들을 기고문들과 함께 본에서 출판하자는 것이었다.(Carrière 1919: 167)

이런 표출된 내용을 근거로 마르크스·가이벨·그륀을 회원으로 하는 본의 동아리가 여러 마르크스 전기들에서 확인된 사실로 전제된다. 그 회원들의 나중의 발달을 보자면 — 에마누엘 가이벨(1815-1884)은 프로이센 왕가에 의해 귀하게 여겨지는 보수주의적 관조적인 시인이 되었고, 카를 그륀Karl Grün은 마르크스에 의해 거세게 논박된 "참된 사회주의"의 가장 중요한 대표자들 중 한 사람이 되었다 — 이 본 동아리의 구성은 어지간히 특기할 만한 것이겠다. 좀 더 정확하게 살펴보는 것이 좋겠다.

1835/36년 겨울 학기의 수강 신청자 명부에서 가이벨·그륀·마르크스가 공통으로 슐레겔의 호메로스 강의를 들었다는 것(Deckert 1966: 42)을 알아낼 수 있기는 하지만, 카리에르의 지적을 논외로 하면 이 세 사람이 같은 동아리에 있었다는 것에 대해 더 이상의 단서는 없다. 세 사람 중 누구도 이 동아리를 언급한 일이 없다. 카를 그륀은 1835년 10월에 본 대학에서 마르크스처럼 등록을 했으며(Schöncke 1994: 242), 1845년 9월 1일 모제스 헤스Moses Hess에게 쓴 편지에서 어쨌든 마르크스를 "대학 시절의 옛 친구"로 이야기한다.(Hess 1959: 138) 그러나 그륀이 1837년부터 마르크스와 마찬가지로 베를린에서 공부했으니, 이 "대학 때 우정"이 이미 본에서 시작되었는지 아니면 베를린에서 비로소 시작되었는지는 명확하지 않다.

훨씬 더 의심스러운 것은 이미 데케르트(1966: 43)가 지적한 것처럼 에마누엘 가이벨의 회원 자격이다. 가이벨은 1836년 연초에 본을 떠났고 그래서 단 한 학기만 본에서 마르크스와 함께 보냈다. 베를린에서도 그와 마르크스는 한동안 동시에 대학에 등록되어 있었다. 물론 마르크스에게서 어느 대목에도 가이벨에 대한 언급을 찾아볼 수 없고 가이벨도 마르크스 혹은 본의 시인 동아리만이라도 언급한 일이 없다. 후자의 것은 특별히 지적할 만하다: 어머니에게 보낸 가이벨의 편지들(Geibel 1909)은 자신이 본에 체류하던 일을 아주 상세히 묘사한다. 대학과 주거상황에 관한 많은 세부 사항들과 아울러 가이벨이 누구누구를 방문했는지 또 그가 대화 상대자들한테 어떤 인상을 받았는지를 완전히 정확하게 알아볼 수도 있다. 어떤 세부 사항도 누락되지 않는다. 하필 그가 참여한 시인 동아리를 언급하지 않았다는 것은 별로 그럼직하지 않다. 베를린으로부터 자신의 본 시절을 회상하며 그는 심지어 이렇게 적는다.

그곳에서 난 거의 완전히 외톨이였다.(Geibel 1909: 56)

카리에르가 40년 후에 작성한 인생 회고록10)에서 오류를 범했을 개연성이 있으니 특히 그가 본의 동아리에 스스로 전혀 참여하지 않았다면 그럴 수 있다. 이를 넘어서 카리에르의 정보는 시간적인 면에서 의심할 만하다. 가이벨은 본을 1836년 초에 떠났고, 마르크스는 1836년 여름에 떠났다. 카리에르가 전하는 것처럼 오펜하임과 크라이체나흐는 1836년 가을에 괴팅겐으로 왔고 이 두 사람을 통해

---

10) 발행인 Diehl은 그것이 1874-79년에 작성되었음을 알린다.(Carrière 1914: 135)

서 비로소 그는 베르나이스를 알게 되었다. 히르쉬(2002: 32)의 정보에 따르면 베르나이스는 1837년에 비로소 괴팅겐에서 등록했다. 카리에르가 언급한 괴팅겐 서클은 이처럼 가이벨과 마르크스가 본을 이미 떠난 후에 비로소 형성될 수 있었다. 누가 그래서 언제 누구와 서신 교환을 했고 경쟁했는지는 이에 따르면 완전히 불명확하다. 마르크스는 1835/36년에 본의 문학 동아리 회원이었을 수 있으나, 카를 그륀과 에마누엘 가이벨이 마찬가지로 회원이었다는 것은 오히려 개연성이 없다.

술꾼 생활 그리고 했다는 결투

하인리히 마르크스가 언급한 "술집"에 관한 정보들은 좀 나아 보인다. 1830년의 7월 혁명 후에 이미 오래전부터 금지된 학우회들뿐 아니라 사뭇 비정치적인 학생 단체들Corps도 박해를 받았다. 특별히 본에서 이 박해의 강도가 높았던 것으로 보인다.[11] 하인리히 뷔르거스Heinrich Bürgers(1820-1878)는 마르크스 직후에 본에서 공부했고 나중에 그와 한동안 긴밀하게 협력한 자로서 그의 회고록에서 1876년에 박해 후의 상황에 관해 이렇게 지적했다.

> 본래 금지된, 그리고 허용된 불법으로서 감독관과 대학 판사의 엄격한 감시 아래 있는 단체·연합들에서 모든 것이 술집 생활로 좁혀졌다.
> (Kliem 1970: 68에 따라 인용함)

---

11) 이에 관해서는 Höroldt(1968a: 100f.)를, 더 상세한 것으로는 Gerhardt(1926: 58-78)을 참조하라.

마르크스가 본으로 왔을 때 대학 생활은 이미 상당히 비정치적으로 되어 있었다. 이는 느슨한 향우회, "만찬회"에서 아니면 확고하게 조직된 학생단체에서 행해졌다. 전자의 것은 당시에 본에는 셋이 있었다. 트리어 향우회, 쾰른 향우회, 아헨 향우회였다. 단체로 존재한 것도 셋이 있었는데, 이는 레나니아Rhenania, 궤스트펠리아Guestphelia, 보루시아Borussia였다. 1836년에는 작소니아Saxonia도 창립되었다. (Kaupp 1995: 142) 마르크스의 아버지가 언급한 "술집"은 트리어의 만찬회를 말하는 것일 개연성이 높으며, 이는 1838년에 — 마르크스가 본을 떠난 후에 — 팔라티아Palatia라는 단체로 되었다. 이미 트리어 만찬회는 온통 펜싱 수련 모임으로 바쳐졌다. 1899년의 팔라티아 단체 연감에서는 그 선구자들에 관해 알 수가 있다.

> 트리어 만찬회의 수뇌부에는 다섯 명의 좌장이 있었고 이들은 매주 저녁 술자리에서 좌장을 돌아가면서 했다. 공동의 펜싱장 방문은 의무적이었다.(Palatia 1899: XI)

쵸벨Czobel이 발행하는 1934년 마르크스 연감에는 팔라티아 단체 문서들에 의지하는 렌츠Dr. F. Lenz 교수의 편지에서의 전언을 참조하여 마르크스가 1836년 여름 학기에 트리어 만찬회의 "다섯 좌장 중 한 사람"이었다고 되어 있다.(Czobel 1934: 3)[12]

트리어 사람들이 고데스베르크의 간이 여인숙 "백장미Weißes Ross" 앞에 있는 것을 보여 주는 1836년의 한 그림에는 또한 얼마 전까지

---

12) Gerhardt도 그의 본Bonn 단체 역사에서 마르크스가 1836년에 트리어 만찬회의 "지도부"에 속했다고 적는다.(Gerhardt 1926: 101)

본 대학 재학 중인 트리어 출신 학생들의 술자리

유일했던 마르크스의 젊은 시절의 모습도 나온다. 이 그림은 전형적인 학기 중 술자리 모습을 보여 준다.(그런 더 많은 그림은 Gerhardt(1926)에 수록되어 있다) 이 그림들은 주문 작품들이었다. 대체로 대학생들은 풍경을 배경으로 그려지고 거기서 흔히 머리만 미리 마련된 배경 그림에 끼워 넣어져서, 그려진 사람들이 모두 동시에 그 자리에 와 있어야 했던 것은 아니다. 그런 그림을 본으로 해 인쇄물이 만들어져서 그려진 대학생들에게 판매되었다.(Bodsch 2012: 20을 참조하라)

트리어 사람들의 그림의 석판화는 1920년대에도 팔라티아의 단체 본부에 보관되어 있었다. 게르하르트(1926: 441f. Anm. 226)가 알리는 바에 의하면, 그려진 사람들 중에는 카를 마르크스도 있었는데 그 사람들의 이름들이 1890년에 슈나이더라는 쾰른에서 상원의장이었던 법률고문관에 의해 인쇄물 뒷면에 기록되었다고 한다. 슈나이더는 마르크스와 같이 고졸자격시험을 본 다섯 사람의 이름도 적는다.(푹시우스, 프래토리우스, 폰 호른, 클레멘스, 퓌츠, Gerhardt 1926: 442를 참조하라) 대학 서류들의 열람에 의존하여 보드쉬(2012: 21)는 1836/37년 겨울 학기에 마이엔Mayen에서 온 프리드리히 슈나이더라는 사람이 본 대학에 등록했음을 확인하는데, 그가 게르하르트에 의해 거명된 법률 고문관과 동일인일 개연성이 있다. 물론 슈나이더는 카를 마르크스를 더 이상 몰랐을 수 있는데, 이는 마르크스가 이미 본을 떠났기 때문이다. 또한 다수 사람들의 식별은 50년도 더 지난 후에 별로 그럼직하지 않아서 우리가 카를 마르크스의 젊은 시절의 모습을 보고 있는 것인지 결코 완전히 확실하지 않다. 그렇지만 이 법률 고문관 슈나이더는 이미 이름들이 기입된 그림 인쇄본을 보유했고 이름들을 겨우 베꼈을 수 있겠다. 마르크스의 모습으로 알려지는 그림은 아무튼 위에서 인용된 카를스바트신문에서 이야기된 "검은 곱슬머리"의 청년과 아주 잘 맞는다. 팔라티아에서는 트리어 만찬회의 저명한 회원을 기꺼이 기억해 냈다. 1913년 발간된 단체 연감에서 그곳에 수록된 그림에는 이런 말이 적혀 있다: "그림에서 품위 있는 자제하는 몸가짐으로 서 있고 끈 여밈 저고리를 입은 유일한 자로서 모임의 우아함을 대표하는 것으로 보이는 한 사람이 카를 마르크스였다."(Palatia 1913: 11f.)

하인리히 로스바흐가 그린 카를 마르크스

슈나이더가 알려 주는 바로는 하인리히 로스바흐Heinrich Rosbach (1814-1879)도 그림에 그려져 있다. 로스바흐는 1832년부터 이미 본에서 의학을 공부했다. 그는 1838년에 박사가 되었고 트리어에서 1840년에 의사로 정착했다. 그는 신들린 듯한 화가였고 그의 많은 소묘들과 수채화가 전해 온다. 가족 전승에 의한다면, 그의 소묘들 중 하나는 본의 젊은 카를 마르크스를 나타낸다고 한다. 그 작품은 2017년에 트리어의 지메온 재단 시립박물관에 기증되었다.

젊은 카를은 물론 완전히 흥겹게 자기 패거리들과 술을 마시고 언제나 얌전히 귀가하지는 않았다. 수료증에는 "야간의 평온을 깨는 소음과 술주정으로 인한"(Lange 1983: 188) 1일간의 구류형이 명기되어 있고 이는 위에서 언급된 대학 판사 프리드리히 폰 잘로몬에 의해 내려진 것이다. 구류 기록부에 따르면 마르크스는 6월 16일 10시 경에 벌받기를 시작해야 했고 이는 그 이튿날 같은 시간까지 지속되었다.(Bodsch 2012: 21) 대학의 "구류"는 아주 "유쾌한 감옥살이"였다고 쇼른(Schorn 1898: 62)이 기록하는데, "왜냐하면 감금된 자들에게는 거의 결코 없지 않은 방문자를 맞이하여 포도주와 맥주 그리고 카드놀이를 즐기는 것이 허용되었기 때문"이지만, 이는 상당한 접대 비용을 수반한 것이었다. 주막에서 날라온 점심식사와 적당한 침구를 위한 비용이 더해져서 쇼른은 이렇게 추론한다.

구류형은 이처럼 본질상은 양친의 돈주머니에 대한 형벌이었다.

대학 생활이 완전히 비싼 것이 될 수 있었다는 것을 하인리히 뷔르거스도 그의 회고록에서 입증한다. 그 저녁 술자리에서는 "교양 있게" 이야기하는 사람은 좋은 인상을 받지 못했으며, "그 사람은 벌로 곧바로 열린 '맥주 파티'에서 맥주 값을 지불해야 했다."(Kliem 1970: 68에 따라 인용됨)

아들의 지출은 하인리히 마르크스의 편지들에서도 여러 번 문제가 되었다. 카를은 너무 많은 돈이 필요했고 단지 불명확한 용처만을 댔기 때문에 그가 무엇에 돈을 쓰는지 아버지로서는 알 수가 없었다. 아무튼 그는 "신분에 걸맞은" 옷과 책을 사기 위해 약간의 지출을 했을 수 있겠다.[13] 결국 카를은 일종의 고백을 했음이 분명하다. 날짜가 명시되지 않은 1836년 5월이나 6월에 쓴 아버지의 한 편

---

[13] 1836년 2월/3월의 아버지의 편지에서는 아무튼 많은 책 구입에 관해 거론이 된다. (MEGA III/1: 293)

지에는 이렇게 되어 있다.

> 카를이 보거라! 내가 7일에 비로소 받은 네 글은 네 성격의 올곧음, 정직성에 대한 나의 믿음을 강화해 주었고, 이는 나에게 돈보다 더 마음에 남는구나.(MEGA III/1: 297)

물론 카를은 그렇다고 모든 것을 고백하지는 않은 것으로 보인다. 2년 뒤에 1838년 2월 10일의 편지에서 하인리히 마르크스는 자신이 카를의 도덕성을 완전히 정당하게 평가한다는 것에 관해 이야기하고 이렇게 덧붙인다: "나는 너에게 이에 관해 이미 너의 법학 전공 공부 첫해에 [그래서 본에서 보낸 그해에] 아주 컴컴한 한 가지 사항에 관해 그것이 아주 문제가 됨에도 개의치 않고 결코 해명을 요구하지 않으면서 반박될 수 없는 증거를 제시했다."(MEGA III/1: 328) 그리고 그에 앞서 1837년 12월 9일의 편지에서 하인리히 마르크스는 본 시절과 관련하여 자기 아들을 "못된 녀석들의 못된 괴수"로 칭하고(트리어 만찬회 좌장으로서의 카를을 빗대어 말하는 것일 개연성이 있다) 그에게 "본에서의 난폭한 짓거리"(MEGA III/1: 325)를 상기시켜 준다. 여기에 큰돈의 사용에 대한 한 가지 설명도 있을 수 있겠다: 맥주 파티로 때우는 벌칙, 트리어 만찬회 좌장으로서의 "접대비", 좌장으로서 그는 이따금 모든 참석자들을 위하여 맥주를 한 잔씩 돌리는 비용을 냈다. "펜싱 장비를 위한 지출", 아마 또한 피해가 뒤늦게 수반될 수밖에 없는 대학생들의 장난도 그런 것들일 것이다.

1836년 5월/6월의 아버지의 편지에는 문헌상으로 많은 추측을 야기한 지적이 발견된다: "그러면 결투를 벌이는 것은 철학과 잘 엮여진 것이냐? 이는 생각에 대한 관심 아니 두려움인데, 그렇다면 어떤 생각에 대해서란 말이냐? 꼭 언제나 더 나은 생각은 아닐 텐데 그런 데도!!! 어디서든 인간에게는 일관성은 아주 없다 — 이런 성향 그리고 성향은 아니라 해도 이런 욕구가 뿌리를 내리지 않게 해라 — 너는 끝에 가서는 너와 네 부모에게서 가장 아름다운 인생의 희망들을 앗아갈 수 있을 것이다."(MEGA III/1: 297)

　이런 편지를 기초로 수많은 전기 작가들은 마르크스가 1836년에 정말로 결투를 했다고 가정한다. 오늘날 19세기에 했다는 결투에 관해 듣는다면, 필시 아침 동틀녘의 권총 결투를 생각할 것이다. 마르크스가 정말로 결투에 참가했다면 학생들 사이에서 통상적이지 않은 권총 결투는 아니었다고 할 수 있겠다. 오히려 18세기에 다른 학생 연합들의 회원들 간에 시작된, 또 19세기가 지나면서 엄격한 규정에 따라 진행되는 "결투Mensuren"가 된, 대학생들 간의 펜싱 대결이었을 개연성이 더 높다. 이 펜싱 대결에서는 결과가 결정적이지 않았고 도대체 결투에 나섰다는 것이 결정적이었다. 마르크스가 펜싱을 즐겼다는 사실은 1837년 11월 10일의 그의 편지에서 드러나며, 그 편지에서 그는 아버지에게 "더 이상 펜싱 수련을 하지 않을" 작정이라고 확언한다.(MEGA III/1: 16) 물론 마르크스는 나중에도 열정적인 펜싱인이었다. 빌헬름 리프크네히트(1896: 84f.)는 자신과 마르크스가 1850년대에 런던에서 프랑스 이민자들이 세운 펜싱과 사격 연습을 할 수 있는 "무기 연습장"에 자주 들렀는데, 마르크스는 기꺼이 검을 휘둘렀다고 보고한다.

　많은 전기들에서 추측되는 마르크스의 결투는 여러 다른 대학생 집단 간의 갈등과 연관되어 벌어진다. "보루시아" 단체와 아직 아무

단체도 결성하지 않은 트리어 사람들과의 반목에 관해 게르하르트 (1926: 102ff.)가 보고한다. 물론 이때는 마르크스가 본을 이미 떠났던 1837년을 말하는 것이었으며,14) 그 외에 갈등은 단체를 이룬 대학생들이 단체에 들어가지 않은 학생들의 결투 요청들을 바로 수용하지 않았다는 데 있었다. 이는 그들이 이런 단체에 들어가지 않은 학생들을 "결투에 응할 수 있는" 자들로 보지 않았기 때문이다.

문헌상으로 또 하나의 사실 관계가 일어났을 가능성이 있는 결투와 곧잘 연결지어진다. 1836년 8월 22일 마르크스의 본 대학 수료증에는 "상기인이 금지된 무기를 쾰른에 가져왔다. 조사는 아직 진행 중"(Lange 1983: 188)이라는 것이 고지되었다고 적혀 있었다. 어떤 무기였는지는 수료증에 전해지지 않으며, 이 무기가 결투와 관련되는지도 언급되지 않는다 ─ 그러나 이는 일련의 전기 작가들이 심한 추리를 하지 못하게 막은 것은 아니다.15)

---

14) Kaupp(1995: 144)는 이미 1835/36년 겨울에 있었던 반목에 관해 기술하지만, 이에 대한 아무런 출처도 밝히지 않는다.

15) Nocolaevsky/Maenchen-Helfen(1933)이 결투에 대해 아무런 세부 내용도 알려주지 않은 반면, 4년 후에 출판된 책(1937: 20)에서는 마르크스가 1836년 8월에 보루시아Borussia 단체의 회원 한 사람과 결투를 했고 왼쪽 눈에 부상을 입었다고 적는다. 코르뉘(1954: 67)도 이를 보고하며, 다만 상처는 이번에는 오른쪽 눈에 있다. 시간 정보만 보더라도 이 이야기는 그럼직하지 않다. 사실상 결투가 있었다면, 그것은 하인리히 마르크스의 답신 이전에 일어났음이 분명하다. 카를이 이를 처음에 알렸다면 아버지는 일반적인 권고에 물론 좀처럼 그치지 않았을 것이고 카를이 결투를 하지 못하게 말렸을 것이다. 이를 넘어서 마르크스의 결투의 상처에 대해서는 아무 증거도 알려져 있지 않다. 위에서 언급된 편지는 렌츠Lenz 교수가 팔라티아의 문서들에 의지하여 마르크스의 본 시절에 관해 모스크바에 보낸 것이고 그것에 관해 필시 니콜라예프스키, 맨히엔-헬펜, 코르뉘도 알았을 터인데, 이 편지로부터 겨우 드러난 것은 트리어 사람 푹시우스가 펜싱을 하다가 눈에 상처를 입었다는 것이다. (그 편지는 부분적으로 Schöncke 1994: 243에 수록되어 있다) 코르뉘의 입증되지 않은 발언이 물론 빈번하게 인용된다. Raddatz(1975: 24)는 이를 언급하며 Kaupp

쾰른의 사태에 관해 수십 년 전부터 사람들은 더 정확한 것을 알지만 이 정보는 그 이래로 발간된 전기들에 들어가지 못했다. 베를린 대학 판사의 서류들로부터 쾰른의 "왕실 상급집정관"이 결국 (마르크스가 베를린에서 공부를 오래 하고 있던 때인) 1838년 5월에 그를 신고했다는 것이다. 마르크스는 지팡이에 숨겨진 칼을 휴대했으며, 옥신각신하다가 그의 동행자들 중 한 사람이 어떤 상관없는 사람에게 이 무기로 상처를 입혔다는 것이다. 마르크스는 20탈러의 벌금형에 처해졌다.(Kossack 1978: 105) 쾰른의 사태는 이처럼 결투와는 상관이 없으며, 오히려 그 배경이 알려지지 않은 길거리의 난투극의 범주에 들어갔다.

결투라는 것과 관련하여 위에 인용된 아버지의 편지로부터 겨우 내릴 수 있는 결론은 마르크스가 철학적 논증에 대한 비교를 하면서 결투를 정당화했다는 것이다. 필시 그는 자신의 철학적 입장에 대한 공격들을 논리상으로 방어할 수밖에 없는 것처럼 자신의 명예에 대한 공격을 결투를 통해 막을 수밖에 없다고 생각했을 터인데, 이는 그 시대의 널리 퍼진 대학생들의 태도에 아주 잘 들어맞았을 것이다. 마르크스는 전해져 오지 않는 편지에서 또한 그 자신이 해결한 결투

(1995: 150)의 폭력단체 소속 대학생으로서의 마르크스에 관한 연구에서 이는 마찬가지로 중대한 역할을 한다. Raddatz는 "금지된 무기"가 권총이었음이 분명하다고 전제한 것으로 보이며, 마르크스가 쾰른에서 권총을 가지고서 결투를 벌였다고 짧게 주장했다. Wheen(1999: 28)에서 결투 이야기는 공상의 산물들을 가지고서 하는 완전한 입씨름으로 식상하게 되었다. 보루스 단체 회원들은 다른 대학생들에게 무릎을 꿇고 프로이센의 귀족 집단에 충성을 맹세하도록 강요했다는 것인데, 마르크스가 권총을 장만하고 결국 결투 요청을 받아들인 것은 그 굴욕을 방어하기 위해서였다는 것이다. 그중 아무것도 단지 단초로나마 입증되지 않았다. Wheen은 이 이야기를 결코 스스로 창작하지 않았으며, 많은 다른 이들도 그렇게 하는 것처럼 Payne(1968: 44f.)에서 베껴 온 것으로 보인다.

에 관해 보고했을 가능성이 있다. 그가 실제로 결투에 엮여 들어갔는지는 우리가 알지 못한다. 결투에서의 상처에 대한 언급 혹은 아예 권총 결투에 대한 언급은 확정적으로 존재하지 않는다. 마르크스는 결투에 대한 긍정적 견해를 아무튼 견지하지 않았다. 1858년 페르디난트 라살레(1825-1864)가 결투를 요구받고 마르크스에게 조언을 구했을 때 마르크스는 원칙적인 거부를 선언했다.(MEGA III/9: 168f.; MEW 29: 562f.)

1836년 7월 1일의 날짜로 하인리히 마르크스는 대학을 수취인으로 하는 한 문건에서 그가 자기 아들에게 "다음 학기에 베를린 대학으로 가는 것에 대한 허락을 해 주었을 뿐 아니라 그것이 자신의 뜻"(MEGA III/1: 299)이라고 썼다. 그로부터 흔히 하인리히 마르크스가 자기 아들의 본에서의 거친 품행 — 술주정으로 인한 구류형, 과도한 지출, 결투 — 을 끝내고 그를 훨씬 더 엄격한 통제를 받는 베를린으로 보내길 원했다는 결론이 내려졌다.(예컨대 Cornu 1954: 67, McLellan 1974: 26, Gabriel 2011: 23 혹은 Sperber 2013: 51) 아버지의 편지들의 논조를 고려한다면 하인리히 마르크스가 그러한 권위적 명령을 했고 자기 아들을 그의 뜻에 반하여 베를린으로 보냈다는 것은 좀처럼 상상할 수 없다. 여름 학기 말의 아버지의 권위적인 명령을 가정하면, 베를린으로의 전학이 이미 오래전에 계획되었다는 것이 간과된다. 이미 2월/3월에 작성된 편지에서 하인리히 마르크스는 본에서 자연사 분야들이 사실상 아주 열악하게 교수된다면 "너는 물론 그런 과목들을 베를린에서 듣는 편이 낫다"(MEGA III/1: 293)고 쓴다. 베를린으로의 전학을 여기서 내친김에 언급한다면 그 전학 결정은 심지어 1836년 2월/3월 이전에 내려졌음이 분명하다. 1835년 11월의 아버지의 앞선 편지에 그 주제가 제기되지 않았으므로 우리는 베를린으로의 전학이 이미 공부의 시작 때부터 계획되었다고 가정할 수 있다. 카를은 첫해를 더 가깝고 더 저렴한 본에서 공부하고 그다음에는 지도적인 프로이센의 대학에서 공부를 마치기 위해 베를린으로 전학한다는 것이다.

2. 예니 폰 베스트팔렌

카를이 베를린으로 이사하기 전에 우선 트리어로 돌아가서 — 전기 문헌들에서 압도적으로 그렇게 주장이 되는 것처럼 — 비밀리에 예니 폰 베스트팔렌과 약혼했다고 한다.

유년기와 청년기

예니는 1814년 2월 12일에 잘츠베델에서 태어났고 요한나 베르타 율리 예니Johanna Bertha Julie Jenny란 이름으로 세례를 받았다. 그는 루트비히 폰 베스트팔렌이 두 번째 부인 카롤리네와 사이에 가진 첫 아이였다. 그의 부르는 이름 예니는 할머니 지니 위셔트Jeanie Wishart를 생각나게 한다. 물론 예니는 할머니를 더 이상 알게 되지 못했으니, 할머니는 1811년에 이미 돌아가셨던 것이다. 잘츠베델에 대해서도 예니는 아무런 회상도 없었다고 할 수 있겠다. 예니가 두 살 때 양친이 트리어로 옮겨 와야 했는데, 프로이센 정부가 그의 아버지를 트리어로 발령했기 때문이다. 트리어에서 예니는 1803년에 태어난 배다른 오빠 카를, 1817년에 태어난 (그러나 1822년에 벌써 죽은) 라우라 그리고 1819년 태어난 남동생 에드가르와 같이 성장했다. 이모도 마찬가지로 같은 집에 살았다. 부르주아지에게는 당연했던 급사給仕 도 있었다. 늦어도 1818년부터는 "여급女給" 두 명이 있었다는 것을 입증할 수 있다.(Limmroth 2014: 42)

이미 앞 장에 언급한 것처럼 루트비히 폰 베스트팔렌은 1,800탈러 의, 비교 가능한 지위에 있는 모든 행정관리들 중 최고 연봉을 받았 지만, 대가족을 부양해야 했을 뿐 아니라 예전의 농장 구입의 채무도 변제하고 형 하인리히에 대한 종신 연금도 지급해야 했다. 재정 상황 은 자주 빠듯했고 큰 액수의 상속에 대한 전망은 그 가족을 1820년 대에 얼마 동안 상당한 흥분 속에 빠뜨렸다. 물론 이런 상속은 결코 이루어지지 않았다.(Monz 1973d: 20f.)

남동생 에드가르와 예니는 평생 긴밀한 관계를 유지했다. 그렇지 만 아주 달랐던 것은 이복 형제자매들, 루트비히 폰 베스트팔렌의 첫 번째 결혼에서 난 자녀들과의 관계였다. 트리어로 온 카를과 예 니는 같이 성장했는데, 카를과의 관계는 그가 1840년에 요절하기까 지 마찬가지로 좋았던 것으로 보이며, 카를 마르크스도 그와 친분이 있었다. (앞의 장을 보라)

한동안 아버지의 첫 번째 결혼에서 태어난 장남인 페르디난트와 의 관계는 거북했다.16) 페르디난트는 1816년에 가족이 트리어로 이 사했을 때, 고졸자격시험을 보려고 잘츠베델에 남았다. 그 후에 그는

---

16) 이복 언니들 리제트와 프란치스카는 이들의 어머니가 돌아가신 후에 벌써 친척들 에게 맡겨졌는데, 예니는 이들을 나중에야 비로소 알게 된 것으로 보인다. 하인리히 겜코브에 의해 부분적으로 출간된 페르디난트의 인생 회고록에서 드러나는 것처럼, 페르디난트는 1834년에 프란치스카와 함께 트리어를 방문했다.(Gemkow 2008: 512) 예니가 언제 리제트를 만난 적이 있는지는 알려져 있지 않다.

예니 폰 베스트팔렌과 그의 동기간의 가계도

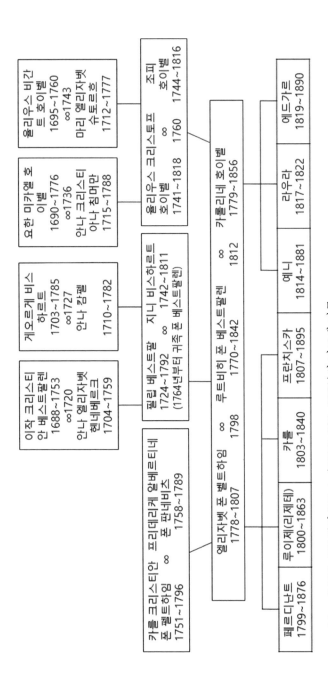

* Mons(1973: 321ff)와 Wilcke(1983: 764, 777f.)의 자료에 따름.
** 조피 호이벨은 남편과 육촌지간이였다.(Limmroth 2014: 31)

할레 대학에서 공부했다. 1819년에 그는 트리어를 처음 방문했고 이때 아직 모든 것은 아주 조화롭게 진행된 것으로 보인다. 1820년 두 번째 방문 때에 그는 계모를 벌써 좀 싫은 감정으로 대했는데, "계모의 교육에 대한 입장과 자질이 그의 것[그의 아버지 루트비히의 것]과는 완전히 달랐던 것이다." 특히 그는 계모의 교육 방식을 비판한다. "어머니의 지도적 원칙은 귀여운 자녀들을 그들 뜻대로 놔두는 것이었다! — 그들은 어리석은 장난을 한 경우에도 어머니로부터 대놓고 칭찬을 받았다고 말할 수 있다."(Lebenserinnerungen, Gemkow 2008: 511)

1821년에 루트비히의 맏딸 리제트가 아돌프 폰 크로지크Adolph von Krosigk와 결혼하던 때에 루트비히와 카를은 호헨에륵슬레벤Hohenerxleben으로 길을 떠나지만 루트비히의 두 번째 부인 칼로리네와 일곱 살 난 딸 예니는 가지 않는다. 겨우 루트비히와 카를만 결혼식에 참석했다는 것을 리제트의 인생 기록으로부터 취할 수 있다. 이 기록은 그의 딸 안나가 작성한 것이다.(Krosigk 1973: 50을 참조하라) 림롯트(Limmroth 2014: 49)는 미출간된 편지에 대한 겜코브의 언질을 언급하는데, 그 편지에서는 카롤리네와 예니가 페르디난트의 명시적 바람에 따라 초대받지 못했다고 한다.

페르디난트에게 부르주아적인 계모가 점점 더 고통스러운 사람이 된 것으로 보인다. 그의 약혼자 루이제 샤소 폰 플로랑쿠르Louise Chassot v. Florencourt에게 그는 계모를 1829년 12월 1일의 편지에서 "역겨운 인물"(Gemkow 2008: 511에 따라 인용함)로 칭한다. 카롤리네는 이와 달리 그에게 관심을 기울인 채로 있었고 1856년 사망하기 직전까지도 그에게 편지를 써 보냈다.17) 페르디난트는 그의 아버지의 사후에 주목할 만한 경력을 쌓아서 1848/49년 혁명의 패배 후의 "반동 시기"에 프로이센의 내무부 장관까지 했지만 계모를 여전히 오점으로 느낀 것으로 보인다. 1859년에 자기 할아버지의 페르디난트 대공의 7년 전쟁의 원정들에서 남긴 서류를 출간하고, 이를 가족사와 더불어 소개하면서 그는 자기 아버지의 재혼과 재혼으로 태어난 자녀들은 간단히 침묵으로 건너뛰었다.[18] 그러는 사이에 부르주아적인 계모에 대한 반감에 또 계모의 딸이 카를 마르크스와 결혼한 것이 더해졌을 수 있겠는데, 카를 마르크스는 프로이센에서는 1848/49년의 혁명 후에 위험한 선동자로 통했던 것이다. 보수적인 내무부 장관에게는 달가운 친족 관계일 수가 없었다.

예니가 학교를 다녔는지는 알려지지 않는다. 예니의 남동생 에드가르가 카를 마르크스와 함께 들어간 김나지움은 당시에는 보통 그랬던 것처럼 순전히 남학교였다. 예니는 트리어에 있던 귀한 집 딸들을 위한 학교들 중 하나를 다녔을 가능성이 있다.(Monz 1973: 344) 아무튼 그의 어머니는 예니의 발달 상황에 크게 만족해했다. 1827년 2월 9일에 어머니는 자기 사촌인 출판업자이면서 서적상인 프리드리히 페르테스Perthes에게 이렇게 편지에 썼다.

> 내 큰딸 예니는 월요일이면 열세 살이 되는데, 영혼과 몸이 아름답다고 내가 말할 만하지. 그 애는 집에서 우리의 참된 기쁨이지.(Monz 1973d: 23)

---

17) 페르디난트에게 예니는 이것을 1856년 7월 25일자 편지에 전달했다.(Hecker/Limmroth 2014: 211)

18) 예니를 엄청나게 화나게 한 것으로, 1859년 12월 23, 24일의 예니가 엥겔스에게 보낸 편지를 참조하라.(MEGA III/10: 136f.; MEW 29: 653ff.)

예니는 양친의 집에서 당시에 여성들에게 통하던, 또한 부르주아 동아리들에서 통하던 것을 훨씬 뛰어넘는 교양을 얻었다. 카를 폰 베스트팔렌이 1836년 2월 11일에 자기 동생 페르디난트에게 쓴 편지(Gemkow 2008: 514에 수록)에서 예니가 나중에 영어 수업을 손턴 Thornton이란 이름의 어학 교사에게서 받았지만, 이 교사는 독어를 못하고 불어만 해서 영어로부터 불어로의 번역이 행해졌다는 것을 알 수가 있다. 예니도 많은 불어 책을 한 독서 클럽에서 읽었다. 계속해서 카를은 루트비히 폰 베스트팔렌이 저녁때 문인 사랑방에서 집으로 오면 새로 나온 신문 기사들을 개관해 주었다고 보고했다. 예니의 지적 발달에 아버지는 적어도 카를 마르크스의 그것에와 똑같이 큰 영향을 미쳤다고 할 수 있겠다. 그 둘에게 루트비히는 그들의 여생에서 셰익스피어를 읽도록 격려했고 그 둘에게서 그는 또한 그들이 이미 젊은이들로서 정치 및 사회 상황에 대해 깨어 있는 시각을 발달시키도록 하는 데 기여했다고 할 수 있겠다. 크로지크(Krosigk 1957: 709)는 예니가 1830년대에 '청년 독일'이라는 문필가들의 집단 편에 섰는데, 이들의 글은 1835년 12월에 독일 연방의회에 의해 금지되었다고 보고한다. 이런 주장에 대한 더 이상의 증거가 없다고 해도,[19] 이는 예니에 관한 나머지 정보들의 배경을 본다면 아주 그럴듯한 것으로 여겨진다.

16세 혹은 17세의 나이에 "상류" 계층의 딸들은 통상적으로 처음 무도회를 방문했고 이로써 "상류" 사회와 혼인 시장에 소개되었다.

---

19) Lutz Graf Schwerin von Krosigk는 예니의 이복 언니 리제트의 손자로서 (그에 대해서는 제1장 각주 52를 참조하라) 제2차 세계대전 동안 혹은 그 직후에 분실된 가족 편지들에 의지했다.(같은 책: 710)

예니에게서도 그랬으며 예니는 강한 인상을 주는 등장인물이었음이 분명하다. 그가 이미 트리어를 떠난 지 20년이 되던 때에 사람들은 그를 여전히 "무도회의 여왕"으로 기억했다.[20] 갈색 머리카락, 갈색 눈, 사랑스러운 용모를 가지고 당시의 아름다움의 이상에 부합하여 이는 단지 미미한 혼수에도 불구하고 그에게 혼인 시장에서의 좋은 운을 약속했

예니(1832년경)

다. 아름다운 외모와 정숙함은 거기서 처녀가 충족해야 했던 결정적인 척도였다. 1832년에 그렸을 개연성이 있는 초상화는 그를 넓게 목이 파인, 거의 어깨가 드러난 녹색 옷을 입은 모습으로 보여 주며 이런 옷은 머리 모양과 마찬가지로 비더마이어 시대의 유행에 부합했다. 녹색 옷과 대조를 이루는 것은 긴 검은 띠인데 이는 예니가 목둘레에 걸친 것이다. 앙겔리카 림로트(2014: 257)은 거기의 것은 안경띠Lorgnonband일 개연성이 가장 높다는 것에 주의하도록 했다. 로르뇽Lorgnon은 작은 렌즈로서 당시에 애호된 유행 악세사리이면서 박식함을 대표했다.[21] 시종 그 그림에 맞게 예니의 이복 오빠 페르디

---

20) 1863년 12월 15일 카를 마르크스는 트리어에서 런던으로 예니에게 편지를 써서, 사람들이 매일 자기에게 "트리어의 가장 아름다운 소녀"와 "무도회 여왕"에 대해 묻는다고 했다.(MEGA III/12: 453; MEW 30: 643)

21) 이 그림을 그린 화가에 관해 우리는 아무것도 모른다. 예니의 어머니 카롤리네가 사망한 후, 페르디난트는 예니에게 보낸 한 편지에서 부모님의 집에 걸려 있던 예니의 초상화를 언급했지만 더 자세한 내용은 없었다.(1856년 7월 27일 편지, Hecker /Limmroth 2014: 213) 카를과 예니의 둘째 딸인 라우라는 1909년 1월 8일에 카를 마르크스에 관한 최초의 큰 전기를 준비한 John Spargo에게 편지를 써서 자기가

난트는 1834년의 한 방문을 계기로 이렇게 썼다.

> 예니는 젊은이의 매력을 갖춘 아름다운 소녀로 표정이 풍부한 얼굴을 하고 있고 빛나는 이해력과 정열적인 성격상의 체질로 그의 같은 또래의 여성들 대부분을 능가했다.(Gemkow 2008: 512에 따라 인용됨)

예니의 손자가 보관한 초상화

예니에게 숭배자들이 없지 않았다는 것은 별로 놀랍지 않다. 페르디난트의 인생 회고록(같은 책)에서 그리고 몬츠(1973d)가 검토한 페르디난트와 그의 부인 루이제의 편지들에서 우리는 예니가 1831년에, 그래서 열입곱 살에 기습적으로 약혼을 했고 그것도 열 한 살 연상인 카를 폰 판네비츠(1803-1856) 소위와 약혼을 했다는 것을 알 수 있는데, 그는 1830년부터 자기 연대와 함께 트리어에 주둔하고 있

18세 나이의 자기 어머니를 보여 주는 유화를 보유하고 있으며, 이 그림의 사진을 그에게 보낼 것이라고 했다.(MEJ Bd. 8: 304) 위에 설명한 그림은 그런 다음 Spargo의 책에 수록되었다.(Spargo 1912, 22쪽 맞은편) 라우라가 알려 준 나이 정보가 맞다면 그 그림은 1832년에 그린 것이다. 1957년에 그 그림은 예니의 한 증손자가 독일민주공화국(동독)에 팔았다. 어린 예니를 보여 준다는 두 번째 유화도 있다. 거기서는 예니는 안경띠를 걸치고 있지 않고 붉은 산호 목걸이와 이에 맞는 붉은 귀고리를 하고 있다. 이 두 번째 그림은 1948년에 예니의 한 손자가 모스크바의 마르크스·엥겔스·레닌 연구소에 양도했다. 묘사된 두 처녀가 매우 닮았지만 다른 인물일 가능성도 배제할 수 없다. 림로스는 두 번째 그림의 배열에 의문을 표시했다. 초상화는 비용이 많이 들었으므로 베스트팔렌의 가족이 짧은 시간 안에 예니의 두 초상화를 그릴 여력이 있을 개연성은 별로 없다. 그 외에 가족의 편지나 인생 회고록에도 두 번째 초상화에 대한 언급은 없다.(Limmroth 2014: 261, Fn 26)

었다.(Monz 1973d: 29f.) 판네비츠는 루트비히 폰 베스트팔렌의 첫 부인 엘리자베트 폰 펠트하임Elisabeth von Veltheim의 어머니의 먼 친척이었다.(Monz 1973: 345, Fn. 10) 물론 예니는 이 카를 폰 판네비츠가 자신에게 맞지 않는다는 것을 아주 빨리 인식했음이 분명하다. 얼마 안 가서 이 약혼을 파기했다. 루이제의 편지에서 "예니를 아주 거슬리게 한 것은 지식 그리고 그 지식에 대한 감각의 부족"이었음을 파악할 수 있다.[22] 1831년에 판네비츠는 다른 도시로 발령되었고 예니는 그를 다시는 대면하지 못했을 개연성이 있다. 이 시기에 약혼과 결혼은 중대한 가정사였고 거기서 양친은 보통 결정적인 발언권을 가졌다. 그러나 약혼도 파혼도 예니의 단독 결정이었던 것으로 보이며, 이는 페르디난트가 강조한 예니의 "정열적 성격"을, 그러나 또한 그 부모의 자유주의적 태도를 잘 말해 주는 것이다.

카를과의 약혼

카를 마르크스는 예니의 남동생 에드가르를 늦어도 그 두 사람이 공통적으로 김나지움 3학년에 들어간 1830년부터는 알았다. 그들은 빠르게 서로 친해졌음이 분명하다. 이미 지난 장에서 언급한 것처럼 노년의 에드가르는 자신이 마르크스의 집에서 젊은 시절을 보냈다고 보고한다.(Gemkow 2008: 507: Fn. 33) 루트비히 폰 베스트팔렌이 에드가르 그리고 카를과 함께 카를이 자신의 학위 논문 헌사에서 회고한 그런 긴 나들이에서 문학과 정치에 관해 토론했다면 가끔은 예

---

22) 약혼과 파혼에 대한 반응들에 관해서는 Krosigk(1975: 26ff.)와 Limmroth(2014: 53f.)를 참조하라.

니도 거기 있었다고 볼 수 있겠다. 예니는 나중에 자신의 에드가르와의 관계에 관하여 이렇게 썼다.

> 그는 나의 유년기와 청년기의 이상이었고, 나의 친애하는 유일한 동반자였다. 나는 영혼 전체를 가지고서 그에게 매달렸다.(1865년 5월 25일 편지, Hecker/Limmroth 2014: 372)

카를과 에드가르의 친분의 처음 몇 해에 예니와의 나이 차이는 큰 역할을 했다고 할 수 있겠다. 예니가 1831년 열일곱에 잠깐 약혼했을 때, 카를은 열세 살이었다. 그러나 몇 년 뒤에 나이 차이는 덜 중요해졌다. 전기 문헌에서는 카를에 관해 또 예니에 관해서도 그들 두 사람이 1836년 여름/가을에 비밀리에 약혼했다는 의견이 지배한다. 앙겔리카 림로트는 이제까지의 것들 중 가장 세심한 예니 마르크스 전기에서 이렇게 쓴다: 카를이 1년을 본에서 보내고 1836년 여름, 트리어로 돌아온 후에 "별안간 그것이 그 두 사람을 관통한다. 젊은이들의 우정으로부터 폭풍과도 같은 사랑이 된다."(Limmroth 2014: 60) MEGA(III/1: 729)에서도 약혼은 "1836년 가을 방학" 때 있었음을 알려 준다. 카를과 예니가 늦어도 1836년 가을에 약혼했음은 명백하다. 1836년 가을부터 예니와 약혼은 (비밀을 접한) 하인리히 마르크스의 편지들에서 언급된다. 여러 차례 하인리히는 자기 아들에게 떠맡은 책임에 직면하여 이제 또한 속히 공부를 마쳐야 한다고 충고한다.

그러나 약혼이 실제로 1836년 여름/가을에 비로소 있었다는 것은 의심될 수 있다. 카를 마르크스가 자신의 약혼 시점을 유일하게 드러내 말한 것은 1843년 3월 13일 아르놀트 루게에게 보낸 편지에서 발견된다: "나는 이미 7년 넘게 약혼 상태로 있소."(MEGA III/1: 44; MEW 27: 417) 카를이 1843년 3월에 이미 7년 넘게 약혼해 있었다면 그 약혼은 1836년 3월 이전에 있었음이 분명하다. 카를과 예니가 카를이 트리어를 떠난 후에 비밀리에 만나지 않은 한에서는 약혼은 이미 1835년 9월이나 10월에 있었을 수밖에 없을 것이다. 같은 시기를 말해 주는 것은 엘레아노르의 두 건의 지적이다. 1895년 출간된 자신의 아버지에 대한 회고에서 엘레아노르는 이렇게 쓴다.

> 아이들로서 카를과 예니는 함께 놀았고, 총각과 처녀로서 — 그는 17세 예니는 21세 — 그들은 약혼했고 야곱이 라헬을 얻으려 그랬던 것처럼 마르크스는 예니를 얻으려고 예니를 집에 맞아들이기 전에 7년간 종살이했다.[23] (E. Marx 1895: 249)

1836년 2월 12일에 예니는 22세가 되었다. 21세의 나이에 카를과 약혼했다면 이는 1836년 2월 이전에 있었던 일임이 분명하다. 약혼이 1835년 10월, 카를이 트리어를 떠나기 직전에 있었다면 1843년 6월의 결혼 때에는 8년의 약혼 기간이 지나가지 않은 것이고, 약혼이 7년간 지속되었다는 진술은 여전히 맞는 말이었을 것이다. 또

---

23) 창세기에 보도되는 것처럼 야곱은 이삭의 아들이고 아브라함의 손자로서 라헬을 사랑했다. 그러나 라헬의 아버지 라반은 야곱이 결혼식 전에 7년간 자신을 위해 일해야 한다고 요구했고, 야곱은 또한 그렇게 했다. 그러나 혼인날 밤에 라반은 자신의 더 큰 딸이면서 덜 아름다운 딸인 레아를 야곱의 침소에 들여보냈다. 그래도 라헬을 얻기 위해 야곱은 7년간을 더 라반을 위해 일해야 했고 그리고서는 두 부인을 얻었다. 적어도 두 번째 7년은 카를에게는 면제된 채로 있었다.

하나의, 2년 후에 발간된 엘레아노르의 글에서도 17세인 카를의 약혼에 관해 이야기가 되는데, 이 약혼은 그가 18세가 되었을 때 그의 양친에 의해 받아들여졌다.(E. Marx 1897/98: 237f.)

이처럼 카를 마르크스와 엘레아노르의 약혼 시점에 대한 모든 직접적 자료들이 거짓이 아니라면 카를과 예니는 1836년에 이미 거의 1년 전부터 비밀리에 약혼한 상태였음이 분명하다. 내가 볼 때 그럴듯하게 여겨지는 것은, 그 약혼이 구두 고졸자격 시험과 카를이 트리어에서 떠난 것 사이의 꼭 3주간에 있었다는 것이다. 시험과 맞물린 긴장은 지나갔고 젊은 시절의 친구들이 처음으로 긴 시간 동안 떨어져 있어야 하는 시점이 다가왔다. 그 둘은 상대방의 감정이 어떻게 발달해 갈지에 대해 불안했을 개연성이 있다. 필시 예니는 결혼 적령기에 있으면서 겨울 무도회들 중 하나에서 젊은 남자를 알게 될 것이었고, 카를은 낯선 도시에서 다른 여성을 만날 것이었다. 임박한 작별은 그 두 사람을 좀 걱정하게 했고, 비밀리에 약혼을 하도록 이끌었을 수 있다.

카를과 예니가 첫해 동안 비밀리에 서신을 교환했을 가능성이 있는지 우리는 알지 못한다. 아마 심지어 카를의 1835/36년 겨울 홀란드 여행이 있었던 것을 우리는 오직 양친의 편지들에서의 지적에 의지하여 아는데, 이 여행이 예니와의 비밀 만남에 정말로 기여했는지는 확인되지 않는다. 1836년 여름에 그들은 아무튼 처음으로 다시 몇 주 동안 함께 있었으며24), 그들의 사랑이 어떤지를 시험할 수 있

---

24) 1836년 3월 19일 아버지의 편지(MEGA III/1: 296)에서 곧 있을 카를의 방문에 관해 이야기가 된다. 그가 1836년 부활절을 트리어에서 보낸 경우에 강의들을 빼먹지 않으려고 단지 며칠만 머물러 있었을 것이다.

었다. 그 두 사람은 한 살이 더 먹은 것만은 아니었다. 카를이 1835년에 트리어를 떠나던 때에 그는 햇병아리 고졸자격 취득자였고 예니는 이미 처녀였다. 본에서 보낸 그해는 카를을 훨씬 더 독립적인 청년으로, 예니를 이제는 다른 방식으로 대하는 젊은이로 만들었을 개연성이 있다. 아무튼 이해 여름 그들의 관계는 상당히 더 강렬해진 것 같다. 카를 마르크스가 1837년 11월 10일 자신의 아버지에게 보낸 그 유명한 편지에서 지난해를 되돌아보았을 때 1836년 10월 그가 트리어에서 떠난 것에 관해 이렇게 말하고 있다.

> 내가 부모님 곁을 떠났을 때 새로운 세계가 나에게 생겨났어요, 사랑의 세계 말이에요.(MEGA III/1: 10; MEW 40: 4)

그들이 자신들의 비밀을 털어놓은 첫 번째 대상(혹은 그 비밀을 필시 우연에 의해 알아냈을 최초의 사람)은 카를의 아버지였다. 엘레아노르의 보고에 의하면 "어지간히 험악한 장면들"이 벌어졌음이 분명하다. 엘레아노르는 카를에 관하여 이렇게 쓴다.

> 나의 아버지는 당시에 당신이 진정한 미쳐 날뛰는 롤란트였다고 말하곤 했다.(E. Marx 18 97/98: 238)[25]

---

25) 「Orlando furioso(미쳐 날뛰는 롤란트)」는 루도비코 아리오스토Ludovico Ariosto (1474-1533)의 유명한 운문 서사시였으며 샤를마뉴 시대를 배경으로 하고 (가령 달나라 여행 같은) 수많은 공상적인 모험을 포함한다.

하인리히 마르크스의 편지들로부터 드러나는 것처럼 그는 그 약혼을 아주 빨리 수용했고 예니의 양친에 대해서도 비밀을 지켰음이 분명하다.

카를과 예니가 그들의 약혼을 처음에 비밀에 부친 것은 아주 납득할 만한 일이다. 그러나 그 시대의 통념에는 완전히 상충되었다. 그러나 문제는 앞으로 읽을 수 있는 것처럼 카를과 예니의 가족들 간에 큰 사회적 격차가 존재했다거나 카를이 애초에 유태 가정 출신이라는 것이 아니었다.26) 후자는 지극히 미미한 역할을 했다고 할 수 있겠다. 개종한 유태인들은, 특별히 그들이 높은 계층에 속한 경우에는 인종주의적 반反셈족주의의 부상 이전 시대에 사회적으로 대체로 빠르게 받아들여졌다.27) 카를이 비귀족적 가족 출신인 반면 예니의 아버지는 귀족이었다는 것도 그다지 중대한 문제는 아니었다. 베스트팔렌이란 귀족 집단은 별로 오래되지 않았으며, 낮은 공로 귀족이었고, 루트비히는 결코 "남작"이 아니었으며 심지어 두 번째 결혼에서는 "부르주아 여성"과 결혼했다. 다른 한편 하인리히 마르크스는 가장 저명한 트리어의 부르주아들에 속했다. 그들의 두 아버지들의 사회적 지위는 아주 비슷했다. 가족의 재산 사정에 관해서는 오히려 베스트팔렌 쪽에 문제가 있었다. 루트비히가 1834년에 건강상의 이유로 퇴직을 신청한 후에 그는 겨우 매년 퇴직자 연금 1,125탈러와

---

26) 가령 Wheen(2002: 29)은 이렇게 말한다: "스물두 살의 프로이센 상승계급의 미인이며, 루트비히 폰 베스트팔렌 남작의 딸이 부르주아적인 유태인 아무개에게 반한 것은 놀랍게 여겨질 수 있다."

27) 가장 유명한 예들 중 하나는 프리드리히 율리우스 슈탈Friedrich Julius Stahl (1802-1861)로서 그는 프로이센 보수주의의 선구자로 나섰고 프리드리히 빌헬름 4세 치세 때에 프로이센의 황실법률고문(군주의 사법고문)이 되었다.

스코틀랜드 상속지에서 약간 이자를 받은 반면(Gemkow 2008: 513), 하인리히 마르크스는 연간 약 1,500탈러를 벌었다.(Herres 1990: 197) 카를과 예니 사이의 나이 차이 그리고 카를의 불명확한 직업상의 장래는 양상이 달랐다. 이 시대의 부르주아 가족상은 명확했다: 남자는 번듯한 직업을 가지고 신분에 걸맞은 가계 운영을 위해 필요한 돈을 벌어야 했으며, 여자는 이 가계를 운영하고 자녀를 교육했다. 그래서 부르주아지 안에서는 남자들이 아주 재산이 많은 가족 출신이 아닌 한에서는 가족을 부양할 수 있도록 25세 혹은 그 후에, 그래서 학업을 마치고 직업을 가진 경우에 비로소 구혼을 하는 것이 보통이었다. (이에 관해서는 Hausen 1988을 참조하라) 그래서 남편은 보통 아내보다 여섯에서 일곱 살이 더 많았다. 열 살이나 그 이상의 나이 차이도 드물지 않았다. 21 혹은 22세의 예니에게는 이에 따르면 27세나 28세의 변호사·상인·장교나 국가 관리가 사회적으로 적당한 신랑감이었지만 17세나 18세의 대학생은 그렇지 않았다. 예니는 카를 때문에 바로 이중의 위험을 무릅썼다. 첫째로 그가 언제 공부를 마칠지, 또 그의 직업 운이 어떨지를 알 수가 없었다. 다른 한편으로 바로 18세의 총각에게서 그의 첫 번째 사랑이 필시 그리 오래 유지되지 않을 위험이 있었다. 카를이 약혼을 3, 4년 후에 파기해도 이는 그 자신의 결혼 시장에서의 전망에 큰 영향을 주지 않았을 것이다. 그러나 예니에게는 기회가 크게 악화되었을 것이다. 오늘날의 시각으로는 이는 특이하게 들릴 수도 있지만 25, 26세면 이미 결혼 적령기를 훨씬 지났을 것이다. 19세기 초에 교육받은 부르주아지 출신 여성들 대다수는 17세에서 22세의 나이에 결혼했다.(Hausen 1988: 96)

하인리히 마르크스는 그런 문제들을 필시 아들보다 더 명료하게 알았을 것이다. 1836년 12월 28일에 그는 카를에게 베를린으로 편지를 써 보냈다.

> 나는 J[예니]와 이야기했는데, 그를 완전히 안심시키기를 바랐노라. 나는 내가 할 수 있는 것을 다 했지만 모든 것을 다 털어놓은 것은 아니리라. 예니는 여전히 자기 부모가 그 관계를 어떻게 받아들일지를 모르느니라. 친척들과 세상 사람들의 판단 또한 사소한 것이 아니니라. (…) 예니는 너에게 값을 따질 수 없는 희생을 하는 것이니라. 예니는 차가운 이성에 의해서만 완전히 가늠될 수 있는 자기부정을 입증하느니라. 네가 네 평생 언제라도 이를 잊을 수 있다면 네게 화가 있을지어다!(MEGA III/1: 303)

카를과 예니는 많은 폭풍우와 결혼 문제에도 불구하고 서로 굳게 결속했고 이는 예니가 죽을 때까지 45년 동안 변함이 없었다. 하인리히 마르크스가 그들에게는 첫 번째 우군이었다.

3. 베를린에서의 첫해

  카를이 1836년 10월에 베를린으로 출발했을 때, 그는 아직 철도를 이용할 수 없었다. 1847년에 비로소 쾰른과 베를린 간에 철도 노선이 설치되었다. 카를은 말들이 끄는 "우편 마차"를 타야 했다. 그 여행은 5일에서 7일이 걸렸고 값이 비쌌다. 마차비로 지불하는 약 20탈러 외에도 여행 중에 숙박비와 식비가 지불되어야 했다.(Miller/ Sawadzki 1956: 14, 213을 참조하라) 여러 독일 국가들 간의 국경선들을 통과해야 했다. 독일 관세동맹 덕분에 1834년부터 적어도 이전에 통용되던 관세들이 철폐되었다. 철도망의 완성 전에 여행을 다니는 것은 이례적으로 비용이 많이 들었고 시간을 많이 들이는 일이었다. 그래서 양친은 결코 카를을 찾아 베를린을 방문하지 않았으며, 그도 자신의 베를린 시절 동안 단 한 번만 트리어로 돌아왔을 개연성이 있다.

도시, 그리고 젊은 카를이 방문한 곳들

베를린은 마르크스가 살았던 최초의 대도시였다. 물론 베를린은 당시에 인구상으로만 아니라 면적상으로도 오늘날보다 상당히 더 작았다. 오늘날의 도시 구역들 다수가 20세기 초까지 아직 독립된 소도시들이었다. 마차가 포츠담에서 베를린을 향해 달렸다면, 첼렌도르프, 슈테글리츠, 슈에네베르크 자치구들을 지나갔는데 이곳들은 당시에 모두 아직 베를린에 속하지 않았다. 당시의 베를린의 경계선들을 상기하게 하는 것은 오늘날 여전히 단지 '토르Tor(문)'로 끝나는 지하철역 이름뿐인데, 프랑크푸르터 토르, 슐레지셰스 토르, 코트부서 토르, 할레셰스 토르 같은 곳들이다. 문들을 가진 옛 도시 성곽은 아직 존재했고, 물론 빠르게 커 가는 도시는 이미 '문 앞으로vor die Tore' 확장해 갔다. 1834년에 베를린에 약 265,000명이 살았다면, 1840년에는 벌써 329,000명이 되었는데 이는 단 6년 만에 25%에 약간 못 미치는 인구 증가였다. 이런 엄청난 증가는 인구 유입만으로 생겨난 것이었다. 영아 사망률이 아주 높아서 이미 정착해 사는 인구는 늘어나지 않았다. 그 인구 증가에도 불구하고 베를린은 여전히 유럽의 대도시와는 상당한 거리가 있었다. 런던(1841년)에는 220만 명이 넘게 살았고 파리에는 (1836년에) 90만 명이 살았다.[28]

---

28) 1830년대와 1840년대의 베를린에 대해서는 아돌프 슈트렉푸스(Adolf Streckfuß 1886)의 베를린사 제2권에 많은 것이 담겨 있다. 1830년대의 특수한 정보들을 제공해 주는 것은 체들리츠(Zedlitz 1834) 남작이 발간한 『대화 사전Conversations-Handbuch』이다. 1840년대 전반기에 베를린에서 일상과 정치 생활에 대한 비판적 묘사를 Friedrich Saß(1846)와 Ernst Dronke(1846)가 제공해 준다. Dronke는 그의 책 때문에 황제 폐하 명예 훼손죄로 유죄 판결을 받았고, 1848년에 마르크스와 공동으로 신라인신문 편집진에 속했다. 특별히 마르크스의 베를린 생활에 대해서는

마르크스가 오던 때, 베를린은 바로 지방 주거 도시에서 공업 도시로 변모하는 중이었다. 겨우 한두 명의 직인을 고용한 작은 수공업 기업들의 수는 줄어들었다. 동시에 새로운 작업장들과 큰(물론 고용자 수가 50명만 되면 '큰' 기업으로 통했다) 공업 기업들이 열악한 상황 속에서 살아가는, 빈곤화된 수공업자 가정과 유입된 농촌 인구로 충원된 프롤레타리아트와 함께 생겨났다. 베를린은 그 입지 — 슈프레 강이 여기서 아헨에서 쾨니히스베르크까지 이르는 오래된 상업로와 교차했다 — 를 근거로 볼 때 옛날부터 상업도시였지만 별로 부유하지 않은 도시였다.

도시 중앙에는 육중한 호헨촐레른 왕가의 도성都城이 서 있었으며 이는 주로 17세기와 18세기 초에 세워진 별로 대단치 않은 바로크 건축물이었다. 건축학상으로 베를린은 대부분 고전적인 카를 프리드리히 쉥켈Karl Friedrich Schinkel(1781-1841)의 건축물들에 의해 지배되었다. 그런 건축물에 속하는 것은 1818-1821년에 세워진 겐다르멘마르크트의 극장, 고古 박물관(1825-1830)이었고 이는 베를린 최초의 공공 박물관이었다. 건축 아카데미(1832-1836)와 신고딕양식의 프리드리히-베르더 교회당(1824-1831)도 있었다.

일련의 도시 궁전들은 프로이센의 귀족 집단에게 속했다. 도시 인구들 중에는 관리들과 장교들이 힘이 있었다. 도시 내에는 가난한 자들과 부자들이 밀접하게 함께 살았고 같은 건물에 같이 산 경우도 흔했지만 엄격하게 분리되어 있었다: "명예로운 사람들"은 1층, 2층(윗층)에 그리고 3층에 살았고 가난한 자들은 지하나 더 높은 층에 살

Miller/Sawadzki(1956)와 Kliem(1988)이 다루고 있다.

왔고, 극빈자들은 계단 밑 판자 안이나 다락방에 살았다. 오늘날 "베를린 낡은 건물의 집Altbauwohnung"이라 칭해지는 것, 6층 집의 고층 공간을 가진 그런 큰 건물은 마르크스의 시대에는 아직 존재하지 않았다. 오늘날의 "고古 건축물" 대부분은 19세기 말이나 20세기 초에 비로소 세워졌다. 그 건축물들을 위해 마르크스 시대의 전형적인 4층 주택들이 철거되었다. 또한 오늘날 알려진 19세기의 건축물들 다수는 마르크스가 베를린에서 공부하던 당시에는 아직 없었다. 붉은색 시청은 마르크스의 베를린 체류 후 약 30년이 지나 생겨났고 베를린 대성당Berliner Dom은 19세기 말에 비로소 생겨났다. 마르크스가 베를린으로 왔을 때, 많은 도로들은 아직 전혀 포장이 되어 있지 않았다. 1826년부터 한 영국 회사가 운영해 온 가스 조명은 대로와 광장들에만 있었고 나머지 곳들에는 오래된 기름 조명으로 만족해야 했다. 22시부터는 도시 야경꾼들이 창을 들고 개를 끌고 거리를 돌았다.

독일 전역에서 베를린의 "길모퉁이에 서 있는 자Eckensteher"가 알려졌는데, 그는 경찰의 인가를 받은 심부름꾼으로 길모퉁이에 서서 주문을 기다렸다. 1833년에 개봉된 프리드리히 베크만Friedrich Beckmann(1803-1866)의 익살극 〈청문회에 선 길모퉁이의 서 있는 자 낭트〉는 자주 공연되었고, 낭트(실제로 있었던 페르디난트 슈툼프)를 민속 베를린 유머의 총괄 개념으로 만들어 주었다.

프로이센 국왕의 주재지로서 베를린은 수많은 정부 및 행정 관청이 있었을 뿐 아니라 다양한 문화생활의 장소이기도 했다. 이미 프리드리히 2세에 의해 세워진 오페라 극장, 왕립 관현악단(이는 오늘날 베를린 국립 관현악단의 전신)이 다수의 바이올린과 첼로 연주자들과 함께 있어서 이는 오페라와 교향곡도 연주할 수 있었으며, 발레단이 하나 있었고, 약 1400명을 수용하는 극장 그리고 여러 공공 및 민간의 극장들이 있었다. 젊은 마르크스는 여기서 유명한 배우 카를 자이델만 Karl Seydelmann (1793-1843)을 만났는데, 그는 마르크스에게 오래 남는 인상을 남겼다. 빌헬름 리브크네히트는 마르크스 가족이 런던에서 일요일의 소풍 때 문학에 관해 많이 토론하고 기꺼이 단테 알리기에리와 셰익스피어의 구절들을 낭독했다고 보고한다. 마르크스가 "기분이 최고로 고조된 경우에 그는 우리에게 자이델만을 메피스토로 이야기했다. 마르크스는 대학 시절 베를린에서 보았고 들어 본 자이델만에 열광했고, 「파우스트」는 가장 애송하는 독일시였다." (Liebknecht 1896: 105)

신문으로는 베를린에는 정부가 1819년부터 발행한 『알게마이네 프로이시쉐 슈탓스차이퉁』(1843년부터는 알게마이네 프로이시쉐 차이퉁)과 아울러 이미 18세기에 창간되었고 1820년대부터는 일간으로 발행된 신문들이 있었다. 『보시쉐 차이퉁Vossische Zeitung』(본래 "국사國事 및 학술 문제를 다루는 왕의 특권을 받은 베를린 신문"이나 항상 그 초기의 사주社主의 이름을 따라 거명됨)과 『슈페네르셰 차이퉁Spenersche Zeitung』이 그런 것들이다. 카를스바트 결의에 따라 그 신문들은 엄격한 검열을 받았고 1830년대에는 함바흐 축제 후에 이 검열이 더 날카로워졌다. 그 결과, 이 두 신문은 1830년대에 상당히 비정치적인 신문들이 되었다.(Salomon 1906: 261ff., 355f.)

정치적으로 정보를 얻고 싶은 자는 해외 신문, 무엇보다도 프랑스 신문을 읽어야 했는데, 이는 가난한 계층에는 불가능한 것이나 마찬가지였다. 이는 정치적 관심을 가진 부르주아지를 베를린의 제과점들로 끌어들였다. 그곳에는 제과류뿐만 아니라 다양한 독일 및 해외 신문들도 있었다. 사람들은 정보를 얻고 토론하기 위해 거기에 왔다. 여러 제과점의 고객은 사회적 위치와 정치적 입장에 따라서 상당히 구분되었다. 최하층 부르주아지들을 위한 제과점은 단지 몇 가지 신문들만 제공했고, 상층들을 위한 제과점은 고객층의 취향에 맞추어 독일 및 해외 신문들을 선별 제공했다. 도성都城 맞은 편에 요스티 Josty란 제과점이 있어서 이는 상인들과 증권시장 투기자들이 모이는 지점이 되었고 고위 관리들도 여기서 볼 수 있었다. 운터덴린덴 Unter den Linden가街의 크란츨러에는 부유한 귀족정치집단의 멋쟁이와 근위대 소위들이 뻔질나게 드나들면서 서로 속물근성을 뽐내며 겨루었다. 다양한 특징을 가진 보수파들은 마찬가지로 운터덴린덴가에 있는 슈파르냐파니Spargnapani 제과점에서 만났다. 이와 달리 문인들, 예술가들 그리고 다소 급진적인 현 상황에 대한 비판자들은 겐다르멘마르크트의 슈텔리Stehely 카페에 가면 볼 수 있었다. 프리드리히 자스(Friedrich Saß 1846: 52ff.)는 베를린의 제과점에 대한 그의 기록에서 에두아르트 마이엔, 요한 카스파르 슈미트(=막스 슈티르너) 혹은 루돌프 루텐베르크 같은 슈텔리의 유명한 방문자 몇 사람의 특징을 묘사했는데, 이들 모두가 카를 마르크스의 지인知人이었다. 마르크스도 대학생으로서 자주 슈텔리의 고객이었다고 가정할 수 있다. 자스에게서 그는 언급되지 않는다. 마르크스가 책을 쓰던 때에 그는 오래전부터 더 이상 베를린에 살지 않았다.

유복한 부르주아지와 귀족 집단은 제과점에 의존하지 않았고, 살롱에서 만났는데 가령 라헬 파른하겐Rahel Varnhagen(1771-1833)의 살롱에서 혹은 또한 다양한 (보통은 남자들에게 국한된) 만찬회들, 가령 아힘 폰 아르님Achim von Arnim(1781-1831)이 설립한 독일 만찬회(명확하게 반셈족주의적 기본 입장을 지니며, 세례를 받은 유태인들에게도 회원 자격이 주어지지 않았다), 혹은 오늘날에도 존재하는 무법자회(그 명칭은 그 회가 사교를 위한 아무런 규정도 마련하지 않은 데서 유래된다) 같은 데서 만났다. 여러 만찬회들에서는 공동 식사 시에 강연들이 열리고 토론이 이루어졌다.

1834/37년 겨울에 마르크스가 베를린에서 공부를 시작하던 때에, 바로 '라우베 사건Fall Laube'이 많은 풍파를 일으켰다. 하인리히 라우베Heinrich Laube(1806-1884)는 '청년 독일'의 문필가들에 속했고, 카를 구츠코브Karl Gutzkow와 친분이 있으며 잡지 기고문에서 점점 더 비판적으로 프로이센 왕실에 그리고 이 왕실과 동맹 관계에 있는 러시아의 차르에 반기를 든 사람으로서 그러한 비판 때문에 1834년에 체포되었고 이미 여러 달을 구치소에서 보냈다. 구스타프 아돌프 폰 쵸페Gustav Adolf von Tzschoppe(1794-1842)라는 박해 열정으로 악명 높은 반反선동 정치음모 위원회 위원의 재촉으로 베를린 고등법원은 그 사건을 심리했고 1836년 말에 결국 라우베를 프로이센의 국왕과 러시아의 차르를 비판했고 1820년대에 학우회의 회원이었다고 해서 7년의 금고형에 처했다. 물론 라우베의 고급 변호인은 1837년에 형량의 18개월로의 단축과 금고형을 퓌클러-무스카우 Pückler-Muskau 후작의 소유지에서 살아도 좋다는 허락을 받아 냈다. (Laube 1875: 351ff., Houben 1906)

마르크스가 베를린에서 수학한 첫해는 프로이센 국왕 프리드리히 빌헬름 3세의 통치 마지막 년과 겹치는데, 그 국왕은 1797년부터 재위하고 있었던 것이다. 그는 재위 초에 아주 인기가 있었는데, 이는 그가 검소하게 등극했고 18세기에 일반적으로 통용된 정실情實 인사를 끝맺었고, 자신의 부인 루이제와 함께 거의 이미 부르주아화된 가정생활을 보여 주었기 때문이다. 그렇지만 그는 지켜지지 않은 "헌정 약속"과 점점 반동적이 되어 가는 정책으로 인해 더 인기가 없어졌는데, 이는 정부에 대한 주민의 불신을 부추겼다. 1820년대와 30년대에 어떠한 작은 반정부 소요(혹은 그런 소요로 간주한 것)도 감시되고 추적되었다. 국왕이 1837년 10월에 재위 40주년 축제를 거행할 수 있었을 때, 모든 공적인 축하 행사는 항의와 소요가 두려워서 포기되었다. 많은 주민들의 희망은 그의 아들에게로 향했으니, 이는 그의 아버지의 군사왕정에 대한 그의 거부감이 잘 알려졌기 때문이었다. 사람들은 그가 프로이센을 마침내 부르주아적 자유가 있는 자유주의 국가로 전환시킬 것이라 기대했다. 그러나 이 희망은 1840년 그가 즉위한 직후에 물거품이 되었다.

18세의 마르크스가 1836년 10월에 베를린에 왔을 때, 그는 또한 자기 아버지의 몇 건의 추천 편지들을 가져왔을 개연성이 있다. 양친, 가까운 친지나 양친의 친구들이 지인이나 사업상의 친구들에게 보내는 그런 글들은 젊은 대학생에게 낯선 도시에서 "상류" 사회 동아리들에 들어가는 것을 쉽게 해 주는 것이었다. 방문을 하고, 추천 편지를 건네주고 계속된 방문과 잔치에 초대받고 그런 기회들에 다소 중요한 인물들과 알게 될 수 있었다. 추천서가 전해진 가족들 중 몇 곳과의 긴밀한 연결이 생겨나는 일도 드물지 않았으며, 이 가족들은 또한 젊은이의 양친에게 그의 계속되는 발달 상황에 관해 보고했다.

아버지의 편지들로부터 카를이 여러 베를린의 법률가들 집을 인

사차 방문한 것이 드러난다.(1836년 11월 9일의 편지, MEGA III/1: 300) 그들 중 몇몇은 아주 중요한 지위에 있었다. 추밀상고고문 요한 페터 에서Johann Peter Esser(1786-1856)와 추밀 상급상고고문 프란츠 루트비히 예니겐Franz Ludwig Jaehnigen(1801-1866)이 라인 상고 및 파기법정, 나폴레옹이 도입한 민법에 의지한 라인 지방들에서 여전히 유효한 "라인법"을 위한 최고법정의 주심단에 있었다. 그 두 사람은 전에는 트리어의 지방법원에서 활동했고 하인리히 마르크스가 이 시기부터 이들을 알았을 개연성이 있다. 또한 아버지의 다른 지인인 왕실 고문관 모이린Meurin에게도 카를이 마찬가지로 찾아갔는데 그는 이 법정과 연관되어 있었다. 그는 수수료 징수처Gebührenkasse 의 처장이었다.

라인 상고법정의 더 많은 구성원들, 프리드리히 카를 폰 자비니 Friedrich Karl von Savigny와 아우구스트 빌헬름 헤프터August Wilhelm Heffter는 대학에서 가르쳤다. 자비니에게는 마르크스가 1836/37년 겨울 학기에 강의를 들었고 헤프터에게서는 1837년 여름 학기에 한꺼번에 세 개의 강의를 들었다. 이 라인 상고법정에는 하인리히 마르크스에 대한 공판 절차도 계류되어 있었다. 하인리히 마르크스가 1832년에 대표한 이르쉬 자치구는 그에게 주어진 전권을 넘어섰다고 하여 그를 고소했다. 이 고소는 1833년 2월 7일에 트리어 지방법원에서 기각되었지만 1833년 6월 12일에 쾰른의 항소법정에서 받아들여졌다. 그에 이어 하인리히 마르크스는 파기 신청서(기각 신청서)를 베를린 상고법정에 제출했다.(MEGA III/1: 729) 여기서 지금 그 사건은 1836년 겨울 아직도 걸려 있고 진전이 되지 않았다. 그래서 하인리히 마르크스는 자기 아들에게 법정에서 그를 대표한 사법고문 라인하르트와 상대편 변호사인 사법고문 잔트에게 공판의 진행 상태에 관해 문의해 보아 달라고 부탁했다.(1837년 11월 9일의 편지, MEGA III/1: 300) 10개월 후에 여전히 아무것도 결정되지 않자 하인리히 마르크스는 아들에게 라인하르트에게 가서 그 사건에 속도를 내어 달라고 간청하라고 부탁했다. 거기서 나오게 될 결과는 부차적인 것이었다. "이기든 지든 나는 충분히 근심하고 있으며, 이 근심을 머리에서 끄집어내고 싶구나."(1837년 9월 16일 편지, MEGA III/1: 319; MEW 40: 633) 그렇지만 모든 것이 이미 궤도에 올라 있었는데, 왜냐하면 불과 며칠 후인 9월 23일에 판결이 내려졌기 때문이다. 쾰른의 판결은 "파기"되었다. 즉 하인리히 마르크스의 뜻대로 판결이 된 것이다.(MEGA III/1: 729)

하인리히 마르크스가 카를이 베를린의 법률가들과 접촉하도록 다리를 놓았을 때 그는 자기 자신의 공판을 염두에 두었을 뿐 아니라 무엇보다도 자기 아들의 직업적인 출세를 염두에 두었다. 11월 9일의 그의 편지로부터 드러나듯이 예니겐과 에서는 카를에 관해 아주 긍정적인 쪽으로 생각을 밝혔다.(MEGA III/1: 300) 예니겐 가족과는 일정 기간 심지어 좀 더 긴밀한 관계가 형성된 것으로 보이는데, 왜냐하면 카를이 1837년 여름에 병이 들었을 때 예니겐 부인이 여러 번 예니에게 편지를 썼기 때문이다.(하인리히 마르크스의 1837년 8월 12-14일 편지를 참조하라. MEGA III/1: 313) 물론 카를은 그 접촉을 중단한 것으로 보이는데, 이는 아버지가 예니겐과 관련하여 카를이 "많은 것을 잃었으며" 카를은 필시 "더 영리하게 행동했을" 수 있었을 것이라고 언급하기 때문이다.(같은 책) 정확히 어떤 일이 일어난 것인지 우리는 알 수 없다.

카를의 차후의 법조계 경력을 위해 특별히 추밀상고고문 에서가 중요했을 텐데, 왜냐하면 이 사람은 또한 즉결 사법 조사 위원회의 위원이기도 했기 때문이다. 이 위원회는 지방 사법 강좌들 혹은 전체 프로이센 왕국에서의 여러 곳의 규모가 큰 하급법정에 종사하는 법률가들을 검증하는 임무를 지녔다.(Kliem 1988: 31f.) 하지만 카를은 자신의 진로 관계에 대해 일을 꾸미는 것에 반발했을 뿐 아니라(이는 편지에서 아들의 "엄격한 원칙들"을 언급하는 아버지에 의해 암시된다, 예컨대 MEGA III/1: 300) 그의 직업상의 바람 또한 사법司法 서비스 상의 경로를 향하지 않았다.(아래를 보라) 물론 에서는 카를에 관한 자신의 좋은 의견을 고수한 것으로 보인다. 마르크스가 1860년 3월 3일 편지에서 율리우스 베버에게 보고하는 것처럼(MEGA III/10: 345; MEW 30: 509) 에서는 마르크스가 이끄는 라인신문이 이미 판금되었던 1843년 여름에도 그에게 직업상의 제의를 했다.

이런 그의 아버지를 통해 매개된 접촉은 논외로 하고 카를은 그의 베를린 체류의 첫 번째 달에 더 이상의 관계들을 맺지 않은 것으로 보인다. 그가 베를린에서의 첫해를 돌아본 1837년 11월의 편지에서 이렇게 적는다.

> 베를린에 도착해서 나는 그때까지 존재하던 모든 연줄들을 단절했습니다[이것이 어떤 연줄이었는지는 알려지지 않는다] 마지못해 가끔씩 방문을 했고 학문과 예술에 침잠하기를 구했습니다.(MEGA III/1: 10; MEW 40: 4)

헤겔과 베를린 대학

19세기 초까지 베를린에는 비록 점점 더 강해져 가는 프로이센의 수도임에도 불구하고 대학이 없었다. 신학자들과 국가관리들은 프랑크푸르트(오데르) 대학 그리고 무엇보다 할레 대학에서 양성되었다. 물론 베를린에서는 1700년 고트프리트 빌헬름 폰 라이프니츠가 설립한 학술원에서 학문 연구가 행해졌다. 대학 설립을 위한 제안들이 이미 오래전에 있었지만 1806년 프로이센의 패전 후, 프랑스 군대가 할레를 점령하고 그곳의 대학을 폐쇄한 때에 비로소 구체적인 모습을 띠었다. 패전에 뒤이은 광범위한 개혁 과정의 진행 중에 1809년에 베를린 대학이 설립되었고, 1810년에 공식적으로 교육 사업을 시작했다. 1828년에 프로이센 국왕 프리드리히 빌헬름의 이름을 따라 명명되었다. 2차 세계대전 후에 비로소 훔볼트 대학이라는, 설립자 훔볼트를 기리는 뜻에서 지은 오늘날의 이름을 얻었다. 대학은 프린츠 하인리히 궁전이라는, 오늘날에도 아직 주건물로 소용되는 온터덴린덴가의 건물에 입주하게 되었다.

빌헬름 폰 훔볼트Wilhelm von Humboldt(1767-1835)는 예배와 수업처의 처장으로서 대학 설립에 주도적으로 참여했다. 중대한 아이디어 제공자들로서는 그에 앞서 이미 철학자 요한 고틀리프 피히테Johann Gottlieb Fichte(1762-1814)와 신학자 프리드리히 슐라이어마허(1768-1834)가 있었다. 설립자들은 그 대학을 학문의 중심지만이 아니라 정신적 혁신의 중심지로도 만들기를 원했다. 피히테는 1811년에 베를린 대학 최초의 선출된 총장이 되었다. 곧 이 대학은 일련의 탁월한 학자들을 모아들였다. 대학의 조직에서는 부분적으로 기존의 전공들을 기초로 구성되었지만 부분적으로는 고고학이나 비교문헌학처럼 새로운 대학 전공들도 세워졌다.(이에 관해서는 Baertschi/King 2009, Tenorth 2010을 참조하라) 의학과 자연과학도 역시 구색을 잘 갖추어서 베를린 대학은 급속히 비중 있는 대학이 되었다.

다른 곳에서처럼 베를린 대학생들도 1813년에 반나폴레옹 해방 전쟁에 열광하여 가담했고, 승리한 전쟁 후의 정치적 사태 전개에 깊이 환멸을 가지게 되었다. 프로이센 국왕은 그의 헌정 약속을 지키지 않았고 자유주의 국가 대신에 권위적 왕정 체제가 등장했으며, 1819년의 카를스바트 결의 후에 탄압·검열·사찰이 확대되었다.(이에 대해서는 앞 장을 참조하라) 베를린에서는 학생들에 대한 감시가 특별히 엄격했다.

베를린 대학의 초기 발달을 위해 카를 폰 슈타인 춤 알텐슈타인 Karl von Stein zum Altenstein(1770-1840)이 중심 역할을 했다. 1817년에 초대 프로이센 문화부장관으로 임명되어 죽을 때까지 이 직위를 유지했다. 재직하는 동안 그는 프로이센의 학교 및 교육 제도를 근원적으로 개혁했다. 그중에서도 그는 1825년에 의무 교육을 프로이센 전역으로 확장했고 1834년에는 김나지움들을 위한 통일적인 교육 과정을 도입했다. 1819년 훔볼트의 퇴진과 카를 아우구스트 폰 하르덴베르크Karl August von Hardenberg(1750-1822) 수상의 사망 후에 알텐슈타인은 고위직에 있는 마지막 개혁자였다. 그리고 그는 보수 단체들, 무엇보다도 "황태자당"(즉 황태자이자 훗날의 국왕 프리드리히 빌헬름 4세의 친구들)의 공격을 막아내야 했다. 알텐슈타인은 특히 베를린 대학을 키워 주었다. 그의 인사 정책은 베를린 대학이 독일의 지도적인 대학으로 발달하게 하는 데 결정적으로 기여했다.

초기의 베를린 대학 역사에, 또 베를린에서의 정신생활에 중대한 사건 하나는 1814년 작고한 피히테의 교수 자리에 게오르크 빌헬름 프리드리히 헤겔Georg Wilhelm Friedrich Hegel(1770-1831)을 임용한 것이었다. 알텐슈타인은 그의 첫 번째 직무 행위로 1817년 12월에 헤겔을 유리한 재정적 조건 하에 베를린 대학으로 오도록 초청했다. 헤겔은 이를 수락하여 1818년부터 죽을 때까지 베를린 대학에서 가르쳤다.

알텐슈타인이 그의 취임 직후에 헤겔을 놓고 공을 들인 것은 헤겔이 그의 최근 출판물들을 통해—1812/13년 그리고 1816년에 그의 『논리학』, 1817년에 『철학적 학문들의 백과사전』이 출간되었다 — 중요한 철학자로서 부각되었다는 데만 있지 않았다. 알텐슈타인은 한편으로 철학을 개혁 과정에서 일종의 지도 학문으로 간주했으며, 다른 한편 헤겔을 계몽된 정치적으로 자유주의적인 표상들에서 출발하면서도 별로 도발적이거나 공화주의적인 모습으로 나서지는 않는 사상가라고 보았다. 그런 한에서 헤겔은 훔볼트와 알텐슈타인 주위의 프로이센 개혁자들에게 두드러지게 잘 맞았다. 헤겔과 예나 시절부터 알고 지냈던 괴테는 1818년 5월 1일 그의 임용에 관하여 유명한 예술품 수집자인 줄피츠 부아세레Sulpiz Boisserée(1783-1854)에게 이렇게 편지를 썼다.

알텐슈타인 장관은 학문적인 경호원을 두고 싶은 모양입니다.
(Nicolin 1970, Nr. 264)[29]

---

29) 알텐슈타인의 정책과 베를린 대학에서의 헤겔의 공적은 Max Lenz(1910)의 방대한 『베를린 왕립 프리드리히-빌헬름 대학 역사』 2.1권에서 상세히 다루어진다.

헤겔은 이 기대를 충족할 준비가 되어 있었다. 베를린 대학 취임 연설에서 프로이센 개혁의 의미를 고려하여 그는 이렇게 말한다.

> 정신적인 압도적 비중을 통해 현실과 정치에서 그 비중을 갖는 위치로 도약한, 그리고 외적인 수단에서 자신을 능가했던 그런 국가들과 힘과 독립성에서 대등해진 것은 특별히 지금 나를 맞아들인 이 국가입니다. 여기서 여러 학문들의 교육과 융성은 국가 생활에서도 가장 핵심적인 계기들 중 하나입니다.

헤겔은 이어서 이것을 강령상으로 예리하게 만든다.

> 이곳의 대학, 중심인 대학에서 모든 정신 교양, 모든 학문과 진리의 중심인 철학도 그 자리를 발견하고 우선적인 장려를 받아야 합니다. (HW 10: 400)

정신 교양의 중심으로서 철학의 이 특별한 역할은 헤겔의(물론 또한 알텐슈타인의) 견해에 따르면 무엇보다도 헤겔 자신의 철학을 통해 충족되어야 할 것이었다. 물론 헤겔은 모든 면에서 환영받지는 않았다. 무엇보다도 프리드리히 슐라이어마허는 그의 적수가 되어 헤겔이 학술원에 받아들여지는 것을 막기도 했다. 그러한 저항들에도 불구하고 헤겔은 베를린에서 폭넓은 활동을 펼쳤다. 점점 더 많은 지식 영역들을 그는 철학적으로 뚫고 들어가려고 시도했다. 거기서 이 영역들에 말하자면 "밖으로부터" 일정한 원리들을 부과하는 것이 아니라 그 사물 자체에서 정식화하고 구조화하는 원리들을 발견하는 것이 중요했다. 헤겔이 공들인 철학적인 관통은 이처럼 그때마다의 영역들에 대한 엄청난 전문 지식을, 그것이 정치학이든 미학이든 똑같이 전제로 했다. 철학적 성찰은 그래서 얼마든지 현실 지식으로 채워졌다. 동시에 그는 자신의 철학의 역사적 조건들을 성찰했다. 그가 공중에게 제시한 것을 생각하는 것이 도대체 어떻게 가능해진 것인가? 어떤 정신적 관념적 전제조건들이 이를 위해 형성되어 있어야 했으며 누가 이를 형성했는가? 헤겔은 자신의 철학을 완전히 의식적으로 역사적 발달 과정 안에 둔다. 그의 철학의 보편적이면서도 또한 매듭을 짓는 것이기도 한 인식 주장은 헤겔의 동시대인들을 비상하게 매혹시켰다. 그의 강의를 얼마 지나지 않아 학생들만이 아니라 동료교수들(가장 눈에 띄는 사람은 요한네스 슐체(1786-1869)였을 수 있겠는데, 그는 알텐슈타인의 문화부에서 대학들을 담당했다), 국가 관리들 그리고 교양을 갖춘 부르주아들도 들었다. 헤겔의 별로 매력적이지 않은 강의 양태에도 불구하고 그랬던 것이다. 하인리히 구스타프 호토Heinrich Gustav Hotho(1802-1873)는 헤겔한테서 공부한 사람이고 그의 친구군에 속했으며 헤겔의 사후에 그의 『미학 강의』를 출간한 사람으로서 이 강의 양태를 다음과 같이 기록했다.

> 맥이 풀린 채로 무뚝뚝한 표정으로 고개를 숙이고서 움츠리고 앉아 있었고 책장을 넘기며 계속 이야기하면서 긴 2절지 노트를 뒤적였다. (…) 끊임없는 헛기침과 기침이 말의 모든 흐름을 방해했으며, 모든 문장이 산발적으로 나왔고, 애써 문장들이 토막이 내어지고 서로 뒤섞인 상태로 튀어나왔다.

그 모든 것이 "슈바벤의 지루한 사투리로" 말해졌다. 물론 헤겔을 쫓아갈 수 있었던 자라면 "지극히 특이한 긴장과 근심에 빠져들었다. 어떤 심연으로 생각이 가라앉으며, 어떤 끝없는 대립으로 서로 찢어지는지…" 하고 호토는 계속해서 말한다. 그러나 헤겔의 추론들은 그럴 때 "아주 명확하고 남김이 없으며 단순한 진실성을 띠어 이를 파악할 능력이 있는 자 누구에게나 그가 그것을 스스로 발견하고 생각한 듯한 기분이 들었다."(Nicolin 1970: 246, 248에 따라 인용됨)

베를린에서는 헤겔학파가 1827년 이래 발간되고 있는 『학문적 비판 연감Jahrbücher für wissenschaftliche Kritik』이란 자체적 정기간행물을 보유하고서 모습을 갖추기 시작했다.[30] 알텐슈타인과 슐체는 헤겔학파 사람들을 교수 자리로 부르고 공격에 맞서 옹호해 주면서 힘닿는 대로 헤겔의 학파를 밀어주었다. 헤겔의 갑작스런 죽음 후에— 그는 1831년에 베를린에서 창궐한 콜레라의 희생 제물이 되었다 — 그의 제자들과 친구들은 헤겔의 미망인과 함께 '고인의 친우회Verein der Freunde des Verewigten'를 결성하고 아주 빠르게 이제까지 미간행 상태로 있던 강의록들로, 그 내용이 그의 주저작들을 훨씬 넘어선 것들을 포함하는 출간 계획을 조직했다. 그렇게 1832-45년에 발간된 이 '친우회판'으로 최초로 『역사철학』, 『미학』, 『종교철학』이 출판되었으며, 이는 헤겔 철학의 효력을 상당히 높여 주었다. 마르크스가 1836년에 베를린에 도착했을 때 헤겔주의는 독일 철학에서 가장 영향력이 큰 지향들 중 하나였으며, 베를린은 그 중심지였다.

이 철학의 효력에서 젊은 마르크스도 벗어날 수 없었으며, "점점

---

30) 그 연감의 탄생과 발달에 대해서는 Jamme(1994)에서의 기고문들을 참조하라.

더 확고하게 지금의 세계철학에 속박되어 갔습니다."(MEGA III/1: 17; MEW 40: 10) 하고 1837년 11월 10일에 자기 아버지에게 보낸 편지에 썼다. 물론 마르크스는 단 한 번만 헤겔을 놓고 씨름한 것이 아니었다. 그는 그의 생애의 여러 시기에 헤겔 저작의 많은 부분들을 천착했고 그럴 때 언제나 같은 공격 방향을 가진 것이 아닌 비판들을 내놓았다.

오늘날까지 마르크스가 헤겔로부터 얼마나 강하게 영향을 받았는지가 논쟁적으로 토론된다. 그렇지만 마르크스·헤겔의 관계에 대한 평가는 헤겔 철학이 어떻게 평가되는지와 무관하지 않다. 헤겔에 대한 판단은 마르크스에 대한 판단과 비슷하게 광범위하게 엇갈리며, 거기서 이 넓은 평가들의 스펙트럼이 마르크스주의자들에게서 또한 마르크스 비판자들에게서도 발견된다. 마르크스에게서와 비슷하게 헤겔에 관한 논의도 지난 50년간 그의 저작들의 역사 비평적인 편집으로 상당히 도움을 받았다.31) 그러나 폭넓은 여론에서 주를 이루는 헤겔 상像은 이런 토론들에 거의 영향받지 않은 채로 있었다. 같은 사정은 여러 마르크스 전기들에서 헤겔을 다루는 데서도 해당되는데, 이 전기들은 천편일률적인 헤겔 상을 그리고 있다. 대체로 헤겔은 처음으로 자연·역사·사회에 관한 '변증법적' 발달을 '관념론적' 방식에서이긴 하지만, 즉 '정신'의 발달 및 자기인식으로 파악한 사람으로 여겨지든가 아니면 그는 비학문적인 형이상학자로 현실을 오직 자신의 정신철학의 추상적인 틀로 감지하고 이를 통해 극도로 일그러지고 쓸모없는 상을 내놓은 자로 통한다. 이에 상응하여 헤겔

---

31) 함부르크의 마인 출판사에서 1968년부터 '저작집Gesammelte Weke'이란 제목으로 역사 비판적 헤겔판본이 나오고 있다.

이 마르크스에 미친 영향도 완전히 다르게 평가된다. 어떤 이에 의해서는 그 자신의 연구의 완성을 위한 중대한 자극으로 평가되고 다른 이에 의해서는 마르크스가 거기에 넘어간 또는 넘어가지 않은 — 이 점은 다시 다르게 평가된다 — 비과학적인 사변으로 오도한 자로서 평가된다.

많은 마르크스 전기들에서 마주치게 되는 헤겔 철학에 대한 간결한 압축은 여기서 포기하고자 하는데, 이는 그런 식의 정리들이 보통은 단지 오해를 촉진하기 때문이다.32) 마르크스의 저작 발달을 추적하는 데 필요한 경우 헤겔 철학의 개별 요소에 더 자세히 매달릴 것이다. 여기서는 우선 헤겔에 관한 널리 퍼져 있는 판단들은 오히려 선입견이란 것만 명확히 해 두어야 할 것이다.

헤겔에 매달린다는 것은 아주 간단한 일은 아니다. 그의 어법은 우리에게 생소하고 그가 반응을 보이는 철학적 정치적 문제 설정들은 오늘날 더 이상 일반적으로 알려져 있지 않으며, 드물지 않게 헤겔은 그가 비판하는 입장들을 단지 암시하며 독자가 이를 안다고 전제한다. 오늘날 헤겔의 텍스트들은 한 번 읽어서는 이해할 수 없을 뿐 아니라 실로 의중을 알 수 없게 작용한다. 필시 깊이 있지만 또한 상당히 접근하기 어려운 철학자로서 헤겔에 관한 표상이 널리 퍼져 있다. 그것은 헤겔에 단지 피상적으로만 매달릴 경우에도 좀처럼 피할 수 없는 한 그림에 의해 뒷받침되는 바 적지 않다. 이는 요한 야콥 슐레징거Johann Jakob Schlesinger(1792-1855)라는 헤겔과는 잘 아는

---

32) 저작들과 작성 시기들에 관한 개관을 제공해 주는 것은 Jaeschke(2003)의 『헤겔 핸드북』, 저작에 대한 많은 삽입문이 있는 한 전기가 Pinkard(2000)에게서 나왔고 두 편의 새로운 전기들을 Vieweg(2019)과 Kaube(2020)가 내놓았다.

사망 직전의 헤겔 초상화

사이인 화가이면서 복원 기술자인 사람이 1831년 헤겔의 사망 직전에 그린 초상화를 말하는 것이다.

책이나 원고 같은 다른 물건들 없이 헤겔은 암적색의 거의 검은색 배경 앞에서 목 위까지 여미어진 백색의 셔츠를 입은 모습을 보여 주며 이는 갈색 모피 옷깃이 달린 녹색 저고리 아래에 입은 것이다. 이 모든 것이 단지 그림 중앙에 어지간히 정확하게 자리 잡은, 즉시 관찰자의 주의를 끄는 머리의 틀로서만 소용된다. 슐레징거의 초상화는 미화해서 말할 것이 아무것도 없어 보인다. 이는 긴장을 특징으로 하는 61세의 헤겔의 모습을 약간 충혈된 눈 아래의 명료한 눈물주머니를 가진 것으로 보여 준다. 피부는 곳에 따라 힘이 없고 주름이 져 있고 머리카락은 세었고 듬성듬성하다. 앞머리에서 남아 있는 얼마 안 되는 가닥들이 앞으로 내려오고 머리통에 착 달라붙어 이마 위의 벗겨진 부분을 겨우 엉성하게 가려 준다. 이 초상화에서 가장 표현력이 넘치는 것은 시선으로, 이는 명확하고 집중되어 있다. 헤겔은 절대로 현존해 있다. 그는 약간 그에게 비스듬히 서 있는 관찰자를 응시하면서도 머리를 돌리지 않는다. 이런 태도는 마치 헤겔이 정말 이 상대방과 대거리를 해야 할지를 숙고하는 것처럼 약간 의심하는 회의적인 모습을 가진다. 헤겔은 접근하기가 어렵게 일한다. 그는 자신의 일에 집중하여 매달리고 있다.

이 널리 퍼진 초상화의 암시력을 과소평가해서는 안 될 것이다.[33]

슐레징거의 초상화가 그런 생각이 들게 하는 것과는 다르게 헤겔은 실천적 현실에서 사라진 사상가가 결코 아니었다. 예나에서 그는 자신의 셋방 여주인 요한나 부르크하르트Johanna Burkhardt(부성父姓은 Fischer)와의 사이에 혼외자를 낳았는데 그는 루트비히 피셔Ludwig Fischer(1807-1831)다. 1811년에 헤겔은 스무 살 연하인 마리 폰 투허Marie von Tucher(1791-1855)와 결혼했다. 마리와의 사이에 그는 출생 직후 사망한 딸 하나 외에 두 아들, 카를(1813-1901)과 임마누엘(1814-1891)을 두었다. 학문의 길에 헤겔은 나중에야 비로소 도달했다. 철학과 복음적 신학 공부를 마친 후에 그는 1801년에 예나에서 철학 교수 자격을 취득하기 전에 우선 베른과 프랑크푸르트 암마인에서 가정 교사로 일했다. 그러나 예나에서 단지 급료가 열악한 비정규 교수직을 얻었을 뿐이므로 그는 1807년에 밤베르크 신문의 편집을 맡았고 검열 당국과 여지없이 문제를 일으켰다. 1808년에 그는 뉘른베르크의 애기디엔 김나지움의 교장이 되었다. 1816년에 비로소 그는 하이델베르크 대학에서 교수직을 얻었다. 1818년에 그는 결국 베를린 대학의 초빙을 받았다. 헤겔은 어떤 점에서도 실제 생활의 곤란들에 친숙했다. 알텐슈타인과의 임용 협상에서 헤겔은 자신의 아내와 자녀들을 자신이 죽었을 경우에 재정적으로 보장을 해주기 위해 미망인 기금에의 납부를 첫 번째 것으로 요청했다.(1818년 1월 24일 알텐슈타인에게 보낸 편지, Hegel, Briefe Bd. 2: 174)

---

33) 그것에 조나단 스퍼버도 넘어간 것으로 보이는데, 그의 마르크스 전기에서도 마찬가지로 그것이 그려져 있다. 칸트와 헤겔에 관하여 거기서는 이렇게 말하고 있다: "이 두 독일 관념론의 가장 위대한 형상들은 말하자면 그들의 평생 동안 철학의 미적 세계와 결혼한 총각들이었다."(Sperber 2013: 61) 칸트는 사실상 총각이었고 헤겔은 결혼했고 처세에 능했다.

문제가 되는 것은 헤겔을 '독일 관념론'의 대표자로 분류하는 것이 여전히 너무나도 자명한 것처럼 통용된다는 것이다. 헤겔 자신은, 그의 동시대인들도 마찬가지이겠지만 그러한 배치에 어지간히 놀라서 반응했을 것이다. 1840년만 해도 한 백과사전에는 '관념론'이란 표제항에 요한 고틀리프 피히테의 가르침이 철학적 관념론으로 분류되긴 했으며, 이는 피히테가 '자아Ich'에 대립하는 외부세계('비아Nicht-Ich')를 '자아'(거기서 '자아'는 개인적 자아를 말하는 것이 아니라 개별 개인에 내재하는 사고능력을 말한다. 그러므로 이 '비아非我'의 설정은 또한 개인적·자의적 설정이 아니다)의 설정으로 이해했기 때문이다. 그러나 헤겔의 체계는 명시적으로 관념론에서 제외된다.(Allgemeines Conversations-Lexicon, 5. Bd. 1840: 490f.) 1848년 『비간트 백과사전Wigand's Conversations-Lexikon』에서도 똑같은 논거가 제시되었다.(6. Bd. 1848: 872)

'독일 관념론'이란 관념론의 유래는 예쉬케(Jaeschke 2000)에 의해 개략되었다. 별로 특정되지 않은 의미로 그 표현은 이미 마르크스와 엥겔스의 초기 글들, 『신성 가족』(1845)과 사후 출판된 『독일 이데올로기』(1845/46)에서 찾아볼 수 있기는 하지만, 거기서는 아직 효력이 없는 채로 있었다. 신칸트주의자 프리드리히 알베르트 랑게Friedrich Albert Lange(1828-1875)가 비로소 영향력이 큰 그의 『유물론사』(1866)에서 '유물론'과 '관념론'간의 논쟁의 맥락에서 용어를 정리했다. 철학사적 범주로서 그것은 1880년부터 다른 신칸트주의자 빌헬름 빈델반트Wilhelm Windelband(1848-1915)에 의해 그의 『근대철학사』 제2권에서 정립되었는데, 그는 '독일 관념론'을 동시에 비스마르크에 의해 만들어진 독일 민족국가의 개척자로 이해했다. 이어진 시대에 비로소 그 개념은 빈번히 피히테·셸링·헤겔의 3두정치Triumvirat로

좁혀졌지만 거기서 예쉬카(2000)가 계속해서 말하는 바에 따르면 이 '독일 관념론'의 공통점을 정하는 데는 상당한 문제가 있었다. 결과적으로 자명한 것으로 받아들여진 '독일 관념론'이란 말은 칸트 후 철학의 복잡성을 조명하기보다는 은폐한다는 것이 분명하다.[34]

1820년에 출간된『법철학』에서 개혁시대 말 무렵에 점점 더 권위적이 되었던 프로이센 왕정을 철학적으로 정당화한 "프로이센 국가 철학자"라는 견해도 완고하게 유지된다. 이 견해는 특히 공격적으로 1846년 자유주의적인 로텍·벨커의『국가 사전』에서 대표되었다.[35] 민족적 자유주의적인 루돌프 하임Rudolf Haym(1821-1901)은 1857년 출간된 19세기 후반기에 헤겔 像에 지속적으로 영향을 준 헤겔 전기에서 심지어 "왕정복고 철학"(Hyam 1857: 361)에 관해 이야기한다. 20세기에 헤겔은 포퍼(Popper 1945 Bd. 2: 36ff.) 같은 저자들에 의해, 곧장 히틀러의 선구자로 선언된다.[36] 코르뉘(1954: 78) 혹은 지난 몇 년간『법철학』의 저자를 "부르주아적이고 자본주의적인 노동조직의 철학자"로 이해하는 안토니오 네그리 같은 많은 마르크스주의자들은 하임의 헤겔 비판 노선을 따랐다. 마르크스와 엥겔스는 이런 비판을 공유하지 않았다. 빌헬름 리프크네히트의 상응하는 의견 표

---

34) 칸트 후 철학의 발달은 Jaeschke/Arndt(2012)에서 차별화되어 서술된다.

35) 제2판 제6권(Scheidler 1846a, 1846b)에서 '헤겔의 철학과 학파' 그리고 '헤겔(신 헤겔주의자)' 표제항을 보라. 거기서 당시 잘 알려진 헤겔에 반대하는 논리들이 지금 어울리든 어울리지 않든 열거된다. 저자인 카를 헤르만 슈나이들러Karl Hermann Schneidler(1795-1866)는 1815년에 예나에서 원 학우회의 공동 창립자였고 헤겔에 의해 날카롭게 비판받은 야콥 프리드리히 프리스Jakob Friedrich Fries의 제자였다.(슈나이들러와 그의 헤겔 비판에 대해서는 Barbour(2020)을 참조하라)

36) 헤겔의『법철학』에 대한 변화무쌍한 수용에 관한 간결한 개관을 Riedel(1975)과 Schnädelbach(2000: 333-353)이 제공해 준다. 비록 그 판단들 다수가 문제성이 있기는 하지만 훨씬 더 상세한 것은 Ottomann(1977)이다.

명에 마르크스는 아주 격분하여 반응했다. 1870년 5월 10일에 그는 이에 관해 엥겔스에게 이렇게 편지를 썼다.

> 그가 헤겔에 관해 단지 낡은 로텍-벨커의 똥덩어리를 반복할 줄만 안다면 아가리를 닥치는 것이 좋겠다고 써 보냈다네.(MEW 32: 503)

헤겔에 대한 초기 비판은 무엇보다도 『법철학』 서문에서 나온 명제에서 불붙는다: "이성적인 것은 현실적이고 현실적인 것은 이성적이다."(HW 7: 24) 이 명제는 기존 프로이센 국가의 철학적 정당화 논리로 받아들여졌고, 이는 비판자들에게 또한 『법철학』의 주요 본문을 더 정확하게 살펴보는 일을 면제해 준 것이다. 헤겔이 1827년에 그의 『철학적 학문들의 백과사전』 제2판 서론(HW 8: 47f.)에서 이 서문과 관련하여 그가 이미 『논리학』에서 '현실'과 단지 우연한 '존재' 간에 구분을 했다고 지적한 것은 그 비판자들에 의해 무시되었다. 이 구분을 고려한다면, 비판되는 명제는 기존의 것에 대한 정당화 논리가 아니라 비이성적인 것의 존재에 가하는 위협을 내포한다. 헤겔이 "자연법과 국가학"에 대해 1818/19년에 행한 강의의 서문에서 상술한 것처럼 존재에 현실이 부여되지 않으면, 존재는 "붕괴"할 수밖에 없다. 거기서 헤겔은 법의 상태는 "인민의 일반적 정신"에 의존한다고, 그러나 "인민의 정신이 높은 단계에 들어갔다면 이전 단계에 관련된 체제상의 계기들은 더 이상 지탱되지 못한다고, 그것들은 붕괴할 수밖에 없고 어떠한 힘도 그것들을 지탱할 능력이 없다"고 논했다. "그처럼 철학은 개개의 외적 현상들이 이성적인 것에 아주 상충되는 것으로 보일지라도 오직 이성적인 것만이 일어날 수 있음"(Nachschrift Homeyer, in: Hegel 1973/74, Bd. 1: 232)을 인식한다. 또한 후기의 엥겔스도 『루트비히 포이어바흐와 독일 고전철학의 종말』(1886)에서 서문의 그 논란이 되는 명제를 사뭇 비판적인, 기존의 것을 훼손하는 의미로 파악했고 그것의 파급 영향의 역사를 간결하게 특징화했다.

> 어떤 철학적 명제도 편협한 정부들의 감사를 그것만큼 받지 못한 것이 없고, 마찬가지로 편협한 자유주의자들의 분노를 그것만큼 초래한 것이 없다.(MEGA I/30: 125f; MEW 21: 266)

헤겔의 정치관의 발달을 살펴보면, 상당한 변화들이 확인된다. 젊은 헤겔은 프랑스혁명으로 감격해했고 공화주의적 경향들을 보였을 뿐 아니라 1796년이나 1797년에 나온 텍스트는 심지어 국가비판적·무정부주의적 계기들을 들려준다.

> 인류의 관념이 앞서가는 가운데 나는 기계의 관념이 없는 것처럼 국가의 관념은 없다는 것을 보여 주고자 하는데, 이는 국가는 기계적인 무엇이기 때문이다. 오직 자유의 대상인 것만이 관념이라 불린다. 우리는 이처럼 국가를 넘어서야만 한다! — 왜냐하면 어떤 국가이든 자유로운 인간들을 기계적인 톱니바퀴로 취급하기 때문이다. 그리고 그래서는 안 되며, 그래서 국가는 폐지되어야 한다. (…) 동시에 나는 여기서 인류의 역사를 위한 원리들을 적어 두고자 하며, 국가·헌법·정부·입법의 완전한 비참한 인간 구조물을 발가벗기고자 한다.(HW 1: 234f.)[37]

노년의 헤겔은 이와 달리 입헌 군주제로 쏠렸지만, 이는 프로이센에서는 아직 오랫동안 존재하지 않았다.

헤겔이 1819년에 자신의 『법철학』을 출간하기 원했을 때 대학들은 카를스바트 결의로 검열에서 벗어날 자유를 상실했고, 헤겔은 그 출간을 미루었다. 그는 그 원고를 부분적으로 다시 썼을 개연성이 아주 높다. 일팅(Ilting 1973)이 『법철학』의 출간 이전에 또 이후에 만들어진 그가 출간한 강의 필사본들과의 상세한 비교를 통해 보여 준 것처럼 헤겔은 강의들에서 떠오르는 일련의 첨예화된 표현들을 인쇄본에서는 회피했다. 헤겔은 반동 세력에게 공격의 장을 제공하기를 명백히 원치 않았다. 그렇지만 국가는 개인의 자유를 가능하게 해 주어야 한다는 그의 견해들의 자유주의적 핵심을 그는 고수했다. 재판 과정의 공개, 배심 법정, 언론의 자유 ─ 프로이센에서 오랫동안 실현되지 않거나 완전히 실현되지 않은 제반 자유주의적 요구들은 헤겔의 『법철학』에서 찾아볼 수 있다. 거기서 헤겔은 이중의 적대적 입장에 있었다: 그는 얀, 프리스를 둘러싼 민족주의적 독일 사람티를 내는 동아리들과 (반동적이 된) 낭만주의자들을 비판했고, 또 카를 루트비히 폰 할러Karl Ludwig von Haller(1768-1854)의 왕정복고적 국가학과 역사법학파의 대표자들인 구스타프 폰 후고Gustav von Hugo와 자비니Savigny의 보수주의도 비판했다.38)

---

37) 이 본문은 1917년에 처음으로 '독일 관념론의 가장 오래된 체계 강령'이란 제목으로 출간되었으며, 셸링·횔덜린·헤겔에 관한 공동의 논의로 소급해 간다. '튀빙겐 재단'이라는 뷔르템베르크의 복음적 지방교회의 학사學舍에서는 나중에 유명해진 세 사람이 공부했고 때에 따라서는 심지어 같은 방에 거주하기도 했다.
38) 이런 다중적인 적대적 입장, 동시대의 갈등들 그리고 헤겔의 베를린 "문화 정책"은 Losurdo(1989)에 의해 상세히 해설되었다. 이에 대해서는 또한 d'Hondt(1973),

『법철학』에서 헤겔은 새로운 '부르주아 사회'를 구상하는 데 애를 썼는데, 이는 한편에서는 가족의 영역 그리고 다른 한편에서는 국가의 영역 사이에 자리잡은 영역이며 전의 사회 형태들에서는 없었던 영역이다. 그의 일관된 주제는 이런 새로운 구도構圖 내에서의 자유의 가능성이다.39) 『역사철학 강의』에서 헤겔은 '자유'를 세계사의 '최종 목적'으로 파악했다. "세계사에서 추구된, 지상의 넓은 제단 위에, 그리고 긴 시간의 경과에서 모든 희생들이 바쳐진 그 최종 목적" (HW 12: 33) 말이다.

인간적 자유로의 이런 지향은 이론적 해명들로 국한되지 않았다. 20세기에 검토된 경찰 서류들에서 드러나듯이 헤겔은 프로이센 국가에 의해 "선동 정치가들"로 추적되고 체포된 그런 제자들과 조수들을 재정적으로, 신변의 위험을 무릅쓰고 힘닿는 대로 지원해 주었다.(이에 대해서는 d'Hondt 1973: 96ff.; Ilting 1973: 51ff.를 참조하라)

마르크스가 1843년에 그의 크로이츠나흐 원고에서 헤겔의 『법철학』에 대해 가한 비판을 다룰 경우에 나는 더 상세히 이 책과 씨름할 것이다.

Pöggeler(1986), Klenner(1991: 143ff.), Pinkard(2000: 418ff.)도 참조하라.

39) 이는 근대적 헤겔 연구의 많은 기고문들에서 그 기고문들이 아주 차이가 많은 전제들에서 나오는 경우에도 인정된다. 예를 들어 여기서 다만 자신이 상세히 주석을 단 『법철학』을 "근대 사회의 자유 행동 철학의 이론적으로 내용이 지극히 알찬 초안"인 것으로 이해하는 Klaus Vieweg와(Vieweg 2012: 19), 『법철학』을 "사적인 자율성과 의지의 자유에 관한 중요한 그리고 현실적인 이론"으로 보는 Michael Quante만 거명한다.(Quante 2011: 327) 헤겔의 『법철학』으로부터 상당히 광범위한 결론들이 도출된다는 것을 Frank Ruda(2011)는 헤겔이 "하층민Pöbel"을 다룬 것에 의거하여 명확히 밝혔다. 제2권에서 이 문제로 다시 돌아올 것이다.

자비니와 간스

헤겔의 『법철학』을 둘러싼 논란들은 베를린에서의 젊은 카를의 법학 공부에도 영향을 주었지만, 그러면서도 그에게 이는 당장 명확한 것은 아니었다고 할 수 있겠다. 베를린 대학 법학부에는 프리드리히 카를 폰 자비니Friedrich Carl von Savigny(1779-1861)라는 역사법학파의 가장 비중 높은 대표자와 에두아르트 간스Eduard Gans(1797-1839)라는 가장 중요한 헤겔주의자가 이론 면이나 인적인 면에서도 조화할 수 없이 대립했다.

자비니는 베를린 대학의 설립 때부터 거기서 가르쳤다. 그는 프로이센 국왕의 신뢰를 받았고 황태자의 법학 교사였다. 자비니는 구스타프 폰 후고보다도 더 역사적 법학파의 본래의 창설자였다. 이 학파는 무엇보다도 1814년의 "법전화 논쟁" 그리고 1815년 성사된 『역사법학지Zeitschrift für geschichtliche Rechtswissenschaft』의 창간을 통해 뚜렷한 면모를 얻었다. (1804년 프랑스의 『민법전』 혹은 1812년 오스트리아의 『일반 민법전』처럼) 여러 유럽 국가들에서 자연법적으로 영향을 받은 법전들이 만들어지고 독일 국가들에서의 법적 분열이 계속되어야 할 발전을 위해 해로운 것으로 여겨진 후에, 독일의 지도적인 사법私法 학자인 안톤 프리드리히 유스투스 티바우트Anton Friedrich Justus Thibaut(1772-1840)는 논문 『독일을 위한 하나의 일반적 민법의 필요성에 관하여』(1814)에서 사법私法 영역이나 형법 및 소송법 영역에서도 통일적인 독일법을 요구했는데, 거기서 경험과 이제까지의 법전화 작업들을 토대로 삼아야 한다는 것이다. 그러한 법 통일화가 독일의 통일을 촉진하고 또한 통일이 자연법의 기초 위에서 이루어지는 한에서는 더 자유주의적인 입법의 방향으로 가리란 것은 명백했다. 그 두 가지는 보수적·귀족정치적 진영으로부터 격렬한 반박을 받았다.

「입법과 법학을 위한 우리 시대의 소명에 관하여」(1814)와 『역사법학지』 창간호에 대한 소개문 「이 정기간행물의 목적에 관하여」로 자비니는 티바우트에 대한 결연한 비판을 가했다. 자비니는 법이 입법자에 의해 즉시 만들어질 수 있다는 것을 의심했다. 이에 반대하여 그는 법의 역사적·전통적 성격을 강조했는데, 법은 언어와 똑같이 한 민족의 역사와 관습에, "민족정신"에 뿌리를 두며 단순히 입법자에 의해 자의적으로 형성될 수 없다는 것이다. 자비니는 "우리 시대 unserer Zeit"를 논박하고 그래서 "입법을 위한 소명Beruf zu Gesetzgebung"을 논박한다. 그 대신에 우선 각 법의 소재는 그것을 체계적으로 법 전체 안에 편입시킬 수 있으려면 그 역사적 뿌리 속으로 추적되어야 한다는 것이다. 그 둘을 위해서 로마법이 중심 역할을 했다. 자비니는 한편으로 로마법이 독일에서 중세 전 기간 내내 효력을 지녔으며 거기서 상응하는 기록이나 형식적 사용의 존재가 관건이 아니라 민족정신과의 일치가 관건이라는 것을 증명하기를 원했다. 다른 한편으로 로마법은 법 질서를 위한 명확한 개념성과 체계성을 제공해야 한다는 것이다.

자비니의 "민족정신"에 대한 호소는 결코 민주적 경향을 내포하지 않았다. 민족은 법리적인 민족정신을 알 수가 없었고 오직 교육을 받은 법률가들만이 알 수 있었다. 물론 민족정신도 그 원천에서는 단순하게 주어진 것이 아니었고 해석이 필요했다. 이 어려운 일을 위해 자비니는 한나 슈타인케Hannah Steinke가 강조하는 것처럼

"최종적으로 제안할 것은 오직 연구자의 교육받은 감정뿐이었고 아무런 체계적으로 밝혀진 연구 운영을 제안하지는 못했다. 법 명제들의 객관적 효력이냐 무효냐가 교육받은 감정을 거쳐 발견되어야 했다는 것은 역사학파의 방법의 역설이다."(Steinke 2010: 113) 이 역설은 물론 역사학파에게 보수적인 법 내용에 객관성의 후광을 갖추어 주는 것이 어떻게 가능했는지를 이해할 수 있게 해 준다.

독일 중세를 향한 역사적 연구들을 하면서 자비니는 또한 보수적이 된 후기 낭만주의의 모티브도 받아들였다. 그는 후기 낭만주의의 중요 대표자들과 긴밀한 인적 관계를 유지했다. 그의 아내 쿠니군데 Kunigunde는 클레멘스 브렌타노Clemens Brentano(1778-1842)의 누이였고, 앞으로 말하게 될 브렌타노의 다른 누이인 유명한 베티나 폰 아르님Bettina von Arnim(1785-1859)의 남편인 아힘 폰 아르님Achim von Arnim(1781-1831)과 자비니는 여러 해 동안 친분이 있었다.

로마법이 자비니에게 아주 결정적이었으므로 그에게는 또한 판덱텐Pandekten ─ 유스티니아누스 황제로 소급되는 주제별로 배열된 다양한 로마 법학자들의 저작들로부터 나온 법 명제들의 집성물 ─ 도 중심 역할을 했다. 판덱텐에 관해 그는 정기적으로 강좌를 열었고 이 강의는 아주 유명하여 카를 마르크스도 이 강의를 들었다.

자비니가 공을 들여 추구한 "법학"은 한 민족의 역사 흐름에서 유기적 과정으로 발달한 참된 법 개념들을 인식해야 한다는 것이다. 계속해서 자비니가 말하는 바로는, 법전화는 법의 역사적 발달이 일정한 정점에 도달한 경우에 비로소 가능하다는 것이다. 그럴 때 법전화는 물론 또한 쓸모없다는 것인데 이는 법전화가 더 이상의 진보를 가져다주지 않기 때문이란 것이다. 자비니는 큰 학식, 정확한 사고 전개를 가지고 동시대인들에 이례적으로 강한 인상을 심어 주는 문체로 이런 입장들을 대표했다. 무엇보다도 법률가들의 동아리에서 그는 솔직히 존경받았다. 베트만-홀벡Bethmann-Hollweg은 1850년에 "독일 법학자들의 왕"인 자비니의 박사학위 취득 50주년을 축하하여 기념 논문집을 헌정했다. 1861년 자비니의 죽음 후에도 역사법학파는 수십 년간 독일 법학계를 지배했고, 이는 19세기 말에야 비로소 독일 제국을 위한 민법전이 완성되도록 하는 데 기여했다. 그것은 1900년 1월 1일에 효력을 지니기 시작했다. 20세기에도 자비니는 독일 법학계의 상당 부분에서 이례적인 법학자로 찬사를 받았지만, 그의 반셈족주의는 오랫동안 무시되거나 경시되었다.40)

정리하자면 이렇게 확인이 된다: 자비니의 논지는 그 핵심에서 인간들이 그들의 사회적 상황, 이로써 또한 그들의 법적 상황도 스스로 장악하고 만들어야 한다는 계몽사상의 해방적 충동에 반대하는 방향을 취한다. 이에 대하여 자비니는 전래되는 법에 대한 집착 그

---

40) 이 반셈족주의는 우리가 곧 이야기하게 될 에두아르트 간스와의 논란에서 비로소 표출되었다. 이미 1816년 논문 「새로운 법전에 대한 찬반의 여론」에서 그는 유태인과 기독교인의 동등한 지위를 "나쁘게 사용된 인도적 정신"이라 지칭했고 "유태인들은 우리에게는 그들의 내면상 낯선 자들이고 그런 자들임에 변함없다"(Savigny 1816: 181f.)고 확인한다. 1811/12년에 그의 비非유태적인 동창들에 의해 처음에 괴롭힘을 당하고, 이에 그가 자신을 방어하던 중 얻어맞아서 결국 베를린 대학 총장 피히테에게 고발한 유태인 의학생 요제프 브로기의 경우에서도 자비니의 기독교적 반反유태주의가 드러났다. 피히테의 뜻에 반대하여 대학의 명예 법정은 가해자들만이 아니라 브로기도 유죄 판결을 했다. 피히테는 그 판결을 집행하기를 거절했고 1812년 2월에 정부는 그의 총장직 면직을 요청했다. 자비니는 브로기의 "품행"(즉 이 자는 유태인이고 기독교인이 아니란 것)을 분쟁의 동기로 공언하면서 브로기의 유죄 판결을 정당화했다. 피히테는 총장직이 면직되었고 자비니가 그의 후임자가 되었다.(브로기 사건에 대해서는 Lenz 1910, Bd. 1을 참조하고, 특별히 거기서 자비니의 역할에 대해서는 Henne/Kretschmann 2002를 참조하라)

리고 이 법에 의해 합법화되는 지배 관계들을 옹호했다. 물론 자비니와 역사법학파가 이런 보수적 모습으로 단순화되는 것은 아니다. 헤르만 클레너Hermann Klenner는 자비니의 "순수" 로마법, 그중에서도 상품교환 경제에 대한 최초의 포괄적인 법 질서를 포함한 로마법을 향한 지향이 또한 독일에서 지배하던 봉건적 혼합법을 몰아내고 자본주의적 상품 생산과 양립 가능한 민법을 발달시키는 데 기여했음을 강조했다.(Klenner 1991: 105)

헤겔의 『법철학』은 역사 법학파의 견해와 날카로운 대조를 이룬다. 바로 처음, §3에서 이 학파는 구스타프 폰 후고의 교과서에 의거하여 원칙적으로 비판된다: 헤겔은 법에 대한 설명과 이해를 법 발생의 역사와 혼동한다고 이 학파를 비판한다.(HW 7: 35) 자비니는 헤겔에 의해 어디에서도 특별히 언급되지는 않지만 헤겔은 §211에서 법전화 논쟁에서 자비니의 입장을 틀림없이 겨냥하여 한 "학식 있는 민족 혹은 그 민족 내의 법률가 신분에 법전을 만들 능력이 있음을 부인하는 것"은 이 민족 혹은 이 신분에게 가할 수 있는 "가장 큰 모욕 중 하나"라고 적는다.(HW 7: 363)

그러나 자비니와의 논란의 주된 부담을 헤겔 자신이 진 것이 아니라 그의 '제자' 에두아르트 간스Eduard Gans(1797-1839)가 졌다.[41] 그 '제자'라는 널리 퍼진 말은 완전히 옳지는 않은데, 왜냐하면 간스는 결코 헤겔의 학생들 중에 들지 않기 때문이다. 그는 과거에 유복

---

41) 자비니와 달리 간스는 연구자들에 의해 오랫동안 무시되었다. 다음에서 나는 낡았지만 여전히 유일한 Reissner(1965)의 전기와 아울러 Waszek(1991)과 Braun(1997; 2005; 2011)의 저작에 의존한다. Gans에 대한 논의는 Blänker .u.a.(2002)을 참조하라.

했으나 프랑스 점령의 혼란기에 그 재산의 상당 부분을 잃은 베를린의 유태인 가정 출신이었다. 간스는 법학을 공부했고 1819년 하이델베르크에서 티바우트에게서 박사학위를 취득했다. 프로이센에서는 이 시대에 유태인에게 박사학위 취득은 거의 배제되어 있었다. 학위 취득 후에 그는 베를린으로 돌아왔고 헤겔의 글들, 무엇보다도 그의 『법철학』을 읽고서 '헤겔주의자'가 되었다.(Gans 1824: XXXIXf.) 그는 헤겔의 친구 및 제자 동아리에 빠르게 접근할 수 있었고 1826년에는 1827년부터 발간되는 『학문적 비판 연감』의 창간에 주도적으로 참여했다.(Waszek 1994)

베를린에서 간스는 1820년 이래 교수 자격 취득을 시도했고, 유태인을 국가 직무에서 배제하기는 하지만 필요한 자격을 갖추는 한에서는 교수직은 허용하는 1812년의 해방칙령에 희망을 두었다. 두 심사보고서(Lenz 1910, Bd. 4: 448ff.에 수록됨)에서 법학부는 간스의 전문적 자격을 의문에 부쳤는데, 거기서 첫 번째 심사보고서에서는 간스의 유태교 신앙 고백이 임용에 배치背馳되지 않는가 하는 질문도 제기되었다. 이 거절의 추진 동력은 자비니였다. 무엇보다도 학부에 제출된 제2심사보고서에 대한 의견에서 그는 유태인 교수들을 법학부에 임용할 수 있는가 하는 문제에 상세히 몰두하는데, 이는 반反셈족주의적 고정관념들로 가득하다.(Klenner/Oberndorf 1993에 의해 처음 출간되었다.) 결국 국왕이 그 건을 결정했다. 1822년 8월 18일의 내각 명령을 통해 국왕은 유태인들에게 학교 교수직에 임용되는 것을 허용한 1812년 칙령의 규정을 폐지했고 간스가 비정규 법학 교수로 임용될 수 없다고 명시적으로 선언했다. 이 "Lex Gans"는 널리 파문을 일으켰다.(Braun 1997: 46-74)

간스는 이제 그의 법학 주저작인『세계사적 발달 중에 있는 상속권』의 완성에 집중했다. 거기서 그는 헤겔의『법철학』에서 출발하여 상속권의 보편법 역사로 접근했다. 이미 이 저작의 성향이 여전히 오직 한 개인이나 약간의 민족들의 법 역사만 참조한 역사적 법학파에 대한 암묵적 비판을 드러냈다. 이에 맞서 간스는 이미 제1권(1824) 서문에서 법 역사는 필연적으로 보편법 역사일 수밖에 없는데, 이는 어느 민족과 어떤 시대에도 배타적 중요성이 주어지지 않으며 "어떤 민족도 이제 개념으로부터 따라 나오는 발달 단계에 있는 한에서만 고려되기"(Gans 1824: XXXI) 때문이라는 점을 강조했다. 1825년에 나온 제2권 서문에서 그는 역사학파가 역사에 너무 많이 가 아니라 너무 적게 매달린다고 비난했다. 로마법에 관련하여 역사 법학파는 생각 없는 미주알고주알 따지기에 종사하고 우연한 것과 의미 없는 것을 그 대상으로 삼는다는 것이다. 역사학파의 영향 아래서 법학은 "모든 철학적인 것의 배척"을 통해 "치욕적인 무사려"로 전락했다는 것이다.(Gans 1825: VIIf.) 간스가 자비니와 역사 법학파에 대한 반대 입장을 이보다 좀처럼 더 첨예하고 논쟁적으로 표현할 수 없었을 것이다.

1819년에 간스는 '문화와 학문을 위한 유태인 협회'의 공동 창립자에 속했으며 1821년부터 1824년까지 그 협회 회장으로 일했다. (이에 대해서는 Reissner 1965: 59ff; Braun 2011: XIff.를 참조하라) 그러나 유태인으로서 프로이센 국가의 발전에 참여할 수 있으리란 그의 희망을 그는 베를린 대학에서의 경험 이후 포기해야 했다. 1825년 12월에 그는 세례를 받았다.42) 이로써 교수직을 위한 형식적 장애물은 제거되었지만, 교수 자격 취득은 법학부의 저항에 좌절될 것이었다.

그러나 간스를 보수주의에 맞선 투쟁 동지로 생각한 알텐슈타인은 그를 이미 1826년 3월에 교수 자격 취득 없이 비정규 교수로 만들었는데, 이는 학부의 동의 없이 가능했다. 1828년 말에 그는 국왕이 간스를 정규 교수로 임명하도록 하는 것을 성사시켰다. 알텐슈타인은 그를 천거하기 위해 유리한 시점을 기다렸다. 완전히 자비니 편이었던 황태자가 해외여행 중이었고 국왕 고문들은 직전에 보수적인 신학자 에른스트 빌헬름 헹스텐베르크Ernst Wilhelm Hengstenberg(1802-1869)의 교수 임용을 관철시켰기에 침묵을 지켰다.(그에 관해서는 다음 장에서 이야기할 것이다) 간스의 임용을 개인적인 모욕으로 느낀 자비니는 학무의 모든 용무에서 보란 듯이 물러났고 오직 강의만 했다. (Braun 2011: XIXf. Braun 1997: 75-90을 참조하라)

1827년에 이미 간스는 헤겔의 법철학 강의를 물려받았다. 그는 이를 전문 법학적 내용을 통해 보충했을 뿐 아니라 또한 그것에 철학사적 서론을 선행시켰고 끝에 가서는 보편 법 역사를 개관하여 이로써 역사적 지평에서의 학설 내에서도 역사학파에 맞섰다.43) 이를 넘어서 그는 현실의 정치적 결과들을 끌어냈고, 헌정 문제에 파고 들었으며 신분 의회의 자격 혹은 정치적 반대당파의 필요성을 논했고, 이로써 헤겔에게서 마주 대했던 것을 벌써 뚜렷하게 넘어서 갔다. (이에 대해서는 Riedel 1967; Lucas 2002; Braun 2005; XXIff., Sgro 2013: 26ff.) 간스는 이 강의로 약간 파문을 일으켰다. 아르놀트 루게Arnold

---

42) 이미 지난 장에서 이 세례에 대한 그 자신의 평가가 표현되는 간스가 표명한 내용이 인용되었다.
43) 간스가 '보편 법 역사와 결합된 자연법 혹은 법철학'이란 제목으로 간스가 1830년대에도 겨울 학기마다 한 이 특기할 만한 강의는 다양한 강의 필기록의 도움으로 Braun에 의해 재구성되었다. Gans(2005)를 보라.

Ruge(1802-1880)는 그의 인생 회고록에서 다음의 일화를 전해 준다.

> 어느 날, 헤겔이 황태자와 식탁에 같이 있었다. 그 왕실 초대자는 이
> 렇게 말했다: "간스 교수가 우리 모든 학생들을 공화주의자로 만드
> 는 것은 추문이오. 교수님, 선생님의 법철학에 관한 그의 강의에는
> 언제나 수백 명이 들어오고 아주 잘 알려져서 그는 선생님의 서술에
> 완전히 자유주의적인, 아니 공화주의적인 색채를 입힙니다. 왜 선생
> 님은 스스로 강의를 하지 않으십니까?" 헤겔은 이 생각에 반박하지
> 않았고, 간스가 강의하는 것에 관해 아무것도 모른다고 변명했고 다
> 음 학기에는 직접 법철학을 강의하겠다고 약속했다.(Ruge 1867: 431)

루게는 그의 서술에 대한 출처를 모른다. 우리는 이 대화가 그랬
을 수도 있겠지만 사실 그렇게 흘러갔는지 알지 못한다. 아무튼 헤
겔은 그의 법철학 강의를 1831/32년 겨울 학기에 다시 맡았지만 수
업의 두 번째 주에 사망했다.

간스가 헤겔학파에서 결정적인 역할을 했다는 것은 헤겔의 급작
스런 죽음 후에 아주 분명해졌다. 간스는 『알게마이네 프로이시셰
슈타스차이퉁』에 헤겔에 대한 추도사(Nicolin 1970: 490-496에 수록됨)
를 썼을 뿐만 아니라 두 가지 정치적 핵심 텍스트 『법철학』(1833)과
『역사철학 강의』(1837)를 친우회판으로 편집했다. 그 외에 간스는 말
하자면 공식적인 헤겔 전기를 써야 했지만 이는 그의 이른 죽음으로
못하게 되었으며 이 과업을 맡은 카를 로젠크란츠Karl Rosenkranz(18
05-1879)는 서언에서 이를 떠올렸다.(Rosenkranz 1844: XVI)

간스는 강의 필기록에서 "보충"이라 표시된 것을 통해 『법철학』

을 보완했다. 이 보충은 흔히 초판 인쇄된 텍스트보다 정치적으로 더 날카로웠다. 그 서문에서 간스는 헤겔 법철학의 자유주의적 내용을 강조했고 이를 왕정복고를 철학적으로 정당화했다는 비난에 맞서 옹호했다. 간스가 출간한 판본으로 『법철학』은 20세기에 들어서까지 받아들여졌고 마르크스도 이 판을 활용했다.[44]

전공 강의 외에 간스는 공개 강의도 했는데, 가령 "지난 50년의 역사", 즉 프랑스 혁명 후 역사에 관한 강의로 이례적 관심을 받았다. 렌츠(Lenz 1910, Bd. 2.1: 495)가 알려 주는 것처럼, 이 강의들은 "각계 각층에서" 청중을 900명 이상 끌어들였다. 여기서도 간스는 최대한 불쾌감을 야기했다. 문화부장관 알텐슈타인은 내각 동료한테 1833/34년 겨울 학기에 열기로 공고된 나폴레옹의 역사에 관한 강의가 "황제 폐하께 불쾌하게 여겨질 것"이라고 전해 들었다.(Braun 2011: XXXVI에 따라 인용됨) 간스는 그 강의를 취소했다. 그러나 포기하지는 않았다. 1832년 여름부터 그는 "유럽, 특히 독일 국가법"에 관한 강의를 하고, 1834년부터는 "국제법"에 관한 강의를 했다. 둘 다 현실의 정치 문제를 쉽게 다룰 수 있게 해 주는 주제였다.(같은 책: XXVII)

간스가 자기 강의에서 기꺼이 프로이센에서 표현할 수 있는 한계까지 간 것을 (이미 위에서 말한) 문필가 하인리히 라우베Heinrich Laube는 그에 대한 회고에서 뚜렷이 밝혔다. "흔히 지극히 위험한 주제들

---

44) Johannes Hoffmeister는 1955년에 발간한 『법철학』 판에서 이 보충을 완전히 포기했는데, 이를 위조된 것으로 간주했기 때문이다. 그러나 Ilting(1973/74)에 의한 완벽한 강의 필기록의 출판에서 드러나는 것처럼 이는 그렇지 않다. '저작집'에서는 역사적·비판적인 판이므로 마찬가지로 보충은 포기되었고 Suhrkamp Werkausgabe에서는 포함되었다. Hermann Klenner가 1981년에 새로 간행한 간스 판(그래서 보충이 있는 판)은 상세한 주석으로 볼 때 여전히 최선의 연구용 판본이다.(Hegel 1821a)

에 관한 문장은 놀랍게 대담한 방식으로 시작되었다. 모두가 숨을 죽이고 귀를 기울였고, 염려하는 친구도 틈을 노리는 적도 인습의 한계가 범해지는 것을 기대했지만, 그 이례적인 말의 검투사는 찌르기를 아주 능숙하게 구사하여 모든 것이 이루어졌고, 그 문장의 끝에서는 시종일관 방어가 되었다."(Laube 1841: 127)

출판사에서 이미 예고한 『지난 50년의 역사』는 간스가 조기 사망하여 더 이상 출간할 수 없었고 원고는 유실되었다.(Braun 2011: XXXVI) 그러나 또 다른 책이 1836년 여름, 마르크스가 베를린으로 오기 직전에 나왔다: 이는 『인물과 상황에 대한 회고』였다. 거기서 간스는 다른 것들 중에서도 1825년과 1830년 두 번의 파리 체류 시절에 알게 되었던 생시몽주의와 씨름했다. 『법철학』에서 시민 사회에 대한 헤겔의 분석과 1831년 긴 영국 여행에서 얻었던 영국의 공업 상황에 대한 통찰을 바탕으로, 간스는 권위적인 생시몽의 사회 유토피아에 대한 비판만이 아니라 헤겔을 훨씬 뛰어넘는 계급 관계의 역사와 현재에 대한 주목할 만한 통찰에 도달했다.45) "그들[생시몽주의자들]은 노예제가 아직 끝나지 않았고, 형식적으로는 폐지되었지만 실질적으로는 지극히 온전한 모습으로 존재한다고 옳게 지적했다. 예전에 주인과 노예, 나중에는 귀족과 평민, 그다음에는 영주와 봉신이 서로 대치한 것처럼 지금은 무위도식자와 노동자가 대치한다. 영국의 공장을 방문해 보라. 그러면 수백 명의 남녀가 여위고 곤궁한 상태에서 단 한 사람의 시중을 드는 데 건강과 삶의 즐거움을 단지 가련한 연명 때문에 희생 제물로 바치는 것을 보게 된다. 동물처럼

---

45) 이에 대해서는 Waszek(1988)을 참조하라. 헤겔주의와 생시몽주의 간의 관계에 대해서는 Schmidt am Busch u.a. (2007)을 보라.

인간을 착취한다면 그가 굶어서 죽을 자유가 있다고 하더라도 이를 노예제라고 하지 않는가?"(Gans 1836: 99f.)

이미 코르뉘(1954: 81, Fn. 86)는 이런 통찰이 마르크스에게 미쳤을 가능성이 있는 영향을 강조했고 브라운(Braun 2011: XXXIVf.)은 이 인용문의 두 번째 문장이 얼마나『공산당 선언』의 시작 부분을 상기시키는지에 유의하도록 했다. ("자유인과 노예, 귀족과 평민, 남작과 농노, 동업조합 부르주아와 직인, 한마디로 억압자와 피억압자가 서로 끊임없이 대립했다.", MEW 4: 462)[46] 마르크스가 간스의 책을 읽었는지 우리는 모른다. 그러나 그가 간스의 강의를 들었고 간스는 대중의 주의를 모은 중심에 있었으며 마르크스는 다독하는 자였으니, 그가 이 책을 알았을 가능성이 높다. 1830년대 말에 그에게 간스가 한 숙고의 사정거리를 완전히 파악할 수 있을 만한 경제 지식이 결여되긴 했으나, 부르주아 사회가 노동하는 인간의 착취 면에서 자유주의자들이 공통적으로 가정하는 것보다 부르주아 이전 사회들과 훨씬 덜 구분된다는 생각이 마르크스라는 비옥한 토양에 떨어졌다고 할 수 있겠다.

간스는 정치적으로 직접 참여하기도 해서 독일에서 큰 파장을 일

---

46) 코르뉘(1954: 80)는 간스가 심지어 "사회주의"에 가깝거나 "사회주의적 노동 조직"을 요구한다고 본다. 거기서 그는 위에서 인용된 대목 직후에 이어지는 문장을 준거로 삼는다. 간스는 노동자가 "동업조합들의 폐지" 후에 "마이스터들의 지배로부터 공장주인들의 지배로 떨어진다"고 보며, 이를 막을 수단이 없는가 하는 질문에 이렇게 대답한다: "물론 있다. 이는 자유로운 조합이고, 사회화다."(Gans 1836: 101) 맥락에서 드러나는 것처럼 이로써 생산수단의 사회주의적 사회화가 아니라 오히려 초기 노동조합 조직이 말해진다.(Waszek 1988: 359f., 2006: 38ff.을 참조하라) Hans Stein(1936: 20ff.)은 극빈상태에 대한 반작용으로 서유럽에서 사회정책 논쟁이 "조합Assoziation"(또한 "사회화" 혹은 "노동 조직"으로 칭해진다) 사상에 의해 지배되었음을 명료하게 했다. 이로써 모든 형태의 구호 협회, 생계지원 기관 혹은 신용 협회들이 가난한 자들의 처지를 개선할 수단으로 자본주의 사회 내에서 말해진 것이다.

으킨 '괴팅겐 7교수 사건'에 개입했다. 1837년에 왕위 계승을 위한 다른 규정들로 인해 1714년부터 존재해 온 영국과 하노버 왕국 간의 인적 결합이 끝났다. 이제 겨우 18세가 된 빅토리아가 그레이트 브리튼과 아일랜드 통합 왕국의 여왕의 관을 썼고 1901년 사망 때까지 그 자리에 있어야 했다. 당시에는 아직 아무도 예감하지 못한 빅토리아 시대가 시작된 것이다. 하노버에서는 에른스트 아우구스트 Ernst August(1771-1851)가 왕위에 올랐고 비교적 자유주의적인 1833년의 헌법을 폐지했다. 이에 대해 야콥과 빌헬름 그림 등 괴팅겐 교수 7명이 항의하자 그들은 면직되었고, 일부는 심지어 국외 추방을 당했다. 독일 국민들은 면직 교수들과 폭넓게 연대를 형성하며 그들을 위해 모금 집회도 했다. 간스도 베를린에서 그러한 집회에 참여했고, 이로써 그는 다시 한번 자신에 대한 정부의 불신을 초래했다. 카를 아우구스트 파른하겐 폰 엔제Karl August Varnhagen von Ense(1785-1858)[47]를 통해 우리는 간스가 자신의 우편물에 대한 감시가 있음을 어지간히 확실하게 가정할 수 있었고, 그 감시를 역이용하여 사건으로부터 아주 능숙하게 빠져나왔음을 안다. 1838년 1월 12일 파른하겐은 그의 일기장에 이렇게 적었다.

---

47) 파른하겐은 이미 지난 장에서 언급된 라헬 파른하겐의 남편이었다. 그는 1814년에 반나폴레옹 전쟁에서 장교로서의 공로로 프로이센 국왕으로부터 푸를르 메리트 Pour le Mérite 훈장을 받았고 — 이는 프로이센의 최고의 무공 표창이다 —, 이어서 프로이센의 외교관이 되었다. 훈장을 받은 지 겨우 5년 후에 그는 "민주주의 성향"을 지녔다고 하여 면직되었다. 파른하겐은 프로이센의 정치 및 문화 엘리트들 상당 부분과 알고 지냈다. 그의 1819-1858년에 이르는 일기장의 기록에는 프로이센의 정치와 문화계에서 일어난 사건에 대한 배경 정보들과 대화들 다수를 담아 두었다. (파른하겐에 대해서는 Greiling 1993을 참조하라.)

간스 교수는 아르코나티Arconati 후작 부인에게 보낸 편지에서 괴팅겐의 일곱 교수들을 위한 그의 모금 활동에 관해 여기 당국이 이 사실을 알기를 바라는 그런 방식으로 자신의 생각을 표명했다. 며칠 전에 폰 로호 장관은 지금 그들은 일이 어떻게 된 것인지를 정확히 알 것이라고, 간스가 물론 불쾌한 짓을 했지만 사람들이 그를 어쩌지 못하게끔 했다고 지금 이곳의 대학 총장인 추밀고문관 벡크에게 말하는데, 이제 그것을 간스 자신의 말로 재현한다!(Varnhagen von Ense 1861: 75)

간스가 베를린 대학 학생들에게 어떻게 평가되었는지는 파른하겐이 기록한 다른 한 사건이 분명히 보여 준다. 1838년 3월 22일에 약 600명의 학생들이 간스의 생일을 축하하는 음악회를 그의 집 앞에서 열었다. 거기서 그들은 간스만이 아니라 괴팅겐 교수 7인의 만수무강을 위해 건배했다. 우연히 같은 건물에 쵸페Tzschoppe 추밀고문관이 살았는데, 그는 반정부 사상을 가진 것으로 감지한 모든 사람(예를 들어 시인 하인리히 라우베, 위 참조)을 추적하는 데서 두각을 나타낸 자였다. 쵸페가 창문에 나타났을 때, 한 학생이 그를 향해 "페레아트 Pereat(죽어라)!"를 외쳤다. 괴팅겐의 일곱 교수를 위한 만세와 한 프로이센 관리를 위한 외침은 스캔들이었다. ─ 경찰도 대학 판사도 수사를 했고 간스는 또다시 변명을 해야 했다.(Streckfuß 1886, Bd. 2: 791f., Braun 1997: 190-194)

간스는 이 사건이 있고 나서 별로 오래 살지 못했다. 1839년 5월 5일 카를 마르크스의 21번째 생일날에 그는 뇌졸중으로 사망했다. 그전 겨울 학기에 간스는 다시 한 번 광범위한 청중을 겨냥한 "국가

법 및 국제법의 특별한 고려에서의 베스트팔렌 평화로부터 시작된 기간의 역사"라는 강의를 했다.48) 그 강의는 이례적으로 듣는 사람이 많았다.(Braun 2011: XXVIIIf.) 아마도 일련의 현실 문제들과 씨름했을 수도 있겠다. 광물학자 카를 캐자르 폰 레온하르트Karl Cäsar von Leonhard(1779-1862)는 그의 회고록에 1833년 드레스덴에서 간스와 만난 것을 보고하며 비록 출처를 밝히지 않았지만 간스가 강단에서 한 것으로 추정되는 "마지막 말"을 언급한다. 이 강의의 최종 문장이 아닐까 싶다.

> 새 시대의 역사는 거대한 혁명의 역사다. 전에는 대체로 특권층인 귀족 집단이 혁명[1688년 영국의 '명예혁명'인 듯]을 일으켰다. 그런 다음 프랑스의 변혁[1789년 프랑스 혁명]은 인민, 즉 가난한 사람들, 민중의 도움으로 특권을 확보한 제3신분의 귀족정치집단이 만든 것이다. 그러나 제3의 혁명은 이 민중, 즉 특권 없고 재산 없는 완전한 다수 대중의 혁명이 될 것이다. 이런 혁명이 등장하면 세계는 떨 것이다.
> (Leonhard 1856: 214)

---

48) 아마 1838-40년에 베를린에서 공부했던 의사이자 시인인 막스 링Max Ring(18 17-1901)이 자신의 『회고록』에서 언급한 내용이 이 강의를 말한 것일 수 있겠다. "그때 우리에게 의기양양하게 자유 사상을 가진 교수의 독창적인 고용인, 늙은 겁쟁이가 이렇게 보고했다. '우리는 올해에 프랑스 혁명을 공부할 겁니다. 하다가 뚝 끊길 뿐이겠지만요.'"(Ring 1898: 128)

젊은 마르크스의 법학 공부와 비非 법학 공부

1836년 10월 22일에 카를 마르크스는 베를린 대학에 등록했다. 이는 1841년 3월 30일의 그의 수료증에 나온다.(Lange 1983: 190) 베를린 대학에는 당시에 1,700명의 학생이 등록했다. 500명이 넘는 학생들을 가진 법학부가 가장 컸다. 이로써 베를린은 본보다 두 배가 넘는 학생들을 가졌지만 주민 수는 스무 배 넘게 더 많았다. 도시 인구에서 차지하는 학생들의 몫은 안 보이다시피 할 정도로 적었다. 그래서 그들은 작은 대학도시들에서만큼 큰 역할을 경제적으로도 하지 못했다. 학생들에 대한 강도 높은 감시와 학생들의 도시에서의 훨씬 더 적은 중요성은 또한 학생들의 생활 성격에도 영향을 주었다. 1820년대에 베를린에서 공부한 루트비히 포이어바흐Ludwig Feuerbach (1804-1872)는 1824년 7월 6일에 자기 아버지에게 보낸 편지에 이렇게 썼다.

> 술자리, 결투, 단체 여행은 여기서 전혀 생각할 것이 못 돼요. 다른 어떤 대학에서도 물론 단순한 학생들의 이야기보다 더 고상한 무엇에 대한 그렇게 일반적인 열심, 그런 것에 대한 감각, 학문을 향한 그런 노력, 그런 고요함과 조용함이 여기만큼 지배하지 않아요.

베를린 대학은 진정한 "노동교화소Arbeitshaus"라는 것이다.(Feuerbach, Bd. 17: 48)

수료증에는 마르크스가 신청한 강의들이 그 평가와 함께 등재되어 있다. 1836/37년 겨울 학기에 마르크스는 프리드리히 카를 폰 자비니에게서 판덱텐을 들었고("열심히"), 에두아르트 간스에게서 형법을 들었고("특출하게 열심히"), 헨리크 슈테펜스Henrik Steffens에게서 인류학을 들었다.("열심히") 1837년 여름 학기에는 빌헬름 헤프터 Wilhelm Heffter에게서 교회법, 독일 민사 소송법, 프로이센 민사 소송법에 관한 세 강의를 수강했는데 모두 "열심히"로 평가받았다.(Lange 1983: 190) 1837/38년 겨울 학기에 마르크스는 단 하나의 강의, 형사 소송법만 다시 헤프터에게서 듣는 것으로 신청했다.("열심히")

마르크스가 이미 본에서 로마법의 역사에 대한 강의를 신청했었으므로, 자비니의 판덱텐 강의를 듣는 것은 필수가 아니었다. 아마 마르크스는 유명 인사를 그의 가장 잘 알려진 분야에서 놓치고 싶지 않았을 것이다. 에두아르트 간스에게서 마르크스는 형법을 수강 신청하긴 했지만 자연법과 만국법萬國法 역사에 관한 그의 연속 강의를 듣지는 않았다. 마르크스가 베를린에 도착하면서 간스라는 이름이 그다지 흥미를 끌 만큼 귀에 익은 것이 아니었기 때문이었을 수 있다. 그리고 자연법을 그는 이미 본에서 자비니의 제자 푸게Puggé에게서 들었던 것이다.

헨리크 슈테펜스(1773-1845)는 프리드리히 요제프 셸링(1775-1854)의 영향을 강하게 받은 자연철학을 대표했다. 사변적 인류학에서 그는 인간을 정신과 자연의 통일체로, 우주의 소우주적 대표로 파악했다.(Liebmann 1893) 마르크스는 늦어도 슈테펜스의 강의에 의지하여 셸링에 몰두했다고 할 수 있겠다.

아우구스트 빌헬름 헤프터(1796-1880)에 관해 렌츠는 그가 원래 자비니의 영향을 강하게 받았지만 자비니의 제자들에 대해 독립적인 입장을 취했고, 헤겔 철학에 다가갔다고 쓴다.(Lenz 1910, Bd. 2.1:

498) 이런 주장이 어디에 근거를 두었는지는 불명확하다. 헤프터는 실천적 법학자였다. 그는—박사학위 취득 없이—최초의 교수 자리를 본에서 얻기 전에 뒤셀도르프 지방법원 판사였다. 베를린에서 그는 1833년부터 가르쳤으며, 위에서 언급한 것처럼 또한 라인 지방의 고등법원 재판부 구성원이기도 했다.(Lauchert 1880) 그가 자비니와 간스 사이의 갈등에서 일방적으로 자비니 쪽에 서지 않았다고 해서 헤겔 철학에 다가간 것은 아니다. 그의 출판물과 강의들에서는 이미 마르크스가 신청한 강의들의 제목들이 뚜렷하게 보여 주는 것처럼 법철학적 문제들보다는 법 실천의 문제들이 중요했다.

베를린에서 마르크스는 본에서만큼 공부를 열심히 하지 않았다. 그곳에서 그는 첫 학기에 여섯 강의, 두 번째 학기에는 네 강의를 수료했다. 그렇지만 그는 베를린에서 이미 독자적인 법 이론적인 정립에 착수했다. 첫 번째 텍스트 혹은 적어도 편지 안에서의 긴 상세 서술들을 그는 이미 1836년 12월에 자신의 아버지에게 보냈음이 분명한데, 이는 아버지가 12월 28일에 이렇게 답장을 했기 때문이다.

> 법에 대한 네 견해는 진실이 없지 않으나 하나의 체계 안에 폭풍을 불어넣기에 알맞구나. 그런데 너는 학문의 폭풍이 얼마나 거센지를 모른다. 사실에서 거슬리는 것을 완전히 제거할 수 없다면 적어도 형태는 온건하고 기분 좋은 것이어야 했을 것이다.(MEGA III/1: 303)

그러나 이런 최초의 숙고들은 우리가 1837년 11월 10일의 그의 편지를 통해 엄청난 생산성에 관해 정보를 얻게 되는데, 그 생산성의 시초일 뿐이었으며, 그 편지는 그의 학창 시절의 유일한 장문의 편지로 보전되어 온 것이다. 거기서 마르크스는 회고하면서 이렇게 적는다.

나는 법학을 공부해야 했고 무엇보다도 철학과 씨름하려는 충동을 느꼈습니다.(MEGA III/1:10; MEW 40:4)

이런 갈등을 그는 한편으로 법 문헌에 매달리고 그중에서도 판덱펜의 처음 두 권을 번역했고 다른 한편 "법철학을 (…) 써내려고 하면서 해소하려고 시도했는데, 이는 거의 전지 300장의 작업이었습니다."(같은 책) '전지Bogen'라는 것은 물론 16면의 인쇄용 전지를 말하는 것은 좀처럼 아니었을 수 있고 한 면(필시 양면이 다 적혀 있는)이었을 수 있겠는데, 이는 여전히 엄청난 집필 성과를 나타낸다. 서문으로 그는 이 저작에 「몇 개의 형이상학적 명제」(같은 책)를 붙였다. 용어 선정부터가 칸트의 영향을 받았다는 결론을 내리게 해 준다. 칸트는 1797년에 '도덕 형이상학'이란 제목으로 자신의 법철학을 출판했으며, 그 제1부는 '법학의 형이상학적 출발 이유'란 제목으로 쓰였다. 「형이상학적 명제들」이란 철학적 서론 말고 다른 것을 말하는 것이 아닐 수 있겠다. 그 뒤에 「법철학, 즉 나의 당시의 견해에 따를 때 실정 로마법에서의 사고 발달에 대한 고찰」(같은 책: 11; 5)이 이어졌다. 이런 로마법을 지향한 체계화 시도에서는 자비니의 영향이 나타나는데, 이 점을 마르크스는 다음 단락에서 자신이 법학의 형태와 내용을 분리하는 오류를 자비니와 (…) 공유했다고 적으면서 참조하도록 한다.(같은 책) 마르크스는 자기 아버지에게 계획된 내용 구획을 개관하여 보여 주지만, 갑자기 중단하고 완전한 자기비판으로 이렇게 공언한다.

> 삼분법적인 내용 구획은 전체를 통해 관철되고, 이는 지치게 만드는 장황함으로 쓰였으며, 가장 야만적인 것에 대한 로마적 표상을 오용하여 이를 내 체계 안에 강요했습니다. (…) 물적 사권私權의 결론에서 나는 기본 체계에서 칸트의 체계에 닿아 있지만 상술에서는 그로부터 완전히 빗나가는 전체 내용이 잘못이라고 보았습니다.(같은 책: 12f.; 7)

결과적으로 그에게는 "철학이 없이는 관통할 수 없다"는 것이 명확해졌다. 그리고 그가 하는 것은 무엇인가? 그는 "새로운 형이상학적 근본 체계를 썼으며, 그 결말에서 나는 다시 한번 그 체계의 오류와 나의 이전의 전체 노력들의 오류를 통찰할 수밖에 없었습니다." (같은 책: 15; 7) 계속되는 법철학적 시도들을 마르크스는 그 이후 더 이상 착수하지 않은 것으로 보인다.

마르크스가 첫 학기 혹은 그 직후에 작성한 법학 저작들은 칸트와 자비니의 영향을 강하게 받은 것이다. 마르크스는 법의 체계화 시도에 착수하지만 그 시도가 얼마나 피상적이고 형식적인지를 스스로 간파한다. 그 완성에서도 이 비판에서도 헤겔의 『법철학』은 어떤 역할을 한 것으로 보이지 않는다. 편지에는 헤겔주의적 비판의 소리가 울리지만 헤겔 철학으로의 이행 후에 작성된 사후 평가인 것이다.

전기 문헌에서는 메링(1918: 20) 이후 거듭하여 에두아르트 간스가 마르크스의 가장 중요한 대학 스승이었다고 주장되며, 한동안은 심지어 간스가 마르크스의 헤겔 철학으로의 이행에서 중요한 역할을 했다고 가정된다.[49] 물론 마르크스가 이 첫 학기에 혹은 나중에도 간스로부터 지속적으로 영향을 받은 흔적은 없다. 다음 두 학기에 그는 간스의 강의를 듣지 않았고 아버지에게 보낸 상세한 편지에서 간스는 결코 언급되지 않는다. 1838년 여름 학기에야 비로소 그는 간스에게서 유일하게 더 들은 강의로 '프로이센 토지법'을 수강 신청했다. 나중에도 간스에 관한 마르크스의 의견 표명은 편지들에서도, 특별한 관계를 암시해 주는 텍스트들에서도 발견되지 않는다.

젊은 마르크스는 물론 베를린에서 첫 학기에 법학 공부로 능력의 한계에 도달하지 않았다. 내가 곧 상세히 들여다볼 시 창작의 시도들과 아울러 그는 방대한 독서량을 소화해 냈다. "거기서 나는 내가 읽은 모든 책에서 발췌하는 습관을 내 것으로 만들었다."(같은 책: 15; 8) 이 습관을 마르크스는 생애의 마지막까지 유지했으며, MEGA에는 보전되어 남아 있는 발췌문들이 (그 규모가 훨씬 더 작은 엥겔스의 발췌문들과 함께) 모두 31권을 채울 것이다. 이제 마르크스는 "레싱의 라오콘, 졸거의 에르빈, 빙켈만의 예술사, 루덴의 독일사…"를 발췌했고 "그러면서도 나는 타키투스의 『게르마니아』, 오비디우스의 『슬픈 책 libri tristium』을 번역했고, 사적으로 문법책에서 영어와 이탈리아어를 시작했고, 클라인의 형법과 그의 연감을 읽었으며 문학의 모든 최신 작품들을 읽었지만 이 뒤의 것은 틈틈이 했습니다."(같은 책)

소일거리로 고대의 저자들을 원어로 읽고 부분적으로 번역도 하

---

49) 코르뉘(1954: 82)는 마르크스가 간스의 영향을 아주 깊이 느꼈다는 것에 관해 이야기하며, Kliem(1988: 16)은 간스를 "카를 마르크스의 가장 중요한 법학 및 철학 교사"로 지칭하고 간스의 죽음으로 마르크스는 그의 "멘토"를 잃었다고 말한다.(같은 책: 52) Sperber(2013: 72)는 마르크스의 생애가 간스가 1839년에 사망하지 않았더라면 다른 경로를 취했을 것이라 추론한다.

는 습관을 마르크스는 노년에도 놓지 않았다. 타키투스 번역은 ―
『게르마니아』에서 로마의 역사가 타키투스(58-120)는 게르만인들의
문화를 그가 부패하고 퇴폐적인 것으로 간주한 로마 사회의 반대 형
상으로 서술한다 ― 아무것도 전해져 오지 않는다. 오비디우스의『트
리스티아Tristia』의 첫 번째 비가의 자유로운, 운문으로 된 번역문은
카를이 1837년 생일 선물로 아버지께 드린 시집에 들어 있다.(MEGA
I/1: 628-637) 『트리스티아』에서 오비디우스(기원전 43-기원후 17)는
아우구스투스 황제에 의해 흑해로 추방된 자로서 자신의 외로움을
탄식했다.

언급된 발췌문들로부터 아무것도 전해져 오지 않는다. 물론 거명
된 제목들은 시사하는 바가 대단히 많다. 마르크스가 언급한 하인리
히 루덴(1778-1847)의『독일 민족사』는 1825년과 1837년에 열두 권
으로 나왔다. 그것은 독일사로는 최신작으로 1837년 시장에 나온 것
이다. 1841년에 루덴은 예나 대학 철학부에 속했고, 마르크스는 훗
날 이 학부에서 박사학위를 받았다.

흥미로운 것은 특히 앞에 거명된 세 예술이론 분야 책 제목들이다.
빙켈만과 레싱의 저작은 당시에 예술에 관심 있는 교양 시민의 필독
서였다. 고트홀트 에프라임 레싱(1729-1781)은『라오콘 혹은 회화와
시가의 경계선에 관하여』(1766)에서 바티칸 박물관의 유명한 라오콘
-군상群像에 대한 빙켈만의 해석을 비판했고, 거기서 그는 조형예술
(회화·건축)과 시의 표현 가능성의 근본적 차이를 강조했다.

요한 요아힘 빙켈만Johann Joachim Winckelmann(1717-1768)의 두 권
으로 된『고대 예술사』(1764)는 독일에서 그리스 고대 문물에 대한
수용에 엄청난 영향을 미쳤다. 마르크스에게서 20년 후에도 여전히

이 독서의 잔향이 발견된다. 계획된 정치경제학 비판에 대한 1857
년에 작성된 「서론」에서 마르크스는 그리스 예술에 관한 빙켈만의
관념을 도달할 수 없는 이상으로 전제하지만, 이것이 오늘날 어째서
그런지를 질문한다.

> 그러나 어려움은 그리스의 예술과 서사시가 일정한 사회적 발달 형
> 태에 결부되는 데 있는 것으로 이해되지 않는다. 그 어려움은 그것들
> 이 우리에게 여전히 예술의 향유를 가져다주며 일정한 점에서 규범
> 이자 도달할 수 없는 모범으로 간주된다는 것이다.(MEGA II/1: 45;
> MEW 42: 45)

좀 놀라운 것은 카를 빌헬름 페르디난트 졸거Karl Wilhelm Ferdinand
Solger(1780-1819)의 『에르빈』을 읽은 것인데, 이는 조금밖에 주목을
받지 않은 대화 형식으로 구상된 예술이론 논고다. 나는 아래에서
졸거에게로 그리고 그가 마르크스에게 가졌을 가능성이 있는 의미로
되돌아올 것이다.

문학적 시도

이미 학창 시절 동안에 카를은 시를 썼었다. 보전되어 있는 가장
오래된 (카를 대제에 관한) 시는 1833년에 쓴 것이다.(MEGA I/1: 760ff.)
독일어 수업에서 당시에 학생들은 스스로 시를 짓도록 하는 과제를
받았다. 단순한 분석에 국한하는 것은 훗날의 일이다.[50] 그의 친구
에드가르도 시를 썼다. 그의 시로는 심지어 1830년의 한 편이 남아

있는데 이는 그가 11학년(김나지움 7학년 — 옮긴이) 때에 지은 것이다. (Gemkow 1999: 407) 시를 쓰는 것은 부르주아지 내에서는 오늘날보다 훨씬 더 통상적이고 널리 퍼져 있었다. 적어도 몇 소절의 단순한 시 구는 학식 있는 사람이라면 행사에서 낭독하거나 기림을 받는 인물에게 바칠 수 있기 위해 완성해야 했다.

젊은 카를은 명백히 더 많은 것을 원했다. 불과 2년 만에 쓴, 전해 오는 작품의 양만 해도 특기할 만하다 — MEGA에서 인쇄된 책으로 그것들은 약 300쪽이 되며, 전부 남아 있지 않은 지는 오래되었다. 카를은 자신의 시를 손질하고 개선하고자 시도했으며 다양한 장르를 실험했다. 시 외에도 유머러스한 소설의 단편과 희곡의 일부도 있다.

젊은 카를이 법률가로서보다는 차라리 시인으로서의 경력을 상상했을 가능성도 충분히 있다. 아무튼 그는 자기 작품들을 이미 아주 이른 시기에 세상에 알리기를 원했다. 카를이 바로 본에서 첫 학기 말을 보내던 때인 1836년 2-3월의 한 편지에서 그는 아버지에게 이렇게 썼다: "인쇄를 기다려 보시는 게 좋겠어요." 이처럼 마르크스는 적어도 출판 시기를 생각할 정도가 되어 있었다. 그러나 그의 아버지는 현실적으로 생각하는 사람이라서 회의적이었지만, 다음과 같이 썼다.

---

50) 트리어 김나지움의 학교 교과 과정에서 드러나는 것처럼 3학년(1831/32)의 독일어 수업에서는 "운율 체계와 운율학" 등이 있었고, 6학년(1832/33)에는 "문체에 관하여, 이야기하기, 글쓰기, 작은 시 짓기 연습"(Große 2011: 355, Fn. 5)으로 되어 있다. 이 첫 번째 시는 독일어 수업의 틀에서 지어졌을 가능성이 있다.

시인·문인은 이제 공적으로 등장하고자 한다면 뭔가 대단한 것을 내놓아야 한다는 소명을 지닐 수밖에 없다. 숨김없이 네게 말하노니 너의 천품은 남모르게 나를 기쁘게 하고 나는 이에 관해 많이 희망을 걸지만 네가 평범한 시인으로 등장하는 것을 본다면 이는 나를 슬프게 할 것이니라.(MEGA III/1: 294; MEW 40: 621)

아버지에게는 카를이 법학보다 시 예술에 더 흥미를 가진 것이 분명해진 것으로 보인다. 앞선 편지에서 카를은 아버지에게 아버지의 판단 없이는 아무것도 출간하지 않겠다고 확언한 것이 분명하다. 아무튼 아버지는 카를이 그 약속을 지킬지에 대해 완전히 확신하지는 못했을지라도 이에 대해 그에게 고마워한다.(1836년 2월/3월의 편지, MEGA III/1: 294; MEW 40: 621) 그는 그 약속을 지켰어야 옳았다: 불과 몇 달 후에 카를은 상응하는 작품들을 아버지에게 먼저 보여드리지 않고 출판 가능성을 위해 힘썼던 것이 분명하다. 아버지는 태연하게 반응했다. 겨우 "의례적인 상담 과정"에 거들 수 있기를 원했다.(같은 책) 그러나 그 계획은 수포로 돌아갔다.

그다음 몇 달간 아버지의 카를의 출판 계획에 대한 회의감에는 변화가 없지 않았다. 1837년 3월 2일의 편지에서 하인리히 마르크스는 카를이 공개적으로 성공을 거둘 수 있을 적당한 처녀작은 무엇일지에 대한 고민마저 내비쳤다.(MEGA III/1: 309f.; MEW 40: 628, 다음 장을 참조하라) 명백히 하인리히 마르크스는 자기 아들이 그가 원한 길과 다른 길로 접어들더라도 그를 후원할 용의를 지녔다.

그러나 몇 달 뒤에 1837년 11월 10일의 편지에서 카를은 자신의 시들에 대한 가차 없는 비판을 전했다. 그 귀결로 그는 자신의 방금 쓴 초안들을 불태웠고, "완전히 그 일을 그만두고 싶다"고 알렸다. (MEGA III/1: 17; MEW 40: 9) 남아서 전해져 오는 것은 그가 예니와 자신의 아버지에게 선물한 시집들이다. 우리가 그의 딸 라우라에게서 들어서 아는 것처럼, 이 시는 말년에 마르크스에게는 단지 웃음거리였다. 마르크스·엥겔스·라살레의 유고집 출간을 준비하던 프란츠 메링에게 마르크스의 시들이 담긴 노트들을 전해 준 라우라는 그에게 이렇게 편지에 썼다.

> 저의 아버지는 이 시구들을 아주 함부로 취급했다고 선생님께 말씀드릴 수밖에 없습니다. 저의 양친이 이에 관해 이야기하게 되면 언제나 그분들은 이 젊은 시절의 치기에 관해 배를 잡고 웃으셨습니다. (Mehring 1902: 25f.)

문학사적인 작품도 쓴 메링은 그 시들에 어떤 미적인 가치도 부정했고 한 편도 그의 유고집 출간에 집어넣지 않았다. 겨우 서론에서 그는 "공상적 시인"[51]이란 제목 아래 몇 연을 인용했다. 그는 마르크스 전기에는 결코 그렇게 하지 않다. 메링은 문학적인 시도라는 이런 벗어남을 마르크스의 독자적 판단에 의해 정당화되는 것으로 보았다. 마르크스는 자기 시 어느 것도 출간하지 않았으며(이는 맞지 않다. 아래를 보라) "단지 몇 달간 이런 창작물의 무가치함에 관해" 착각했다는 것이다. 메링의 판단에 따르면 마르크스는 "무에서 세상을 창조하는 시인의 창조적 천재성이 부족했다."(Mehring 1902: 26, 27)

---

51) 이 표현을 메링은 하인리히 마르크스의 편지에서 취했다.(MEGA III/1: 306; MEW 40: 624)

한편으로 마르크스의 시들이 전혀 미적 가치를 가지지 않고 다른 한편으로 자신의 재능 부족을 스스로 간파했기에 시 짓기의 시도를 포기했다는 메링이 내린 두 판단은 백 년 전 이래 전기 문헌들 대부분에서 대체로 무비판적으로 계승된다. 더 포괄적인 마르크스 전기들에서도 이 시들은 빈번히 오직 사소한 진기한 이야깃거리만으로 간주되어 더 광범위하게 다루는 것을 정당화해 주지 않는다.52)

본 절의 이야기가 진행되면서 여러 이유들에서 메링의 판단에 대해 상당한 의문이 제기된다는 것이 뚜렷해질 것이다. 우선 메링은 (보전된) 마르크스의 시들 중 일부만을 알았다는 것이 확인될 수 있다. 이 시들은 두 개의 다른 시집들에 전해져 온다. 한편으로 카를이 1836년 10월, 11월에 크리스마스 선물로 예니를 위해 편집한 노트 세 권이 있다. 이 노트 세 권은 마르크스의 딸 라우라가 보관했던 것으로서 메링이 볼 수 있었다. 다른 한편, 마르크스가 1837년 4월에 60회 생신을 맞은 아버지에게 선물한 두꺼운 노트가 있다. 거기에는

---

52) 최신의 전기들도 그러하다. Sperber는 이 젊은 시절의 글들에 관해 "침묵하는 것이 최선이다"(Sperber 2013: 61)라고 썼는데, 그는 그러고 나서 쭉 침묵하고 만다. Neffe도 비슷하게 보는데, 그는 그 "실패한 시인"에게 단 6행의 문단만 할애한다. (Neffe 2017: 61) Stedman Jones는 시 몇 편을 인용하긴 하지만 단지 그 시들이 얼마나 사소한지를 명확히 보여 주기 위한 것이다. 그는 이 시들이 오로지 "카를의 시인으로서의 자기 자신에 대한 표상에 빠져 있음"(Stedman Jones 2017: 64)의 결과인 것으로 본다. Künzli(1966: 148ff.)는 더 상세하게 시들에 매달렸지만 이는 오직 마르크스에게 "유태인의 자기 증오"가 있었다는 자신의 논제를 해석적인 구성의 시도를 거쳐 밑받침하기 위한 것이다. 전기 문헌을 넘어서도 마르크스의 시적인 시도는 별 관심을 얻지 못했다. Lifschitz(1960: 41-48), Demetz (1969: 52-62), Prawer(1976: 11-25)는 그들의 주제("마르크스와 문학")에 입각하여 좀 더 상세하게 마르크스의 시들에 매달리지만, Demetz와 Prawer는 온전히, Lifschitz는 상당히 메링의 평가에 합세한다. 메링의 판단과 상관없이 마르크스의 시 창작 시도를 다루는 자로는 Hillmann(1966: 49-72), Rose(1978), Wessell(1979), Mah(1986; 1987: 154-170) 등이 있다.

예니를 위한 노트들에서 추려 낸 몇 편 안 되는 시들이 같이 들어갔다. 다른 시들은 1837년 2월에, 이 노트들이 만들어진 후에 비로소 쓴 것이다. 그 외에도 이 노트는 위에서 언급한 유머러스한 소설『스코르피온과 펠릭스』와 희곡『울라넴』의 몇 개 단편도 포함한다. 새로운 시들 몇 편은 먼저의 시들과는 질적으로 뚜렷이 구분된다. 그 시들은 1837년 11월의 편지에서 마르크스에 의해서도 완전히 부정적으로 평가되지 않는다. 여기서 그에게 "참된 시들의 왕국이 먼 곳의 요정 궁전처럼 번쩍였다"(MEGA III/1: 15; MEW 40: 8)고 한다. 이 노트는 메링이 이미 사망한 때인 1920년대에 비로소 제1차 MEGA의 준비작업 중에 발견되었다. 즉 마르크스가 이룬 발전을 메링은 전혀 인지하지 못했던 것이다. 그러나 메링에게 건네진 세 권의 노트는 라우라의 사후에 사라져서 그 내용이 제1차 MEGA에 수록될 수 없었다. 이는 제2차 MEGA의 출간 때까지 메링의 가차 없는 판단이 알려졌지만 관련된 시들은 알려지지 않은 역설적 상황으로 이끌었다. 다른 한편 이제 메링이 대부분 몰랐던 시들과 단편들이 나타났다. 메링의 판단을 무비판적으로 받아들인 저자들에게 이런 불일치는 결코 주목을 끌지 않았다.

1950년대에 메링이 들여다보았던 세 권의 노트가 마르크스의 손자인 에드가르 롱게(Edgar Longuet 1879-1950)의 유고에서 다시 나타났다. 제2차 MEGA에서는 그래서 처음으로 두 시집이 — 1836년의 예니를 위한 노트 세 권과 1837년의 아버지를 위한 노트 — 출간될 수 있었다. 그 외에 카를의 누나 조피가 내놓은 앨범은 1835년과 1836년의 시를 담고 있는 것이고 또 조피의 수첩의 여러 부분들에는 더 오래된 시들이 들어 있는데 그것들도 출판되었다.

다음에서 나는 마르크스의 문학적 시도들에 좀 더 상세히 들어가 보겠다. 이는 한편으로 시 짓기가 젊은 마르크스에게 첫째로 중요한 지향을 이루었기 때문이고, 다른 한편으로 마르크스의 시 짓기로부터 돌아온 것이 결코 메링이 그렇게 가정하는 것처럼 부족한 재능에 대한 통감 탓이 아니었기 때문이다. 다음 절에서 우리는 이 복귀의 이유들이 완전히 다른 데 있으며, 젊은 마르크스의 지적 발달의 또 하나의 문제의 해결에 대한 열쇠도 포함하는 것을 보게 될 것이다. 말하자면 헤겔 철학으로의 그의 이행이 그 이유였던 것이다.

마르크스의 시 짓기는 어렵지 않게 '낭만주의'로 분류된다. 거기서 오늘날의 일상언어적인 '낭만적'이란 어법은 (열광적·관념론적으로 현실과 동떨어진 조화에 맞추어진 것으로) 여기서 말하는 18세기 말에서 19세기 초반까지 지속된 문학적 낭만주의와는 구분되어야 하며, 거기서 후자는 19세기 초의 (아담 뮐러Adam Müller(1779-1829)를 그 대표자로 하는) 정치적 낭만주의와 동일한 것으로 두어져서는 안 될 것이다. 문학적 낭만주의의 특징 부여는 어지간히 논란이 된다. 주관성에 큰 의미가 배정된다는 것, 낭만주의에서는 감정 세계, 내적 체험, 불특정 타자에 대한 (실현할 수 없는) 갈망이 중요하다는 것, 아주 합리적이고 사무적인 세계에서의 고통을 표현하며, 이를 위해 빈번히 거리를 두는 풍자적 태도, 바로 "낭만적 풍자"를 사용한다는 것에 상당히 일치된 의견이 지배한다. 또한 독일의 후기 낭만주의에서는 중세와 가톨릭교에 대한 미화로의 경향이 작동하게 되며 낭만주의자 다수가 이 국면에서 정치적으로 보수적인 입장으로 기운 것은 명명백백하다. 낭만주의의 전반적인 성격, 그것의 계몽사상과의 관계, 특히 그것의 정치적 내용은 지난 180년간 물론 아주 다양하게 해석되었다.

이미 '청년 독일'은 낭만주의를 무엇보다도 가톨릭적이고 퇴보에 능숙한 것이라 보았는데, 이는 하인리히 하이네의 『낭만파』(1836)에서 최초의 정점에 도달한 비판이었다. 이 비판은 테오도르 에히터마이어Theodor Echtermeyer(1805-1844)와 아르놀트 루게Arnold Ruge(1802-1880)의 『할레 연감Hallische Jahrbücher』에서 "프로테스탄트교와 낭만주의"(1839/40) 선언으로 계속되었다. 『할레 연감』은 청년 헤겔주의자들의 "중앙기관지"와 같은 것이었다 — 나는 다음 장에서 이 것으로 되돌아올 것이다. 자유주의적인 문학사가들도 낭만주의를 무엇보다도 계몽사상의 합리주의에 대한 반대운동으로 보았다. 루돌프 하임Rudolf Haym은 저 위에서 언급된 1857년의 헤겔 전기와 마찬가지로 영향력이 큰 그의 『낭만파』(1870)로써 이 방향을 가리킨다. 그는 낭만주의를 정치적 반동과 대체로 동일시한다. 초기의 마르크스주의 문헌학계, 특히 프란츠 메링은 궁극적 정치적으로 반동적인 유파로서의 낭만주의에 대한 이런 시각에 강하게 영향을 받았다. 적지 않게 그런 이유로 메링은 마르크스가 낭만주의와 단지 짧은, 또한 그의 계속 이어지는 발달을 위해 성과 없는 접촉을 가졌다는 것을 명확히 하는 것에 아주 가까운 입장이었다.

20세기 초에 (독일) 낭만주의는 강화되어 독일 사람티를 내는, 민족주의적인 틀에 놓이게 되었고 찬미되었다. 이런 해석은 민족사회주의에서도 지배적이었고 낭만주의에 대한 상당한 불신임으로 이끌었다. 적지 않은, 무엇보다도 앵글로색슨계 저자들이 2차 세계대전 후에 독일의 (반근대적이고 반합리주의적인) 낭만주의 성향을 민족사회주의 부상에 기여한 중요 요소로 보았다.(예를 들어 Craig 1982: 216ff를 참조하라) 이런 부정적인 낭만파 상像의 배경 앞에서 많은 마르크스 비판자들은 마르크스의 저작도 낭만주의의 영향을 강하게 받았다거나(예컨대 Kux 1967) 혹은 아주 보수적인 몫을 가진다는 것을 증명하고자 시도했다.(Levin 1974)

그러나 무엇보다도 1960년대 이래 무의식적인 것의 주제화 혹은 문제성을 지닌 것이 된 개인의 정체의 주제화 같은 낭만주의의 진보적이고 근대적인 모습들도 강조되었다. 무엇보다도 비판적인 프리드리히 슐레겔-간행본 발행인 에른스트 벨러Ernst Behler에 의해 초기 낭만주의의 합리적이고 계몽적인 잠재성이 강조되었다.(Behler 1992) 이 논쟁들에 이어서 최근 수십 년간 바로 제2의 계몽사상으로 해석된 진보적 초기 낭만주의와 점점 더 보수적이 되어 가는 후기 낭만주의 간에 점차 더 많이 구분이 되어 왔다.53) 이제는 마르크스에게서의 낭만적 내용도 아주 긍정적으로 평가될 수 있었다.(예컨대 Behler 1978; Röder 1982를 참조하라) 마르크스의 저작, 가령 1844년의 『경제학·철학 수고』에서 낭만적 동기들이 얼마나 계속하여 작용하는지의 물음으로 나는 앞으로 되돌아올 것이다. 여기서는 먼저 일단 시를 짓고자 하는 그의 시도들만 다룬다.

예니를 위한 노트들 중 처음 두 권은 '사랑의 책', 세 번째 권은 '노래의 책'이란 제목을 달고 있는데, 이 노트들에서는 거듭하여 예니에 대한 카를의 사랑이 중심이 된다. 이런 관계에서 그는 힘을 얻지만, 동시에 예니를 잃을까 봐 두려워한다. 이미 첫 번째 시(두 개의 하늘)의 마지막 부분은 이렇게 되어 있다.

---

53) 낭만주의의 정치적 내용들에 관한 논쟁의 최근 수준에 대해서는 Ries(2012)와 Dreyer/Ries(2014)의 두 권의 총서를 참조하라.

그대가 인연을 끊으면 나는 곤두박질치리라
홍수가 날 휘감고 무덤이 날 삼키고
두 쪽 난 하늘이 물에 잠기니
피 흘리는 혼은 숨을 거두오.(MEGA I/1: 485)

인간의 오만에서는 행복감이 우위를 차지한다: 모든 것이 가능해 보이고 모든 것이 달성 가능해 보인다. 아니 카를은 스스로를 "신과 닮았다"고 느낀다.

예니! 내가 감히 말해도 좋겠소?
우리가 혼을 맞바꾼다고
불타오르며 한 덩어리가 된다고
폭풍이 그 파도로 거센 소리를 낸다고
그럼 내 장갑을 세상의 드넓은 얼굴에
경멸의 뜻으로 집어던지오
거대한 난쟁이가 으르렁거리며 고꾸라져도
나의 열불은 그 잔해마저 태우지는 않소.

신처럼 나는 돌아다니며
의기양양하게 폐허의 왕국을 지나가는데
어떤 말도 불덩이요 행함이니
내 가슴은 조물주의 품과 같소.(MEGA I/1: 489)

두 번째 노트54)에서 나오는 좀 나중에 쓴 시에서 카를은 더 이상 그렇게 지나칠 정도로 행복해하지 않고 자신의 성정과 분투를 성찰

한다. 이 시가 그 시대의 마르크스의 자화상을 아주 잘 표현할 개연
성이 있으니 여기서 좀 더 상세히 재수록한다.

감정

> 혼을 강하게 사로잡는 것을
> 내가 조용히 추구할 수는 결코 없노라
> 가만히 편안하게는 결코 있지 못하고
> 쉴 틈 없이 몰아치노라.
>
> (…)
>
> 내가 붙잡고픈 하늘
> 세상을 내 안에 끌어들이려 하노라
> 그리고 사랑과 미움 속에서
> 나는 떨면서 계속 반짝이고 싶어라.
>
> 나는 모든 것을 쟁취하고 싶지
> 가장 아름다운 어떤 신들의 은총이라도
> 앎 속으로 과감히 밀고 들어가고
> 노래와 예술을 붙들고 싶지.
>
> (…)
>
> 그리고 여러 해 내내 갈팡질팡
> 무에서 모든 것까지

---

54) 마르크스는 첫 번째 노트는 "가을의 끝에"로, 두 번째 노트는 1836년 11월로 날짜
를 매긴다.(MEGA I/1: 479, 525)

요람에서 무덤까지
영원한 추구, 영원한 추락.

(⋯)

그러니 우리의 모든 것을 걸자
결코 쉬지 말고 멈추지도 말고
다만 벙어리가 되어 아무 말도 않고
아무것도 원하지도 하지도 않은 채 그러진 말자.

비천한 멍에를 근심스레 쓰고서
생각에 잠겨 사라져 버리진 말자
갈망과 욕구
그리고 행함은 우리에게 남아 있었나니.(MEGA I/1: 535f.)

마르크스는 첫 연부터 자신의 불안한 본성, 모든 것을 붙잡으려는 자신의 바람을 주제화하여 '앎'과 '노래와 예술'을 강조하는가 하면, 마지막 연에서는 그가 이미 고졸자격 취득 논술시험에서 말했던 주제를 취한다. 멍에를 씌우려는 강압에 대한 거부 그리고 위대한 것을 달성하려는— 적어도 이를 시도하려는 추구 말이다.

개인의 역량에 대한, 무엇보다도 예술가의 역할에 대한 믿음은 또한 저 낭만주의적 예술 이해의 구성 부분이기도 하며, 마르크스는 이 시기에 명백히 이 영향을 강하게 받았다. 이와 아울러 갈망한다는 것은 중대한 역할을 한다. 담시 「세이렌의 노래」에서 젊은이는 세이렌들의 유혹에 저항할 수 있으니, 바로 그가 세이렌들은 결코 알지 못하는 갈망을 느끼기 때문이다.

너희는 가슴의 두근거림을
심장의 뜨거운 끓음을
혼의 높은 비상을 알지 못해

(…)

너희는 날 붙잡을 수 없어
내 사랑도 내 미움도
그리고 내 갈망의 불덩이도.(MEGA I/1: 589f.)

하지만 이 '갈망의 불덩이'가 무엇을 말하는지는 완전히 불특정된 채로 남아 있다. 낭만적 자아 전반이 그 갈망 안에서 오직 자아로서 자신을 파악할 수 있는 그런 무한한 갈망인 것이다.

마르크스의 시들과 담시들의 형상계가 상당 부분 그가 이미 청년 초기부터 친숙했던 낭만적 우주에서 유래한다는 것을 뚜렷이 보여 주는 더 많은 예들을 들 수 있겠다. 학교에서 카를은 낭만적 시들을 별로 많이 알게 된 것이 아니었다고 할 수 있겠다. 트리어 김나지움 의 교사 두 사람이 김나지움의 저학년 반과 고학년 반을 위해 편집 한 독본들은 무엇보다 계몽사상과 바이마르의 고전파에 속하는 작 가들을 소개했다. 실러의 글이 많이 있었고 괴테의 글은 별로 없었 고, 낭만주의자들은 좀처럼 없었다.(Große 2011: 352f.) 그러나 그의 딸 엘레아노르가 보고한 것처럼 마르크스의 낭만파를 향한 첫사랑 은 이미 이른 시기에 루트비히 폰 베스트팔렌에 의해 일깨워졌다. (Marx, E. 1883: 32)

특히 예니를 위한 것으로 정해진 노트들에 들어 있는 시들은 형식적인 면에서도 아쉬운 점을 많이 남긴다는 것, 그 시들 다수가 좀 울퉁불퉁하고 장황한 느낌을 갖게 작용한다는 것은 18세라는 작자의 나이를 생각하면 놀라운 일은 아닐 것이다. 마르크스의 시구들이 솜씨 면에서 미흡한 데 대한 메링의 비판은 아주 정당한 것이다. "하나의 명제로 말하자면 그 시들은 어떠한 어의에서도 볼품없다. 시구의 기법은 아직은 완전히 거친 상태로 있다. 그 작성 시점이 확인되지 않았더라면 그것들이 플라텐55)이 죽은 지 1년 후에, 하이네의 노래책이 쓰인 지 9년 후에 쓴 것이라 짐작하지 못했을 것이다. 그러나 또한 그 내용 중 아무것도 이를 암시해 주지 않는다. 이는 낭만적인 하프 소리다: 코끼리의 노래, 땅의 정령의 노래, (…) 심지어 낯선 곳에서 많은 영웅적 행위를 행하고, 그 후 부정한 신부가 다른 남자와 제단으로 걸어가는 바로 그 순간에 집으로 돌아오는 용감한 기사도 없지 않다."(Mehring 1902: 26)56)

메링이 쓰는 것은 다 틀린 것은 아니지만 그가 유일하게 안 초기의 시들에 대해서도 그것은 표면에 머물러 있다. 결코 용감한 기사가 없지 않다는 것이 맞는 말이기는 하지만, 저 담시들Lucinde(루친데)은 어찌 되는가? 기사는 자기의 단도로 결혼식의 하객들 앞에서 자

---

55) 시인 아우구스트 그라프 폰 플라텐August Graf von Platen(1795-1835)을 말함.
56) 메링이 여기서 탄식하는 것, 마르크스가 동시대인 작가들과 그들의 시를 준거로 삼지 않고 낭만주의의 영역에 체류한다는 것을 마가릿트 로즈Margaret Rose는 '청년 독일'에 대한 검열의 효과로 본다: "마르크스의 시들은 1835년 젊은 독일인들에 대한 검열이 자기 검열적인 침묵과 낡은 '낭만적' 모델들의 선택에 미친 즉각적 효과를 나타내 준다."(Rose 1978: 39) 그러한 자기 검열에 대한 직접적인 암시가 없다는 것은 논외로 하고서 아직 실험 단계에 있고 완전한 작품이 최초의 출판이 되려면 아직 먼 젊은 작가가 그런 식으로 상당한 자기 검열을 수용한다는 것은 별로 그럴듯하지 않다.

신을 찔러 죽고 바로 이어서 부정한 신부 루친데는 그 단도를 쥐어서 동맥을 끊는다. 그것으로 다 된 것이 아니다: 시녀가 신부에게서 단도를 빼앗아서 그의 목숨을 구하는 데 성공하는 동안 피범벅이 된 루친데는 소리를 지르며 광기에 빠진다.(MEGA I/1: 496ff.) 마르크스가 여기서 다른 몇 개의 시들에서도 그런 것처럼 전하는 바는 나중에 검은 낭만주의라고 명명된 것의 방향으로 간다. 그렇지만 「야성적인 신부의 노래」나 「찢긴 여자」(MEGA I/1: 505ff., 516ff.) 같은 시들은 청중에게 기분 좋은 전율을 일으키는 것으로 그치지 않는다. 독일 낭만주의의 주류가 오래전에 프랑스 혁명에 대한 공감을 가진 초기 낭만주의의 격분과 결별하고 중세, 가톨릭교, 귀족 집단의 미화를 매개로 사회정치적 상황들과 평화를 이룬 동안, 마르크스에게서는 그러한 미화는 조금의 흔적도 보이지 않는다. 거론된 시들에서 마르크스는 찢겨진 것, 의심, 절망을 강조하며 화해를 시키면서 하나의 해법을 제시하고 이로써 서술된 것을 약화시킴 없이 그렇게 한다.

메링이 알지 못한 나중의 시들에서 표현의 압축과 강화는 뚜렷이 진전된다. 「절망하는 자의 기도」(MEGA I/1: 640f.)에서 마르크스는 절망과 이로부터 자라나는 완강한 반발을 표현하기 위해 더 이상 여러 쪽을 쓸 필요가 없었다. 1841년 『아테네움』 잡지에 '야생의 노래'라는 제목으로 발표한 두 편의 시—둘 다 1837년의 노트에 나온 것이다—는 이런 점에서 최고의 시들이며, 심지어 긍정적인 평가를 받기도 했다.(MEGA I/1: 1258을 참조하라) 시 「고적鼓笛대원」은 바이올린과 활대를 들고 "혼이 저 아래 지옥에까지 울린다!"고 연주하는 사람이 나온다. 그는 자기가 신으로부터 예술을 얻었다는 것에 대해 이의를 제기한다.

신은 예술을 알지 못하고 존중하지도 않아
예술은 지옥의 먼지 구덩이에서 머리로 올라왔지

그는 예술을 "생기 넘치게 암흑[악마]에서 얻어 냈고", 이제 그는 악마에게 빚을 지고 있다.

악마는 내게 박자를 쳐 주고 백묵으로 표를 그려 주네
더 충만하게 더 미친 듯이 장례 행렬을 위해 연주하지 않을 수 없네

해결 방법이 없는 파우스트적인 악마와의 계약을 고적대원은 연주해야 한다.

심장이 현과 활대로 터질 때까지.(MEGA I/1: 768f.; MEW 40: 604)

두 번째 시「밤의 연인」은 사랑하는 자가 밤에 죽은 것에 관해 다룬다. 우리는 사정과 원인에 관해 아무것도 경험하지 않으면서 모든 것은 어둠의 순간에 집중되며, 이는 바로 그 짧은 시간에 파괴적으로 작용한다.(MEGA I/1: 769f.; MEW 40: 605)

마르크스는 자신의 서사敍事만 더 낫게 고치는 것이 아니라 또한 자기 서술의 연출 목록을 가지고서도 실험한다. 1837년의 이 마지막 노트에는 더 짧막한 유머러스한 시와 풍자적인 단시들,— 그중에는 내가 다음 절에서 파고들려고 하는 헤겔에게 부치는 단시도 있다 —「스코르피온과 펠릭스」라는 유머러스한 소설 단편, 그리고 끝으로 '울라넴'이란 제목을 가진 공상적인 희곡의 부분들이 있다.

이미 제1차 MEGA의 발행인인 다비트 랴자노프가 지적한 것처럼, 이 마지막의 희곡은 물론 당시에 유행인 "운명 비극"이 될 것이었는데, "왜냐하면 처음부터 모든 인물들과 그들의 상호 관계를 지배하는 것은 불가사의이기 때문이다."(Rjazanov 1929; XV) 물론 그 단편들로부터 마르크스가 어떻게 이 수수께끼를 풀기를 원했는지는 드러나지 않는다.

「스코르피온과 펠릭스」가 문체상으로 로렌스 스턴Lawrence Sterne의 『트리스트램 샌디Tristram Shandy』에 강하게 기대고 또한 호프만 E. T. A. Hoffmann의 『악마의 진액Elixiere des Teufels』의 영향도 받아들인다는 것은 이미 랴자노프에 의해 마찬가지로 강조되었다.(같은 책) 그 중심에 대목장 메르텐, 그의 아들 스코르피온, 직인 펠릭스, 여자 요리사 그레테가 있는 이 소설 단편에서는 모든 것은 온통 뒤죽박죽이다. 정리는 제10장에서 시작되는데 앞선 장들이 도대체 염두에 두어진 것인지는 나에게는 의심스러워 보이며, 단편적인 형식은 예컨대 호프만이 『수고양이 무르의 인생관』에서 시작한 것처럼 문체상의 수단이었을 수 있다. 그 장은 다음과 같이 시작된다.

우리가 이전 장에서 약속한 것처럼 이제 앞서 말한 25탈러의 금액이 사랑하는 신에게 인적으로 귀속된다는 증거가 뒤이어진다. 그 돈은 주인이 없는 것이다! 고상한 생각인데, 어떤 인간의 힘도 그 돈을 보유하지 않지만 구름 위에 축복하는 숭고한 힘은 모든 것을 감싼다. 그래서 또한 앞서 말한 25탈러도 그렇게 하고, 자신의 낮과 밤, 해와 별, 거대한 산과 무한한 모래벌판으로 짜인, 화음처럼 폭포 소리처럼 울리는 날개를 가지고서 스친다. 거기서 지상의 존재의 손은 더 이상

충분치 않으며, 그래서 또한 말해진 25탈러에서도 그러하며 그래도 나는 더 계속해 갈 수 없고, 나의 깊숙한 내면은 흥분되어 나는 모든 것을, 나를 그리고 말해진 25탈러를 들여다본다. 이 세 말들에서 소재가 무엇이든 그것들의 입장은 무한성이고, 그것들은 천사의 음성처럼 울리고 최후의 심판과 국고를 상기시킨다. 왜냐하면 스코르피온이 그의 친구 펠리스의 이야기에 흥분이 되고 그의 불꽃 튀는 멜로디에 넋이 나가 신선한 젊은 감정에서 정복한 것, 그녀 안에서 운명의 여신을 예감하며 껴안은 것은 여자 요리사 그레테였기 때문이다. (MEGA I/1: 688)

이 숨 쉴 틈 없는 문체로, 주제에서 주제로 도약하며 계속 진행된다. 이것을 읽으면서 마르크스가 이 시기에 가용한 것으로 보유한 철학적, 문학적, 그리고 그 외의 지식에서의 모든 것을 익살스럽게 뒤섞는 시도를 했다는 인상을 받는다.

젊은 카를이 문체상으로 주제상으로 실험한다는 것은 명백하다. 그는 뭔가를 찾는 중이다. 19세의 문학적 생산작업들이 하인리히 하이네 같은 이의 작업들에 미치지 못함은 놀라운 일은 아닐 것이다. 그러나 일정한 잠재력은 마르크스에게 부인될 수 없고 문학적 진로는 애초부터 배제되지는 않았다. 마르크스의 마지막 시 몇 편은 아무튼 그의 본 시절의 친구(라고 하는) 에마누엘 가이벨Emanuel Geibel[57])의

---

57) 가이벨의 시에 대한 이런 특징 부여는 게오르크 뷔히너의 친구인 빌헬름 슐츠Wil-helm Schulz(1797-1860)로부터 나온 것이다. 그는 이를 뷔히너의 1851년 발간된 유고집(Grab 1985: 51)에 대한 서평에서 활용했다. 경제 연구(『생산의 운동』, 1843)의 저자로서 빌헬름 슐츠는 마르크스에게 얼마간의 중대한 자극을 주었고 이것을 나는 다시 논하게 될 것이다.(슐츠의 전기로는 Grab 1987을 참조하라)

"설탕물에 축여진 추억"보다 어느 만큼 더 흥미로웠다. 가이벨은 18
40년대 초 이래 그 작품으로 부르주아지나 프로이센 군주의 입맛에
맞았고 19세기에는 가장 유명한 독일 시인이 되었지만 그다음에는
속히 망각에 빠졌다.

마르크스가 지은 시들의 질을 사람들이 어떻게 평가하든, 그 자신
에게서 어떤 대목에서도 부족한 시인으로서의 자질에 대해 이야기
가 된 바는 없다. 정반대로 아버지께 보낸 편지에서 그는 아델베르
트 샤미소Adelbert Chamisso(1781-1838)에 대한 자신의 분노를 표현
한다. 그 유명한 시인은 마르크스의 시를 그의 연감에 받아들이기를
거절했었다.(MEGA III/1: 17; MEW 40: 10) 이를 넘어서 마르크스는 자
신의 시 몇 편을 메링이 생각한 것만큼 "하찮게" 여기지는 않았는데
그렇지 않았더라면 그는 1841년에 그 시들 중 두 편을 발표할 기회
를 포착하지 않았을 것이다.

4. 첫 번째의 지적 위기: 시 짓기로부터의 복귀와
헤겔 철학으로의 이행

1837년 11월의 그의 편지에서 우리는 카를이 몇 달 전부터 무슨 공부에 매달렸는지를 알게 될 뿐만이 아니다. 그는 자신의 아버지에게 또한 두 가지 중대한 변화를 전한다: 한편으로 자신이 시 짓기 시도를 포기했다는 것, 다른 한편으로는 헤겔 철학에 동참했다는 것이다. 전기 문헌에서 이 두 사항은 항시 보고되지만 그 원인들은 좀처럼 추적되지 않는다. 시 짓기의 포기와 관련해서는 압도적으로 메링의 견해가 반복되는데, 이는 마르크스가 시인으로서의 재능이 없다는 것을 스스로 간파했다는 것이다. 헤겔 철학으로의 이행에서 흔히 오직 그 사실만이 이야기되거나 마르크스가 그의 편지에서 언급한 "박사 클럽"에서의 토론들이 원인으로 간주된다. 그러나 거기서 마르크스가 원칙적으로 헤겔 철학을 따르기로 결심한 후에 비로소 박사 클럽에 가담했음이 주목되지 않는다. 헤겔 철학으로의 이행 원인이 더 정확히 추적되지 않은 것은 아직 아주 젊은 마르크스에게서 지극히 미치는 결과가 큰 전환점을 다루는 것이기에 더욱 더 놀랍다.

헤겔과의 논란은 이어지는 수십 년간에도 지속될 것이었으며 이 논란이 마르크스의 저작에 영향을 준 방식과 그 규모에 관해서 거센 논란이 될 경우에도, 그런 영향이 있었다는 것 자체는 논란이 되지 않는다. 마르크스를 19세기의 인물로 위치시키자는 주장을 가지고 등장하는 최신의 전기들에서도 헤겔 철학으로의 이행만이 겨우 확인이 된다.(Sperber 2013: 65; Stedman Jones 2017: 82) 그렇다면 이 이행의 원인이 무엇이었을 수 있겠는지 하는 질문은 결코 제기되지 않는다.

오귀스트 코르뉘는 마르크스가 헤겔 철학으로 방향을 돌린 데 대한 이유 제시를 적어도 시도해 본 몇 안 되는 사람들에 속한다. 코르뉘는 한편으로 에두아르트 간스를 든다. 이 사람이 마르크스를 "헤겔주의자로 만든" 데 크게 기여했다는 것이다.(Cornu 1954: 82)[58] 그러나 우리가 저 앞에서 본 것처럼, 간스가 실제로 그런 영향력을 가졌는지는 알 수가 없고, 아버지에게 보낸 편지에서 그는 결코 언급되지 않는다. 그렇다고 해서 간스가 마르크스에 대한 아무런 영향력도 없었을 것이란 말은 아니지만, 이 영향력을 그는 마르크스가 헤겔 철학에 가담한 후에야 비로소 가졌을 개연성이 아주 높다. 코르뉘의 두 번째 논거도 별로 설득력이 없다: "마르크스가 당시에 겪은 정신적 위기는 물론 본질적으로 그가 자유-민주적 운동으로의 결연한 방향 전환 시에 더 이상 반동적인 정치 사회적 입장에 상응한 낭만적 세계관으로 만족할 수 없었던 것에 의해 초래된 것이다."(Cornu 1954: 95) 마르크스는 "구체적 세계관"을 찾았고 이를 "헤겔의 철학"

---

58) Breckmann(1992: 259ff)도 마르크스의 법철학과의 비판적 대결과 함께 간스의 영향력이라고 하는 것을 마르크스가 헤겔 철학으로 전환하게 한 원인으로 본다.

에서 발견했다는 것이다.(같은 책) 코르뉘가 마르크스를 이미 그의 독일어 고졸자격고사 논술에서도 민주주의 편에 선 것으로 보았다는 것(같은 책: 62)은 논외로 하고, 마르크스가 헤겔 철학을 하기로 한 결심이 선행하는 정치적 전환에 의존했다는 데 대한 암시는 전혀 없다. 이런 전환은 언제 일어났으며 무엇을 통해 터져 나왔을까?[59]

왜 마르크스는 시 창작을 포기했는가?

이 질문에 대한 유일한 정보를 우리는 1837년 11월의 편지에서 보게 된다. 1836년 예니를 위해 작성된 시들에 관해 마르크스는 이 것들이 "순전히 관념론적"이었다고 적는다.

> 내 사랑과 꼭 같이 멀리 있는 저세상이 된 것은 나의 하늘, 나의 예술입니다. 모든 실제의 것은 희미해지고 모든 희미해져 가는 것은 한계가 없으니, 현재에 대한 공격들, 넓게 그리고 무정형으로 치받친 감정, 아무런 자연스러운 점이 없는 것, 달을 가지고서 만들어진 모든 것, 존재하는 것과 마땅히 있어야 할 것의 완전한 대립, 시적인 사고 대신 웅변적인 성찰들이지요. (…) 아무런 한계를 보지 않는 하나의

---

59) Hillmann도 코르뉘를 비판하지만 마르크스의 헤겔 철학으로의 이행에 관한 그 자신의 설명은 완전히 비슷하다: 후진적인 베를린 상황이 선진적인 라인란트에서 온 학생에게 찬물을 끼얹은 것처럼 작용했으리란 것이며, 이를 통해 던져진 질문들은 더 이상 낭만주의라는 무기를 가지고서 해명될 수가 없었다는 것이다.(Hillmann 1966: 73) 마르크스는 헤겔 철학으로 돌아섰는데, 이는 그가 세계를 더 이상 이해하지 못했기 때문이란 것이다.(같은 책: 82) 마르크스가 실제로 사회적 정치적 상황에 대한 이해라는 그런 문제를 가지고 있었다면(그런 증거는 없다) — 왜 그는 그때 헤겔 철학으로 돌아섰고 예를 들어서 역사 법학파로는 돌아서지 않았는가? 무엇이 헤겔 쪽으로 가는 데 결정적이었나?

갈망의 완전한 폭은 많은 형태로 고동치며, '시'를 가지고서 하나의 '장황한 것'을 만듭니다.(MEGA III/1: 10; MEW 40: 4)

마르크스가 자기 자신의 작품들에 대해 제기하는 주된 질책은 그 것들이 "순전히 관념적"이라는 것이다. 이는 명백히 그 말의 철학적 인 의미가 아니고 일상 언어적 의미인데, 즉 이상적으로 마땅히 그 래야 할 것이라는 의미로서 이로부터 편지에서 언급된 "존재하는 것 과 마땅히 있어야 할 것의 대립"이 나온다. '당위'에의 집중은 또한 탄식되는 현실과 동떨어짐, '자연스러움'의 부족을 설명해 준다.

'관념론'을 마르크스가 비판하는 것은 그가 1837년 4월에 60세의 생일을 맞은 아버지에게 보낸 그런 시들에 대한 것이기도 했다. 「스 코르피온과 펠릭스」는 "억지스런 유머"가 두드러지고 「울라넴」은 "실패한 공상적 드라마"라는 것이다. 끝으로 이 관념론은 "대부분이 영감을 불어넣어 주는 대상물 없이, 활기 있는 관념의 발로 없이 순 전한 형식 예술에" 싸여 있다는 것이다.(같은 책: 15; 8) 그렇지만 시들 에는 또한 섬광도 있다: "그럼에도 불구하고 이 마지막 시들은 갑자 기 마법에 의한 것처럼, 아! 그 마법은 처음에는 때려 부수는 것이었 습니다만 참된 시의 왕국이 먼 곳의 요정 궁전처럼 나를 마주 보고서 빛을 내며 나의 모든 창작물들을 아무것도 아닌 것으로 쪼개 버리는 유일한 시들입니다."(같은 책: 15; 8)

이런 의사 표명은 메링과 다른 많은 이들에 의해 마르크스가 자신 의 부족한 시적 재능을 간파했고 그래서 시 짓기 시도를 포기한 증 거로 받아들여졌다. 하지만 '재능'에 관해 여기서는 아무런 이야기가 없고 '참된 시'에 관해서만 이야기가 있는데, 이는 바로 완전히 부재하지 않고 적어도 반짝 빛을 냈다는 것이다. 그럼에도 불구하고 마르크스는 자신의 문학적 시도를 포기했으며, '참된 시'가 빛을 반짝임은 문학적 시도를 고무하는 데 기여하지 않았다. 아버지에게 보낸 편지에서는 풍부하게 격한 감정에서 이렇게 되어 있다.

> 장막이 내려졌고 나의 가장 성스러운 것은 찢기었으며 새로운 신을 넣어야 했습니다.(같은 책)

그렇지만 이 "가장 성스러운 것"은 정확히 어디에 있었는가? 맥릴런McLellan은 마르크스에게서 베를린에서 그가 "고졸자격고사 논술에서 개진한 견해들에 대한 대전환"이 일어났다는 테제를 대표했다: "그는 지금 더 이상 인류에 대한 봉사라는, 또한 그가 이 고귀한 이상을 위해 자신을 가장 잘 바칠 수 있는 신분을 향한 추구라는 생각으로 충만해 있지 않았다. 그의 1837년 시들은 오히려 상아탑에서의 천재성의 경배, 그리고 사회에 대한 고려 없는 자아의 발달에의 내향적 관심을 드러냈다."(McLellan 1974: 30)[60]

하지만 일은 완전히 그렇게 간단치 않다. 마르크스가 낭만주의의 주관주의로부터 영향을 받지 않았음은 이미 예니를 위한 시에서도 뚜렷해졌다. 그러나 이로부터 오로지 내향적인 자아에 대한 관심이

---

60) 이미 전에 Hillmann이 비슷하게 논지를 폈다: "인류에 대한 헌신 대신에 우리는 인류 위로의 자기 상승"을 보게 된다.(Hillmann 1966: 58) 물론 힐만도 마르크스의 모든 시적 시도를 이런 틀로 똑같이 취급할 수는 없으며 그 때문에 그는 낭만적 시 짓기와 비낭만적 시 짓기 간에 구분할 수밖에 없었다.(같은 책: 66-70) 거기서 그에게 비낭만적으로 통하는 것은 후기 낭만주의의 가톨릭적·반동적 내용들과 다른 입장에 선 그것이다. 다른 말로 하면, 낭만주의는 후기 낭만주의의 반동적 경향들로 치부된다는 것이다.

불가피하게 나오는 것은 아니다. 바로 1837년의 단시들에서 마르크스는 사회적으로 관련 있는 논란을 받아들이기 시작한다. 그는 종교적 편협성을 대표하는 자들의 공격에 맞서 괴테와 실러를 옹호하며 (Epigramm V und VI, MEGA I/1: 645) 독일인들의 피동성을 비판한다.

> 안락의자에 아늑하고 어리석게
> 잠자코 앉아 있는 독일 대중….(Epigramm I, MEGA I/1: 643)

조롱으로 가득 찬 그는 나폴레옹의 패배 이후 독일인들이 재빨리 포기한 정치적 희망에 대해 언급한다.

> 자기 자신에게 부끄러워지기 시작했네.
> 너무 많은 것이 일단 일어났다면
> 이제 다시 그림처럼 조용히 가야지
> 다른 것은 책으로 엮을 수 있겠고
> 살 사람이야 쉽게 나타나리라.(Epigramm III, MEGA I/1: 645)

그러나 그의 다른 시적인 시도들도 고졸자격고사 논술문에서 거명된 목표들과 결코 대립하는 것이어야만 하는 것은 아니다. 그곳에서 마르크스는 작업 선택을 위한 주된 기준으로서 "인류의 안녕"을 위한 일을 제시했으며 오직 이로써만 자기 자신의 완성에도 도달할 수 있다는 것이다.(MEGA I/1: 457, 이에 대해서는 1.7장을 참조하라) 이런 표상들과 인간 상황의 개선을 겨냥하는 철학적·정치적 관념 안에 끼워 넣어지는 시 짓기는 조화 가능하다. 그가 시 짓기로부터 돌아선 후에 편지에서 '관념론'으로 비판한 것은 바로 그러한 관념이었던 것으로 보인다. 열악한 존재에 더 나은 당위를 — 시적으로 — 대치시키면서 세계와 인류를 예술이란 수단을 가지고서 개선한다는 관념 말이다.

젊은 마르크스로부터는 그가 어떤 미적·정치적 관념을 지지하는지에 관한 아무런 의견 표명도 없다. 프리드리히 실러는 『인간의 심미적 교육』을 위한 그의 편지들에서 마르크스가 출발점으로 삼았을 수 있는 고찰들을 했다. 물론 마르크스의 시 짓기는 문체상으로 또 그 형상 언어 면에서 실러보다는 초기 낭만주의를 훨씬 더 강하게 지향하여 그가 거기에서 자신의 시 짓기를 위한 미적·정치적 관념을 구했다는 것이 더 그럴듯하다. 사회 비판적 표상들은 초기 낭만주의에서 아주 널리 퍼져 있었다. 예술에서 인식의 고급 형태만이 보인 것은 아니었고, 가령 프리드리히 슐레겔의 아테노임 단편들에서 혹은 노발리스에게서 사회의 시화詩化를 통한 세계의 변화를 위한 잠재성도 예술에 있는 것으로 인정되었다. 그와 같이 슐레겔에게서 알려진 216번 단편에서 정치, 철학 및 예술의 연결이 완전히 자명한 것으로 전제된다. "프랑스 혁명, 피히테의 학문론과 괴테의 마이스터는 시대의 가장 위대한 경향들이다." "진보적 보편 시가"를 가지고 그는 116번 단편에서 예술, 철학 및 인생의 연결 강령을 작성했다.

낭만적 시가는 진보적 보편 시가다. 그것의 운명은 단지 모든 갈라진 시의 부류들을 재통합하고 시가를 철학과 웅변술과 접촉하게 하는 것만이 아니다. 그것은 또한 시와 산문, 천재성과 비판, 예술시와 자연시를 섞기도 하고 융합하기도 하고 시를 생생하고 사교적으로 만

들고 사회를 시적으로 만들려고 하고 그렇게 해야 한다.(Schlegel 17
98: 90)

비슷한 공격 방향으로 노발리스Friedrich von Hardenberg(1772-1801)
는 이렇게 적었다.

세계는 낭만화되어야 한다. 그러면 원초적인 의미를 재발견하게 된
다. 낭만화하는 것은 질적인 강화 말고 다른 것이 아니다. 저열한 자
신이 더 나은 자신과 이런 조작을 하여 동일화된다.(Novalis 1797-17
98: 384)

젊은 마르크스가 얼마나 초기 낭만주의의 예술이론적 개념들을 자
기 것으로 했는지는 알려지지 않는다. 그렇지만 예술에 대한 그의 집
약적 관심에서 그리고 슐레겔과 노발리스의 텍스트들을 알았음을
볼 때 그러한 표상들과 접촉하게 되었고 그것들에 영향을 받았다는
것이 그럴듯하다.
　마르크스가 아버지에게 보낸 편지에서 자신의 시 짓기를 "관념
론"으로, "존재하는 것과 마땅히 있어야 하는 것의 완전한 대립"
(MEGA I/1: 10; MEW 40:4)으로 폄하한다면 그는 정확히 열정적으로
이해된 예술의 이런 추정되는 세계 변혁 잠재성을 겨냥하는 것인데,
이제 그는 이를 의문시한다.61) 이처럼 우선 그의 시 짓기의 수공업

---

61) 초기 낭만주의의 이런 강조적인 예술 이해는 예술 자체에 변혁 잠재성이 있다고
　보는 것인데 이는 정치적 시인들의 더 수단적인 시 이해, 예술을 (기사적인 작문들
　이나 공적인 발언들과 같은) 다른 매체들과 아울러 정치적 발언의 전달에 활용되는
　특정한 매체로 이해하는 것과 구분되어야 한다.

적인 혹은 또한 논제상의 결함 — 19세의 작가에게서는 좀처럼 놀라운 것일 수 없는 결함 — 이 문제인 것이 전혀 아니고, 그가 자신의 예술을 가지고서 인류를 위하여 달성할 수 있다고 믿은 것이 문제가 된다. 그러나 그때까지 전제되었던 시 짓기와 인류의 안녕을 위한 작업의 연결성이 더 이상 유지될 수 없었다면, 그것이 '관념론'으로 해소되었다면, 마르크스는 — 그가 고졸자격고사 논술문에서 표현한 절대명령이 여전히 타당성을 보유한 한에서 — 또한 더 이상 시인이 될 수 없으며 그것도 재능 문제와는 완전히 상관없이 될 수 없는 것이다.

마르크스가 시인으로서의 경로를 추구하다가 돌아선 것은 초기의 직업 희망의 단순한 포기를 훨씬 넘어선 것이었고, 현실 그리고 현실에 대한 가능한 비판에 관한 특정한 견해의 포기이며 이로써 또한 그에게 그때까지 가장 넓은 의미에서 도덕적이고 정치적인 지향을 제공해 주었던 것의 포기이기도 했다. 그러나 왜 마르크스는 1837년의 중간 시기에 그에게 지난 2년 동안 "가장 성스러운 것"이었던 그런 미적·도덕적 관념을 갑자기 "관념론"으로 비판했는가? 무슨 일이 있었던가?

낭만주의자들에 대한 헤겔의 비판과
마르크스의 헤겔 철학으로의 이행

마르크스의 예술이론적 표상들이 개별적으로 어떻게 보였든 간에, 그 표상들은 1837년에 가차 없는 비판에 마주쳤음이 분명하다. 11월의 편지에서 그는 과연 1837년 여름의 이 비판에 어떻게 반응했는지를 기록하지만, 이 비판의 기원이 어디에 있었는지는 명시적으로 말하지 않는다. 그러나 이는 밝혀지게 된다. 마르크스가 자기 자신의 시 짓기를 "관념론"으로, 현실과 추상적 당위와의 대치로 폄하하면서 그는 헤겔이 그의『정신 현상학』에서 도덕성과 "아름다운 영혼"에 대해 표명했고 그다음에는 그의『미학』에서 낭만적 예술에 대한 비판으로 소급하여 출발 지점으로 삼는 비판의 중심점을 반복한다.62)

마르크스가 연초에 이 비판을 알게 되었고 그래서 그가 헤겔 철학으로 넘어가기 전에 알게 되었다는 것은 어지간히 개연성이 있다. 마르크스는 이미 여름 전에 "헤겔 철학의 단편들을 읽었고 그 기괴한 바윗돌 같은 곡조가 내게는 유쾌하지 않았다"고 언급한다.(MEGA III/1: 16; MEW 40: 8) "바윗돌 같은 곡조"는 가령『논리학』에서의 헤겔의 논변의 추상도를 말하는 것일 수 있겠다. 마르크스가 자신의 아버지에게 4월에 생일 선물로 보냈으므로 늦어도 4월 초에 썼을 수

---

62) 헤겔이 그의『미학』에서 "낭만적 예술"이라 지칭하는 것은 오늘날 낭만주의로 명명되는 것보다 훨씬 더 많은 것을 포괄하며, 중세의 기독교 예술 전체를 포함한다. 물론 오늘날 낭만주의자로 통하는 그런 작가들에 대한 단호한 비판도 발견된다. 헤겔의 이 낭만주의 비판에는 문헌상으로 파고드는 일이 별로 흔하지 않다.『정신 현상학』에서의 도덕성에 관한 절에 Emanuel Hirsch(1924)가 단 짧은 논평과 아울러 무엇보다 1956년에 발간된 Otto Pöggeler의 박사학위 논문이 언급되어야 하는데, 이는 헤겔의 낭만주의 비판의 다양한 차원들을 구분할 뿐만 아니라 이런 비판이 실체와 주체성에 관한 그의 견해에서 어떻게 나오는지를 뚜렷이 보여 주는 논문이다. (Pöggeler 1999) 주체성 자체의 고통과 맞물리고 결국 주체의 내면세계를 외부세계와 분리하는 주체성의 심화라는 근대의 역사는 Jaeschke(2020)에 의해 헤겔의 낭만주의 비판의 배경으로 강조된다. 여기서는 그러한 차별화도 헤겔의 비판이 낭만주의자들에 얼마나 실제로 들어맞는가 하는 질문도 추적될 수 없다. 여기서는 유일하게 젊은 마르크스가 이 비판에 충격을 받은 것으로 스스로 느꼈을 개연성이 있음을 뚜렷이 하는 것만이 중요하다.

있는 헤겔에 대한 그의 단시는 그가 1837년 연초에 적어도 헤겔의 『논리학』의 서두를 알았으며 별로 감흥을 받지 못했음을 시사해 준다. 그 단시의 한 행은 "나[헤겔]는 무無를 너희에게 말했으므로 모든 것을 너희에게 말하는 것이다."(MEGA I/1: 644) 『논리학』은 순수한 존재(어떤 것의 특정한 존재가 아닌 존재 그 자체)가 모든 것을 포괄하기는 하지만 오직 "불특정한 직접성"이며 그래서 아무런 특정함도, 그래서 또한 아무런 특정한 내용도 가지지 않는다는 고찰로 시작한다: "그것 안에는 아무것도 볼 수 있는 것은 없다.", 이 존재는 "사실상 무無다."(HW 5: 82f.) 인용된 행에서 마르크스는 존재와 무의 통일성에 머물러 있어서 이 통일성은 참으로 터무니없게 작용한다. 그러나 헤겔에게 이 통일성은 오직 그의 다음이자 더 중요한 범주를 얻는 데 소용된다. 헤겔이 계속해서 말하기를, 이 통일성의 진리는 존재와 무의 "무차별성"이 아니라 "하나의 다른 것 안에서의 직접 소멸 운동: 되어 감"이라는 것이다.(HW 5: 83)

물론 마르크스는 이 시기에 헤겔의 다른 텍스트들의 단편들도 읽었다고 할 수 있겠다. 그가 헤겔의 전체 체계로 일종의 인도해 주는 역할을 하는 『정신 현상학』에 매달렸으리란 것이 그럴듯해 보인다. 거기서 특별히 그의 관심을 끌었을 수 있을 것은 그가 자신의 예술과 도덕에 관한 이해를 준거시킬 수 있었던 그런 구절들이다. 헤겔은 『현상학』의 「자기 자신을 확신하는 정신: 도덕성」절에서 낭만주의에 대한 원칙적 비판으로 읽을 수 있는 "아름다운 영혼"의 비판을 정식화했다.

『기품과 품위Anmut und Würde』(1793)에서 실러는 "아름다운 영혼"을 긍정적 의미에서 활용했으며, 그것 안에서 "감성과 이성, 의무와 취향이 조화를 이룰 것이었다."(Schiller 1793: 468) 괴테에게서 그 개념이 애매해지기 시작한다. 『빌헬름 마이스터의 수업시대』에서 '아름다운 영혼의 고백'이란 제목으로 '나'라는 화자 여성은 결국 자신을 경건주의적인 헤른후트 형제공동체로 이끈 자신의 인생 및 교양 행로를 묘사한다. 그렇지만 끝에서 괴테는 이 화자 여성의 조카딸이 "필시 자신에 지나치게 많이 몰두하는 것, 그리고 거기에서 도덕적이고 종교적인 근심은 다른 정황 하에서 세상이 그렇게 되었을 수 있는 것대로 있지 못하게 했다."(Goethe 1795/96: 517)고 확언하게 한다. 헤겔에게서 결국 아름다운 영혼에 대한 가차 없는 비판이 이어진다.

헤겔은 "아름다운 영혼"을 자기 자신에게 집중한 의식으로 이해한다. 아름다운 영혼은 끊임없이 "자기 내면의 훌륭함이 행동과 현존재를 통해 더럽혀질까 봐 두려워하며, 자기 마음의 순수성을 보존하기 위해 현실과의 접촉을 피한다."(HW 3: 483) 헤겔은 낭만주의의 전형인 이런 추구와 갈망을 "현실감 없는 아름다운 영혼"이라는 해결되지 않은 모순에서 도출한다. 그것은 순수한 자아를 고수하려 하지만 "존재로 외화해야 할", 즉 현실에서 행동해야 할 필요성 앞에 서 있다. "이 모순된 의식"인 아름다운 영혼은 "광기로 착란이 되고 그리움으로 사무친 폐병을 앓으며 녹았다."(HW 3: 491)[63] 한편으로 위에 인용된 시「감정」에 들어 있는 활동주의적 충동을, 다른 한편으로 젊은이를 세이렌들에게서 달아나게 하지만 어디로 향하는지는

---

63) 헤겔은 이런 표현을 사용할 때 1806년 튀빙겐에서 "광기"로 강제 입원을 당했던 젊은 시절 친구인 횔데를린과 1801년 폐결핵으로 죽은 노발리스를 아마 기억했을 것이다.

완전히 불명확한, 「세이렌의 노래」에서의 그 "갈망의 불덩이"를 생각해 보면 마르크스가 그런 비판을 당했다고 느꼈을 수밖에 없음이 뚜렷해진다. 그가 아버지에게 보낸 편지에서 "관념론"으로 비판하는 것은 사실상 아름다운 영혼에 대한 헤겔의 비판을 간추린 것이다. 그것은 그렇게 주장함에도 불구하고 현실에 개입하지 않으며 현실에 단지 추상적 당위가 대치한다.

『미학 강의』에서 헤겔은 이 "아름다운 영혼다움"에 대한 비판을 재개한다.(HW 13: 313을 참조하라) 낭만주의 비판이 『현상학』에서는 암묵적인 것에 그쳤다면 『미학』에서는 헤겔은 낭만주의자들을 명시적으로 비판했다. 마르크스가 이 명시적 비판을 인지했다는 것은 나중의 저작을 통해 입증된다. 『망명지의 위인들』(1852)이라는 미출간 상태의 마르크스와 엥겔스의 공동 저작에서는 헤겔에 관해 그가 낭만주의를 "그의 미학에서 비판적으로 (⋯) 처단했다"고 말한다.(MEGA I/11: 257; MEW 8: 273)

하인리히 구스타프 호토Heinrich Gustav Hotho가 유고로부터 발간한 이 강의의 제1권은 1835년 처음 출간되었다. 마르크스의 1837년 초 「헤겔 단시短詩」에서 『미학』은 헤겔의 이름이 언급된 유일한 저작이다. 마지막 연은 마르크스가 『미학』을 아직 읽지 않았지만 읽을 계획이었다는 단서로 받아들일 수 있다.

> 우리 단시 하는 작자들을 용서하게나
> 헤겔을 공부했다고
> 우리 불운한 현자들이 노래한다면 말일세,
> 『미학』은 아직⋯ 떼지 못했다네.(MEGA I/1: 644)

『미학』서문에서 헤겔은 특히 프리드리히 슐레겔이 강조한 낭만주의적 풍자를 비판한다. 헤겔은 이 모든 것을 포괄하고 해소하는 풍자 뒤에 "신적인 천재성의 입장에 선 예술가적 자아를 보는데, [이 자아가] 고상하게 나머지 모든 사람을 내려다본다. (…) 이것이 바로 천재적인 신적 풍자의 일반적 의미이다. 모든 유대가 끊어지고 오직 자기 향유의 축복 안에서 살아도 좋은 그 자아가 자기 자신에게만 집중되어 있는 것이다."(HW 13: 95) 헤겔은 다음 단락에서 프리드리히 슐레겔과 루트비히 티크를 분명히 비판하지만, 풍자가 또한 예술의 최고 원리였던 페르디난트 졸거는 이 비판에서 제외한다: "졸거는 나머지 사람들처럼 피상적인 철학적 교양으로 만족하지 않았고 참으로 사변적인64) 내적 욕구가 그를 철학적 관념의 깊은 곳으로 내려가도록 몰아갔다." 물론 졸거는 철학적 관념을 단지 일방적으로 이해했으며 그의 요절로 더 이상의 발전이 불가능해졌다고 헤겔은 계속 말한다.(HW 13: 98f.)

카를 빌헬름 페르디난트 졸거(1780-1819)는 1811년부터 베를린 대학 철학 교수였다. 그는 헤겔이 베를린 대학으로 초빙된 것을 열렬히 환호했고 헤겔을 공동 작업에 초대했다.(1818년 5월 헤겔에게 보낸 그의 편지를 참조하라. Hegel, Briefe Bd. 2: 189) 졸거는 시인 루트비히 티크(1773-1853)와도 친밀했던 사람으로서 그의 미학은 철학적으로 낭만주의자들에 가까운 셸링과 헤겔 사이에 위치했다.(졸거에 대해서는 Henckmann 1970, Schulte 2001을 참조하라) 물론 그의 주저작『에르빈: 아름다움과 예술에 관한 네 가지 대화』(1815)는 좀처럼 환영받지 못

---

64) '사변思辨(Spekulation)'은 헤겔에게는 이해하는 인식을 말하며 오늘날처럼 별로 근거가 없는 추측을 말하지 않는다.

했는데, 이는 특이한 대화 형식 때문일 수 있다. 그런 점에서 마르크스가 아버지에게 보낸 편지에서 당시에 널리 알려진 두 고전 작가인 레싱의『라오콘』과 빙켈만의『예술사』와 아울러 졸거의『에르빈』도 독서물로 언급한 것은 특기할 만하다.(MEGA III/1: 15; MEW 40: 8) 마르크스는 헤겔의『미학』에 졸거가 언급된 것을 통해 비로소 그에게 주목했을 가능성이 있으며, 졸거의 글을 읽은 것은 필시 헤겔의 낭만주의 비판에 반대하는 철학적 논거들을 찾으려는 시도 때문이었으리라.

이처럼 마르크스가 헤겔의 낭만주의 비판과 대결했고, 마르크스를 아주 강하게 전율케 해서 예술을 매개로 인류의 안녕을 위하여 일하려는 그의 상상들을 포기할 수밖에 없게 만든 것이 이 비판이었다는 것을 지지해 주는 몇 가지 근거들이 있다. 헤겔의 낭만주의 비판의 효과는 마르크스가『현상학』의 다른 구절들도 인지했다면 더욱 강화되었을 수 있겠다. '덕성과 세계 운행'이란 제목 아래 헤겔은 이렇게 적는다.

> 따라서 세계의 운행은 그와 대립하여 덕성을 이루는 것에게 이긴다. (…) 그러나 그것은 실재적인 것을 이기는 것이 아니라 아무것도 아닌 날조된 구별을 이기고, 인류의 최선에 관한 미사여구를 이기는 것이다. (…) 그런 이상적인 존재와 목적은 마음을 고양시키나 이성을 공허하게 하고, 교화하지만 아무것도 완성하지 못하는 공허한 말장난으로 끝나 버린다. 그런데도 마치 고귀한 목적을 위해 행동하는 듯이 내세우고 그렇게 훌륭한 말솜씨를 부리는 인물을 훌륭한 존재로 간주하는 것만을 내용으로 하고 있으니, 분명 장광설에 지나지 않는다. (HW 3: 289f.)

아주 기꺼이 인류의 안녕에 봉사하고 싶지만 인류의 안녕이 어떤 모습으로 보이는지에 대해 많은 말을 할 것이 없던 젊은 마르크스는 여기서 완전히 얻어맞은 것으로 느낄 수 있었다.

헤겔의 낭만주의 비판은 예술에 관한 마르크스의 초기 표상들을 분쇄하는 데는 충분했지만("장막이 내려졌고 나의 가장 성스러운 것은 찢기었다." 같은 책: 15; 8), 그것으로는 젊은 마르크스가 이제 어떤 관념들로 향할 것인지는 아직 명확하지 않았다. 낭만주의 이전의, 계몽사상의 단순한 합리주의로 돌아감은 아무튼 차단되었고, 낭만주의는 바로 그것이 계몽사상과 공유한 사항, 존재와 당위의 굳어진 대비에서 비판받았다. 그러나 마르크스는 또한 헤겔의 철학을 곧바로 받아들이지 않았다. 우선 그는 자신만의 개념을 만들어 내려고 시도했다.

찢기어진 가장 성스러운 것에 관한 문장 바로 뒤에 마르크스는 이렇게 적는다.

> 내가 부수적으로 말한, 칸트의 관념론 및 피히테의 관념론과 비교한, 그리고 내가 양분을 주어 키운 관념론으로부터 나는 현실 자체에서 관념을 구하는 쪽으로 접어들었습니다.(같은 책: 15f.,; 8)

이로써 마르크스는 헤겔이 『논리학』 제2부의 끝에 정식화한 것과 같은 그의 현실 인식의 길에 접근했다. 헤겔이 적합한 개념으로서 물物의 단순한 "표상"과 구분하는 관념에 관해 그는 "그것이 접근해 가야 할 그러나 그 자체는 언제나 피안彼岸의 일종으로 남아 있는 한 목표로 간주되어야 할 뿐 아니라 모든 현실적인 것은 오직 관념을 그 자신 안에 가지고 그것을 표현하는 한에서만 존재한다고 확언한다. 대상, 객관적이고 주관적인 세계 전반은 관념과 일치해야 할 뿐 아니라 그것들 자체가 개념과 실재의 일치다. 개념에 상응하지 않는 그런 실재는 단순한 현상, 주관적인 것, 우연한 것, 자의적인 것으로서 진실이 아니다."(HW 6: 464, 강조 표시는 원문에 따름) 헤겔은 현실 세계 저 건너편의 추상적 관념의 왕국을 꼭 탐구하지 않는다. 그가 관념으로 지칭하는 것은 오히려 현실적 대상에 대한 인식이고 그것의 단순히 우연적인 특성들과 다른 필연적 운명들이다.「헤겔 단시短詩」에서 마르크스는 현실적 상황을 파악한다는 헤겔의 주장을 조롱했다. 거기서는 이 실재론에 관해 이렇게 비꼬았다.

> 칸트와 피히테는 에테르 속으로 떠돌며
> 그곳에서 먼 나라를 찾는구나
> 하지만 나[헤겔]는 길거리에서 본 것만
> 훌륭하게 이해하려 할 뿐!(MEGA I/1: 644)

지금 마르크스도 이 길을 걷지만, 우선은 헤겔 철학에 대한 또 하나의 대안을 구했다.

> 나는 약 전지 24매 분량의 대화록「클레안테스 혹은 철학의 출발점과 필요한 전진에 관하여」를 썼습니다. 여기서 완전히 갈라져 나갔던 예술과 지식이 어느 정도 통합되었고 강건한 방랑자인 나는 작업 자체에, 개념 자체, 종교, 자연, 역사로서 현시되는 그런 신성의 철학적·변증법적 발달에 착수했습니다. 나의 최종 명제는 헤겔 체계의 시작이었으며, 내가 자연과학·셸링·역사와 함께 어느 정도 알게 된 이 작업은 나에게 무한한 고뇌를 유발하는 것이고 아주 말끔하게Concinne

[라틴어로 정교하게, 우아하게] 써서, (그것은 본래 하나의 새로운 논리학이어야 했기에) 지금 심지어 나도 좀처럼 다시는 나의 이 애지중지하는 자식이 달빛에 감싸여 가짜 세이렌처럼 나를 적에게로 안고 간다는 생각은 할 수 없을 정도입니다.(같은 책: 16; 9)

마르크스가 그 안에 아주 많은 것을 집어넣은 이 텍스트는 보전되어 오지 않는다. 그러나 약간은 마르크스의 기록에서 취해진다. 마르크스가 첫 번째 테마로서 "예술과 지식"을 언급하는 것은 그가 무엇보다도 헤겔의 숙고를 통해 예술 쪽으로 자극을 받음을 느꼈다는 것을 뚜렷이 해 준다. 마르크스가 선택한 대화 형태는 필시 졸거의 영향 탓으로 돌려질 수 있을 것이다. 그의 대화록의 이름을 빌려준 자, 클레안테스(기원전 331-232)는 그리스의 철학자였고, 스토아65) 학파의 창시자 키티온의 제논(기원전 332-262)의 제자였다. 클레안테스로부터 전해져 오는 것 중에는 제우스를 세계의 영혼이고 세계의 이성으로 찬양하는 제우스 찬가도 있다. 이는 마르크스가 그를 제목에 활용하고 또한 대화의 중심인물로 활용했을 개연성도 있는 데 대한 이유였다고 할 수 있겠다. 그는 마르크스가 개략적으로 그린 범신론적 내용으로 넘어간다 ─ 신은 자연과 역사에서 현현한다. 그는 그래서 지상 세계 너머의 인간으로서가 아니라 세계의 영혼으로서 이해

---

65) 스토아학파는 세상이 신적 이성(로고스)으로 불어넣어졌으며 일어나는 모든 일은 포괄적인 인과성에 지배를 받는다(거기서 인간의 자유가 존재하는지 또 얼마나 존재하는지는 불명확했다)는 데서 출발한 철학자들의 학파였다. 개별 인간들은 그들의 결정의 통제를 통해 자족(아우타르케이아)과 동요하지 않는 태연함(아타락시아)을 달성해야 하며, 이를 통해 인생의 화복은 가장 잘 견디어질 수 있다는 것이다. "스토아적 평온"이라는 오늘날의 표현은 이 아타락시아로 소급된다.

된다. 마르크스가 "예술과 지식"에 관한 그의 텍스트에서 "신성의 철학적·변증법적 발달"을 중심에 둔 것은 놀라운 것일 수 있다. 그렇지만 헤겔이 『현상학』에서 예술·종교·철학을 인간의 세계 및 자기 이해의 중심 단계로(역사적·체계적으로) 파악한 것을 고려한다면, 마르크스가 그의 대화록에 관해 적는 것은 그가 헤겔의 관념을 놓고 씨름한 것에 대한 뚜렷한 암시다. 이는 마르크스가 헤겔의 낭만주의 비판에 의해 흔들렸다는 나의 추측을 강화해 준다. 마르크스는 셸링과 필시 졸거의 도움으로 "적에게" 뭔가를 내밀고 싶어 했다. 그렇지만 이 계획은 그 목표를 빗나갔다: 마르크스 자신의 숙고는 그를 점점 더 헤겔 철학의 근처로 데려가고 그를 "안아서 적에게" 몰고 간다. 이런 원치 않은 결과는 마르크스에게 불쾌감을 안겨 주었다.

> 화가 나서 나는 며칠간 아무것도 생각할 수 없었고, 슈프레 강의 '영혼을 씻고 차를 희석시키는' 더러운 물 옆 공원에서 이리저리 미친 듯이 뛰어다녔다.(같은 책)66)

마르크스는 이 탐탁지 않은 철학에 더 집중적으로 몰두하기 전에 먼저 일단 "실증 연구"를 추진했다. 편지에서 그는 자비니의 "소유법", 포이어바흐(법률가인 파울 요한 안젤름 폰 포이어바흐(1775-1833)를 말하는데, 그는 앞으로 이야기해야 할 철학자인 루트비히 포이어바흐(1804-1872)의 아버지이다)의 글들, 그롤만Grolman의 "형법", 판덱텐과 민사 소송법 및 교회법에 대한 저작도 열거한다.(같은 책) 주제별로 이 도서 목

---

66) 마지막 인용문은 마르크스가 이미 하이네를 읽었다는 것을 보여 준다.(Die Nordsee, Frieden, Heine Werke Bd. 3: 187)

록은 베를린에서 처음 두 학기 동안 법학 강의의 소재 상당 부분을 다룬다.

마르크스의 관심들도 등한시되지 않았다.

> 그리고 나는 아리스토텔레스의 수사학을 부분적으로 번역했고 유명한 베룰람의 바코의 글을 읽었는데, 『과학의 성장에 관하여de augmentis scientiarum』는 나를 라이마루스Reimarus에 크게 몰두하게 만들어서 그의 책 『동물의 예술 충동에 관하여』는 희열을 느끼며 천착했습니다. (같은 책)

베룰람의 바코는 오늘날 프랜시스 베이컨Francis Bacon(1561-1626)으로 더 잘 알려져 있으며, 그의 가장 유명한 저작은 『노붐 오르가눔 스키엔티아룸Novum Organum Scientiarum』(1620)인데, 그는 선입견에 근거한 자연관에 맞서 경험적으로 작업하는 자연과학을 옹호했다. 마르크스가 든 저작 『과학의 존엄성과 성장에 관하여de dignitate et augmentis scientiarum』(1623)는 지식의 여러 분야들에 관한 백과사전적인 개관을 제공하고 자연과학적 연구의 미래 분야를 개략적으로 그리고자 시도한다. 『신성가족』(1845)에서 마르크스는 베이컨에 대해서 그가 "영국 유물론 그리고 모든 근대적 실험과학의 시조"라고 적는다. 베이컨에게는 "유물론이 순진한 방식으로 만방으로 발달해 갈 싹을 자기 안에 감추고 있다. 물질은 시적·감각적인 광채 속에 전체 인간에게 미소 짓는다"고 마르크스가 덧붙였으니, 이런 평은 아마도 『성장에 관하여de augmentis』를 읽었기에 가능한 것이리라. 왜냐하면 (마르크스가 1845년에 마찬가지로 알았을 수 있을) 베이컨의 『노붐

오르가논』은 더 무미건조하기 때문이다.

혜르만 자무엘 라이마루스Hermann Samuel Reimarus(1694-1768)는 무엇보다도 그의 사후 출간된 이신론적 입장에서 출발하는 성서 및 종교 비판으로 알려져 있다.(이에 대해서는 다음 장을 참조하라) 그의 책 『동물의 충동에 관한, 주로 예술 충동에 관한 일반적 관찰』(1760)에 서 예술은 솜씨·숙련이란 옛 의미로 (오늘날 요리 솜씨Kochkunst에 대해 이야기하는 것처럼) 사용된다. 동물의 솜씨, 예컨대 벌이 복잡한 벌집을 짓는 능력 같은 솜씨가 어디서 유래하는가 하는 질문이 다루어진다. 18세기에는 동물에 대해 경합하는 두 견해가 지배했다. 인간에게만 사고능력이 있는 것으로 본 르네 데카르트René Descartes(1596-1650) 에 추종하여 동물은 영혼 없는 자동기계로 간주되든지, 아니면 동물 에게 제한된 오성 능력이 있는 것으로 가정하여 이런 능력을 가지고 외적 인상을 가공하고 자기 능력을 습득할 수 있다고 보았다. 데카 르트처럼 오직 인간만 오성을 가용한 것으로 보유한다는 견해를 가 진 라이마루스는 동물의 솜씨를 타고난 그 생명 부양에 합목적적인 충동으로 소급시켰다. 오성이 없이도 동물은 이로써 단순한 자동기 계보다 훨씬 더 나았다. 라이마루스는 자신의 충동학설로 현대 동물 심리학의 선구자였으나 그의 저작은 19세기에 빠르게 잊혀 버렸다. (라이마루스의 업적에 관해서는 Mayr 1982; Kempski 1982를 참조하라) 마르 크스에게서 이 텍스트는 오래 변함없는 인상을 남긴 것으로 보인다. 『자본』 제1권에서 착수한 "동물과 같이 본능적인 노동과정의 형태" 와 특정하게 인간적인 노동과정 간의 구분은 라이마루스의 고찰을 받아들인다.

거미는 직조공의 조작과 비슷한 조작을 행하며 벌은 벌집의 방들을 지음으로써 많은 인간 대목장을 부끄럽게 만든다. 그러나 애초부터 최악의 대목장을 최선의 벌보다 앞선 것으로 두드러지게 하는 것은 그가 방들을 밀납으로 짓기 전에 자기 머릿속에서 지었다는 점이다. (MEGA II/5: 129; MEW 23: 193)

추측컨대 이런 논란과 긴장 "그리고 나에게 혐오스러운 견해를 나의 우상으로 만들지 않을 수 없다는 데 대한 분노"가 쌓여 마르크스는 병들게 된 것 같다. 그 병이 어디에 있었는지는 뚜렷하게 나오지 않지만, 쉽게 떠오르는 것은 신경쇠약이다. 한 의사가 그에게 농촌으로 가라고 충고했고, "그래서 난 처음으로 긴 도시 전체를 통과하여 성문 앞으로 슈트랄로를 향해 접어들었다."(같은 책: 15; 8) (오늘날의 이름으로) '슈트랄라우'는 베를린 시내의 프리드리히스하인Friedrichshain 구에 속한다. 마르크스의 시대에 이는 베를린 성문 앞의 어촌마을이었다. 무엇보다 이 마을은 '슈트랄라우 그물 당기기Stralauer Fischzug'로 알려져 있었는데, 이는 항상 8월 24일에 열리는 베를린의 가장 크고 인기 있는 민중 축제였다.(Zudlitz 1834: 753) 마르크스는 여기서 수만 명의 인파가 몰리는 대규모 민중 축제를 처음으로 체험했을 것이다.

슈트랄로에서 체류는 마르크스를 신체적으로 강하게 해 주었을 뿐 아니라 자신의 시인 활동의 시도에 대해 원칙적인 결정도 내렸던 것으로 보인다. "회복이 되고서 나는 모든 시들과 단편 소설의 구상들을 태워 버렸습니다."(같은 책: 16; 9) 그 외에 그는 헤겔을 체계적으로 공부하기 시작했다.

건강이 좋지 않은 동안 나는 헤겔을 처음부터 끝까지 그의 제자 대부분과 함께 알게 되었습니다. 슈트랄로에 있는 친구들과의 수차 만남을 통해 나는 박사 클럽에 들어가게 되었는데, 그중에는 몇 명의 사私강사들과 나의 가장 친밀한 베를린 친구인 루텐베르크 박사도 있었습니다. 여기선 논쟁 중에 여러 가지 상충되는 의견들이 드러났고 나는 점점 더 확고하게 벗어나야겠다고 생각했던 지금의 세계철학에 나 자신을 붙들어 맸습니다.(같은 책: 17; 10)

여기서 어떤 전기에도 없어서는 안 될 그 박사 클럽이 언급된다. 나는 다음 장에서 여전히 그것에 관해 이야기할 것이다. 여기서는 마르크스가 헤겔 철학으로의 이행 후에 비로소 그 박사 클럽에 가담한다는 것이 우선 중요하다. 박사 클럽은 이처럼 이따금씩 주장되는 것처럼 그 이행을 일으키지 않았으며, 단지 이미 성사된 이행을 강화했을 뿐이다.

5. 예니와의 그리고 아버지와의 갈등

마르크스가 아버지에게 보낸 편지는 19세 젊은이의 인생에서 최초의 위기적 변혁을 기록한다. 그것은 낭만주의의 미적 정치적 표상들과의 결별이었다. 그간 추구하던 문필가 경력으로부터의 결별뿐만 아니라 카를에게 그때까지 인생의 방향을 제공하던 표상들과의 결별도 포함하는 것이었다. 그것은 주로 지적인 위기였지만, 정서적인 결과는 물론 마르크스의 발병이 시사하듯이 심신 상관의 결과도 가져왔다.

지적인 위기는 젊은 마르크스의 생애에서 유일한 동요는 아니었다. 예니와의 관계도 결코 위기적 극단화에서 자유롭지 않았다. 이미 베를린으로의 여행에서 카를은 "갈망에 취하여 희망이라곤 전무한 사랑"에 지배됨을 느꼈다.(MEGA III/1: 10; MEW 40: 4) 우리가 이미 그의 시 몇 편에서 본 것처럼 예니에 대한 사랑은 카를에게는 큰 힘의 원천이었지만, 동시에 거듭하여 상실에 대한 불안이 터져 나왔다. 이런 불안은 결코 놀라운 일이 아니다. 특히 그 관계가 알려지면서 곧바로 가족들의 저항을 예상할 수 있었으니 그러하다. 게다가 카를과 예니는 아주 오랫동안 떨어져서 살아야 했고, 배달하는 데 약 1주일

걸린 편지가 그들의 유일한 통신 수단이었다. 카를은 1837년 초에 예니의 부모에게 그 관계를 더 이상 비밀로 하지 말라고 촉구한 것 같다.(하인리히 마르크스의 1837년 3월 2일 편지, MEGA III/1: 309; MEW 40: 627를 참조하라.) 예니의 부모는 1837년 연초에 그 약혼에 대해서 알았을 개연성이 있는데, 왜냐하면 그때부터 그 관계를 비밀에 부침이 아버지의 편지에서는 더 이상 애깃거리가 아니었기 때문이다. 1837년 9월 16일의 편지에서 하인리히 마르크스는 그가 카를의 지난번 편지를 베스트팔렌 집안 사람들에게 보여 주지 않을 것이라 언급하는데, 이는 단지 그간 카를의 편지들이 양가에서 읽힌 것이 통상적인 일이 되었음을 의미할 수 있는 것이다.

예니의 부모에 의해 퇴짜를 맞을 것에 대한 두려움은 명백히 근거가 없는 것이었다. 1838년 1월, 루트비히 폰 베스트팔렌은 자기 아들 페르디난트에게 긴 편지를 쓴다. 그 편지에서 그는 카를을 "영광스런 넷째 아들"(Gemkow 2008: 517)이라 칭하며 최고의 어조로 칭찬하여 그는 예니의 결심을 받아들일 뿐 아니라 명시적으로 허락한다.

> 나로서는 너희의 선택의 훌륭함에 더는 조금도 의심이 없다. 이는 내가 너희 둘이 서로를 위해 창조되었다고 생각하기 때문이며, 필시 5년 아니 더 지난 후에야 되겠지만 너희는 아주아주 행복한 부부가 될 것이다.(같은 책: 519)

결혼 때까지 5년이라고 한 것은 루트비히 폰 베스트팔렌이 온당하게 할 만한 말이었다. 그가 카를을 그런 식으로 칭찬하는 것은 그의 높은 가치평가만 표현하는 것이 아니라 또한 페르디난트가 이 관계를 불신의 눈으로 바라보았다는 것을 시사해 주는 것이기도 하다. 이는 베스트팔렌 가족의 다른 구성원들에게서도 지배했을 개연성이 있는 태도이며, 예니가 무릅쓴 위험(본 장의 제2절을 참조하라)을 본다면 완전히 무근거한 태도도 아니었다.

비밀이 있는 척하기가 끝났다고 해서 카를의 근심도 끝난 것은 아니다. 거듭해서 그에게 아버지는 카를이 그의 이른 약혼으로 지지 않을 수 없는 큰 책임을 짊어졌다는 것을 잊어선 안 된다고 충고한다. 아버지를 괴롭히는 의문은 이런 것이다.

> 네 가슴은 네 머리, 네 체질에 상응하는지? 그 가슴은 이 비통의 골짜기에서 느낌을 가지는 인간에게 아주 본질적으로 위안이 넘치는 지상의 것이긴 하나 더 다정한 감정을 위한 공간을 가지는지? 바로 그것이 모든 인간에게 주어지지 않은 악마에 의해 생기가 넣어지고 지배되므로 이 악마는 천상의 본성을 가지는지 아니면 파우스트적 본성을 가지는지? 네가 언젠가는 — 그리고 이는 내 가슴에는 적지 않게 고통을 주는 의문이니라 — 참으로 인간적·가정적 행복에 대해 민감할 것인지?(1837년 3월 2일의 편지, MEGA III/1: 308; MEW 40: 626)

하인리히가 여기서 아주 솔직히 자기 걱정으로 내세운 것(이를 통해 교육하여 카를에게 영향을 주려는 명백한 속심을 가지고서)은 옥신각신하면서 그다음에는 빠르게 비난으로 전환된다. 그래서 그는 1837년 8월 12일에 이렇게 적는다.

나는 너를 공정하게 대하지만 네가 자기 보전에 필요한 것보다 좀 더 많은 이기주의에서 벗어나 있지 않다는 생각을 완전히 떨쳐 낼 수 없구나.(MEGA III/1: 311)

정확히 무엇이 그것에 선행했는지를 우리는 모르는데, 카를의 편지들이 없기 때문만이 아니다. 하인리히의 직전의 편지도 전해져 오지 않는다. 그다음에 몇 행에 걸쳐 이렇게 말한다.

하지만 지극히 작은 폭풍에도 고통에 굴복하는 것, 어떤 고난에서도 찢긴 가슴을 열어 보이는 것, 그리고 그 가슴을 우리의 사랑과 함께 찢는 것을 시라고 해야 하느냐?

그리고 끝으로 다시 이런 충고가 이어진다.

너는 이제 일찍 가장이 되겠고 그렇게 될 수밖에 없구나. 그러나 명예도 부도 명성도 아내와 자녀를 행복하게 해 주지 않을 것이고 너 하나만이 그것을 할 수 있으니, 너의 더 나은 자아, 너의 사랑, 너의 다정한 행동, 질풍 같은 성격들, 병약한 민감성의 강한 분출을 뒤로 제쳐놓는 것 등등이 그러하니라.(같은 책: 311f.)

카를이 정상적인 가정생활을 불가능하게 할 "파우스트적" 악마에 사로잡혀 있을 수 있다는 우려와 아울러 하인리히는 또한 두 가지 더 구체적인 불만을 털어놓는다: 카를이 너무 예민하며 그의 찢긴 가슴을 또한 곧 열어 보인다는 것 그리고 카를은 너무 잘 끓어오르는 성격이라는 것이다. 이는 이미 저 앞에서 인용된 엘레아노르의 지적, 마르크스는 "당시에 진정한 미쳐 날뛰는 롤란트였다"는 것과 맞아떨어진다.(E. Marx 1897/98: 238)

예니도 카를에게 근심할 이유를 제공한다. 예니는 여름을 나면서 오랜 시간 병치레를 하는데, 우리는 이를 알지 못한다. 결국 병세가 호전되면서 카를에게 편지를 쓰려고 하지 않는다. "예니는 일견 편지를 쓰는 것이 필요 없다는 생각을 가졌구나. 혹 그것에 관해 달리 어떤 어두운 생각을 가졌든지 예니에게는 또한 뭔가 비상한 점이 있구나." 하고 하인리히 마르크스는 1837년 9월 16일 카를에게 편지에 쓴다. 거의 이미 절망하여 그는 자기 아들에게 애원한다.

> 예니는 너에게 몸과 영혼으로 집착하는데 너는 이 점을 결코 잊어서는 안 되느니라. 예니는 그 나이에 보통의 처녀가 확실히 그렇게 할 능력이 없을 그런 식으로 너에게 희생 제물을 가져오는 것이니라. 예니가 지금 편지를 쓸 생각이 없거나 쓸 수 없다면 신의 이름으로 그냥 내버려 두거라.(MEGA III/1: 319; MEW 40: 632)

하지만 카를은 그냥 내버려 두지 않는다. 1837년 9월 말 혹은 10월 초에 편지를 썼음이 분명한데, 이는 그의 어머니와 예니의 부모를 최고도로 근심하게 했다. 이 편지에 관해 우리는 단지 간접적인 지식만 가지며 그것도 1837년 11월 17일의 아버지의 답장을 통해서다. 마르크스의 전기에 대한 많은 기고 논문들에서도 그렇지만 MEGA(III/1: 736)에서 하인리히의 이 편지는 카를의 11월 10일 편지에 대한 답장으로 간주된다. 그러나 이는 시간적인 이유에서 또한 내용적 이유에서도 그럴듯하지 않다. 카를은 자신의 편지에 11월 10일이라고 날짜를 적었고 끝에는 지금 "거의 네 시가 되었고 양초 는 완전히 다 녹았다"(MEGA III/1: 18; MEW 40: 11)고 적으며, 그는 이 처럼 그 편지를 11월 11일 아침에 비로소 끝냈다. 그가 그 편지를 11월 11일에 비로소 부쳤다면 (이것이 가능한 한에서는, 왜냐하면 우편은 베를린과 트리어를 매일 왕복하지 않았기 때문이다) 그 편지는 바로 11월 16 일이나 17일에 트리어에 도착했을 수 있겠다. 그러나 그 편지가 11 월 11일 후에 비로소 떠났다면, 그것을 아버지는 11월 17일에 받았 을 수는 결코 없다.

하인리히 마르크스가 11월 17일에 카를의 지난 편지에 관해 그것 이 "형식과 내용 없는 글쓰기이고, 낡아 빠진 무의미한 미완성품"이 라고 쓰는 것은 11월 10일의 아들의 편지에는 조금도 맞지 않다. "내용"이 없고, "무의미"한 것은 아무튼 아니었다. 이어지는 특징 부 여도 맞지 않다.

> 너절하게 낡아 빠진, 게다가 많이 더 심각한 것으로서 찢기어진 편지 > ― 가슴을 툭 털어놓고 하는 말이지만, 카를아, 나는 모든 약골들이 > 세상과 다툴 경우에 자기 몸을 감싸는 이런 현대적인 말을 좋아하지 > 않느니라.(같은 책)

하인리히는 카를에게 부모의 사랑을 환기시키며, 그가 한 처녀의 마음을 얻어서 부러움을 받는다는 것을 환기시킨다.

그럼에도 불구하고 처음 있는 불쾌한 일, 처음 실패한 바람이 찢김을

불러오다니! 그것이 강점인가? 그것이 남자다운 성격인가?(같은 책)

여기서는 명백히 카를이 성취되지 않은 바람에 관해 꼭 한탄하지 않은 11월 10일의 편지를 말하는 것이 아니다. 어떤 바람을 하인리히가 염두에 두었는지에 관해 그의 편지에 있는 다음 두 단락이 실마리를 제공해 준다. 하인리히는 아들이 "미래를 위한 보증"(같은 책)으로 만족하는 데 동의했지만 이를 지키지 않았다고 질책한다.

네 착한 어머니는 (…) 화재경보를 발령했고 너의 예니의 아주 착한 양친은 가련한 상처 입은 가슴이 위로를 받을 몇 분을 좀처럼 기다리실 수 없었고 이미 처방은 옳은 주소를 잘못 적어 편지가 엉뚱한 데도 가지 않았다면 의심할 바 없이 네 손에 있느니라.(같은 책: 322)

여기서는 하인리히의 9월 12-14일의 편지에서 이야기가 된 예니의 거절에 관해 쓰고 있다는 것이 완전히 명백하다. 카를은 찢어짐을 느꼈는데, 이는 예니가 그에게 편지를 쓰지 않았기 때문이다. 그러나 그의 어머니와 예니의 양친의 단합된 노력으로 예니가 편지를 쓰도록 움직이는 데 성공했다. 방금 인용된 문장에서 드러나는 것처럼 하인리히는 카를이 예니의 편지를 이미 받았는지 확실히 모른다. 그러나 카를은 정확히 그 점을 11월 10일의 편지에서 확인했으니 예니의 편지를 "이미 열두 번" 읽었다는 것이다.(MEGA III/1: 18; MEW 40: 12) 11월 17일의 하인리히의 편지는 이처럼 11월 10일의 카를의 편지에 대한 답장이었을 수 없다. 그것은 카를이 전격적으로 그의 찢겨짐을 묘사했음이 분명한 분실된 편지에 대한 답장이다.

아버지의 편지들에서 장기적인 주제는 점점 더 불명확해져 가는 카를의 직업 전망이었다. 법학 공부를 해서 그는 변호사가 되고 법관직을 추구하거나 행정부에서 자리를 넘겨받을 수 있었을 것이다. 그렇지만 카를은 그의 아버지가 가볍게 체념한 어조로 다음과 같이 확언한 것처럼 이 모두를 원하지 않았다.

> 애초부터 누구나 보통의 것을 생각했지. 하지만 너에겐 이 인생 경로가 거슬리는 것으로 보였고 나는 너의 조숙한 견해에 매료되었음을 고백하며, 네가 법학이 되었건 철학이 되었건 교직을 목표로 삼았을 때 네게 찬성을 보냈느니라.(1837년 9월 16일 편지, 같은 책: 317; 630)

교수가 되려고 하는 바람을 마르크스는 이미 1836년 혹은 1837년 초에 표명한 것이 틀림없는데, 왜냐하면 이미 2월 3일 아버지의 편지에서 그것에 관해 이야기가 되기 때문이다.(같은 책: 305; 623)

그러나 카를은 1837년에 또 하나의 사업을 추구했는데 이는 연극 비평을 위한 잡지를 창간하는 것이었다. 처음으로 우리는 1837년 8월 12-14일 그의 아버지의 편지에서 그 일에 관해 알게 된다.

> 작성된 계획은 훌륭하며 그대로 잘 실행된다면 문단의 변함없는 기념물이 되기에 알맞겠지만 큰 어려움들이 이에 맞서서 쌓이는데 이는 주로 병자들의 자기애라는 점에서, 그리고 특출한 비평가로서의 명성을 가진 인사가 한 사람도 꼭대기에 있지 않다는 점에서 그럴 것이니라.(MEGA III/1: 312)

일반적인 문학비평이 아니라 "연극 비평"을 하려는 것임은 9월 16일의 편지에서 뚜렷해진다.(MEGA III/1: 318; MEW 40: 631) 오늘날의 전망에서 그러한 사업은 아주 순진해 보일 수 있다. 물론 영화·라디오·텔레비전 발명 이전 시대에 연극은 오락만이 아니라 또한 정치 사회적 교양에도 중심 매체였다는 것을 감안해야 한다. 이를 넘어서 바로 베를린에서 연극은 아주 장려되었다. 프리드리히 빌헬름 3세는 기꺼이 극장에 갔다. 그는 물론 지극히 보수적인 취향을 가졌다. 국왕이 평가한 상연물에 대한 비판적 논평 그리고 보수적 진영에 의해 거부된 연극들에 대한 찬사가 어떻게 빠르게 정치 문제가 되었을 수 있는지 상상할 수 있다.

11월에도 마르크스는 자신의 계획에 집착했고 그것은 심지어 더 구체적인 모습을 띠는 것으로 보였다. 아버지에게 그는 11월 10일의 편지에서 자신이 이미 서적상 비간트Wigand[67])에게 편지를 썼으며, "헤겔학파의 전체 미학계의 유명 인사들이 그들 중에서 큰 역할을 하는 강사 바우어와 나의 조력자 루텐베르크 박사의 중개를 통해 협력을 약속했다"고 전한다.(MEGA III/1: 17; MEW 40: 10) 브루노 바우어(1809-1882)와 아돌프 루텐베르크(1808-1869)에 관해서는 다음 장에서 이야기할 것이지만 계획된 잡지에 관해서는 아니다. 그 잡지는 결코 창간되지 않았다.

11월 10일의 카를의 편지에 대한 답장을 하인리히 마르크스는 12

---

67) 오토 비간트Otto Wigand(1795-1870)는 라이프치히의 서적상이자 출판업자였다. 그는 청년 독일파의 저자들 책을 출판하고, 나중에는 일련의 비중 있는 청년 헤겔주의자들의 책을 출판했다. 엥겔스의 첫 번째 대작인 『영국 노동자 계급의 상태』(1845)도 비간트가 출간했다.

월 9일에 썼다. 그리고 이는 적어도 하인리히의 이전의 편지들의 문체를 떠올린다면 어지간히 거센 논조가 되었다. 그의 편지는 카를의 처신과의 유일한 결판이다. 이를 이해하려면 카를의 편지의 출현 맥락을 명확히 알아야만 한다.(더 일반적인 맥락에 대해서는 저 아래에 가서 말하게 될 것이다.)

1837년 8월 20일경에 하인리히 마르크스는 엠스 온천에서 요양하며 카를에게 편지를 썼다.

> 네가 시詩의 신을 가지고 나에게 편지를 쓴다면, 네가 금년의 실증적 법학 공부로부터 완수한 것의 압축된 구도構圖를 작성한다면 내게는 기쁠 것이니라.(MEGA III/1: 315)

아버지는 짧은 공부 보고를 기꺼이 받아 보았을 것이고, 자명하게 카를의 공부가 얼마나 오래 더 지속될지를 고려하며 그랬을 것인데, 이는 보통의 3년의 수업 연한에서 이미 두 해가 지났기 때문이었다. 카를의 다음번 편지에 이 보고는 들어 있지 않아서 아버지는 1837년 9월 16일에 곧 "후기"를 기대한다고 쓴다.(MEGA III/1: 317) 이 후기 대신에 10월에 그 "찢긴" 편지가 왔고 하인리히 마르크스가 11월 17일 그 답장을 썼다. 끝으로 11월에 이미 여러 번 인용된 카를의 편지가 도착한다. 아버지의 흥미를 가장 많이 끈 것은 카를이 어떤 동료들을 찾아갔으며 그의 공부가 어떻게 되어 가는 것인가 하는 것이었지만 그로부터는 나오지가 않았다. 그 대신 카를은 헤겔 철학으로 돌아섰다는 것 외에는 결국 아무런 손에 잡히는 결과도 없는 공부들과 계획안들을 서술한다.

이미 편지의 서두가 냉철하고 실용적 태도를 가진 아버지에게는 부당한 요구였을 수 있겠다.

> 아버지! 경계 표식처럼 흘러간 시간 앞에 위치하면서도 새로운 방향을 확정성을 가지고 시사하는 인생의 순간들이 있지요. 그러한 한 이행 시점에 우리는 생각의 독수리 눈을 지니고서 우리의 실제적 입지에 대한 의식에 도달하기 위해 지나간 것과 현재의 것을 살펴보지 않을 수 없는 충동을 느낍니다. 아니 세계사 자체가 그러한 회고를 좋아하고 자신을 비추어 보는데, 이는 세계사가 자신을 이해하고 자기 자신의 정신의 활동을 정신적으로 꿰뚫기 위해서만 안락의자에 몸을 맡기는 동안, 그것에 흔히 퇴보와 정지의 모습을 찍어 줍니다.(MEGA III/3: 9; MEW 40: 3)

아버지는 단순한 공부 보고를 원하고 아들에게는 자신의 "회고"를 위한 참조물로서 자그마치 세계사의 흐름이 나타난다!

카를은 계속해서 이렇게 말한다.

> 그러나 개인은 그러한 순간들에 산문적이 되는데, 왜냐하면 어떠한 형태 변화이든 부분적으로는 백조의 노래이고 부분적으로는 긴 새로운 시의 전주곡이기 때문이지요.(같은 책)

그러한 격정적인 의사 표시로도 아버지는 별로 행복하지 않았다고 할 수 있겠다. 그러나 우리에게 흥미로운 점은 19세의 카를이 1837년에 그의 지적 발달에서 깊은 단절이 일어났음을 잘 의식했다는 것이다. 이 단절에 대해 위에서 이미 자주 인용된 편지의 나머지 부분이 아주 풍부한 실마리가 되지만, 아버지는 그것으로 별로 착수할 수 있는 것이 없었다.

12월 9일의 하인리히의 답장에서 모든 분노에도 불구하고 객관성을 유지하려는 노력을 눈치챌 수 있다. 그는 카를에게 양친에 대한, 그의 약혼자와 약혼자의 양친에 대한 책무를 상기시켜 준다. 이들은 통상적이지 않은 관계이면서 자기 자식에게 위험한 관계에 동의한 것이었다. 또한 여기에 하인리히 마르크스의 가장 큰 걱정도 있다.

> 왜냐하면 참으로 수천의 부모들이 그들의 승낙을 철회했을 것이기 때문이니라. 그리고 침울한 순간들에 네 아비는 거의 이들이 그렇게 철회했었으면 하고 아쉬워하는데, 왜인고 하니 내게는 딸처럼 사랑하는 이 천사 같은 처녀의 안녕이 너무나 가슴에 걸리기 때문이니라. 하지만 그의 행복이 내게는 정말 아주 걱정이구나.(같은 책: 325; 637)

하인리히 마르크스에게 얼마나 많은 분노가 쌓였는지를 카를이 위에서 거명된 책무들을 어떻게 이행했는가 하는 수사학적 질문에 답을 하는 경우에 알아차리게 된다.

> 신에게 탄식할 일이구나!!! 무질서, 지식의 모든 부분을 숨 막히게 여기저기 돌아다니는 것, 침침한 남폿불 아래서 숨 막히게 버티고 앉아 있기, 맥주잔 앞에서 주책 부리는[명백히 본 시절을 빗대어 말하는 것이다] 대신 서생의 잠옷 바람으로 주책 부리기, 모든 예의범절, 심지어 아비에 대한 모든 심려도 뒷전으로 두는[카를은 아버지의 추천으로 소개받은 가족들에 대한 접촉을 끊은 것으로 보인다] 끔찍한 비사교성.(같은 책)

하인리히 마르크스는 심지어 자신이 어떻게 점점 더 흥분되어 카를에 상처를 주는지를 느끼지만("너를 괴롭힌다는 감정이 거의 나를 숨 막히게 하는구나", 같은 책) 이제 이렇게 털어놓을 수밖에 없었다.

> 내가 너에게 말하고자 하고 말하지 않을 수 없는 것은 네가 네 부모에게 많은 불쾌함을 끼쳤고 기쁨은 별로 혹은 전혀 주지 않았다는 것이니라. 본에서의 난폭한 날뜀이 끝나자마자, 너의 외상 장부가 말소되자마자 — 그리고 이는 참으로 아주 다채로운 면에서 존재했다 — 우리를 경악케 하는 것으로 사랑의 시련이 등장했다. (…) 하지만 어떤 결실을 우리가 거두었느냐? (…) 여러 번 우리는 여러 달에 걸쳐 편지 왕래도 없었고, 요전에 너도 알다시피 에두아르트는 아팠고[68] 어머니는 참고 있었고 나는 고통을 겪고 있었으며 게다가 베를린에는 콜레라가 창궐했는데, 마치 이것이 결코 사죄를 요하지 않는다는 듯이 지난번 편지에는 이에 관해 일언반구도 언급하지 않았더구나.
> (같은 책: 325f.; 638)

끝으로 하인리히는 돈이라는 주제를 이야기하게 되고 오직 신랄한 풍자로만 피하여 들어갈 수가 있었다.

> 마치 우리가 금장이인 것처럼 가장 부자인 자들도 500탈러를 지출하지 않는 반면 아드님은 한 해에 거의 700탈러를 모든 약속, 모든 통례에 어긋이 가용한 돈으로 보유하시는군요. 그러면 왜 그러시나요?

---

68) 카를의 막내 동생 에두아르트는 결핵을 앓았다. 11살의 그는 12월 14일에 아버지의 편지가 있고 나서 불과 며칠 후에 죽었다.(Schöncke 1993: 820)

나는 아드님께서 사치꾼·낭비자가 아닌 것으로 공정하게 평가하옵니다. 하지만 어떻게 8일마다 혹은 14일마다 새로운 체계를 발명할 수 있는, 또 오래된 애써 만들어진 작업물을 찢어 없애 버릴 수밖에 없는 사나이가 사소한 것들에 상관할 수 있는지를 나는 묻노라. 그런 사람이 어떻게 하찮은 질서에 따를 수 있는지?(같은 책: 326; 639)

하인리히는 이 대목에서 그에게 과거에 카를에 관하여 보고해 준 것으로 보이는 두 사람을 언급한다. 위에서 인용된 "서생의 잠옷 바람으로 주책 부리기"는 하인리히의 단순한 상상이 아니라 그러한 보고에서 나왔을 가능성이 있다.

G. R. 그리고 에베어스Evers 같은 소인배들은 그것을 염려할 수도 있다. 이는 평범한 작자들이다. 과연 이들은 순진함으로 — 단지 말 그대로 소화시키고 이따금씩 후원자와 친구들을 마련하기 위해 하는 것일지 모르지만 — 강의들을 찾아다니는 반면 (…) 나의 훌륭한 재능 넘치는 카를은 가련한 여러 밤을 꼬박 지새우고 정신과 신체를 지치게 하는구나. 하지만 그가 오늘 짓는 것을 내일이면 허무는구나. (같은 책: 326f.; 639)

이 학생들을 "소인배"요 "순진하다"고 지칭한 것은 카를이었을 개연성이 있으며, 아버지는 이를 지금 빈정댐으로 가득차서 이를 끄집어내는 것이다. MEGA 편찬자들에 의해 그들은 신원확인이 될 수 없었다. 클리엠Kliem은 1837년에 두 형제 구스타프와 프리드리히 에베어스가 베를린 대학에 등록했다는 것을 밝혀냈다. 과연 그들은 서프로이센의 바르부르크 출신이었지만 그들의 아버지는 한동안 트리어에서 사법司法위원으로 있었다.(Kliem 1988: 23) 하인리히 마르크스가 자신의 아들에 관한 어떤 보고든지 이에 관해 기뻐했다는 것은 이해할 만하다. 그러나 그렇다고 해서 클리엠처럼 하인리히가 자기 아들을 지켜보도록 시켰다고 이야기하는 것은 내가 보기에는 상당한 과장인 것으로 여겨진다.

끝으로 하인리히는 또 카를의 등한시된 형제자매들을 언급한다.

> 또한 네 형제자매들의 탄식도 나는 마음에 두지 않을 수 없노라. 네 편지들에서는 네가 그런 형제자매들을 가진 것을 좀처럼 알 수가 없노라. 너와 예니를 위해 아주 많이 괴로워한, 그러면서 너에게 아주 지나치게 빠져 있는 착한 조피, 그를 네가 필요로 하지 않으면, 생각지도 않는구나.(같은 책: 327; 640)

하인리히 마르크스의 이 분노 전체를 제대로 가늠하려면, 당시에 질병 보험이나 연금 보험 없이—존재하던 암묵적인 가족 계약을 명확히 이해해야만 한다. 카를에게는 여러 해에 걸쳐 공부를 하는 것이 가능하게 되었는데, 이는 가족에게는 엄청난 재정적 부담을 의미했다. 1830년대 초에 하인리히 마르크스의 연소득은 1,500탈러였다.(Herres 1990: 197) 1837년에 하인리히는 몇 달에 걸쳐 심한 기침으로 고생해서 그는 결국 요양하러 가야만 했다. 그는 전과 같은 정도로는 일할 수 없었을 개연성이 있어서 그의 소득은 1,500탈러보다 약간 더 적었을 수 있겠다. 카를이 지난해에 700탈러를 썼다면[69], 이는 가령 10명 가족의 연 소득 절반이 되었으며, 이 소득으로부터 그 외에도 하인리히 그리고 마찬가지로 병든 에두아르트를 위한 의사와 약값 계산이 지불되어야 했고 노년을 위한 적립금도 마련되어야 했다. 카를이 700탈러 미만을 사용했다고 하더라도 이는 가족에게는 장기간 감당할 수 있는 것이 아니었을 터이다. 공부를 위한 엄청난 지출과 카를이 목적 지향적으로 공부하고 벌이가 좋은 직업을 잡아서 나중에 자신의 양친을 그러나 무엇보다도 필요할 경우에는 자신의 형제자매를 뒷받침해 줄 수 있을 것이란 기대가 결부되었다. 이전의 편지에서 하인리히는 이 기대를 한번은 풍자적으로 이렇게 표현했었다.

> 네가 너의 형제자매에게 버팀목일 수 있으리란 희망은 내가 그것을 너에게서 빼앗고 싶기에는 너무 아름다우며, 선량한 가슴은 그러기에는 너무나도 미소를 짓는구나.(1836년 2월/3월의 편지, MEGA III/1: 294; MEW 40: 621)

카를에게 그의 아버지의 편지는 상당한 충격이었음이 분명하다. 그가 아버지에게 명료하게 밝히고 싶어 한 내적 투쟁들, 시 짓기로부터 돌아섬, 헤겔 철학으로의 전향, 무엇보다 이것이 그에게 의미한 것인 세계에서의 완전한 새로운 방향 설정을 아버지는 명백히 전체적으로 이해하지 못했다. 하인리히는 단지 자질을 타고난 아들이 그의 재능을 완전히 비생산적인 분야들에 낭비하며 그의 공부는 아무런

---

69) 때때로 마르크스는 물론 사치도 부렸음이 분명하다. 빌헬름 리브크네히트(1896: 104)는 그의 회고록에서 런던의 일요일 소풍 때 당나귀 타기를 계기로 마르크스가 (그러나 사실상 존재하지 않은) 승마술에 대해 확신했었는데, 이는 그가 학생으로서 승마를 몇 시간 했기 때문이었다고 언급한다.

끝을 보지 못한다는 것만 알 수 있었다. 많은 젊은이들이 거듭하여 마주치게 되는 상황이다. 그들이 중요하다고 여기는 틀 내에서 전개한 투쟁들에 부모들은 몰이해로 반응하며, 그 부모들은 젊은이들이 그들 자신에게 완전히 자연스러운 것으로 여겨지는 그런 좌표 체계 내에서 생각하고 행동하지 않는 것을 도무지 이해하지 못한다.

그러나 아버지의 몰이해가 전부는 아니었다. 아버지는 또한 카를이 동생과 아버지의 병으로 인해 곤란한 상황에 처한 부모와 형제자매를 모른 체하고 그들의 고통에 동참하지 않는 것을 질책했는데, 이는 명백히 적절한 질책이었으며, 우리가 곧 살펴볼 것처럼 카를은 이 질책에 찔림을 느꼈다.

아버지의 그 편지에서 나온 효과는 다른 편지를 통해 상당히 강화되었다. 루트비히 폰 베스트팔렌이 1838년에 그의 아들 페르디난트에게 쓴 이미 인용된 편지에서 드러나는 것처럼 예니는 1837년 12월에 마찬가지로 카를에게 편지를 썼는데, 물론 하인리히 마르크스가 쓴 편지를 알지 못하면서도 그가 표현한 것과 완전히 비슷한 책망을 담고 있다. 카를에게 이는 조작된 부정 경기처럼 작용했고, 이는 그를 "깊이 병들게 하고 흔들어서" 그는 "신경질환"에 걸렸다고 루트비히는 계속해서 말한다. 그렇지만 그는 빠르게 기력을 되찾았고 "훌륭한 값진 보물인, 오래오래 갈망해 오던 그가 나에게 또 엄마에게, 그의 높이 존경하는 아버지와 훌륭한 어머니에게, 그의 모든 형제자매 그리고 그의 숭배하는 예니에게 보내는 편지들과 이들에게 보내는 경이로운 시들의 진정한 홍수"(Gemkow 2008: 518)로 반응했다.

모두가 분실되고만 이 편지들과 시들로 카를은 그가 낸 상처들을 치료하려고 시도했으며, 그는 또한 다소 성공한 것으로 보인다.[70] 루트비히 폰 베스트팔렌만 그를 최고의 어조로 칭찬한 것이 아니고 그의 아버지도 어느 정도 자기 아들에 만족한 것으로 드러났다. 그는 카를이 도무지 돈 문제에 개의치 않는다는 것을 불평하긴 했지만, 그에게 아버지의 사랑을 확신시켰으며 그를 칭찬했다.

> 너의 지난번 결심은 최고로 칭찬할 만하며 물론 영리하고 칭찬할 만하게 숙고된 것으로서 네가 약속한 것을 실행한다면 최선의 결실을 맺을 그런 것이니라. 그리고 네가 혼자서 큰 희생을 하는 것은 아님을 확신하거라. 우리 모두가 같은 경우에 들어 있지만 이성이 승리할 수밖에 없느니라.(1838년 2월 10일 편지, MEGA III/1: 328f.)

거기서 어떤 결심을 말하는 것인지 우리는 알지 못한다. MEGA-해당 권의 편찬자들은 하인리히 마르크스는 12월 9일 편지에서 부활절 귀향을 허락했는데도 불구하고 마르크스는 귀향을 포기하고 싶어 한 것으로 추측했다.(MEGA III/1: 738) 그러나 아버지의 칭찬을 감안하면 귀향의 포기는 너무 작은 것으로 보인다. 내게 더 그럴듯해 보이는 것은 카를이 상당히 더 많은 것을 알렸으며, 적어도 그의 공부를 속히 끝내겠다는 것을 알렸고 필시 심지어는 그가 공부가 끝나기 전에는 더 이상 트리어로 오지 않을 것임을 알렸다는 것이다. 이는 카를 혼자만 희생 제물을 바치는 것은 아니라는 하인리히의 지

---

70) "주지의 사실로서 자기 가족의 상황에 대한 부족한 실제적 관심"을 Stedman Jones(2017: 76)는 확증할 수 있다고 믿는데, 이는 별로 명확하지 않다. 적어도 가용한 출처를 고려한다면 그렇다.

적을 설명해 줄 것인데, 왜냐하면 가족과 예니도 그를 포기해야 했을 것이기 때문이다.

하인리히 마르크스는 두 달간 아파서 침대에 누워 있었고 여전히 아주 허약하던 때가 지나고 1838년 2월 10일에 바로 그 인용된 편지를 썼다. 이는 하인리히가 카를에게 쓴, 남아서 전해져 오는 마지막 편지다. 2월 15, 16일에 그에게 어머니가 편지에 아버지는 천천히 나아 가신다고 썼지만, 아버지는 단지 한 줄의 인사말만 동봉할 수 있었다. 더 이상 하기에는 그는 너무 쇠약했다. 그러나 죽기 전에 그는 또 한 번 좀 회복된 것으로 보이는데, 이는 그가 이미 앞의 장에서 언급한 쾰른의 교회 논쟁에 대한 텍스트를 작성했기 때문이다. (MEGA IV/1: 379f) 그것은 1838년 초에 나온 문헌을 암시했으니, 그가 그 텍스트를 3월이나 4월에 썼다는 MEGA 편찬자들의 결론은 그럴듯하다.

하인리히의 죽음 직전에 카를은 다시 한번 트리어에 있었다. 예니가 보낸 한 편지 조각에서 우리는 카를이 5월 7일에 트리어에서 떠났고 5월 10일에 그의 아버지가 돌아가셨다는 것을 안다.(MEGA III/1: 331) 필시 카를은 부활절을 트리어에서 보냈을 것이며(부활주일은 아버지의 생신인 4월 15일이 되었다) 그다음에 좀 더 오래 남아 있었고 필시 그의 어머니나 예니도 아버지의 악화되어 가는 병세에 관해 알려 주었을 것이고 카를은 아버지를 마지막으로 보기 위해 길을 나섰다. 이번 귀향의 진행 경과에 관해서는 카를과 예니 사이에 격렬하고 서로에게 상처를 주는 논란이 있었다는 것 외에는 우리는 아무것도 알지 못하며, 예니의 편지 조각이 이를 암시해 준다. 물론 거기서 무슨 일로 그랬는지는 명확하지 않다.[71]

아버지의 죽음은 젊은 마르크스의 인생에서 중대한 전환점이었다.[71] 그는 자신의 아버지와 강하게 정서적으로 유대감을 가졌을 뿐 아니라 그의 권위도 존중했다. 그의 지속적인 충고는 카를에게 성가셨을 수도 있지만 루트비히 폰 베스트팔렌이 언급한 1837년 12월의

---

71) 하인리히 마르크스의 12월 9일 편지와 관련하여 Neffe(2017: 66)는 이렇게 적는다: "총체적인 의견 대립에 앞서 [하인리히의] 죽음이 찾아온다." 그리고 카를의 귀향에 관해서는 "화해가 되었는지, 또 그것이 도대체 어떻게 보였을 수 있는지는 아무것도 알려지지 않는다." 방금 인용된 2월 10일의 편지나 쾰른의 교회 논쟁에 대한 글을 쓰는 공동 작업 — Neffe는 이것도 저것도 인지하지 못했다 — 을 본다면 "의견 대립"이라고는 좀처럼 이야기될 수가 없다.

72) 카를이 아버지의 장례에 참여하지 않은 것은 공상이 넘치는 Francis Wheen (1999: 44)에 의해 제대로 윤색되었다. "장례식에 카를은 나타나지 않았다. 베를린으로부터는 먼 거리였고 그는 더 중요한 일을 보아야 했다는 것이다." 간접적인 전언을 활용하면서 Wheen은 마지막 그 문장에서 마르크스의 말이란 것을 시사한다. 그러나 그러한 말은 어디서도 전해져 오지 않는다. 물론 그것은 Wheen이 꾸며낸 것은 아니고 — 이미 결투 이야기가 그런 것처럼 — Payne(1968: 55)에게서 그의 이름도 거명하지 않고 베낀 것이다. 마르크스가 자기 아버지의 장례에 참석한 것은 교통 기술적인 이유들에서 한마디로 불가능했다. 트리어에서 베를린으로 가는 데는 승객과 편지들도 실어나르는 우편 마차는 5~7일을 요했다. 그러나 매일 왕래한 것은 아니다. 사망 소식을 담은 편지의 발송과 카를의 트리어 도착 사이에는 적어도 12~14일이 있게 될 것이었다. 초여름 트리어에서는 당시에 하인리히 마르크스의 시신을 그렇게 오래 보존할 가능성이 좀처럼 없었다. 5월 10일 죽은 하인리히 마르크스의 장례는 5월 13일에 거행되어(Schöncke 1993: 283) 아버지의 죽음의 소식이 카를에게 결코 도달할 수 없었던 시점에 거행된 것이다. 명백히 트리어에서는 아무도 카를이 장례에 참여할 수 있을 것으로 생각하지 않았다. 카를에게 자기 아버지의 사망 소식이 깊은 충격이 되었다는 것은 페르디난트 폰 베스트팔렌이 자기 아내에게 보낸 편지에서 보게 된다. 거기서 그는 자기 동생 에드가르가 그간 마찬가지로 베를린에서 공부를 하던 중이었는데 카를의 어머니에게 "젊은 마르크스에게 부고를 알림에 관하여" "아주 아름다운 편지"를 썼고 루트비히 폰 베스트팔렌은 가족에게 이를 낭독해 주었다고 보고한다.(Gemkow 2008: 520f.) 페르디난트의 용어 선택 "부고를 알림"은 카를이 자기 아버지의 죽음에 관해 편지를 통해 안 것이 아니라 그의 어머니 헨리에타나 혹은 예니도 에드가르에게 편지를 해서 그더러 카를에게 사망 소식을 직접 전하라고 부탁했는데, 이는 그들이 카를이 자기 아버지에게 얼마나 의존했는지를 알았기 때문임을 시사해 준다.

"편지 홍수"가 명확히 해 준 것처럼 그것들을 진지하게 받아들였다. 아버지는 강한 버팀목이었고, 이는 그가 죽은 후에야 카를에게는 비로소 아주 명확해졌을 것이다. 어머니도 루트비히 폰 베스트팔렌도 이런 위치를 차지할 수 없었다. 젊은 마르크스는 이제 완전히 새로운 방식으로 자립해야 할 입장이 되었다.

제3장 종교철학, '청년 헤겔주의'의 시초,
마르크스의 박사학위 논문 기획

마르크스의 첫 2년간(1835-1837)의 대학 생활에서는 자료 출처로 아버지의 편지들, 카를의 1837년 11월 10일의 상세한 편지 그리고 남아서 보전되어 있는 그의 시 짓기 습작들이 있다. 1837년 말부터 1840년 말까지의 시기에 대해서는 자료 출처의 상태가 훨씬 더 열악하다. 마르크스로부터는 겨우 아돌프 루텐베르크에게 보낸 짧은 편지가 전해져 오고 그 외에 몇 편 안 되는 마르크스에게 보낸 편지들이 있다. 이를 넘어서 1839년과 1840년에 나온 것으로는, 계획된 박사학위 논문과 연관성을 가진 발췌문들이 존재한다. 마르크스의 1838년에서 1840년까지의 생활에 관해 알려진 바가 별로 없으므로 전기나 저작사를 연구할 때 이는 기꺼이 건너뛰곤 한다. 마르크스가 헤겔 철학으로 전향을 선언한 1837년 11월에 쓴 그의 편지에 관한 서술은, 매우 빠르게 1841년에 완성된 박사학위 논문으로 넘어가는 경우가 많다.

그러나 마르크스의 지적인 발달에는 1837-1841년이 특히 중요했다. 한편으로는 헤겔 철학을 그가 자기 것으로 정복한 것은 1837년에 시작되어 아직 오랜 기간 끝나지 않은 것으로 특정한 이행 시기에 일어난 일이다. 1830년대 하반기에 헤겔의 명성은 그의 저작과 강의의 '친우회판'을 통해 정점에 도달한 반면, 헤겔학파는 분화되기 시작했다. 정치적으로 보수적인 '구 헤겔주의자'와 급진적인 '청년 헤겔주의자'로의 '분열'이라는 널리 확산된 이미지가 얼마나 맞는지는 논의할 필요가 있을 것이다. 아무튼 헤겔주의는 보수적인 측으로부터 점점 더 강하게 공격을 받았고, 자유주의적인 문화부장관 알텐슈타인이 1840년에 죽으면서 그것은 제도적인 뒷받침을 상실했다. 반면에 마르크스는 1837년 이후 수년간 여러 서술들에서는 더 이상 주목되지 않는 주제, 즉 종교철학에 강도 높게 몰두했다. 1830년대 말에 이는 프로이센에서 고도로 정치적인 주제였다. 또 헤겔학파의 '분열'도 종교철학적 논쟁으로 시작되었다.

이런 배경에서 마르크스와 브루노 바우어 간의 관계도 고찰되어야 한다. 바우어는 이 수년 동안 강도 높은 인간적 우정뿐만 아니라 내용적·정치적 측면에서도 서로 가까운 것을 계기로 마르크스와 긴밀히 연결되어 있었다. 거기서 바우어는 1836년과 1839년 사이에 '우파'에서 '좌파'로 숨 막히게 발달해 갔다. 이 발달에서 마르크스가 한 몫은 무엇이었는지, 또 거꾸로 마르크스가 바우어에 의해 어떻게 영향을 받았는지를 논의할 것이다.

1830년대 말경, 무엇보다 1840년 후에 왕위 교체가 이루어졌고 곧이어 환멸이 시작되었는데, 새로운 국왕이 그로부터 기대되었던 자유주의적 개혁을 추진하지 않은 것이었다. '청년 헤겔파' 작가들은 점점 더 정치적으로 급진적인 입장을 발달시켰으니 "이제까지 독일 청중은 그보다 더 대담한 것은 들어 본 적이 없다"고 엥겔스가 1851년에 이야기했다. 이를 넘어서 그들은 당시 독일에서 특히 엄금된 "제1차 프랑스 혁명의 영웅들에 대한 기억을 다시 영예로운 것으로 삼으려"(MEW 8: 15f.)[1] 시도했다. 1859년 1월에 마르크스는 마찬가지로 뉴욕 데일리 트리뷴에 실을 프로이센에 관한 한 기고문에서 이 국면에 관해 회고하면서 이렇게 썼다.

> 부르주아지는 아직은 적극적인 행보에 나서기에는 너무 약하여 헤겔의 제자들이 구세계의 종교·관념·정치에 맞서 전개한 이론적 군대 뒤로 물러날 필요를 느꼈다. 이전의 어떤 시기에도 프리드리히 빌헬름 4세 통치의 처음 8년만큼 비판이 과감하고 강력하며 대중적이지 않았다. 그는 프리드리히 2세에 의해 프로이센에 도입된 천박한 합리주의를 중세의 신비주의로 대체하고자 했던 것이다. 철학이 이 시기 동안 세력이 컸던 것은 오로지 부르주아지의 실천적인 허약함 덕분이었다. 부르주아들이 낡은 제도를 현실에서 공략할 능력이 없었으니, 사상의 영역에서 이에 돌진한 대담한 관념론자들에게 우위를 넘겨줄 수밖에 없었다.(MEW 12: 684)

이 모든 정치적이고 이론적인 맥락은 마르크스의 계속되어 가는 발달을 파악하려면 고려되어야 한다. 물론 나는 청년 헤겔주의 논쟁과 마르크스의 친구 브루노 바우어의 지적 발달을 1840/41년까지만 살펴볼 것인데, 이는 이 장에서는 마르크스의 대학 졸업을 앞둔 해들, 특히 1840-41년에 쓴 박사학위 논문의 논증적 배경을 재구성하는 것이 과제이기 때문이다.

---

1) 그 인용문은 뉴욕 데일리 트리뷴에 실린 독일에 관한 연재 기고문 중 하나에서 취한 것으로서 엥겔스의 사후에 '독일에서의 혁명과 반혁명'이란 제목으로 독일어로 출간되었다. 트리뷴에서 마르크스는 저자로 제시되었으나 서신 교환에서는 마르크스는 그럴 시간이 없었기에 엥겔스가 기고문을 작성했다는 것이 드러났다.(인용문의 영어 원문은 MEGA I/11: 14에 수록됨)

1. 마르크스의 베를린 생활(1838-1841)

마르크스의 지적 발달의 자취를 추적하기 전에 우선 얼마 안 되는 자료들로부터 뚜렷하게 드러나는 한에서 그의 당시의 생활 환경을 돌아볼 것이다.

에드가르 본 베스트팔렌과 베르너 폰 펠트하임

마르크스가 1837년 11월 10일 편지에서 전한 것처럼 그는 베를린에서 첫해를 상당히 은인자중하며 보냈는가 하면, 1837년 늦여름부터 그의 생활은 크게 달라졌음이 틀림없다. 그는 여름 동안 그가 아버지에게 보낸 편지에서 언급한 그 "박사 클럽"에 가입했을 뿐 아니라 그의 학교 동창생인 에드가르 폰 베스트팔렌도 베를린으로 이주해 왔다. 고졸자격 취득 후에 에드가르는 곧장 대학 공부를 시작하지 않고 한 해를 집에서 보냈다. 그의 양친이 16세의 자식을 혼자 낯선 도시로 가게 하기를 원치 않았을 가능성이 높다. 그는 1837년 11월 3일 베를린 대학에 등록하기 전인 1836/37년에 본에서 두 학기 동안 법학을 공부했다.(Gemkow 1999: 416) 학창 시절에 노력형이고, 조심스럽고 아마 또한 약간은 수줍어하는 학생이던 에드가르는 이미 본에서 대학 생활의 얼큰하게 취한 측면을 즐기는 대인 접촉을 좋아하는 젊은이로 발달한 것으로 보인다. 아무튼 그는 거기서 팔라티아단 창설 준비에 참여했는데, 이는 카를이 이미 속해 있던 트리어의 만찬회에서 나온 것이다. 베를린에서 카를과 에드가르는 이제 공동으로 초청들에 응하여 춤 파티와 무도회에 참가했던 것으로 보인다. 루트비히 폰 베스트팔렌이 그의 아들 페르디난트에게 1838년 1월에 전해 준 것처럼 카를은 그에게 에드가르는 "높고 낮고 막론하고" 환영을 받지만 "특별히 여자들의 회"에서 환영받는다고 편지에 써 보냈다.(같은 책: 414f.) 대학 현장에는 여자들이 없었으니, 이 말은 그런 축제와 관련되었을 개연성이 있다.

베를린에서 에드가르는 벌써 베르너 폰 펠트하임(1817-1855)에게 가까워졌고, 수강 신청 명부에서 알 수 있듯이 그와 몇 개의 강의도 함께 수강했다.(Kliem 1988: 47f.) 베르너의 아버지 프란츠 폰 펠트하임(1785-1839)은 루트비히 폰 베스트팔렌의 첫 번재 부인인 엘리자벳 폰 펠트하임의 오라비였다. 1837년 여름 학기 이래 베르너는 베를린에서 법학을 공부했다.(Gemkow 1977: 18) 그가 1838년 부활절에 호헨에륵슬레벤으로, 1821년 아돌프 폰 크로지크와 결혼한, 에드가르의 경건주의적인 이복 누이 리제테를 찾아갔을 때(Kapitel 2.2를 참조하라) 에드가르가 그와 동행했다. 호헨에륵슬레벤에서 베르너는 당시에 겨우 14세인 리제테의 딸 마르가레테를 알게 되었고 1842년에 마르가레테와 결혼했다. 리제테의 또 다른 딸인 안나는 베르너의 요절 후에 그의 편지와 일기를 바탕으로 그의 전기를 썼는데, 이는 적은 발행 부수로 연도 정보 없이 인쇄되었다.(Krosigk, A. o.J.)

이 전기를 보면 베르너도 에드가르처럼 일찍이 미국으로 이주할 계획이었음이 분명하다.(같은 책: 17) 하지만 에드가르와 달리 그는 이 의도를 실행에 옮긴 적이 없다. 그 대신 그는 할레의 오스트라우에 있는 부모의 농장을 물려받았다. 안나의 전기는 또한 베르너가 다비드 프리드리히 슈트라우스, 브루노 바우어, 루트비히 포이어바흐의 급진적 견해와 크로지크 가문의 경건주의적·보수적인 표상 사이에서 왔다 갔다 했다는 것도 보여 준다.(같은 책: 118) 급진 사상가들에 대한 그의 관심에서 물론 젊은 카를 마르크스의 일정한 영향이 역할을 했다고 할 수 있겠다. 1839년 전반기의 것일 개연성이 있는[2] 베르너의 편지에는 이렇게 되어 있다.

> 나에게 꼭 다시 한 번 대혁명이 일어난 것이다. 나는 에드가르 곁에 있는 마르크스를 발견했고 이 자는 철학적인 궤변들과 말의 집들로 여러 날에 걸쳐 나의 평온을 계속 깨뜨렸다. 마침내 다시 내면에서 깨닫게 되는 데 성공했다.(같은 책: 39)

1838년 여름 학기 중에 에드가르와 베르너는 심지어 같은 집에 살았다.(Gemkow 1977: 19) 1855년 요절할 때까지 베르너는 에드가르에게 좋은 친구로 남았고, 미국으로 여러 번 이주 시도를 하는 그를 재정적으로 후원했다.(Krosigk, A. o.J.: 123, 143f., 174f., 188, 211) 마르크스도 1851년에 런던에서 재정적으로 극히 힘들던 당시에 베르너 폰 펠트하임한테 대출을 받았다. 그는 일기에 이렇게 적었다.

---

[2] Anna von Krosigk이 사용한 편지와 일기장의 인용문들은 날짜가 매겨져 있지 않지만 그 서술은 연도별로 분류되어 있다.

마르크스, 그 악명 높은 이가 나에게 30파운드를 빌려 달라고 간청했다. 그는 공산주의자이고, 그의 글이 효력을 얻는다면 나는 재산과 가정을 잃을 것이다. 그는 나의 사촌 예니 베스트팔렌을 아내로 삼았고 대학 때 아는 친구로 궁핍하다. 나는 함부르크에 있는 로렌츠 마이어를 통해 그에게 15파운드를 보내 주었다.(Krosigk, A. o. J.: 189)

카를은 1837/38년 겨울 학기에 단 하나의 강의를 들은 후에, 1838년 아버지의 사망 후 여름 학기에는 더 많은 에너지를 쏟아 다시 공부를 했다. 물론 수강 신청을 한 세 강의 중 하나만 법학 강의였고 이는 에두아르트 간스의 "프로이센 토지법"이었다.("특출하게 열심히") 다른 두 강의는 헤겔의 친구이면서 후계자인, 그런데도 지극히 중도적인 성향으로 드러난3) 게오르크 안드레아스 가블러Georg Andreas Gabler(1786-1853)라는 사람의 "논리학"("탁월하게 열심히") 그리고 카를 리터Carl Ritter(1779-1859)의 "일반 지리학"("수강 신청함")이었다. 알렉산더 폰 훔볼트와 함께 리터는 과학적 지리학의 창시자로 통한다. 리터는 지리를 지형 조건들, 역사와 민족학의 통일체로 이해했고 이로써 그는 단지 통계적으로 방향이 설정된 18세기의 국가학을 월등히 능가했다.(Lindgren 2003을 참조하라)

1838년 여름 카를과 에드가르는 서로 많이 왕래했음이 분명하다.

---

3) Lenz(1910, Bd. 2.1: 483)는 그에 관하여 이렇게 적는다: "그 자신은 사람들이 그의 철학의 기독교적 성격에 두었던 기대들을 철저하게 확증했다. (…) 게다가 그는 자신을 아껴 준 자들 모두를, 그의 대학 동료들과 마찬가지로 내각의 인사들도 환멸케 했다. 그는 실제로 여남은 학생들과 헤겔의 변증법에 관해 라틴어로 토론하는 도락을 즐긴 교사 말고는 아무것도 아니었다. (…) 헤겔과 기독교의 교의에 대한 옹호론을 그는 더 이상 넘어서지 않았다."

8월에 그 두 사람은 "노상소란Straßenexzess" — 야간의 만취 후 소란을 말하는 것일 개연성이 있다 — 으로 신고되었고 대학 판사에 의해 경고를 받았다. 에드가르에게는 그 신고가 1839년 4월과 8월에 반복되었다.(Gemkow 1999: 421) 1838/39년 겨울 학기에 카를과 에드가르는 심지어 숙소도 공유했다.(Gemkow 1977: 19) 1839년 여름 학기로 에드가르 폰 베스트팔렌은 베를린에서의 공부를 끝냈고, 당시에 보통 그랬던 것처럼 대학 공부를 3학년으로 마친 것이다. 그는 다시 트리어로 돌아갔을 개연성이 있다.(Gemkow 1999: 422)

1838/39년 겨울 학기에 대해 마르크스의 수료증에는 단 하나의 수강 신청한 강의가 발견되는데, 이는 자비니의 제자 아돌프 프리드리히 루도르프Adolf Friedrich Rudorff(1803-1873)의 "상속법"("열심히")이었다. 그 후에 마르크스는 단 두 강좌에 참석했다. 1839년 여름 학기에 그는 이 시기에 이미 친밀한 교분이 있던 브루노 바우어에게서 이사야에 관한 강의를 듣고("수강함")4) 카를 에두아르트 게페르트 Carl Eduard Geppert(1811-1881)라는, 알려진 문헌학자이고 고대 연구자인 아우구스트 뵉크August Boeckh(1785-1867)의 제자에게서 그리스 시인 에우리피데스에 관한 강의를 들었다.("열심히")5) 1839/40년 겨울 학기와 1840년 여름 학기에 마르크스는 아무 강좌도 수강 신청하지 않았다.

1838/39년 겨울 학기에 루도르프에게서 들은 강의는 마르크스의

---

4) 이사야는 구약에 나오는 예언자로서 "메시아"의 출현을 예언했는데, 이를 기독교인들은 예수와 연관시켰다. 1839년 여름 학기용 수강 편람에 따르면 강의 명칭은 "이사야의 예언"이었다.

5) 1840/41년 겨울 학기용 수강 편람에 따르면 에우리피데스에 관한 강의는 그의 희곡 『이온』[이오니아인의 전설적인 시조의 역사 이야기]을 다루었다.

마지막 법학 수업이었으며, 그것으로 그는 법학 공부를 끝냈다. 그가 20년 뒤에 『정치경제학 비판을 위한 시론』 제1책 서문에서 "나의 전공 공부는 법학이었지만 나는 이를 단지 철학 및 역사와 아울러 하위 학문 분야로만 공부했다."(MEGA II/2: 99; MEW 13: 7)고 쓸 경우에, 이는 완전히 맞는 말은 아니다. 마르크스는 법학 공부에 따른 법원에서의 실무 양성과 결부된 시험들에 참여하지 않기는 했지만 본 대학에서 여섯 개의 법학 강좌와 베를린 대학에서 여덟 개의 강좌를 수강하여 그 시대의 표준에 견주어 본다면 건실한 이론 법학적 수련을 쌓은 것이었다. 이와 달리 좁은 의미에서의 철학 강의는 단 두 개만 들었는데, 1837년 여름 학기에 슈테펜스에게서 인류학에 관한 강의를 들었고, 1838년 여름 학기에는 가블러에게서 (헤겔의) 논리학에 관한 강의를 들었지만 역사에 관한 강의는 전혀 듣지 않았다. 철학 공부와 역사 공부를 마르크스는 무엇보다도 강의실 밖에서 했던 것이다.

마르크스가 건실한 법학적 교육을 받았다는 것은 문헌에서 흔히 간과되거나 과소평가된다.[6] 마르크스의 법학 지식은 그의 저작에서 줄곧 흔적을 남겼다. 직접적으로 법학적인 논리 전개들이 라인신문을 위한 그의 기고문 몇 편에서 발견되며, 그의 1843년의 『헤겔 법철학 비판』은 물론 『자본』의 많은 대목도 마르크스의 법학 지식을 보여 준다. 특히 마르크스는 1849년 2월에 쾰른에서 두 번 법정에서 성공적으로 변론했는데, 이는 신라인신문이 관청의 명예훼손 건으로 기소되었고, 반란 모의로 또 다른 공판에서 기소되었던 때였다.

---

6) 중대한 예외들은 Kelley(1978)와 Klenner(1984)다.

예니 그리고 어머니와의 관계

지난 장에서 언급된 카를과 예니 간의 논쟁은(하인리히 마르크스의 사후에 예니가 카를에게 쓴 편지, MEGA III/1: 331을 참조하라) 빠르게 해결되었다. 여름에 예니는 알자스에 있는 니더브론으로 이복 오빠 카를이 요양하러 가는 데 동행했고(이 여행의 상세 내용은 Monz 1990에 있다) 거기서부터 1838년 6월 24일에 카를에게 편지를 썼는데(같은 책: 332f.) 그 편지에는 이 다툼에 관해서는 더 이상 이야기가 없다. 예니는 오히려 하인리히 마르크스의 죽음에 관한 자신의 고통에 관해 쓰는데, 우리가 하인리히의 편지들로부터 아는 것처럼(2.5장을 참조하라) 예니는 하인리히 마르크스와 긴밀한 연결 관계를 가졌다.

> 나는 여전히 나를 주체하지 못하고, 아직도 대신할 수 없는 분을 잃었다는 생각에 평온과 평정으로 견디지 못하겠네요. 모든 것이 내게는 아주 슬프고 아주 불행을 예고하는 것으로 여겨지고 미래 전체가 아주 어두워요.

바로 한 해 전에 예니는 하인리히와 퀴렌츠로 소풍을 갔었다.

> 우리는 둘 다 완전히 외로워서 두세 시간 동안 인생의 가장 중대한 사안들, 가장 고상하고 가장 현실적인 관심사들, 종교와 사랑에 관해 대화를 나누었지요. 그분은 내 가슴에 훌륭한 값진 말들, 황금 같은 가르침을 이야기하셨고 나에게 사랑으로, 친밀함이란 진심으로 이야기해 주셨고 이는 그분의 것처럼 풍부한 심성으로만 할 수 있는 것이

지요. 내 가슴이 그것을 그에게 충실하게 응답했지요, 이 사랑을 그에게 영원히 지킬 겁니다!

그러나 이런 회상은 예니의 억눌린 기분을 쫓아낼 수 없었다.

> 그럼에도 불구하고 나는 그를 이 고통의 세상에서 다시 만나기를 원하지 않죠. 절대로. 나는 그의 운명을 축복하고 부러워해요. 나는 그가 그의 신의 품 안에서 누리는 복된 안식을 기뻐해요. 그가 돌아가신 것, 그가 아름다운 인생의 풍성한 대가를 저 건너 그곳에서 받으신 것을 기뻐해요!(MEGA III/1: 332f.)

마지막 문장은 예니가 "그의 신의 품 안에서"라는 표현으로 일정한 거리 두기가 담겨 있기는 하지만, 이 시기에 저세상에서의 삶을 믿었다는 것을 뚜렷이 해 준다.

이 여행으로부터 예니가 자기 어머니에게 쓴 두 번째 편지가 보전되어 온다. 거기서 예니는 요양 생활의 세세한 모습으로 들어가며 예리한 시각으로 자기가 알게 된 인간들의 특성들을 서술한다. 그중에 예니는 괴팅겐과 베를린에서 공부했던 두 명의 젊은 복음주의 신학자들을 만났다. 예니는 이 두 사람이 어떤 교수에게서 강의를 들었는지를 전하는데, 달만Dahlmann, 그림Grimm 형제, 에발트, 슐라이어마허, 간스, 헤겔, 슈트라우스에게서 들었다는 것이다.(Monz 1990: 248) 예니가 이 이름들을 아주 부수적으로 이야기에 꺼내는 것은 그들이 예니에게 또 예니의 어머니에게 알려져 있었다는 것, 그들은 그래서 이 인물들에 관해 스스럼없이 이야기했다는 것을 추측하게 한다. 달만, 그림 형제, 에발트라면 이는 그렇게 놀랍지 않다. 이들은 "괴팅겐의 7인조"(2.3장을 참조하라)에 속했고 그들의 운명은 독일 전체에서 격렬하게 토론되는 주제였다. 헤겔, 슐라이어마허, 슈트라우스, 간스도 학자들의 동아리에서는 알려진 이름들이기는 했어도, 예니가 그들을 부수적으로 언급한 것은 그들과 카를과의 서신 교환 덕분으로 볼 수도 있겠다. 그는 헤겔 철학으로 이행한 것을 자신의 아버지뿐만 아니라 예니에게도 보고했을 개연성이 있다. 트리어에서 명백히 자신이 점점 더 격리된 것으로 느끼던[7] 예니에게 그가 들은 강의들과 "박사 클럽"에서의 토론들의 내용에 관해서도 보고했을 가능성이 크다.

1839년 여름 에드가르가 결국 베를린을 떠나기 전에 그는 예니가 카를에게 보낸 편지를 넘겨주었는데, 그것은 단지 불완전하게만 보전되어 온다.[8] 편지에는 다시 카를과 예니 사이에 갈등이 있었다는 것이 드러난다. 카를은 앞선 편지에서 예니가 자기를 더 이상 사랑하지 않는다고, 이는 예니가 다른 남자와 만났기 때문이라고 비난한 것으로 보이는데, 이를 트리어에서 온 사람이 그에게 일러주었다는 것이다. 정확히 어떤 일이 벌어졌는지는 확인되지 않는다. 물론 그 두 젊은이가 상대방의 사랑을 별로 확신하지 못했던 것은 뚜렷하다. 카를에게는 예니의 사랑을 의심하는 데 이미 지극히 작은 단서만으

---

7) 니더브론에서 쓴 편지에서 트리어에 관해 "고통의 장소, 오래된 성직자들의 둥지로 그 인형 군상을 함께 가지고 있는 곳"이라고 이야기가 된다.
8) 그 편지장은 날짜 표기가 없고 MEGA (III/1: 337)에서는 1839-1840년이라고 표시된다. 예니가 자신의 남동생 에드가르에게 후기에서 그 편지를 카를에게 전해 달라고 부탁하기에(MEGA III/1: 744) 그 편지는 에드가르가 베를린에서 떠나기 전, 그래서 1839 연초/여름에 쓰인 것이 분명하다.

로도 충분했던 것 같다. 예니는 편지에서 여러 번 카를이 자기를 별로 신뢰하지 않는다는 것을 비난한다. 그러나 예니도 카를의 사랑의 불변함에 대해 의심을 가졌다.

내가 당신의 지금의 열광적인 젊은이다운 사랑을 보전할 능력이 없다는 것을 처음부터 의식했어요.(MEGA III/1: 337)

그들이 (유년기를 제외한다면) 연인으로 트리어에서 서로가 같이 보낸 시간보다 그간 훨씬 더 오래 떨어져 있던 기간을 본다면 이런 불안들은 별로 놀라운 것은 아니다. 예니가 때때로 공상의 세계로 도피한 것도 마찬가지다.

여봐요, 난 당신의 지난 편지를 받은 이래 근심으로 괴로웠어요. 당신이 나 때문에 싸움을 벌이고 결투에 말려들었을 수 있어요.[자기 약혼녀에게 너무 가까이 접근한 다른 남자에게 결투를 요구하는 것은 상류 사회 계층에서는 이례적이지 않았다.] 밤낮으로 나는 상처 입고 피를 흘리고 아픈 그대를 보았고 카를, 나는 당신에게 모든 걸 말하지요. 나는 그렇지만 이런 생각으로 완전히 불행하진 않았어요. 왜냐면 난 거의 당신이 오른손을 잃었을 것으로 상상했고 카를, 나는 그 때문에 열광했고 그 때문에 행복했어요. 여봐요, 그러면 내가 그대에게 아주 필요 불가결하게 될 수 있고, 그러면 당신이 나를 언제나 당신 곁에 사랑으로 간직해 줄 것이라 내가 생각했기 때문이죠. 내가 당신의 모든 사랑스러운 천상의 생각들을 받아 적고 당신에게 아주 쓸모 있게 될 수 있다고 내가 생각했기 때문이죠.(같은 책: 338)

예니의 바람은 성취될 것이었지만, 손에 상처를 입을 필요는 전혀 없었다. 마르크스의 필체는 너무 읽기 어려워서 그것을 출판사에 보낼 수 있으려면 예니가 나중에 아주 많은 텍스트를 베껴 써야 했던 것이다.9)

1839년에 카를은 "나의 달콤한 심장의 어여쁜 예니를 위해"(헌사에 그렇게 되어 있다. MEGA I/1: 775) 민요집도 만들었다. 이는 무엇보다 사랑의 서사와 몇 곡의 해학적인 노래로 이루어졌지만 진지한 텍스트도 들어 있었다. 그는 거기서 후기 낭만주의가 일깨워 준 근원적이고 인위가 가해지지 않은 정신의 증거로 여겨진 민중 시가에 대한 관심을 따랐다. 추려내어 편찬하기 위한 중대한 출처는 프리드리히 카를 폰 에를라흐Friedrich Karl von Erlach가 1834/35년에 네 권으로 발간한 『독일인들의 민요』집이었다. 물론 마르크스는 비非독일 민요도 검토했고, 그래서 그중에 헤르더의 『노래에 담긴 민족들의 소리』와 바이런 경의 저작들에 의지했다.(출처에 대해서는 MEGA I/1: 1263f.를 참조하라) 마르크스는 그 민요집에 "베를린 1839"라고 발행일을 표시했다. 그가 2월 12일 예니의 25번째 생일에 이를 선물했는지 아니면 크리스마스에 선물했는지는 거기서 드러나지 않는다. 필시 다툼

---

9) Kliem(1988: 54f.)은 예니의 결투 공상 뒤에 트리어에서 예니와 함께 있는 것이 보였고 예니와 연관이 있던 그 다른 남자와의 막아진 결투가 있다고 추측한다. 이 다른 남자는 예니의 전 약혼자인 카를 폰 판네비츠Karl von Pannewitz로서 베스트팔렌 집안 사람들을 찾아온 자였다는 것이다. 이를 안 베르너 폰 펠트하임은 마르크스에 대하여 의도적인 비밀 누설을 하여 그의 지적인 우월성에 복수를 했다는 것이다. 베르너와 카를 간의 결투는 겨우 가까스로 방지되었다는 것이다. 물론 Kliem은 판네비츠의 방문에 대해서도 베르너 폰 펠트하임의 비밀 누설 혹은 결투 희망에 대해서도 아무런 출처를 대지 않는다. 이는 사실적인 근거가 없는 단순한 추리이고, 이것은 물론 Sperber(2013: 70)가 이 이야기를 Kliem을 참조하도록 하여 사실로 제시하지 못하게 하진 않는다.

후의 화해의 선물이기도 했을 것이다.

마르크스의 베를린 생활 중에서 얼마나 많은 상세한 내용들에 대해 우리가 알지 못하는지는 마르크스의 어머니 헨리에테가 보낸 편지를 보면 뚜렷이 알 수 있는데, 이는 헨리에테가 1840년 5월 29일 카를에게 쓴 것이다. 몇 문장은 종이 손상으로 텍스트가 손실되어 이해할 수 없다. 그러나 또한 많은 것이 이미 알려진 사건도 더 이상 설명되지 않고 빗대어 말해지기 때문에 이해할 수 없다. 헨리에테가 자신의 남편의 사후에 베스트팔렌 가족에 의해 푸대접을 받는다고 느낀 것은 분명하다.

> 너의 사랑하는 아버지를 우리가 여읜 후 여섯 주 동안 베스트팔렌 가족의 누구도 [우리한테] 나타나지 않았고 아무런 위로도 아무런 우정도 이쪽에서 우리에게 오지 않았구나. 마치 그들이 우리를 전혀 알지 못했다는 것 같았다 ─ 당시에 H. 슐링크는 그래도 아무 잘못한 것이 없다. 예니는 4~5주에 한 번은 왔고 우리를 위로해 주는 대신에 우리에게 탄식과 비탄을 했다. 이런 후에 H.S.는 베를린으로 갔고 네 편으로부터는 불행한 이야기가 들려왔구나. 이제 자랑과 허영은 모욕을 당했고 이제 우리 가족을 위해서는 한 줄도 쓰지 않았더구나. 이제 나는 모두에게 그 일을 제대로 알리지 못한 책임을 질 수밖에 없구나.(MEGA III/1: 347)

슐링크 씨 또는 H.S.는 요한 하인리히 슐링크 지방법원 판사를 말하는 것일 개연성이 높은데, 그는 하인리히 마르크스의 친구로서 그의 사후에 마르크스 가족의 아직 성년이 되지 않은 자녀들의 후견인으로 세워졌다.(1.3장을 참조하라) 이 사람이 "범했을" 잘못을 우리는 알지 못한다. 나중에 편지에 이런 말이 나온다: "H.S.는 일반적으로 사랑을 받고 존경을 받는 [한] 부인을 모욕하고 싶어 한다는 것은 자신과 거리가 먼 일일 것이라고 말한다."(같은 책: 348) 베스트팔렌 가족은 슐링크의 언사로 불쾌함을 느낀 것으로 보인다.

"네 편으로부터" 그래서 "카를 편으로부터" 온 "불행한 이야기"가 무엇을 말한 것인지도 명확하지 않다. 예니와 카를의 부모들이 알게 된 그들간의 불화였는가? 자랑과 허영이 모욕을 받았다는 지적, 또 마르크스의 어머니가 "그 일을 제대로 알리지 못했다고" 책임을 지게 되었다는 지적은 이를 암시해 줄 수도 있겠다. 필시 예니의 다른 남자들과의 교제에 관한 들추어냄을 통해 카를의 시기심을 자극한 것은 아마 카를의 어머니였을 것이며, 이것에 대해 카를은 이어서 베스트팔렌 가족이 불쾌한 것으로 이해한 언사로써 반응했다. 그 편지에서 확실하게 취할 수 있는 유일한 것은 베스트팔렌 가족과 마르크스의 어머니 사이에 의견 충돌이 있었으며, 이는 하인리히 마르크스의 사후에 시작되었고 그 편지가 쓰인 지 2년 후에도 여전히 완전히 해결되지 않았다는 것이다.

마르크스의 누이 조피도 다시 동생한테서 무시되는 것을 느꼈다. 1841년 초에 쓴 조피의 짧은 편지는 이런 문장으로 끝난다: "진실된, 사랑하는 남동생에게 나는 물론 많이 아주 많이 특별한 용건들에 관해 전해야 했겠지만 이대로 괜찮다."(MEGA III/1: 351) 그렇지만 같은 편지에서 조피는 마찬가지로 그가 트리어로의 출발을 가능한 만큼 아주 서둘러야 하며 돈이 필요하면 보내주겠다고 썼다.

재정 문제

아버지의 죽음으로 대학생 마르크스의 재정 상황이 달라졌다. 아버지는 여러 번 아들의 높은 지출 수준에 관해 불평하기는 했으나 그를 항시 힘닿는 대로 후원했었다. 아버지의 사후에 가족에게는 소득으로서 겨우 몇 가지 증권과 사적으로 준 대부의 이자 그리고 농업적으로 활용되는 퀴렌츠의 토지 재산, 또 메르테스도르프의 포도원에 대한 지분으로부터의 수확들만 남았다. 몬츠가 산정한 유산 목록으로부터 몇 가지의 무이자 대부와 아울러 6,900탈러에 달하는 5%의 이자가 붙는 채권이 있었다는 것이 드러난다. 이에 따르면 연 345탈러의 이자 수입이 있었다. 농업용 필지와 포도원 지분의 가치는 1,500과 3,000탈러로 알려진다.(상세한 자산 목록표는 Monz 1973: 272-282에 있다) 여기서 수확이 평균적으로 통상적인 5퍼센트의 이율보다 조금 높았다고 추정상 가정하면, 이는 250-350탈러 수준의 또 하나의 소득을 내어서 연간 총소득은 600에서 700에 달했다고 할 수 있겠고, 그래서 하인리히 마르크스가 1830년에 벌었던(위의 1.3장을 참조하라) 1,500탈러의 절반에 못 미쳤다. 경우에 따라서는 헨리에테 마르크스는 방을 임대하여 이 소득을 더 높였고 이는 당시에 과부들에게는 소득을 올리는 아주 널리 퍼진 방식이었지만 이에 대한 직접적인 단서는 없다. 아무튼 공부하는 아들의 재정적 후원은 이제 뚜렷하게 더 적어질 수밖에 없었다.

마르크스가 1838/89년에 별로 저렴하지 않은 강의들 중 한 강의만 들은 것 역시 이 겨울에 명백히 첨예화된 그의 재정 문제들 때문이었을 가능성이 있다. 대학 법정에는 여러 건의 채권자들의 그에 대한 고발이 걸려 있었다. 부분적으로 아직 존재하는 대학 서류들로부터 이런 고발들은 코사크(Kossack 1978)에 의해 정리되었다. 이는 카를의 재정적 곤란에 관한 비극적인 상像을 그려 준다.

1838년 9월 초에 재단사 크렘링은 옷을 만든 데 대해 40탈러 2.5그로셴을 요구했다. 마르크스는 그 채무를 인정했고 10월 1일과 11월 1일에 지불하겠다고 약속했다. 1838년 10월 초에 재단사 젤레는 상의 제작에 대해 41탈러 10그로셴을 받아야 한다고 했다. 그 주장은 인정되었고 월 10탈러의 분할불이 약속되었다. 같은 시점에 크렘링은 다시금 30탈러를 달라는 요구를 내세웠고 이는 '집행이 아직 미결로 있다'는 지적으로 신고되었다. 집행이 성과 없이 경과했기에 마르크스와 크렘링은 계약의 결제를 위해 화해를 했다. 1838년 11월에 젤레는 10탈러를 요구하기 위한 이행 청원을 제출했다. 이 금액은 마르크스에 의해 무효화되었다. 1839년 1월 말에 상인 하벨은 천 구입 대금 15탈러를 요구했고 마르크스는 이를 인정하여 4월 1일에 지불하겠다고 약속했다. 이행이 성과 없이 지연되어 양측은 채무 변제를 위해 합의했다. 같은 시점에 젤레는 31탈러 10그로셴의 금액을 요구했다. 이행이 이 경우에 성과 없이 행해지지 않아서 양측은 화해를 했다. 1839년 2월 중에 서적상 아이젠하르트는 48탈러 4그로셴의 이행 청원서를 가지고 대학 법정을 찾아갔다. 이 경우에도 '집행 절차'는 아직 진행 중인 것으로 지칭되었다.(Kossack 1978: 106)

제기된 요구들은 의복을 위한 비용들이 중대한 역할을 했음을 보여 준다. 이는 마르크스의 특별한 허영 때문이 아니었고 적당한 의복은 당시에 부르주아 동아리들에서는 오늘날보다 훨씬 더 중대한 구별의 표식이었다. 그것이 문을 열 수도 닫을 수도 있었다. 맞는 의복 없이는 외출할 수가 없었다. 마찬가지로 아돌프 루텐베르크에게 쓴 1838년 10월 10일의 짧은 편지도 의복 문제를 말한 것이었다. 마르크스는 친숙한 어조로 걸맞은 옷이 없어 약속을 지키지 못함을 사죄한다.10) 이는 스위스의 시인 고트프리트 켈러Gottfried Keller (1819-1890)가 제대로 된 의복의 두드러진 의미를 그의 유명한 소설 『옷이 사람을 만든다』에서 그릴 수 있었던 때까지 거의 40년을 지속한 것이다.

마르크스의 어머니 헨리에테의 1838년 10월 22일 편지를 근거로 우리는 어머니가 카를에게 160탈러를 박사학위 논문 심사비로 보낸 것을 안다.(MEGA III/1: 334) 이 시점에 마르크스는 그의 박사학위 논문을 아직 제대로 시작도 하지 않았었다. 그가 박사학위 논문 심사비를 위해 돈이 필요했다는 것은 아마 가장 중대한 지출을 충당하고자 둘러대는 거짓말이었을 것이다. 물론 마르크스는 그의 박사학위 논문을 곧바로 작성할 계획이었을 개연성이 있다. 그에 관련된 최초의 발췌문들은 1839년 초로 날짜가 매겨져 있고 1839년 2월에 대학 판사들에게 제출된 서적상 아이젠하르트의 계산서는 몇 달 전에 마르크스가 박사학위 논문을 위해 필요했던 책들을 구입한 계산서였다고 할 수 있겠다.

이따금 마르크스가 학생으로서 아주 낭비를 하면서 살았다고 주장이 되기도 한다. 가령 칸다는 마르크스가 베를린 시절에 2,300탈러를 받아서 "아주 사치스런 생활을 영위했음이 분명하다"고 적는다.

---

10) 이 편지는 MEW에도 MEGA에도 보전되어 있지 않다. 그것은 Martin Hundt(1994)에 의해 처음 출간되었다.

(Kanda 2010: 154f.) 칸다는 어떻게 이런 수치에 도달하게 되는지를 밝히지 않는다. 1837년 12월 9일에 하인리히는 카를이 "일년에" 이미 "거의 700탈러"를 받았다고 투덜댄다.(MEGA III/1: 326; MEW 40: 639) 하인리히 마르크스가 같은 편지에서 그가 막 지불한, "지난 학년의 것으로" 칠 수 없는 또 160탈러에 관해 이야기하므로 "일년"은 1836년 10월 카를이 트리어를 떠나면서 시작된 학년에 관련될 개연성이 있다. "거의 700탈러"는 하인리히가 1836년 11월 9일과 1836년 12월 28일의 편지들에서 언급한 각각 50탈러에 관한 두 장의 환어음(MEGA III/1: 301, 304) 그리고 카를이 트리어를 떠날 때 가져간 금액을 포함한다고 할 수 있겠다. 1838년 2월 10일 편지에서 하인리히는 법정 연도가 4월에 시작되지만 카를이 이미 280탈러를 받았다고 언급한다.(MEGA III/1: 328) 여기서 12월의 160탈러는 포함되어야 했을 것이다. 1838년 5월 아버지의 사후에 마르크스는 트리어로 돌아오기까지 어머니로부터 모두 1,111탈러를 받았다.[11] 이에 따르면 마르크스는 베를린에 있던 4.5년간 약 2,900탈러(거의 700 더하기 280 더하기 1,111탈러)를 그의 부모로부터 받았다. 어머니의 지불금은 1838년 5월부터 1841년 5월까지 3년간 연평균 약 370탈러가 되고 이는 단지 검소한 대학 생활만을 가능케 한 것이었다. 거의 두 배의 액수를 마르크스는 1836/37년도에 썼다. 그가 병이 들어 여름을 슈트랄라우에서 보내고 헤겔과 그의 제자들을 공부하는 데 몰입한 것이 그 해였다. 의심할 바 없이 그는 이 해에 진찰료와 책을 살 돈도 추가로 필요했다. 이 지출이 아버지가 거론한 700탈러를 설명

---

11) 이는 1841년 6월 23일의 유산 분배에서 나온다.(Monz 1973: 284f.를 참조하라) 1,111탈러는 마르크스의 상속 지분으로 계산되었다.

하는지, 마르크스가 이 해에 사실상 사치스런 생활을 영위했는지(다른 모든 해들에서 그는 확실히 그럴 형편이 아니었다.) 아니면 그가 궁핍에 빠진 대학생 지인들에게 돈을 빌려주었고 이를 더 이상 돌려받지 못했는지를 우리는 알지 못한다. 그런 한에서 베를린에서 "사치스런" 생활을 했다고 결론 짓는 것은 상당히 성급하다.

베를린에서 젊은 카를은 최신의 기술적 발달들 몇 가지를 놀란 눈으로 바라볼 수 있었다. 1839년 9월에 최초의 금속판 사진들이 전시되었다. 이미 며칠 후에는 또한 금속판 사진들의 제작이 물론 아주 높은 가격에 제안되었다.(Kliem 1988: 14) 마르크스는 자신의 금속판 사진을 찍게 해서 예니에게 보내기를 달성할 수 없었을 개연성이 있다. 그러나 또 다른 즐길거리가 가능성의 영역에 놓였을 수 있겠다. 1838/39년에 베를린에서부터 첼렌도르프와 포츠담에까지의 철도 노선이 건설되었고, 1839년 10월 29일에는 27킬로미터 길이의 노선에 대한 정기 운송사업이 착수되었다. 매일 네 대의 열차가 어느 방향으로든 왕래했다. 철도 여행은 매력이었다. 승차권을 전날 베를린 서점에서 사야 했으며, 3등칸 승차는 10 은그로셴이 들었다.(Kliem 1988: 14) 마르크스가 승차를 했을 가능성이 높고 필시 몇 명의 친구들과 같이했을 것이다.

'박사 클럽'의 친구들: 루텐베르크·쾨펜·바우어

젊은 카를은 아버지에게 보낸 1837년 11월의 편지에서 언급한 그 "박사 클럽"에서 그의 지적 발달에 가장 중요한 친구들을 만났다. 그곳에서 그는 베를린 대학의 세미나들에서는 없던 역사와 철학 공부의 자극을 받았다. 이 "박사 클럽"이란 느슨한 토론 동아리를 말하는 것이었다고 볼 수 있겠다. 언제부터 그 클럽이 있었는지, 또 누가 정확히 그곳에 드나들었는지를 우리는 알지 못한다. 무엇보다도 이 시기에 베를린의 철학적 토론 동아리에 관한 모든 보고들을 "박사 클럽"에 연관 지어선 안 되며, 하나 이상의 그런 동아리가 있었다.12) 구성원들을 열거한 것을 우리는 유일하게 브루노 바우어가 마르크스에게 보낸 1839년 12월 11일의 편지에서 보게 된다. "쾨펜·루텐베르크·알트하우스, 또 그대가 그 클럽으로부터 보게 되는 누구에게든 인사하게."(MEGA III/1: 336)13)

19세의 카를이 1837년에 박사 클럽에 문을 두드렸을 때 알트하우스는 31세, 쾨펜과 루텐베르크는 29세, 바우어는 28세였다. 지식 면에서 그들은 카를보다 처음에 확실히 월등했다. 그러나 카를이 이 동아리에 빠르게 받아들여진 것은 특기할 만하며, 카를의 지적 능력

---

12) 예를 들어 1838년에 베를린으로 온 Max Ring은 그의 "회고록"(1898: 113-117)에서 "박사들과 나이 든 학생들"의 한 동아리에 관해 보고하는데, 그 동아리는 주중 특정한 날에 만나서 몇 가지 저작들을, 또한 "매우 열심히 헤겔의 철학을" 논했다. 그는 여러 구성원들의 이름을 거명하지만(카리에르, 오펜하임, 베르 형제, 베나리) 마르크스가 참여한 "박사 클럽"에 속한 것을 우리가 확실히 아는 그런 자들은 아무도 거명하지 않는다.

13) 마르크스가 자기 아버지에게 보낸 편지와 바우어가 마르크스에게 보낸 이 편지가 "박사 클럽"에 관한 유일한 출처들이다. Stedman Jones(2017: 85)는 Breckman (1999: 260)과 마찬가지로 완전히 자명하게 에두아르트 간스도 그 클럽에 속했다고 가정하지만, 이에 대해서는 조금의 단서도 없다. 단서가 결여된 것은 논외로 하더라도, 내게는 그러한 회원 구성이 별로 그럴듯하게 여겨지지 않는다. 간스는 바우어에게는 아주 중요했던 종교철학적 주제들에 관심이 없었고, 1830년대의 상응하는 논쟁들에 그는 참여하지 않았다. 이를 넘어서 간스는 성공한 학자 동아리들에 드나들던 스타 지식인과 같은 종류였다. 그가 대학생들과 (바우어는 예외로 하고) 잘 알려지지 않은 젊은 강사들의 토론 동아리에 참여했다는 것은 불가능한 것은 아니지만 그보다는 개연성이 없다.

들이 어떠했는지를 이야기해 준다.

카를 하인리히 알트하우스(1806-1886)는 1837년에 할레에서 박사 학위를 받았고 1838년에 베를린에서 교수 자격을 취득했다. 그때부터 그는 베를린 대학에서 처음에는 사강사로, 1859년부터는 비정규 교수로(Gerhardt u.a. 1999: 119) 가르쳤으나 어떤 식으로든 특별히 두각을 나타내지는 않았다. 그는 확실히 여기서 거명된 자들 중 가장 무색무취한 자였다. 마르크스와의 더 강도 높은 접촉에 대해서는 아무런 단서도 없다. 루텐베르크, 쾨펜, 무엇보다 브루노 바우어에게서는 완전히 사정이 달라 보인다.

아돌프 프리드리히 루텐베르크(1808-1869)는 베를린에서 브루노 바우어와 함께 프리드리히 빌헬름 김나지움에 다녔고 그 후 베를린 대학에서 신학과 철학을 공부했다.[14] 1837년부터 그는 왕립 베를린 사관학교에서 지리학과 역사를 가르쳤다.(Bunzel u.a. 2006: 62) 사관학교는 그 학생들을 동시에 군대에서의 장교 경력을 위해 준비시키던 상급학교였다.

아버지에게 보낸 편지에서 루텐베르크는 카를에 의해 "나의 가장 친한 베를린 친구"로 지칭되었으며 그는 카를을 또한 박사클럽에도 소개했다.(MEGA III/1: 17; MEW 40: 10) 루텐베르크가 1838년 12월에 자신의 딸 아가테의 출생을 잔치로 축하했을 때, 아가테가 자신의 인생 회고록에 그렇게 적는 것처럼 남자들만 그 잔치에 참석하는 것이 허용되었는데,(Nalli-Rutenberg 1912: 13) 카를도 초대되었다고 볼 수 있겠다. 그가 잔치 자리에 있었는지, 아니면 필시 금전 문제로 인

---

14) 루텐 베르크의 전기에 대해서는 그의 딸 Agathe(Nalli-Rutenberg 1912) 그리고 Lamprecht(1993)를 참조하라.

해 참석을 거절했는지를 우리는 알지 못한다.

1840년에 루텐베르크는 사관학교 교사로서 면직되었는데, 이는 공식적으로는 술취함 때문이었지만 그가 쓴 몇 편의 비판적인 잡지 기고문이 면직의 참된 이유였던 것으로 보인다.(Klutentreter 1966: 61) 루텐베르크는 카를 테오도르 벨커Karl Theodor Welcker로부터 자유주의적인『국가학 사전Staatslexikon』에 협력해 달라고 요청받은 유일한 청년 헤겔주의자였다. 그가 쓴 표제항 중에는 1841년 발간된 제12권을 위한 '극들Polen'과 제13권(1842)을 위한 '급진Radical, 급진주의Radicalismus'가 있었다. 1842년에 그는 당장 새로 창간된 라인신문의 경영을 맡아서 마르크스에 의해 교체되기 전까지 계속 경영했다.

마찬가지로 마르크스의 친한 친구였던 사람은 카를 프리드리히 쾨펜(1808-1863)이었다.15) 이 사람도 1827년부터 1831년까지 베를린 대학에서 신학을 공부했고 1833년부터 도로텐슈타트 실업학교의 교사였다. 그의 관심은 무엇보다도 역사와 신화학에 해당되었다. 1837년 그는 첫 번째 책『문학적 북구 신화 입문』을 출간했다. 마르크스의 예니를 위한 민요집을 끝맺는 세「핀란드 노래들Finnischen Runen」16)을 취하고 선정한 것은 쾨펜의 조언으로 거슬러 올라간다. (이에 대해서는 Kunze 1955를 참조하라)

쾨펜은 1830년대 말에도 점점 더 비판적으로 전개된 헤겔의『법철학』에 관한 논쟁에 가담했다. 몇몇 자유주의자들이 헤겔을 그의

---

15) 쾨펜의 전기에 대해서는 Hirsch(1995a) 그리고 Pepperle(2003)을 참조하라.
16) 핀란드어에서 루네는 독일어처럼 '문자'를 의미하지 않고 '노래'를 의미한다.(Kunze 1955: 58 Anm. 1)

『법철학』을 가지고 프로이센 국가를 미화한다고(2.3장을 참조하라) 비판한 반면, 보수주의자들은 1830년대에 정반대로 논리를 펼쳤다. 1839년에 카를 에른스트 슈바르트Karl Ernst Schubarth(1796-1861)는 이미 1829년에 헤겔의 국가관을 비판한 자로서『헤겔의 국가론과 최상위의 프로이센 국가의 생명 및 발달 원칙과의 통합 불가능성에 관하여』라는 강령적 제목을 단 소책자를 출간했다. 슈바르트는 프로이센을 입헌군주국으로 전환시키고 싶어 한다고 헤겔을 비난했다. 카를 구츠코가 함부르크에서 발행하는 텔레그라프 퓌르 도이칠란트에는 젊은 엥겔스도 글을 발표했는데, 이 매체에서 쾨펜은 한 기고문을 내어 슈바르트의 편협성을 아주 재치 있기 논박할 뿐 아니라 또한 그때까지 이루어져 온 것보다 더 명확하게 헤겔 자신을 입헌주의자라고 공언했다.

> 프로이센 국가는 언젠가는 입헌국가가 될 소임을 지니는가? 헤겔은 적어도 간접적으로 이에 대해 그렇다고 대답했다.(Köppen 1839: 282)

슈바르트가 프리드리히 2세를 "인적인", 즉 국왕의 인신에 연결된 국가라는 그의 위치 때문에 독차지하려는 시도는 쾨펜에 의해 결연히 물리쳐진다. "국가·교회·종교에 관한 대왕의 견해를 한번 상세히 설명할 때가 물론 된 것 같다."(같은 책: 283)라고 쾨펜은 그의 논고의 말미에서 지적하며 정확히 그 일을 1840년 출간된 책『프리드리히 대왕과 그의 적들, 축사祝辭』에서 착수했다. 쾨펜은 프리드리히의 등극 100주년 기념일을 계기로 삼아 그의 계몽 정신을 경축하려고 하는데, 이는 당시에 프로이센에서는 아주 전복적인 내용을 가진 것이었다. 이 글을 "제대로 이해"하려면 "그 글이 쓰인 시기에 프리츠 어르신Alter Fritz('프리드리히 2세'의 애칭 ― 옮긴이)에 대한 기억이 프로이센 국가에서 뒤를 향해 몰려간 모든 것들에게 걸림돌이었다는 사실을 현재화해야만 한다." 청년 헤겔주의자들에 의해 쾨펜의 글은 열광적으로 받아들여졌고 그들에게는 이 시기에 프리드리히 2세의 종교개혁, 계몽적 절대주의 그리고 슈타인-하르덴베르크의 개혁 조치들이 완전히 현재 연계되어야 할 진보적인 전통 노선으로 완전히 통했다. 아르놀트 루게는 『할레 연감』에서 쾨펜의 책에 감격한 서평을 바쳤다.(Ruge 1840) 그러나 쾨펜만 이 글을 통해 유명해지지 않았다. 이 글은 "나의 벗 카를 하인리히 마르크스에게 헌정"되었다. 이로써 처음으로 카를 마르크스란 이름이 광범위한 공중에게 알려졌다.

『할레 연감』에서 1841년과 1842년에 쾨펜의 기고문들이 발견되는데, 이것들은 베를린 대학과 논란을 벌였던 것들이다. 특히 그 대학의 역사학 분야의 지도자들인 프리드리히 폰 라우머Friedrich von Raumer(1781-1873)와 레오폴트 폰 랑케Leopold von Ranke(1795-1886)는 그에 의해 날카로운 메스로 해부되었다.(이에 대해 더 상세한 것은 Pepperle 2003: 24ff.를 참조하라) 전체적으로 이 모든 텍스트들은 쾨펜을 비판적이고 논쟁적으로 재치 있게 날카로운 역사가로 보여 주고 그로부터 젊은 마르크스는 내용상으로만이 아니라 문체상으로도 많은 것을 배웠다고 할 수 있다.

마르크스와의 긴밀한 친분은 ― 1889년에도 엥겔스는 쾨펜을 "마르크스의 특별한 친구"로 거명한다(Max Hildebrand에게 보낸 1889년 10월 22일 편지, MEW 37: 292) ― 언급된 헌정사에서만 나오는 것이 아니다. 충분한 단서가 되는 것은 또한 쾨펜이 마르크스에게 보낸 장중

하고 자기 풍자적인 어조로 쓴 편지다. 1841년 6월 3일, 마르크스가 베를린을 떠난 직후 쾨펜은 이제 이미 "한 주일이 더" 지난 마르크스와의 작별에 따라 "우울증이 났고 매일같이 그대를 긴급하게 보기를 갈망했소."라고 썼다. 마르크스가 토론들에서 어떤 강한 역할을 했는지는 다음의 고백에서 뚜렷해진다.

> 나의 경애하는 피안Jenseits이 라인강 건너편jenseits에 있은 이래로 나 자신은 다시 점차 차안의 존재가 되기 시작하오. 나는 이제 다시 말하자면 독자적인 스스로 생각해 낸 사상을 가지는 반면, 나의 이전 사상들은 모두가 별 게 아니었으니, 말하자면 쉬첸슈트라세에서 나온 것이거나 아니면 그 거리에 있었던 것이었소.

쉬첸슈트라세에는 마르크스의 마지막 베를린 숙소가 있었다. 마르크스가 준 인상은 명백히 강력한 것이었다.

> 그대는 생각들의 창고, 작업소 혹은 베를린식으로 말하면, 관념들의 황소대가리요.(MEGA III/1: 360)[17]

쾨펜은 많은 다른 좌파들과 달리 1848년 혁명의 패배 후에 민족적인 혹은 반동적인 방향 전환을 하지 않은 자로서 마르크스가 나중에도 공동의 내용적인 기초를 함께 가진 베를린 친구들 중 유일한

---

17) 이런 표현이 "베를린식"이었던 것은 베를린의 알렉산더 광장의 작업소가 속어로 "황소 대가리"라고 칭해진 한에서 그랬던 것이다. 이는 옛날의 도살장이었고, 이 조합의 옛 건물은 사실상 한때 황소대가리로 치장이 되었었다.(Miller/Sawadzki 1956: 218)

사람이었다. 마르크스가 1861년에 그를 찾아간 후 1861년 5월 10일에 엥겔스에게 이렇게 편지에 썼다.

> 베를린에서 나는 프리드리히 쾨펜을 찾아갔었네. 옛날 그대로였네. 단지 더 살이 쪘고 '소름 끼치게' 되어 있었지. 나 혼자서 그와 통음했던 두 번의 자리는 진정 내게 베푼 선행이었지.(MEGA III/11: 469; MEW 30: 166)

마르크스의 베를린 시절에 가장 중요했던 친구는 확실히 브루노 바우어(1809-1882)였다. 1837년 11월에 아버지에게 쓴 편지에 벌써 — 상당히 존경심에 가득 차서— "강사 바우어"(MEGA III/1: 17)에 관해 이야기하고 있다. 두 사람이 곧 친한 친구가 된 것은 바우어가 마르크스에게 보낸 편지에서 뚜렷이 드러난다. 바우어는 1841년 4월 초에 본에서 이렇게 편지에 적는다.

> 기분전환, 익살 등을 난 여기서 충분히 누리며 또한 사람들이 그렇게 이름 붙이는 대로 웃을 일도 충분하지, 다만 내가 그대와 길거리 위를 걷기만 했더라도 베를린에서와 같은 것은 결코 다시 없을 것이네. (MEGA III/1: 356)

다른 이들에게도 마르크스와 바우어의 가까운 관계는 눈에 띄었다. 1840년 1월 20일 브루노는 그의 동생 에드가르에게 같이 소풍 갔던 일을 상기시켰다.

나는 막 아돌프[루텐베르크]가 그날 밤에 테겔 호수에서 어떻게 너를
제쳐두고 나와 M.을 몽상가들로 언급했는지를 회상한다.(Bauer 18
44a: 33)

인적인 접촉이 아주 강도 높았다는 것은 바우어가 베를린을 떠난
후에도 마르크스가 샤를로텐베르크로 그의 양친을 찾아뵈었다는 것
에서 적지 않게 입증된다.(Bauer 1844a: 55에 수록된 1840년 3월 22일 에
드가르가 브루노 바우어에게 쓴 편지를 참조하라) 그러나 브루노 바우어와
마르크스를 결합해 준 것은 친밀한 인적인 우정만이 아니었고 또한
이론적인 문제들에서의 가까움이 컸다는 것도 있다. 바우어는 우리
가 아는 한에서는 마르크스가 함께 공동 출판을, 심지어는 한 잡지
의 공동 발행을 계획한 유일한 베를린 친구였다.(나는 앞으로 이 주제로
돌아올 것이다.)

브루노 바우어는 도자기 그림 그리는 화가의 아들로서, 그 화가
아버지는 아주 글을 많이 읽은 사람이었다고 하며, 자녀들의 좋은
학교 교육에 신경을 쓴 사람이었다.18) 브루노는 베를린에서 프리드
리히 빌헬름 김나지움에 다녔고 1828년에서 1832년까지 베를린 대
학에서 신학을 공부했다. 신학자들 중에서 특별히 헤겔주의자인 필
립 마르하이네케Philipp Marheineke(1780-1846)가 그에게 중요하게 되
었다. 헤겔에게서 그는 강의를 듣기만 한 것이 아니고 학생으로서
이미 이목을 끌었다. 1829년에 헤겔은 철학부를 위해 임마누엘 칸
트의 미학에 관해 현상懸賞 과제를 제시했다. 바우어는 칸트의 미학

---

18) 브루노 바우어의 전기에 대해서는 Hertz-Eichenrode(1959), Eberlein(2009) 그
리고 Barnikol(1972)에 있는 자료들을 참조하라.

을 헤겔 철학의 범주들로 분석한 논문을 제출했고 — 겨우 1학년이 지난 때에 — 상을 받았다.(Eberlein 2009: 27f.) 바우어가 헤겔의 철학을 얼마나 빠르고 정확하게 이해했는지는 그가 두 번째 학기에 들은 헤겔 미학 강의에 대한 그의 필기록이 하인리히 구스타프 호토Hotho가 『미학』을 편집하는 데 사용되었다는 데서도 뚜렷이 드러난다.

1834년에 바우어는 신학 교수 자격을 취득했고 1839년까지 베를린 대학에서 사강사로 있었다. 그의 수업에서는 무엇보다도 구약성서에 매달렸다. 이 시기에 또한 마르크스가 1839년 여름 학기에 참석한 예언자 이사야에 관한 세미나도 있었다. 1839/40년의 겨울 학기에 바우어는 알텐슈타인의 추천으로 본 대학으로 옮겼다. 본 시절에 바우어가 마르크스에 보낸 첫 번째 편지는 보전되어 오지만, 마르크스가 바우어에게 보낸 편지들은 전해져 오지 않는다. 바우어의 지적 발달 그리고 바우어와 마르크스가 서로에게 미친 영향을 나는 아래에서 계속 논할 것이다.

문필가 막스 링은 그의 회고록(Ring 1898: 119)에서 브루노 바우어가 베티나 폰 아르님Bettina von Arnim의 살롱에 드나들었다고 언급한다. 베티나는 시인 클레멘스 브렌타노Clemens Brentano(1778-1842)의 여동생이었다. 다른 낭만파 시인인 아힘 폰 아르님Achim von Arnim (1781-1831)과 결혼했다. 그의 죽음 후에 베티나는 그의 저작들을 출간했고, 또한 스스로도 점점 더 강하게 공중의 조명을 받는 자리로 들어갔다. 괴테의 사후 3년이 지난 1835년에 베티나는 『괴테의 한 어린이와의 서신 교환』을 출간했다. 베티나를 유명하게 만들었고 동시대인들의 괴테 상像에 큰 영향을 준 이 책은 베티나가 가령 어린이로서 괴테와 나눈 것이 아니라 처음부터 스무 살의 여성으로서 나눈 서신 교환을 담았다. 물론 베티나는 자신이 출간하는 편지들을 아주 심하게 가공했다. 1843년에 베티나는 '이 책은 왕에게 속한다'는 제목으로 베를린 빈민들의 생활 사정에 대한 비판적 묘사를 한 책을 출간했는데, 이는 상당한 이목을 끌었고 바이에른에서 그 책은 금지되기까지 했다.

1830년대와 1840년대에 베티나 폰 아르님은 널리 알려진 살롱을 운영했는데 거기에는 정치·학문·예술계 인사들이 드나들었다. 여러 가지로 다르게 마르크스도 — 브루너 바우어의 소개로 — 이 살롱에 다녔다고 주장이 되었다.19) 물론 마르크스는 이 살롱에 대한 어떤 묘사에서도 언급되지 않는다. 그를 그곳에 소개시켜 준 것도 브루노였을 수가 없다. 베티나는 파른하겐에게 바우어를 초청해 달라고 부탁했는데, 이는 그를 기꺼이 알게 되기를 원했기 때문이었고 파른하겐은 이것을 1841년 10월 1일 그의 일기장에 기록했다.(Varnhagen 1861: 340f.) 이 시점에 마르크스는 이미 여러 달 전부터 베를린을 떠나 있었다. 또한 카를은 꼭 베티나가 경탄한 인물들에 들지 않았다. 그가 1837년에 아버지에게 생일 선물로 드린 시집에는 "신유행인 낭만주의"(MEGA I/1: 675)란 제목으로 베티나를 빗대어 지은 조롱조의 시 구절이 발견된다.

브루노 바우어만이 아니라 또한 그의 열한 살 아래인, 1838년부

---

19) 예컨대 Cornu(1954: 100) 혹은 Krosigk(1975: 41)에서 그러하다. 〈젊은 카를 마르크스〉라는 영화(감독 Raoul Peck, 프랑스·벨기에·독일 2017)에서 마르크스가 자신과 엥겔스와의 첫 만남에 관해 이야기하는 것이 나온다. 그들이 공산주의에 관해 토론하던 베티나 폰 아르님의 살롱에서 있었던 일이라는 것이다. 그러나 엥겔스가 1841년 10월에 베를린에서 군 복무를 시작하던 때에 마르크스는 그 도시를 이미 떠났었고 공산주의는 이 시기에는 마르크스에게도 엥겔스에게도 주제가 아니었다.

터 베를린에서 신학을 공부한 동생 에드가르 바우어(1820-1886)와도 마르크스는 무엇보다도 브루노가 떠난 후에 많은 접촉을 했음이 분명하다.(에드가르가 브루노 바우어에게 1841년 2월 11일에 보낸 편지, Bauer 1844a: 123f.를 참조하라)

마르크스는 1840/41년에 또한 카를 리델Karl Riedel(1804-1878)과 에두아르트 마이엔Eduard Meyen(1812-1870)이 자기들을 중심으로 모은 문인 동아리에도 드나들었는데,20) 이 두 사람은 1841년 1월 이래 주간지 『아테노임 학식 있는 독일을 위한 잡지』를 발행했다. 1841년 3월 20일 편지에서 마이엔은 그 동아리의 회원들을 열거한다.

> 우리는 매일 저녁 한 아늑한 술집에서 모이는 문인 클럽을 갖고 있습니다. 거기에는 선생님이 우리의 교제로부터 아시는 모든 사람들이 속합니다. 아이클러, 뮈게, 불 등 그다음으로는 리델, 코르넬리우스, 페란트, 아르투르 뮐러, 카리에르, 프리드리히 라인아르츠, (트리어 출신) 마르크스, 쾨펜 등입니다. 우리는 흔히 밤늦게까지 술을 마십니다.
> (Marx-Engels-Jahrbuch 1 1978: 341)21)

---

20) 카를 리델은 신학을 공부했고 프랑켄의 여러 도시들에서 목사로 있었다. 1839년 그는 목사 활동을 포기하고 베를린으로 갔다. 에두아르트 마이엔은 철학과 문헌학을 공부했고 1835년에 베를린에서 박사학위를 취득했으며 1838/39년에 베를린의 문학신문 편집인이었다.(마이엔에 대한 몇 가지 더 많은 정보는 Bunzel u.a. 2006: 53-57에서 찾아볼 수 있다.)

21) 루트비히 아이클러Ludwig Eichler(1814-1870)는 자유 사상을 가진 문필가이며 번역가였다. 테오도르 뮈게Theodor Mügge(1802-1861)는 여러 잡지들의 협력자였으며, 무엇보다도 모험 소설을 썼다. 루트비히 불Ludwig Buhl(1814-1882)은 문필가이며 번역가다. 그는 1837년에 헤겔의 제자 카를 미술레에게서 박사학위를 받았고 '헤겔의 국가 학설'에 관한 책을 출간했다. 빌헬름 코르넬리우스Wilhelm Cornelius(1809-?)는 문필가·편집인·서적상이었고 1832년에 함바흐 축제에서 연설을 했다. 에두아르트 페란트Eduard Ferrand는 에두아르트 슐츠Eduard Schulz(1813-

그 접촉들이 여기서 얼마나 강도 높은 것이었으며 거명된 사람들이 얼마나 자주 사실상 만남에 참석했는지를 우리는 알지 못한다. 그 동아리는 기복起伏을 보였다고 추측할 수 있다. 카리에르(1914)가 쓴 회고록에서 그 동아리는 전혀 언급되지 않는다. 적어도 마이엔과 마르크스는 물론 좀 더 긴밀한 연결이 있었고 마르크스는 그의 편지에서 여러 번 거명된다. 이미 지난 장에서 언급한 것처럼 1841년 1월에 『아테네움』에서는 '야생의 노래'란 제목으로 마르크스의 시 두 편이 실렸다 — 그의 처음 출간된 텍스트들이다. 프리드리히 오스발트란 가명으로 젊은 엥겔스도 아테노임에 글을 발표했다. 1841년 말에 그 잡지는 금지되었다.

마르크스는 우리가 그에 관해 아무것도 알지 못하는 훨씬 더 많은 지인들을 가졌고 경우에 따라서는 가까운 친구들도 가졌을 개연성이 높다. 쾨펜은 위에서 인용된 1841년 6월 3일의 편지에서 어떤 소위인 기어스베르크Giersberg를 언급했는데, 그는 바로 그에게는 지나쳐 간 사람이었고 이미 8일 전에 마르크스로부터 편지 한 통을 받았다고 한다.(MEGA III/1: 362) MEGA의 해당 권의 편찬자들은 베를린에서 법학을 공부한 학생 기어스베르크를 탐문했고 그가 1840년대에 뮌스터에 주둔했던 기어스베르크 소위와 동일인이라고 추정한다. (같은 책: 938) 그에 관한 더 자세한 것은 알려져 있지 않다. 하지만 마르크스는 그와 친숙한 관계였음이 분명한데, 이는 그에게 베를린에서 떠나기 전 쾨펜에 앞서 편지를 보냈기 때문이다. 브루노 바우어도

1842)의 가명이다. 그는 서사시인으로 마르크스가 김나지움에 다니던 동안(1.8장을 참조하라) 트리어에 살았던 시인 프리드리히 폰 잘레트과 친분이 있었다. 예술 및 철학 사가 모리츠 카리에르Moriz Carrière는 이미 제2장에서 언급되었다.

1841년 3월 31일 편지에서(MEGA III/1: 355) 노이라르Neurar라는 이름의 마르크스와 쾨펜의 좋은 지인을 언급한다. 그에 관해 이제까지 아무것도 알려진 바가 없다.

프로이센에서의 정치적 사태 전개

대외 정치적으로 1839년과 1840년에 걸친 두 해는 프로이센에는 아주 긴장이 넘치게 흘러갔다. 형식적으로는 오스만 제국의 주권 하에 있던 이집트에서는 강력한 부왕副王 무하마드 알리 파샤(약 1770-1849)가 튀르키에의 술탄 마흐무드 2세(1785-1839)에 맞서 들고 일어났다. 거기서 그는 아돌프 티에르Adolphe Thiers(1797-1877) 휘하의 프랑스 정부의 지원을 받았는데, 티에르는 지중해 공간에서 프랑스의 영향력을 강화하기를 원했다. 러시아·오스트리아·프로이센·영국은 통제 불가능한 사태 전개를 동반하는 오스만 제국의 분열을 두려워하여 튀르키에의 술탄을 지원해서 무하마드 알리 파샤는 팔레스티나와 시리아로부터 다시 이집트로 퇴각해야 했으며, 그곳에서 계속 부왕으로 직무를 볼 수 있었다. 프랑스에서 이는 커다란 분노를 야기했지만, 오래된 반나폴레옹파 연합은 다시 프랑스에 적대적인 입장이 되었다. 이 "동방 위기"에서 패배로부터 벗어나도록 하기 위해 티에르는 독일연방에 영토를 요구했다. 프랑스는 다시 1815년의 빈Wien 대회에서 상실된 라인강 좌안의 영토를 받고 싶어 한 것인데, 라인강은 독일과 프랑스의 경계선이 되어야 한다는 것이다. 전쟁 위협과 연결된 이 "라인 위기"는 프랑스에서 또한 독일에서도 강한 민족주의적 정서를 터뜨려 상응하는 시와 노래에서 그 앙금이 발견되었다. 티에르가 1840년 10월 물러난 후, 외무부장관 프랑수아 기조 François Guizot(1787-1874)의 지휘 아래서 그 형국은 완화되었으나 민족주의적 문학의 물결은 계속 일어났다. 호프만 폰 팔러슬레벤 Hoffmann von Fallersleben(1798-1874)은 민족주의적인 시만이 아니라 일련의 반反유태적인 시도 지은 자로서 1841년 8월에 요제프 하이든의 곡에 「독일인의 노래」를 지었다.

> 독일, 독일은 모든 것
> 세상 모든 것 위에 있으라
> 항상 수호와 방어로
> 형제애로 단결하는 날
> 마스에서 메멜까지
> 메취에서 벨트까지
> 독일, 독일은 모든 것
> 세상 모든 것 위에 있으라!

프랑스와 라인에 관해서는 여기서 더는 이야기되지 않고 여러 왕조적으로 통치되는 그래서 민족주의를 위협으로 간주한 개별 국가들 저편의 강한 독일에 관해 이야기가 되는 것이다. 프로이센 정부는 호프만에게서 그의 브레슬라우에서의 교수직을 빼앗는 것으로 반응했다. 제1차 세계대전 후에 호프만의 독일인의 노래는 독일 국가로 선포되었고 제2차 세계대전 후에는 연방공화국에서도 국가로 남았지만, 물론 독일의 위대함이 아니라 자유와 권리를 말하는 제3절만을 불러야 했다.

국내 정치적으로는 1806년 나폴레옹에 대한 패배 후에 정부가 밀어붙인 개혁 과정이 최종 종말을 맞았다. 이미 빈 대회 후에 개혁 과정은 점점 더 강한 보수파들의 저항에 부딪쳤고, 1822년 하르덴베르크 수상의 사망과 함께 광범위하게 중단되었다. 유일하게 학교 및 학문 정책에서 알텐슈타인은 꼭 20년을 문화부장관으로서 계속 활동하면서 헤겔학파와 동맹하여 일정한 자유주의적 사고를 수호할 수 있었다.

프로이센을 훌쩍 넘어서까지 알려진 이 헤겔주의적 자유주의의 대표 인물은 에두아르트 간스였다. 그는 1839년 5월 5일에 42세의 나이로 죽었다. 이미 1838년에 간스는 가벼운 뇌졸중을 겪었다. 1839년 5월 1일 또 심한 뇌졸중이 두 번 이어졌는데, 더 이상 그는 회복하지 못했다.(Reissner 1965: 159) 죽어 가는 간스의 소식이 부르주아지 중의 여러 부분을 얼마나 강하게 동요시켰는지는 파른하겐 폰 엔제가 적은 사건이 뚜렷이 말해 준다.

> 루터 운트 베게너의 알려진 술집에서 어제 이런 일이 있었다: 누군가 들어가서 왕자, 국왕의 아들이 병세가 나아지고 있다는 새 소식을 말했다. "아, 뭐라고" 한 상인이 외쳤다. "어떤 놈이 열 번 죽어도 무슨 상관이야! 하지만 선생님이 간스가 다시 일어났다고 우리에게 말씀하실 수 있다면 그건 감사할 만한 일이겠죠! 그런 남자는 다시 찾아볼 수 없어요. 왕자들은 얼마든지 있고요!"(Varnhagen 1861: 127)

이 시기에 브레멘에서 상학商學 공부를 마친 젊은 프리드리히 엥겔스도 베를린에서 공부하던 학우에게 이렇게 질문했다.

너희들은 간스의 빈소에 있지 않았나? 왜 너희는 그 일에 관한 아무 것도 편지에 쓰지 않는가?

다음번 편지에서 그는 그들이 장례에 참석한 것에 관해 만족함을 내비친다.(MEGA III/1: 140, 155) 5월 8일에 열린 이 장례는 자유주의적인 베를린 사람들의 시위였다.

학식 있고 자유 사상을 가진 베를린 시민 전체가 도보로 끝도 안 보이는 행렬을 지어 오라니엔부르크 문 앞의 프리트호프까지 동행했으며, 거기서 간스는 그의 유명한 스승 헤겔과 가까운 곳에 영면한다. 조문객들 중에는 정파를 불문하고 수도의 모든 저명 인사들이 보였으며, 그들 선두에는 70세의 문화부장관 알텐슈타인 그리고 노령의 최고법원장 그롤만이 있었다. 간스가 고위층과 최고위층의 동아리들에서는 그의 결연한 자유주의 때문에 인기가 없었는데도 불구하고 말이다.(Ring 1898: 127)

간스의 죽음으로 독일은 강한 자유주의적인 목소리를 잃었을 뿐 아니라, 법학계에서도 자비니학파의 보수주의가 이제 상당히 더 용이하게 자신들의 뜻을 관철시킬 수 있었지만, 능력이 출중한 그들의 반대자는 더 이상 없었다.

간스가 떠나고 거의 정확히 1년이 지난 1840년 5월 14일, 문화부장관 알텐슈타인이 죽어서 개혁자 세대에서 여전히 중요한 직책을 맡고 있던 마지막 사람이 죽었다. 곧 드러날 것처럼, 이로써 헤겔학파는 프로이센의 대학에서 그들의 가장 중요한 버팀목을 상실한 것이다.

알텐슈타인이 죽고 3주 후인 1840년 6월 6일에 43년을 재위한 프로이센 국왕 프리드리히 빌헬름 3세도 죽었다. 새 국왕 프리드리히 빌헬름 4세에게 제각기 완전히 다양한 성격을 띤 인구 부분들, 특히 또한 자유주의자들도 큰 희망들을 걸었다. 이 희망들을 그는 처음에는 또한 성취시키는 것으로 보였다. 그는 "선동 정치가 박해" 동안 면직된 에른스트 모리츠 아른트를 다시 본 대학교수직에 복귀시키고, 괴팅겐의 7인조에 속하여 교수직을 상실한 그림 형제를 베를린 대학으로 초빙했다. 정치적 이유로 유죄 판결을 받은 많은 이들도 사면의 행렬에 끼어서 석방되었다. 약간 중의적인 의견 표명을 근거로 프리드리히 빌헬름 4세가 1815년 5월 22일에 그의 아버지가 약속한 헌정 체제를 결국 도입할 것이라고 추측되었다.

광범위한 인구 사이에 존재하던 감격은 물론 아주 빠르게 일반적인 환멸로 바뀌었다. 벌써 1840년 10월에 프리드리히 빌헬름 4세는 헌정 체제나 지방 신분의회를 넘어서는 프로이센 의회를 설치할 생각이 없음을 명확히 했다.

마찬가지로 10월에 — 옛날에 — 자유주의자였던 요한 알브레히트 프리드리히 아이히호른Johann Albrecht Eichhorn(1779-1856)이 문화부 장관으로 임명되었다. 곧이어 헤센의 전임 장관이던 루트비히 하센플루크Ludwig Hassenpflug(1794-1862)는 헤센에서 그곳의 헌정 체제를 거꾸러뜨려 이름을 낸 자로서 독일 전역의 자유주의자들에게는 증오를 받았는데, 이 사람이 프로이센 최고 법원장에 임명되었다. 대학에서는 에두아르트 간스의 교수직을 누가 차지했는지가 특별한 조롱거리가 되었다. 간스의 후임자로 극보수파인 프리드리히 율리우스 슈탈Friedrich Julius Stahl(1802-1861)이 임명되었다. 이자가 18 40년 11월 26일 첫 강의를 헤겔과 간스에 대한 날카로운 공격으로 시작했을 때, 그는 학생들의 야유를 받았다. 소란스러운 장면이 연출 된 것이다.(Steckfuß 1886: 879)

독일 전체에서 큰 이목을 끈 것은 1841년 초에 처음으로 무명無名 으로 발간된 글『한 동프로이센인이 대답한 네 가지 질문』이었는데, 그 글은 그때까지 볼 수 없던 예리함으로 인민이 정치에 참여할 것 을 촉구했고 여러 신분들이 이제까지 은혜로서 간청하여 얻는 것[지 방의회의 제도]이 이제부터는 명백한 권리로 요구되어야 할 것이라고 공언했다.(Jacoby 1841: 47) 그 글은 이미 1841년 3월에 독일연방에 의해 금지되기는 했으나 이는 그 인기에서 아무것도 달라지게 할 수 없었다. 쾨니히스베르크의 의사 요한 야코비Johann Jacoby(1805-1877) 는 그 직후에 국왕에게 보내는 편지에서 자신이 그 저자라고 알려 주 었고 반역죄로 기소되어 여러 차례의 법정 공방 후 1843년 베를린 최고법원에 의해 결국 무죄 판결이 났다.

완전히 보수적인 노선에 따른 일로는 또한 프리드리히 빌헬름 요 제프 셸링Friedrich Wilhelm Joseph Schelling(1775-1854)이 베를린 대학 에 초빙된 일도 있었다. 헤겔의 소싯적 친구인 그는 결연한 보수적 지향을 발달시켜 왔다. 이제 셸링은 — 국왕의 말로는 — "헤겔 범신 론이란 용의 이빨"에 대적하기 위해 베를린으로 와야 하는 것이었다. (Lenz 1910, Bd. 2.2: 10에 따라 인용됨) 셸링은 이 초빙에 응했고 1841년 11월에 강의를 시작했다. 젊은 프리드리히 엥겔스도 들었던 셸링의 강의들을 둘러싼 논란에 관해서 나는 제2권에서 재론할 것이다.

2. 18세기 그리고 19세기 초의 종교 비판

1830년대 말에 프로이센에서는 강한 정치적 요소들을 지닌 거센 종교철학적 논쟁들이 있었다. 이 논쟁의 틀 안에서 또한 헤겔학파 내에 근본적인 갈등도 나타났고 이 학파는 여러 측으로 쪼개지게 되었다. 국가와 정치를 둘러싼 논란들이 이어졌고 이는 '청년 헤겔주의자들'을 점차 더욱 급진적으로 만들어 갔다. 이 시기에 마르크스의 가장 친한 친구였던 브루노 바우어가 이 논쟁들에서 중대한 역할을 했다. 그의 글을 통해서만이 아니라 결국 프로이센의 문화부장관 아이히호른 — 알텐슈타인의 후임자 — 이 그에게서 신학 교수 자격을 빼앗은 것을 통해서도 그런 역할을 한 것인데, 이는 공중의 여론에서 높은 파도를 일으켰다. 마르크스는 이런 분쟁들에서 공개적으로는 아직 좀처럼 나타나지 않았다. 그 분쟁들은 마르크스의 이른 시기에서의 정치적이고 철학적인 관점들이 형성되는 현실적 배경을 이루었다.

1830년대의 신학적이고 종교철학적인 논쟁들의 유관성을 이해하려면 프로이센에서의 정치와 종교의 특유한 관계를 명확히 이해해야 한다. 오늘날 기독교가 중요한 역할을 하는 대부분의 나라들에서 교회들은 국가로부터 다소 분리되어 있다. 교회들은 — 차이가 나는 정도로 — 국고에서 돈을 받거나 징세 특권을 받지만 대부분의 국가들은 교회 내적 문제들로부터, 그 문제들이 지금 신학적 성격의 것이든 인사 정책적 성격의 것이든 거리를 둔다. 거꾸로 기독교 교회들은 정치적 의사결정에 영향력을 가지려 시도하며 거기서 대체로는 낙태·이혼·동성同性결혼이 쟁점이 되지만 교회는 이런 것을 다른 이익단체들과 아울러 하나의 — 어떤 나라들에서는 아주 강력한 — 이익단체로서 행한다. 더 좁은 의미에서의 신학적 논쟁들은 광범위한 공중 여론에서는 좀처럼 반향을 얻지 못하고 심지어는 교회 내에서도 그런 문제들은 단지 더 작은 동아리들에서만 논의된다.

19세기 초의 프로이센에서 이는 다른 모습을 지녔다. 인구의 압도적 다수가 기독교 교회에 속했고 종교가 일상생활에서 오늘날보다 훨씬 더 높은 위상을 지녔기 때문만이 아니라 프로이센이 스스로를 '기독교 국가'로 여겼기 때문에 그랬다. 이는 인구 대다수가 기독교 신앙을 가졌으며, 근본적 가치표상들이 기독교로 각인되어 있었다는 것만은 아니었다. 이런 일반적인 의미에서는 당시에 오스만 제국 건너편에 있는 모든 유럽 국가들이 '기독교국'으로 칭해질 수 있었다. 그보다는 훨씬 더 구체적인 것을 말하는 것이었다. 기독교, 그것도 프로테스탄트 기독교는 프로이센 국가의 중심적 토대로 간주되었으며, 그 때문에 한편으로는 국가에 의해 특별한 장려를 받았지만 다른 한편으로는 특별한 감독도 받았다. 프로이센 국왕은 — 형식적으로만 아니라 — 프로테스탄트 국가교회의 총수였다.22) 목사들과 신학

---

22) 1918년까지 독일에서는 복음주의 교회에 대해 '국왕 교회통치권'이 통했다. 국왕은 복음주의 국가교회에 대한 지도권력을 가졌고 프리드리히 빌헬름 3세는 이를 유감

교수들은 국가에 의해 보수를 지급받는 것만이 아니었다. 그들은 국가관리였고 국가가 세운 감독관들에 의해 감독을 받았으며 불복종 시에는 면직되기도 했다. 정부는 교회의 인사 문제만이 아니라 교회 내적인 문제들에도 영향력을 지녔다. 그처럼 프로이센 국왕 프리드리히 빌헬름 3세는 국가 권위로 양대 프로테스탄트 교회인 '루터' 교회와 '개혁' 교회의 통합을 관철시키기를 시도했다. 가톨릭 교인들은 라인 지방들 밖에서는 대체로 소수파였으며, 프로이센 국가에 의해 일정한 불신의 눈으로 보아졌지만, 그들이 정치적으로 1870년까지 교회의 총수일 뿐 아니라 또한 프랑스와 동맹을 맺은 서양의 지배자였던 교황을 얼마나 강하게 따랐는지는 결코 모든 면에서 명확하지는 않았다. 프로테스탄트 기독교와 프로이센 국가가 긴밀하게 맞물린 톱니바퀴를 이룬 것을 근거로 프로테스탄트교의 신학 논쟁들은 직접 정치적인 유관성을 가졌고 공중에 의해서도 주의 깊게 추적되었다. 그래서 비판적 지식인들이 신학적 문제에 매달린 경우에 이는 정치적 논쟁으로부터의 이탈이 아니었다.[23] 그러나 이 비판은 1841

없이 활용했다.

23) 코르뉘(1954: 126)는 "그것이 덜 위험했으므로" 청년 헤겔주의자들은 "먼저 기독교 종교를 공격하고 그다음에 국가를" 공격했다고 썼을 때 그러한 관점을 시사한다. Neffe(2017: 75)는 코르뉘에게서 영감을 받은 듯, "독일의 엄격한 검열 규정 아래서 정치적 비판을 위한 여지는 거의 없었다"고 말한다. "도대체 표현을 하려면 먼저 몸을 숨겨야 했다. 서로를 '불경不敬 귀하Eure Gottlosigkeit'라고 부르는 박사 클럽의 젊은 무신론자들은, 지배적인 상황을 웃음거리로 만드는 가장 효과적인 방법을 종교 비판에서 찾았다." 박사 클럽 구성원들이 서로 어떻게 불렀는지를, 그 저자가 어디서 알게 되었는지를 알면 좋겠다는 점은 논외로 하더라도, 그 표상은 국가가 종교 비판의 뒤에 "숨겨져" 있었다는 것, 국가 비판은 이미 존재했고 오직 공개적으로 표출되지만 않았다는 것을 전제로 한다. 그러나 나중의 급진적인 국가 비판은 신학적 논쟁이 중요한 역할을 한 학습 과정의 결과일 뿐이다. 더욱이 종교 비판 분야는 특히 종교에 대한 공격을 기반으로 하는 '청년 독일파'의 글에 대한 금지령에서

년 루트비히 포이어바흐의 『기독교의 본질』이 출간되기 훨씬 전에 시작되었다. 이 책은 종교 비판이 젊은 마르크스의 지적 발달을 위해 한 역할이 문제일 경우에 사람들이 통상적으로 집중해서 보는 저작이다. 마르크스에게도 종교 비판과의 대결은 포이어바흐에서 비로소 시작된 것이 아니라 1830년대 헤겔의 종교철학에 관한 논쟁들에서 시작되었다. 이 논쟁들을 이해하려면 우리는 먼저 기독교 종교 일반, 특히 프로테스탄트교 신학이 18세기 말에 겪었던 격변을 살펴보아야 한다.

이 격변이 고독한 사고 과정의 결과가 아니라 갈릴레이와 뉴턴으로 시작되는 자연 및 자연과학들에 대한 새로운 이해를 배경으로 해서 바라보아져야 한다는 것, 그리고 사고의 이런 변동들이 사회적·경제적·정치적 변혁들로 초기 자본주의적 상황으로 이끈 변혁들에 뿌리를 두고 있다는 것은 오늘날에는 좀처럼 논란이 되지 않는다고 할 수 있겠다. 오늘날의 논쟁들은 오히려 이런 착근의 양태와 방식, 논증적 과정들의 비非논증적 과정에 대한 종속의 정도 등을 둘러싸고 전개된다. 나는 그런 식의 문제들에는 들어가지 않는데, 이는 나에게는 겨우 무엇보다도 신학 영역에서의 이런 사태 전개들의 약간의 이론적 결과들로 19세기 전반기에서의 논란들에 중대한 역할을 한 결과들이 고작 관건이기 때문이다.24) 본 장에서 아직 다루어야

알 수 있듯이 결코 위험이 없지 않았다. 슈트라우스·포이어바흐·바우어는 남은 생애 동안 대학 일에서 배제됨으로써 종교 비판적 개입의 대가를 치렀던 것이다.

24) 그러나 다음에서는 신학적 논쟁들의 전개에 관한 대표적인 개관을 제공하는 것이 아니라, 주로 1820년대 및 30년대에 헤겔의 종교철학이 개입한 문제를 개략적으로 설명할 것이다. 프로테스탄트교 신학이 18, 19세기 독일의 동시대 철학과의 상호 관계 안에서 전개된 것에 대한 백과사전식 서술들은 Hirsch(1949-1954)와 Rohls

할 논쟁들에 유관한 것 외에 18세기에 전개된 논란들은 제2권에서 논해야 할 유물론 개념들에도 유관하다.

'자연 신학'과 계시 신앙 비판

이른바 중세에 이미 신의 존재를 순수하게 합리적 수단으로 입증하려는 시도가 있었다. 가장 유명한 것은 캔터베리의 안젤무스(1033-1109)와 토마스 아퀴나스(1225-1274)의 신 입증이다. 르네 데카르트 René Descartes(1596-1650) 같은 근세 초기의 합리주의 철학자들도 신의 존재와 신의 근본적인 특성을 순전한 이성적 근거에서 도출하려고 시도했다. 거기서 얻어진 언명들을 '자연 신학'이라 칭한다.

이런 맥락에서 특별한 자리를 차지하는 것은 바룩 데 스피노자 (1632-1677)다. 그는 데카르트가 주장하는 물질적 실체res extensa(연장된 실체)와 정신적 실체res cogitans(생각하는 실체)의 두 실체론을 질타했다. 실체가 오직 그 자체로만 존재하고 그 자체로만 파악될 수 있는 것이라면 오직 단 하나의 실체만 존재할 수 있다는 것이다. 이 실체에는 또한 창조자가 대립할 수가 없는데, 왜냐하면 그럴 경우에 실체는 더 이상 유일한 실체가 아닐 것이기 때문이란 것이다. 이 하나의 실체는 오히려 신이란 것이다. 스피노자는 이처럼 세계 바깥에 존재하는 인격적인 신을 거부하여 신은 오히려 존재하는 데서 현재하고 있다고 한다. 신은 과연 만물의 원인이긴 하지만 만물을 창조하거나 창조하지 않을 수 있는 자유는 없었다는 것이다. 만물을 창

(1997)의 여러 권으로 된 저작에서 발견되며, 나는 무엇보다도 후자의 것을 다음의 개관에서 활용했다.

조하는 것은 신의 본질에 속한다는 것이다. 18세기 이래로 신을 존재자와 동일시하는 관점은 범신론으로 지칭되고 인격적 신을 믿는 이들에 의해 빈번히 무신론과 등치된다. 무신론이란 비난은 스피노자를 향해서도 제기되었다.

'자연 신학'은 인격적인 창조자 신에 집착한 것으로서 과연 일체의 계시와는 독립적으로 논리를 펼쳤지만 계시 신앙에 반대하지는 않았다. 18세기 독일에서의 철학적 논의에 중요한 라이프니츠의 제자 크리스티안 볼프Christian Wolff(1679-1754)는 계시에서 인간이 자연적인 경로로는 (즉 합리적 수단으로는) 얻을 수 없던 인간에게 필요한 인식들을 보았다. 계시가 그에게는 반이성적이지 않고 초이성적이었다.

'자연신학'과 비슷하게 계몽사상에 강하게 영향받은 영국의 '이신론'도 순수하게 합리적인 수단을 가지고서 신神 인식에 이르려고 시도했다. 존 로크John Locke(1632-1704)에게서 이는 여전히 기독교적 계시의 수용과 결부되었다. 물론 이 계시는 곧 비판을 받았다. 그처럼 토머스 울스턴Thomas Woolston(1668-1733)은 예수의 기적과 그의 부활이 문자 그대로 받아들여져서는 안 되며 — 이는 기적 보고들의 모순성에 근거해서 보면 전혀 가능하지도 않은 것이라는 것이다 — 단지 우의寓意적으로 이해되어야 한다는 관점을 대표했다. 이런 관점들로 인해 그는 1729년에 신성모독으로 금고형에 처해졌다. 데이빗 흄David Hume(1711-1776)은 마침내 급진적으로 경험주의적인 입장에서 출발하여 합리주의를 비판했고 이로써 또한 합리적 신 인식의 가능성과 계시 신앙을 비판했다. 기독교적 계시의 참됨을 입증해야 할 기적들을 그는 자연법칙들에 모순된다고 보았다. 자연법칙들의 가정은 우리의 여러 차례의 경험에 의지하지만 기적과 계시는 오직 몇몇 소수의 인물들의 증언에만 의지하므로 우리의 현재적 경험이 틀렸다기보다 이 인물들이 틀렸거나 속았을 개연성이 더 높다는 것이다.

영국의 이신론은 창조자인 신의 존재를 전제하기는 했지만, 이 신이 세계의 흐름에 직접 개입하거나 인간들에게 직접 자신을 계시한다는 것을 논박하는 것으로 프랑스의 계몽사상에 강한 영향을 미쳤다. 볼테르(1694-1789)는 교회와 기독교 교리를 날카롭게 비판한 자로서 여전히 최고 본체라는 표상을 고수했으니 이 본체의 영원한 도덕법칙에 인간은 복종할 책임을 지며, 거기서 이 도덕법칙을 따르는 것은 이 법칙이 견딜 만한 공동생활을 보장해 주는 한에서 인간에게 이로움을 준다. 폴-앙리 티리 돌바크Paul-Henri Thiry d'Holbach(1723-1789)는 자연과학에 종사하여 자연에 대한 유물론적이고 결정론적인 관점을 가지게 된 자로서 결국 명시적으로 무신론적 입장에서 이신론과의 대결의 정점에 도달했다. 그는 합리적인 신 증거들을 반박하기를 시도했고, 종교를 자연에 대한 인간의 지식 부족, 인간의 두려움, 성직자에 의한 의식적인 조작의 결과로 해석했다. 그의 주저인 『자연의 체계』(1770)는 마르크스도 1841년에 그의 박사학위 논문 원고에서 인용한 책인데, 그는 이 책을 단지 가명으로만 출간할 용기를 냈다.

독일에서 계몽사상은 역사 비평적 방법들을 활용한 성서 비평을 촉진했다. 바로 이 문헌학적 탐구 방법들이 다른 역사적 본문들에도 적용되는 것처럼 성서 본문들에 적용되었다. 요한 잘로모 제믈러 Johann Salomo Semler(1725-1791)에서 이는 신약의 정경正經(경전)이

신적 영감의 결과물일 수 없다는 관점으로 이끌었다.(이미 원래 다양한 교회 공동체들에 다양한 정경으로 된 문서 기록들이 있다는 사실이 이것에 상충된다는 것이다) 오히려 정경이라는 것은 역사적으로 성장해 온 변수를 말하는 것이어서 그 본문은 모순과 오류도 포함할 수 있다는 것이다. 이를 넘어서 제믈러는 구약과 신약 간에 원칙적 차이를 두었다. 그는 이것을 두 다른 종교의 결과물로 간주했다. 기독교에서 그는 그것의 핵심, 하나인 신에 대한 믿음, 그리고 일련의 정신적·도덕적 명제들을 시대에 따라 입힌 옷들과 분리하려고 시도했다. 후자의 것들로 그는 악마 및 마귀 신앙만이 아니라 예수에게 지워진 메시아 표상도 열거한다. "네올로기Neologie", 즉 계몽사상에 영향을 받은 복음적 신학의 신新이해에서 성서에 대한 이런 역사 비평적 고찰이 이어진다. 결과로서 중심 교리들 — 원죄의 표상에서부터 심위일체설을 거쳐 예수의 신이 인간이 됨에까지 — 이 의문시되었고 기독교는 무엇보다도 하나의 윤리로서 이해되었다.

라이마루스, 레싱 그리고 '단편 논쟁'

이미 네올로기와 역사 비평적 성서 읽기는 구舊프로테스탄트 정통에 대한 비판을 불러일으켰다. 그러나 18세기 독일에서 가장 중대한 신학적 논쟁을 촉발한 것은 사후작으로 출간된 헤르만 자무엘 라이마루스(1694-1768)의 글로서 그에 관해서는 이미 지난 장에서 이야기가 되었다. 거기서는 동물들의 예술 충동에 관한 그의 글 때문에 이야기가 된 것이었다. 그 함부르크의 동방학자는 그의 생애 중에 종교 분야에서는 단지 이신론적인 글『종교의 가장 탁월한 진리들에 관한 논문들』(1754)을 가지고서 등장했으며, 이것으로 그는 순수하게 합리적인 경로로 신의 존재와 특성들에 관해 뭔가를 발언하며 무신론을 반박하고 싶어 했다. 라이마루스가 계시 신앙에 대한 공공연한 비판을 회피했고(기적 신앙에 대한 비판은 오직 조심스럽게만 암시된다) 그가 탐구한 신의 특성들이 루터교 교리의 여러 요소들과 수렴했으므로, 그 글은 또한 루터교 정통의 찬동도 누릴 수 있었다.25) 이와 달리 그의 『이성적 신 숭배자들을 위한 옹호론 혹은 수호문』은 이 책을 쓰기 위해 그는 1730년대 중반부터 죽을 때까지 작업을 한 것으로서 오늘날까지 가장 포괄적인 성서에 대한 문서 비평적 연구를 나타낸다. 라이마루스는 자신의 기획을 우리가 기독교적 계시에 대한 아무런 직접 지식을 가지지 않으며, 계시된 것은 인간들에 의해 전해져 온 것이라 오류와 거짓의 가능성이 존재한다는 것으로 자신의 기획을 근거 지었다. 검증의 척도로 그는 "자연종교", 그래서 인간들이 순수한 이성적 근거들에서 신에 관해 말할 수 있는 것을 활용하고자 한다. 그러나 그의 구약 및 신약 연구에서는 "자연종교"와의 조화 가능성만 중요한 것은 아니었다. 라이마루스는 본문 내에서 그리고 또한 여러 본문들 간의 모순들을 활용하여 명백히 그럴듯하지 않는 서술들을 비판했고 "신의 아들" 같은 개념들이나 신을 "아버지"로 부르는 것에 기독교 교리에 의해 부여되는 것과는 다른 의미를 주는 유태적 어법들과 표상계들을 참조하도록 했다. 라이마루스는 그의 광범위한 해설들로부터 예수가 결코 신인神人이 아니며 또한 새로운 종교의 창시자도 아니었다는 결론을 도출했다. 그는 오

---

25) Klein(2009: 262ff.)를 참조하라. Dietrich Klein의 책은 독일어로 된 라이마루스의 신학 저작과의 가장 포괄적인 대결이다.

히려 유태교의 혁신을 위해 나섰다는 것이다. 예수가 가까운 장래를 위해 추구한 "신국"은 팔레스티나에서의 유태 지배권의 재건 말고 다른 것이 아니라는 것이다. 부활 이야기에 관해서는 복음서 저자들의 보고들은 아주 모순적이어서 그것들이 전혀 진실일 수 없을 것이라는 것이다. 라이마루스는 부활 이야기가 환멸을 겪은 제자들의 의도적인 거짓말에서 나온 것이며, 이들은 이로써 그들이 추구하던 정치적 기획의 실패를 각색했다는 것이다.

라이마루스는 자기 글의 여러 초안들을 친한 친구들에게 겨우 보여 주었을 뿐 그것들을 출판하려고 시도하지는 않았다. 확실히 그는 함부르크의 학술적 김나지움에서의 교수 자리를 잃었을 것이고, 사람들은 그를 법정에 세웠을 개연성이 있다. 1770년부터 볼펜뷔텔의 공작 도서관 사서였던 고트홀트 에프라임 레싱Gotthod Ephraim Lessing(1729-1781)이 비로소 1774년과 1778년 사이에 『옹호론』으로부터 모두 일곱 개의 본문 단락을 『한 무명인의 단편들』로 출간했다. 그가 그 본문을 도서관에서 발굴된 한 알려지지 않은 저자의 원고로 발간하면서 그는 라이마루스의 가족을 보호했을 뿐 아니라 그가 도서관 원고들의 출판에서는 검열을 받지 않는 자유를 누렸기에 검열도 우회할 수 있었다. 라이마루스가 단편들의 저자란 것은 『옹호론』으로부터 더 포괄적인 추려 낸 글들도 출간되었을 때인 19세기 초에 비로소 최종적으로 확인되었다. 『옹호론』이 전문이 다 출간된 것은 1972년에 비로소 있었던 일로서 그 책이 쓰인 후 200년도 더 지나서였다.

『단편들』의 출간은 거센 논쟁을 촉발했으며 그 가장 중요한 주인공들은 함부르크의 목사 요한 멜키오르 괴체Johann Melchior Goeze(17

17-1786)와 레싱이었다. 괴체는 무명의 저자와 그의 편집자인 레싱을 루터교 정통의 입장에서 맹렬히 공격했으나, 레싱은 그와 같은 입장을 지지하지 않고 라이마루스를 옹호했다. 라이마루스와 정통파는 기독교의 진리가 오직 신의 계시인 성서의 진리를 통해서만 보장된다는 데 서로 견해가 일치했다. 정통파가 그 두 가지를 모두 유지하고자 한 반면, 라이마루스는 성서의 역사적 진리성을 논박하고 결과적으로 기독교의 진리성도 논박하여 순전히 이신론적인 신神 표상만 고수했다. 이와 달리 레싱은 성서의 문자(따라서 문자 신앙)를 기독교에서 분리하여 이렇게 발언하게 되었다.

> 우연한 역사적 진리는 필연적인 이성적 진리의 증거가 결코 될 수 없다.(Lessing 1777: 441)

기독교가 실제로 진리라면 그것의 진리성은 모든 역사적 사건들과 상관없이 그 진리가 지금 기적을 포함하든 하지 않든 내적 진리로서 통찰 가능할 수밖에 없으리란 것이다. 이런 사상은 헤겔의 종교철학에서도 중심 역할을 한다.

'단편 논쟁'이 점점 더 격렬해지고 더 큰 파장을 일으키자 1778년 브라운슈바이크-볼펜뷔텔 공작은 레싱에게서 도서관 원고의 출판에 대한 검열로부터의 자유를 박탈하여 레싱은 더 이상 단편을 출간할 수 없었다. 동시에 그는 종교에 관련된 주제에 대한 출판 금지를 레싱에게 내려서 레싱은 단편 논쟁 내에서 더 이상 견해를 표명할 수 없었다. 신학 분야에서 침묵하도록 유죄 판결을 받은지라 레싱은 문학 분야에서 답변을 했다: 1779년 그는 『현자 나탄』을 출간했다.

레싱의 가장 유명한 희곡으로, 종교적 관용을 선전하고 3대 유일신 종교(유태교·기독교·이슬람교) 간에 본질적 차이를 두지 않았다. 유태 계몽사상의 가장 중요한 대표자인 그의 친구 모제스 멘델스존을 나탄의 모습으로 추모했는데, 이 희곡에 제시된 견해는 부분적으로 '단편 논쟁'의 결과물이다.

레싱은 『나탄』 출간 후 2년 만에 벌써 죽었지만 그의 사후에도 거센 철학적 논쟁에 동기를 제공했다. 프리드리히 하인리히 야코비 Friedrich Heinrich Jacobi(1743-1819)에게 레싱은 스피노자주의자로 알려졌고, 이는 야코비가 레싱 사후에 스피노자에 관한 책에서 전해 준 것이다.(Jacobi 1785) 이 책에서 야코비는 합리주의를 비판했고 특히 스피노자의 범신론이 필연적으로 무신론으로 이끈다는 것을 보여 주기 원했는데, 이 책은 '범신론 논쟁'으로 철학사에 들어간 거센 논쟁을 촉발했고, 독일에서 다시 스피노자에 관해 더 많이 토론이 되도록 하는 효과를 가져왔다. 거의 80년 후에 『자본』 제2판 후기에서 마르크스가 "평범한 아류가 지금 독일 학계에서 큰소리를 치고 있는데" 이들이 헤겔을 "용감한 모제스 멘델스존이 레싱 시대에 스피노자를 다룬 것처럼, 말하자면 '죽은 개처럼' 다룬다"(MEGA II/6: 709; MEW 23: 27)[26]고 지적할 때 이 논쟁을 빗대어 말한 것이다. 마르크스에 의해 해석된 병렬 관계로부터 그가 스피노자를 헤겔과 비슷하

---

26) 멘델스존 관련 내용은 완전히 맞는 것은 아니었다. 1870년 7월 27일 쿠겔만에게 보낸 편지에서 드러나는 것처럼 마르크스는 멘델스존 자신이 레싱에게 스피노자는 죽은 개라고 편지에 써서 보냈다고 생각했다.(MEW 32: 686을 참조하라) 그러나 야코비에게 비판적인 의도에서 "사람들은 언제나 스피노자에 관하여 죽은 개에 관해서처럼 이야기한다네"(Jacobi 1785: 32f.)라고 생각을 표명한 것은 레싱이었다 — 레싱의 지적을 헤겔도 1827년 『백과사전』 제2판 서문(HW 8: 22)에서 보수-종교적 진영으로부터의 공격에 맞서 자신을 방어해야 했을 때 인용했다.

게 높이 평가했다고 결론지을 수 있다. 이는 특기할 만한데, 왜냐하면 스피노자에 대한 명시적 관련 내용이 마르크스의 저작에서 항상 긍정적이긴 하지만 사뭇 드물기 때문이다.

독일의 프로테스탄트교 신학에서 '단편 논쟁'은 중대한 전환점이었다. 라이마루스는 개별적인 기적 보고를 물리쳤을 뿐 아니라 그의 비판은 성서 텍스트가 모두 신적 영감의 산물과는 다른 것임을 말하려는 것이었다. 정경에 속하는 글들이 신적 영감의 산물이라는 것으로부터 그것들이 직접적인 진리라고 결론을 지은 순진한 교의학은 근본적으로 의문시되었다. 성서에 대한 역사 비판적 고찰을 어떠한 길도 더 이상 지나쳐 갈 수 없었고, 이는 19세기에 또한 광범위한, 역사 비판적 척도로 정돈된 예수의 생애 연구를 가능하게 했다.(이에 대해서는 고전적인, 라이마루스에서 시작되는 알베르트 슈바이처의 서술을 참조하라) 19세기 초에 라이마루스의 '옹호론'은 또한 여전히 신학 내적인 논쟁을 훨씬 넘어서서 작용했다. 그렇게 카를 구츠코프는 1835년에 출간된 소설『의심하는 여자, 월리』에서 그 여주인공이 라이마루스의 글을 읽으며 신앙에 대한 의구심을 강화하도록 한다. 이 소설은 종교를 공격하고 모든 인류을 파괴한다는 이유로 '청년 독일파'의 글이 금지되는 계기를 제공했다.(1.8장을 참조하라)

칸트의 신앙과 지식의 분리

라이마루스의 계시 신앙 비판과 성서에 대한 역사 비평적 해부를 배경으로 적어도 기독교는 물론 계몽사상의 중심 모티브를 고수하고자 했던 자들에게는 기독교를 순수 이성을 가지고서, 그래서 어떤 계시와도 상관없이 근거 짓는 일이 엄청나게 중요성을 얻을 수밖에 없었다. 바로 그런 식의 순수하게 합리적인 신 존재의 근거지움, 가령 하나의 완전한 본질에 대한 우리의 표상으로부터 그것의 존재라는 결론을 끌어내는 존재론적 신 증명 같은 것은, 존재 없이는 그 본질은 완전하지 않을 것이라는 논리에 따른 것이다. 이는 임마누엘 칸트(1724-1804)에 의해 단편 논쟁이 있고 불과 몇 년 후에 가차 없는 비판을 받았으며, 마르크스도 장차 그의 박사학위 논문에서 이 비판을 문제 삼아 다루게 되고 한 가지 측면에서 이 비판에 제한을 가하게 된다.

『순수이성비판』(1781)에서 칸트는 "순수한 이성", 그래서 단순한 사고로써 일체의 경험과는 상관없이 인식될 수 있는 바로 그런 것은 두 영역에 국한됨을 명확히 했으니, 한편으로는 기하학과 산수와 같은 형식적 과학들(이것들은 나름대로 관조의 형태들, 말하자면 시간과 공간이란 형태들에서 근거를 마련한다)로, 다른 한편으로는 근본적인 범주적 장치들, 일체의 경험지가 구조화되게 해 주는 수단인 질·양·인과성 등과 같은 것들로 국한된다는 것이다. 형식적 과학들에서도 이 범주 장치들에서도 칸트는 (변동될 수도 있을) 인간의 의식적 창조를 보지 못했으며 그에게 그것들은 오히려 인간의 관조와 인간 오성의 구조의 표현이었다. 이 구조는 인간 이성이 경험 인식의 "가능성의 조건들"을 찾아서 물으면서, 그래서 정확히 칸트가 『순수이성비판』에서 착수한 그것을 하면서 인간 이성을 통해 인식될 수 있다. 인간의 의지의 자유가 존재함, 신의 존재 그리고 영혼 불멸 같은 형이상학의 전통적 언명들은 그러나 경험의 대상들을 지칭하지 않으며, ─ 그래서 경험과학들의 수단으로 탐구될 수 없다 ─ 오성의 범주 장치에도 속하지 않는다. 그래서 그것들은 또한 순수 이성의 대상도 될 수 없다. 그것들은 사고의 대상들이기는 하지만, 과학적 인식에 접근 가능하지는 않다. 칸트에게는 이로부터 그것들이 쓸모없다는 것이 도출되지 않았다. 신, 의지의 자유 그리고 불멸하는 영혼이 존재한다는 것은 과학적으로 입증 가능하지 않기는 하나 세계에서 우리의 방향설정에 소용된 필요한 "규제적 관념"이라는 것이다.

『순수이성비판』에서는 겨우 간략하게 그려진, 종교적 문제들에 대한 이런 취급 방식을 칸트는 『도덕형이상학 정초定礎』(1785)와 『실천이성비판』(1788)에서의 도덕철학의 기초지움에서 계속 추적했다. 칸트의 말에 의하면, 한 행동은 오직 도덕적 법칙에 의해 정해지고 그래서 의무를 따를 경우에만 도덕적이다. 도덕 법칙에 대해 그것이 객관적이고 일반적으로 타당해야 한다는 요구로부터 물론 특정한 내용이 도출되지는 않는다. 도덕적 법칙은 단지 독자적 행동 준칙이 보편화될 수 있는 것이어야 한다고 말한다. 칸트의 유명한 "절대명령"은 그래서 "어떤 준칙에 따라 행동하면서도 그 준칙을 통해 네가 그것이 일반적 법칙이 되기를 바랄 수 있는 오직 그런 준칙에 따라 행동하라"(Kant 1785: 51)는 것이다. 칸트는 이제 그것이 모든 이성적 존재에게 필요한 법칙을 말하는 것임을 계속해서 보여 주고 싶어 했다. 말하자면 뭔가 타자를 위한 수단으로서 언제나 오직 상대적 목적을 가지는 단순한 물物과는 달리 칸트에게는 하나의 의지를 가지는 이성적 존재가 "단지 임의의 용도를 위한 수단으로서가 아닌, 그 자체로 목적으로서"(같은 책: 59) 존재한다. 그래서 절대명령은 또한 다음과 같이 정식화된다.

그대가 다른 어느 누구의 인신에서처럼 그대의 인신에 있는 인간됨을 언제든지 결코 단순히 수단으로서가 아니라 목적으로서 사용하도록 행위하라.(같은 책: 61)

프랑스 혁명이 일어나기 4년 전에 칸트는 이로써 반봉건적·부르주아적 평등관을 위한 고전적 공식을 발견한 것이었다. 어떤 사람이나 같은 방식으로 목적으로서 취급받아야 한다. 물론 칸트는 어떤 사회적 상황이 이를 가로막는가 하는 질문을 제기하지 않았다. 꼭 60년 뒤에 젊은 마르크스는 「헤겔 법철학 비판 서문」에서 칸트에서는 빠졌던 것을 중심에 놓았고 "인간이 그 안에서 억압받고, 노예화되고, 버려지고, 경멸받는 존재인 모든 상황을 뒤집어엎으라는 절대명령"을 정식화했다.(MEGA I/2: 177; MEW 1: 385)

도덕법칙에서 출발하여 칸트는 의지의 자유, 영혼의 불멸, 그리고 신의 존재를 "실천"(즉 행동과 행동의 도덕적 조건들을 향한) 이성의 공준으로 해석했다. 거기서 그는—아주 짧게 요약하자면—다음과 같은 숙고를 활용했다: 도덕 법칙은 당위(절대 명령)를 포함하므로 우리는 할 수 있음을 도출하고 그래서 인간의 의지의 자유를 공준으로 삼아야 한다. 의지와 도덕적 법칙의 일치는 무한한 과제다, 그것은 무한한 완성을 전제로 하여 우리는 도덕적 주체의 무한한 지속, 그래서 영혼의 불멸을 도출해야만 한다. 완성된 덕성은 그 결과로서 오직 복과 함께 생각될 수 있지만 이 복을 보장할 처지에 있는 것은 신 말고 다른 심급이 아니므로 우리는 신의 존재를 공준으로 삼지 않을 수 없게 된다.

『순수이성비판』에 의해 선취된 신앙과 지식의 엄격한 분리 그리고 이로써 일체의 '자연 신학'에 대한 비판이 큰 설득력을 펼친 동안, 이는 도덕철학적으로 근거지어진 공준들에서는 같은 정도로 그렇지 않았다. 종교를 지知의 영역에서 추방한 칸트 철학의 부분은 도덕철학에서 종교에 새로운 영토를 열어 주기를 시도한 그 부분보다 훨씬 더 큰 효력을 발달시켰다.

계속된 논의는 프리드리히 카를 포르베르크Friedrich Karl Forberg (1770-1848)에 의하여 대표된, 신의 존재는 결코 불가항력적으로 공준으로 삼아져야 하는 것은 아니라는 관점으로 이끌어 갔으며, 이는 즉시 "무신론적"이라고 낙인찍힌 입장이다. 포르베르크는 자신의 텍스트를 1798년에 피히테와 니타머Niethammer가 발행하는 『철학저널』에 발표했다. 피히테는 포르베르크의 입장을 공유하지 않기는 했으나 논란 중에 "참된 믿음"은 "도덕적 질서"라고 밝혀, 더 이상 인격신 사상을 대표하지 않고 이 "무신론 논쟁"의 소용돌이에 급속히 빠져들었다. 그는 무신론적 관념들 때문에 기소되었고 1799년에 예나에서 교수직을 포기해야만 했다.27) 피히테가 1805년에 새로이 에를랑겐에서 교수직을 받았고 1810년에 새로 설립된 베를린 대학에 초빙되었음에도 불구하고 무신론 논쟁은 무신론적 입장을 장려한다는 혐의가 여전히 학자로서의 생존을 위협하기에 충분했다는 것을 뚜렷이 보여 주었다. 그러한 위협에 대한 근심은 또한 1820년대의 헤겔에게도 역할을 했다.

---

27) 무신론 논쟁 그리고 이 논쟁이 칸트 후 철학의 발달로 편입된 것의 전사前史에 대해서는 Jaeschke/Arndt(2012: 131-161)를 참조하라.

초자연주의, (신학적) 합리주의
그리고 슐라이어마허의 감정신학

칸트 이후 시대에 독일 프로테스탄트교에서는 무엇보다 두 지향
이 대립했다: 초자연주의와 (신학적) 합리주의가 그 둘이다. 초자연주
의는 초자연적, 신적 계시에서 종교의 기초를 보았다. 이 계시는 성
서에 있다는 것이다. 그러나 이제 낡은 루터교 정통처럼 성서의 글
들이 신적으로 영감을 받은 것이라고 단순히 주장하는 대신 성서의
역사적인 신빙성을 증명하는 것이 과제로 간주된다. 계몽사상의 영
향을 알리는 과제 설정인 것이다.

초기 초자연주의의 가장 중요한 대표자는 튀빙겐의 신학자 고틀
로프 크리스티안 슈토르Gottlob Christian Storr(1746-1805)였다. 칸트
쪽으로 방향 잡힌, 계시 신앙에 대한 원칙적 비판과의 대결에서 그
는 칸트 철학의 결과들 위에 자기 자신을 지탱했다. 지식이 경험세
계에 국한되고 이론적 이성이 초감각적 대상들에 관해 아무것도 발
언할 수 없다면, 그것은 계시를 거부하는 데도 사용될 수 없다는 것
이다. 슈토르는 우리에게 실천이성이 초감각적인 것(신의 존재와 영혼
의 불멸)을 공준으로 삼도록 강제한다는 칸트에 동의했다. 이로부터
그는 성서의 가르침들이 실천이성과 일치하는 동안에는 이론적 이
성에 의해 반박될 수 없을 것이라고 결론을 도출할 수 있었다. 그래
서 복음서의 본문들이 신빙성이 있는지를 확정하는 것만이 관건이
란 것이다. 이를 위해 슈토르는 신약 본문이 실제로 사도들한테서
나온 것임을 증명하려고 시도했다. 그는 그들에 의해 증언된 예수의
신적 권위가 그의 도덕적 인생 전환에서 그리고 그가 행한 기적을

통하여 확증되는 것을 보았다. 그래서 이로써 글의 계시적 성격도 보증된다는 것이다.

튀빙겐에서 슈토르는 1790년대 초에 또한 셸링, 횔데를린 그리고 헤겔의 신학 교사들 중 한 사람이기도 했는데, 이들은 칸트 철학의 영향, 그리고 프랑스 혁명이 그들에게 만들어 준 엄청난 인상 아래 있으면서도 그의 초자연주의에는 아무런 공감을 보여 주지 않았다. (Pinkard 2000: 35ff.) 이런 논의들에 의해 자극을 받아 헤겔이 1793년 부터 최초의 신학적 초안들을 작성했을 개연성이 있는데, 그 초안들에서는 전래된 기독교에 대한 지극히 비판적인 지적들을 찾아볼 수 있다. 1795년 4월 16일 셸링에게 보낸 편지에서는 정리를 하면서 이렇게 말하고 있다.

> 종교와 정치는 한 덮개 아래서 장난을 했고, 종교는 독재정치가 원한 것을 가르쳤으니, 인간 종에 대한 경멸, 인간이 어떤 선을 행하지 못하고 스스로를 통해서는 무엇일 수가 없는 무능함을 가르쳤어요.
> (Hegel, Briefe Bd. 1: 24)

1795년에 헤겔은 심지어 『예수의 생애』를 썼는데, 이는 복음서 저자들의 보고를 정리한 것이지만 기적 이야기들은 모두 부활 이야기를 포함해서 포기한 것이다. 19세기의 논쟁들에 이 초안들은 물론 아무 영향을 미치지 못했으며, 1907년에 처음으로 헤르만 놀Hermann Nohl에 의해 출판되었다.

셸링의 최초 출판물도 칸트의 비판주의와 초자연주의 간의 논란을 배경으로 생겨났다. 그의 자아에 관한 글(Schelling 1795a)과 『교리주의와 비판주의에 관한 철학적 서신들』(Schelling 1795b)은 마르크스에 의해 1841년에 그의 박사학위 저작물에서 인용되었다.

초자연주의에 대치된 것이 신학적 합리주의였다. 계시는 그것에 의해 논란이 되지 않았고 물론 이성은 계시 내용의 신빙성을 위한 먹줄로 통했다. 이 합리주의의 가장 중요한 대표자는 하인리히 에베 르하르트 고틀로브 파울루스Heinrich Eberhard Gottlob Paulus(1761-1851)였는데 그는 1811년부터 하이델베르크 대학의 교수였다. 파울루스는 성서의 글들이 참된 사건들에 의존했다는 데서 출발했지만 그 글들을 일체의 기적적인 것에서 해방시키고자 시도했다. 복음서 저자들은 그들이 실제로 본 것을 증언했지만 관찰된 것의 자연적 원인을 알지 못했고 그래서 신의 직접적 영향력 행사를 믿었다고 파울루스는 말한다. 파울루스는 모든 외관상의 기적에 대해 합리적인 설명을 찾아내려고 애썼다. 그렇게 그는 예수의 부활을 가사假死 상태 후의 소생으로 이해한다. 예수의 실제 죽음은 나중에야 비로소 증인들 없이 일어나서 제자들은 예수와의 마지막 만남을 그의 승천으로 각색했다는 것이다. 예수의 죽음은 파울루스에 의해 또한 인류를 위한 속죄 제물로 이해되지 않았다. 십자가형은 오히려 예수가 자신의 신념에 최종 결과에 이를 때까지 자신의 신념에 충실한 채로 있었다는 것을 상징해 준다는 것이다.

신학적 합리주의의 여러 대표자들처럼 파울루스도 자유주의적 관념들로 기울었고 1820년대에 시작되는 왕정복고를 비판했다. 이는 헤겔과의 의견 충돌을 가져왔으니 헤겔과 그는 하이델베르크 시절 동안 우정어린 친교를 유지해 왔었다. 파울루스는 헤겔의『법철학』에 프로이센에서의 왕정복고에 대한 정당화 논리가 들어 있음을 보앉다. 한 서평(Paulus 1821)에서 그는 헤겔을 날카롭게 공격했는데, 헤겔은 그가 이렇게 한 데 대해 아주 화를 냈으니, 이는 바로 파울루스가 자기를 그 정도보다 더 잘 알았을 것으로 가정할 수 있었기 때문이다.

일체의 대립들에도 불구하고 초자연주의와 합리주의는 믿음이 특정한 교의들에 의존한다는 것을 고수했다. 프리드리히 슐라이어마허Friedrich Schleiermacher(1768-1834)를 그 가장 중요한 대표자로 둔 감정신학이 이에 대립했다. 감정신학은 믿음을 오성이 아니라 감정 위에 근거 지었다. 슐라이어마허(1821/22)는 인간에게서 자기 활동을 타자를 위한 단순한 수용성, 감수성과 구분했다. 자기 활동과 조화되는 감정에는 자유 감정이 바닥에 깔려 있는 반면, 수용성에 동반하는 감정에는 종속 감정이 바닥에 깔려 있다는 것이다. 세상-속에-있음에 대한 우리의 의식은 그래서 언제나 자유 및 종속 감정들과 연결되어 있다는 것이다. "완전한"(무조건적인·전적인) 자유의 감정을 우리는 가질 수 없을 것인데 한편으로는 우리의 자기 활동이 언제나 독자적 특성들을 보이는 하나의 대상을 향한 것이기 때문이고, 그러나 다른 한편으로는 우리가 우리의 자기 활동을 스스로 설정한 것이 아니고 그것이 완전히 우리한테서 나오는 것이 아니기 때문이라는 것이다. 이제 슐라이어마허는 완전한 자유의 감정의 부정으로 이미 완전한 종속의 감정이 주어져 있다는 것을 이끌어 냈다. 물론 우리가 타자에게 종속되어 있을 때 그 타자는 세계일 수 없을 것인데, 왜냐하면 세계에 대하여 우리는 부분적으로 또한 자유 감정을 가졌을 것이기 때문이다. 그러나 우리가 완전히 종속되어 있는 그 대상이 세계가 아니라면, 그것은 신일 수밖에 없다는 것이다. 우리의 신에 대한 관계, 우리의 그에 대한 완전한 종속은 이처럼 우리 자신의 감정을 통해 가리켜진다는 것이다.

기독교는 슐라이어마허에게는 구세주 인물로서의 예수를 통해 정해졌으며 거기서 그는 요한복음 쪽으로 방향을 정했는데, 이것을 그는 사도의 직접적 증언으로 간주했다. 예수라는 역사적 인물이 구세주라면, 그 인물 자체는 구원이 필요하지 않아서 모든 사람들로부터 구분된다. 예수란 현상을 슐라이어마허는 그래서 신의 계시로 파악했다. 이를 위해서는 아무런 초자연적인 것도 필요하지 않다는 것이다. 합리주의자들처럼 슐라이어마허도 기적과 부활에 대한 합리적 설명을 추구했다. 부활은 그도 마찬가지로 가사 상태 후의 소생으로 간주했다. 본연의 "기적"은 슐라이어마허에게는 예수의 정신적 효력이었다. 어떤 다른 19세기의 신학자도 슐라이어마허만큼 20세기에 들어서까지도 여전히 큰 중요성을 프로테스탄트교에 대해 가지지 않았다.

3. 헤겔의 종교철학과 1830년대의 논쟁

앞에서의 개략적인 그림은 계시 신앙이 적어도 철학적 지평에서
는 18세기의 신학 논쟁들을 통해 얼마나 강하게 흔들렸는지를 뚜렷
이 보여 주려는 것이었다. 초자연주의와 신학적 합리주의는 여기서
단지 별로 설득력 없는 해결책들만 제공했다. 슐라이어마허의 감정
신학은 하나의 타개책을 보여 주기는 했지만 종교의 이성적 인식에
대한 주장이 포기된 가운데서만 그랬을 뿐이다.

헤겔에서의 종교와 철학의 관계

그러한 지형 교체에 헤겔은 준비가 되어 있지 않았다. 그는 종교가
감정과 결부되어 있다는 것을 논박하지 않았지만, 감정은 느껴지는
것의 진실성에 관해 아무 발언도 하지 않는다는 견해를 고수했다.[28)]

---

28) 그의 하이델베르크 시절 제자이고 친구인 헤르만 프리드리히 빌헬름 힌릭스Her-
mann Friedrich Wilhelm Hinrichs(1794-1861)의 종교철학 문집 서문에서 헤겔은
1822년에 슐라이어마허의 관념에 이 사람의 이름을 거명함 없이 가차 없는 비판을
가했다: "감정이 인간 본질의 근본 운명을 이루는 것이라면, 인간은 동물과 등치된
다. (…) 종교가 인간 안에 오직 감정 위에 세워진다면 그러한 감정은 인간의 종속성

헤겔은 종교의 영역에서도 이성적 인식의 가능성을 깎아내림 없이 계몽사상에 의해 초래된 신앙과 지식의 분리를 극복하기를 원했다. 신에 대한 인식은 헤겔의 철학 체계에 통합될 뿐 아니라 일정한 방식으로 그의 철학의 최고 목표였다. 물론 아주 빠르게 이 철학적으로 인식된 신이 여전히 기독교의 인격신과 관계를 가지는가 하는 질문이 던져졌다. 헤겔의 기독교에 대한 철학적 변호는 그러면서도 기독교의 전해져 오는 모습에 대한 비판이기도 했으니, 이는 대립하는 진영들로부터 그에 대해 적대감을 일으켰다. 정통 신학자들에게는 헤겔의 종교철학이 너무 종교 비판적이었던 반면, 나중에 종교 비판자들은 그가 너무 종교에 맞추어 적응했다고 비난했다.

헤겔은 종교와 철학의 관계를 원칙적 지평에서, 그가 『철학적 학문의 백과사전』의 제3부와 마지막 부에서 개략적으로 그린 그의 정신 철학에서 확정했다. 정신을 헤겔은 단순히 오직 능력으로 이해한 것이 아니라 뭔가 능동적인 것, 만들어 내는 것으로서 그 본질이 자유인 것으로 이해했다. 헤겔은 주관적 정신, 객관적 정신 그리고 절대 정신을 구분했다. '주관적 정신'은 개별 인간의 내면성(의식, 의지)의 한 형태로서 외적인 것, 비정신적인 것을 향한 형태로 이해된다. '객관적 정신'은 개인들로부터 초래된 그러나 그러면서도 개인 위에서 있는 '객관적' 사회 현실에 관계된다. 그것의 형상들은 법·도덕·인륜이다. 여기서 인륜은 가족·시민사회·국가와 관계가 있다. '절대

에 대한 감정이라는 것 이상의 운명을 정당하게 가지지 않으며, 개가 최선의 그리스도교 신자일 것인데, 왜냐하면 개는 이 감정을 자기 안에 가장 강하게 지니고 다니며 특출하게 이 감정 안에서 살아가기 때문이다. 개는 자기의 배고픔이 뼈다귀를 통해 만족이 되면 해방의 감정도 가진다."(HW 11: 58. 강조 표시는 원문에 따름)

정신'은 자기 자신에 관계를 가지는 정신으로서 정신을 대상으로 삼고 거기서 스스로를 정신으로서 인식하는 정신이다. 정신의 타자와 관계를 맺음은 원칙적으로 세 가지 다른 방식으로 성사될 수 있다: 개별 대상물의 감각적 관조로서, 공간과 시간에 두어진 표상으로서, 그리고 개념들을 유발하는 파악하는 사고로서 될 수 있는 것이다. 이 세 종류의 관계 맺음 어느 것에 관해서도 헤겔은 그때마다 하나의 장場을 식별하는데, 그 장에서 정신은 타자와의 관계 속에서 스스로에게 관계를 가진다. 감각적 관조에 대해서는 이 장은 예술, 아름다움의 관조이며,29) 표상에 대해서 이 장은 종교이고 개념들에 목표를 두는 사고에 대해서는 철학이다. 다음으로 나는 헤겔의 종교와 철학의 연관성을 개략적으로 그려보는 데 국한할 것이다.

헤겔은 종교와 철학이 같은 내용을 가지지만 이 내용을 다른 방식으로 나타낸다고 강조했다: 종교는 표상과 상징들의 도움을 받아서 그렇게 하고 철학은 개념들의 도움을 받아서 그렇게 한다. 종교들에서도 거듭하여 형상들에 대한 불신이 형상의 금지에까지 존재하기는 하지만 종교적 표상들은 그러한 형상을 토대로 한다. 성서의 신은 공간과 시간 중에서 행동하는 인격으로 표상되고 특히 신의 인간이 됨은 감각적·역사적 사실史實로, 예수의 역사로 이야기된다. 이에 대해 헤겔은 신이 오직 사상의 형태로만 적절하게 포착될 수 있다고 응수했으며, 종교적 표상은 오직 그 길로 가는 발걸음이란 것이다.

---

29) 이런 숙고에는 오늘날의 것과는 아주 거리가 먼 예술관이 바닥에 깔려 있다. 헤겔에게 아름다움의 형상화는 동시에 절대자의 나타냄이다.(종교적으로 말하면, 신의 나타냄) 이로써 헤겔은 예술을 종교 및 철학과 같은 계열에, 그 셋 모두가 다른 방식으로 그렇게 하더라도 절대자를 겨냥하는 한에서 위치시킬 수 있다.

그러한 한에서 기독교 전승에 대한 역사적 비평, 가령 기적이 사실적으로 일어났는가 하는 질문은 헤겔에게는 아무 역할도 하지 못했다. 그러나 이로써 또한 벌써 뚜렷한 것은 헤겔이 기독교와 철학의 내용상 동일성에 관해 이야기할 경우에 이는 순진하게 신앙이 독실한 체하는 기독교가 아니라 이미 신학적으로 성찰된 기독교의 내용을 말하는 것이다.

『백과사전』에서보다 훨씬 더 상세하게 헤겔은 1820년대에 여러 번 행한 '종교철학에 관한 강의들'의 틀에서 종교를 다루었다. 이 강의들은 1832년에 처음으로 "친우회판"의 틀에서 발간되었다. 종교철학은 종교가 사실상, 즉 개념상 무엇인지에 관한 해명이다. 종교는 헤겔에게는 "신의 자기의식"이었다.(HW 17: 187; 또한 HW 10: 374를 참조하라) 헤겔이 자기의식이라고 하는 것은 자기 자신에 관한 의식으로서 오직 타자에 대한 관계를 거쳐 매개적으로만 이루어진다. 신의 무한한 의식에 대립하여 서 있는 이 타자는 인간의 유한한 의식이다. "신은 자기의식으로서, 자신과 다른 의식 안에서 자신을 안다." 그리고 이는 유한한 인간 의식이다.

> 유한한 의식은 오직 신이 그것 안에서 자신을 아는 한에서만 신을 안다. 그처럼 신은 정신이고 그것도 자신의 교회 공동체의 정신이다. (HW 17: 187)

신과 인간은 헤겔에게는 두 독립적 주체로서 관계를 맺을 수도 있고 맺지 않을 수도 있다. 헤겔에게 신과 인간은 서로 상대방을 참조하도록 지시받는다. 신은 뭔가 능동적인 것, 생성하는 관계다. 정신으로서의 신은 바로 자신으로부터 나오는 자, 자기 계시자, 자기 현시자의 활동이다. 그러나 이 자기 계시는 계시를 받고 이 계시를 받아들일 수 있는 다른 정신이 필요하며, 이것이 신의 초상으로서의 인간이다. 종교는 이처럼 유한한 인간의 신에 대한 관계만이 아니고 또한 신의 인간에 대한 관계이기도 하다.

> 우리는 이처럼 여기서 신이 유한한 정신에서 자신을 아는 가운데 신의 현시의 종교를 가진다.(같은 책)

자신의 타자로서의 유한한 인간에 대한 관계를 통해서만 신은 자신에 관계를 가질 수 있다. 그리고 이는 신에게는 인간에게와 똑같이 핵심적이다.

이 신과 인간의 상호 관계는 다른 종교들에서도 중시되나 오직 기독교만 이 관계를 자기 자신의 대상으로 삼는다고 헤겔은 말한다. 그래서 기독교는 헤겔에게는 "절대 종교"다. 삼위일체설을 헤겔은 이 상호 관계의 그림으로 나타낸 표상으로 해석했다. 아버지인 신은 아들을 낳고 세계의 창조자이며, 세계에서 아들은 신인神人이 되고 인간들에게 신의 계시를 가져다주어 신은 인간들의 의식 안에서 자신을 생각할 수 있다. 아들은 아버지에게로 돌아가지만 신의 정신은 이제 교회 공동체의 정신이다. 즉, 아들, 아버지 그리고 거룩한 정신, 그 셋은 하나이며, 이 역사는 개략적으로 그려진 철학적 신 개념의 구상적인 표상이며 거기에서 신은 자신의 타자 안에서 자신을 아는 정신이다.30)

헤겔의 종교철학적 표상들은 이미 일찍이 "범신론적인 것으로"

공격받았다. 헤겔은 이런 뒤집어씌우기를 격렬히 논박했지만 거기서 범신론에 관한 특유한 개념, 말하자면 만물은 예외 없이 신적인 것으로 간주된다는 개념을 기초로 삼았다.(예를 들어『백과사전』의 §573, HW 10: 380ff를 참조하라) 물론 자기 관계가 아주 필수적이어서 세계와 인간 없이는 전혀 신일 수 없는 이 철학적으로 인식된 신이 기독교의 신과 어떤 관계가 있는가 하는 질문은 정당하다. 많은 기독교인들에게 핵심적으로 통하는 것은 헤겔에 의해 단순한 "표상"으로 비판되며 철학적 재구성에서 떨어져 나간다.

헤겔의 견해들에 대해 앞의 개략적 묘사에서 나는 겨우『백과사전』과『종교철학』에 의지했을 뿐이다. 그러나 헤겔에게서의 종교와 철학의 관계에 대한 적절한 논의는『논리학』에서 시작되어야 하는데, 그 책 말미에 '절대 관념'이 있다. 1830년대의 논쟁들을 이해시킨다는 나의 개략적인 묘사의 제한된 목적이 이런 생략을 정당화해 준다. 하지만『논리학』에 대한 논평은 나에게는 필요한 것으로 여겨진다. 헤겔은 그의『논리학』, 사고 규정들에 관한 가르침에서 세계의 창조에 앞선 신의 사상들을 나타내기를 원했다고 여러 번 주장된다. 때때로 이런 발언은 심지어 인용부호 안에 놓이며, 헤겔의 인용이라는 인상이 일깨워진다. 신에게 생각들이 있는 것으로 인정되면 신은 생각하는 인격으로 이해된다. 거론된 견해 표명이 버팀목으로 삼는『논리학』의 서론에서 그러나 헤겔은 뭔가 다른 것을 표현했다. 그가 논리학은 "순수 이성의 체계로서, 순수 사상의 왕국으로서 이

---

30) 삼위일체설에 대한 이런 해석의 대략적인 정리는『백과사전』의 §§564-571(HW 10: 572-578)에서 찾아볼 수 있고, 더 상세히는『종교철학 강의』제3부(HW 17: 185-344)에서 찾아볼 수 있다.

해되어야" 한다는 것을 고수하고, 이 "왕국은 진리가 껍질 없이 그 자체로 있는 바대로의 진리"임을 강조한 후에, 이렇게 덧붙인다.

> 그 때문에 이 내용이 그의 영원한 본질 안에서 자연과 유한한 정신의 창조를 앞두고 있는 바대로의 신의 나타냄이란 의견을 말할 수 있다.
> (HW 5: 44, 강조 표시는 원문대로임)

헤겔은 이처럼 신의 "사상"을 나타낸 것이 아니라 세계의 "창조를 앞두고 있는" 신의 "본질"을 나타내었고 이 모두에 "의견을 말할 수 있다"는 거리 두기를 위한 첨언을 붙인다.(이에 대해서는 Jaeschke 2003: 253; Jaeschke/Arndt 2012: 600을 참조하라)

『종교철학』에서 논하는 것처럼 신이 자기 자신과 관계를 맺기 위해서, 그가 도대체 절대 정신이기 위해서 세계를 필요로 한다면, 신은 세계의 "창조 이전에는" 전혀 가능하지 않다. 그러나 세계의 창조 앞에 존재하는 신의 존재는 기독교의 중심 표상이다. 서론에 나온 헤겔의 명제는 그렇다면 이 표상에서 개념의 지평 위에 남아 있는 것: 논리학의 범주들에 관한 마지못해 주어진 빠져나갈 길로 이해되는데, 왜냐하면 세계가 존재하지 않는다고 해도 그 범주들은 참이기 때문이다. 물론 이 진리는 누구에 의해서도, 신에 의해서도 생각되지 않으며, 헤겔은 이를 어디에서도 주장하지 않았다.

헤겔은 종교를 그간 달성된 학문의 수준과 화해시켰고 이로써 신앙과 지식 간의 분리를 극복했다고 주장했다.

그는 자신을 신학자들이 부분적으로 이미 포기한 것을 구제하는 더 나은 신학자라고 자신을 소개했다.[31] 물론 헤겔은 1820년대에

자신을 바른 믿음을 가진 프로테스탄트교인으로 소개하는 것이 그
에게 이로웠던 한에서 여전히 무신론이란 비난을 두려워했다.32) 그
렇게 그는 예를 들어서 1826년 7월 3일에 아우구스트 톨루크August
Tholuck에게 이렇게 편지에 썼다.

> 나는 루터교인이며 철학을 통해서 마찬가지로 완전히 루터교 안에
> 확고하게 매어 있습니다.(Hegel 1977, Bd. IV/2: 61)

그가 의도적으로 경건주의적인 톨루크에게 자신의 루터교 신앙을
강조하는 것은 물론 우연이 아니었다. 이런 노력은 또한 나움부르크
의 오베르란트 법원판사 카를 프리드리히 괴셸Carl Friedrich Göschel
(1781-1861)의『기독교 신앙 고백에 비한 무지와 절대지에 관한 격
언들』(1829)에 대한 헤겔의 긍정적인 참조도 설명해 준다. 괴셸은 프
로테스탄트교의 보수적 입장에서 헤겔 철학과 기독교의 조화 가능
성을 입증하고자 시도했고, 헤겔은 이를 자신의 철학에 대한 증대해
가는 공격들에 직면하여 감사하게 받아들였다.(이에 대해서는 Jaeschke
2003: 300ff.를 참조하라)33)

---

31) "철학을 그것의 파괴적인 경향 때문에" 고발하는 신학자들에 대해 헤겔은 "그들이
   파괴될 수 있을 내용을 더 이상 아무것도 가지고 있지 않다"고 이의를 제기한다.
   (HW 16: 44) 왜냐하면 그들은 18세기 논쟁의 결과로 심지어 이미 가령 삼위일체설
   같은 중대한 교리들을 사실상 포기했기 때문이란 것이다.
32) 1821년 5월의 Friedrich Creuzer에게 보내는 편지 초안을 보라.(Hegel, Briefe
   Bd. 2: 268)
33) 20세기에도 헤겔의 종교철학이 기독교의 비판인지, 아니면 기독교의 구제인지를
   둘러싸고 논란이 계속되었다. 카를 뢰비트(Karl Löwith 1964)는 헤겔의 종교철학의
   중의적 성격을 강하게 강조하는 자로서 이것을 결국 종교 해체의 편에 위치시키는
   반면, 유명한 복음주의 신학자인 볼파르트 판넨베르크(Wolfhart Pannenberg 1976:

혜겔의 종교철학이 1820년대 중에 날카롭게 공격을 받은 것은 또한 지적인 풍토의 전환과 관계가 있었다. 프로이센의 개혁 시기는 20년대 초부터 끝나 있었다. 커 가는 보수주의는 프로테스탄트교 정통 그리고 개인의 신실함을 중심에 둔 강해져 가는 경건주의에 의해 지지를 받았다. 셸링도 1827년 이래 다시 뮌헨에서 가르치면서 이 전선에 아주 잘 어울렸고 자기 철학을 이제 "기독교 철학"이라 정의했다. 철학은 기독교에 기초를 두어야 하고, 가령 혜겔처럼 기독교를 개념에서부터 근거 지어서는 안 된다는 것이다. 그들 모두에게 혜겔의 종교철학은 그 학문적 주장과 함께 분노를 돋우는 것이었다.

베를린 대학 신학부에서도 이런 전환은 눈에 띄었다. 1826년에 경건주의에 가까운 에른스트 빌헬름 헹스텐베르크Ernst Wilhelm Heng-stenberg(1802-1869)는 구약의 비정규 교수직을 받았고, 이는 1828년 알텐슈타인의 저항에 맞서서 정규 교수직으로 전환되었다. 마찬가지로 할레 대학에서 가르치던 경건주의적인 아우구스트 톨루크August Tholuck(1799-1877), 그리고 곧 가장 중요한 프로이센의 보수주의자 중 한 사람이 된 에른스트 루트비히 폰 게를라흐Ernst Ludwig von Gerlach(1795-1877)와 함께 헹스텐베르크는 1827년에 『복음주의』을 창간했고 이는 초기 프로이센 보수주의의 지도적인 기관지로 발달했다.(헹스텐베르크에 관해서는 Lenz 1910: Bd. 2.1: 327-348; Hachtmann 2016을 참조하라)

---

184)는 그것에서 "하나임과 셋임 간의 관계 면에서 삼위일체설의 개념적 설명에 대해 이제까지의 정점"에 도달한 것을 보며, 마찬가지로 프로테스탄트교 신학자인 크리스토프 게스트리히(Christof Gestrich 1989: 190ff.)는 혜겔을 기독교의 수호자로 보며, 혜겔 스스로 그렇게 자신을 소개한다. 그렇게 차이가 나는 해석들에 동기를 제공하는 혜겔 철학의 애매성에 대한 간략한 정리를 한 것은 Siep(2015: 22-25)에서 찾아볼 수 있다.

헤겔의 종교철학의 효력은 프로테스탄트교 신학에는 제한적인 데 머물렀다. 학계에 자리잡은 신학자들 중에는 무엇보다 1795년부터 하이델베르크의 교수였던 카를 다우프Karl Daub(1765-1836), 1811년부터 베를린 대학교수였던 필립 콘라트 마르하이네케Philipp Konrad Marheineke(1780-1846)가 둘 다 처음에 셸링의 영향을 받은 후에 헤겔의 관념으로 돌아섰다. 마르하이네케는 헤겔의 친우회판『종교철학 강의』의 발행인이기도 했다. 빌헬름 파트케Wilhelm Vatke(1802-1882)는 베를린에서 처음에는 강사였고 1837년부터는 구약 교수였던 사람으로서 마찬가지로 헤겔주의자였다. 1830년대에 페르디난트 크리스티안 바우르Ferdinand Christian Baur(1792-1860)도, 튀빙겐에서 신학을 가르쳤고 역사 비평 방법을 신약과 원기독교 연구에 적용한 자로서 헤겔 철학 쪽으로 방향을 잡았다. 헤겔의 종교철학은 급진적 종교 비판자들의 다음 세대에 큰 영향을 미쳤다: 다비트 프리드리히 슈트라우스, 브루노 바우어 그리고 루트비히 포이어바흐는 모두 헤겔의 제자들이었다.

다비트 슈트라우스와 헤겔학파의 '분열'

헤겔 철학에 관한 지극히 격렬한 논쟁들은 1830년대에 시작되었다.[34] 1840년대의 논쟁에서 중요한 역할을 했다는 루트비히 포이어바흐Ludwig Feuerbach(1804-1872)의 초기 글은 다가오는 폭풍의 전주

---

34) 헤겔 제자들의 공헌들은 Sass(1963)에서 상세하게 설명이 되고, 그 논쟁이 전체로는 Jaeschke(1986: 361-436)에서 다루어진다.

곡이 되었다. 포이어바흐는 1823/24년에 하이델베르크에서 카를 다우프에게서 신학 공부를 시작했고 거기서 또한 헤겔 철학을 알게 되었다. 이는 그에게 전공을 바꾸도록 동기 부여를 했다. 그는 헤겔에게서 철학을 공부하기 위해 베를린으로 갔다. 1828년 그는 에를랑겐 대학에서 박사학위를 받았다. 바이에른 국왕의 장학생으로서 그는 바이에른 대학에서 공부를 마쳐야 했다. 그의 처녀작 『죽음과 불멸에 관한 사상』(1830)은 7월 혁명 직후에 발간되었고 아주 속히 금서가 된 것으로서 헤겔의 종교철학으로부터 강하게 영향을 받았다. 포이어바흐는 인격신의 표상을 그리고 또한 인격 불멸의 표상을 거부했다. 포이어바흐에 의하면 후자의 것은 겨우 이기주의적인 기적 중심 사고라는 것이다. 그러한 기적 중심 사고에 매달리는 대신 인간은 자신의 존재의 유한성을 의식하면서 새로운 "본질적인" 생명으로 가는 길을 찾아야 한다는 것이다. 그 글은 무명無名으로 발간되기는 했지만 빨리 금지가 되는 바람에 또한 오직 제한적인 효과나마 펼칠 수 있었고 그래도 포이어바흐는 에를랑겐에서 아주 속히 저자로 인식되었는데, 이는 그가 자신의 그곳에서의 강사 활동을 포기하지 않을 수 없게 이끌어 갔다.35)

포이어바흐에 의해 논해진 논제들은 이어지는 해들에서도 중대한 논쟁 대상으로 남아 있었다. 헤겔 철학의 비판자들은 이 철학이 불멸하는 영혼과 인격신에 관한 기독교적 견해들과 조화 불가능하다고 비난했는데, 이런 비난은 카를 프리드리히 괴셸 같은 헤겔학파의 대표자들에 의해 물리쳐졌다.36)

---

35) Winiger(2011: 65)를 참조하라. 포이어바흐의 이 초기 글에 대한 상세하고 현실감을 주는 해석을 Grandt(2006: 43-60)가 제공해 준다.

1830년대의 논쟁에서 중대한 역할을 한 독자적인 입장을 크리스티안 헤르만 바이세Christian Hermann Weisse(1801-1866), 임마누엘 헤르만 피히테Immanuel Hermann Fichte(1796-1879) 그리고 카를 필립 피셔Karl Philipp Fischer(1807-1885) 같은 이른바 사변적인 유신론자들[37])이 발달시켰다. 그들은 헤겔 철학의 요소들을 받아들였지만 기독교의 내용을 철학적으로 근거 짓는다는 그 철학의 주장이 이행되지 않았다고 비판했다. 이는 특히 인격신의 존재 그리고 영혼 불멸에 대해 해당된다는 것이다. 그래서 독자적·사변적인 신학이 필요하다는 것이다.[38])

1830년대의 가장 중대한 쟁점이고 19세기 신학에서 전환점이 된 것은 1835년에 출간된 다비트 프리드리히 슈트라우스David Friedrich Strauß(1808-1874)의 『비판적으로 다루어진 예수의 생애』라는 책이다. 슈트라우스는 튀빙겐에서 신학을 공부했고 그곳에서 또한 이미 헤겔에 몰두했다. 헤겔 철학 공부를 깊이 하기 위해 그는 1831

---

36) 헤겔이 범신론적 견해들을 명시적으로 물리친 반면, 그는 자신의 저작들에서 영혼 불멸에 관한 견해 표명을 회피했다. 하인리히 하이네에 의해 유포된 역사는 물론 헤겔이 그러한 표상들에는 농담밖에 남겨 둔 것이 없었음을 쉽게 떠올리게 한다. "우리[하이네와 헤겔]는 어느 날 밤에 창가에 서 있었고 나는 별들을 건너 고인들의 안식처에 열중했다. 그러나 선생님은 혼자 중얼거렸다. '별들은 단지 하늘에서 빛을 내는 문둥병이지.' — '제발' 나는 외쳤다. '그래서 저 위에는 사후에 덕성에 보답해 줄 행복한 장소는 없는지요?' 그는 나를 조롱하듯 바라보았다: '선생님은 생애 중에 책임을 다한 것, 병든 어머니를 돌본 것, 형제들을 굶기지 않았고 선생님의 적들에게 독을 주지 않은 것에 대해 팁을 원하는군요.'"(Nicolin 1970, Nr. 363에 따라 인용함)

37) '이신론Deismus'과 다르게 '유신론Theismus'은 신이 세계 창조자일 뿐 아니라 세계에 대한 지속적인 관계도 가지며 특별히 인간들에게 자신을 계시한다는 것을 전제로 한다.

38) 오늘날의 열악하게 근거 지어진 추측이란 의미에서 사변적이 아니라 파악하는 인식으로서 사변적인 것이다.

년 11월에 베를린으로 갔지만 헤겔의 강의를 단 1주일 동안만 들을 수 있었으니, 헤겔이 11월 14일에 콜레라로 죽었기 때문이다. 그러나 베를린 체류는 보람이 없지 않았다. 슈트라우스가 튀빙겐으로 돌아오기 전에 그는 그 학기의 나머지 기간에 무엇보다도 빌헬름 파트케를 사사師事하여 구약의 역사적 비판을 준비했다. 이는 슈트라우스의 『예수의 생애』와 같은 해에 발간되었지만, 훨씬 덜 이목을 끌었다. 슈트라우스에게 그의 『예수의 생애』에 중심이 된다는 신화 개념을 친숙하게 해 준 것은 파트케였을 개연성이 있다.39) 다시 튀빙겐으로 돌아와서 슈트라우스는 신학 세미나에서 헤겔 쪽으로 방향 설정된 철학 강의를 했다. 이와 아울러 그는 자신의 『예수의 생애』를 완성시키는 일을 시작했다.

모두 합해 꼭 1,500쪽의 두 권으로 된 이 방대한 저작의 효과는 철학자들과 신학자들의 학술적 권역을 훨씬 더 넘어서 갔고, 학식 있는 부르주아지의 폭넓은 계층에서까지 논의가 되었다.40) 거기서 흥분을 일으키는 것은 무엇이었는가? 많은 다른 신학적 논고들과 달리 여기서 근본적인 발언은 이해하기가 아주 단순했다. 복음서 기자들이 예수에 관해 보고하는 것은 역사적 사건들이 아니고 그리스도 이전의 교회 공동체들에서 시작되는 신화 형성의 결과라는 것이다. 모든 논쟁들에서 초자연주의자들도 (신학적) 합리주의자들도 성서 이야기의 역사적 성격을 의문시하지 않았지만, 슈트라우스가 정확히

---

39) 1830-37년의 슈트라우스의 발달을 상세히 연구한 Sandberger(1972: 152f.)를 참조하라.
40) 슈트라우스의 폭넓은 효과와 그에 대한 반응들(가톨릭 측도 포함한)에 대해서는 Courth(1980)을 참조하라.

그렇게 했고 이는 추문이었다.

부활 이야기를 예수의 제자들의 의도적 기만으로 이해한 라이마루스와 달리, 슈트라우스에게는 이는 그러한 목적 지향적인 조작은 아니었다. 기적에 관한 보고들과 부활 이야기를 슈트라우스는 구전口傳에서 집단적으로 생겨난 "의도 없이 시를 짓는 전설"의 결과물로 이해했다.(Strauß 1835 Bd. I; 75) 물론 이런 신화 형성은 특정한 경향을 따랐다. 예수란 인물은 점점 더 이상화되었고, 그의 생애는 메시아 예언으로 해석된 구약의 구절들에 맞추어졌다.(같은 책: 72f.)41)

신화로서의 성서 역사의 해석은 완전히 새로운 것은 아니었지만 슈트라우스 전에는 구약에 그리고 오직 신약의 얼마 안 되는 대목들에 한정되어 있었다. 이 해석을 복음서들에 기록된 중심 사건들에 일관되게 적용한 것이 새로웠다.

슈트라우스는 『예수의 생애』로 결코 기독교 비판을 목표로 두지 않았다. 그는 예수의 생애와 그의 선포 사이에 구별을 두었다. 후자의 것을 그는 의문시하고 싶지 않았다. 이미 그의 저작 서문에서 스트라우스는 이렇게 강조했다.

기독교 신앙의 내적 핵심을 저자가 아는 것은 그의 비판적 연구들과는 완전히 무관하다. 그리스도의 초자연적 출생, 그의 기적 그의 부활과 승천은 그것들의 역사적 사실로서의 실제성이 의문시됨에도 불구하고 영원한 진실들로 남는다.(같은 책: VII)

---

41) 구약의 메시아는 유태인들의 미래의 왕을 말하는 것이었던 반면, 사도 바울로에게서 비로소 이 역할은 인류의 해방자로 확장되었다.

"역사적 사실들"이 아닐 경우라도 "영원한 진실들"을 고수할 수 있다는 확실성을 슈트라우스는 종교적 표상들과 그 개념적 재구성 간에 구분을 둔 헤겔 철학에서 취했으며, 거기서 오직 후자만이 종교의 내용의 진실성을 가리킬 수 있는 것이지 어떤 역사적 사건들도 그렇게 할 수 없는 것이다. 헤겔과 헤겔 쪽으로 방향을 설정한 신학자들에게 표상과 개념의 구분은 역사적 비판에 대한 그들의 무관심에 기초를 제공했다. 이 비판은 제한된, 합리주의적인 입장으로 인지되었다. 물론 표상과 개념의 구분은 종교적 표상들이 도대체 어떤 역사적 사건들을 토대로 했는지의 여부가 완전히 상관없다는 방식으로도 급진화된다. 정확히 이런 길을 슈트라우스가 간 것이다.

그의 설명의 끝에서 이끌어 내어진 결론, 전설적인 모습을 띤 신인으로서의 예수에게 부여된 특성들, 즉 인간과 신의 통일의 체화라는 특성은 개별 인간에게 돌아갈 수가 없고 오직 발달 중에 있는 전체로서의 인류에게만 돌아갈 수 있다는 것은 새로운 것이었다.(Strauß 1835 Bd. II: 734f.) 이 사상은 그 시대의 복고적 경향들을 본다면 상당한 정치적 폭발력을 지녔다. 1833년에 프리드리히 율리우스 슈탈은 『법의 철학』 제2부를 출간했는데, 거기서 그는 셸링의 "기독교" 철학을 재수용하여 절대 군주정을 하나의 신의 지배와의 유비 관계를 가진 것으로 정당화했다. 그러나 이 신이 신인神人 안에 육화되지 않고 전체 인류 안에 육화되었다면 슈탈의 절대 군주제 근거 부여는 무효인 것이었다.

슈트라우스의 책은 광적인 비판들과 반박들의 홍수를 유발했다. 이미 제1권이 발간된 직후에 슈트라우스는 튀빙겐 복음주의 교단에서의 강사직을 상실했고 한 김나지움으로 좌천되었다. 그가 1839년에 결국 취리히 대학의 교수직을 받았을 때, 이는 무엇보다도 농촌 인구로부터의 격렬한 비판을 불러일으켜서 슈트라우스가 강의를 시작하기도 전에 그를 은퇴시키게 되었다. 슈트라우스는 더 이상의 초빙을 받지 못했다.[42]

슈트라우스가 초자연주의자들, 신학적 합리주의자들 그리고 헹스텐베르크의『복음주의 』주위의 보수적 루터교인들로부터 공격을 받았음은 명확했다. 그러나 헤겔학파의 대표자들도 슈트라우스를 매우 날카롭게 비판했다. 이 대표자들에게서는 슈트라우스가 헤겔 철학의 보수적인 적대자들에게 이 철학의 유해한 귀결에 대한 모범 사례로 소용되었다는 것이 확실히 또한 역할을 했다. 헤겔 철학과 프로테스탄트교 사이에서 균형을 추구한 헤겔주의자들은 그래서 슈트라우스가 온당하게 헤겔에 의존할 수 없음을 뚜렷이 말하지 않을 수 없었다.

1837년에 발간된『논쟁 문집』에서 슈트라우스는 자신에 대한 비판자들과 본격적으로 대결했다. 거기서 그는 나중에 빈번히 활용된, 헤겔학파에서 나온 그의 비판자들을 나누어 보는 것에 착수했다. 슈트라우스는 기독론의 측면에서 헤겔 '우파', '중도파', 그리고 헤겔 '좌파' 간에 구분을 두었다. 이 분할의 중심 기준으로 간주한 것은 복음서들의 역사성에 대한 입장이었다. 신적 본성과 인간적 본성의 일치라는 관념으로 또한 전체의 복음 사화史話가 역사적 사실로 주어

---

42) 이런 당시대의 추방과 슈트라우스에게 오늘날의 신학에서 부여되는 의미는 완전히 대립된다. 오늘날 독일에서 가장 널리 읽히는 (프로테스탄트교의) 예수의 생애에 대한 교과서의 저자일 개연성이 있는 Teißen/Merz(2011: 23)는 "연구는 예수 전승의 신화적 형태라는 그의 근본 논제 뒤로 더 이상 돌아갈 수 없다"고 하여 슈트라우스를 고수한다.

지는지, 그중 일부만이 그런지, 아니면 그 관념으로부터 복음 사화는 전적으로도 부분적으로도 역사적 사실로 인정할 수 없는지 이런 것이 기준이었다.(Strauß 1837: 95) 첫 번째 입장을 취한 자라면(괴셸·가블러·바우어) 슈트라우스에 의해 헤겔 우파로 분류되었고, 두 번째 입장을 취한 자는 중도파로 (여기에 슈트라우스는 로젠크란츠만을 거명한다), 그리고 세 번째 입장을 취한 자는 헤겔 좌파로 분류되었다. 물론 헤겔 좌파는 그 시점에서는 그가 도대체 헤겔학파로 집어넣어지는 한에서는 그 자신뿐이라고 슈트라우스는 계속해서 말한다. 그러나 슈트라우스는 유일한 '좌파' 헤겔주의자로 남아 있지 않았다. 그간 헤겔학파의 '분열'을 슈트라우스의 『예수의 생애』로부터 시작된 것으로 보는 것이 심지어 통상적인 것으로 되어 있다.

슈트라우스의 분류는 『할레 연감』에서의 그의 『논쟁 문집』에 대한 서평(Ruge 1838d: 1910f.)에서만 긍정적으로 받아들여진 것이 아니다. 카를 루트비히 미슐레Carl Ludwig Michelet(1801-1893)도 그 문집을 1838년에 발간된 그의 『칸트부터 헤겔까지 독일에서의 철학의 최근 체계들의 역사』에서 동의하면서 인용했다. 미슐레의 말은 무게를 지녔고 그는 헤겔의 제자이자 친구였으며, "친우회판"으로 그는 1833년부터 1836년까지 헤겔의 『철학사 강의』를 세 권으로 출간했다. 미슐레는 슈트라우스의 분류를, 그에게서의 일정한 풍자가 흘려들어서는 안 될 것인 경우에도 유명한 것으로 만들었다. 그렇게 그는 다수파에 도달하기 위해 중도파와 좌파와의 연합을 제안했다. 자기 자신, 간스 그리고 파트케를 그는 거기에서 좌파에 위치시켰다. (Michelet 1838: 659)

4. '청년 헤겔주의'의 단초

  슈트라우스에 의해 종교철학적 논쟁들을 바탕으로 확정된 헤겔학파를 우파와 좌파 헤겔주의자로 차별화하는 것은 통상적으로는 '구헤겔주의자'와 '청년 헤겔주의자' 간의 다른 구분과 동일시된다. 구헤겔주의자는 보수적인 자(그리고 이로써 우파)로 통하고 청년 헤겔주의자는 진보적인 자에서부터 혁명적인 자까지로(그리고 이로써 좌파로) 통한다. 오늘날 우익 헤겔주의와 구헤겔주의 내지는 좌익 헤겔주의와 청년 헤겔주의는 그때마다 상당히 동의어인 것으로 간주된다. 정확히 말하면 마르크스와 엥겔스를 다소 두드러진 '청년 헤겔주의적' 국면에 속한다고 보는 것이 통상적인 것이 되어 있다. 물론 문헌상 구헤겔주의/우익 헤겔주의 그리고 청년 헤겔주의/좌익 헤겔주의를 내용상 정의하고 인적으로 서로에 대해 구획하는 일에는 큰 난점들이 있다. 전자는 통상적으로 오직 아주 일반적인 지평에서만 성공하고, 후자에서는 좀처럼 의견일치가 존재하지 않는다. 그래서 '청년 헤겔주의'의 발생을 모사하는 것으로는 안 되고 또한 이 분할들이 도대체 얼마나 의미심장한지도 논해야 할 것이다.

아르놀트 루게와 『할레 연감』의 창간

프로이센에서이지만 또한 독일 전체에서의 반정부 흐름들에 1838
년과 1843년 초 사이에 이미 여러 번 언급된 독일의 학문과 예술을
위한 『할레 연감』이 완전히 결정적인 역할을 했다.43) '청년 헤겔주
의'로 칭해지는 흐름에 있어 그 연감은 가장 중요한 출판기관이었다.
『할레 연감』의 중심인물은 아르놀트 루게Arnold Ruge(1802-1880)로서
그는 이 연감을 테오도르 에히터마이어Theodor Echtermeyer(1805-18
44)와 공동으로 창간했다. 루게는 연감의 발행과 자기 자신의 기사를
통해 아주 빠르게 독일에서 반정부 신문업계에서 가장 중요한 인물
들 중 하나가 되었다. 프로이센의 검열에서 벗어나기 위해 루게는
1841년에 편집실을 작센의 드레스덴으로 옮겼고 간행물 명칭을 학
문과 예술을 위한 독일 연감으로 바꾸었다. 그러나 1843년에 그 지
면은 작센에서도 금지되었다. 연감이 끝이 난 후에 루게는 속간을
위해 노력했고, 마르크스와 함께 『독불연보』를 창간했으며, 이는 물
론 단 한 번의 2개 호 합본이 나왔을 뿐이다. 몇 달 동안 루게와 마르
크스 간에 긴밀한 협력이 있었지만 1844년에 이 협력은 끝났다. 그
두 사람이 처음에 서로에 대해 가졌던 큰 존경은 곧 서로를 저평가
하는 것으로 바뀌었다. 1848년 혁명 동안 루게는 좌파에 속했고 혁

---

43) 민주주의적인 출판업자 에른스트 카일Ernst Keil은 1848년 혁명이 발발한 직후에
『등대Leuchtturm』라는 잡지에 이렇게 썼다: "이 연감은 학계의 청년층에게 지극히
엄청난 영향력을 행사했다. 이 연감은 지식과 관념의 영역에서 혁명이었다. 그 혁명
없이 우리는 봄날을 맞이할 수 없었을 것이다."(Hundt 2010b: 2에 따라 인용됨)
『독일 신문 체제의 역사』에서 루트비히 잘로몬은 『할레 연감』을 당시 독일의 "가장
중요한 잡지"라고 칭했다.(Salomon 1906: 495)

명의 실패 후에 마르크스 및 엥겔스와 똑같이 영국으로 망명을 가야 했다. 1860년대에 그는 (다른 많은 과거의 "48세대들"과도 같이) 비스마르크의 제국 통일 사업을 지지했다. 1868년에 그는 마르크스의 『자본』을 읽고 이 "획기적인 저작"에 관해 열광적으로 생각을 표명했다. (Ruge an Steinthal, 1869년 1월 25일, MEW 32: 696) 이 눈부시게 빛나는 인물을 좀 더 정확히 관찰하는 것이 도움이 된다.

아르놀트 루게는 뤼겐 섬에서 한 농장관리인의 아들로 태어났다.44) 그는 1821년에 할레 대학에서 신학 공부를 시작했지만 얼마 안 가서 철학으로 전환했다. 할레 외에 그는 예나와 하이델베르크에서도 공부했고 그곳들에서 그때마다 학생회 활동을 했다. 루게는 비밀 '청년 동맹'에도 가입했는데, 이 동맹은 급진적인 학생회원 카를 폴렌Karl Follen(1796-1840)의 부추김으로 생겨난 것이었다. 폴렌은 1814-16년에 여러 급진적인 학생 연합체들의 창설에 참여했고, 이 연합체들로부터 뒤이어 학생회들이 생겨났다. 그는 야콥 프리드리히 프리스Jakob Friedrich Fries의 민족주의적 견해에 강하게 영향을 받았고 "폭군 살해"를 외쳤다. '청년 동맹'으로부터 그는 카를스바트 결의 후에 점점 더 탄압적이 되어 가는 독일 국가들에 대한 혁명적 행동들이 나오기를 희망했다. 목표는 통일된, 공화적 민주적 독일이어야 했다. 그러나 청년 동맹이 어떤 형태로 능동적이 될 수 있기 전에 (그것이 언제 그렇게 될 수 있을지는 의심스러웠다) 밀고되었고 그 구성원 여러 사람

---

44) 1839년 10월 2일 카를 로젠크란츠에게 보낸 편지(Hundt 2010a: 407-411에 수록되어 있다)에서 루게는 그때까지의 생애에 관한 정보를 제공한다. 1862-1867년에 발간된 네 권으로 된 『지나간 세월으로부터Aus früherer Zeit』도 꽤 자서전답다. 루게의 생애와 저작에 관해서는 Walter(1995)와 Reinalter(2010, 2020)를 보라.

이 체포되었다. 폴렌은 이미 전에 미국으로 이주해야 했고 루게는 1824년 초에 구금되어 15년의 성채 감금형에 처해졌다. 1827년에 유죄 판결을 받은 청년 동맹 구성원들에 대한 형벌은 경감되어 루게는 1830년 1월 1일에 다시 석방되었다.

성채 감금형에서 루게는 결코 파옥하지 않았고 큰 의지력과 열정으로 그 부담에 맞섰다. 구금 중에 그는 고대 저자들을 공부하고 이를 통해 그의 정치적 표상들이 크게 달라지게 될 가능성을 가졌으며, "나는 플라톤을 아직 모르던 때에 프리스를 갈망했고 플라톤의 변증법과 그가 앞세우는 실물적 운동을 맛본 이래로 헤겔을 갈망했다."고 로젠크란츠에게 보내는 편지에 쓴다.(Hundt 2010a: 410) 학생회들의 강하게 반反프랑스적 성향을 띤 민족주의 대신에 그는 이제 고대의 모범들, 무엇보다도 아테네의 민주주의를 지향하는 자유와 시민의 존엄성의 이상을 대표했다.(Walter 1995: 75-77)

석방 후에 루게는 1830년에 예나에서 로마의 풍자시인 유베날리스에 관한 테마로 박사학위를 취득했다. 1831년 말에 그는 할레에서 플라톤의 미학에 관한 저작으로 교수 자격을 취득했다. 할레에서 그는 또한 헤겔 철학으로부터 다소 영향을 받은 대략 동년배인 일련의 강사들을 알게 되었는데 이에는 카를 로젠크란츠Karl Rosenkranz (1805-1879), 하인리히 레오Heinrich Leo(1799-1878), 헤르만 프리드리히 빌헬름 힌릭스Hermann Friedrich Wilhelm Hinrichs(1794-1861), 카를 모리츠 플라이셔Karl Moritz Fleischer(1809-1876), 아돌프 슈타르 Adolf Stahr(1805-1876) 그리고 무엇보다도 에른스트 테오도르 에히터마이어가 속했다. (루게에 의하면) 『할레 연감』 창간의 아이디어는 에히터마이어에게로 소급된다.[45)]

정치적 견해 표명을 루게는 이 시기에 자제해야 했지만, 그의 감금 기간이 끝난 후 강사로서 공직에서 활동할 수 있도록 교수 자격 취득 신청서를 정부에 제출했다. 그래서 그의 첫 번째 기사가 프로크하우스에 의해 발행되는 『문예 오락을 위한 신문Blätter für literarische Unterhaltung』에 실렸고 그 신문에서 그는 언론의 자유, 헌법과 인민 대표자들 다수라는 의미에서의 정부를 옹호하였는데 역시 무기명으로 그렇게 했다.(Pepperle 1978: 38)

1831년에 그는 부유한 상속녀인 루이제 뒤퍼Luise Düffer와 혼인하여 어느 정도 물적인 독립을 이루었다. 그러나 그의 젊은 부인은 1833년에 벌써 죽었고 그 이후 루게는 상당히 칩거했다. 이는 "2년간 조용히 최신 정신의 새로 발견된 땅으로 이주하기 위해서"였으며, 이는 그가 이제 비로소 철저히 공부한 헤겔 철학의 땅이었다. 그가 이미 인용된 로젠크란츠에게 보낸 편지에서 쓴 것처럼(Hundt 2010a: 410) "내가 두 번 읽은 『논리학』으로 비로소 나는 철학적 자유로 해방되었다." 1834년에 그는 자기 부인의 사촌인 아크네스 니체Agnes Nietsche(1814-1899)와 재혼했다.

그러나 헤겔 철학에 통달한 것이 결코 헤겔학파에 무비판적으로 가담하는 결과를 야기하지 않았다. 루게는 1837년 8월 11일, 12일에 문예 오락을 위한 신문에 게재된 「우리의 유식한 비판적 저널리즘」이란 기사에서 그는 강령상의 거리 두기를 표명했다. 여러 "지식인"

---

45) 에히터마이어는 무엇보다도 미학과 문학사에 종사했다. 1836년 처음 나온 시기별로 구획된 독일 시들의 선집은 거듭하여 새로 발간되고 확장되었다. 20세기 말까지 그 시선집은 독일 학교들에서 독일어 수업을 위한 표준 저작으로 있었다.(에히터마이어의 전기에 대해서는 Hundt 2012를 참조하라)

신문들에 대한 개관에서 『학문적 비판을 위한 연감』을 발행하는 "구헤겔학회"에 미쳐서는 "그런 구헤겔의 원칙을 가지고서 아직도 운동의 정점에" 있는가 하는 질문이 되었다. 이는 수사학적 질문이었다. 베를린 연감은 브루노 바우어의 서평으로 슈트라우스의 『예수의 생애』에 맞서 아주 결연하게 들고 나섰다고(나는 아래에서 이를 상세히 논할 것이다) 구헤겔학회는 정색하여 대답했고 루게 자신도 보수적 헤겔주의자인 요한 에두아르트 에르트만Johann Eduard Erdmann(1805-1892)의 책에 대한 비판적 서평으로 '연감' 측에 의해 거부되었다.46) 그러나 루게 혼자서만 '연감'에 의문을 가진 것은 아니었다. 공동 창간자이고 아직도 편집진의 구성원이던 에두아르트 간스는 1년 전에 이렇게 썼다.

> 그러나 『학문적 비판을 위한 연감』은 처음에 그랬어야 할 것에 머무르지 않았고 그 성격을 완전히 달리했다. 학문 위에 논평하고 결집하는 기관으로 서는 대신 그 연감은 다른 어떤 문학신문이 한 것과 같은 것을 따라갔다.(Gans 1836: 253)

루게는 인용된 논문에서 자신의 비판으로부터 "지식층 저널리즘의 더 이상의 완성은 현재의 정신생활에 그것의 역사가 정신적으로 다시 태어나 출현하는 방식으로 들어가는 것이리라"는 결론을 도출

---

46) 이에 관해서는 Graf(1978: 391ff.)를 참조하라. Graf가 시사하는 것처럼 『할레 연감』이 무엇보다도 『학문적 비판을 위한 연감』에서 루게가 거부된 것 그리고 대학에서의 경력을 계속해 갈 희망을 루게가 상실한 것 덕분에 생겨났다는 것은 뭔가 너무 단순화된 것으로 보인다. 그러나 그건 어쨌든 간에 『할레 연감』의 성공은 비판적 지식인들에서 그러한 잡지에 대한 필요가 있었다는 데 대한 뚜렷한 신호였다.

했다. "거기서 베를린의 '연감'이 정신의 원칙을 통하여 쟁취한 핵심
적 입장, 그래서 참된 학문성이 상실되어서는 안 될 것이지만 올바
른 운동을 하도록 놓아져야 할 것이고 이는 김빠진 옛 권위들을 통
해서 그렇게 되지 않아야 한다"는 것이다.(Ruge 1837: 910) 젊은 세대
는 헤겔학파의 업적을 포기함 없이 그 학파의 고착화 경향을 극복해
야 한다는 것이다.

이는 먼 미래를 위한 막연한 바람이 아니었다. 정확히 루게가 그
의 기사에서 주장한 것을 실현할 새로운 잡지를 위한 사전 준비가
이미 오래전에 시작되었던 것이다.47) 1837년 8월 10일, 그의 기사
의 제1부가 실리기 하루 전에 루게는 아돌프 슈타르에게 보내는 편
지에서 그에게 "다음번에 한 새로운 문학신문 창간을 위한 석판 인
쇄된 초대장을 보내겠다"고 알렸다. 그리고 문예 오락을 위한 신문
에서보다 더 신이 나서 루게는 계속해서 이렇게 썼다.

> 그런데 영웅 심리를 가진 모임이 결집되었고 우리는 늙은이들이 기
> 다리게 하기를, 즉 자연스럽게 죽게 하기를 원하지 않고 그들이 살아
> 있는 몸을 가지고 죽게 만들어져야, 문학적으로 제거되어야 합니다.
> (Hundt 2010a: 3)

1837년 가을에 루게는 새로운 사업을 위한 후원자들을 모집하기
위해 독일 전역을 여행했다. 이는 "괴팅겐의 7인조"가 하노버 왕국

---

47) 『할레 연감』의 탄생은 Pepperle(1978: 32ff.), Walter(1995: 101ff.), Senk(2007:
47ff.)에서 상세히 다루어진다. 연감의 작업 방식, 통신원 그리고 영향력에 대해서는
Hundt(2010b)가 그가 발간한 『편집 서신 교환』(Hundt 2010a)을 기초로 제공한다.

에서의 헌정 폐지에 항의하고 곧이어 국왕 에른스트 아우구스트에 의해 면직되었던 때였다. 그것에 이어지는 분노의 물결도 새로운 잡지에 도움이 되었다. 159명의 다소간에 알려진 학계 인사들이 협력을 약속했고 물론 모두가 실제로 기고문을 낸 것과는 거리가 멀었다. (Senk 2007: 52) 다비트 프리드리히 슈트라우스도 포섭되었는데 그에게는 이로써 자신의 신학적 견해를 옹호하기 위한 잡지가 가용한 것으로 주어진 것이었다.(이에 관해서는 Graf 1978: 406ff.를 참조하라) 1838년 1월 1일에 벌써 창간호가 자유주의적인 라이프치히의 출판업자 오토 비간트의 출판사에서 발간되었는데, 또한 이미 마르크스가 비간트에게 계획한 연극 비평을 위한 잡지 일로 편지를 보냈던 적이 있었다.(2.5장을 참조하라) 새 잡지는 아르놀트 루게와 테오도르 에히터마이어에 의해 출간되었다.

오늘날에는 '연감'이란 이름에서 연간으로 출간되는 정기간행물을 생각한다.『할레 연감』은 이와 달리 한 주일에 여섯 번 근무일마다 발간되는 지면Blatt이었다. 거기서 "지면"은 완전히 문자 그대로 받아들여져야 한다. 개개의 판마다 하나의 큰 중간이 접힌 전지로 이루어져서 각 호는 인쇄된 네 쪽으로 이루어진다. 그 내용은 당시에 "지식인" 신문들이 통상적으로 그랬던 것처럼 무엇보다도 책들에 대한 서평으로 이루어졌다. 그러나『할레 연감』에는 또한 당시대의 시인과 학자들에 관한 특정 설명, 그리고 개별 대학 학부들에 대한 평이 실렸는데, 이는 그 시대의 잡지 군상들에서는 완전히 새로운 것이었다.(Hundt 2010b: 31) 개개의 기사들은 흔히 둘, 셋 혹은 많은 경우 네 호 이상에 걸쳐 게재되었지만, (당시에 그런 잡지에서는 통용되는 관행이었다) 거기서 개별 호는 하나만이 아니라 둘 혹은 세 개의 기사를 실어서 이는 다음날 계속되었다. 서평들은 오늘날 흔히 통용되는 것보다 훨씬 더 상세하게 대상이 되는 책의 내용을 소개했고 그다음에 이것이 칭찬되거나 비평되었다. 자주 논쟁들이 그러한 서평 또는 그에 대한 대답의 모습으로 전개되었다.

레오와 루게 사이의 논쟁

이미 1.5장에서 언급한 것처럼 쾰른 대주교 클레멘스 아우구스트 드로스테 추 비셰링Clemens August Droste zu Vischering(1773-1845)의 체포는 상당한 주목을 끌었고 넘쳐나는 논쟁문들을 불러일으켰다. 프로이센의 법에 의하면 종교가 다른 자들의 결혼에서 태어난 자녀는 아버지의 종교를 받아야 했던 반면, 드로스테 추 비셰링은 가톨릭교인 여성의 프로테스탄트교 남성과의 혼인을 가톨릭교인 신부新婦가 자녀를 가톨릭으로 교육시키겠다고 문서로 보증하느냐에 따라 허락하도록 하기를 원했다. 이로써 기독교 신앙의 원리상의 동등 취급이 폐지될 것이었다. 모든 프로테스탄트교인·가톨릭교인 결혼에서 자녀들은 가톨릭으로 교육받게 될 것이었다. 프로이센은 가톨릭 지역인 라인란트에 많은 프로테스탄트교인 행정관리와 군인을 파견했었고 이들은 빈번하게 가톨릭 교인 여성들과 결혼했는데, 바로 이 라인란트에서 그러한 규정은 프로이센 (프로테스탄트교) 국가의 이 버팀목들이 되는 자들의 많은 자녀들이 가톨릭 교인이 되는 결과를 초래할 것이었다.

1838년 1월에 요제프 괴레스Joseph Görres(1776-1848)는 『아타나시우스Athanasius』를 출간했는데, 이는 완전히 체포된 쾰른 주교 편에

선 격한, 프로이센을 비판하는 투쟁문이었다. 괴레스는 1814년부터 1816년까지 코블렌츠에서 『라인의 메르쿠르Rheinischer Merkur』를 발행했고 이로써 이 몇 년간 독일의 가장 중요한 언론인이 되어 있었다. 반나폴레옹 전쟁 중에 그는 나폴레옹을 비판하는 입장을 대표했고, 이에 따라 그는 자유주의적 주장들을 선전했고 독일의 군주들과 국왕들을 비판했다. 프로이센 국왕의 내각 명령을 통해 그 신문은 금지되었다. 카를스바트 결의 후에 괴레스는 "선동 정치가"로 박해받은 최초의 인물들 중 한 사람이었다. 위협이 되는 체포 경고를 받아 그는 스트라스부르로 도피할 수 있었고 그곳에서 그는 자유주의자에서 보수주의자로 변신했다. 가톨릭교인인 바이에른 국왕 루트비히 1세에 의해 그는 1827년에 뮌헨 대학에 초빙되었다. 이미 그의 글의 제목이 비셰링 대주교와 아타나시우스(약 300-372), 즉 로마의 지배자들과의 격렬한 대결에 휘말린 알렉산드리아의 대주교였던 자를 대등하게 나타내는 것이었다. 『아타나시우스』는 빠르게 영향력이 가장 큰 반反프로이센적인 글이 되었으며, 1838년에만도 4판이 나왔다.

수많은 저자들이 괴레스에게 응답했고, 『할레 연감』에서도 모두 프로이센 편에 선, 그 분쟁을 반동적 가톨릭교의 월권에 대한 필요한 방어로 해석한 여러 기고문들이 실렸다. 역사가 하인리히 레오 Heinrich Leo(1799-1878)도 마찬가지로 답장을 작성했는데, 이는 「괴레스에게 보내는 공개서한」이었다. 레오는 1830년 이래 할레에서 교수로 있었고 1820년대에는 헤겔에게서 철학을 공부했으며 그의 광범위한 친구 동아리에 속했다. 할레에서 그는 아르놀트 루게와 접촉했었고 루게는 애초에 그를 연감의 동역자로 얻기를 원했고 레오는 연감을 위해 서평 하나를 전달했다. 물론 레오는 1830년대 중반에 강하게 보수적이고 경건적 정통 지향으로 발달했다. 과연 레오도 프로이센 정부를 옹호하기는 했으나 괴레스에 대한 비판으로써 레오는 마찬가지로 (프로테스탄트적인) 합리주의를 비판했다. 이 합리주의는 "유다가 주님으로부터 떨어져 나간 것처럼 종교개혁으로부터 떨어져 나갔다"는 것이다.(Leo 1838a: 124) 어떤 면에서 레오에게 가톨릭 교회는 심지어 모범으로 통했다. 레오는 가톨릭교인인 괴레스에게 이렇게 말한다.

> 여러분들이 가진 것이 프로테스탄트교에는 없습니다. 교회의 훈육과 엄격한 질서 말입니다.(같은 책: 54)

그리고 끝으로 레오는 또한 프로이센의 "자유주의적인 혁명" 당파가 "진부한 상식들"을 "피상적인 교리들"의 토대로 만드는 것에 대해서도 논박했다.(같은 책: 128f.)

「공개서한」에 대한 상세한 서평에서 『할레 연감』의 루게는 레오와 결판을 지었다. 가톨릭의 훈육과 엄격함을 프로테스탄트교에 도입하려는 그의 시도에 맞서 루게는 "신의 은총의 실재성 (…) 기독교의 배타성을 사제들에게도, 성인들에게도, 경건주의자들에게도 맡기지 않았고 그 자유로운 발달 중에 있는 정신에게 맡겼다"고 강조했다. (Ruge 1838b: 1186) 이런 기초 위에서 루게는 레오가 "완전히 부자유하고 타락한 종교개혁관"을 가졌다고 질책했다.(같은 책: 1190) 완전히 헤겔의 전통 안에서 루게는 종교개혁에서 정신의 자유로의 돌파를 보았다. 이런 시야에서 그렇다면 레오 그리고 또한 괴레스는 반동의 인물들로, "1) 오성의 정당화에 반발하고 그 때문에 계몽과 합리주의에 반발하여 목소리를 높이며 2) 원리상으로 그리고 그것의 완성에서, 프로이센에서의 현재의 종교적·정치적 삶에서 독일의 종교개혁에 반발하며 (…) 3) 최근의 역사의 정당화에, 즉 프랑스 혁명과 그로부터 튀어나온 국가 형성, 특히 중앙집권 체계, 관리 체계 그리고 행정 체계에 반발하며, 자유주의와 혁명을 규탄하여 외친다."(같은 책: 1183) 루게는 계몽사상, 프로테스탄트교, 프랑스 혁명을 현대국가를 짊어지는 셋, '반동'에 맞서 수호되어야 할 셋으로 보았다.

레오에 대한 루게의 비판이 진보적 지식인들에 의해 얼마나 높이 평가되었는지는 간스가 루게에게 1838년 7월 15일 보낸 편지에서 드러난다. 간스는 루게에게 이미 오래전부터 "깊이 느끼는 실제적인 감사"의 말을 "선생님이 말벌집을 쑤실 때 쓰신" 방법에 대해 하기 원했노라고 썼다. "우리는 여러 해 전부터 레오를 압니다. 그는 할러 Haller주의자[보수적 국가법학자 카를 루트비히 할러의 추종자]였습니다. 그리고 그의 사상에 따르자면 다른 어떤 것이어도 마찬가지로 좋을 수 있었을 텐데 이는 그가 본래 아무 사상도 가지지 않기 때문입니다." (Hundt 2010a: 176)[48]

루게의 비판에 대한 레오의 답변이 나오는 데 오래 걸리지 않았다. 그의 『공개서한』 제2판 서문에서 그는 아주 날카로운 어조로 루게와 그의 "청년 헤겔주의 철학"을 공격 대상으로 삼았다. 그는 "루게 박사와 그의 동료들이 학문이라 명명하는 모든 것에" 항거했다. "왜

---

48) 이미 1839년 5월에 죽은 간스는 『할레 연감』을 위한 기고문을 더 이상 쓸 수 없었다. 저 아래서 다루어지는 '청년 헤겔주의자'에 대한 정치적 비판에 그는 물론 중대한 자극을 주었다.(이에 대해서는 Magdanz 2002, Waszek 2015를 참조하라)

냐하면 이것을 쫓아가서 정을 통하는 자들은 아브라함의 신과 그의 인간이 된 아들을 부정하고 그 대신에 '자유 정신'을 내세우는데, 이는 지옥의 임금이 그들 자체 안에서 일으키는 거품인 것이다."(Leo 1838a: VI) 레오는 헤겔의 기독교성을 논박하고 싶지 않지만 "청년 헤겔주의 빨갱이들"(같은 책: XIII)의 기독교 신앙을 논박하고 싶다고 강조했다— 그것으로 "청년 헤겔주의자들"에 관해 세상에서 이야기가 되었다. 헤겔이 쟁기질한 토양 위에 이 빨갱이들이 "거친 잡초"로 자랐다는 것이다.(같은 책: XV) 레오의 입장은 베를린의『정치주보 Politischer Wochenblatt』를 통해 지지를 받았는데, 이는 극단적으로 보수적인 잡지로서 1831년에 취지서에 실린 것처럼 "어떤 형태를 띤 혁명에도 대처하기 위해 창간되었다."(Salomon 1906: 476에 따라 인용됨) 7월 혁명 후에 프랑스로부터 흘러들어오는 자유주의적 관념들은 통제되어야 한다는 것이다. 이 신문은 바로 황태자에 대해 일정한 영향력을 가진 신문으로서 무명의 기사로 청년 헤겔주의자들이 혁명을 추구하며 정부는 그렇기 때문에 그들을 주시하고 있어야 한다고 경고했다. 이는『할레 연감』을 판금하라는 좀처럼 은폐되지 않은 요구였던 것이다.

루게는「할레 연감의 고발」이란 논문으로 응답했다. 그는 레오가 "고발에서도 호사가인 것"을 비난하여 그는 "해로운 헤겔주의자들이 무해한 헤겔주의자들로부터 어떤 점에서 이탈하는지"를 설명하지 못한다고 말한다.(Ruge 1838c: 1430)『정치주보』의 비난에 대해 루게는 자신과『할레 연감』을 두 가지 논리로 옹호했다. 한편으로 그는 학문 그리고 이로써 또한 연감의 임무는 "정신, 그래서 또한 종교와 국가를 그것이 어떤 것일지 혹은 어떤 것이어야 할지대로가 아니라 그것이 어떤 것이며 어떤 것이 되어 있는지 대로 인식하는" 데 있다고 강조했다.(같은 책: 1433) 다른 한편 그는 개인들에 의해 혁명이 "만들어지는 것이 아니고" "혁명이 등장할 경우에 사태 전개의 이 폭력성은 역사적으로 필연적"이라고 강조했다.

> 그러나 이제 그런 사태 전개가 멈추어지고 막아지지 않는 경우에, 반대로 국가는 프로이센처럼 개혁적 원리를 가진다면, 혁명의 필연성, 아니 가능성은 전혀 없다.(같은 책: 1437)

프로이센에 대한 이런 고평가는 이 시기에는 전술적으로 동기 지어진 것만이 아니었다. 프로이센 국가는 루게와 그의 논쟁 상대자들에게는 계몽 및 개혁의 국가로, 이것이 현 정부의 노선은 아닐 경우에도 그렇게 통했다. 그래서 정치적 방향 전환을 일으키기 위해서는 프로이센에게 그 나라 자체의 특성들을 상기시켜 주어야 했다. 이는 적어도 이 시기에 비판적 지식인들 측에서 널리 퍼진 믿음이었다. 이는 루게가 회고하는 입장에서 "신학적 철학도[이는 헤겔의 종교철학을 말하는 것이다] 프로테스탄트 국가, 즉 우리에게 철학적인 국가로서의 프로이센관도 위선과 순전한 구실이 아니었고, 우리는 오히려 헤겔에 의해 그리고 알텐슈타인 같은 그런 사람들의 학문적 자유에 의해 열광에 휩싸였다. 그리고 비로소 우리 자신의 학파 그리고 우리 자신의 경험들을 만들어야 했다. 이는 그렇지만 어지간히 급속하게 진행되었다"고 적을 경우에 그에 의해 확증된다.(Ruge 1867: 484f.)

레오도 논란을 계속 이어 갔다. 마찬가지로 1838년에 출간된 『헤겔주의자』란 소책자에서 그는 "청년 헤겔주의 당"이 인격신 그리고 그리스도 안에서 그의 인간됨의 존재를 논박하고 그 대신에 무신론을 설파한다는 것, 그들은 영혼을 불멸을 부정하고 이로써 배타적인 차안의 종교를 대표하는 것을 입증한다는 텍스트 발췌물의 모음을 제시했다. 이 모두가 기독교적으로 옷이 입혀져서 사람들이 속아 넘어가겠다는 것이다.(Leo 1838b: 4ff.) 헹스텐베르크의 『복음주의 』으로부터 레오는 한 무기명 기사에서 헤겔학파의 훌륭하고 옳은 측면이 위험하고 혁명적인 측면, '청년 헤겔주의자'의 측면으로부터 구분된 가운데 지지를 받았다.(이에 대해서는 Bunzel u.a. 2006: 18을 참조하라) 청년 헤겔주의자들은 이로써 — 이미 『정치주보』의 기사에서 그랬듯이 — 국가를 위협하는 것으로 낙인이 찍혔다.

투쟁 지대의 확장: 루트비히 포이어바흐의 첫 번째 헤겔 비판,
낭만주의에 반대하는 선언, 프로이센에 대한 첫 번째 공개 비판

루게와 레오 간의 논란은 수많은 출판물들이 여러 저자들로부터 계속 나오도록 이끌었다.49) 그와 같이 에두아르트 마이엔은 『하인리히 레오, 할러주의자로 전락한 경건주의자』라는 소책자를 발간했는데, 이는 극단적으로 보수적인, 가톨릭교로 개종한 국가법학자 카를 루트비히 폰 할러Karl Ludwig von Haller(1768-1854)를 빗댄 것이다. 논쟁에 뒤이어 또한 헤겔의 『법철학』에 대한 보수주의자들의 직접 공격들도 증가했다. 이미 본 장의 제1부에서 슈바르트의 헤겔 비판(Schubarth 1839)과 마르크스의 친한 친구 카를 프리드리히 쾨펜의 응

---

49) Pepperle(1978: 238, Fn. 79)는 이 기고문들 중 가장 중요한 것들을 열거한다.

답(1839)이 언급되었었다.

루트비히 포이어바흐도 1839년에 논쟁에 참가했다. 이미 위에서 지적한 것처럼 포이어바흐는 그의『죽음과 불멸에 관한 생각들』을 출간한 후에 더 이상 독일 대학에서 교수직을 얻을 기회가 없었다. 물론 그의 연인 베르타 뢰브Bertha Löw(1803-1883)와 그는 1837년에 결혼했는데 뢰브는 바이에른의 브루크베르크 마을의 한 작은 도자기 제조업체의 공동 소유주여서 가족에 근소한 생계를 보장해 주고 포이어바흐에게 사강사로서의 생존을 보장해 줄 수 있었다. 철학사 저작들과 아울러 포이어바흐는 두 편의 방대한 그리고 지극히 비판적인 서평에서 프리드리히 율리우스 슈탈의『법의 철학』그리고 칸트주의적인 헤겔 비판자 카를 프리드리히 바흐만Carl Friedrich Bach-mann(1785-1855)에 매달렸었다. 특히 슈탈에 대한 서평은 포이어바흐가 결코 비정치적인 사상가가 아니었음을 보여 주었는데, 그는 오늘날에도 여전히 곧잘 그런 비정치적인 사상가로 간주된다.(이에 대해서는 Breckman 1999: 109ff.를 참조하라) 1838년 12월에 벌써 포이어바흐는『할레 연감』에 아주 논쟁적인 기사「실증철학 비판 시론Zur Kritik der positiven Philosophie」(Feuerbach 1838)을 발표했으며, 여기서 그는 임마누엘 피히테에 의해 1837년에 창간된 철학 및 사변신학을 위한 잡지를 둘러싸고 종교적인 것으로 전락해 가는 "실증" 철학을, 그리고 특히 그들의 인격신 표상을 거세게 비판했다. 이제 그는 루게에게「레오-헤겔의 논쟁을 평가해야 할 참된 관점」이란 기사를 제안했다.50) 루게는 그 텍스트로부터 영감을 얻었고 속히 글을 발표

---

50) 이 제목을 놓고 볼 때 문헌상에서는 빈번하게 "레오-헤겔의" 논쟁이 이야기되지만 처음에는 일단 레오와 루게 사이의 논쟁이었다. 물론 이는 단순히 사적인 논쟁이

하려고 했다. 1839년 3월 11, 12일에 처음 두 회분이 실린 후에 그 기사의 계속되는 게재는 검열 당국에 의해 금지되었다. 『할레 연감』의 기사가 인쇄 허가를 받지 못한 것은 처음 있는 일이었다. 불과 몇 달 후에 포이어바흐는 그 기사 전체를 검열이 덜 엄격했던 바덴에서 '헤겔 철학에 가해진 비기독교성이란 비난과 관련하여 철학과 기독교에 관하여'란 제목으로 출간했다.(Feuerbach 1839a)

포이어바흐의 전기 작가 요제프 비니거(Josef Winiger 2011: 127)가 강조하는 것처럼 포이어바흐는 여기서 루게가 이제까지 한 것보다 훨씬 더 급진적으로 논리를 폈다. 논쟁의 평가를 위한 그런 "참된 관점"은 더 이상 프로테스탄트교와 가톨릭교의 대립이 아니라 학문과 종교의 대립이었다. 헤겔 철학이 비기독교적이라는 비난을 포이어바흐는 틀린 것이 아니라 무의미한 것으로서 물리쳤다. 말하자면 기독교적 철학은 기독교적 수학이나 기독교적 광물학과 똑같이 있을 수 없다. 학문과 종교는 전혀 서로 비교 가능하지 않은데, 이는 학문이 사고를 토대로 하지만 종교는 마음과 공상을 토대로 하기 때문이란 것이다.(Feuerbach 1839a: 232) 소책자를 위해 작성된 서언에서 이점은 헤겔의 종교철학에 대한 원칙적 비판으로 날카롭게 벼려졌다. 거기서 철학과 종교가 같은 내용을 가지며 단지 형태에서만 구분이 된다고 주장된다면, 그럴 경우에는 "비본질적인 것이 본질적인 것으로 그리고 본질적인 것이 비본질적인 것으로 만들어진다고 포이어바흐는 말한다. 바로 공상과 마음이 종교의 본질을 구성하며 내용 그 자체가 그것을 구성하는 것이 아니다."(같은 책: 220) 그리고 다음

아니었고 그 배경에는 프로이센이 장차 어떤 방향으로 발달해 가야 할지의 질문이 있었으며, 정확히 그 때문에 이 논쟁은 또한 아주 거센 물결을 일으켰다.

단락에서 포이어바흐는 다음과 같이 절대적으로 확언했다.

> 공상은 마음에 상응하는 바대로의 사물들을 나타내는 주관적 지적
> 활동이고, 이성은 마음의 필요들을 돌아봄 없이 사물들이 있는 그대
> 로를 나타내는 객관적 지적 활동이다.(같은 책: 221)

헤겔이 추구하는, 종교를 철학으로 지양하는 것은 이로써 시대에
뒤떨어진 것이다. 종교는 철학에 단지 비판의 대상이 될 수 있었고,
이는 포이어바흐가 그의『기독교의 본질』(1841)에서 상연한 프로그
램이었다.

헤겔의 종교철학만이 아니라 헤겔 체계 전체도 1839년에 포이어
바흐에 의해 최초의 원칙적인 비판을 받았다.『할레 연감』에서 모두
9회에 걸쳐 1839년 8월 20일부터 9월 9일까지『헤겔 철학 비판을 위
한 시론Zur Kritik der Hegelschen Philosophie』이 게재되었다.(Feuerbach
1839b) 포이어바흐는 여기서 먼저 그가 헤겔은 아니지만 그의 제자
들에게서 나온 것으로 본 표상, 말하자면 헤겔 철학은 절대 철학으
로서 그 안에 철학의 관념이 절대적으로 실현된 철학이라는 표상을
공격했다. 포이어바흐는 이것에 "유類가 한 개체에, 예술이 한 예술
가에, 철학이 한 철학자에 절대적으로 실현되는 것이 도대체 가능하
기라도 한가?"(같은 책: 1660) 하는 이의를 제기했다. 헤겔의 철학은
— 다른 어떤 철학과도 마찬가지로 — 그 시대의 조건에 구속되며 결
코 전제조건이 없지 않다는 것이다.(같은 책: 1667) 그러나 포이어바흐
는 그 체계의 전제조건 없는 시작이란 허구만 비판한 것이 아니며,
그 체계 자체가 언어를 매개로 설득되어야 할 타자를 위한 서술일

뿐임도 강조했다. 그러나 헤겔은 철학의 이 대화적 성격을 사상捨象한다는 것이다.(같은 책: 1676f.) 그리고 끝으로 헤겔의 철학은 데카르트와 스피노자 이래 모든 근대 철학에 가해질 수밖에 없는 비난, 말하자면 감각적 관조와의 직접적 단절이란 비난도 받는다는 것이다.(같은 책: 1700) 포이어바흐는 이로써 이미 그의 차후의 헤겔 비판의 몇 가지 논점들을 시사했으며, 이 논점들은 마르크스에게 1843년에 아주 이례적으로 중요해졌던 것이다. 그러나 1839년에 그의 논문은 그다지 주목받지 못한 채 있었다. '청년 헤겔주의자'는 아직 그런 식의 근본적인 헤겔 비판과 대결할 수 있을 정도로 많지 않았다.

또한 1838년에 나온 폴란드 백작 아우구스트 폰 치에스코프스키 August von Cieszkowski(1814-94)의 『역사철학을 위한 서론Prolegomena zur Historiosophie』도 상당히 주목받지 못한 채 있었다. 『할레 연감』에 서평이 실리기는 했지만(Frauenstädt 1839) 이는 헤겔이 그의 『역사철학 강의』에서 발달시켰던 바와 같은 헤겔의 세계시대론에 대한 치에스코프스키의 비판에 대체로 국한되었다. 헤겔의 동방 시대, 그리스 시대, 로마 시대 그리고 기독교-게르만 시대 대신에 치에스코프스키는 고대를 두었고, 기독교-게르만 시대를 그 안티테제로, 미래를 종합으로 두었으니, 그에게는 그 시대들의 인식 가능성이 무엇보다 중요했다. 헤겔이 그의 역사철학에서 미래를 다루지 않은 것을 그는 그 철학의 가장 큰 결점으로 보았다. 거기서 치에스코프스키에게는 개별 사건들의 예언이 아니라 "진보 전반의 본질"에 대한 통찰이 중요했다.(Cieszkowski 1838: 11) 미래의 인식에는 행위에 대한 철학적 성찰이 필요하며 이는 행위가 미래를 불러일으키기 때문이라는 것은 초기의 수용에서는 코르뉘(1954: 130ff.)가 시사하는 것과 상반되게 아직 아무 역할도 하지 못했다. 1840년대에 비로소 이런 숙고는 직접적 참조를 통해서보다는 더 지하에 숨은 방식으로이긴 하지만 '청년 헤겔주의자들'에게 작용한 것으로 보인다.(초기의 수용에 관해서는 Senk 2007: 132ff.를 참조하라) 슈투케(Stuke 1963: 255)가 주장하는 마르크스의 입장들이 치에스코프스키에 대해 상당한 "종속" 관계에 있다는 것과 상반되게 마르크스는 치에스코프스키를 1838년에도 그 후에도 읽지 않은 것으로 보이며, 1881년 1월 12일 엥겔스에게 보낸 편지에서 이렇게 지적했다.

> 이 무슨무슨 백작[치에스코프스키]은 이렇게 파리에서 (『독불연보』 시절에) 나를 한 번 찾아왔네. 그리고 나를 아주 심하게 홀리게 했기에 나는 그가 저지른 것을 절대 아무것도 읽고 싶지도 않았고 읽을 수도 없었네.(MEW 35: 35)

이 편지의 문맥에서는 치에스코프스키의 훗날의 경제학적인 글들을 말한 것이긴 하지만 마르크스는 그의 "역사철학"을 알았더라면, 그것에 대해 지적하기를 확실히 참지 못했을 것이다.

다른 면에서 루게와 에히터마이어는 투쟁 지대를 확장하는 데 착수했다. 1839년 10월과 1840년 3월 사이에 『할레 연감』에서는 「프로테스탄트교와 낭만주의: 시대와 그들의 대립들에 관한 합의를 위하여」라는 연재기고문이 실렸다. 현재의 갈등은 "억압된, 어두운 심적 움직임으로 우울해진 정신들의, 새로이 시작된 종교개혁의 마지막 국면, 우리의 정신적 현실의 자유로운 형성에 대한 반항성"으로서 해석되었다.(Ruge/Echtermeyer 1839/40 1953) 이 정신들의 음침함과 압박은 그것들이 "낭만주의"에 뿌리를 둔 데서 유래한다는 것이다. 루게와 에히터마이어는 낭만주의를 가톨릭적이고 계몽사상에 적대적인 것으로서 프로테스탄트교에 대치시킨, 독일의 정신적 그리고 문화적 발달에 대한 예리하게 작성된 설계도를 제공했다. 프로테스탄트교는 적어도 그것이 가톨릭적 요소와 반동적 요소로부터 자유로운 곳에서 이성, 사상의 자유 그리고 계몽사상을 대변한다는 것이다. 이 "종교개혁 원리"는 "최근의 철학(이는 명백히 헤겔 철학을 말하는 것이다.)에서 그것의 최고의 이론적 서술과 완성이 되어 있는 것으로 재발견"된다는 것이다.(같은 책: 1961) 한편에서는 종교개혁, 계몽사상 그리고 헤겔 철학과 다른 한편에서의 가톨릭교, 낭만주의 그리고 보수적 사고 간의 이런 대치를 가지고서 루게와 에히터마이어는 하인리히 하이네의 낭만주의 비판(Heine 1836)으로부터, 그리고 그의 『독일에서의 종교와 철학의 역사』(Heine 1835)로부터 중심적인 논리를 받아들였다.51) 물론 그들은 그를 언급하지 않았다. 루게는

___

51) 하인리히 하이네가 1833년 나온 『독일에서의 종교와 철학의 역사』에서 도달한 헤겔 철학의 혁명적 성격에 대한 통찰을 엥겔스는 그의 포이어바흐 글에서 인상 깊게 언급한다. "프랑스에서 18세기에 그랬던 것처럼 19세기 독일에서도 철학적 혁명이 정치적 붕괴를 도입했다. 그러나 그 둘은 얼마나 달라 보이는가! 프랑스인들은 전체의 관변 학계, 교회 흔히 또한 국가와의 공개적 투쟁에서 그들의 글을 국경선 너머 홀란트나 영국에서 인쇄했고, 그들 자신이 충분히 자주 바스티유 감옥에 들어갈 참이었다. 이와 달리 독일인들은 ─교수들, 국가에 의해 임용된 젊은이들의 교사들로서 그들의 글은 인정받는 교과서들이었으며 전체 발달의 완결된 체계, 헤겔의 체계를 심지어 어느 정도는 왕조국가 프로이센의 국가철학으로 올려놓았다! 그리고 이 교수들 뒤에, 그들의 현학적이고 음침한 말 뒤에 그들의 답답하고 지루한 시기들에 혁명이 숨겨져 있다는 것인가? 당시에 혁명의 대표자들로 통했던 바로 그 사람들이 자유주의자들, 이 머리를 혼란케 하는 철학의 가장 격렬한 적대자들이 아니었는가? 하지만 정부들도 자유주의자들도 보지 못한 것을 1833년에 이미 적어도 한 사람이 보았으며, 그는 물론 하인리히 하이네라고 하는 사람이었다."(MEGA I/30: 122, 125; MEW 21: 265)

이 시기에 하이네에 대해 상당히 거부하는 쪽으로 처신했으며 하이네는 그에게 불성실하고 "경박한"자로 통했고52), 몇 년이 지나 비로소 파리 망명지에서 그는 하이네를 높이 평가하게 되었다.(Ruge 1846, Bd. 1: 143을 참조하고, '청년 헤겔주의자들'의 하이네에 대한 관계에 대해서는 Windfuhr 1981: 561ff.를 참조하라.)53) 하이네에 비하여 루게와 에히터마이어는 낭만주의 비판을 한번 더 확장했다. 그들의 선구자들을 집어넣으면 낭만주의는 1770년부터 1840년 현재까지 이른다는 것이었다. '청년 독일파'와 '신新셸링주의'는 낭만주의의 최근 판으로 이해되었다.(Ruge/Echtermeyer 1839/40: 511f.) 그리고 "이론적으로-무

---

52) Lambrecht(2002: 117f.)는 루게의 유태인 적대감을 하이네에 대한 거부감의 이유로 추측한다. 루게의 서신 교환에 여러 번 유태인에 적대적인 의견 표명들이 있고, 이는 무엇보다도 사이가 틀어진 인물들에 겨누어진 것이었다. 물론 그는 『네 질문』의 저자인 유태인 의사 요한 야코비에게 자신의 문집 제1권을 헌정했으며 1848년 혁명 중에는 그의 잡지 개혁에서 바울로 교회에서 의사를 진행하는 의회의 유태인에 대한 적대감을 비판했다.

53) 1850년대 초에 마르크스와 엥겔스는 그들이 미출간으로 남아 있던 글 『망명지의 위인들』에서 루게의 논변이 하이네에게 종속된 것을 파악하였고 루게에 대해 상당히 악평을 했다. 『할레 연감』에 관해서는 거기에 이렇게 되어 있었다. "루게는 남들의 저작을 인쇄하고 그로부터 물질적 이익과 문학적 소재를 자신의 정신을 쏟아부으려고 가져오는 것에서 주된 벌이를 구했다." 그다음에는 루게의 낭만주의 비판도 이런 식으로 이해되었다. 계속해서 이렇게 말한다. 루게는 "바로 헤겔이 낭만주의를 그의 미학에서 비판적으로 제거했고 하이네가 '낭만파'에서 오래전에 문학적으로 제거했기 때문에 낭만주의에 맞서 용감하게 (…) 투쟁했다."(MEGA I/11: 257) 이런 판단들은 『할레 연감』을 정당하게 평가하지 않는 것만이 아니라 또한 루게의 낭만주의 비판의 정치적 맥락을 완전히 소멸시킨다. 마르크스와 엥겔스의 의사 표명은 날카롭게 전개된 이민자 동아리들에서의 논란들의 배경에서 보아야 하며, 거기서 루게는 부분적으로 터무니없는 비난을 마르크스와 엥겔스에 대하여 가했었다. 그러나 본 장의 도입부에서 든 인용문들이 보여 주는 것처럼 마르크스와 엥겔스는 더 평온한 시점들에서는 상당히 더 균형 잡힌 평가를 하게 되었다. 루게가 이 인용문들에서 특별히 거명되지 않기는 했으나 그는 마르크스와 엥겔스가 거기서 아주 높이 칭송한 철학적 비판을 한 중심인물이었다.

해하게" 처신한다는 비난을 받은 '구헤겔주의자들'도 "낭만적인 댕기 머리를 한 헤겔주의자들로 자신들을 드러냈다."(같은 책: 512) 여기에서 루게와 에히터마이어의 비판이 무엇보다 낭만주의의 현재를 겨냥한 것임이 뚜렷해진다. 낭만주의의 현재를 참조하도록 가리켜 준 것은 또한 지난 1840년에 출간된 텍스트의 일부에 산재된 철학의 실천적이 됨에 대한 언급이었으니 새로운 실천에 관하여 "이 실천은 새로운 체계이며, 해방된 정신의 절대적 행동 욕구, 우리의 함께 사는 세상 곳곳을 사로잡는 개혁적 열정은 헤겔의 관조 상태로 만족하지 않는다"고 되어 있었던 경우에 그러하다.(같은 책: 417f.)

루게와 에히터마이어의 미학적 낭만주의 비판은 많은 점에서 도식적이고 세분화되지 않았고 이는 그들의 논쟁 상대자들에게도 숨겨진 채로 있지 않았다.54) 그럼에도 불구하고 그들은 보수적 반동적 경향들에 대한 저항을 넓은 역사적 기초 위에 세우려는 자신들의 목적을 놓치지 않았다. 루게와 에히터마이어는 포이어바흐가 이미 선언이 나오기 전에 저 위에서 이야기한 기고문들에서 보여 주었던 급진성에 도달하지 못하기는 했지만, 포이어바흐보다 훨씬 더 큰 맹렬함과 상세함으로 비판에 임하여 그들의 공중에 대한 영향은 이에 상응하여 더 컸다.

선언에서는 프로이센에 대한 철저한 긍정적인 관계가 나타났다.

---

54) 예를 들어 에두아르트 마이어가 아르놀트 루게에게 보낸 1840년 5월 20일의 편지를 보라: "솔직히 말해 선생님은 낭만주의에 반대하는 논박을 너무 멀리 몰아가는군요. 왜냐하면 그것이 열광적이 되기 때문이지요. 낭만주의, 원하시는 만큼 낭만주의의 잘못된 지향에 맞서 싸우십시오. 하지만 감정의 세계인 낭만을 우리에게서 죽이지 마십시오."(Hundt 2010a: 549) Bunzel(2003)은 차별화된 모습으로 루게 및 에히터마이어의 낭만주의 비판과 대결한다.

그러나 선언의 완전한 출판 전에도 『할레 연감』에는 1839년 11월에 카를 슈트렉푸스와 프로이센주의Karl Streckfuß und das Preußenthum라는 기사가 실렸고, 이는 프로이센을 처음으로 공개적으로 공격하고 이에 상응하여 주목을 끌었다. 저자로는 겨우 "어떤 부르템베르크 사람"이라고만 되어 있었고 많은 동시대인들은 슈트라우스를 저자로 추측했다. 그러나 사실 그 기사는 아르놀트 루게가 쓴 것이었다. (Ruge 1867: 488을 참조하라)

제목에서 거명된 프로이센의 고위사무관 카를 슈트렉푸스는 그의 책에서 프로이센은 오래전부터 요구되어 온 헌정 체제가 도무지 필요하지 않음을 증명하려 시도했다. 슈트렉푸스의 텍스트는 더 이상 중요하지 않다. 루게에게는 그것은 다만 자신의 그간 훨씬 더 원칙적이 된 프로이센에 대한 비판을 표현할 동기로만 소용되었다. 본래 자유주의적이고 계몽 사상을 가진 국가로서의 프로이센에 관한 오래된 상像은 더 이상 유지되지 않는다는 것이 뚜렷해져 있었다. 그와 레오와의 논쟁에서 프로이센 국가는 그의 상대편에 위치했다. 할레 대학의 사강사 자격을 가진 루게에게는 심지어 이 대학교수들을 앞으로 계속 공격하는 것조차 금지되었고, 곧바로 그는 대학을 떠났다. (같은 책: 487) 하노버의 헌정 체제 갈등에서 프로이센은 헌정 체제를 폐지한 하노버 국왕 편에 가담했으며 이로써 독일 곳곳에서 갈채를 받은 "괴팅겐 7인조"의 항의를 촉발했다. 또한 검열 당국도 신경이 날카로워져 있었고 "자유 정신"은 더 이상 별로 남은 것이 없었다.

루게의 슈트렉푸스 기사는 시야의 원칙적인 전환에 관해 증거해 준다. 전에는 단순히 옳은 길로부터의 일시적 이탈로 보였던 것이 이제는 프로이센의 새로운 길로 통했다. 카를스바트 결의로, 언론 검열과 1831년의 개정된 도시 조례(이는 도시들을 중대한 문제들에서 정부에 복종케 한 조례다)로 프로이센은 프로테스탄트적으로 계몽된 "자유로운 후견의 대상이 될 수 없는 정신의 원리"(Ruge 1839: 2097f.)를 포기했다는 것이다. 스스로를 프로테스탄트로 이해하는 국가에게 도발적으로 루게는 이렇게 표현했다.

> 국가로서 프로이센은 아직 가톨릭적이며, 절대군주제는 정치적으로 가톨릭교가 종교상으로 그런 것과 완전히 같다.(같은 책: 2100f.)

이에 반대하여 "뷔르템베르크 사람"은 이런 생각을 제시한다.

> 우리 비非프로이센 독일인들은 국가에서도 프로테스탄트들[이며], 정신의 가장 생생한 몫을 가지지 않는 것은 아무것도 믿지 않는다. (…) 그러므로 우리는 절대 국가와 친할 수 없으니 이는 국가 자신이 안에 지니는 절대성을 우리에게서 유보하는 것을 우리가 견딜 수 없기 때문이다. 그것에 우리는 이론적으로 충만한 공적 자의식을 가지고 그리고 실천적으로 가장 자유로운 대표성을 가지고 몫을 가지는데, 이는 절대성을 지니고 있는 정신(그래서 또한 절대 국가의 정신)이 프로테스탄트교이기 때문이다.(같은 책: 2100)

프로테스탄트교로부터 유도되는 국가에서의 부르주아들의 "가장 자유로운 대표성"은 "비非프로이센적 독일인들"에게만이 아니라 프로이센적 독일인에게도 타당성을 주장할 수 있었음은 당연했다. 다른 말로 하면, 루게는 언론의 자유만이 아니라 우선은 프로테스탄트교에

의 소명 아래에서일 뿐일지라도 민주적 국가 상황도 요구했다.55)

루게의 슈트렉푸스 기사로 1839년 말에 프로이센에 대한 비판은 새로운 단계에 도달했다. 1840년과 1841년의『할레 연감』에서는 이런 기초 위에서 계속하여 논변이 펼쳐졌다.(상세한 분석을 위해서는 Senk 2007: 164ff.를 참조하라) 프로이센에게 그 나라의 계몽된 과거를 상기시키려는 마지막 시도는 본 장 서두에서 이미 언급된, 프리드리히 2세에 관한 카를 프리드리히 쾨펜의 책이었고 이는『할레 연감』에서 열렬하게 경축되었다.

루게 자신은 비판을 흔히 서평의 형식으로, 다른 저자들의 재현으로 은폐된 것이기는 하지만 점점 더 직접적으로 표현했다. 그는 민주주의라는 논제를 학자이면서 시인인 빌헬름 하인제Wilhelm Heinse (1746-1803) 저작들의 서평에서 받아들인다. 하인제는 그가 1786-87년에 출간한 서간체 소설『아르딩겔로』로 이탈리아의 르네상스를 독일에 인기 있게 만들었었다. 하인제의 국가관의 논리적 귀결로 루게는 "모두에게 그리고 누구에게나 완전한 그 이름에 걸맞은 인간들의 국가는 근본적으로 언제나 민주주의여야만 한다"고 쓰며, 철학은 그 후 지금까지 많은 것을 달성했는데, 이는 국가를 "헌정적 자치정부"로 서술한 것이 철학의 업적이기 때문이라고 덧붙인다.(Ruge 1840a: 1691)

1840년 말에 루게는 헤겔에 대한 비판에 이르렀는데, 이는 1839

---

55) 프로테스탄트교에 대한 긍정적 관계는 1842년 루게가 명시적으로 낭만주의에 반대하는 선언문과 슈트렉푸스 기사를 이런 점에서 비판했을 때 비로소 포기되었다. (Ruge 1842a, 1842b) 이로써 루게는 포이어바흐와 바우어가 1840년과 1841년 사이에 종교 비판 분야에서 이룬 것에 공감했다.

년에 포이어바흐가 표현한 비판만큼 급진적이지는 않았으나 뚜렷한 정치적인 귀결을 지녔다. 루게는 헤겔의『법철학』이 "적응을 추구하고 앞뒤가 맞지 않는다"고 비난했는데, 이는 헤겔이 낡은 정치 제도를 필연적인 것이라 인정했고 "현재의 국가를 비판하고 그다음에 이 비판으로부터 그다음 번 미래의 요구와 형성을, 혹은 하고자 한다면 그것의 현재와 현실의 요구와 형성을 생겨나게 하는 대신 국가를 과거 존재의 모범에 따라 해석했기" 때문이란 것이다.(Ruge 1840c: 2331 f.) 루게는 이로써 국가의 역사적 존재를 이성적 현실과 혼동했다고 헤겔을 비난했다. 물론 이는 자유주의자들이 헤겔이 프로이센의 왕정복고를 정당화했다고 질책하면서 한 것과 같은 비난은 아니었다. 헤겔이 현실과 혼동한 역사적 존재는 루게에 따르면 "고古잉글랜드의 제도"(같은 책: 2331)였다는 것이다. 이런 비판에도 불구하고 루게는 "그의 자연법의 엄청난 적응조차 올바르고 추진력 있는 발달 원리로 점철되었다"고 헤겔을 인정했다.(같은 책: 2332) 몇 달 뒤에 마르크스는 이 적응 테제를 그의 박사학위 논문에서 미흡한 것으로 비판할 것이었다.(본 장 제6부를 참조하라)

『할레 연감』은 점점 더 급진화되었을 뿐 아니라 식자층에서 큰 반향도 일으켰다. 이에 대한 좀 별난 예를 전해 준 것은 마르틴 훈트(2000: 15)다. 네 권으로 된『혁명시대의 프랑스 역사』제1권이 출간된 후 그 저자인 역사가 빌헬름 박스무트Wilhelm Wachsmuth(1784-1866)는 그러면서도『할레 연감』의 검열관이었는데, 그 책을 서평본으로 아르놀트 루게에게 보내면서 동봉한 편지에 루게에게 "나의 솔직한 높은 평가의 증거를 드리고 가능하면 이를 통해 내가 직접 선생님과 나의 바람에 거슬러 행할 수밖에 없었던 것을 보상하고 싶은 마음입니다."(Hundt 2010a: 616)라고 썼다. 1843년 여름에 마르크스는 이 내용이 충실한 저작의 처음 두 권으로부터 발췌문을 취했다. (MEGA IV/2: 163-174)

『할레 연감』은 1840년 알텐슈타인 문화부장관의 죽음 이래 프로이센국의 지체 높은 자들 중에 더 이상 대변자를 가지지 못했다. 이 연감이 보수적인, 기독교-낭만주의적 표상으로 지향된, 마찬가지로 1840년에 왕위에 오른 프리드리히 빌헬름 4세와 충돌하는 것은 시간문제일 뿐이었다. 왕의 직접 권유로 프로이센 정부는 1841년 3월에『할레 연감』의 인쇄 장소를 작센의 라이프치히로부터 프로이센의 할레로 옮겨 프로이센의 검열을 받도록 하라고 요구했다.(Mayer 1913: 23) 루게는 곧바로 작센의 드레스덴으로 이주했고 이후로도 라이프치히에서 인쇄하도록 했으며 1841년 7월 2일부터 잡지의 명칭을 '학문과 예술을 위한 독일 연감'으로 변경했다.

막간의 고찰 : '구헤겔주의'와 '청년 헤겔주의'의 대치는
단지 철학사적 구성일 뿐인가?

앞 절에서 슈트라우스의『예수의 생애』출간 후 무엇보다도『할레 연감』에서 '청년 헤겔주의' 사조가 어떻게 만들어졌는지가 개략적으로 그려졌다. 나는 이 논쟁을 1840/41년까지, 즉 마르크스가 그의 박사학위 논문을 완성한 때까지 추적했다. 이는 마르크스가 움직인 정신적 정치적 배경의 중대 요소를 이룬다. 마르크스의 발달에 두 번째로 중요한 거물로서 브루노 바우어와의 관계를 나는 다음 절에서 이야기하게 될 것이다. 대부분 보통 그런 것처럼 지금 젊은 마르

크스를 '청년 헤겔주의'로 분류하기에 앞서, 도대체 어떤 의미로 '청년 헤겔주의'와 '구헤겔주의'를 이야기할 수 있는지를 숙고해 보아야 할 것이다.

루게와 레오 간의 논란 동안에 그 호칭들이 두드러지게 되었다. 1837년에 이미 루게는 더 이상 시대의 요청에 부응하지 못하는 베를린의『학문적 비평을 위한 연감』의 "구헤겔의 원리"에 관해 이야기하면서도 이 원리를 더 정확히 특징화해서 설명하지는 않았다.(Ruge 1837: 910) 레오는 "청년 헤겔적"이란 말을 깎아내리는 투쟁 개념으로 활용했다. 처음의 저항 후에 ── 가령 에두아르트 마이엔(1839: 35)은 위에서 언급된 레오에 대한 비판에서 "청년 헤겔과 구헤겔 간의 구분은 터무니 없다"고 썼고, 보란 듯이 자신의 책을 "모든 헤겔 제자들에게 바쳤다." ── "청년 헤겔주의자"란 말은 무엇보다 젊은 저자 집단의 긍정적인 자기 서술로 관철되었다. 그렇게 루게는 1840년 12월의 위에 인용된 기사에서 여러 번 "청년 헤겔주의자"(Ruge 1840c: 2330, 2331, 2342) 혹은 "청년 헤겔의" 철학(같은 책: 2340)에 관해 이야기했다. 1841년 1월에 이 호칭은 또한 젊은 프리드리히 엥겔스에 의해 완전히 자명한 것으로 활용되었다.(MEGA 1/3: 216; MEW 41: 125) 비슷한 긍정적으로 자리 잡은 "구헤겔주의"의 채용은 이와 달리 없었던 것으로 보인다.

'청년 헤겔주의' 혹은 젊은 마르크스를 다루는 거의 대부분의 근대 문헌에서는 1830년대 중에 '헤겔학파'의 우익과 좌익으로의 '분열'이 이루어졌다는 것을 전제로 한다.(거기서 '우파'와 '좌파' 개념들은 일반 정치적 의미로 사용되며 슈트라우스가 선택한 종교철학적 의미로 사용되는 것이 아니다) 거기서 이미 언급된 것처럼 통상적으로 '우파 헤겔주의자'는

'구헤겔주의자'와 '좌파 헤겔주의자'는 '청년 헤겔주의자'와 등치된다. 하나는 보수적이고, 다른 하나는 진보적에서 혁명적이기까지 했다는 것이다.

19세기에 '청년 헤겔주의자'는 도대체 그들이 관심 대상이 된 경우에 철학적으로 가령 그 자신이 보수적 헤겔주의자였던 요한 에두아르트 에르트만(1896)의 『철학사』에서처럼 아주 미미한 것으로 간주되었다. 20세기 초에 헤겔에 대한 관심이 새로이 커지고 1920년대에 마르크스의 초기 글들이 출간되기 시작하면서 비로소 '청년 헤겔주의'에 대한 관심도 커졌다. 1930년에 윌리 무그Willy Moog는 그때까지 가장 세분된 헤겔학파의 발달에 대한 서술을 내놓았다. 마르크스의 '청년 헤겔주의자'와의 관계는 코르뉘(1934)와 후크(1936)에 의해 탐구되었고 1941년에 카를 뢰비트는 『헤겔에서 니체까지』라는 연구서를 출간했는데, 이는 구헤겔주의자과 청년 헤겔주의자의 첨예화된 대치로 해서 아주 영향력이 커졌던 책이었다.

무엇보다도 마르크스주의 진영으로부터는 '청년 헤겔주의'는 오랫동안 단지 마르크스와 엥겔스의 선행자이고 조연으로서만 인지되었다. 드물지 않게 그것은 애초부터 마르크스와 엥겔스가 1844년에 『신성가족』에서, 그리고 1845/46년에 『독일 이데올로기』에서 표현한 그 비판의 시야에서 고찰되었다. 거기서 무엇보다도 브루노 바우어와 막스 슈티르너에게 가해진 비판이 얼마나 사실상 청년 헤겔주의에 들어맞았으며, 이 비판이 얼마나 그 출현의 시대 상황과 갈등 상황에 종속되었는지는 여러 논문들에서 결코 문제로 제기되지 않았다.56)

1960년대 이래 논의는 점점 더 강도가 높아졌고 또한 점점 더 원문 텍스트들이 많이 간행되었다.57) 물론 '청년 헤겔주의'에 대한 논의는 얼마 안 되는 브루노 바우어, 루트비히 포이어바흐 혹은 막스 슈티르너 같은 알려진 인물들에 집중되었고, '구헤겔주의'는 좀처럼 주제화되지 않았다. 1990년대 이래 비로소 '청년 헤겔주의'에 대한 폭넓은 논의가 시작되었는데, 이는 더 이상 오직 알려진 이름들에 국한되지 않았고 그것은 또한 더 이상 마르크스와 엥겔스의 발달과의 관계라는 시야에서만 고찰하지 않은 것이었다.58) 이를 통해 개별 주인공들에 관해서만 아니라 그들이 그 안에서 움직인 논의 망들에 관해서도 상세한 지식들이 엄청나게 증가했지만 정확히 내용상으로 '청년 헤겔주의'(혹은 '좌파 헤겔주의')를 이룬 것이 무엇인지 그리고 누가 거기에 속했는지는 결코 명확해지지 않았다.

'청년 헤겔주의자'와 '구헤겔주의자' 간의 인적 구획은 이미 1960

---

56) 독일민주공화국에서 청년 헤겔주의에 대한 연구들이 처음에는 제한을 가하는 조건 아래 행해졌지만 1970년대와 1980년대에는 점점 더 개방되었다는 것은 Hundt(1996)의 비판적 회고에서 아주 뚜렷해진다.
57) 1962년에 이미 두 문집 『헤겔 좌파』와 『헤겔 우파』가 각각 카를 뢰비트와 Hermann Lübbe에 의해 출간되었다. 1968년에 Hans Martin Sass는 브루노 바우어의 논문집인 『순수 비판의 출정들』을 출간했고, 1971년에는 할레 및 독일 연감이 Ingrid Pepperle의 긴 서문과 함께 영인본으로 나왔으며 1985년에 Heinz와 Ingrid Pepperle는 꼭 1,000쪽이 되는 방대한, 광범위한 문집 『독일의 3월 혁명 전시대에서의 철학과 정치학에 대한 헤겔 좌파 문서들』을 발간했다.
58) 독일의 언어 공간에는 여기서 무엇보다 Lars Lambrecht와 Konrad Feilchenfeldt에 의해 1996년 이래 출간된 일련의 『청년 헤겔주의 연구』가 이제까지 22권까지 나온 것이 거명될 수 있다. 전에도 이미 Eßbach(1988)는 청년 헤겔주의자에 대한 연구서를 출간했고 Goldschmidt(1987)는 짧은 스케치로 바우어에 대한 마르크스 연구의 시각을 비판적으로 조명했다. 바우어 문헌에 대한 연구보고서를 Lauermann(2011)이 냈다. 최근의 논문들은 Quante/Mohseni(2015)에 들어 있다. 독일 밖에서 논의는 마찬가지로 강도를 높여 왔으며, 예컨대 Breckman(1999), Moggach(2003, 2006), Tomba(2005), Leopold(2007)를 보라.

년대 초에 최초의 문집들이 나온 이래 논란이 되고 있다, 뢰비트는 덴마크의 신학자이자 철학자인 쇠렌 키에르케고르Sören Kierkegaard (1813-1855)를 '헤겔 좌파'에 받아들였지만 그렇게 할 정말로 좋은 이유는 없었다. 뤼베는 미슐레 및 간스와 함께 두 명의 왼쪽으로 기운 저자들을 '헤겔 우파'로 소개했다. 헤겔 우파는 결코 언제나 주장되는 것만큼 보수적이지 않았고 정치적으로 자유주의적인 방향을 띠었다는 그의 판단(Lübbe 1962: 8, 10)은 오히려 '좌파'인 이 두 사람의 대표자들을 통해서만이 아니라 또한 뤼베가 두 명의 가장 보수적인 1830년대의 헤겔주의자 괴셸과 가블러를 도무지 감안하지 않았다는 것을 통해서도 지탱되었다.

지난 50년간 일의적인 인적 구획에 합의할 수 없었던 것과 똑같이 '구헤겔주의'와 '청년 헤겔주의'의 내용상의 표징이나 또한 유효 기간에 대해서도 합의를 만들어 내는 것이 가능하지 않다.59)

많은 마르크스주의 논문들은 프리드리히 엥겔스가 『루트비히 포이어바흐와 독일 고전철학의 종말』에서 제시한 평가 쪽으로 방향을 맞추었다. 엥겔스는 헤겔에게서 변증법적 방법을 체계와 구분했는데, 변증법적 방법은 끊임없는 되어 감의 과정에서 출발하는 것이고 궁극적 절대적 진리와 그것에 상응하는 절대적 인류 상태를 해소하며(MEGA I/30: 126; MEW 21: 267) 그로써 혁명적 성격을 가지는 것이

---

59) Moses(2003: 50ff.)는 문헌에서 부분적으로 크게 상충되는 판단들 그리고 분열을 주제로 한 다양한 의견 불일치들을 상세히 열거한다. 그러나 그 자신이 단지 별로 변경되지 않은 분할에 도달할 뿐인데, 거기서 그는 좌파에서처럼 우파에서도 "온건파"를 "급진파"로부터 구분하였고 그는 급진파를 "분열자Schismatiker"들로 이해한다. 좌파 분열자들은 헤겔을 반동적이라고 비난하고, 우파 분열자들은 그를 혁명적이라고 비판한다는 것이다.(같은 책: 67ff.)

고, 체계는 "도입된 요구들에 따라 어떤 종류의 절대 진리로 끝날" 수밖에 없고 이로써 보수적이며 혁명적 측면을 질식시키는 것이다. (같은 책: 127; 268) 그 학파의 우파/좌파 분열은 엥겔스에 의해 체계와 방법 간의 이 구분과 관련하여 설명되었다.

> 주된 무게를 헤겔의 체계에 둔 자는 양 영역[종교와 정치]에서 상당히 보수적일 수 있었다. 변증법적 방법을 요지로 본 자는 종교적으로 정치적으로 지극한 반대당파에 속할 수 있었다.(같은 책: 129; 270f.)

이런 해석은 예를 들어 루게의 견해 표명을 통해 확증되는 것으로 보인다. 그는 헤겔의 방법의 중요성을 강조한다. 헤겔의 철학에 관한 어떤 책 서명을 하면서 루게는 "방법에서 이탈할 수는 없으며, 바로 이 방법은 일단 인정이 되면 그 곁에도 그것을 넘어서도 어떤 출구도 열리게 하지 않는다. 즉 발달 자체의 획득은 일단 그 취득이 행해졌다면 다시 포기되지 않으며, 개체의 발달, 진리에 대한 그 자체의 형태에서의 점점 더 깊은 이해는 그 원리가 바로 발달인 철학에 남아 있는 것으로서 유일한 초월이다."라고 적는다.(Ruge 1838a: 780) 그러나 루게가 여기서 강조하는 것은 겨우 발달 사상이다. 이것은 헤겔에게서 중대한 역할을 하기는 하지만 "방법"을 말한다면 그것은 헤겔에게서는 단지 "발달"보다 훨씬 더 많이 이야기된다. 이 점을 고려한다면 헤겔에게서 도대체 방법과 체계의 명확한 분리를 착수할 수 있다는 것이 의심된다. 『정신 현상학』으로 들어가는 서론은 독립된 방법 논의의 가능성에 반대하는 근거가 충실한 논고다.(HW 3: 68ff.) 헤겔이 차별화된 방법상의 숙고들을 가령 『논리학』 말미에서처럼 나열한 경우에 이는 체계적인 논변을 전제로 하며, 그래서 바로 체계로부터 분리될 수 없다.

엥겔스에 의해 이야기되는 사실 관계는 보수파가 — 헤겔주의자들에게서만 아닌 — 유지하기를 원하고 좌파는 변화시키기를 원하며 그래서 발달에 관심을 가진다는 단순한 사실에 원인으로 작용한 책임이 있는 것으로 보인다. 그러나 이 일반적 구분은 무작정 체계냐 방법이냐 하는 관심과 등치될 수는 없다.

1830년대의 갈등들에서 헤겔주의자들의 종교적 입장과 정치적 입장이 분화되었던 것은 좀처럼 논박되지 않는다. 한편에서 루게나 포이어바흐 그리고 다른 편에서는 헹스텐베르크 같은 경건적인 정통 프로테스탄트 그리고 레오 같은 보수적 저자들 간에 뚜렷한 전선의 형성이 있었다는 것도 마찬가지다. 그렇지만 헤겔학파가 두 개의 서로 적대적으로 대치하는 학파들 — 오른쪽의 '구헤겔'학파와 왼쪽의 '청년 헤겔'학파 — 로 쪼개졌다고 말하는 것은 상당히 과장된 것이다.

구헤겔주의 '학파'에 관해서는 실제로 이야기가 될 수 없다. 구헤겔주의자들 중에는 괴셀·에르트만·힌릭스·가블러처럼 종교적으로만 아니라 정치적으로도 강하게 보수적으로 맞추어진 몇 안 되는 자들이 있었지만 그들은 학맥을 형성하지 않았다. 미슐레·로젠크란츠·호토·마르하이네케·파트케 같은 구파들 다수는 정치적으로 오히려 자유주의적인 입장으로 맞추어져 있었다. 거기서 미슐레, 로젠크란츠 그리고 파트케는 또한 『할레 연감』에도 기고문을 내었다. 간스는 정치적으로 분명하게 좌파였다. 그 역시 연감에 기고문을 내기로 루게에게 약속했었지만(1839년 4월 22일 편지, Hundt 2010a: 313f.) 제출할 수 있게 되기 전에 사망했다.

청년 헤겔주의자들에서는 '학파'라는 것을 말할 수 있는가 하는 질문이 대답하기가 그렇게 단순하지만은 않다. 두 개의 중심 분쟁 영역인 종교와 정치에서의 입장들이 언제나 유사하지 않다. 예를 들어서 슈트라우스는 종교철학에서 '좌파' 입장을 대표한 반면 정치적으로는 아주 온건파로 머물렀다. 물론『할레 연감』은 여러 해 내내 젊은 저자들, 스스로를 비판적이라 이해하는 저자들에게 중대한 준거점이 되었으며, 훈트(2010a)가 간행한 할레(나중에는 독일) 연감의 편집 서신 교환이 보여 주는 것처럼 루게는 의도적으로 동업자들에게 말을 꺼내고 주제들을 설정하면서 조직적으로 개입하는 데 노력했다. 학문적 비평을 위한 베를린 연감에 관해 '구헤겔주의자'에 관련하여 말할 수 있는 것보다 훨씬 더 강하게『할레 연감』은 수년간 '청년 헤겔주의' 사조를 위한 구심점이 되었다.

물론 이 사조의 내용상의 핵심을 정하는 데 상당한 문제들이 있다. 볼프강 에스바흐Wolfgang Eßbach는 한 방대한 연구에서 '지식인 집단의 사회학'(1988년 출간된 책『청년 헤겔주의자』의 부제목이다)을 개략적으로 그린다. 그는 거기서 '청년 헤겔주의자들'이 동시에 여러 집단 유형들: 철학 학파, 정당, 언론상의 보헤미안 그리고 미학적 분파를 대표했다는 결과에 도달했다. 에스바흐의 작업은 이제까지 출간된 청년 헤겔주의자에 대한 어떤 연구보다 더 자료가 풍부했으며 중요한 통찰을 넘치도록 나타내어 보여 주었는데 물론 청년 헤겔주의자에 관한 일반적인 발언은 좀처럼 가능하지 않다는 것도 뚜렷이 밝혀 주었다. 거기서 에스바흐는 그의 연구 대상을 '프로이센'의 청년 헤겔주의자로 한정하여 많은 이들 중에 슈트라우스 같은 아주 중요한 남독일의 대표자들은 제외된 채로 있었다. 그러나 무엇보다도 네 가지 집단 유형은 결코 동시에 하나의 역할을 하는 것이 아니며, 그것들의 그때마다의 중심에 또한 같은 인물들이 있는 것도 아니다. 에스바흐가 거명하는 집단 유형들은 다른 시기들에 다른 부분 집단들에서 발견된다.

청년 헤겔주의의 내용상의 확정, 인적인 구획, 그리고 또한 지속 기간에서 생겨나는 문제들은 2000년도에 마르틴 훈트에 의해 상세히 열거되었다. 물론 그는 이로써 청년 헤겔주의자들을 "결국 하나의 통일된 운동"으로 이해하는 것에서 결별하기를 원치 않았다.(Hundt 2000: 13) 훈트는 청년 헤겔주의 운동을 철학, 신학, 학문과 예술을 여전히 통일체로 본 칸트에서 시작되는 고전적 독일철학의 "결말"로 이해했다. 청년 헤겔주의는 "이 통일체의 마지막 역사적 형상"이란 것이다.(같은 책: 18) 그러나 이 말이 옳다고 해도 이것으로 단지 청년 헤겔주의와 고전적 독일 철학이 공유하는 것만 확정된 것이지 청년 헤겔주의의 특정한 성과가 확정된 것은 아니다. 또한 15년 후에 훈트는 사전의 표제항 "좌파 헤겔주의Linkshegelianismus"(이는 청년 헤겔주의와 동의어로 사용되었다)에서 이것은 "내용상으로도 인물로서도 명확히 구획될 수 없다"고 확인할 수밖에 없었다.(Hundt 2015: 1169) 라르스 람브레히트Lars Lambrecht는 2013년에 "누가 청년 헤겔주의자냐"란 질문에 그들은 "20세기에서 행한 '연구'의 산물"이란 말로 대답했다.(Lambrecht 2013: 175) 물론 그는 "누가 청년 헤겔주의자였느냐"(논문의 제목이 이렇다)란 질문 — 그들은 단지 철학사 연구의 구성물에 불과한 것 이상이었느냐? — 을 결국에는 다시 열린 질문으로 두었다. 나중의 텍스트에서 람브레히트는 슈트라우스로 시작된 헤겔학파의 분열이라는 널리 퍼진 표상은 "그 결과가 엄중한 틀린 해석"이란 결론을 도출했다. 슈트라우스 전에도 그리고 또한 그의 이후에도 (그리고 그와는 독립적으로) 분열 경향이 증명되어 "종교 비판으로부터 철학 비판을 거쳐 정치 비판으로 가는" 청년 헤겔주의의 순차적 발달의 상은 결코 맞지 않다는 것이다.(Lambrecht 2018: 48)

이런 논의 수준을 본다면, 순진한 의미로 '청년 헤겔주의'와 '청년 헤겔주의자'에 관해 이 개념들이 저절로 이해되는 것처럼 이야기하지 않고 마르크스에 대한 전기 문헌에서 이제까지 통용된 것보다 좀 더 신중하게 이를 다루어 가는 것이 내게는 적절해 보인다. 적어도 어떤 의미에서 이 개념들을 사용하는지를 뚜렷이 보여 주어야 할 것이다. 그러나 '학파'를 이야기하는 것이 부적절한 구헤겔주의자에서 만큼 상황이 명확하지 않은 경우에도 '청년 헤겔주의자'에서도 무작정 '학파'의 존재를 전제로 하는 것은 내게는 문제시할 만한 것으로 보인다. 차라리 '청년 헤겔주의적 담론'에 관해 이야기하고 미셸 푸코가 『지식의 고고학』(1969)에서 개발한 범주들을 분석에 활용하는 것이 의미심장할 수 있을 것이다. 간략한 스케치에서 우어스 린트너 (Urs Lindner 2013: 52ff.)는 그러한 시도에 착수했다.

1830년대 말부터는 헤겔의 철학에서 출발하여 종교와 정치에 대한 비판적 고찰에 이르는 폭넓은 사조에 관해 이야기가 된다. 그러나 이 비판의 외연은 크게 차이가 난다. 중요한 주인공들에게서 종교와 정치에 대한 비판은 그 출발점인, 헤겔 철학에 대한 근원적 비판으로 이끈다. 헤겔 철학은―다시금 아주 다른 방식으로―"극복" 되어야 한다는 것이다.

그러나 '청년 헤겔주의'의 공통적인 내용상의 중심을 대기란 곤란한 상태로 있다. 이런 곤란함은 빈번하게 청년 헤겔주의자 중 누구도 커다란, 체계적 저작을 내놓지 않았다는 것으로 소급된다. 그들은 무엇보다도 서평, 논쟁 그리고 현실적 주제들에 대한 글들에서 의견을 표출했다. 그러나 대작이 없다는 것은 단지 청년 헤겔주의자 대부분이 교수직을 얻지 못했다는 데만 원인이 있었던 것은 아니다.60) '커다란' 청년 헤겔주의적 저작이 없는 데 대한 더 깊은 이유는 내게는 이미 자주 강조된 '청년 헤겔주의' 사조의 역학에 있는 것으로 보인다.61) 그것은 상시적인 이행 과정 중의 운동이었다. 그 대표자들 대부분에게서 1830년대 말과 1840년대 초의 경과 중에 종교 그리고/혹은 정치에 대한 그들의 비판의 급진화가 일어난다. 적지 않은 이들에게서 종교 비판은 (차이가 나게 강세가 붙은) 무신론적 입장으로 귀결되었고, 처음에는 아주 조심스러운 프로이센에 대한 비판은 많은 이들에게서 결국 민주적이고 공화주의적인 상황을 향한 요구로, 어떤 이들에게서는 공산주의적 견해로 이끌어 갔다.

'청년 헤겔주의자들'의 출발점이 헤겔에게 있다는 것과 그들의 종교와 정치에 대한 초기 비판은 일련의 공통점을 보여 준다. 이 비판으로부터 촉발된 이행 과정은 그러나 더 이상 공통의 고정점으로 귀결되지 않으며 그 이행 과정은 1840년대에 이미 여러 다른 이론적·

---

60) 이에 대해서는 정치적 이유들만 있었던 것은 아니다: 1830년대 말에 프로이센에서는 최초의 "학자 홍수"가 있었다. 19세기의 첫 번째 삼분기에 급속히 커진 내지는 새로 설립된 대학들은 무엇보다 철학·신학·법학 전공들에서 국가가 필요한 것보다 더 많은 졸업생을 배출했다.(이에 대해서는 Briese 2013을 참조하라)

61) 1835년 중반부터 1843년 초까지 꼭 9년 동안 Bunzel, Hundt, Lambrecht(2006: 19ff.)만 하더라도 청년 헤겔주의 운동 발달의 다섯 개의 큰 국면들을 구분하는데, 평균적으로 국면당 2년이 못 된다.

정치적 지향으로 나아갔다. 청년 헤겔주의를 내용상으로 확정하고 구획하는 것은 비판 저 건너편에는 좀처럼 실제로 공통적인 내용상의 핵심이 없었기 때문에 아주 어렵다. 그렇다고 해서 개개의 청년 헤겔주의적 저자들의 지적인 성취를 결코 깎아내려서는 안 된다. 다만 이러한 1840년대에 갈라져 나가는 개별 업적들은 하나의 청년 헤겔주의적 이론가로 통합되지 않는다. 그러나 그러한 이론가가 전혀 없었다면, 또한 누가 언제 청년 헤겔주의자에 속했는지 아니면 이미 더 이상 그에 속하지 않았는지도 정확히 특정되지 않는다. 특히 마르크스주의 진영에서 자주 논의하는 문제, 즉 언제, 어떤 정황에서 마르크스와 엥겔스가 '청년 헤겔주의적 이상주의적' 입장으로부터 '유물론적' 입장으로 이행했는가 하는 것은 다른 방식으로 나타나며, 나는 제2권에서 이 문제로 돌아올 것이다.

5. 바우어와 마르크스

슈트라우스의『예수의 생애』를 둘러싼 논쟁의 시작과 함께 브루노 바우어(1809-1882)도 약간 유명세를 타게 되었다. 당시에 경쟁자 없는 헤겔학파 기관지인『학문적 비평을 위한 연감』에서 바우어는 1835/36년에 아주 비판적인 두 부분으로 된 서평을 발표했고 복음서의 역사성을 옹호했다. 슈트라우스가 1837년에 그의『논쟁 문집』에서 착수한 분할에 상응하게 바우어는 이로써 (종교철학적) 우파에 속했다. 물론 바우어는 이 입장에 머물러 있지 않았다. 불과 몇 해 안에 그는 좌측에서 종교철학적으로 슈트라우스를 따라잡았다. 복음서는 단지 교회 공동체 안에서 생겨난 신화일 뿐만이 아니라 그 작성자의 문학적 산물이란 것이 그의 나중의 테제였다. 이를 넘어서서 한때 정통 프로테스탄트였던 그가 결연한 무신론자로 변신했고 정치적으로도 바우어는 점점 더 급진화되었다. 결국 그에게서 1842년에 신학 교수 자격이 회수되었다. 바우어가 아주 엄청나게 급진화된 시기인 1838-1841년간은, 동시에 카를 마르크스와의 지극히 강도 높은 친분의 시기이기도 했다. 전기 문헌은 대체로 마르크스가 1841년에 완성된 박사학위 논문에서 바우어의 자기의식 이론을 다소 계승했다는 확인으로 만족한다. 바우어와 마르크스 간에 상호 영향이 없었는지의 질문은 대체로 그들의 밀접한 5년간 지속되는 친분 관계 동안 그 두 사람 간에 연결해 주는 것이 무엇인지에 대한 질문과 똑같이 별로 다루어지지 않는다.

브루노 바우어의 사변적 신학 (1834-1839)

1834년 바우어는 베를린 대학 신학부에서 석사학위시험Lizentiat-prüfung(박사학위 취득에 상응했던 것)을 보았다. 예외적으로 이 시험은 동시에 교수 자격 취득으로 인정되어 그는 신학 교수 인정을 받았다. (Barnikol 1972: 22) 1839년까지 그는 사강사로서 무엇보다도 구약을 주제로 하여 수많은 강의를 제공했다. 바우어의 신학적 견해들은 처음에는 상당히 그의 신학적 스승인 콘라트 필립 마르하이네케가 내놓은 노선상에 있었으니, 이는 헤겔 철학을 성서 전승의 내용을 위한 철학적 근거 설정으로 활용한 것이었다. 그러나 헤겔이 기독교를 단지 대략적으로만 정당화한 동안, 즉 철학에서 종교의 아주 추상적으로 이해된 내용을 높이지만 종교의 신앙 표상들은 이 내용의 불충분한 이해인 것으로 비판한 동안, 바우어는 특별히 전승의 초자연적인 부분들에 대해서도 상세하게 정당화하는 데 힘썼다. 그렇게 그는 1834년에 한 서평에서 좀 이해하기 어려운 헤겔주의적 전문 용어로 이렇게 표현했다.

> 학문[헤겔 철학]은 그리스도의 기적이 가르침[기독교 교리]과 마찬가지로 그리스도 인격의 필수적인 자기 현시인 것으로 알려지는 결과에 (…) 도달한다.(Bauer 1834: 200)

즉 그리스도의 인격은 기적을 통해서 말고 달리 현시될 수 없다고 ―바우어에 따르면― "학문"이 말한다.

다비트 프리드리히 슈트라우스에게 중심이 되는 기독교 신앙 내용의 철학적 정당화는 이 내용 증언의 종교적 형태에―그것이 역사적 (그러면서도 초자연적) 사건에 의존해야 한다는 것에―급진적 비판을 가하고 그럼에도 불구하고 기독교를 고수할 가능성을 열어 주었다. 브루노 바우어는 이와 달리 역사적 사건의 철학적 정당화를 그것의 초자연적 구성 부분들을 포함해서 하고자 하며, 이는 역사를 위해서가 아니라 역사에서 나타날 수밖에 없는 관념을 위해서이다. 이에 상응하게 그다음에 그의 슈트라우스에 대한 비판이 근본적으로 대두되었다. 바우어는 『예수의 생애』에 대한 서평에서 이 점에서 그의 철학적 몰이해를 비난했다.

> 그럼에도 불구하고 관념 자체에 그 역사적 현상의 필연성이 있는가 하는 질문은 복음서 보고들에 따라붙는 난점들로 복음서 보고들과 함께 동시에 거룩한 역사의 가능성을 제거하는 난점들에 의해 면제된다고 그[슈트라우스]는 믿는다.(Bauer 1835/36: 888)

이 난점들이 어떻게 극복될 수 있는지를 바우어는 하필이면 예수의 처녀 출생에서 보여 주려고 시도했다. 인간 본성만으로는 예수 안에서 나타나는 인간성과 신성의 통일을 가져올 수 없으며, 오직 인간 본성의 "감수성"을 통해서만 그 통일에 기여할 수 있다는 것이다. 이런 기초로부터 바우어는 완전히 독특한 성性 담론을 매개로 이런 결론을 도출했다: "여자 안에 혹은 더 특정하면 처녀 안에" 영에 대한

"감수성"이 "직접적인 방식으로 존재"하므로, 그리고 "남자의 행동은 언제나 결과의 제한성을 그 귀결로 가지는 행동"이므로 (제한받지 않는 자) 예수는 성령에 의해 잉태되었을 수밖에 없다는 것이다. 생리학적 항변들은 여기서 관건이 아니란 것이다. "생리학적 고찰 방식은 신학적 고찰 방식으로 지양된다."(Bauer 1835/36: 897)

합리주의적으로 방향 설정이 된 신학자들 그리고 비보수적으로 맞추어진 헤겔주의자들에게 이런 논변은 슈트라우스가 그의 『논쟁 문집』에서 뚜렷이 드러낸 것처럼 아주 웃기는 작용을 했다. 괴셸과 같은 보수적인 헤겔주의자들은 이와 달리 그런 논변과 잘 지낼 수 있었으며, 헹스텐베르크의 『복음주의』도 바우어를 칭찬했다. 물론 바우어에게는 헹스텐베르크와 다르게 우선 성서의 역사에서 초자연적인 것의 구원은 관건이 아니었다. 바우어는 "영을 현상에서 파악한 것"을 헤겔 철학의 중대한 공적으로 보았다.(Bauer 1835/36: 904) 정확히 영과 그것의 현상의 내적 결합 — 영은 나타나야 하고 오직 그것의 현상에서만 파악될 수 있다 — 은 슈트라우스에 의해 놓치어진다는 것이다. 바우어는 방금 인용한 대목에서 이렇게 계속하여 말한다.

비판은[슈트라우스가 정식화한 비판을 말한다] 영과 역사적 현상을 물론 또한 결합하지만 바로 오직 느슨한 사후적인 '또한'을 통해서다. (같은 책)

슈트라우스는 "절대적 내용"을 역사적 현상 생성의 "추진 권력"으로 이해하기를 소홀히 한다는 것이다.(같은 책) 이로써 여기서 요약하면 바우어의 다음과 같은 신학적 강령이 드러난다: 신적인 영의 전개는 계시의 역사적 전개를 기초로 모사되어야 한다는 것이다.

바우어는 무엇보다도 헤겔주의 신학자 필립 콘라트 마르하이네케에 의해 높이 평가되었다. 마르하이네케는 물론 바우어가 1836년에 방금 스케치된 보수적인 헤겔주의 신학의 틀 안에서 움직인 사변적 신학을 위한 잡지를 창간했을 때(Hertz-Eichenrode 1959: 16) 또한 배경에서 후원자로 있었다. 그 잡지는 3년을 가기는 했지만 단지 1836년 중반부터 1838년 초까지 모두 해서 6권만 나왔다.(같은 책: 15ff.) 멜하우젠Mehlhausen의 정보에 따르면 그 잡지는 경제적 이유로 정간되었고 100부도 채 판매되지 않았다.(Mehlhausen 1999: 191)

2년 뒤에 바우어에게는 이 시대를 위한 자신의 역할로 풍자 말고는 남은 것이 없었다. 헤겔의 사후에 그의 제자들은 "관념의 왕국"에 모였고 "완성의 때에 관한 그들의 꿈은 성찰의 번개[슈트라우스의 『예수의 생애』]가 축복의 왕국에 들이치고 꿈을 교란시킬 때 이미 실현에 들어간 것으로 보였다. 사람들은 그 충격에 별로 사로잡히지 않아서 베를린의 학문적 비평[『학문적 비평을 위한 연감』]은 슈트라우스의 책에, 아직 관념과 직접적 현실 간의, 아니 오히려 경험적 의식의 세계 간의 통일이란 지극히 복된 꿈속에서 말하고 자신의 꿈을 심지어 특수한 잡지 안에서 철저히 계속하기를 원한 서평자[바우어]를 대치시켰다."고 그는 적는다.(Bauer 1840a: 2f.)

여기서 조롱하는 식으로 관념과 직접적 현실의 통일에 관한 꿈으로 이야기된 것, 방금 인용된 영과 그것의 역사적 현상과의 통일은 성서의 사화史話를 그것이 지금으로서는 전승되어 있고 믿음의 원천으로 통했기에 정당화하기를 원한 경건주의자들과 보수적 정통파들과의 구분, 그리고 또한 관념의 사변적 재구성을 참조하면서 역사적 과정은 도대체가 관건이 아니라고 생각한 슈트라우스와의 구분을 이루었다. 초기의 바우어에게 관념의 발달은 역사 자체에서 나타날 수밖에 없었다.

이런 논거가 종교철학 분야에서 의미한 것은 바우어가 1838년에 내놓은 그의 첫 번째 대 저작에서 알아챌 수 있다. 바우어는 『계시의 역사 비판』의 제1부로서 두 권으로 된 『그 원리들의 역사적 발달에서 본 구약의 종교』를 출간했다. 방대한 서론에서 바우어는 "계시의 관념"을 개략적으로 그렸다. 신은 자신의 계시를 받아들이는 인간들에 의해 감각적으로 파악되고 종교적 표상들로 번역되는 구체적 사건들에서 자신을 드러낸다. 이에 따르면 계시는 단일한 행위가 아니고 성서 본문을 이―모순적인― 과정의 여러 단계들의 표현으로 가지는 역사적 과정이다. 바우어가 설명한 것처럼 신이 "계시의 개별 단계들에서 제한된 내용을 자신의 무한한 목적의 현상으로 둔다면" 이는 신의 무한한 본질에 반하는 모순이다.(Bauer 1838a Bd. 1: XXIV) 바우어가 추구한 "비판"은 이 모순들을 헤겔의 종교철학에 의존하는 사변적 종교 개념의 도움을 받아 해명해야 한다는 것이다: 계시의 역사적 발달에서 모순으로 나타나는 것은 종교의 완전한 이해를 향한 필연적 발걸음으로 지적되어야 한다는 것이다. 이러한 계시와 역사에 대한 견해를 가지고 바우어는 단지 "긍정적인 것"(그 모순들과 함께 전승)을 고수하고자 하는 "신앙적 신학"만이 아니라 긍정적인 것을 "단지 교활하게 포착하고 제거하는" 비판도 능가한다고 믿었다. (Bauer 1838a, Bd. 2: IX)[62]

바우어가 『계시의 역사 비판』에서 헤겔의 종교철학의 원칙들을 겨우 적용하려고 시도한 반면, 그는 이미 같은 해에 슈트라우스의 『논쟁 문집』에 대한 서평에서 그리고 물론 적지 않게 그것의 영향 하에서 이 원칙들의 계속되는 발달이 필요하다는 것을 간파하기 시작했다. 바우어는 "스승은 그의 학파에게 종교철학을 모든 경탄할 만한 풍부한 내용을 지닌 것으로, 원리를 통한 계속적인 내적 완성이 필요하게 만드는 형태로 물려주었다"고 확언했다.(Bauer 1838b: 836)

동시에 바우어는 점점 더 큰 결단으로 자기 자신의 입장을 대표했다. 사변적 신학을 위한 잡지의 발행인으로서 그는 여전히 아주 온건하게 움직였다. 그는 프로테스탄트 신학의 여러 사조들이 그들의 그때마다의 단초들이 정당화되기는 하지만 동시에 또한 오직 제한적으로 타당하다는 것을 간파할 것이란 희망을 가졌었다. 이는 헤겔주의적 사변 신학에서 극복되는 제한이라는 것이다. 이제 그는 자신의 입장에 대치되는 자들과 점점 더 날카로운 대결을 하기 시작했다. 이 비판은 우선 서평들에서 표출되었다. 1839년 초에 이 비판은 공교롭게도 에른스트 빌헬름 헹스텐베르크라는 이 시기에 영향력이 최고로 강한 베를린의 신학자를 겨냥한 책의 출판으로 이끌었다. 그 제목이 벌써 도발이었다: "헹스텐베르크 박사님, 법칙과 복음의 대립에 관한 비판적 편지들". 그에 못지않게 도발적인 것은 그 형태였다. 그 책은 브루노 바우어가 신학 공부를 시작하고 싶어 한 남동생 에드가르에게 쓴 편지들로 이루어졌다. 그래서 이는 전문 신학적 논

---

62) 바우어의 신학적 사고의 초기 발달은 Mehlhausen(1965)과 Lämmermann(1979)에서 상세히 다루어지며, 본질적으로 더 간략하지만 두드러진 지점들에서 더 예리하게는 Kanda(2003: 100ff.) 그리고 Lehmkühler(2010)에서 다루어진다. 1848년까지의 바우어의 지적 발달은 Moggach(2003)과 Tomba(2005)에서 나타난다.

란이 아니었고 오히려 신학의 문외한에게 헹스텐베르크의 견해들이 얼마나 틀렸는지가 보여지도록 하는 것이었다. 주된 논쟁 지점은 신약과 구약의 관계였다. 바우어가 그의 발달사적 논법으로부터 양자 간에 원칙적인 구분을 한 반면, 헹스텐베르크는 기독교의 본질적인 내용이 이미 구약에 들어 있다고 보아서 그에게 구약과 신약은 단일한 계시를 이루었다. 바우어는 헹스텐베르크의 "근시안적 신학적인 호교론"을 질책했다.(1839: 2) 그는 헹스텐베르크의 구약에 대한 기독교적 해석이 얼마나 박약하며 이로써 어떻게 헹스텐베르크가 그러면서 신약의 특정성을 깔아뭉갰었는지를 가차 없이 가리켜 보여주었다. 구약이 모세의 율법에 의해 지배되지만 율법 의식은 종의 의식으로서 그 토대 위에서 신정 체제가 달성된 반면, 바우어는 신약의 기독교를 헤겔의 전통에서 자유의 종교로 이해했다. 이로써 주석상의 차이에 이미 정치적 차이가 암시되지만 이 대목에서 이는 바우어에 의해 아직은 명시화되지 않는다.

자신의 적대자에 대한 완고하고 중상모략적인 싸움으로 알려진 자로서 영향력 넘치는 헹스텐베르크에 대한 비판이 바우어 자신에게 무엇을 의미할 수 있었는지는 그에게 시종 명확했다. 바우어는 "헹스텐베르크 박사를 공격하는 자, 이 율법학자의 교의로부터 좀 이탈하기만이라도 감행하는 자는 불 속으로 손을 집어넣어 붙잡을 뿐 아니라 살아 있는 몸을 가지고 불 속으로 뛰어드는 것"임을 아주 잘 안다고 썼다.(같은 책: 3)

바우어의 글은 프로이센 국왕 프리드리히 빌헬름 3세 주위의 보수적 경건주의적 동아리들과 최선의 관계를 가진 반동적 신학자들에 대한 거센 공격으로서 바우어에게서 베를린에서의 경력상의 기회를 빼앗은 공격이긴 했지만, 그것은 여전히 그가 이미 슈트라우스도 비판했던 출발점이 된 보수적 사변적 신학으로부터 나온 공격이었다. 이는 이로써 아직, 때때로 그렇게 주장되는 것처럼 종교철학적으로 '좌파'의 입장들로 넘어가지 않았다. 그러므로 바우어가 아직 1839년 가을에 아르놀트 루게에 의해 괴셸 및 에르트만과 같은 계열에 두어진 것은 놀랍지 않다.(1839년 10월 2일에 루게가 로젠크란츠에게 보낸 편지, Hundt 2010a: 410을 참조하라)

무신론, 복음서 비판 그리고 자의식(1839-1841)

바우어는 문화부장관 알텐슈타인의 호의를 입기는 했지만 베를린에서 알텐슈타인이 그를 교수로 초빙할 수 없었다. 그랬다면 이는 헹스텐베르크에게는 아주 큰 모욕이었을 것이다. 알텐슈타인은 그래서 바우어를 사강사로서 본으로 가도록 추천했는데, 그곳에 (비정규) 신학교수직이 비어 있었던 것이다. 바우어가 본의 동료들의 호의를 저버리지 않을 것이었다면 알텐슈타인은 그를 교수직에 초빙할 수 있었을 것이다. 전에처럼 이후에도 헤겔 철학의 장려에 관심이 있던 알텐슈타인에게 바우어를 본으로 초빙하는 것은 그곳에 그때까지 철학자들 중에서도 신학자들 중에서도 헤겔주의자가 없었기 때문에도 잘 맞았을 것이다. 신학자들 중에는 슐라이어마허의 정신이 지배했으며, 무엇보다도 카를 임마누엘 니취Karl Immanuel Nitzsch(1787-1868)에 의해 대표되었다. 카를 마르크스가 바우어의 이사야에 관한 세미나에 출석하던 학기인 1839년 여름 학기 후에 바우어는 본으로 떠났다.

형식적으로 본 대학 신학부는 바우어의 전근에 동의할 수밖에 없었다. 그곳에서는 알텐슈타인의 추천에 반대하고 싶지는 않았지만, 바우어를 불신으로 맞이했다. 그것에 관해 브루노 바우어가 자기 동생 에드가르에게 보낸 편지들(Bauer 1844a)이 증거해 준다. 물론 바우어는 본에서 작업을 계속해 가기 위한 충분한 시간을 얻었다. 마르하이네게로부터 그에게 헤겔의『종교철학 강의』의 제2 증보판의 준비가 넘겨졌고 이는 1840년에 나왔다. 이와 아울러 바우어는『요한의 복음 사화 비판』그리고『프로이센의 복음적 국교회와 학문』을 완성했다. 후자의 책은 1840년 초여름 프리드리히 빌헬름 3세의 죽음 직후에 나왔는데, 이 책에서 바우어는 프로이센 국가가 학문에 맞선 교회의 투쟁에서 교회 위계질서에 의해 이용당해서는 안 된다는 견해를 강경하게 대표했다.

> 국가를 자신의 하수인으로 간주하는 위계적 망상은 프로테스탄트 교회에서 지금까지 보전되어 왔다. (⋯) 근대의 학문은 프로테스탄트적 위계질서의 이 마지막 공격을 견디어야만 할 운명에 처해졌고 역사가 그것에 설정한 그리고 역사에 의해서만 풀릴 수 있는 그 임무를 기뻐한다.(Bauer 1840a: 6)

바우어는 국가로 새로운 국왕 프리드리히 빌헬름 4세를 말한 것인데, 바우어는 국가가 학문 편에 위치할 것을 기대하지 않았고 국가가 "투쟁의 구경꾼"(같은 책: 7)에 머무는 것으로 충분하다는 것이다. 그러나 학문은 항시 국가의 편에 있다는 것이다.

이 글로 바우어는 1년 전에 포이어바흐가 그랬던 것처럼 현실적 갈등을 원칙적 지평으로 돌려보냈다. 포이어바흐에게 그것이 철학과 종교의 대립이었다면 바우어에게는 교회 위계질서와 학문 간의 대결이다. 그러면서도 바우어는 이미 저 위에서 인용된 것처럼 자기 자신의 이전의 "관념과 직접적 현실의 통일"이란 견해에 비판을 가했다. 바우어는 이 글로써 종교철학적 및 일반정치적 의미에서 모두 스스로가 "좌측" 진영으로 넘어갔음을 공개했다. 그의 책이 대부분의 청년 헤겔주의자들의 출판업자인 오토 비간트에서 나왔다는 것은 단지 논리적 귀결이었을 뿐이다. 청년 헤겔주의자들에 의해 그의 텍스트는 긍정적으로 받아들여졌다.(가령 C.M. Wolf가 루게에게 1840년 9월 22일에 보낸 편지, Hundt 2010: 587을 참조하라) 그리고 『할레 연감』에서 루게에 의해 아주 칭송하는 투로 서평이 되었다.(Ruge 1840b) 1840년 말부터 루게와 바우어는 서로 접촉을 유지했다. 1841년부터 바우어는 연감에 기고문을 전달했다. 바우어는 — 아주 늦게 — 청년 헤겔주의자들에게서 좋은 반응을 얻었다.

1840년 늦여름에 바우어의 『요한의 복음 사화史話 비판』이 출간되었는데, 이는 점점 더 급진화되어 가는 종교 비판의 서막이 되려는 것이었다. 요한복음 비판을 바우어는 그의 『계시역사 비판』의 연속으로 출간하지 않았다. 『계시역사 비판』을 그는 구약에 대한 제1부 뒤에 도무지 계속 진행해 가지 않았다. 그 이유로 바우어는 그의 새로운 책 서문에서 "정경[구약]의 종결 이래 예수의 등장까지 발달되었던 바와 같은 유태적 의식의 역사는 (…) 아직 알려지지 않은 분야"라고 상세히 설명했다.(Bauer 1840b: V) 자신의 먼저 저작을 계속 이어 가지 않은 데 대한 더 깊은 이유는 역사 자료의 이런 부족이었을 수 없겠고, 바우어가 『프로이센의 복음적 국교회와 학문』에서 뚜렷이 밝힌 것처럼 더 이상 먼젓번의 책이 전제로 삼은 이론적 전제 조건들을 오래 고수하지 않았다는 것, 즉 "관념과 현실의 일치"란 것을 고수하지 않았다는 것이었다고 할 수 있겠다. 바우어의 새로운 의도는 복음서들로부터 예수 사화史話의 역사적 핵심을 꺼내고 그것을 단지 차후에 추가된 것과 구분하는 데 있었다. 이로써 그는 이제까지 부정되던, 다비트 슈트라우스가 활용했던 텍스트 비평적 방법에 크게 다가갔다.

바우어는 문체와 내용 면에서 세 개의 다른 복음서들에 비해 특별한 위치를 차지하는 요한복음으로 연구를 시작했다. 바우어 책의 결과는 그때까지의 호교론을 제거하는 것이었다. 장소 및 시기 정보 그리고 논리적인 (혹은 꼭 논리적이지 않은) 서술 맥락의 연구는 네 번째 복음서 저자가 자신이나 타인의 관찰 사항들을 재현한 것이 아니라 먼저 일어났던 사건들을 나중에 성찰한 것을 전달해 준 것임을 뚜렷이 밝혔다. 이 "성찰은 과도하게 무성히 번창하기는 해도 약한 덩굴식물로서 물론 줄기를 덮지만 그런 줄기 자체를 이룰 수는 없다."(같은 책: 101) 바우어가 끌어낸 결론에 따르면, 요한복음은 역사적인 보도가 아니라 복음서 저자의 자유로운 예술적 창작이란 것이다.63) 그의 "결론적 논평"에서 바우어는 "우리는 제4 복음서 저자의 성찰 작업에서 벗어났을 것으로는 원자 한 톨도 가지지 못한다"고 확언한다. (Bauer 1840b: 405) 이 복음서는 그래서 역사적 계시 사건에 대한 출처가 아니고 이 사건이 오히려 전제되고 문학적으로 가공되어 있다. 바우어가 "쉬어가는 지점Ruhepunkt"이라는 제목을 단 중간 고찰에서

---

63) 이미 슈트라우스가 적어도 "요한 풍의 예수가 한 발언들은 온통 복음서 저자의 자유 창작"이라고 추측했었다.(Strauß 1835, Bd. 1: 675)

"이제까지의 호교론은 단지 일반적 역사관이 대체로 빈약한 동안만 번성할 수 있었던 반면 (…) 이제 절대 정신의 자의식이 자신의 역사적 계시의 회상을 완성하고 종결할 과정이 우리 시대에 벌어진다"고 그가 적은 경우에 그리고 비판은 "기독교적 자의식의 순수한 자기현존Beisichseyn으로서 주어진 것, 실증적인 것 그리고 특수한 복음적 자료에서도 결국 자기 자신으로 있고자 하는 것"(같은 책: 183)이라고 그가 강조한 경우에 이는 형식적으로 옳다. 그러나 발언의 내용적인 사정거리는 "역사적 계시" 내지는 "복음적 자료"에 관해 발언할 수 있는 것을 고려할 경우에 비로소 열린다. 요한복음에 근거할 때는 말하자면 그렇게 발언할 수 있는 것이 아무것도 없다.

사실상 신학과 종교에 대한 바우어의 입장은 이미 그가 요한복음에 대한 책을 1839/40년경에 완성하면서 급진적으로 달라졌었다. 이는 그가 1844년에 출간한 그와 에드가르와의 서신 교환으로부터 드러난다. 원 편지들은 전해져 오지 않으며 바우어가 나중에 그 표현들을 날카롭게 벼렸을 가능성을 배제할 수 없다.64) 그러나 다음에서 드는 표현들은 철저히 그럴듯하며 그 직후 마르크스에게 쓴 편지들에도 들어맞는다. 그것들은 바우어(1844a)에는 포함되어 있지 않다. 바우어가 1843년에 설치된 상급 검열 법정에서 시작한 공판 절차를 근거로 해서 본다면 그는 고소당한 구절들을 사후적으로 그가 발행한 일반 문학신문에 게재할 수 있었다.(Bauer 1844b)

에드가르는 브루노에게 1839년 12월 29일의 편지에서 신학 공부를 포기하고 역사로 바꿀 결심을 전했다. 그 이유를 그는 이렇게 들

---

64) Kanda(2003: 117f.)는 그러한 사후적으로 비로소 이루어졌을 개연성이 있는, 날카롭게 만듦의 그럴듯한 예를 제시한다.

었다: "내가 영예로운 신학자로 남아 있는다는 것은 불가능해요. 나한테서 모든 믿음이 달아나기 때문이에요."(Bruno 1844b: 40) 1840년 1월 5일의 답장에서 브루노는 동생이 "메가이라"(그리스 신화에 나오는 질투의 화신 ― 옮긴이) 신학에서 벗어난 것을 축하해 주었다. 자기 자신이 계속해서 신학에 매달리는 것을 그는 다음과 같이 설명했다.

> 나는 어떻든 거기에 끼어 있고 투쟁이 내 안으로 너무 깊이 침식해 들어와 나는 그로부터 분리될 수 없을 정도로구나. 나는 신학과 아주 굳게 융착되어 내가 신학에서 행하는 것만을 내게 할 뿐이야. 즉 나는 신학에서 청소를 하면서 내 몸에서 때를 깨끗이 씻어 내지. 내가 녹초가 되면 깨끗해질 것이야.(Bauer 1844b: 41)[65]

그러나 브루노 바우어에게서는 신학 비판만이 아니라 믿음도 중요했다. 1840년 1월 20일에 브루노는 에드가르에게 그가 그들의 아버지로부터 받은 편지에 관해 편지에 썼다. 아버지는 에드가르와의 논란에 관해 말씀해 주셨는데, 그 진행 중에 에드가르는 아버지께 "브루노 형은 또한 아무것도 믿지 않아요."라고 말했고, 이에 관해서는 브루노도 반박하지 않았다.(Bauer 1844a: 31) 명백히 브루노 바우어는 신학에 대한 급진적 비판에 이르렀을 뿐 아니라 또한 무신론적 입장에 도달했다. 에드가르에게 이는 1840년 1월에 아무런 새로운 정보도 아니었던 것으로 보였고 브루노가 이미 몇 달 전에 에드가르와 이야기를 나누었던 것으로 추측할 수 있다. 물론 처음에는 신실

---

65) 방금 인용된 두 문장 대신에 검열을 받은 서신 교환에서는 이렇게 말했다: "내가 모든 곡절을 다 겪으면 비로소 끝맺음을 할 수 있겠지."

하던 사람에게서 신앙으로부터 벗어나는 과정은 좀 길게 지속된다고 가정할 수 있다. 그런 한에서 1839년 가을에는 물론 이 발달의 종착점만 있었던 것이다. 바우어의 무신론으로의 이행은 아무튼 1840년 1월 이전에 일어났음이 분명하다. 이런 시간적 비정比定은 바우어의 무신론으로의 전환이 그의 복음서 비판에 앞서 그것과 무관하게 이루어졌음을 뚜렷이 밝히는 한에서 유관한 의미가 있다. 문헌상으로 이는 언제나 식별되지는 않으며, 때로는 바우어의 무신론이 그의 복음서 연구의 귀결로 이해된다.(Lehmkühler 2010: 55에서 그러하다) 그러나 거꾸로 복음서 비판도 바우어의 무신론의 귀결이 아니었다. 완전히 그 자신의 신앙과는 무관하게 복음서 본문이 역사적 예수로의 귀납적 추론을 허용하는가 하는 질문을 추적할 수 있었다.

본에서 확고한 일자리 없이 1년을 보낸 후 바우어의 재정 형편은 이미 베를린에서도 특별히 좋지는 않았지만 완전히 위태로워져서 그는 문화부에 약속된 본에서의 교수직이 주어지지 않는 데 대해 항의를 하게 되었다. 알텐슈타인은 1840년 5월에 사망했고 문화부의 임시 장관인 아달베르트 폰 라덴베르크Adalbert von Ladenberg(1798-1855)는 바우어를 본에 여전히 공석인 교수직에 초빙하기를 원했다. 그러나 신임 장관 아이히호른에 제출한 진정서에서 신학부는 바우어의 초빙에 반대 의견을 표명하여 신학부는 이 시기에 마찬가지로 본에서 사강사로 있던 고트프리트 킨켈Gottfried Kinkel(1815-1882)을 선호한다는 것이었다.66) 신임 문화부장관 아이히호흔은 바우어가

66) 킨켈은 1848년 혁명에서 중대한 역할을 할 사람이었다. 이어지는 런던 망명에서 그는 마르크스가 그때 시종 비판적 논쟁적으로 서로 논란을 벌였던 망명객들 중 한 사람이었다.

1840년 가을에 직접 만나서 자기소개를 한 사람으로서 바우어에게 베를린에 남아 있으면서 교회사에 관한 (중립적인) 저작을 쓸 것을 권했다. 아이히호른의 말로는 문화부가 이를 보조금을 통해 촉진하리란 것이었다.(Mehlhausen 1968: 56) 그러나 브루노 바우어는 계속해서 가르치기를 원했고 본으로 돌아갔다.

중립적인 교회사 저작을 바우어는 물론 출간하지 않았다. 그 대신에 역사적 예수와 그의 설교들에 관해 사실상 무엇이 증언되는가 하는 질문이 너무나도 그를 불안하게 했다. 이에 상응하여 그는 이제 마태, 누가, 마가의 처음 세 복음서, "공관복음서"로 눈을 돌렸다. 이 세 복음서 저자들은 "공관자들"로 지칭되는데, 이는 그들의 복음서가 큰 중복을 보이며 그 때문에 18세기 이래 공관복음서들이 있었기 때문, 즉 그 공통점들과 차이들이 뚜렷해지는 세 본문을 평행하게 편찬한 책들이 있었기 때문이다.67) 1841년 연초에 바우어의『공관자들의 복음 사화 비판』제1권이 출간되었다.

여기서도 바우어의 복음서 본문 연구는 그 본문들이 역사적 예수에 관한 직접 지식에 의존하지 않고 복음서 저자들의 "자의식"의 산물이라는 결론으로 이끌었다. 바우어는 이 개념을 이미 그의 요한복음 비판에서 활용했고, 이제 그는 그 개념을 더 정확히 이해하려고 노력한다.

---

67) 이 공관복음서들은 고대 후기에 퍼졌던 "복음서 조화"와 혼동되어서는 안 된다. 복음서 조화에서는 네 복음서를 토대로 가능한 최대로 모든 기존의 예수에 관한 정보들을 고려하는 하나의 새로운 본문이 만들어진다.

자의식은 이 창조적 활동에서 물론 순수한 고립된 자아로서 처신하지 않고 자신의 직접적 주관성으로부터 창조해 내고 형성해 내지 않는다. (…) 자의식은 (…) 그것의 실체[여기서는 교회 공동체의 영]와 긴장 관계에 있어 왔고 이 실체에 의해 열매가 맺히고 그 활동을 하도록 추동되었다.(Bauer 1841a: 69)

그의 논변의 계속되는 경과에서 또한 계속 적확하게 되어 가는 과정이 발견된다. 자의식의 담지자들은 개별 인간들이기는 하지만 오직 이 개별성이 "더 이상 배타적 개체성이 아니라" "일반적인 것의 특정성을 자신 안에 지니는" 한에서만 개별 인간들이다. 자의식은 "더 이상 개별적 자아가 아니라 그 안에서 자아가 그 직접성으로부터 (…) 들어 올려지는 일반성이라"고 정리하여 말할 수 있다.(Bauer 1841a: 221)

이런 자의식 관념을 가지고서 바우어는 이미 뚜렷하게 헤겔의 자의식 개념과 구분된다. 헤겔은 자의식을 그의 주관적 정신에 대한 탐구의 틀 안에서 정했었다: 자의식 안에서 자아는 스스로에 관계되며, 그 안에서 다른 자아와 관계된다.[68](HW 10: 226을 참조하라) 이미 1841년 중에 이 자의식 개념은 바우어에 의해 계속 확장되며 그다음에 그의 『최후 심판의 나팔』(Bauer 1841b)에서 중심적인 것이 될 것이었다.

여기서 바우어가 마르크스의 박사학위 논문에 미쳤을 가능성이 있는 영향이 중요한 것이므로 나는 바우어의 발달은 이 장에서 계속

---

68) 가령 나는 내가 그 안에서 다른 어떤 자아에 의해 인정되는 나의 자아를 확증한다는 인정 관계에서 그렇다.

하여 추적하지 않을 것이다. 공관자들의 비판에서 활용된 자의식 개념을 마르크스는 아무튼 알았을 수 있겠다. 마르크스가 이 책 한 권을 언제 입수했는지를 우리가 모른다고 하더라도 바우어가 1840년 베를린에 몇 주간 있으면서 마르크스와 이에 관해 논의했다고 가정할 수 있다.

젊은 카를 마르크스의 종교적 발달과 종교철학적 연구

1835년의 독일어 고졸자격고시 논술은 17세의 마르크스가 아직 신을 믿었음을 보여 주었다.(1.7장을 참조하라) 1841년 3월로 날짜가 적힌 그의 박사학위 논문 서문에서는 이와 달리 그가 그간 결연한 무신론적 입장을 대표했음이 뚜렷해진다. 아이스퀼로스의 같은 이름의 비극에 따라 "한마디로 나는 모든 신을, 그리고 어떤 신도 완전히 증오하노라"는 문장과 함께 인용되는 프로메테우스는 마르크스에게는 "철학의 달력에서 가장 특출한 성인이고 순교자"로 통한다. (MEGA I/1: 14f; MEW 40: 262f.)

정확히 언제 마르크스가 무신론자가 되었는지 우리는 모른다. 물론 그에게 이미 고졸자격시험 직후에 최초로 신앙의 회의가 찾아왔음이 분명하다는 추측이 대두한다. 이는 그의 아버지가 1835년 11월 18일에 그에게 쓴 편지에서 드러난다. (꺾쇠괄호는 종이 손상으로 생겨난 본문 상실을 말한다.)

네가 도덕적으로 선한 채로 있음을 나는 실제로 의심하지 않노라. 하지만 도덕의 큰 지렛대는 신에 대한 순수한 믿음이니라. 내가 결코 광신자가 아니라는 것을 너는 알지. 그러나 이 믿음은 사람에게는 조만간에 참된 [필수]품이며 인생에는 신을 부정하는 자도 [마지못해] 최상의 존재에 대한 기원으로 이끌리는 순간들이 있느니라. 그리고 이는 흔하지. […] 왜냐하면 뉴턴, 로크 그리고 라이프니츠가 믿었던 것에 누구라도 […] 복종해도 좋기 때문이니라.(MEGA III/1: 291; MEW 40: 617)

　이 단락은 선행하는 단락과 아무런 관계가 없으며 그래서 카를의 전해져 오지 않는 편지와 관련됨이 분명하다. 그러나 답변으로서 이 단락은 카를이 앞의 편지에서 신에 대한 믿음에 회의를 표명했을 경우에만 의미가 생긴다.

　직접 이어지는 시기에는 마르크스의 자신의 믿음에 대한 아무런 직접적 의견 표명도 없지만, 1836/37년의 그의 시 짓기 시도들 중 몇몇으로부터 신에 대한 믿음의 거부가 읽혀진다. 바로 그 점에서 그 시도들은 기독교적으로 향해진 후기 낭만주의와는 아주 뚜렷이 구분된다. 신의 은총에 사로잡히거나 신에 대한 믿음 안에서 홀가분함을 찾으려는 동기는 마르크스의 시 중에 어느 하나에서도 부각되지 않는다. 완전히 반대다. 이미 그가 1836년 크리스마스 때 예니에게 선물한 시집 노트 제1권에서 신에 대한 믿음도 거기서는 더 이상 아무 영향력도 발휘할 수 없는 마르크스의 절망과 희망 없음을 기록한다. 「창백한 소녀」라는 시에서 제목으로 등장하는 인물은 자기를 결코 알아보지 못하는 지나가는 기사에 반한다. 그녀의 절망 속에 아무런 믿음도 도움이 되지 못한다. 그녀는 자살하기 전에 이렇게 선언한다.

그렇게 하늘을 빼앗겼고
나는 졌노라
신을 믿은 정신이
지옥으로 갈 운명이구나.(MEGA I/1: 495)

가족이 구해 준 남자와 결혼하지 않으려 하는 한 처녀를 다루는 「난폭한 신부의 노래」에서도 비슷하다. 왜냐하면 그녀는 다음과 같이 두려워하기 때문이다.

그리고 나는 사슬에 묶여 있어요
언제나 거친 남자를 위해서
어떤 신도 나를 부드러운 손길로 구해 주지 않아요
노예살이와 추방령에서.(MEGA I/1: 507)

그녀가 결국 내적으로 마음이 무너져 결혼에 동의하고 마지막 연에서는 이렇게 말한다.

그리고 산은 우쭐하게 늘어지고
하늘은 황금빛으로 웃는구나
인간의 갈망을 알지 못하니
조용히 자기의 화려함을 기뻐하겠지.

꽃봉오리 부풀고 꽃들은 탐스럽네
아무런 큰일도 생기지 않았으니
한 영혼이 죽음에 감싸이고
심장은 말없이 멎을 수밖에.(MEGA I/1: 510)

그 설명에 따르면 위안이나 해방은 신한테 기대할 바가 못 된다. 제2노트에서는 어조가 날카로워진다. 「별에게 부르는 노래」에서는 다음의 연이 발견된다.

> 하지만 아 너희는 다만 언제까지나
> 고요한 에테르 그림자 안에서 타오르고
> 신들은 언제까지나
> 불덩이를 너희 속으로 던지는구나.(MEGA I/1: 529)

신은 결코 비유적으로 세상에 있는 것이 아니다. 「절망하는 자의 기도」에서 주제는 "나에게서 모든 것을 빼앗아 간" 신에 대한 완강한 거부이다.(MEGA I/1: 640) 여기서 신은 맞붙어 투쟁을 시작해야 할 적으로 여겨진다.

「세상 법정」(부제목은 '농담')에서는 죽음 후의 삶에 관한 종교적 표상은 단지 조롱의 대상이 될 뿐이다.

> 아! 저 죽은 자들의 삶 앞에
> 성인들의 찬미가 앞에
> 나의 머리털이 곤두서서 떨지 않을 수 없고
> 내 영혼은 기겁을 하오.(MEGA I/1: 641)

그리고 왜 그는 이 죽은 자들의 삶 앞에서 그토록 기겁을 하는가? 그것이 아주 지루하기 때문이다.

우리는 영원한 신을 찬미하고
끝없이 할렐루야를 외칠 거라면
욕망과 고통은 충분히 높인 적 없어도
더 이상 알지 못하오.(MEGA I/1: 642)

소설 단편 「스코르피온과 펠릭스」에도 기독교 신의 삼위일체 같은
종교적 주제에는 경멸과 조롱만이 있을 뿐이다.(MEGA I/1: 700)

이 시들은 1837년 4월 전에 지어진 것들로서 마르크스가 고졸자
격 논술시험에서 "지상의 존재들을 결코 완전히 지도자 없이 두지
않으며 천천히 그러나 확실히 이야기하신다"(MEGA I/1: 454; MEW 40:
591)고 했던 그 "신성"을 더 이상 믿지 않음을 뚜렷이 말해 준다. 그
가 아버지에게 보낸 편지에서 언급한 분실된 대화록 「클레안테스」에
서 마르크스는 초기의 셸링에 의존한 범신론적 표상을 가지고서 실
험을 했음이 분명하다. 신은 인격으로서가 아니라 "철학적·변증법적
으로" 전개되는 비인간적 세계영혼으로서 이해된다.(MEGA III/1: 16;
MEW 40: 9, 이에 대해서는 위에서 2.4장을 참조하라) 마르크스가 얼마나 강
하게 그리고 얼마나 오래 그러한 범신론적 견해에 사로잡혀 있었는
지 우리는 알지 못한다.

마르크스의 양친은 프로테스탄트교로 개종하기는 했지만 그들이
언제 기독교 신앙과 프로테스탄트교에 대한 긴밀한 관계를 발달시
켰다는 것을 시사해 주는 단서는 없다. 위에서 인용된 마르크스의
아버지의 편지에서 드러나는 것처럼 그의 신앙 표상은 오히려 이신
론적인 것으로 아로새겨져 있었고 그가 프로테스탄트 교인이 된 것
은 변호사 직업을 유지할 수 있기 위한 것이었다. 그래서 젊은 카를

도 가족이나 교회 공동체 생활을 통해 초래된 프로테스탄트교에 대한 정서적 관계를 결코 가진 일이 없을 개연성이 높다. 그로부터 기독교 신앙 표상과의 결별은 — 젊은 프리드리히 엥겔스와는 완전히 구분되게 — 비교적 쉽게 일어났다고 할 수 있겠다.69)

무신론으로의 이행은 바우어에게서도 마르크스에게서도 더 이상 종교철학적 주제들에 매달리지 않도록 이끌어 갔다. 바우어에게 이

---

69) 마르크스의 종교적 표상들이 완전히 이른 시기에 발달한 것은 이제까지 단지 조금 밖에 탐구되지 않았다. Walter Sens는 더 상세한 근거 밝힘 없이 "마르크스가 다소 의식적으로 이미 1839년 여름 그의 [박사학위 논문을 위한] 준비 과정에서 이 무신론적 입장을 취했을 것"(Sens 1935: 35)으로 추측한다. Johannes Kadenbach는 마르크스의 시들에서 이미 최초의 종교 비판이 들어 있다고 보지만 이는 헤겔 철학으로의 이행을 통해 다시 상대화된다고 본다. 이런 이행은 "정신의 일원론적 개관"을 향한 마르크스의 바람에서 생겨났으며 (그러나 이런 바람이 어디서 온 것인지는 설명되지 않는다) 헤겔의 "일원론은 신을 총체적 존재로 긍정한다"는 것이다. (Kadenbach 1970: 45) 헤겔의 철학은 마르크스에게 세상에 내재하는 신과 더불어 새로운 종교 이해를 매개해 주었다는 것이다.(같은 책: 46ff.) 브루노 바우어의 영향 아래서 비로소 마르크스는 새로운 헤겔 이해와 종교 이해를 발달시켰는데, 이는 가령 바우어의 『최후 심판의 나팔』에서 발견되는 이해라는 것이다.(같은 책: 55ff.) Kadenbach는 이미 마르크스의 시대에 논란이 되었던 기독-종교적 헤겔 해석을 유일하게 가능한 것으로 전제할 뿐 아니라 나아가 마르크스가 헤겔 철학으로의 이행 시에 또한 이런 종교적 귀결을 끌어냈으면서도 그에 대해 증거를 제출할 수 없었다는 것을 전제로 한다. Ruedi Waser는 무엇보다도 아버지의 편지들 그리고 마르크스의 시들로 볼 때 젊은 마르크스는 "불가지론자"였으며 이 불가지론은 1837년에 마르크스가 헤겔 철학으로 이행해 가는 것을 아주 어렵게 만들었다는 결론을 도출한다.(Waser 1994: 23, 25) 왜 마르크스는 1836/37년에 불가지론자였고 무신론자는 아니었는지는 물론 Waser에 의해 그 이유가 제시되지 않았다. 불가지론자들은 일반적으로 종교에 대한 일정한 온건함으로 자신을 특징짓지만 그들은 종교적 표상들이 참된 핵심을 가진다는 것을 배제할 수 없다. 그러한 온건함은 마르크스의 시들에서는 아무것도 눈에 띄지 않는다. 이제 젊은 마르크스의 불가지론(또는 무신론)이 헤겔 철학으로의 이행에 큰 장애물이었다면, 마르크스가 그러면 왜 그의 대화록「클레안테스」에서 하필이면 셸링에게서 헤겔을 반대하는 데 대한 지원군을 찾았는지는 완전히 이해가 안 된다.(1837년 11월 10일 마르크스가 아버지에게 보낸 편지, MEGA III/1: 16; MEW 40: 9를 참조하라)

는 알려져 있으나, 마르크스도 1838년과 1841년 사이에 여러 편의 종교철학적 기고 논문들을 쓸 계획을 가졌다는 것은 훨씬 덜 알려져 있다. 이 계획에서 아무것도 실현되지 못하여 오늘날 종교철학은 마르크스의 작업 분야로서는 와 닿지 않지만 마르크스는 그것과 강도 높게 씨름을 했음이 분명하다. 그가 1839년 여름 학기에 바우어의 이사야에 관한 세미나에 참가했다는 것은 이런 배경에서는 특기할 만한 일이 아니며 이 시기에 완전히 정치적 의미가 있는 종교철학적 문제들과의 광범위한 대결의 구성 부분이다.

마르크스의 종교철학 분야의 글을 발표할 계획은 무엇보다도 바우어가 본에서 마르크스에게 보낸 편지들에서 드러나며, 마르크스가 바우어에게 보낸 편지들은 전해져 오지 않는다.70) 1840년 3월 1일의 편지에서 바우어는 이렇게 질문한다.

> 그대의 허튼 수작: 회초리를 맞은 어부Fischer vapulans는 뭣 하자는 것인가?(MEGA III/1: 341)

이는 명백히 사변적 유신론자에 속하는 카를 필립 피셔Karl Philipp Fischer를 말하는 것이다. 그는 1839년에 『신성의 관념』을 출간했고 그 책에서 그는 신의 인격과 영혼의 불멸을 헤겔의 책임으로 돌려진 범신론에 맞서 내세웠다. 어쩌면 마르크스의 "논리적 야간 학습"[밤 공부, 강도 높은 공부를 비유하는 것임]도 바우어가 1839년 12월 11일의

---

70) 바우어의 편지들 중에서도 전부가 보전되어 있는 것은 아니다. 전해져 오는 두 번째 편지에는 이렇게 되어 있다: "내가 지금 벌써 얼마나 자주 편지를 썼던지 — 그런데 그대는 침묵하는군!"(1840년 3월 1일 편지, MEGA III/1: 340)

편지(MEGA III/1: 336)에서 언급한 것으로서 그것과 연관된다. 사변적 유신론자들이 헤겔의『논리학』에 연결되었지만 독자적인, 철학으로 지양되지 않은 신학을 대표했으므로『논리학』에 대한 그들의 이해가 가지는 이런 지향에 대한 비판이 시작될 수밖에 없었을 것이다.

1840년 3월 30일 바우어의 편지에는 바로 두 가지 마르크스의 기획에 관해 이야기가 나온다. 하나는「종교철학의 소개 비평」(MEGA III/1: 343)인데, 이는 바우어가 상당히 가공한 헤겔의『종교철학 강의』제2판에 대한 서평을 말하는 것이다. 다른 하나는 마르크스가 그의 박사학위 논문을 마친 후에 이미 본에서의 장래의 철학 강사가 될 것으로 보는 바우어가 "당신이 다음 겨울에 헤르메스주의에 관하여 강의하고 싶지 않으면 내가 그것을 해 보았으면 하오. 하지만 당신이 그것에 관해 강의해야 하고 이미 오래전부터 한 마디로 이 사안에 관해 식견이 있기에 당신이 해야 한다는 것은 자명하고 언급할 필요도 없소. 엄청난 주목을 받게 될 것이오."(MEGA III/1: 344) 게오르크 헤르메스Georg Hermes(1775-1831)는 본 대학의 가톨릭 신학자로서 가톨릭 교리를 계몽사상과 조화시키기를 시도했었다. 헤르메스주의는 프로이센 정부에 의해 지지를 받았지만, 이미 1832년에 회칙에서 양심과 종교의 자유를 정죄했던 교황 그레고리오 16세에 의해 헤르메스의 글은 1835년에 금서 목록에 올랐다. 그 직후 쾰른의 대주교 드로스테 추 비셰링은 아직 다른 종교신자 간 결혼에 관한 논쟁이 일어나기 전에 가톨릭 신학대학생들에게 헤르메스의 강의를 듣는 것을 금지했다. 마르크스의 헤르메스주의와의 대결이 "엄청난 주목"을 받을 것이란 것은 오직 마르크스가 이 프로테스탄트적 프로이센에서 일정한 공감을 가지고 주시되는 가르침을 근본적으로 비판하기를 원했다는 것만을 뜻할 수 있다. 가톨릭 신학의 합리적 근거 설정을 향한 헤르메스의 시도에 반대하여 마르크스는 "세속적" 이성과 "영적" 이성의 원칙적 조화 불가능성을 개진했을 개연성이 있고, 이는 그가 1842년 7월에 『쾰른신문』 제179호에서 대문 기사로 된 그의 기고문에서 시사하는 입장이다.(MEGA I/1: 178; MEW 1: 92f.) 이로써 그는 헤르메스주의에서 기초를 박탈한 셈이 되었다.

마르크스는 헤르메스주의에 대한 책도 출판을 계획했고 브루노 바우어에게 본의 한 출판업자와 접촉을 해 달라고 부탁했었다. 1840년 7월 25일에 그에게 바우어는 마르크스가 자신에게 출판업자를 접촉하는 문제로 보낸 편지를 활용할 수 없다고 편지에 썼고, 명백히 마르크스는 상당히 부적당한 말투를 썼던 것이다: "그대의 세탁부에게 물론 대충 그렇게 쓸 수도 있지만 그대가 비로소 얻고자 하는 출판업자에게는 그럴 수 없소."(MEGA III/1: 349) 친분이 있는 한 강사의 도움으로 바우어는 그 책에 관심을 가진 다른 출판업자를 찾아냈다. 그러나 출판 계약이 성사되었는지는 알려지지 않는다. 마르크스는 이 기획을 적어도 1841년까지는 계속 추진했음이 분명하다. 1841년 2월 23일에 에두아르트 마이엔은 루게에게 보낸 편지에서 마르크스가 "헤르메스에 관한 소책자 쓰기"를 원하고 그 때문에 당장은 『할레 연감』의 동업자로서는 문제시된다고 언급했다.(Hundt 2010a: 693) 1841년 초에 마르크스는 포이어바흐 비판도 생각했음이 분명하다.(1841년 4월 12일 바우어의 편지, MEGA III/1: 358을 참조하라) 이 시기에 비판 대상으로서 문제시되는 유일한 포이어바흐의 저작은 1839년에 그가 출간한 소책자 『헤겔 철학에 가해진 비기독교적이란 비난과 관련된 철학과 기독교에 대해』이다.

아르놀트 루게에게 보낸 편지들에서 마르크스는 1842년에 여러 번 "종교와 예술"에 관한 논저를 예고했는데, 이는 애초에 바우어의 『나팔』의 속편을 위한 기고문으로 계획된 것이었지만(1842년 3월 5일 마르크스가 루게에게 보낸 편지, MEGA III/1: 22; MEW 27: 397을 참조하라) 독자적으로 출간될 것이었고 점점 더 확대된 것으로 보인다. 마르크스는 1842년 3월 20일에 루게에게 이렇게 전했다.

> 논문 자체에서 나는 반드시 종교의 일반적 본질에 관해 이야기하지 않을 수 없었고 거기서 나는 어느 정도 포이어바흐와 충돌하는데 이는 원리가 아니라 그의 이해에 관련되는 것입니다. 아무튼 종교는 거기서 승리하지 않습니다.(MEGA III/1: 25; MEW 27: 401)

이로써 마르크스는 1840년 초부터 1842년 연초까지 적어도 다섯 건의 종교철학적 출판물을 계획했었다. 다섯 경우 모두 출판에 이르지 못했고 마르크스가 얼마나 원고의 완성에 도달했는지는 알려져 있지 않으며 해당 원고들은 전해 오지 않는다. 종교철학적 문제들에 대한 유일한 출판물은 1842년 11월의 『독일 연감』 안의 작은 텍스트였다. 거기서 마르크스는 브루노 바우어의 공관자들에 관한 글들을 문헌학자인 오토 프리드리히 그루페Otto Friedrich Gruppe(1804-1876)에 맞서서 옹호했는데, 그루페는 전에 『할레 연감』의 동업자였지만 어느새 반동적인 입장으로 방향을 바꾼 사람이었다. 라인신문에 실리기로 되었던 "쾰른 교회 논쟁"에 대한 마르크스의 기고문은 검열 당국에 의해 완전히 삭제되었는데, 적어도 종교철학적인 문제들을 다루었다고 볼 수 있겠다. 이 기고문에서 그는 "국가의 수호자들이 어떻게 교회적인 입장에 서 있고 교회의 수호자들이 어떻게 국가의 입장에 서 있었는지를 증명했을" 것이라고 1842년 7월 9일에 아르놀트 루게에게 보낸 편지에서 마르크스가 이야기했다.(MEGA III/1: 28; MEW 27: 405)

마르크스의 종교철학적 연구들이 독립적인 출판물로 쓰이지 않은 경우에도 이는 파급 효과가 없는 채로 남아 있지 않았다. 마르크스의 전체 저작에서, 특히 『자본』에서도 수많은 성서에 대한 인용문들과 성서를 빗대어 말하는 내용들 그리고 신학적 주제들에 대한 참조 사항들이 발견된다.71) 마르크스가 그런 주제들과 친숙한 것은 단순히 오늘날 그런 것보다 19세기에 훨씬 더 강하게 종교적으로 각인된 커다란 일반 교양의 결과만은 아니었다. 이런 방대한 지식은 마르크스가 1838년에서 1842년 사이에 행한 종교철학적 연구들 덕분일 개연성이 높다.

마르크스의 바우어와의 우정 그리고 무신론의 의미

1837년에서 1842년까지 브루노 바우어는 카를 마르크스의 가장 친한 친구였으며, 거꾸로 브루노 바우어에게 카를 마르크스도 바우어의 동생 에드가르와 아울러 그에게 가장 중요한 인물이었다고 해도 좋겠다. 그 관계의 정서적 측면은 바우어의 편지들에서 암시된다. 이미 위에서 1841년 4월 바우어가 마르크스에게 보낸 편지가 인용

---

71) 마르크스와 엥겔스의 저작에서의 성서 인용의 이례적인 규모, 성서를 빗대어 말한 것들과 신학적인 참조 사항들에 관하여 Reinhard Buchbinder(1976)의 박사학위 논문이 정보를 제공해 준다.

되었는데, 그 편지에서 바우어는 "베를린에서 내가 그대와 거리를 같이 걷기만 한 경우에도 그랬던 것만큼" 본에서는 아직 결코 그렇게 웃은 적이 없다고 적었다.(MEGA III/1: 356) 1841년 3월 31일의 앞선 편지를 바우어는 이런 문장으로 시작했다.

> 나의 바람대로만 되어 갔다면, 내가 오래전에 그대의 부인께 편지를 썼을 것이오.(같은 책: 354)

마르크스는 바우어에게 예니에게 편지를 써 달라고 요청한 것으로 보이며 이는 아직 행해지지 않았다고 재촉한 것으로 보인다. 명백히 카를은 그에게 이 시기에 가장 중요했던 그 두 사람을 또한 직접 접촉시키기를 원했던 것이다. 다른 사람들에게도 마르크스와 바우어 간의 긴밀한 우정이 눈에 띄었다. 에두아르트 마이엔은 마르크스를 "브루노 바우어의 친한 친구"로 특징지었다.(1841년 1월 14일 루게에게 보낸 편지, Hundt 2010: 654)

바우어와 마르크스는 1841년에 공동의 출판 계획도 가졌으며 심지어 함께 잡지를 내기 원했다.(이에 대해서는 아래에서 계속 다룰 것이다.) 이를 넘어서 마르크스가 박사학위 취득 후에 본으로 와서 그곳에서 교수 자격을 취득하여 바우어와 마르크스가 본에서 공동으로 가르치고 신학적이고 정치적인 반동 세력에 대항할 수 있도록 한다는 계획이 있었다. 1839년 12월 11일에 마르크스에게 보낸 보전되어 있는 첫 번째 편지에서 이미 바우어는 이렇게 썼다.

> 그대가 여름에 강의하러 오도록만 하게나.(MEGA III/1: 335)

즉 바우어는 마르크스가 1840년 여름 학기에 이미 본에서 강의를 할 수 있기를 기대했다. 하지만 마르크스는 그의 박사학위 논문을 완성하려면 아직 멀었다. 1840년 3월 1일 편지에는 이렇게 되어 있었다.

> 그래도 마침내 시험 보는 것이 그런 것처럼 그대의 망설임과 터무니없는 짓과 허튼수작을 붙들고 느릿느릿 끌고 가는 것을 끝내게나. 그대가 여기에 비로소 있기만 하다면, 또 우리가 지면이 감당할 수 있는 것보다 더 많은 것에 관해 이야기를 나눌 수 있다면.(같은 책: 341)

그리고 그런 식으로 다음의 편지들에서도 여전히 계속되었다.

이런 계속된 재촉의 배경을 우리는 바우어의 거듭하여 대표되는 견해 즉 교회와 학문의 충돌로 정치적이고 사회적인 위기가 역사적인 크기를 갖도록 키워질 것이란 견해에서 발견한다. 3월 1일에 그는 이렇게 썼다.

> 시대는 점점 더 무서워지고 점점 더 아름다워진다. (…) 어디에서나 지극히 결연한 대립들이 터져 나오고 이 대립들을 감추려고 하나 단지 그것들을 강화시키는 데 기여할 뿐인 허망한 중국식 경찰 체계가 있다. 결국은 국가가 눈이 멀어 지도력을 자기 손아귀에서 내놓는 동안 바로 이런 중국식 억압[72]에서 자신을 해방하고 투쟁을 이끌 철학이 있어야 한다!(같은 책: 341)

---

72) 바우어가 "중국식 경찰 체계"에 관해 이야기하고 프로이센의 상황을 "중국식 억압"으로 특징짓는 것은 물론 헤겔의 『역사철학 강의』의 중국에 대한 서술을 빗댄 것으로 그 책에서 중국은 황제의 독재적 지배 체계로 묘사되었다.(HW 12: 147-174)

1840년 4월 5일에 바우어는 마르크스에게 이렇게 전했다.

파국은 무섭고, 깊은 효과를 미치게 될 것이고 나는 그것이 기독교가
세상에 들어왔을 때의 파국보다 더 크고 더 엄청나게 될 것이라고 거
의 말하고 싶소. (…) 다가오는 것은 단 한 순간만이라도 불확실할 수
있기에는 너무 확실하오. (…) 적의 세력은 지금 아주 가까이 다가와
서 일격이 판가름할 것이오.(같은 책: 346)

마르크스가 바우어의 이런 기대들에 어떻게 반응했는지를 알면
흥미로울 것이다. 그는 이 기대들에 반박하지 않았을 것으로 보이며
바우어의 편지들에는 의심하는 마르크스를 설득하려는 시도는 발견
되지 않는다.[73] 바우어는 마르크스를 명백히 다가오는 투쟁들에서
가장 많이 신뢰하는 동반자로 자기편에 두고자 한다. "그대가 본으
로 온다면 이 이 둥지는 필시 곧 일반적 주목의 대상이 될 것이고 우
리는 여기서 위기를 그 가장 중요한 순간에 야기할 수 있소."(같은 책:
354) 하고 바우어는 1841년 3월 31일에 편지에 썼다.

마르크스와 바우어는 서로에게서 어떤 점을 아주 매력적으로 보
아서 그런 식으로 강도 높은 관계가 발달했는가? 그 두 사람 다 예리
한 오성을 지녔고 짧은 시간에 거대한 독서 과제를 소화할 형편에 있
었다. 그 두 사람이 다 그들 시대의 정치적이고 정신적인 발달에 엄
청나게 관심을 가졌다. 그러나 이는 아직 전부가 아니었다. 바우어는

---

73) 1850년대에 우리는 마르크스에게서 — 완전히 다른 이론적 토대 위에서 — 비슷하
게 촉발된 태도를 알게 될 것이다. 다음번의 경제 위기로 그는 자본주의 체제의 위력
적인 흔들림과 새로워진 혁명적 물결을 기대했다. 1857/58년의 위기가 그에게 더
나은 것을 가르쳐 주기까지 말이다.

굉장한 일관성을 가지고 자기 자신의 접근법을 추구했고 어떤 추론 결과 앞에서도 기겁하여 물러서지 않았고 정치적으로도 일관적이면서 헹스텐베르크에 대한 그의 비판이 보여 준 것처럼 자기 자신의 처지를 별로 많이 고려하지 않았다. 젊은 마르크스의 "엄격한 원칙"을 이미 그의 아버지가 언급했었는데(같은 책: 300) 그 두 가지가 그에게 깊이 인상을 남겼을 개연성이 있다. 적어도 "비판"에 대한 그의 표상의 몇 가지 모습들은 브루노 바우어와의 관계를 통해 형성되었다고 해도 좋을 터인데, 이는 마르크스가 1842년 말에 그와 바우어 간의 단절에 도달한 후에도 여전히 고수한 표상이었던 것이다. 1844년에 『독불연보』에서 마르크스가 지금 관건이 되는 것은 "모든 기존의 것에 대한 무자비한 비판인데, 이는 비판이 그 결과물 앞에서 두려워하지 않는다는 의미에서, 그리고 마찬가지로 현존하는 세력들과의 갈등 앞에서 두려워하지 않는다는 의미에서 무자비하다는 것이다."라고 썼을 뿐만이 아니었다.(MEGA I/2: 487; MEW 1: 344) 또한 30년 이상이 지난 뒤에도 여전히 마르크스는 자신과 엥겔스에게 이 무자비성을 신뢰하지 않는 인물들을 통해 과학적 사회주의 잡지의 창간 제안이 들어온 것을 계기로 "모든 비판의 첫 번째 조건인 무자비성은 그런 회사에서는 불가능해진다네"라고 표현했다.(1877년 7월 18일 프리드리히 엥겔스에게 보낸 편지, MEW 34: 48)

그러나 젊은 마르크스도 뭔가 내놓을 것이 있었다. 위에서 논의된 것처럼 그는 이미 아주 이른 시기에 무신론적 입장을 받아들였을 개연성이 있다. 마르크스의 이 초기 무신론은 왜 박사 클럽의 구성원들이 (알려진 한에서는) 카를보다 나이가 상당히 더 많았고 처음에는 또한 상당히 더 많은 철학적 지식을 보유했는데도 그가 그 클럽에서 그렇게 빨리 인정받았는지를 설명해 주는 것일 수 있겠다. 확실히 그는 그의 빠른 이해력의 자질과 그의 독서량을 통해서도 인상을 남겼다. 그러나 그가 아주 빠르게 나이 많은 사람들도 그로부터 배울 수가 있는 그런 자로 받아들여졌다는 것은—이는 본 장의 서두에서 인용된 쾨펜이 마르크스에게 1841년 6월 3일에 보낸 편지에서 드러난다—마르크스가 무신론적 입장을 대표할 때 가진 초연성에도 원인이 있었다고 할 수 있겠다. 클럽의 다른 구성원들은 프로테스탄트교 가정 출신이었고, 바우어만이 아니라 쾨펜과 루텐베르크도 처음에는 신학 공부로 시작했었다. 그들 모두 기독교-프로테스탄트교 신앙 세계에 마르크스가 일찍이 그랬던 것보다 훨씬 강하게 뿌리를 두었다. 그렇게 강한 연결이 있었으니 신앙으로부터의 결별은 지적인 문제일 뿐만이 아니라 또한 강한 정서적 문제이기도 하다. 신앙과의 그런 징시적 문제를 젊은 마르크스는 가지지 않았을 개연성이 높으며, 그의 시들은 그가 그 클럽의 논의에서 신학만이 아니라 종교도 어지간히 존경심 없이 다루었을 수 있겠다고 추측하게 한다.

마르크스가 1837년 여름에 박사클럽에 문을 두드렸을 때는 브루노 바우어가 심지어 예수의 처녀 탄생을 옹호한 것이 꼭 1년 반 전부터의 일이었고, 그는 여전히 보수적인 신학 잡지의 발행인이었다. 바우어가 이 시기에 이미 무신론자였을 개연성은 없다. 그러나 그렇다면 마르크스를 무신론으로 인도한 것은 예를 들어 캐기(Kägi 1965: 78)나 맥릴런(McLellan 1987: 9)이 시사하는 것처럼 바우어였을 수 없다. 오히려 거꾸로 그의 친구 바우어를 1838년과 1839년에 무신론으로 이끌었거나 그를 적어도 무신론으로의 길 위에서 지지해 준 것이 마르크스였을 수 있을 것이다. 이는 또한 위에서 들어진 바우어가 이미 그의 복음서 비판 전에 무신론자가 되어 있었다는 검토 결과에도 들어맞을 것이다.

바우어와 마르크스는 1840/41년에 더욱이 공동으로 잡지를 발행할 것을 계획했다. 이 잡지에 대한 가장 이른 시기의 언급은 1841년 3월 28일 바우어가 마르크스에게 보낸 편지에서 발견된다. 물론 바우어와 마르크스는 그것에 관해 벌써 전에 필시 바우어가 1840년 가을 베를린을 방문했을 때 소통했음이 틀림없었다. 편지에서 바우어는 아무튼 잡지 발행 계획을 알고 있는 것으로 전제했다. "이번 여름에 그 잡지가 성사되어야 하오. (…) 이는 더 이상 버틸 일이 아니오. 베를린의 잡담Gewäsch[베를린의 『학문적 비평을 위한 연감』을 말한다]과 『할레 연감』의 피로감은 점점 더 드러나고 있소. (…) 참된 이론의 공포정치가 순수한 장을 만들어야 하오"(MEGA III/1: 353) 이 "참된 이론"은 물론 오직 소수에 의해서만 전달될 수 있었는데, 이는 바우어에게 "우리가 오직 소수의 동업자만을 허용할 수 있음"이 명확했기 때문이다.(같은 책)74)

잡지의 제호題號는 바우어의 편지들에서는 거명되지 않기는 했지만 루게는 계획된 잡지를 1841년 9월 8일 아돌프 슈타르에게 보내는 편지에서 언급했다: "이는 (명시적으로) 무신론 전문 잡지가 됩니다."(Hundt 2010a: 826) 이것이 단지 루게의 성격 규정이 아니라 사실적으로 계획된 제호였음이 1843년 2월 28일의 만하임 석간신문의 한 보도를 통해 확증된다. 거기에는 이렇게 되어 있었다.

---

74) 잡지 발행 기획은 1841년 4월 12일의 바우어의 편지에도 짧게 언급된다.(MEGA III/1: 358)

마르크스 박사는 (…) 브루노 바우어의 친구로서 그와 함께 본에서 철학·신학 전문 잡지를 발행하기 원했으며, 이는 바우어의 복음서 비판의 입장에서 설 것으로서 '무신론 아카이브'라는 제호를 달 것이었다. (MEGA III/1: 751에 따라 인용함)

사람들이 이 전문 잡지로부터 기대한 것을 게오르크 융Georg Jung (1814-1886)은 라인신문의 공동 창간자의 한 사람으로서 1841년에 아르놀트 루게에게 보낸 편지에서 이렇게 표현했다.

마르크스 박사, 바우어 박사, 루트비히 포이어바흐는 신학·철학 잡지를 위해 연합하며 그다음 모든 천사들이 늙은 하느님 주위로 몰려들 수도 있고 그 자신이 별일 없을 수도 있는데, 이는 이 세 사람이 확실히 하느님을 하늘로부터 끌어내어 내동댕이치고 게다가 그에게 소송을 제기할 수 있기 때문입니다. 마르크스는 적어도 기독 종교를 가장 패륜적인 종교들 중 하나로 거명하며, 게다가 그는 완전히 절망한 혁명가인데도 불구하고 내가 아는 가장 예리한 두뇌들 중 하나입니다. (Hundt 2010a: 852)

그러나 이 잡지는 결코 창간되지 못했다.

6. 마르크스의 박사학위 논문 기획

오늘날 의학이나 자연과학 박사학위 논문을 집어 들면, 보통은 좁게 한정된 특수한 문제를 다루는 비교적 얇은 저작물을 보게 된다. 정신 및 사회 과학들의 분야에서는 달라 보인다. 여기서는 박사학위 논문은 흔히 아주 방대하고 때로는 당시의 전문 분야에서 그것이 나온 지 10년이나 20년이 지난 후에도 여전히 관심을 끄는, 논의에 대한 비중 있는 기여물이다. 하지만 이는 언제나 그랬던 것은 아니다. 1950년대 말부터 점차 마찬가지로 문서 작업물을 요구한, 박사학위 아래의 학위들이 도입되면서 비로소 박사 논문의 규모와 질은 상당히 향상되었다. 1950년대에 들어서까지 정신과학 및 사회과학에서도 하위의 특수한 문제에 바쳐진 별로 방대하지 않은 저작물을 가지고서 박사학위를 취득할 수 있었다. 19세기의 많은 알려진 학자들에게서 박사학위 논문은 가장 관심을 적게 끄는 저작이다. 그런 한에서 앞의 절에서 언급된 브루노 바우어의 마르크스가 "허튼 수작"을 빨리 끝내기를 빈다는 재촉은 시종 이해할 수 있는 것이었다. 무엇보다도 19세기 전반기에는 3학년 혹은 4학년 후에 몇 달 안에 박사학위 논문을 완성했다. 정말로 독립적인 학문적 작업은 보통 박사학위 논문으로 시작되었던 것이 아니라 그 후에 비로소 시작되었다.

이런 정황을 고려한다면, 마르크스가 꼭 3년 반의 공부를 한 후에
『데모크리토스와 에피쿠로스의 자연철학의 차이』에 관한 그의 박사
학위 논문의 완성에 그렇게 긴 시간을 요했다는 것이 결코 자명하지
않다. 이 주제에 대한 최초의 발췌물들은 1839년 초의 것이지만, 마
르크스는 2년이 넘게 지나서 1841년 4월에 비로소 자신의 박사학위
논문을 제출했다. 긴 작성 기간의 이유들 중 하나는 확실히 마르크
스가 전적으로 그의 박사학위 논문에 매달리지 않았다는 데 있었다.
지난 절에서 뚜렷이 드러난 것처럼 그는 종교철학적 주제들에 강도
높게 매달렸고 거기서 그는 몇 편의 기고문의 발표만이 아니라 온전
한 (헤르메스주의에 대한) 책의 출간도 계획했다. 다른 한 이유는 마르
크스가 그의 박사학위 논문을 당시에 보통 그랬던 것보다 훨씬 더
철저하게 착수했다는 데 있었다. 마르크스가 그의 관심을 끄는 모든
사항들에 대해 입장을 취하지 않았다고 하더라도 1841년의 박사학
위 논문은 그가 1837년 이루어진 헤겔 철학으로의 전환 이래 4년
동안 도달한 철학적 입장들에 대한 중대한 통찰을 제공해 준다.[75]

---

[75] 오랜 시간 동안 마르크스의 박사학위 논문은 문헌상 오히려 등한시되었으며 몇 년
전 이래로 비로소 좀 커진 관심에 마주쳤으며 이는 때로는 일정한 과대평가와 맞물
린다. Browning(2000: 132)에게 마르크스의 차후의 자본 설명은 여기서 설정된 경
로를 따르며, Levine(2012: 119)은 박사학위 논문에서 이미 기존의 것에 대한 유물
론적 비판의 프로그램이 있다고 보며, Eichler(2015: 25)는 마르크스의 전체 저작
에 대한 "열쇠"가 있다고 본다.

왜 에피쿠로스인가?

우리가 마르크스의 어머니의 편지(MEGA III/1: 334)로부터 아는 것처럼 어머니는 1838년 10월에 벌써 박사학위 취득 수수료를 내기 위한 돈을 그에게 보냈었다. 그는 이 돈을 우선 생계를 위해 썼을 개연성이 있지만, 이 시기에 또한 이미 자신의 박사학위 논문을 위한 구체적인 계획을 가졌음이 분명하다. 1839년 초에 마르크스가 "에피쿠로스 철학에 대한 노트"라고 제목을 단 최초의 발췌문들이 생겨났다. 1840년 연초까지 그는 모두 일곱 권의 그런 노트를 작성했다. 그는 1838년 말에 박사학위 논문 테마로 에피쿠로스를 잡기로 결정한 것으로 보인다. 정확히 언제 그리고 무엇보다도 왜 마르크스가 에피쿠로스의 철학을 테마로 선택했는지를 알려져 있지 않으며, 이에 대해 그의 아무런 의견 표출도 전해져 오지 않는다. 물론 우리는 곧 이 테마의 선정이 결코 놀랄 일이 아님을 보게 될 것이다.

마르크스의 철학사에 대한 시각은 헤겔의 1833-1836년에 발간된 『철학사에 관한 강의』에 강하게 영향받았다. 박사학위 논문의 서언에서 마르크스는 헤겔의 "놀라울 만큼 위대하고 대담한 계획"으로부터 "대체로 비로소 철학사가 시작된 날짜가 기록될 수 있다"고 썼다.(MEGA I/1: 14; MEW 40: 261) 헤겔은 철학사를 단순히 다양한, 다소 자의적인 가르침들의 연속으로 이해하지 않았으며, 오히려 내적인 연관을 발견하고자 시도했고 "역사에서 철학 체계들의 이어짐은 관념의 개념 규정들의 논리적 도출에서의 이어짐과 같은 것이라고 공언했다. 나는 철학사에서 나타난 체계들의 근본 개념들에서 순전히 그 외적인 모습들, 그것들의 특수한 것에의 적용 등에 관련된 것을 빼앗는다면 관념 자체의 그 논리적 개념들로의 규정의 다양한 단계들을 보전한다고 주장한다."(HW 18: 49)[76] 그러나 우선 철학사적 발달과 개념 논리적 발달 간의 강한 평행성에 귀 기울일 때 들리는 소리는 곧 제약된다. 말하자면 "역사적 형상이 포함하는 것 안에서 이 순수 개념들을 인식할 줄 알아야 한다는 것이다. 나아가 어떤 한 측면에서 볼 때도 물론 역사의 시간적 이어짐으로서의 이어짐은 개념들의 질서에서의 이어짐과는 구분된다. 이 측면이 어디에 있는지, 이를 더 상세히 보여 주는 것은 우리의 목적으로부터 너무 멀리 벗어나게 할 것이다."(같은 책)[77] 물론 헤겔은 철학 체계들을 시종 일반적 범주적인 지평에서 파악하고자 시도했다. 그렇게 그에게는 아리스토텔레스 이후의 스토아 철학, 에피쿠로스주의 철학, 회의주의 철학이 "자의식"의 철학이며, 그것들은 "사고를 통한 자의식의 자유를 쟁취하려고" 시도했다.(HW 19: 40)

이 세 철학은 그리스의 도시국가(폴리스)의 몰락 시대에 생겨났다. 거대한 알렉산드로스(기원전 356-323)의 제국 그리고 여전히 거대한, 알렉산드로스 제국에서 쪼개져 간 후계자 제국들로 해서 폴리스라는 개관이 가능한 세계는 더 이상 그리스인의 사고를 위한 세상의 배꼽이 아니었고 자유로운 (남자) 부르주아들이 그들 공동생활체의 정치

---

76) 이미 지난 장에서 논평한 것처럼, 헤겔에게는 현실 세계와 구분되는 관념의 왕국이 중요한 것이 아니다. 관념은 그에게는 물과 그 물의 객체성의 통일이다.(HW 6: 464를 참조하라) 이야기되는, 관념의 "논리적 개념들"은 『논리학』에서 발달된 철학적 현실 인식의 근본 범주들이다.

77) 헤겔의 철학사 관념에 대한 분석에서 Fulda(2007)는 그것이 헤겔에게 빈번히 전제되는 것보다 훨씬 덜 "논리"에 대한 평행성을 목표로 둔다는 것을 드러냈다. 이는 헤겔의 철학사에 대한 사실적 서술이 바로 그의 『논리학』에서 개념 논리적 발달에의 평행선을 구하지 않는 것에서 적지 않게 뚜렷해지는 것이다.

적 운명에 관해 함께 결정할 수 있었던 것은 과거에 속했다. 철학적 관심은 이제 전보다 더 많이 개인의 실천적인 생활 해결을 지향했으며, 이를 위해 스토아학파·에피쿠로스주의·회의주의가 다양한 방식으로 도움을 제공했다. 여기서도 헤겔이 『법철학』에 붙인 서문에서 고수했던 것: "철학은 사상에서 파악된 그 시대[다.]"(HW 7: 26)라는 것이 드러났다.

이 학파들을 헤겔이 "자의식"의 철학으로 특징지은 것은 — 이는 이미 이 세 체계에서 아류와 절충주의만을 본 동시대의 철학사 서술에 비한 평가절상을 나타낸 것인데 — 청년 헤겔주의자들의 주의를 끌 수밖에 없었고 자의식 개념은 헤겔의 법철학에 관한 논쟁에서 중심 역할을 했다. 마르크스와 긴밀하게 교류했던 브루노 바우어에게 이 개념은 1840/41년에 중심적 위상을 얻었다.

프리드리히 쾨펜도 마르크스에게 헌정한 프리드리히 대왕에 관한 책에서 스토아학파·에피쿠로스주의·회의주의를 프리드리히의 철학적 이해의 원천들로 참조하도록 했으며, 거기서 쾨펜은 18세기의 계몽사상과 "고대의 계몽주의자"로서의 에피쿠로스학파 간의 평행선을 보았다.(Köppen 1840: 157) 박사학위 논문 서언에서 마르크스는 "나의 친구 쾨펜의 글"에서 이 철학들을 다룬 것을 언급했다.(MEGA I/1: 14; MEW 40: 262)

포이어바흐가 1833년에 발간한 『베이컨부터 스피노자까지 근대 철학사』를 통해 마르크스는 에피쿠로스에게도 주목하게 되었다고 할 수 있겠다. 피에르 가상디Pierre Gassendi(1592-1655)에 관한 장에서는 무엇보다도 가상디가 고대 이래로 지배적이었던 비방誹謗들에 대해 수호했고 가상디가 자기 자신의 철학적인 글에서 그의 원자론을 지향한 에피쿠로스가 중심이 된다. 마르크스는 포이어바흐의 책을 알았고 이를 그의 박사학위 논문에 인용했다.(MEGA I/1: 79; MEW 40: 348)

특별히 에피쿠로스에 매달린 데는 그의 공공연한 종교 비판적 태도가 지지해 주는 힘으로 작용했다. 에피쿠로스는 신들의 존재를 논박하지는 않았으며 물론 그는 신들이 그들 자신의 세계에서 살고 인간들의 세계에는 완전히 무관심하다고 가정했다. 인간의 신들에 대한 경배, 희생 제의 등을 그는 그래서 사악한 미신으로 간주했다. 이런 종교 비판적 태도는 즐거운 (그러나 결코 흔히 가정되는 것처럼 방종적이 아닌) 삶의 강조와 함께 에피쿠로스를 종교인들 그리고 보수적인 자들에게 이미 고대에 혐오를 받는 자로 만들었다.[78]

최초의 박사학위 논문 기획(1839-1840)

마르크스가 처음부터 자신의 박사학위 논문 테마로 에피쿠로스(기원전 약 341-약 271)와 데모크리토스(기원전 460-370)의 자연철학 비교를 염두에 두었다는 것은 의심할 만하다. 「에피쿠로스 철학에 대한 노트」 중 제5노트에서 비로소 좀 상세히 데모크리토스를 다루고 제7노트에서도 여전히 마르크스는 이렇게 적는다.

---

78) 고대에서 20세기까지 에피쿠로스의 철학이 어떻게 수용되었는지에 관한 개관을 제공해 주는 것으로 Kimmich(1993)이 있다. 에피쿠로스에 대한 연구 수준에 대해서는 Erler(1993)를 보라.

에피쿠로스의 자연철학은 근본 모습에 따르자면 데모크리토스적이다. (MEGA IV/1: 135; MEW 40: 244)

근본적인 "차이"에 관해서는 이야기하지 않는다. 노트들을 근거로 해서 보자면 마르크스에게는 무엇보다도 에피쿠로스 철학의 체계적 재구성이 중요했다는 인상을 받을 수 있다. 그가 1858년 5월 31일 페르디난트 라살레에게 보낸 편지에서 한 암시도 그런 방향으로 나간다. 페르디난트 라살레는 마르크스에게 헤라클레이토스(기원전 약 520-약 460)에 관한 자신의 책을 보냈었고, 마르크스에게 의견을 구했다. 그에 대한 답변에서 마르크스는 자기가 한때 에피쿠로스에 관해 비슷한 작업, "말하자면 단편들로부터 총체적 체계를 서술하는 것"을 했었다고 언급했다.(MEGA III/9: 155; MEW 29: 561)

에피쿠로스의 수많은 글들 중에 마르크스의 시대에는 여러 다른 저자들에서의 인용문들과 아울러 겨우 세 편의 수료 증서들과 명제집이 알려져 있었는데, 이는 디오게네스 라에르티오스(서기 약 3세기)가 유명 철학자들의 생애와 사상들에 관한 그의 인기 있는 저작에서 전승한 것이었다. 오늘날에도 자료 출처의 상태는 별로 좋은 것으로 보이지 않는다. 서기 79년의 베수비오 화산 분출 시에 매몰된 도시인 헤르쿨라네움에서 출토된 파피루스 두루마기에서 에피쿠로스의 글의 새로운 단편들이 (이 단편들 중 최초의 것들은 마르크스도 이미 활용했다) 발견되었다. 그리고 1888년에 바티칸 도서관에서 중세의 수기手記로 된 글에서 에피쿠로스의 또 하나의 명제집을 발견했지만 이는 본질적으로 새로운 인식을 제공해 주지는 않았다. 에피쿠로스에 대한 고대 자료 출처의 독자적인 문집은 마르크스의 시대에는 아직 없었다.79) 나와 있는 철학사 서술들을 근거로 에피쿠로스를 논하는 대신 마르크스는 스스로 에피쿠로스가 표명한 내용들의 모음을 직접 고대의 출처들로부터 확보했는데, 이는 당시에 박사학위 논문의 틀에서는 통상적이지 않은 것이었다. 나중에도 마르크스는 원출처들을 가지고 작업하는 것이 언제든 가능하기만 하면 그 절차를 버리지 않았다. 이미 헤겔에 의해 활용된 고대의 주된 출처들 외에 ― 디오게네스 라에르티오스와 아울러 무엇보다 섹스투스 엠피리쿠스(서기 2세기) 그리고 플루타르코스(약 45-125) ― 마르크스는 에피쿠로스의 열렬한 추종자의 한 사람인 루크레티우스(기원전 약 96-55)의 교훈시 「만물의 본성에 관하여De rerum natura」에 의지했는데, 이는 헤겔이 활용하지 않은 것이고 마르크스도 처음에는 과소평가했던 것이다. "루크레티우스가 조금밖에 활용될 수 없는 것이 이해된다"고 그는 자신의 루크레티우스-발췌문의 첫 번째 문장으로 적었다.(MEGA IV/1: 74; MEW 40: 144) 그러나 곧 마르크스는 자신의 평가를 달리하여 "루크레티우스가 에피쿠로스를 이해하는 것이 플루타르코스보다 얼마나 무한히 더 철학적인가"(같은 책: 79; 154) 하고 강조했다.80) 루크레티우스 읽기에서 비로소 마르크스는 원자운동의 "굴절"(직선으로부터의 이탈로 나는 아래에서 이를 상세히 다룰 것이다)의 엄청난 중요성에 관

---

79) 현재 최선의 문집과 논평들 중 하나는 Long과 Sadley에 의해 1987년에 영어로 출간된, 에피쿠로스의 철학과 함께 스토아주의와 회의주의도 다루는 권(Long/Sadley 2000)에서 발견된다.

80) 마르크스에게 루크레티우스의 중요성이 명확해지고 나서 170년 뒤에 Stephen Greenblatt(2012)는 1417년의 루크레티우스 시의 재발견과 그것이 르네상스에 미친 영향을 아주 생생하게 기술했으며 이를 통해 루크레티우스는 더 큰 범위의 공중에게 알려졌다. 『만물의 본성에 관하여』의 새로운 번역과 상세한 주석은 곧이어 Klaus Binder에 의해 나왔다.(Lukrez 2014)

해 명확히 이해하게 되었다. 이는 "가장 심오한, 에피쿠로스 철학의 가장 내밀한 진행에 근거를 둔 귀결들 중 하나"라는 것이다.(같은 책: 84; 164) 그의 박사학위 논문을 위해서도 이 점은 여전히 시종 중대해질 것이었다.

이런 주요 출처에 대한 발췌문이 「에피쿠로스 철학에 대한 노트」의 처음 다섯 권을 채운다. 제6노트와 제7노트는 단지 경우에 따라서만 에피쿠로스로 들어가는 키케로(기원전 106-43), 세네카(기원전 약 4년-서기 65년) 혹은 스토바이오스(서기 5세기) 같은 저자들의 저작들로부터의 보완적인 발췌문들을 담고 있다. 발췌문들은 빈번하게 독자적인, 부분적으로 긴 지적들로 끊어지는데, 그 지적들에서 마르크스는 에피쿠로스 철학의, 그리스 철학의 전체적 발달에 대한 관계, 그리고 또한 그 적들(무엇보다도 플루타르코스)에 대한 관계에 관해 명확히 이해하게 되기를 시도했다.

1840년 상반기, 그래서 대체로 에피쿠로스 철학에 대한 마지막 노트와 대략 동시에 혹은 바로 뒤이어 마르크스는 아리스토텔레스의 글『영혼에 관하여』의 부분들로부터 한 발췌문을 완성했는데, 이는 또한 방대한 번역들도 포함했다. MEGA 편찬자들은 이 발췌문에 아무런 구체적인 동기가 있는 것을 보지 못하고 아리스토텔레스에 대한 마르크스의 일반적 관심에서 작성된 것으로 본다.(MEGA IV/1: 733) 그러나 마르크스가 1년이 더 된 시점부터 자신의 박사학위 논문을 준비했고 이미 재정적인 이유만으로도 빠른 종결에 관심이 있었다고 해도 좋을 것이기에 구체적 동기 없이 그런 식으로 방대한 발췌문을 만들었다는 것은 별로 그럼직하지 않다.

이 발췌문의 작성을 설명할 수 있는 흥미로운 테제를 예나의 고문

헌학자 에른스트 귄터 슈미트Ernst Günther Schmidt가 개발했다. 「에피
쿠로스 철학에 대한 노트」의 참조 사항과 암시들에 근거해서 슈미트
는 마르크스가 아리스토텔레스의 다른 저작들, 말하자면 『물리학』,
『형이상학』, 『생성과 사멸에 관하여』라는 글에 대해 철저한 지식을
이미 보유했음을 보여 주었다.(Schmidt 1980: 264-266) 『영혼에 관하여』
라는 글로부터의 발췌문은 이처럼 홀로 서 있는 것이 아니라 오히려
아리스토텔레스의 중심 저작들에 대한 강도 높은 공부를 보충한다.
그리고 여기서 슈미트는 마르크스의 박사학위 논문 기획에 대한 직
접적 관계를 설정했다. 그의 그럴듯한 테제는 마르크스가 처음에는
에피쿠로스 철학과 아리스토텔레스 철학과의 직접 비교를 추구했다
는 것이다.(같은 책: 266) 이미 빈번하게 마르크스의 박사학위 논문에
서는 에피쿠로스와 데모크리토스의 철학의 비교만 중요한 것이 아
니라 또한 에피쿠로스 철학과 아리스토텔레스 철학의 관계도 중요
하다는 것이 언급되었다.(Cornu 1954: 167ff.; Sannwald 1957: 49ff.) 그
러나 슈미트는 이 비교를 마르크스의 박사학위 논문의 배경으로서
만 아니라 원래의 기획으로서 규정하면서 한 걸음 더 나아간다.

마르크스가 루크레티우스 발췌문이 끝난 후 제5노트에서 행한 긴
기입 내용(MEGA IV/1: 99.102; MEW 40: 214.218)에서 슈미트는 이 첫
번째 박사학위 논문 기획을 위한 서론의 첫 초안을 본다.81) 마르크
스가 그 외에도 이 기입 내용의 한 단락을 시험 삼아 라틴어로 번역

---

81) "노트들"의 MEW판과 그것에 의존하는 번역들에서는 마르크스가 달지 않은 제목
("에피쿠로스·스토아·회의주의 철학에 대한 노트들")이 나올 뿐 아니라 제5 및 제6
노트의 차례도 바뀌어 있다. 이로써 이 판에서는 1-5 노트들이 그 끝에 루크레티우
스 발췌문이 있는 최초의 작업 국면을 반영하며 그것에 이어 슈미트가 서론 초안으
로 간주하는 구상적인 기재 사항들이 나오는 것이 뚜렷이 드러나지 않는다.

했으므로 슈미트는 마르크스가 이 박사학위 논문을 라틴어 논문이 필수적이던 베를린에서 제출하기를 원했다고 결론을 내린다.(Schmidt 1980: 280.283)

슈미트가 말하는 텍스트는 이례적으로 두껍다. 이는 독자적인 계획을 알리는 구상적인 텍스트인 것이다,

> 철학사에 결절점들이 있어서 그것들 자신 안에서 철학사를 구체성을 띠게 상승시키고, 추상적 원리들을 총체성 안에 포괄하며, 그렇게 직선의 진행을 중단시키는 것처럼 철학이 눈을 외부세계로 돌리고 더 이상 이해하는 것이 아니라 실제 인물과 같이 세상과 음모를 꾸미고 아멘테스의 투명한 왕국[이집트 신화학에서의 죽은 자들의 왕국]으로부터 걸어 나와 세속적인 세이렌들의 가슴에 자신을 던지는 순간들도 있다. 이는 철학의 사육제 기간으로서 철학은 이제 키니코스학파처럼 개 같은 복장, 알렉산드리아 사람들[82]처럼 사제의 복장 혹은 에피쿠로스주의자들처럼 향기로운 봄옷을 입는다는 것이다. (…) 철학에는 거기서 본질적으로 인물 가면[83]을 씌울 수 있다. 그리고 집을 짓고 땅 위에서 정착을 시작하기 위해 하늘에서 불을 훔친 프로메테우스처럼 세상으로 확장된 철학은 나타나는 세계에 반기를 든다. 지금 헤겔 철학이 그렇다.(MEGA IV/1: 99; MEW 40: 214)

---

82) 키니코스학파는 무욕의 철학을 대표했으며, 이는 빈번히 "개 같은 삶"와 등치되었다. "알렉산드리아 사람들"로 지칭한 것은 마르크스 시대에는 다양한 신플라톤적 지향들이었으며 그 대표자들은 때로는 비밀의 가르침을 펴는 사제들처럼 등장했다.

83) 마르크스는 "인물 가면"이란 이 개념을 여기서 여전히 극장 용어의 원래의 의미로, 이로써 특정한 유형(농민·상인·학자 등)을 지칭하는 것으로 사용한다.『자본』에서 마르크스는 이 개념을 새로운 의미로 사용할 것이다.

그 안에서 철학이 구체성을 향해 상승한다는 결절점들이란 말로써 마르크스는 헤겔에 직접 연결되는데, 헤겔은 그것에 관하여 철학사에서 "그러한 결절점들이 철학적 완성의 진행 선상에서 등장할 수밖에 없으며, 그것들 안에서 참된 것이 구체적이 된다"(HW 19: 23)고 이야기했고, 그러한 구체적인 것의 "결절"을 헤겔은 플라톤(기원전 427-347) 철학에서 보았다. 마르크스는 그러한 결절점들이 있을 뿐 아니라 철학의 전체 양식이 달라지고 외부세계로 더 이상 "이해하면서" 향하는 것이 아니라 "실천적인 인물"로서 향하는 "순간들"도 있다는 것을 고수한다. 실천적 인간으로서 철학이 복장을 갖추며 이는 철학의 "사육제 기간"[84]이다. 물론 이런 세상으로 방향을 돌림은 긍정적인 것이 아니며, 철학은 지금 헤겔 철학이 하는 것처럼 나타나는 세계에 "반기"를 든다. 이로써 마르크스는 포이어바흐·루게·바우어가 그들의 독자적인 방식으로 헤겔 철학을 비판하기는 했지만, 또한 나타나는 세계에, 말하자면 프로이센에서의 종교적 정치적 상황에 "반기"를 들게 하는 동시대의 논란들에 거리를 두었다.

그 글의 마지막 부분에서 마르크스에 의하면 "철학사 기술자記述者"에게 "철학의 이런 전환, 철학의 살과 피로의 성체 변화는 자체적으로 총체적이고 구체적인 철학을" 가리키는 "규정성 여하에 따라 달라서" "이 전환의 특정한 방식으로부터 철학의 발전의 내재적 규정성과 세계사적 성격으로 귀납이 될 수 있음"이 중요하다는 것이다.

---

84) 마르크스에게 공교롭게도 "사육제 기간"이 비유로 떠오른다는 것은 필시 그가 오랜 사육제 전통을 가진 가톨릭적인 라인란트 출신이란 데서 오는 결과일 것이다. 마르크스가 이 문장들을 썼던, 프로테스탄트적인 베를린에서는 카니발이 오늘날에도 친숙하지 않다.

이러한 숙고는 마르크스를 처음으로 이 텍스트에서 자아 형태로 이야기하게 하는 결정적인 철학사의 핵심으로 데려간다.

> 내가 에피쿠로스 철학의 관계를 그러한 그리스 철학의 형태로 [그래서 방금 특징지어진 전환의 산물로] 간주하므로 내가 선행하는 그리스 철학들로부터 계기들을 에피쿠로스 철학의 생에서의 조건들로 선행시키는 대신 오히려 뒤로, 에피쿠로스 철학으로부터 선행하는 그리스철학들을 이끌어 내고 그렇게 해서 그것들 스스로 자기들의 독특한 위치를 표명하게 한다면 이는 여기서 동시에 정당화에 소용될 수 있다.(MEGA IV/1: 101f.; MEW 40: 218)

에피쿠로스 철학으로부터 그리스 철학의 특정한 성격을 귀납한다는 이 기획은 헤겔의 관점과 뚜렷한 차이를 표현하는 것으로서 마르크스는 물론 이를 착수하지 않았다. 제6노트, 제7노트에서는 에피쿠로스에 대한 발췌문들로 계속되고, 제7노트 끝에서 마르크스는 약간 놀라며 이런 입장을 고수한다.

> 순수한 그리스 철학의 결론을 이루는 세 그리스 철학 체계들, 에피쿠로스·스토아·회의주의 체계의 순환이 그 체계들의 주요 계기를 과거로부터 먼저 발견된 것으로서 받아들인다는 것은 본질적으로 특기할 만한 현상이다. (…) 그런데도 불구하고 이 체계들은 독창적이고 하나의 전체다.(MEGA IV/1: 135; MEW 40: 243f.)

마르크스는 그 이후 스토아주의·회의주의와 강도 높게 대결했음이 분명하다. 이는 그의 박사학위 논문에 대한 서언을 통해 시사되는 것만이 아니다. 거기서 그는 자신의 박사학위 논문을 "내가 에피쿠로스 철학, 스토아 철학, 회의주의 철학의 순환을 전체 그리스적 사유의 맥락에서 상세히 서술할 더 큰 글의 선행자"로 지칭했다. "(…) 이 체계들은 그리스 철학의 참된 역사를 위한 열쇠다."(MEGA I/1: 13f.; MEW 40: 261f.) 1845/46년에 쓰인 원고「성 막스」는『독일 이데올로기』의 묶음에 속하는 것인데, 이 원고에서도 마르크스와 엥겔스는 막스 슈티르너에 대한 그들의 비판의 틀에서 그의 이 세 체계들에 대한 취급 방식과 소상하게 대결했다.(MEGA I/5 189.193; MEW 3: 122.126) 스토아주의와 회의주의에 관한 지식을 내놓은 자가 엥겔스였을 개연성은 없다. 베를린에 있었던 한 해 동안 그는 무엇보다도 셸링·헤겔·신약 비판에 매달렸었다.(이에 대해서는 제2권을 참조하라) 더 그럴듯한 것은 전해져 오지 않는 아리스토텔레스-발췌문들 외에 스토아주의 및 회의주의에 대한 노트들도 마르크스로부터 나왔고, 이것들도 마찬가지로 전해져 오지 않는다는 것이다.85)

「에피쿠로스 철학에 대한 노트」의 작성 후의 시기부터 박사학위 논문의 완성 때까지는 겨우 라이프니츠의 다양한 저작들(마르크스는 문집판을 활용했다), 흄의『인간 본성에 관하여』, 스피노자의『신학·정치학 논고Tractatus theologico-politicus』그리고 그의 서신 교환,86) 그

---

85) 더 많은 철학자들에 대한 발췌문들도 있었을 개연성이 높다. 제5노트가 끝날 무렵 마르크스는 페르디난트 크리스티안 바우르Ferdinand Christian Baur의『플라톤주의의 기독교적인 것 혹은 소크라테스와 그리스도』(MEGA IV/1: 102ff.; MEW 40: 218ff.)에 매달린다. 마르크스는 소수의 대목들만 발췌하지만 플라톤 철학에 대한 바우르의 견해를 상세히 주석한다. 이런 박식한 논평을 근거로 마르크스가 플라톤과 깊이 있게 대결했다고 결론지을 수 있다.

리고 로젠크란츠의 칸트에 관한 책으로부터의 발췌물들이 전해져 올 뿐이며, 이것들은 모두 1841년 초에 만들어졌을 개연성이 있다. (MEGA IV/1: 183-288) 아리스텔레스-발췌문과 함께 그것들은 "베를린 시절 노트"로 지칭된다. 흄-발췌물로부터 박사학위 논문의 서언에서의 한 인용문이 취해졌고 본문의 두 대목에서 라이프니츠가 짧게 언급되었지만 그 외에 이 발췌물들은 박사학위 논문과 연결되지 않는다. 또한 마르크스가 기입한 사항도 포함하지 않으며 순전히 자료 모음이다. 필시 베를린에서의 구두 박사학위 시험을 위한 준비에 소용될 것이었을 것이다. 바우어는 마르크스에게 1840년 3월 30일에 이미 베를린에서 구두시험은 여전히 "아리스토텔레스·스피노자·라이프니츠" 주위를 맴돌고 "그것 말고는 없다"고 들었다고 써서 보냈다.(MEGA III/1: 342)

그러나 라이프니츠 발췌물은 또한 더 진전되어 가는 관심을 통해서도 동기 부여된 것일 가능성이 있다. 마르크스가 그의 박사학위 논문에서 그리스의 원자론에 매달렸으므로 라이프니츠의 "모나드"와의 비교는 그것이 라이프니츠에 의하면 세상을 구성한 단순한 실체라고 하니 쉽게 떠오른 생각이었다. 그의 발췌물의 중점은 라이프니츠와 아이작 뉴턴(1675-1729)의 제자이며 친구인 사무엘 클라크(1675-1729) 사이의 서신 교환이었다. 이 서신 교환에서 무엇보다도 당시 마르크스가 강도 높게 매달렸던 주제인 철학과 신학의 관계가 중요했다.87)

---

86) 스피노자의 발췌물은 부분적으로는 마르크스가 손수 적은 것이고, 부분적으로는 알려지지 않은 필기자에게서 나온 것이다.

87) 마르크스의 차후의 저작들에서도 라이프니츠와 씨름한 데 대한 단지 조금의 언급

박사학위 논문의 제1차 MEGA와 MEW판에서 (그리고 많은 번역들에서) 학위 논문의 소실된 부록으로 잘못 간주된 플루타르코스에 대한 단편은 1840년의 것일 개연성이 있다. 보전되어 있는 박사학위 논문 원고 (그리고 스피노자-발췌물의 일부)처럼 이 단편은 마르크스가 손수 적은 것이 아니었다. 물론 이 단편의 필기자는 박사학위 논문 원고를 베끼고 스피노자 발췌물의 부분들을 적은 자와 동일하지 않다. (MEGA IV/1: 726). 즉, 마르크스는 1840/41년에 적어도 두 명의 필기자를 고용했다는 것이다. 그들이 누구인지는 알려져 있지 않다.

  또한 마르크스가 언제 그리고 왜 자신의 박사학위 논문 테마로 에피쿠로스와 데모크리토스의 자연철학의 "차이"를 택하기로 결심했는지의 질문도 해명되지 않았다. "노트들"에서는 그러한 차이가 아무튼 아직 강조되지 않는다. 타우베르트/라부스케(1977: 705)는 "노트들"과 박사학위 논문 원고 작성 작업의 시작 사이에 또 하나의 자료 출처 발굴 단계가 있었지만 그로부터 아무 발췌물도 전해져 오지 않는다고 추측한다.

  마르크스가 그의 박사학위 논문과 연관되어 추구한 기획들은 모두 세 건이 구분된다. (1) 에피쿠로스의 철학과 아리스토텔레스의 철학과의 비교로서 이는 일련의 발췌 노트들로 준비되었지만 모두 전해 오지는 않는다. (2) 데모크리토스와 에피쿠로스의 자연철학의

  이 있기는 하지만, 마르크스는 1870년 5월 10일에 엥겔스에게 "당신은 라이프니츠에 대한 나의 경탄을 알지."(MEW 32: 504)라고 써 보냈다. 마르크스는 차후에도 클라크와 라이프니츠 간의 서신 교환집으로 여러 군데 밑줄과 다수의 여백에 기재한 것이 있는 책 한 권도 보유했다.(MEGA IV/32: 192). 마르크스 사고에 대해 라이프니치 철학이 가졌을 가능성이 있는 의미를 Riedel(1995)와 Hecht(2001)이 추적한다.

차이에 대한 연구로서 이는 마르크스가 그의 박사학위 논문에서 실제로 착수한 것이다. (3) 그리스 철학의 총체와 함께 에피쿠로스 철학, 스토아 철학, 회의주의 철학에 대한 연구로서 이는 박사학위 논문의 서문에서 알려졌고 (전해져 오지 않는) 발췌물들도 있었을 개연성이 있지만 결코 실행되지는 않은 것이다.

1841년의 박사학위 논문 원고

1841년 4월 6일에 마르크스는 『데모크리토스와 에피쿠로스의 자연철학의 차이』에 관한 자신의 박사학위 논문을 예나 대학 철학부에 보냈다.(MEGA III/1: 19; MEW 40: 374) 왜 그가 베를린이 아닌 예나에서 박사학위를 취득했는지는 마지막 절에서 논할 것이다. 마르크스는 또한 자신의 박사학위 논문 출판도 준비한 것으로 보인다. 물론 성사되지 않았다. 1902년에 처음 박사학위 논문의 부분들이 메링이 주관한 마르크스·엥겔스·라살레의 유고판에서 발간되었다. 그러나 보전된 원고의 완전한 조판은 박사학위 논문의 일부만을 포함하는 것으로서 다비트 랴자노프가 1927년에 제1차 MEGA에서 출판했고 MEW에서의 간행본과 많은 번역들도 이에 의존한다. 그러나 일련의 해독 오류와 플루타르코스 단편의 틀린 텍스트 배열은 1976년 제2차 MEGA에서의 출판을 위해 비로소 바로잡을 수 있었다.(편집사에 대해서는 Blank 2017을 참조하라)

마르크스의 박사학위 논문의 출판은 그것이 완전히 보전되어 있지 않다는 것 때문에도 아주 어렵다. 박사학위 논문은 출판되어야 한다는 오늘날 독일에서 통용되는 규정은 19세기 중에 비로소 시행되었다. 마르크스가 1841년에 예나로 보낸 한 부는 행방불명이다. 제2차 세계대전 후에 예나에서는 마르크스의 박사학위 취득 서류는 발견되었지만 그의 박사학위 논문은 발견되지 않았다. 겨우 한 알려지지 않은 필기자의 — 불완전한 — 사본이 전해져 온다. 물론 이 인쇄 원본으로 생각되는 사본이 예나에서 제출된 한 부와 동일한지는 확실하지 않다. 적어도 저자 이름 아래에 벌써 "철학박사"라고 명명되어 있는 표제장과 1841년 3월로 날짜가 명시된 서문, 그 안에 명료한 무신론적 신조 고백이 담겨 있을 뿐 아니라(위에서 마르크스의 종교적 발달에 관한 절을 참조하라) 이미 이루어진 박사학위 취득에 대해 이야기가 있는 서문을 마르크스는 물론 박사학위를 마침내 받기를 원했던 그 대학에 보냈다고는 좀처럼 볼 수 없을 것이다. 텍스트상으로 변경 사항들이 있는지는 검사되지 않으나 어디까지나 그럴듯한 일일 것이다. 제출된 박사학위 논문으로 마르크스는 아직 결코 무슨 관계를 가진 일 없던 대학에서 박사학위를 취득하기를 원했다. 그가 여기서 무조건 그가 아무것도 얻을 수 없었던 정치적 대결의 장을 마련하지 않은 것은 단지 너무나 이해할 만한 일일 것이다.[88] 글을 인쇄할 때는 다른데, 여기서는 공적인 효력 발휘가 관건이었다.

목차에 따르면 박사학위 논문은 "데모크리토스와 에피쿠로스의 자연철학 일반의 차이" 그리고 "데모크리토스와 에피쿠로스의 자연철학의 세부 내용의 차이"라는 두 개의 부部 그리고 부록 "플로타루코스의 에피쿠로스 신학에 대한 논박의 비판"을 포괄했다.(MEGA I/2:

---

[88] 브루노 바우어도 아이스킬로스의 프로메테우스에 대한 시구 "나는 모든 신을 어떠한 신이라도 완전히 증오하노라"를 박사학위 논문에 집어넣지 말라고 충고했다.(1841년 4월 12일 편지, MEGA III/1: 357)

19f.; MEW 40: 264f.) 제1부에서는 마지막 두 장이 없으며, 물론 없는 두 장에 대한 주석은 존재한다. 제2부는 완전히 전해져 온다. 부록의 텍스트는 완전히 결여되지만 여기서도 다시 부록 전반부(주석 부분의 중간 제목들에서 인식 가능하다)에 대한 주석은 존재한다.

없는 부분들에서는 그것들이 필기자에 의해 필사되고 분실되었는지, 아니면 마르크스가 아직 끝손질하기를 원해서 필기자에게 필사하도록 주어지지 않았는지 하는 질문이 제기된다. 뒤의 경우를 적어도 제1부의 없는 구절들에 관련해서 추측할 수 있다. 필기자는 말하자면 제1부의 쪽들에 번호를 붙였지만 제2부의 쪽 번호 매기기를 포기했다. 필기자가 제1부가 마무리되기 전에 제2부의 필사를 시작한 경우에 이 사실 관계는 단순하게 설명된다. 필기자는 제2부의 쪽 번호 매기기를 제1부가 몇 쪽이 되는지를 알기까지 기다리고 싶었던 것이다.

없는 텍스트 부분들에 대한 전해져 오는 주석들은 특수성을 보인다. 본문에서 마르크스가 고대 저자들이 표명한 견해를 나타낼 때는 보통 독일어로 재현하여 직접 언술로, 아니면 또한 독자적인 표현으로 정리했다. 주석에서는 출처 정보만이 아니라 그리스어나 라틴어로 된 원문 인용문도 전달했지만 그 외에는 아무것도 없다. 없는 텍스트들에 대해 겨우 이런 도식에서 벗어나는 몇 개의 주석들이 있다. 그중에는 각기 여러 쪽에 달하는 규모를 가진 두 개의 주석이 있는데, 이는 헤겔 철학에 관한 현재의 논쟁에 그리고 셸링과 신의 현존에 대한 증거들에 관련되는 것이다.(MEGA I/1: 67.70, 89-91; MEW 40: 326.330, 368.372) 이 주석들이 관련되는 본문은 이미 그리스 철학의 논의를 넘어섰고, 마르크스는 그 본문을 출판을 위해 계속 가다듬기

를 원해서 이 본문 부분들을 필사자에게 아직 전혀 주지 않았을 가
능성이 있다.

원자와 '굴절'

> 그리스 철학에는 좋은 비극에는 일어나서는 안 되는 것, 말하자면 막
> 다른 결말이 생겨나는 것으로 보인다. 그리스 철학에서의 마케도니
> 아의 알렉산드로스인 아리스토텔레스로 그리스에서 객관적 철학사
> 는 중단되는 것으로 보인다. (…) 에피쿠로스학파·스토아학파·회의
> 주의학파는 거의 부적절한 부록으로서 그 강력한 전제들과 아무 관
> 계도 없는 부록으로 간주된다.(MEGA I/1: 21; MEW 40: 266)

그렇게 마르크스의 박사학위 논문 제1부가 시작된다. 이미 "노트
들"과 서언에서처럼 마르크스는 아리스토텔레스 이후 철학에 대한
과소평가에 반기를 든다. 자신의 박사학위 논문을 그는 자신의 테제
를 증거해 줄 첫 번째 예로 제시하는데, 거기서 그는 이것이 자연철
학에 근거해서 보자면 단순한 과제가 아니라고 강조하며, 이는 "데
모크리토스와 에피쿠로스의 물리학을 동일시하는 것이 오래 동화된
선입견이라 에피쿠로스의 변경 사항들은 단지 자의적인 발상들로
보기 때문"이란 것이다.(같은 책: 23, 268)

데모크리토스와 에피쿠로스는 둘 다 '원자론자'였다. 그들은 세계
가 극히 작은 입자인 '원자'(문자 그대로 번역하면 나누어질 수 없는 것)로
구성되어 있다고 가정했는데, 마르크스의 시대에 에피쿠로스는 원자
이론에서는 단순히 데모크리토스의 아류로만 여겨졌다. 그런 점에서

마르크스가 자신의 서언 첫머리에 자기가 "이제까지 풀리지 않던 문제"를 풀었다고(같은 책: 13; 261) 쓸 경우에 이는 완전히 맞는 말은 아닙니다. 도무지 어떤 문제도 보이지 않았고 안 풀린 문제는 이미 전혀 보이지 않았다. 그런 한에서 마르크스는 그의 작업으로써 사실상 철학사적인 미지의 땅에 들어가는 것이었다.

오늘날에는 원자에 관해 이야기한다면 곧바로 원자폭탄과 원자력 발전소를 생각하게 된다. 원자핵이 분열되면서 그 둘에서 엄청난 에너지가 방출된다. 원자가 양전하의 핵과 음전하의 껍질로 이루어진다는 것, 그래서 그것이 내적 구조를 가진다는 것은 오늘날 일반 교양에 속한다. 그리고 물리학에 조금이라고 관심을 가진 자라면, 또한 원자를 이루는 '원소들'이 분리 불가능하지 않다는 것을 알며, 그 원소들은 서로에게로 변환될 수 있다. 우리가 오늘날 '원자'라고 명명하는 물건들에는 바로 그 이름에서 표현되는 특성, 분리 불가능성이 결여된다. 그러나 그리스의 원자론은 원자 개념의 내용에서만 현대 물리학과 구분되는 것이 아니라 방법에서도 구분이 된다. 세계가 그 외에는 텅 빈 공간을 통과해 움직이는 원자로 이루어진다는 고대의 견해는 실험적 연구의 결과가 아니었고, 물질이 계속해서 쪼개질 수 있는 것인지, 아니면 더 이상 쪼개질 수 없는 가장 작은 알갱이들로 구성되는지의 질문에 대한 두 가지 가능한 대답 중 하나였다. 원자 이론은 아리스토텔레스에 의해 비판을 받았다. 마르크스의 시대에는 아직 현대적 의미의 원자물리학이 없었다. 물론 화학에서는 19세기 초 이래 화학적 원소가 제각기 같은 종류의 원자로 구성되어 있다고 전제되었다. 19세기 말경에 비로소 실험적 방법으로 이 원자가 조밀하지 않고 내적 구조가 있다는 것이 밝혀졌다.

마르크스의 박사학위 논문에서는 두 가지 다른 논리 지평이 구분될 수 있다. 한편에서 마르크스는 순전히 철학사적으로 논지를 편다. 수많은 출처 정보들에 의지하여 그는 데모크리토스와 에피쿠로스의 견해들을 대치시킨다. 다른 한편 그는 에피쿠로스의 견해를 아주 강하게 자기 자신의, 헤겔에서 유래하는 범주들, 무엇보다도 본질·현상·자의식을 가지고서 해석한다. 거기서는 단순히 이 범주들을 적용한 것이 중요한 것이 아니라 원자론으로부터 사회에서의 인간의 위치에 대한 논의까지 다리를 놓는 아주 자유로운 활용이 중요하다. 여기서 마르크스가 1857년 12월 21일에 라살레에게 자신은 에피쿠로스에 대한 연구를 "철학적 관심보다는 [정치적]89) 관심에서 착수했다고 써 보내면서 생각한 것이 뚜렷해진다."(MEGA III/8: 223; MEW 29: 547)

박사학위 논문 제1부에서는 데모크리토스와 에피쿠로스의 자연철학 "일반"의 차이를 다룬다. 여기서 마르크스는 데모크리토스와 에피쿠로스가 둘 다 원자의 존재와 원자가 빈 공간에서 운동한다는 것을 전제로 하긴 하지만, 다른 점에서는 완전히 다른 견해를 가진다는 것을 보여 준다. 인간 지식의 진실성과 확실성에 관해 마르크스에 따르면, 데모크리토스에서는 그가 한편으로 진실성을 현상들이 주는 것으로 돌리지만, 다른 한편으로 진실성은 오직 숨겨진 것에만 존재한다고 ─ 그리고 이는 단지 현상들에서는 존재하지 않는다는 것일 수 있을 뿐이다 ─ 주장하는 한에서 모순이 발견된다는 것이다. 에피쿠로스는 이와 달리 반박할 수 없는 진리성의 기준으로 감각적

89) 종이의 손상으로 보건대 이 편지에는 텍스트의 손실이 있다. "정치적"이란 낱말은 ─ 그럴듯한 것으로서 ─ 발행자들이 보완한 것이다.

인지에 집착한다. 그들의 이론적 판단의 이런 차이에 학문적 실천의 차이가 상응한다. 데모크리토스는 철학적 성찰에 불만족하며, 언제나 새로운 지식 분야를 탐구하고 새로운 인식을 얻기 위해 무수한 여행을 한다. 이와 달리 에피쿠로스는 철학으로 만족하고 "실증 학문"을 멸시한다.

　마르크스에게 가장 중대한 구분은 결정론에 대한 입장이다. 데모크리토스가 세계를 필연성에 의해 지배되는 것으로 보고 우연을 인간적 허구로 매도하는 동안 에피쿠로스는 사건의 필연성을 논박하고 어떤 것은 우연에, 다른 것은 우리의 자의에 달려 있다고 강조한다. 마르크스는 세네카가 인용한 에피쿠로스의 발언을 인용하면서 이런 필연을 거부하는 것이 개별 인간에게 어떤 결과를 가져오는지 강조한다.

> 필연 속에서 살아가는 것은 불행이지만 필연 속에서 살아가는 것은 필연이 아니다. 어디서나 자유로 가는 길이 열려 있다.(MEGA I/1: 29; MEW 40: 275)

　그래서 에피쿠로스는 개별 현상을 설명할 때 특정한 설명을 내세우지 않고 감각적 인지에 모순되지 않는 한에서 모든 것을 가능한 것으로 간주한다. 인식의 목표로 에피쿠로스는 아타락시아(만족한 영혼의 평온)을 강조하는데 마르크스는 이를 에피쿠로스의 "설명 방식은 단지 자의식의 아타락시아를 목표로 하고 자연 인식 그 자체를 목표로 하지 않는다"는 식으로 꼬집는다.(MEGA I/1: 31; MEW 40: 277) —곧 중요해지게 될 구분이다.

박사학위 논문의 제2부에서 마르크스는 우선 원자운동의 "굴절"로 눈을 돌린다. 데모크리토스는 단 두 종류의 원자운동만을 알았는데, 하나는 직선 낙하이고 또 하나는 원자들의 반발, 밀쳐내기다. 에피쿠로스는 세 번째 종류의 운동으로서 굴절을 도입하는데, 이는 직선 낙하로부터의 작은 이탈, 그 스스로 아무 원인도 가지지 않는 이탈이다.

마르크스는 에피쿠로스가 직선 낙하로 비독립적 물체의 운동을 나타냈는데, 이는 원자들의 "물질성"을 표현하는 것이라는 쪽으로 그를 해석한다. 굴절로는 이와 달리 독립적인, 필연에 종속되지 않는 물체의 운동이 나타내어지며, 이 운동은 원자들의 "형태 특정화Form-bestimmung"를 표현한다는 것이다.(같은 책: 36; 281)

마르크스에 의하면 고대의 문필가들 중에 유일하게 루크레티우스가 굴절의 의미를 이해했다고 하며, 그는 "굴절이 파티 푀데라fati foedera[운명의 띠]를 끊는다고 옳게" 주장한다는 것이다.(같은 책: 36; 281) 오직 원자운동의 굴절을 근거로 해서만 에피쿠로스는 데모크리토스의 결정론적 세계관을 논박할 수 있으며[90] — 이는 마르크스에게는 중요한 사항이다 — 오직 결정론 거부의 기초 위에서만 자유가 가능하다. 원자운동의 굴절은 마르크스에게는 그 때문에 또한 "아무런 특수한, 우연히 에피쿠로스의 물리학에서 생성되는 특정화"가 아

---

90) 몇 사람의 현대 저자들에 의해(Long/Sedley 2000: 60; Euringer 2003: 40f.) 그래서 에피쿠로스의 이론과 양자역학적 불확정성 관계의 연결도 지어졌다. 물론 그 관계성은 원자론에서와 비슷하게 피상적이다. 에피쿠로스는 물적 세계가 결정론적이지 않다는 사상이 끝까지 수미일관하다고 생각한다. 우리가 비非물질적 크기의 작용을 미신으로 간주한다면 비결정론은 그 기초를 물적 세계의 지극히 작은 벽돌들의 특성들에서 발견하며 이것을 그것은 원자운동의 원인 없이 일어나는 굴절로 표현한다.

니고 "오히려 에피쿠로스 철학 전체를 통하여 관철된다."(같은 책: 37; 282)

이 "구부려 늘림Ausbeugen"(굴절Deklination에 대한 마르크스의 번역어가 그렇다)이 어떻게 효력을 나타내는지를 다음 단락이 시사해 준다: 에피쿠로스의 철학은 "추상적인 개체성 개념, 모든 타자에 대한 관계의 독립성과 부정이 그 존재 안에서 나타내어져야 하는 곳 어디에서나 제한을 가하는 존재를 피해" 굽는다는 것이다. "그렇게 행함의 목적은 고통과 혼란의 사상捨象, 이것들을 피하여 굽음, 아타락시아다. 그렇게 선은 악에서의 도피이고, 쾌락은 고통을 피하여 굽음이다. 끝으로 추상적 개체성이 그 최고의 자유와 독립성, 그 총체성을 띠고 나타날 경우에 일관적 방식으로 어떤 존재를 피하여 굽어지게 되는 그 존재는 모든 존재이며 그래서 신들은 세상을 피하여 굽으며 이 세상을 염려하지 않고 세상 바깥에 거주한다."(같은 책: 37; 282f.)

굴절에서와 마찬가지로 데모크리토스와 에피쿠로스 간의 비슷하게 중요한 구분을 마르크스는 원자의 특성에 대한 질문에서도 본다. 마르크스는 데모크리토스가 원자에 아무런 특성도 있는 것으로 보지 않고 현상세계의 특성이 원자의 다양한 조합에서 생겨나는 것으로 본다는 쪽으로 자료 출처들을 해석한다.(같은 책: 42; 287) 이와 달리 한편으로 에피쿠로스는 특성은 변동하는 것이므로 불변하는 원자는 아무런 특성도 가질 수 없다고 주장한다는 것이다. 다른 한편으로 원자에 다양한 특성을 부여하는 것은 필연적 귀결인데, 왜냐하면 서로 밀쳐내는 여러 원자들은 또한 다를 수밖에 없을 것이기 때문이란 것이다. 마르크스는 헤겔의 『논리학』 범주들을 가지고서 이 모순을 다음과 같이 첨예화한다.

질들을 통해 원자는 그 개념에 모순되는 존재를 얻으며, 그 원자는 포기된, 그 본질과 다른 존재로 설정된다.(같은 책: 40; 285)

본질과 존재 간, 형태와 질료 간의 이 모순은 마르크스에게는 에피쿠로스의 원자의 경우에 불가피한, 필연적인 모순이다.

질을 통해 원자는 그것의 개념에서 소외되지만 그러면서도 그 구성에서 완성된다. 성질을 띤 원자들의 밀쳐냄 그리고 이와 연관되는 덩어리짐으로부터 이제 현전現前하는 세계가 생겨난다. 본질의 세계로부터 현상의 세계로의 이 이행에서 명백히 원자 개념에서의 모순은 그 가장 날카로운 실현에 도달한다. 왜냐하면 원자는 그것의 개념에 따른다면 자연의 절대적·본질적 형태이기 때문이다. 이 절대적 형태는 이제 절대적 질료로, 현전하는 세계의 무형의 기체基體로 강등된다.(같은 책: 47; 293)[91]

벌써 헤겔은 그의 『논리학』에서 본질과 현상을 단순히 대립시키지 않았으며, "현상" 절은 "본질은 현전해야 한다"(HW 6: 124)는 강령적인 명제로 시작하고 "현실"은 비로소 "본질과 존재의 일치"로서, 그것 안에서 "무형체의 본질과 지탱처 없는 현상이 (⋯) 자신의 진실성을 발견한다."(HW 6: 186) 물론 헤겔은 존재·본질·현상과 현실의 관계를 근본적인 범주적 지평 위에서 논했다. 마르크스의 논변은 다른 지평 위에서 움직인다. 마르크스는 에피쿠로스의 원자에 대한

---

91) 마르크스는 이로써 그가 에피쿠로스의 원자관의 귀결로 간주하는 것을 드러내어 이야기하지만, 독자적인 자연철학을 정식화하지 않으며 Schafer(2003: 129ff)가 그에게 있는 것으로 전제하는 "변증법적 원자론"을 정식화하지 않는다.

숙고를 내적 논리 면에서 탐구하기 위해 헤겔이 초안을 잡은 개념망을 활용한다. 서신 교환 내용에서 취할 수 있는 것처럼 마르크스는 1840/41년에 헤겔의『논리학』과 강도 높게 씨름했다. 이미 바우어가 마르크스에게 보낸 (전해져 오는) 첫 번째 편지에 그의 "논리적 야간 학습"이 이야기되며, 이는 헤겔의 본질에 관한 학설에서의 약점들에 관련된 것임이 분명하다. "당신이 언제고 본질을 완전히 다시 가공할 수 있다면"하고 바우어가 써서 보낸다.(1839년 12월 11일 편지, MEGA III/1: 336) 나중의 편지들에서 바우어 그리고 쾨펜도 마르크스가 트렌델렌부르크를 논박하는 논문을 쓰려고 한다고 가정하는 것(Briefe vom 31. Marz und vom 3. Juni 1841, 같은 책: 354, 361)은 마찬가지로 논리학에 매달렸다는 결론으로 이끈다. 프리드리히 아돌프 트렌델렌부르크Friedrich Adolf Trendelenburg(1802-1872)는 1833년 이래 베를린 대학의 비정규 철학 교수였고 1837년부터는 정교수였다. 1840년에 그는『논리학 연구』를 출간했고, 거기서 그는 다른 것 중에서도 헤겔의『논리학』그리고 학문 이해와 비판적으로 대결했다.

마르크스가 헤겔의 범주들을 사용한 배경에는 이처럼 헤겔의『논리학』에 강도 높게 매달린 사정이 있다. 물론 우리가 박사학위 논문에서 보게 되는 것은 본질 및 현상과 관련된 마르크스의 독자적 이론이 아니라 헤겔의 범주들을 매개로 한 남의 이론의 내적 논리의 재구성이다.92)

---

92) 펜베스Fenves(1986)도 마르크스의 박사학위 논문에서 본질과 현상의 관계에 대한 논의의 중요성을 강조한다. 물론 그는 마르크스가 탐구한 데모크리토스와 에피쿠로스의 차이에서 겨우 칸트와 헤겔이 대표한 견해들의 가면을 쓴 대치를 볼 뿐인데, 거기서 칸트는 경험적 과학을 대표하고 헤겔은 그것의 거부를 대표한다는 것이다 — 전체적으로 별로 설득력 없는 구성이다. 더 흥미로운 것은 마르크스가 헤겔의

여러 해 뒤에 정치경제학 비판을 위한 그의 원고들에서 마르크스는 새로이 현상들에 대립하는 본질에 관한 이야기를 활용했는데, 이는 흔히 일종의 배후세계에 대한 관련성으로 해석되었으며, 이는 비판자들에 의해 비과학적 형이상학의 재발再發로, 추종자들에 의해서는 인식의 고급 형태로 간주된 관련성이다. 이와 달리 마르크스의 박사학위 논문은 그의 본질과 현상의 관계에 대한 숙고가 이미 이 이른 시기에 그런 식으로 단순화하는 견해들이 전제로 하는 것보다 상당히 더 복잡했다는 것을 뚜렷이 보여 준다.

범주들을 활용하는 방식에서 헤겔 철학에 대한 이해를 결말지으려는 맥아이버 McIvor(2008)의 시도다. 이는 청년 헤겔-해석들, 무엇보다도 로버트 피핀Robert Pippin과 테리 핀카드Terry Pinkard의 해석들과의 일정한 유사성을 보여 주는 것으로서, 이들은 영어 사용권 공간에서 약간 주목을 받았는데, 이는 그들이 그곳에서 오랫동안 지배적이던, 칸트에 못 미치는 형이상학자로서의 헤겔의 표상을 물리쳤기 때문이다. 존 벨라미 포스터John Bellamy Foster는 자연의 유물론적 관념의 재구성의 틀에서 마르크스의 박사학위 논문에 매달린다. 그는 마르크스의 텍스트를 "이행移行"의 저작으로 보는데 외적인 형태로 볼 때 마르크스의 관념들 다수는 아직 관념론적이었던 반면 그 내용은 점점 더 유물론적 발달 노선을 따랐다는 것이다. (Foster 2000: 60) 헤겔의 중요성과 관련하여 대치되는 입장을 취하는 것은 가브리엘레 쉬멘티Gabriele Schimmenti(2020)다. 그는 마르크스의 박사학위 논문을 『자본』에서도 여전히 가치 형태의 분석에서 결정적 역할을 할 헤겔 『논리학』의 바로 그 범주들을 자기 것으로 만드는 데서 핵심적인 한 걸음인 것으로 이해한다. 피넬리 Finelli(2016)는 마르크스의 박사학위 논문과 상세하게 씨름한다. 젊은 마르크스의 글들은 지적인 아버지인 헤겔에 대한 — 실패한 — "부친 살해"의 시도로 해석된다는 그의 테제를 나는 제2권에서 상세히 살펴볼 것이다.

원자들과 자의식

마르크스는 그의 원자론 논의에서 헤겔의 『논리학』의 범주들만이 아니라 "자의식"도 끌어들인다. 그렇게 그는 이미 에피쿠로스가 그랬던 것처럼 원자들의 밀쳐냄을 그것들의 굴절의 귀결로 본다. 밀쳐냄은 추상적으로 개별적인 원자들이 서로 관계를 맺을 수 있는 유일한 방식이다. 이로부터 마르크스는 이런 귀결을 끌어낸다: "밀쳐냄은 자의식의 첫 번째 형태다." — 원자가 다른 원자들과 (밀쳐냄에 의해) 관계를 맺으면서 자신과 관계를 맺는 한에서 밀쳐냄은 자의식의 일반적 형상을 가진다. — "밀쳐냄은 그래서 직접 존재하는 자로서, 추상적 개별자로서 자신을 파악하는 자의식에 상응한다."(같은 책: 39; 284) 에피쿠로스가 정치적으로 "조약"을 그리고 사회적으로 "우정"을 "최고의 것"으로 본다는 것을 마르크스는 그래서 또한 "밀쳐냄의 구체적 형태들"에 대한 취급으로도 해석한다.(MEGA I/1: 40; MEW 40: 285)

차후에 그다음으로 원자가 "추상적·개별적인 자의식의 자연 형태"(같은 책: 51; 297)라는 것이 이야기된다. 마르크스는 여기서 에피쿠로스의 원자들을 명백히 개별화된 개인들의 연관에 의존하는 사회적 관계들에 대한 비유로 취한다. 이런 배경에서 원자에 관한 또 하나의 발언도 보아져야 한다. 원자가 "추상적·개별적이고 완성된 것으로 전제되는 것으로서, 관념화하고 포괄하는 힘으로" 확증될 수 없으므로, 마르크스는 "추상적 개체성은 존재로부터의 자유이지, 존재 내에서의 자유가 아니다"(같은 책: 47; 294) 하고 결론을 내린다. 그것은 무슨 말인가? 인간 존재는 인간들의 관계, 상호 작용이다. 인간들이 "추상적 개체성"으로서 존재한다면 그들은 바로 인간들로서 서로에 대한 관계를 가지지 않으며 그래서 그들은 인간 존재로부터 "자유롭다."

해석 체계로서 "자의식"을 가지고 마르크스는 제2부의 마지막 절에서 에피쿠로스의 자연철학 안의 외관상의 비非정상태를 해명하려 시도한다. 에피쿠로스에서 천문 현상들 총체를 의미하는 "기상氣象 (Meteore)"에 대한 그의 취급을 말하는 것이다. 그리스 철학 전체에서 천체들과 그것들의 운동이 영원하고 불변하는 것으로 간주되던 동안, 정확히 그 점이 에피쿠로스에 의해 논박된다. 이미 아리스토텔레스가 인간들은 불멸의 것을 영원한 것과 연결시키는 성향을 가진다는 것, 그래서 인간들은 불멸의 신들이 영원한 하늘에 본거지를 둔다고 믿는다는 것을 언급했었다. 그러나 에피쿠로스가 볼 때 그러한 믿음을 통해 지극히 큰 영혼의 혼동이 생겨난다.

> 아리스토텔레스가 그래서 고대인들이 하늘은 그 버팀목으로 아틀라스93)를 필요로 한다고 믿는 것을 비난했다면 (…) 에피쿠로스는 이와 달리 인간이 하늘을 필요로 한다고 믿는 자들을 꾸짖으며, 인간의 어리석음과 인간의 미신에서 하늘을 지탱하고 있는 아틀라스 자신을 발견한다.(같은 책: 53; 299f.)

이처럼 에피쿠로스가 천체에 관한 지배적인 견해에 대해 부정의 근거로 삼는 것은 경험적 인식이 아니라 이런 견해의 파급 영향이었

---

93) 전설에 따르면 프로메테우스의 형제인 아틀라스는 하늘의 궁창을 그 가장 서쪽 지점에서 지탱해야 했다.

다. 그런 견해를 가지고서는 신화와 미신(점성술)을 끌어안는다는 것이다. 마르크스는 그 발언을 이렇게 첨예화한다.

> 천체들의 영원함이 자의식의 아타락시아를 방해할 것이므로 천체들이 영원하지 않다는 것이 필연적이고, 엄정한 논리적 귀결이다.(같은 책: 54f.; 301)

자의식의 아타락시아의 이런 높은 서열은 그러나 마르크스에게는 아직 에피쿠로스 논변의 전체 핵심은 아니다. 에피쿠로스는 원자들을 불변의 독립적인 세계의 벽돌들로 제시했다. 비독립적인 물체들처럼 곧은 길이 아니라 독립적인 물체들처럼 굽은 길을 순환하는 영원한 천체들은 그래서 마르크스에 의하면 "현실적이 된 원자들"(같은 책: 55; 302)이다. 그렇지만 이런 결과물을 놓고 경축하는 대신 에피쿠로스는 "자신의 이전의 범주들이 붕괴한다는 것, 자신의 이론의 방법이 다른 방법이 된다는 것"을 "느낀다."(같은 책: 56; 303) 무슨 일이 일어났는가?

마르크스에 의하면 에피쿠로스의 자연철학 전체는 본질과 존재 간, 형태와 질료 간의 모순으로 점철된다. 천체들에서 이 모순은 종식되고 상충하는 계기들은 조화된다. 이런 조화로 질료는 "추상적 자의식의 긍정이기"를 중단한다.(같은 책) 질료와 형태의 조화를 기초로 하여 질료는 천체에서 "추상적 개체성"이기를 그만두고 그것은 이제 "일반성"이다. 마르크스는 이렇게 추론한다.

기상氣象에서 이처럼 추상적 개별적인 자의식에 그것의 물적으로 된 반박이, 존재와 자연이 된 일반적인 것이 마주 광채를 발한다. 그것들에 이처럼 그것[추상적·개별적 자의식]은 에피쿠로스가 하는 것처럼 인간들의 모든 근심과 혼돈의 원인을 돌리는데, 왜냐하면 추상적 개별자의 근심과 해소는 바로 일반적인 것이기 때문이다.(같은 책)

기상은 이처럼 자의식의 아타락시아를 교란하지 않으며, "개별적 자의식의 아타락시아"를 교란한다. 에피쿠로스의 추상적·개별적인 자의식에 대한 집중은 들어 보지 못한 손해를 가지기는 하는데, 이는 "모든 참된 그리고 실제적인 학문은 사물의 본성에서는 개별성이 지배하지 않는 만큼 아주 넓은 것으로 지양되기 때문"[94] 이지만, 인간 의식에 대하여 "초월적으로 처신하며, 그래서 상상하는 오성에 속하는 모든 것도 지양된다.(모든 종교와 모든 미신이 그런 것처럼). 이 초월적인 힘들에 "추상적·일반적인 자의식"이, 그래서 신적으로 일반적인 것의 일부로 자신을 이해하는 그런 자의식이 종속된다. 마르크스는 그래서 에피쿠로스가 "가장 위대한 계몽자"(같은 책: 57; 304f.)라는 판단에 도달한다.[95]

---

94) 전에도 이미 마르크스는 에피쿠로스의 학문에 대한 취급을 비판했었다. "그리고 점성술만이 아니라 천문학 자체에, 천상 체계의 영원한 법칙과 이성에 그는 맞서 투쟁한다."(MEGA I/1: 55; MEW 40: 302)
95) 이런 긍정적 평가에도 불구하고 가령 Burns(2000: 22) 혹은 Baronovitch(1992)가 하는 것처럼 마르크스가 에피쿠로스의 입장들과 자신을 동일시한다는 것에 관해 좀처럼 이야기할 수 없을 것이다. 에피쿠로스의 사실적 출발점으로서 단지 추상적·개별적 자의식에 대한 비판은 너무나 뚜렷하다. Baronovitch에게 이 동일시는 또한 마르크스를 "도덕적 위선"(도덕적 가짜 거룩함)을 부린다고 비난하는 데도 소용된다. 에피쿠로스가 자기의 추종자들에게 법칙들을 따를 것을 요청했으나 이 시대의 법칙들은 노예 신분의 존재를 포함했기에 에피쿠로스는 노예제에 동의했을 것이고

지배적인 철학적 가르침에 맞서 또한 헤겔의 가르침에 맞서 에피쿠로스를 계몽자로 세우고 이로써 또한 그의 종교 비판을 복권시키는 것은 마르크스에게 그의 작업의 정치적으로 지극히 중요한 결과물이었을 개연성이 있다. 마르크스는 에피쿠로스가 인간들을 아주 오랫동안 억압한 종교의 지배에 맞서 용감하고 겁 없이 들고 일어난 최초의 사람이라는 루크레티우스의 찬양을 이 대목에서 인용하면서 이 역할을 소중히 여긴다.

Quare relligio pedibus subjecta vicissim

Obteritur, nos exaequat victoria coelo

(MEGA I/1: 58; MEW 40: 305)

보복을 당하려는 것처럼 종교가 우리 발 아래 놓여

완전히 정복당했네. 하지만 우리, 우리는 승리가 하늘로 올려 주네.

(MEGA I/1: 940; MEW 40: 305, Fn. 1)[96]

지금 마르크스는 그에게 의존한다.(Baronovitch 1992: 165ff.) 사람들은 이미 자주 스탈린주의의 잔혹성에 대한 정신적인 공동 책임이 마르크스에 귀속된다고 보려고 시도해 왔다. 그러나 지금 그를 상대로, 에피쿠로스라는 우회로를 통해서 또한 고대의 노예제를 옹호했다고 비난하는 것은 멀쩡한 발명품이다.

96)『독일 이데올로기』의 원고 하나를 적어 가는 데서도 마르크스에게는 이 행들이 여전히 있었음이 분명하다. "에피쿠로스는 이와 달리 고대의 본연의 급진적 계몽자로서 고대의 종교를 공개적으로 공격했고 로마인들에게서도 무신론이 그들에게 존재하던 한에서는 그로부터 나온 것이다. 그래서 그를 루크레티우스가 영웅으로, 신들을 처음으로 거꾸러뜨리고 종교를 발로 짓밟은 영웅으로 기렸으며, 그래서 에피쿠로스는 모든 교부敎父들에게서 플루타르코스에서부터 루터에 이르기까지 아주 특별히 불경한 철학자, 돼지의 명성을 유지해 오고 있다."(MEGA I/5: 193; MEW 3: 125).

데모크리토스와 에피쿠로스의 자연철학들의 비교라는 철학사적 수확을 그는 자신의 저작 마지막 단락에서 이렇게 정리한다.

> 에피쿠로스에게서 그래서 원자론은 그 모든 모순들을 지니고서 추상적 개체성의 형태를 띠고서라도 절대적 원리인 차의식의 자연과학으로서 그 개체성의 해소와 일반적인 것에 대한 의식적 대립인 그 최고의 논리적 귀결에까지 관철되고 완성되어 있다. 이와 달리 데모크리토스에게는 원자는 단지 경험적 자연탐구 전반의 일반적 객관적 표현일 뿐이다.(MEGA I/1: 58; MEW 40: 305)

신과 불멸

박사학위 논문에 대한 부록 「에피쿠로스의 신학에 반대하는 플루타르코스의 논박에 대한 비판」은 목차에 의하면 두 개의 부部를 담을 것이었다. "I. 인간과 신의 관계" 그리고 "II. 개체적 불멸성" (MEGA I/1: 20; 265)이 그 둘이다. 출처 증명들을 단 주석들은 제1부에 대해서만 존재하며 이는 주석 부분에서 계승된 중간 제목들에서 뚜렷해진다. 이 주석들이 들어 있는 노트에서 아직 빈 쪽들이 있었으므로 부록 제2부에 대한 주석들은 분실되지 않았고 필사자에게 아무것도 제출되지 않았다고 가정할 수 있다. 필사가 완료되던 때에 이 부록의 제2부는 존재하지 않았을 가능성이 있다. 마르크스가 필사의 진행 동안 혹은 그 직후에 부록을 가다듬었음은 부록 제1부에 대한 마지막 각주(그리고 이로써 전체 본문의 전해져 오는 마지막 각주)가 필사자에 의해 적히지 않았고 마르크스에 의해 적힌 것에서 뚜렷해진다. 그러나 부록이 아직 완성되지 않았다면 그것은 또한 박사학위 논문과 같이 제출되지 않았던 것이다. 내용상으로 이는 문제가 되지 않았을 것인데, 왜냐면 저작의 철학사적 테마, 데모크리토스와 에피쿠로스의 자연철학의 차이에 대한 질문에 그 부록은 아무것도 기여하지 않기 때문이다.

역시 예나로 보내지지 않았을 개연성이 있는 서언에서 마르크스는 플루타르코스의 논박이 "신학하는 오성의 철학에 대한 관계를 아주 적절하게 그 안에서 서술하면서 하나의 종種(espèce)을 대표하는 것"(같은 책: 14; 262)으로 특징짓는데, 이는 마르크스가 여기서 1830년대에서의 신학적으로 동기 부여된 헤겔 철학에 대한 공격과의 평행 관계들을 보았음을 뚜렷이 밝혀 준다. 이 논쟁에서의 자기 자신의 입장에 관해 마르크스는 아무런 의문도 일어나게 하지 않는다. 헤겔이 주장한 것과 같은 철학과 종교 간의 매개를 마르크스는 가능한 것으로 간주하지 않는다.

> 철학은 그것을 숨기지 않는다. "한마디로 나는 모든 신을 그리고 어떤 신이나 증오하노라"고 하는 프로메테우스의 고백은 철학 자체의 고백이며, 모든 천상과 지상의 신들에 반대하는 철학 자체의 선고다. (MEGA I.1/14; MEW 40: 262)[97]

---

97) 독일 문학사에서 나중에 "질풍노도"라 부른 시기(약 1760-1785)로서 전통적인, 규정에 맞게 강하게 고착된 시에 반대한 그 시대 이래 프로메테우스는 빈헝적이면서도 창조적인 천재로서 전통적 권위들에 화를 터뜨리는 천재의 전형으로 통했다. 물론 마르크스는 프로메테우스란 인물을 여기서(이미 위에서 인용된 제5노트의 한 대목, MEGA IV/1: 99; MEW 40: 214에서도 그런 것처럼) 천재 미학이 그러하듯 인물들에 관련짓지 않고 종교적·세속적 권위들을 의문시하는 계몽의 중심 사례로서 철학에 관련짓는다.

마르크스가 부록에서 어떻게 논지를 펼치기 원했는지는 그가 에피쿠로스의 신학적 견해들에 대한 플루타르코스의 비판과 상세히 씨름하는 「에피쿠로스 철학에 대한 노트」의 세 번째 권(MEGA IV/1: 55-63; MEW 40: 104-122)에서 드러난다.

마르크스가 (우리가 남아 있는 각주들을 통해 아는 것처럼) 분실된 부록에서 돌바크의 『자연의 체계』로부터의 상응하는 인용문들을 통해 확인해 주는 것으로서(MEGA I/1: 88; MEW 40: 366), 에피쿠로스가 신 앞에서의 인간의 두려움을 뭔가 나쁜 것으로 이해하는 동안, 플루타르코스는 인간들이 이 두려움을 통해 악을 행하는 것으로부터 보호를 받을 것이라고 논지를 편다. 이에 대해 마르크스는 제3 "노트"에서 이렇게 대응한다.

> 그렇다면 경험적으로 악한 것은 무엇인가? 개인이 자신의 영원한 본성에 맞서 자신의 경험적 본성 안에 숨는 것이다. 그러나 이는 그가 자신의 영원한 본성을 자신으로부터 배제하고 자기 안에서의 개체성 고수의 형태로 자신을 경험에서 이해하며 그래서 자기 바깥에서 경험적인 신을 관조하는 것과 같지 않은가? (…) 신은 이런 점에서 경험적으로 나쁜 행동들이 가질 수 있는 모든 결과들의 공통성 말고 다른 것이 아니다.(MEGA IV/1: 56; MEW 40: 104)

이로써 이 마르크스의 종교 비판이 포이어바흐가 1841년 연초에 『기독교의 본질』에서 발표하는 지향과 유사한 지향 쪽을 가리킨다는 것이 명료해진다. 신의 본질은 바깥을 향해 놓인, 인간의 독립된 본질일 뿐이다. 그렇다고 해서 마르크스가 포이어바흐의 비판을 이미 선취했다는 말은 아니다. 포이어바흐에게서 명확히 완성되고 그 논리적 귀결의 다수에서 성찰된 것이 마르크스에게서는 오직 첫 번째 예감일 뿐이다. 마르크스에게 여기서 관건인 것은 암시된 신관神觀을 완성하는 것이 아니라 에피쿠로스가 신에 대한 아무런 관련 없이 발언하는 것 "그대가 처벌받으리란 항시적인 두려움을 안고 있지 않도록 불의하게 행동하지 말라"(같은 책)는 것 말고 플루타르코스 역시 다른 것을 말하지 않는다는 데 대한 증명이다.

부록 제1부에 대한 긴 각주에서 (마르크스의 필기로 전해져 오는 것은 위에서 언급된 원고의 마지막 각주다) 마르크스는 신 증명과 씨름한다. 우선 그는 명백히 동의하면서 그간 기독교-반동적으로 된 셸링의 초기 글들로부터 인용한다: "그러나 약한 이성은 아무런 객관적 신을 인식하지 않는 이성이 아니라 그런 신을 인식하고자 하는 이성이다." 마르크스는 이렇게 논평했다.

> 셸링 씨에게 그의 첫 번째 글들을 다시 상기해 보라고 아무튼 충고해야 할 것이다.(같은 책: 89; 369)

신 증명으로 마르크스는 이미 칸트(1781: 529ff)가 비판한 존재론적 증명을 예로 든다. 칸트는 가장 완전한 본질의 표상으로부터 그것의 존재라는 결론이 도출될 수 있을 것인데, 왜냐하면 존재 없이는 어떤 본질도 완전한 것으로 생각될 수 없기 때문이라고 말했다. 마르크스는 여기서 두 가지 가능성을 보는데, 하나는 이 신 증명이 "공허한 동어 반복"이라는 것이다. 왜냐하면 내가 실제로 상상하는 것은 나에게는 실제의 표상이라서 이 증명을 가지고서 내가 믿는 어떤 신이든 그의 존재가 입증될 수 있을 것이기 때문이다. 이런 숙고는 궤변이 아니다: "늙은 몰록이 지배하지 않았는가? 델피의 아폴로는 그리스인들의 실제적인 힘이 아니었는가? 여기서는 칸트의 비판도 아무 말 하지 않는다."(같은 책: 90; 370) 왜? 하나의 상상이 사회적으로 널리 공유되면 이 상상은 사회적인 힘이 된다. 물론 그 역도 성립한다. 어떤 낯선 신을 그리스로 데려가면 이 신은 존재하지 않는다는 것이 입증될 것이다. 마르크스는 이런 결론을 도출한다.

> 특정한 나라가 외지에서 온 특정한 신들에게 무엇이냐, 이는 신 일반에게 이성의 나라가 의미하는 바로 그것이니 신 일반의 존재가 그 나라에서는 그만 없어지는 그런 곳이다.(MEGA I/1: 90; MEW 40: 370)

이성의 나라에서도 신의 존재를 반박할 수 없는 것과 똑같이 입증할 수도 없을 것인데, 그런 만큼 칸트는 이미 옳았다. 그러나 사회적 태도는 달라졌을 것이고 신은 일반적으로 공유되는 표상이 더 이상 아닐 것이고 그런 한에서 그 신은 존재하기를 그만두었을 것이다. 이런 숙고를 가지고서 마르크스는 종교에 대한 더 이상 단순히 인식 이론적이 아니라 사회적인 논의로 가는 문턱에 서 있으며, 그는 처음으로 이성적으로 수립된 세계의 관념을 이야기한다. 물론 여기서 그 둘이 계속 추적되지 않는다. 그 대신 마르크스는 두 번째 가능성을 고찰한다.

> 아니면 신의 증거들은 본질적인 인간의 자의식 존재에 대한 증거들 말고 다른 것이 아니다. (…) 예컨대 존재론적 입증이다. 생각되는 가

운데 직접적인 것은 어떤 존재인가? 자의식이다. 이런 의미에서 신의 존재에 대한 모든 증거들은 신의 비非존재에 대한 증거들이다. (같은 책: 91; 372)

세번째 "노트"에는 또한 플루타르코스의 불멸 신앙에 관한 비판도 들어 있고 이는 부록의 제2부를 이룰 것이었다. 플루타르코스의 가장 중대한 논거는 죽음 앞에서의 두려움으로서 이로부터 영원한 존재를 향한 노력이 그 내용과 무관하게 결과로 나온다. 이에 마르크스는 에피쿠로스가 같은 불멸설不滅說을 대표한다고 대답하며 단지 그는 사리事理를 그 이름으로 거명하는 데 아주 일관적이어서 "영혼을 부여받은 것은 그 원자론적 형태로 돌아간다"(같은 책: 62: 118)는 설을 대표한다는 것이다. 즉 영혼은 개개의 원자들로 쪼개지며 오직 그 원자들에 영원한 존재가 해당된다는 것이다.

플루타르코스는 논변상으로만 에피쿠로스에 미치지 못하는 것이 아니며, 그는 자신이 행하는 것을 결코 알지 못하는데, 이는 그가 에피쿠로스를 반박하고자 하는 경우에 그를 확증해 주기 때문이다. 그래서 마르크스는 정리하여 이렇게 확고히 주장할 수 있었다.

우리는 이처럼 플루타르코스가 어떻게 에피쿠로스에 대한 그의 논박에서 한 걸음 한 걸음 에피쿠로스에게 안기는지를 보는데, 다만 에피쿠로스는 단순히, 추상적으로 진실되게 그리고 건조하게 논리적 귀결들을 전개하며 그가 말하는 것을 아는 반면에 플루타르코스는 어디서나 그가 말하고자 생각하는 것과는 다른 것을 말하지만, 근본적으로 또한 그가 말하는 것과는 다른 것을 생각한다. 이는 대체로 관습적 의식의 철학적 의식에 대한 관계다.(같은 책: 63: 122)

정치적·철학적 표준 규정

마르크스가 그의 박사학위 논문에서 '아직' 철학적 관념론을 대표했는지, 아니면 '이미' 유물론을 대표했는지가 빈번히 논의되었다. 그러한 질문에는 잘 정의된 관념론적 땅덩어리와 마찬가지로 잘 정의된 유물론적 땅덩어리가 존재하며 젊은 마르크스는 나룻배를 탄 것처럼 한 땅덩어리에서 다른 땅덩어리로 이동하여 항시 그가 이미 얼마나 왔는지를 검증할 수 있다는 표상이 배경에 있다. 그러나 마르크스 자신에게 이런 질문들은 박사학위 논문에서는 아무 역할을 하지 않는다.98) 유물론에 관한 선행하는 그리고 어느 정도 자의적인 개념을 소개하여 이에 박사학위 논문을 대어 보는 대신, 마르크스 스스로 유물론적 입장을 명시적으로 대표하는 지점에 우리가 도달하기까지 기다리는 것이 내게는 더 의미 있어 보인다. 그럴 때 비로소 유물론에 관한 그 자신의 이해를 재구성하고 거꾸로 언제 그런 이해가 만들어졌는지의 문제를 추적해 보는 것이 가능하다.

마르크스가 관념론과 유물론의 관계에서 자신을 자리매김하려는 시도를 하지는 않지만, 1839/40년 전개된 헤겔 철학을 둘러싼 대결에 대해 결정적으로 입장을 취한다. 마르크스 자신은 정통 헤겔주의자가 될 기회가 더는 없었으니 그러기에 그는 너무 늦게 온 것이다. 1837년에 시작되는 헤겔의 수용은 헤겔에 관한 비판적 논의의 와중에서 전개되었다. 물론 마르크스는 우리가 곧 살펴보겠지만 또한 다

---

98) Kondylis(1987: 25f.)가 옳게 참조하도록 하는 것은 에피쿠로스의 유물론이 이 시기에 마르크스에게 물질이 우선이냐 정신이 우선이냐 하는 존재론적 의미에서가 아니라 무엇보다 종교에 반대하는 논거로서 중요했다는 점이다.

양한 헤겔 비판적 분파들과 거리를 두려고 애썼다.

본 장의 제4부에서 서술된 것처럼 청년 헤겔주의 저자들은 모두에 앞서 아르놀트 루게가 헤겔을 정치적 상황에 주관적으로 "끼워 맞춘 것"을 비판했다. 마르크스는 박사학위 논문의 제1부의 전해져 오지 않는 마지막 두 절에 관계되는 긴 각주에서 이 비난과 대결한다. 마르크스가 이 전해져 오지 않는 구절들에서 에피쿠로스의 의식과 그의 철학이 사실상 표현한 것 간의 구분을 이야기했을 가능성이 있다. 상응하는 주석들은「에피쿠로스 철학에 대한 노트」제7권에서 발견된다.(MEGA IV/1: 136; MEW 40: 246) 그리고 1858년에도 마르크스는 라살레에게 에피쿠로스의 "전체 체계"는 "단지 그 자체로 에피쿠로스의 글들에 존재하지만 의식적 체계학으로는 존재하지 않았다는 것을 확신합니다" 하고 편지에 썼다.(1858년 5월 31일의 편지, MEGA III/9: 155; MEW 29: 561)

이미 제2노트 말미(MEGA IV/1: 39-47)에 "소포스"라는 현자의 운명에 대한 긴 여담이 발견되는데, 이는 에피쿠로스학파·스토아학파·회의주의학파의 사고하는 주체에 집중된 철학의 중요한 테마다. 거기서 마르크스는 그리스 철학의 발달에서 현자의 역할을 추적한다.99) 제7노트에서는 이를 훨씬 넘어서는 철학자의 인물과 철학사의 관계에 대한 규정이 발견된다.

---

99) 마르크스가 거기서 거칠게 헤겔에 의해 제출된 철학사적 도식에 매달리기는 하지만 Thom(1984: 13-21)이 뚜렷이 밝힌 것처럼 이미 특기할 만한 이탈을 보이면서 매달린다.

철학사 서술은 철학자의 정신적인 인간성일지라도 그 인간성, 마찬가지로 그의 체계의 초점 및 모습을 파악하는 것과는 관계가 없고 (⋯) 어떤 체계에서도 규정들 자체, 관통해 가는 실제적인 결정結晶들을, 증거들, 대화에서의 정당화 논리들, 철학자들이 스스로를 아는 한에서 그들의 서술들로부터, 분리해야 한다.

철학자의 인간성을 그의 철학으로부터 이렇게 분리시키는 것은 마르크스에 의해 헤겔의 "두더지" 비유100)를 재수용하면서 인간성을 관념사적 발달의 단순한 "용기容器"로 설명하는 가운데 예리하게 만들어진다. "묵묵히 계속 일해 나가는 실제적인 철학적 지식의 두더지를 말이 많고, 대중적인 다채롭게 행동하는, 이 발달들의 용기容器이자 에너지인 주체의 현상학적 의식으로부터" 구분해야 한다는 것이다. 이로부터 마르크스는 물론 인물의 의식에 대한 완전한 무지를 도출하지 않는다.

이 의식의 분리에서 바로 그것의 통일은 상호적 조건 지음을 증명할 수 있는 것이다. 역사적 철학의 서술에서의 이 비판적 계기는 한 체계의 학문적 서술을, 우회할 수 없는 매개로서 그것의 역사적 존재와 매개시키는 데 시종 필요한 계기다.(MEGA IV/1: 137; MEW 40; 246)

---

100) 『역사철학 강의』 끝부분에서 헤겔은 셰익스피어의 『햄릿』으로 소급되는 이 비유를 상시적이지만 언제나 가시적이지는 않은 때로는 두더지 언덕처럼 완전히 갑자기 전면에 등장하는 철학적 정신의 발달을 특징짓기 위하여 활용했다.(HW 20: 456, 462) 『브뤼메르 18일』에서 마르크스는 1852년에 두더지로 되돌아왔지만 이번에는 혁명적 발달에 대한 비유로서 되돌아온 것이었다.(MEGA I/11:178; MEW 8: 196).

명백히 이런 기초 위에서 마르크스는 박사학위 논문에 대한 언급된 각주에서 헤겔이 자기의 철학을 정치적 상황에 적응시켰다는 테제를 철학적으로 미흡한 것으로 비판했다.

> 헤겔과 관련해서도 그의 제자들이 그의 체계의 이런저런 규정을 적응 같은 것들로부터, 한마디로 도덕적으로 설명한다면 이는 그들의 단순한 무지다.(MEGA I/1: 67; MEW 40: 326)

마르크스에게 관건이 되는 것은 도덕적 비난과는 완전히 다른 것이다.

> 한 철학자가 이런저런 외관상의 비일관성을 이런저런 적응 때문에 저지르는 것은 생각할 수 있다. 그 자신은 이것을 자기의식 안에 가지고 있을 수도 있다. 다만 그가 자기의식 안에 가지지 않는 것은, 이 외관상의 적응들의 가능성이 그의 원리 자체의 미흡함이나 미흡한 파악에 그 가장 내밀한 뿌리를 둔다는 것이다. 이처럼 한 철학자가 실제로 적응을 했다면, 그 자신에게는 대중적 의식의 형태를 가진 것인데도 그의 제자들은 그것을 그의 내적인 본질적 의식으로부터 설명해야 한다. 이런 식으로 양심의 진보로 여겨지는 것은 그러면서도 지식의 진보이기도 하다.(같은 책)

적어도 헤겔 비판의 방법론적 출발점과 관련하여 체계 자체에서 적응의 가능성의 찾아보는 것에서 마르크스는 루게보다 훨씬 먼저였고 포이어바흐를 베끼지 않으면서도 그가 이미 도달한 수준에 접근해 갔다. 여기서 포이어바흐(1839b)는 마르크스만큼 명확하게 그의 비판의 방법론적 기초를 아직 정식화하지 않았다. 그 대신에 포이어바흐에게서 헤겔 비판의 내용적인 실행은 마르크스에게서보다 상당히 더 진전되었다.

물론 마르크스는 이 방법론적 성찰에 머물러 있지 않는다. 그는 헤겔학파의 발달을 그가 그 거친 구조를 이미 "노트들"에서 스케치한 일반적 도식 안에 배치하려 시도한다. 거기서 마르크스는 에른스트 귄터 슈미트가 첫 번째 박사학위 논문 기획의 서론으로 식별한 그 구절들에서, 완결된 총체가 된 철학은 또한 다시 밖을 향해, 세상을 향해 눈을 돌려야 한다고 논지를 펼쳤다.(MEGA IV/1: 99ff.; MEW 40: 214ff.) 이 이행移行은 지금 "규율로부터 자유로의 이행"으로 이해되며 미친 듯이 대담하다tollkühn고는 말하지 않아도 이례적으로 대담한 일반화가 된다. "자신 안에서 자유로워지는 이론적 정신이 실천적 에너지가 되어 의지로서 아멘테스의 그늘의 왕국으로부터 걸어나와 세속적인 그 없이 존재하는 현실을 공격한다는 것이 하나의 심리학적 법칙이다."(MEGA I/1: 67f.; MEW 40: 326) 하지만 이 "실천적 에너지"는 무엇으로 이끄는가? "철학의 실천만 하더라도 그 자체가 이론적이다. 본질에서의 개별 존재, 관념에서의 특수한 현실을 혼합하는 것은 비판이다."(같은 책: 68; 326)

많은 해석들(예를 들면 Kondylis 1987: 19, 80 Fn. 17 oder McLellan 1974: 88 같은)은 여기서 브루노 바우어의 목소리를 들었다. 바우어는 마르크스에게 이렇게 써 보냈다.

이론은 지금 가장 강한 실천이요 우리는 아직 이론이 얼마나 큰 의미에서 실천적이 될지를 전혀 예언할 수가 없소.(MEGA III/1: 355)

하지만 이 문장은 마르크스가 자신의 각주들을 이미 오래전에 써 놓았을 개연성이 있는 때인 1841년 3월 31일의 바우어의 편지에서 나온다. 그러나 무엇보다도 바우어는 이것이 들어맞는 때인 "지금"에 관해 이야기하는 반면 마르크스는 철학의 실천이란 것에 관하여 일반화하여 이야기하며 이렇게 덧붙인다.

철학의 이런 직접적 실현만 하더라도 그 가장 내밀한 본질에 따를 때 모순들에 사로잡혀 있다.(MEGA I/1: 68; MEW 40: 328)

마르크스는 이처럼 철학의 독자적 실천, 독자적 다룸에 관해 바우어처럼 이야기하지 않으며 여전히 "그 자체 안에서 자유로워지는 이론적 정신"의 활동을 기록하는 입장에 처해 있다. 그리고 여기서 그는 세상을 돌아봄이 철학적 실천을 불가능하게 만드는 모순, "세상의 철학적이 됨이 동시에 철학의 세속적이 됨이라는 모순, 철학의 실현이 동시에 철학의 상실이라는 모순, 철학이 바깥을 향해 맞서 싸우는 것이 철학 자체의 내적 부족이라는 모순을 본다."(같은 책)

그러나 이 모순은 단지 실물의 "객관적" 측면일 뿐이며, 그것은 "주관적" 측면도 가진다. 과정의 "정신적 담지자들", "개별적 의식들"에게는 "그것들이 세상을 非철학으로부터 해방시킴은 동시에 그들 자신의 철학으로부터의 해방이다"라는 것이 해당된다.(같은 책)

"철학적 의식의 이 이중성"을 마르크스는 현재에서 그다음에는

두 개의 서로 "극단적으로" 대립하는 분파들에서 한편으로는 "자유
주의 당파"에서 다른 한편으로는 "실증철학"에서 작동하는 것으로
본다.

> 전자의 행위는 비판, 그래서 바로 철학의 바깥으로 향함이고, 후자의
> 행위는 철학하려는 시도, 그래서 철학의 자기 안으로 향함이다. 그러
> 는 가운데 후자는 부족不足을 철학에 내재하는 것으로 아는 반면, 전
> 자는 부족을 세상을 철학적으로 만들지 못하는, 세상의 부족으로 이
> 해하는 것이다.(같은 책: 69; 328/330)

마르크스가 자유주의 당파와 실증철학을 서로 대치시키는 것은
헤겔 이후 철학의 발달에 따른 것이다. 그런 한에서 그가 슈트라우
스에 의해 1837년『논쟁 문집』에 도입된 "우파"와 "좌파" 헤겔주의
자의 구분에 가담하지 않고 레오와 루게 간에 등장한 "구헤겔주의
자"와 "청년 헤겔주의자" 간의 논쟁에도 가담하지 않는 것은 특기할
만한 일이다. 1830년대와 1840년대에 독일에서 "자유주의"라는 것
은 권위적인 주권국가에 대한 반대파 그리고 헌법과 의회를 지향한
요구와 같은 것을 의미했다. 마르크스가 여기서 "자유주의 당파"를
이야기할 경우 그는 문단 대부분에서 전제되는 "청년 헤겔주의" 작
가들을 안중에 두는 것이다. 이 "청년 헤겔주의자들"은 확실히 생각
을 공유했지만 마르크스는 그들을 넓은 스펙트럼으로 분류했다. 그
에게는 구헤겔주의자와 청년 헤겔주의자 간의 구분도 의심스러웠을
가능성이 있지만, 미슐레나 로젠크란츠 같은 사람들도 자유주의 진
영에 있었다.

'실증철학'의 대표자들로 마르크스가 간주하는 것은 물론 미슐레가 그의 『최근 체계들의 역사』에서 "사이비 헤겔주의자"로 지칭한 자들, 강한 종교철학을 발달시킨 프란츠 폰 바더Franz von Baader(1765-1841)와 아울러 무엇보다도 크리스티안 헤르만 바이세, 임마누엘 피히테, 카를 필립 피셔 같은 부분적으로는 헤겔에 관계되지만 무엇보다도 신학적으로는 그를 넘어서기를 원했던 "사변적 유신론자"를 포함한 집단이었다. 미슐레는 그의 서술에서 그들이 "실증적" 계시에 결부되며, 헤겔에 대해 "실증적인 그 이상以上"을 구했다고 강조했다. (Michelet 1838: 632, 646) 포이어바흐는 이런 지향에 그의 기고 논문 『실증철학 비판』으로 가차 없는 비판을 가하면서 "실증철학"이라는 용어를 도입했다.(Feuerbach 1838)101) 본 장 제5부에서 이미 주석을 단 것처럼 마르크스는 적어도 피셔와 본격적으로 대결을 벌였었다. (1840년 3월 1일 바우어의 편지, MEGA III/1: 341을 참조하라)

마르크스는 그가 구분한 그 두 당파를 비판하며, 그들 간의 어느 정도 거울상과 같은 관계 그리고 그들이 자신들의 소행에 대해 자기 오해를 저지르는 것을 본다.

---

101) Breckman(1999: 266ff.)은 마르크스가 이미 그의 박사학위 논문을 쓰는 동안에 포이어바흐의 영향을 강하게 받았다는 견해를 지닌다. 마르크스가 포이어바흐의 "실증철학"에 대한 논문을 알았을 개연성은 아주 높다. Breckman이 확증할 수 있다고 믿는 그 이상의 의견 일치는 그러나 내가 보기에는 아주 사변적인 것 같다. Breckman보다 오래전에 Breuer(1954: 67ff.)도 이미 포이어바흐가 — "죽음과 불멸"에 관한 그의 글을 통해(하지만 마르크스가 그 글 한 부를 대면했는지는 결코 확실하지 않다) — 마르크스의 박사학위 논문에 지속적으로 영향을 주었다고 주장했다. Bockmühl(1961: 120ff.)도 비슷하다.

이 당파 중 어느 쪽도 상대 당파가 하고자 하는, 그리고 자신은 하고
자 하지 않는 바로 그 일을 합니다.(MEGA I/1: 69; 330)

이는 무슨 말인가? 세상으로 눈을 돌리고자 하는 자유주의 당파는
철학에 집착하며 거기서 "세상"에 즉 정치 상황에 관계를 가질 경우
에도 계속해서 철학을 한다. 이와 달리 실증철학은 철학을 하려고
하면서 철학을 상실하고 그것도 신학에가 아니라 — 포이어바흐가
그것에 대해 한 비난에 의하면 — "혼자서만 참된 신을 모시는, 혼자
서만 축복해 주는 표상을 생각하는 종교적 열광의 광기에 상실한다."
(Feuerbach 1838: 2337) 이로부터 마르크스에게는 양 당파 간에 또 하
나의 질적인 구분이 생겨난다.

그러나 전자의 당파는 자신의 원리상의 모순에서 일반적으로 자신을
그리고 자신의 목적을 의식한다. 후자의 당파에서는 부조리, 말하자
면 광기가 그 자체로 나타난다. 내용상으로는 자유주의 당파만이, 개
념의 당파이기에 실질적 진보를 이룬다.(MEGA I/1: 69; 330)

청년 헤겔주의자들을 본 장 제5절에서처럼 학파로 간주하는 것이
아니라 처음에 헤겔에서 시작했지만 철학적으로나 정치적으로 급진
화해 가는 유파로, 독자적 패러다임을 완성할 수 있기 전에 1840년
대에 해체된 유파로 간주한다면 1841년도의 바우어와 마르크스는
의심할 바 없이 이 유파에 속한다. 그렇지만 더 좁은 청년 헤겔주의
개념을 바탕으로 둔다면 마르크스를 거기에 집어넣는 것은 어려워
진다. 아무튼 마르크스가 정치적·철학적 분쟁에 대한 분석에서 결코

스스로를 '청년 헤겔주의자' 진영에 있다고 생각하지 않은 것은 특기할 만하다. 이런 거리 두기에 부합하는 것은 바우어가 마르크스와의 서신 교환에서 드러내어 말한 것들에도 있다. 아르놀트 루게가 거기서 일정한 공감을 가지고 관찰되지만 독자적인 잡지의 창간 계획에는 상당 정도의 비판이 담겨 있다. 잡지 창간을 하겠다는 발상은 이미 『할레 연감』이 바우어와 마르크스에게는 더 이상 충분하지 않음을 표현하는 것이고, 새로운 잡지가 성공을 거두었을 경우에 이는 루게에게는 심각한 타격이었을 것이다.(특히 1841년 3월 31일 바우어의 편지, MEGA III/1: 354를 보라)

　문헌상으로는 마르크스가 자신의 자의식 개념을 바우어에게서 빌려 왔는지, 아니면 여기에 이미 그들 간의 첫 번째 차이가 있었는지에 관해 논의가 많이 되었다.102) 그렇지만 근본적으로 보이는 질문

---

102) McLellan(1974: 84ff.)과 Rosen(1977: 148ff.)은 바우어가 마르크스의 박사학위 논문에 강한 영향을 미쳤다는 견해를 가진 두 명의 특출한 대표들이다. Stedman Jones(2017: 118)도 마르크스가 박사학위 논문에 사용한 것이 바우어의 자의식 개념이라는 논제를 수용한다. 이와 달리 코르뉘(1954: 163f.)와 Thom(1986: 114)은 바우어의 "개인주의적" 입장에 대한 마르크스의 독자성을 강조한다. 물론 코르뉘와 Thom도 마르크스가 『신성가족』에서 표현한 그런 시각으로 바우어를 바라보는 경향이 있다. 바우어는 "피히테의 입장"으로 헤겔을 후퇴시켰으리란 것이다.(MEW 2: 147) 이것이 1844년의 바우어에게 맞는 말인지는 아직 논의될 수 있으며 1840/41년의 바우어에게는 이 비난은 아무튼 맞지 않다. 바우어가 마르크스에게 압도적으로 강한 영향력을 가졌다는 것을 논박하는 Waser(1994)도 이를 때로는 바우어의 글에 대한 좀 자의적인 해석에 의지하여 주장한다. 1991년에 처음 발표된 『가치의 과학』에서 나 역시 마르크스가 자의식의 관념을 바우어로부터 물려받았다는 가정에서 출발했는데(Heinrich 2017: 90f.), 이는 나에게 오늘날에는 오히려 문제 삼을 만한 것으로 여겨지는 입장이다. 마르크스의 서언의 의기양양한 어조에 현혹되어서는 안 되며, 박사학위 논문에 자의식 개념을 사용한 것은 이 서언이 기대하게 하는 것보다 훨씬 더 신중하게 행해진다. 마르크스와 바우어 간의 차이들을 나는 제2권에서 논할 것이다.

은 무엇이 자의식 개념을 바우어와 마르크스에게 이 시대에 그렇게 매력적으로 만들었는가 하는 것이다. 1830년대 후반에 헤겔의 철학은 여러 '청년 헤겔주의자들'에 의해 한편으로는 너무 폐쇄적이고 새로운 동태, 무엇보다도 정치적인 동태에 너무 적게 개방적인 것으로 간주되었고, 다른 한편으로 그 안에서 일반적인 것의 돌출이 보였고 주관적 개체적인 것은 단지 종속적인 역할을 했다. 그러나 그 모든 비판에도 불구하고 헤겔의 철학은 또한 비난받아야 할 것이 아니었고 여전히 지침으로 소용되었다. 헤겔의 종교철학에 관한 논쟁에 근거하여 볼 때 어쨌든 이미 논쟁이 되고 있던 자의식 관념은 여기서 출구를 제공하는 것으로 보였다. 그것은 그 신학적 애매함을 가진 절대 정신을 그 중심 지위로부터 쫓아냈고 개체적인 것을 파악할 수 있게 해 주었지만, 단지 개체적인 것만이 아니라 바우어가 그의 공관자들에 대한 글 제1권에서 명시한 것처럼(Bauer 1841a: 221) 일반적인 것에 몫을 가지는 한에서 개체적인 것을 파악하게 해 준 것이다. 그런 한에서 자의식의 철학은 적어도 1840/41년에는 피히테의 자아 철학의 재발이 아니라 헤겔 이후 계몽사상의 최초의 시도였다. 역사를 추동하는 것은 추상적 일반적인 이성의 운동이 아니며, 이 추진 동력은 직접 인간 자신 안으로 옮겨진다. 마르크스의 박사학위 논문 서언의 격정, 포르메테우스에 대한 준거 그리고 자의식을 "최상의 신성"으로 인정할 것을 요구함(MEGA I/1: 14; MEW 40: 262)은 그가 자의식을 매개로 한 인간에 대한 이 준거를 어떤 종류의 급진적 발걸음으로 보았는지를 뚜렷이 해 준다. 물론 자의식 개념을 매개로 파악되는 이 인간은 여전히 상당히 추상적인 데 머물렀고, 자의식은 단지 이 헤겔 이후 계몽사상의 최초의 발걸음일 뿐이었다.

다음 장들에서 우리는 포이어바흐, 슈티르너, 그리고 끝으로 마르크스와 엥겔스도 어떻게 이 길을 계속 걸어가며 그때마다 다른 이들을 여전히 추상적인 철학의 관념들에 사로잡힌 채 있다고 비난하는지 살펴볼 것이다.

왜 예나인가?

마르크스는 1836년 이래 베를린에서 공부했지만 박사학위 논문은 그가 결코 다닌 적 없는 그리고 박사학위 취득 절차를 위해서도 방문한 적 없는 예나 대학에 제출했다. 마르크스는 출석하지 않고in absentia 박사학위를 취득했다. 그를 그렇게 하도록 유도한 이유들에 관해서는 아무것도 드러내어 말해진 것이 없으며 우리는 추측에 의존했다.

박사학위 논문 서언의 날짜 표시 "1841년 3월"에 근거하여 본다면 우리는 마르크스가 박사학위 논문을 1841년 3월 혹은 그 직전에 완성했다고 가정할 수 있다. 그가 도대체 베를린에서 박사학위 취득을 시도했는지는 알려져 있지 않다. 그가 그것을 시도했다면 1840년 12월 3일 이래 이미 제적된 상태임을 확인할 수밖에 없었다. 이는 대학 학적부에서 드러난다.(Kliem 1988: 60을 참조하라) 마르크스는 1836년 10월에 베를린 대학에 등록했고 대학 학칙에 따르면 "학생 신분"은 — 마르크스가 명백히 챙기지 않은 것으로서, 연장 청원을 할 경우를 제외하면 — 4년 후에 종료되었다. 마르크스가 1841년 3월에 이미 여러 달 전에 제적된 것을 그가 아예 의식하지 못했을 개연성이 있다. 물론 이 제적도 문제는 아니었다. 모두 5탈러의 수수료를 납부하면 그는 새로 등록할 수 있었을 것이다. 베를린에서의 박사학위 취득은 가능했을 것이다.

마르크스가 베를린에서 박사학위를 취득하기를 원치 않았다고, 헤겔주의가 프로이센에서 왕위 교체 후에는 더 이상 인기가 없었고 마르크스가 헤겔에게로 방향이 맞추어진 박사학위 논문에 적대적으로 대했을 교수들에 부딪쳤을 것이기 때문이라고 거듭하여 추측되었다.(가령 Cornu 1954: 182, Thom 1986: 109, Kanda 2010: 156f.에서 그러하다) 이런 숙고는 별로 설득력이 없다. 1841년 연초에 철학부의 구성에는 아직 아무것도 달라지지 않았고 마르크스는 헤겔의 후계자인 가블러에게 매달릴 수 있었을 터인데, 이는 브루노 바우어가 1840년 3월에 이미 그에게 제안한 것이었다.(MEGA III/1: 342) 이를 넘어서 마르크스는 아직 공적으로 부각되지 않았고 그의 박사학위 취득은 큰 주목을 일으켰을 정치적 문제는 아니었을 것이다.

정치적 고려 사항보다 더 그럴듯하게 보이는 것은 예나에 유리하고 베를린에는 불리한 순전히 실무적인 이유들이다. 예나에서는 박사학위 취득 수수료가 베를린에서보다 훨씬 더 낮았다. 그리고 마르크스에게는 돈이 조금밖에 없었다. 또 하나의 이유는 베를린의 시험 조건들에서 찾을 수 있었다. 마르크스는 그의 박사학위 논문을 라틴어로 번역해야 했을 것이다. 구술시험 또한 적어도 부분적으로는 라틴어로 행해졌을 것이고 어느 정도 준비 기간을 요했을 것이다. 마르크스가 박사학위 논문을 원래 계획했던 것보다 상당히 늦게 완성한 후에 계속 시험을 더 준비하고 싶지 않았을 개연성이 있다. 그의 가족과 예니도 마찬가지로 안달을 했던 것으로 보인다. 1841년 3월 31일의 한 편지에서의 브루노 바우어의 지적이 이를 암시해 준다.

내가 그대의 식구들에게 한번 일이 어떻게 되어 가는지를 알려 주러 트리어에 있을 수만 있다면.(MEGA III/1: 354)

마르크스에게 무엇보다 절차의 빠른 종결이 중요했다는 것은 예나에서 근대 문학을 가르치는 오스카르 루트비히 베르나르트 볼프 Oskar Ludwig Bernhard Wolff(1799-1851)에게 보낸 편지에서도 드러나는데, 마르크스는 그에게 박사학위증을 빨리 전송하게 하는 데 나서 달라고 간청했다.(1841년 4월 7일의 편지, MEGA III/1: 20)[103]

예나 대학 철학부에서는 다른 몇 곳의 독일 대학들에서도 그런 것처럼 구술시험 없이 "출석하지 않고" 박사학위를 취득할 수 있었다. 물론 예나에서는 그때에 "철학박사" 칭호만 받았고 더 가치가 높은 "철학박사 및 자유 기예 석사" 칭호는 받지 못했는데, 마르크스는 이 칭호를 받으려고 애썼던 것으로 보인다.(1841년 4월 13일 Dekan Bachmann의 글, Lange u.a. 1983: 201f.를 참조하라)

"출석 없는" 박사학위 취득은 원래 이미 직장 생활 중이거나 이미 학문적 작품을 내놓았고 사후적으로 박사학위를 취득하기를 원하는 후보자들을 위한 것이었다. 18세기 말경에 무엇보다도 군소 대학들이 자금 궁핍에 처하게 되면서 "불출석" 박사학위 취득은 점점 더 교수들의 소득원이 되었다. 큰 대학들의 일부 저명한 교수들은 논외로 하고 대부분의 교수들은 단지 비교적 적은 봉급만 받았다. 그래서

---

103) 그 편지가 아주 형식적으로 쓰였으므로 마르크스는 볼프와 가깝게 아는 사이가 아니었던 것으로 보인다. 볼프와의 접촉이 어떻게 성사되었는지는 알려져 있지 않다. 볼프에 대해 그리고 이 시기의 예나 대학에서의 상황에 대해 몇 가지 더 많은 정보들은 Bauer/Pester(2012)에서 찾아볼 수 있다.

그들은 작은 대학들에서는 별로 수가 많지 않은 자기 학생들의 강의료와 박사학위 취득 수수료에 의존했다. "불출석" 박사학위 취득 건수와 함께 오용도 늘어나서 19세기에는 이런 취득 유형은 불신이 커 점점 더 폐지되어 갔다.(이에 대해서는 Rasche 2007을 참조하라)

그 절차의 지속 기간에 관해 마르크스는 실망하지 않았다. 4월 6일에 박사학위 논문과 부속 문서, 증명 서류, 이력서를 철학부 학부장 카를 프리드리히 바흐만Carl Friedrich Bachmann(1784-1865)에게 보냈는데, 4월 15일에 벌써 박사학위증이 발급되었다. 4월 13일에 바흐만은 학부 동료 교수들에게 "트리어 출신의 카를 하인리히 마르크스 씨라는 아주 품위 있는 후보생"을 소개하며, 그의 저작은 "아주 많은 정신과 예리한 감각 그리고 독서량을 보여서 나는 그 후보생이 탁월한 것으로 평가받을 자격을 갖춘 것으로 본다"고 문서를 써 보냈다.(Lange u.a. 1983: 200) 동료 교수들은 서명을 통해 즉시 박사학위 취득에 동의함을 선언하여 바흐만은 같은 날 학부장 기록부에 마르크스에게 "학위를 수여할 것fiat promotio"이라고 기입할 수 있었다.(같은 책: 210)

철학부 구성원들로는 다른 이들 중에서도 마르크스가 그의 역사 저작물을 1837년에 공부했던 역사가 하인리히 루덴Heinrich Luden(1778-1847) 그리고 20년 전에 떠오르는 민족주의적인 반셈족주의에 크게 열광했고 헤겔 철학의 반대자임을 공언한 야콥 프리드리히 프리스Jakob Friedrich Fries(1773-1843)가 있었다. 철학부 구성원들이 4월 13일에 마르크스의 저작물을 상세히 검증했을 개연성은 없으며 그들은 물론 학부장의 판단을 신뢰했을 것이다. 물론 학부 구성원 한 사람이 마르크스의 박사학위 논문을 더 정확히 살펴보기 위해 집으로 가져가서 다시 반납하지 않았을 가능성이 충분히 있는데, 이는 대학 문서들에 그 논문이 없는 것을 설명해 줄 것이다. 그랬을 것으로 의심될 만한 사람은 특별히 고전 문헌학의 두 대표자들 페르디난트 고트헬프 한트Ferdinand Gotthelf Hand(1786-1851)과 하인리히 카를 아브라함 아이히슈태트Eichstätt(1771-1848), 필시 또한 철학자 에른스트 크리스티안 고틀리프 라인홀트Ernst Christian Gottlieb Reinhold (1793-1855)도 있다.

박사학위 논문을 좀 더 정확히 살펴보았다고 할 수 있을 유일한 사람은 학부장 바흐만이었다. 이 사람은 몇 년 전에 헤겔에 대한 통렬한 비판자로 등장했다. 한 상세한 서평에서 루트비히 포이어바흐가 그에게 반박했다. 바흐만에게 박사학위 논문의 헤겔 관련점들이 눈에 띄었는지 우리는 알지 못하는데, 그는 내용 면에서 그 저작에 대해 의견을 표하지 않았기 때문이다. 물론 슈미트(Schmidt 1977: 284)는 바흐만의 평가 "탁월한 것으로 평가받을 자격을 갖추었다"는 것은 이례적으로 양호하다는 것을 참조하도록 한다. 1841년 여름 학기의 다른 박사학위 논문들은 "규정을 충족시킨다"거나 "자격 있는" 것으로 받아들여졌다는 것이다. 바흐만이 논문 심사 시에 무엇보다도 학부가 명백히 미달하는 저작을 수용함으로써 비난을 받을 것에 유의했다고 가정할 수 있다. 마르크스의 저작에서는 그렇지 않았다는 것, 그 저작에는 상세한 출처 연구 그리고 또한 독자적인 독창적 논지가 깔려 있었다는 것은 피상적인 훑어봄으로도 아주 빨리 확인되었다. 마르크스의 박사학위 논문에 대한 단지 피상적인 감정 소견으로부터 그 논문의 질이 낮았다고 결론을 내리는 것은 예컨대 라셰(Rasche 2007: 322f.)가 시사하는 것인데, 이는 명백한 논리적인 오류이다. 단지 피상적인 심사로 형편없는 논문을 가지고서 학위를 받는 것이 가능하긴 하지만, 그렇다고 해서 피상적으로만 심사된 모든 논문이 반드시 형편없을 수밖에 없다는 말이 되는 것은 결코 아니다. 170여 쪽의 『철학사 개요』에 에피쿠로스 해당 장章을 기고한 미하엘 에를러Ichael Erler 같은 전문가들은 마르크스의 박사학위 논문을 아주 높게 평가했다.(Erler 1994: 35f., 194) 또한 미국의 에피쿠로스 전문가 엘리사벳 아스미스Elizabeth Asmis(2020)도 비슷하게 긍정적 평가를 내렸다.

마르크스가 받은 라틴어로 작성된 학위기는 봉건 시대 후기의 위계적 추천문의 아름다운 예다. 신을 부른 뒤에 점차 줄어드는 글자 크기로 1557년 대학 설립의 특권을 부여한 황제 페르디난트 1세의 이름, 작센, 바이마르 및 아니제나흐의 현직 대공으로 공식적으로 대학의 '가장 장엄한 총장'으로 직무를 수행하는 카를 프리드리히, '장엄한 부총장'(사실상 대학총장) 에른스트 라인홀트, 철학부 학부장 카를 프리드리히 바흐만의 이름들이 이어지는데, 거기서 끝의 두 사람은 전체 학위상의 호칭과 학회 회원 자격도 함께 등재된다. 마지막으로 가장 작은 글꼴로 학위 수여자의 이름이 표시된다.104)

마르크스에게는 학위기의 모습이 아무래도 좋았다고 할 수 있겠다. 그는 마침내 공부를 끝냈다. 학위기를 받고 한 달 후에 1841년 5월 말에 그는 트리어를 향해 베를린을 떠났다.105)

---

104) 학위기 그리고 독일어 번역문은 Lange u.a.(1983: 204f.)에 수록되어 있다.
105) 1841년 6월 3일 쾨펜이 마르크스에게 보낸 편지에서 마르크스가 1주일도 더 전에 떠났다는 것이 드러난다.(MEGA III/1: 360).

마르크스의 학위기

부 록

오늘날 전기 쓰기는 어떻게 가능한가?
마르크스 전기의 방법론에 갈음하여

한 사람의 인생은 그 자신이나 다른 사람이 쓴 전기와는 다르다. 전기는 언제나 이 인생의 불완전한 상像만을 전달해 주는데, 이는 존재하는 출처(자서전에도 출처는 필요하다)가 다소 빈틈이 있기 때문이다. 또한 전기 서술은 쓰는 이의 관심, 그의 개인적인 그리고 시간에 의해 조건 지어진 시각과 결코 무관하지 않다. 그리고 이를 넘어서 사람들이 전기로부터 기대하는 것, 훌륭하거나 적절한 전기로 간주하는 것은 역사적으로 계속 바뀌어 왔다. 그래서 오늘날 적기 작성이 어떻게 가능하고 의미 있는가 하는 질문은 결코 사소한 것이 아니다.

1. 전통적 전기 작성법 비판

1930년에 지크프리트 카르카우어Siegfried Kracauer는 당시의 전기 저작들의 호황을 "신新부르주아적 예술 형태"로 특징지었다. 이는 자율적이라고 하는 개인의 헤아릴 수 없는 해체와 고유한 사회 체계의 붕괴에 대한 부르주아지의 두려움의 표현이란 것이다. 개인의 고정된 윤곽이 해체되고 개인적 좌표 체계의 객관적 의미에 대한 신뢰가 해체되면서 문학에서 "소설의 위기"를 이끌었지만, 전기에서 개인적인 것의 발화發話를 위한 마지막 후퇴 지점이 발견된다는 것이다. 이는 여기서 서술의 객관성이 서술 대상의 역사적 의미를 통해 보증되는 것으로 보이기 때문이란 것이다. 그럼에도 불구하고 크라카우어가 보기에는 전기 쓰기의 궁극적 경지가 달성되지는 못했다. 그는 인용된 논문에서 트로츠키의 자서전 저작을 부각시켰는데, 거기서는 홍수처럼 쏟아져 나오는 유행하는 전기들과 구분되게 현재 상황의 인식 앞에서의 회피가 아니라 그 인식의 껍질 벗김이 중요하다는 것이다. 크라카우어는 또한 스스로도 몇 년 뒤에 단순히 개인적 인생 기록을 훨씬 넘어서는 전기 『자크 오펜바흐와 그의 시대의 파리』(1937)을 내놓았는데, 이는 그가 서문에서 강령 형태로 "사회 전기"로 소개한 저작이었다.

크라카우어가 그의 비판에서 안중에 둔 것은 팽창하는 전기적 대중문학이었다. 다소간에 기초가 주어진 그려지는 인물과 시대에 관한 지식들을 갖추고 약간의 심리학적 도식들로 풍부해진 상像이 대체로 서술되는 인물의 "본질" 그리고 그 인물의 성공이나 실패의 이유들을 밝혀내노라 자처하는 것으로서 그려진다. 존재하는 출처들은 보통 아주 선별적으로 활용되며, 제시되는 상像은 지금 긍정적이든 부정적이든 모순되는 자료를 통해 의문시되어서는 안 된다. 활용되는 출처들은 기꺼이 기록자의 감정이입 능력, 그려지는 인물에 자신을 "대입하는" 능력에 의해 보완된다. 드물지 않게 그 인물의 내면생활이 아주 상세하고 생생하게 마치 전기 작가들이 몇 시간에 걸쳐 그 인물과 대화를 나눈 것처럼 기록된다. 이에 상응하여 그런 식의 전기들의 발언 다수가 도무지 검증 가능하지 않다. 흔히 독자들에게 서술은 "가독성"이 있어야 하겠기에, 정확한 출처 제시는 생략되고 활용된 문헌은 겨우 참고문헌에서 거명된다. 전기 작가의 "공감"에 기인한 것으로 돌려지는 것, 출처에 대한 그럴듯한 혹은 덜 그럴듯한 해석에서 생겨나는 것은 더 이상 구분되지 않는다.

다음에서는 전기 기록의 대중문학적 형태가 아니라 학문적 전기들을 문제로 삼기로 한다. 문학적 장르로서 전기는 이미 고대부터 있었으며, 학문적인 전기, 문서상의 출처로서 비판적으로 검토된 출처들에 의지한 전기는 19세기 초에 비로소 완성되었다. 고대에 그리고 중세에 전기가 무엇보다 그려지는 인물의 "행위들"의 모음이어서 거기서 출처들은 아주 무비판적으로 취급되었던 반면 계몽 시대에 이는 달라졌다. 행위들과 아울러 이제는 그 인물의 내면적 발달도 등장했고 어떤 인물 특성들이 이 행위를 가능케 했는가 하는 질문도 추적되었다. 괴테는 한 걸음 더 나아가 그 인물의 발달사를 내면적으로만이 아니라 역사적으로 조건 지어진 것으로 이해했다. 자신의 자서전적 고찰 『시와 진실』의 서문에서 그는 그 "사람을 그의 시대 상황 속에서" 서술하고 그에게 전체가 얼마나 상충되는지, 그 전체가 그를 얼마나 유리하게 해 주는지, 그가 그로부터 어떻게 세계관과 인간관을 형성하며 그가 예술가·시인·문필가라면 그런 세계관과 인간관을 어떻게 다시 바깥을 향해 비추는지를 보여 주는 것을 "전기의 주임무"로 지칭한다. 시대 상황에 대한 이런 종속성으로부터 괴테는 "누구나 십 년 전이나 십 년 후에 태어난다면 그 자신의 교양과 그의 외부에 대한 작용에 관해 완전히 다른 자가 되었을 것이라고 해도 좋을 것이다."(Goethe 1811: 9) 하고 결론을 이끌어 낸다.

학문적 전기는 독일에서 오늘날 집약하여 "역사주의"라 칭해지는 그런 역사학적 경향들의 부상과 함께 시작된다. 거기서는 인간의 행동이 개인에 의해 수용되거나 설정된 관념에 의해 정해진다고 가정되었다. 관념들은 역사적 발달의 추진 동력으로 통했다. 이 틀에서 역사가 하인리히 폰 트리취케Heinrich von Treitschke(1834-1896)의 유명한 말에 따라 "역사를 만드는" 그런 위인들이 특출한 역할을 했다.[1] 이로써 이런 남자들(그리고 더 수가 적은 여자들)의 전기에 중요한 위상이 부여되며, 그 전기는 이 위대한 역사적 인물들의 행동을 결정한 중심 관념들의 효능을 "이해하는" 데 소용되었다. 빌헬름 딜타이

---

[1] "사람들이 역사를 만든다"(Treitschke 1879: 28). 더 급진적으로 꼭 40년 전에 영국의 역사가 토마스 칼라일Thomas Carlyle(1795-1881)이 이렇게 표현했다. "세계 역사는 위인들의 전기에 불과하다."(Carlyle 1841: 47)

Wilhelm Dilthey(1833-1911)는 역사주의에 맞추어진 정신과학들에 대한 체계적 근거 부여에 애쓴 자로서 전기에 역사 인식을 위한 중심 지위를 부여했다. 인생행로를 그는 "역사의 원세포"로 보았다.(Dilthey 1970: 304) 그는 전기 작가들에 대한 해석학적 요청을 정식화했다: 관념들과 충동들을 "역지사지"를 통해 "추체험"하고 이로써 "이해한다"는 것이다. 한 개인이 자기 자신을 위해 행할 수 있는 것, 자기 자신의 인생 경과를 기억하는 것, 독자적인 "인생 계획"(같은 책: 307)이 생겨나는 원천인 목적들의 독자적 실현을 이해하는 것, 이는 다른 인생 경로로 이전되어야 하며, 그럴 때 전기는 "타인 인생에 관한 이해의 문학적 형태"로 생겨난다는 것이다.(같은 책: 305)

20세기 전기 문학의 상당 부분은 그러한 표상으로 강하게 각인되었고, 거기서 이는 개별 전기 작가들에게 언제나 뚜렷했었던 것만은 아니다. 이는 또한 여전히 20세기 초에 시작되는 노동운동의 전기 작성에도 들어맞는다. 프란츠 메링의 마르크스 전기(1918)와 구스타프 마이어Gustav Mayer의 두 권으로 된 엥겔스 전기(1919/1932)는 부르주아적 역사 기록의 "거물들"에 노동운동의 "거물들"을 대치시켰고 거기서 부르주아적 역사가들과 완전히 비슷한 방법론적 도구주의를 활용했다.

이 전통적인 전기 작성은 20세기에 다양한 전거에 토대를 둔 근본적인 비판을 받았다. 프랑스에서는 1930년대 이래 '아날'학파(1929년 루시앙 르페브르와 마르크 블로크에 의해 창간된 잡지에 따라 명명된 것이다)가 성립되었는데, 이는 아주 강하게 경제사와 사회사로 향했고 수량적 방법으로 작업했을 뿐 아니라 무엇보다도 그들의 관심은 장기적 발달 과정으로 향했다. 그러한 배경에서 전기는 의미를 크게 상실했다.

제2차 세계대전 후에 비슷한 사태 전개가 서독에서도 나타났다. 여기서 오랫동안 역사주의로 향해졌던 역사에 대한 이해는 점점 더 강하게 구조 및 사회사적으로 맞추어진 견해에 의해 의문시되어 갔다. 위대한 역사적 인물들의 규정하는 역할에 비해 구조적 요인의 중요성이 주장되었다. 강령상으로 역사학은 한스 울리히 벨러Hans Ulrich Wehler에 의해 창설된 '빌레펠트학파'에서 '역사적 사회과학'으로 이해되었다. 개인이 그들의 행동에 자율적으로 의미를 부여한다고 가정하는 대신 개인의 그들의 사회적 환경에 대한 종속성이 주제화되었다. 이로써 불가피하게 전기적 탐구의 의미도 의문시되었다. 여전히 전기들이 출간되기는 했지만, 그것들은 더 이상 역사적 인식을 위해 중심 역할을 한다고 주장할 수 없었다. 1970년대 이래 서독에서는 역사학의 위기와 함께 또한 점점 더 전기의 위기가 진단되었다. (이에 대해서는 Oelkers 1973, Schulze 1978를 참조하라)

독일민주공화국(동독을 말한다 — 옮긴이) 학계에서도 전기 장르는 오랫동안 회의의 시선으로 바라보아졌고 개인이 아니라 계급이 역사 과정의 담지자로 보아졌다. 거기서 (독일민주공화국의 것만이 아닌) "마르크스주의-레닌주의"에서는 사회 구조와 개별 개인은 빈번히 크게 비매개적으로 서로 대치했다. 한편으로 "역사적 유물론"이란 꼬리표를 달고 빈번히 강한 구조적 결정론이 집단적 주체인 "계급"과 "당"을 넘어선 개인 행동에는 좀처럼 여지를 주지 않는 것으로서 대표되었다. 다른 한편 시조들인 마르크스, 엥겔스, 그리고 레닌은 특출한 천사들로 간주되어 그들이 개인적 천재성은 결국 모든 사회적 조건성을 무색하게 만들며 비추었다. 한편으로 조건을 지우는 사회 구조, 다른 한편으로 개인적 사고와 행동의 실제적 매개는 이런 천사들의 서술에서 그리고 그들의 정치적 반대자들에 대한 서술에서도 아주 미흡하게 이루어졌다. 장폴 사르트르는 이미 마르크스주의에서의 사회적 상황과 사상가 및 예술가의 생애와 저작과의 단순히 말뿐인 매개를 비판했고(Sartre 1964: 49) 그것에 젊은 플로베르의 다섯 권으로 된 전기(Sartre 1971/72)로써 규모상으로 물론 극단적인 대안을 들이댔다. 오귀스트 코르뉘(독일민주공화국에서 가르치는 프랑스 연구자)가 1954년에서 1968년 사이에 내놓은 마르크스와 엥겔스에 관한 여러 권으로 된 두 인물의 전기는 여기서 중요한 예외를 이루었다. 물론 그 전기는 단지 1846년까지만 다루었고 계속 이어 나가는 것은 누구도 시도하지 않았다.

역사학에서의 전기 비평적 경향에 평행선을 이루며 롤랑 바르트(1968)과 미셸 푸코(1969a)의 저작들에 이어서 문예학에서는 "작가의 죽음"에 관한 논쟁이 벌어졌다. 구조주의적이고 후기 구조주의적인 시각에서 남녀 작가들이 당대의 업적의 이해를 위해 더 이상 특별한 역할을 하지 못했다면, 이는 또한 전기들로부터 그 업적에 중요한 인식을 더 이상 기대할 수 없다는 것도 의미했다.

가장 도발적이 되었던 것은 피에르 부르디외가 1986년에 그의 논문 전기적 환상에서 표현한 전기 기술의 가능성에 대한 원칙적인 비판이었다. 그는 고유한 이름 이상의 것에 의해 결속된 "주체", 그리고 또한 "인생사"에 관한 이야기를 비판하고 이렇게 결론을 이끌어 냈다.

한 인생을 일회성의, 사건들의 자족하는 연속으로 이해하려는 시도는, 그 사건들 서로의 유일한 연관이 한 '주체'와의 연결성에 있는데

그 주체의 불변성이 단지 그의 고유한 이름의 불변성뿐이라고 할 수
있을 것이니, 대략 지하철 탑승을 망網이란 구조, 즉 개별 정거장 간
의 객관적 관계의 매트릭스를 고려함 없이 설명하려는 시도만큼이나
터무니없다.(Bourdieu 1986: 82)

부르디외의 기여로 학문적 전기 작성에 대한 근본적 비판은 그 정
점에 달했지만 또한 그 끝에 도달했다. 부르디외가 전기 문헌에 대
해 전제한 "객관적 관계의 매트릭스"에 대한 무지는 엄청난 과장이
었음이 간과되어서는 안 되었다. 괴테가 이미 위에서 인용된 『시와
진실』의 서문에서 인간을 "그의 시대적 상황"에 두었을 경우에 그
매트릭스를 참조하도록 했던 것이다. 딜타이는 비슷한 방식으로 "전
기 작가의 임무"는 "한 개인이 그의 환경에 의해 그 안에서 규정되고
이 환경에 반작용하는 작용 연관을 이해하는 것이다."(Dilthey 1970:
304)라고 공언한다. 이제 질문은 어떤 방식으로 개인들과 저 "객관적
관계", "시대적 상황", "작용 연관"이 서로 매개되었는가 하는 것이
었다.

2. '새로운 전기 작성'을 둘러싼 논쟁

　(서)독일의 논의에서 전기 작성의 인식가치는 1980년대 이래 다시더 높이 평가되었다. 그 배경은 단순히 구조이론적 혹은 양적·통계적으로 맞추어진 역사 서술에 대한 점증하는 불만족이었다. 특정한요인들과 사회적 형편들의 작용으로 인간의 처신을 다 설명되는 것처럼 간주하는 것도 똑같이 만족을 주지 못했다. 이를 넘어 새로운연구 방향, 가령 일상사 기술 같은 것이 만들어졌는데, 이는 무엇보다도 '보통' 사람들의 전기로 눈을 돌린 것이었다. 총체적으로 전기는 이로써 다시 더 높은 위상을 얻었지만, 이제는 전통적이고 역사주의적인 전기 작성과는 명백히 구별되는, 사회사적이고 인식론적으로 성찰된 작업으로서 자리잡은 것이다. 프랑스에 관해 자크 르 골프(Jacques Le Golff 1989)는 비슷한 발달을 확인했으며 독일민주공화국에서 가장 늦게 에른스트 엥겔베르크의 『비스마르크 전기』 제1권(1985)의 출간이 전기 작성의 새로운 위상을 기록했다.

　그때 이래로 전개된 논쟁에서(이에 대해서는 여러 가지 중에서도 Gestrich 1988, Engelberg/Schleier 1990, Klein 2002, Bödeker 2003을 보라) 전통적인 전기 작성법은 성찰 없이 일련의 문제성 있는 선행 가정들에서 출발한 것으로서 비난을 받았다. 정리하자면 비판을 받은 선행 가정들은 네 가지 다른 지평들에 자리 잡는다.

a) 그려지는 개인은 자신 안에 폐쇄된 자아로 이해되는데, 이는 하나의 자율적 과정에서 자신의 행동에 의미를 부여하는 "호모 클라우수스homo clausus(폐쇄인閉鎖人— 옮긴이)"로서 이해되는 것이다.[2]

b) 이 의미 부여 과정의 이해에 전기 작가는 감정이입과 추체험을 통해 도달한다는 것이다.

c) 대체로 19세기의 사실주의적 이야기의 문체를 잇는 서술 형태가 근저에 깔고 있는 것은 엄격한 전개와 더불어 일관성 그리고 종종 인생 경로의 목적론이기도 하다는 것인데, 실제 인생을 단순히 묘사하는 것이 중요하기보다는 이런 일관성과 목적론은 이야기에 의해 창조된다는 것이다. 그런데도 이런 이야기는 단순한 묘사임을 자처한다.

d) 전기 작가는 전지적 이야기꾼의 입장을 취한다는 것인데, 그 이야기꾼은 진실을 인식하고 이를 소개하려 하지만 스스로는 서술에 작용하게 될 아무런 특정한 관심과 시야도 보유하지 않는 것이다.

이에 대해 사회과학과 의사소통 이론을 통해 계몽된 전기 작성법은 원칙적으로 다른 전제들에서 출발할 수밖에 없다는 반박이 가해졌다.

a) 개인은 폐쇄된 자율적 주체로 이해되어서는 안 될 것이며, 다시 사회로 데려와져야 하며, 그 사회적 관계들 안에서 고찰되어야 할 것

---

[2] 비판자들이 사용하는 호칭 "호모 클라우수스"는 이 호칭을 물론 좀 다른 맥락에서 활용한 노르베르트 엘리아스Norbert Elias에게로 소급된다.(Elias 1969: II)

이다.

b) 의미 부여는 한 개인의 자율적 행위가 아니라 의사소통 과정의 결과물이다. 감정이입과 추체험이 아니라 이 의사소통 과정의 조건들에 대한 정확한 분석이 이 의미의 이해로 이끈다는 것이다.

c) 서술은 이야기의 형태를 통해서 이미 인생 경로의 일관성과 목적론을 전제로 해서는 안 될 것이다. 다양하게 활용될 수 있는 행위의 운신 공간들, 그리고 무엇보다도 인생행로의 단절들에 초점을 맞추어야 할 것이다.

d) 전기 작가는 항상 특정한 관점에서 글을 쓰고 이 관점에 따라 선택하고 정리하는 가운데 서술되는 것의 구성에서 한몫을 한다는 것이다.

내가 다음번 항목에서 이런 이견들을 수용하고 마르크스 전기를 위한 그것들의 중요성을 논하기 전에 우선 전통적인 전기 작성법의 대표자들의 답변을 상세히 살펴보아야 한다. 이런 반反비판은 내가 살펴보려고 하는 다양한 기고 논문들에서 명시적으로 표현되었을 뿐만이 아니다. 전기 작성법의 역사적 발달에 대한 올라프 해너(Olaf Hähner 1999)의 방대한 연구는 적어도 역사주의의 전기 작성법 일부에 대한 암묵적 옹호로 읽힌다.3)

해너는 역사적 전기에서 한 (대부분 유명한) 인물의 업적이 역사적

---

3) Scheuer(1979)가 내놓은 전기 작성법의 역사에 대한 연구는 새로운 전기 작성법을 둘러싼 논쟁에 덜 보탬이 된다. 그것은 1980년대 이래 전개된 이 논쟁 전에 나왔고 역사적 전기의 가능성과 한계를 정하는 것보다는 오히려 전기를 가지고서 예술과 학문의 관계를 논하는 것에 목표를 둔다.

주변 환경 위에 있게 되는 "통합체적syntagmalen"인 것과 (흔히 별로 알려지지 않은) 인물이 모범적으로 시대 상황을 대표하게 되는 "계열 체적paradigmatischen"인 것을 구분한다. 이런 구분으로 여러 전기의 다른 의도들이 포착되기는 하지만, 그러한 구분이 얼마나 유지되는 지는 여기서 의문시된다. 왜냐하면 알려진 인물에게도 시대 상황이 비추어지기 때문이다.

헤너는 독일 역사주의의 전기 작성법을 세 단계로 나누는데, 각 단계마다 전기의 특정 유형이 나왔다고 한다. 그는 "관념론적 역사주의"를 19세기 전반에 위치시킨다. 그는 관념론적 역사철학의 영향에 근거하여 이를 "관념론적"이라 칭한다. 역사는 정신적 추진 동력의 작용으로 이해된다.(같은 책: 108) 헤겔에게서 공부한 요한 구스타프 드로이젠Johann Gustav Droysen(1808-1884)은 이로부터 서술되는 인물이 형성되어 가는 과정을 상당히 흐려지게 한다는 결론을 도출하는데, 이는 한편으로 역사가에게 그럴 역량이 부족하고 다른 한편으로 그것이 관건이 아니기 때문이란 것이다. 역사가에게 결정적인 것은 개인에게서 어떻게 특정한 표상이 발달했는가 하는 것이 아니라 어떻게 개인이 이 관념에서 출발하여 활동하고 역사 과정에 영향을 주는가 하는 것이란 것이다.(같은 책: 112ff.) 레오폴트 폰 랑케Leopold von Ranke(1795-1886)도 개인을 위대한 역사적 관념에 대한 일종의 집행자로 보았다. 물론 그는 드로이젠보다 더 강하게 개인의 역량과 개인의 독창적 업적을 강조하여 랑케는 개인의 형성사에 대한 더 강한 관심을 발달시켰다. 사적인 것이 그 자체로 중요해지는 것이 아니라 역사의 계기로서 중요해진다. 헤너는 랑케의 산재된 의견 표명 내용들로부터 "통합적" 역사적 전기의 "설계도"를 재구성한다.

그것은 두 개의 전사前史, 말하자면 개인의 발달, 더 넓게 전기적 전사라고 명명되는 것과 일반적 역사적 상황의 발달(전문 연구로서의 전사)을 이야기할 것이 있다. 그 두 전사는 한 지점으로 수렴하는데 "그곳에서 개인의 역량이 세계 상황"과 만나고 개인이 처음으로 역사적으로 의미 있는 행동을 수행한다.(통합 지점) 여기서 두 개의 독자적인 변수가 합쳐지고 전기는 역사적으로 저명한 개인의 행동과 동시에 개인적이고 일반적인 역사가 이야기되면서 역사(전기적 전문 연구적 활동사bio-monographische Tätigkeitsgeschichte)로 확장된다.(같은 책: 125)

1848/49년 혁명과 1871년의 독일 제국 건국 사이에 해너는 두 번째 단계를 두는데, 이는 "정치적 역사주의"다. 독일 역사학의 중대한 부분은 정치적이 되며 "프로이센의 독일적 사명", 즉 프로이센이 이룬 독일 통일에 헌신한다. 트라이취케와 드로이젠은 이 지향의 대표자에 속한다. 전기는 이제 직접적인 정치적 목적이 있었다. 그려지는 인물을 결정적 상황에서 옳은 일을 행한 도덕적이고 정치적인 모범으로 소개하는 것이다. 인물 성격에서 이러한 새로운 방향 설정으로 개인적 성장에 대한 관심도 커졌다.

제국 수립과 함께 정치적 역사주의의 목표도 달성되었다. 그것은 이제 쓸모없는 것이 되었고, 해너에 따르면 과학 이해에 대한 근본적인 논쟁을 이끄는 "과학적 역사주의"에 자리를 내준다. 무엇보다도 지금 "이해理解"에 역사학을 위한 중심 역할이 약속되며, 이것은 자연과학의 인과적 "설명"과 대립된다. 이 단계에서 전기는 역사 기술에 중심이 될 뿐만이 아니라, 해너에 따르면 지금 또한 랑케가 표명한 생각으로부터 재구성된 "통합적" 역사적 전기가 완전히 표현된다는 것이다. 빈번히 넓은 범위를 포괄하는 전문 연구적인 삽입으로 이끄는 일반적 역사적 경과와, 또 무엇보다도 감정이입하는 이해를 거쳐 성사되는 개인적 경과도 더 강하게 고려된다는 것이다. 그럴 때 빌헬름 딜타이는 후자의 것을, 위에서 이미 이야기한 전기에 대한 숙고의 중심에 두었다. 해녀의 서술은 그가 완전히 펼쳐진 통합적 역사적 전기에서 오늘날에도 타당한 전기의 이념 형태를 엿본다는 것을 뚜렷이 한다.

근대의 논쟁에서 특별히 거세게 비판받은 딜타이의 전기 작성에 대한 성찰은 한스-크리스토프 크라우스(Hans-Christof Kraus 2007)에 의해 명시적으로 옹호되었다. 딜타이와 전통적 전기 작성이 "호모 클라우수스"에서 출발했다는 표상은 완전히 과장된 희화戱畵라는 것이다. 크라우스에 의하면 그러한 과장 저 너머에 "새로운" 전기 작성법은 별로 새로운 것을 많이 포함하지 않는다는 것이다. 딜타이도 전통적 전기 작성법도 그려지는 인물과 사회적 주변 영역 간의 상호작용을 탐구했다는 것이다. 유일한 문제점은 딜타이의 "인생 구도" 개념으로 알 수 있듯이 인생사에서 파국을 봉합하려는 경향이 있다는 점이다. 또한 거부해야 할 것은 성인전聖人傳적인 경향이란 것이다. 크라우스는 그다음에 현대의 정치적 전기에 대한 네 가지 요구들을 거명한다.(같은 책: 328ff.) 첫째, 개인의 인생을 그때마다의 작용 연관에 두어야 한다는 것이며, 개인의 사회적 "각인들"과 그의 행동의 "반작용들"이 파악되어야 한다는 것이다. 둘째, 개인적으로 모양 지어진 "생활 태도"는 재구성되고 분석되어야 한다는 것이다. 셋째, 연결고리 외에도 인생행로의 파국도 분석되어야 하고, 자기 단순화와 역사적 전설도 발굴되어야 한다는 것이다. 넷째, 바로 정치적 전기에서는 그때마다의 역사적·정치적 "행동의 운신 공간"에 대한 정확한 탐구가 중요하리란 것이고, 동기와 지도적 관심들은 역사적 과정의 작용 연관 안에 배치되어야 한다는 것이다.

블람베르거(Blamberger 2008)는 크라우스를 언급하지 않고 새로이 전기 작성법에 대한 딜타이의 관념을 비판했다. 그는 전기화되는 인물의 생애에 대한 일체의 목적론적 관찰과의 결별, 그리고 개성에 대한 달라진 이해를 요구했다. 이 개성은 더 이상 필수적으로 가족·학교·직업을 통해 정해지는 인물구조로서 이해될 수 없고 오히려 모순 관계적 기초 긴장을 통해, 바로 그 불확정성을 근거로 개인들이 담화 규정과 지적 분야를 통해 조정된다는 것이다.

그간 전기 작성법에 관한 격한 대결들의 국면은 그 종점에 도달한 것으로 보인다. 고려해야 할 측면들 다수의 목록 작성으로 귀결되는 종합이 지배한다. 이런 종합화하는 지향에 울리히(Ulrich 2007), 래시히(Lässig 2009)의 기고 논문들도 대열을 이루며, 이들은 크라우스와 비슷하게 좋은 전기를 이루는 것을 몇 안 되는 사항들로 정리하기를 원한다. 크라우스에게서 또 하나의 꼭 객관주의적인, 그려지는 인물에 대한 시각이 지배하는 반면, 울리히와 래시히는 이를 넘어선다. 그 두 사람은 그려지는 인물의 전승사와 수용사도 전기에서 고려되어야 하며 전기 작가의 입지와 시야도 뚜렷이 밝혀져야 하는 것임을 강조한다. 이로써 아무래도 다루어지는 인물에 대한 접근이 전승사로부터 독립적이지 않고 쓰는 자의 관심과 시야로부터 확실히 독립적이지 않다는 것이 인정된다.[4]

여러 전기를 쓴 작가인 앙겔라 슈타이델레Angela Steidele는 최근의

한 기고 논문에서 전기 기록의 이런 주관적 부분의 불가피성을 강조한다. 물론 그녀는 이런 주관적 부분을 다루는 여러 취급 방식들을 논하려는 시도를 하지 않는다. 몇몇 전기들은 감추어진 자서전이라는 사실에서 "모든 전기는 자서전이기도 하다"(Steidele 2019: 36)는 결론을 끌어낸다. 주관적 부분은 슈타이델레에 의해 극단적인 예들로 예시되고 그 극단적인 것은 이때 불가피한 것으로 고수된다. 여러 전기 작가들에게는 그려지는 인물의 과거에 놓인 인생보다 현재의 관계가 관건이란 것은 현재의 압도적 비중을 지지하는 논거로 취해진다. 슈타이델레도 과거의 시간이 무시되지 않는 예들을 충분히 보기는 하지만 항상 두 개의 인생, 두 개의 시간 지평, 두 개의 사회가 "엉클어지고"(같은 책: 41) 이로부터 그녀는 이렇게 결론을 끌어낸다.

> 전기들은 전기의 주인공이 되는 자의 시간에서가 아닌 그것들이 생겨나는 시간과 사회에서 역할한다.(같은 책: 43)

슈타이델레는 전기 작가는 그의 언어를 통해 독자가 그려지는 인물로부터 받는 인상을 조정하며, "사실 텍스트가 사실들을 선정하고 결론적 결말로 가져가면서 그 텍스트도 이야기한다"(같은 책: 63)는

---

4) 논쟁이 무엇보다도 편찬자적 성격을 띠었다는 것은 또한 2009년에 나온 다른 두 출판물에서도 뚜렷해진다. Christian Klein(2009)가 발행한『전기 편람: 방법·전통·이론』에서, 그리고 Bernhard Fetz(2009)가 발행한『전기: 그 이론의 기초 설정을 위하여』에서 그러한데, 이 책은 제목에서 예고된 것과 달리 아무 이론도 제공해 주지 않고 우선 일단 전기 문헌 내에서 떠오른 어떤 가능성과 문제점이든지 이를 모아 놓는다.

것을 강조한다. 슈타이델레가 "이야기하기"와 "허구화하기"를 등치시키면서 그녀는 자신의 중심 테제에 근거를 부여한다: "전기들은 이야기한다, 즉 허구화한다. '문학적' 혹은 '대중적' 전기와 구분되는 '학문적' 전기는 없다."(Steidele 2019: 67) 슈타이델레가 무엇을 학문으로 이해하는지를 그녀는 설명하지 않는다. 그녀는 학문을 의심할 수 없는, 모든 주관을 씻어 낸 진실을 산출하는 사업으로 간주하는 것으로 보인다. 그런 학문 이해는 19세기에 지배적이었을 수도 있다. 그러나 20세기 초에 벌써 가령 막스 베버는 사회과학에서 객관성의 한계를 논했고, 늦어도 20세기의 마지막 삼분기에 토마스 쿤Thomas Kuhn, 파울 파이어라벤트Paul Feyerabend, 임레 라카토스Imre Lakatos, 그외 사람들의 연구를 통해 그런 객관성 이해는 결코 외관상 모든 과학 중 가장 객관적인 것으로 보이는 물리학에마저 시종 적용 가능하지 않다는 것이 뚜렷해졌다.

 슈타이델레가 자신의 마지막 장에서 "소설과 전기를 구분해 주는 것은 텍스트에서의 출처에 대한 취급이다"(같은 책: 81) 하고 전기를 소설로부터 구획 짓고 이로써 명백하게 출처들을 정식으로 인용한다고 생각할 뿐 아니라 서술은 "출처상으로 보장"되어야 한다고 생각할 경우에(같은 책: 78), 이는 (슈타이델레가 그것을 인정하지 않을지라도) 벌써 학문적 전기와 비학문적 전기 간의 첫 번째 큰 차이를 나타낸다. 발명 혹은 단순한 추측(그리고 여기에는 많은 전기들에서 애호되는, 묘사된 인물에의 "감정이입"도 속한다)을 사실로 내세우면, 학문적 서술은 중단되고 소설이 시작된다. 전기가 학문적인 것은 그것이 출처가 실제로 발언하는 것에 유의하고 또한 출처가 얼마나 신빙성 있는지를 고려할 경우, 전기 작가의 단순한 추측이 뚜렷이 그러한 추측으로 표시

될 경우, 그리고 결론의 도출 시에 그 도출을 지탱하는 그런 사실이
고려될 뿐 아니라 그 결론 도출에 대치되는 그런 사실도 고려될 경
우, 그리고 왜 대치되는 사실이 비중이 덜한 것으로 평가되는지가
설명되는 경우다. 이런 기준에 따라 학문적 전기와 대중문학적 전기
를 확실히 구분할 수 있다. 다만 이는 같은 인물에 대한 두 개의 학
문적 전기가 정확히 같은 출처를 활용하더라도 정확히 같은 결과에
도달할 수밖에 없다는 뜻은 아니다. 물론 주관적 "감정이입"과 추측
(혹은 아예 발명)을 근거로 차이가 발생하는지, 아니면 독자에게 제시
된 출처들에 대한 근거가 있지만 차이 나는 비중 부여와 해석을 근
거로 차이가 발생하는지는 크게 다르다.

3. 마르크스 전기를 위한 논리적 귀결

여기서 스케치된 논쟁들로부터 위에서 a부터 d까지 지칭된 모두 네 지평에서 전기 기술을 위해 그리고 특별히 마르크스 전기를 위해 관련 있는 숙고들이 전개된다.

인물과 사회

딜타이는 이미 인생행로가 하나의 "작용 연관"이라는 것, 개인은 "역사적 세계로부터 영향을 받으며" 단지 이 세계에 반작용한다는 것(Dilthey 1970: 306) 그리고 전기 작가의 임무는 이 "작용 연관"을 이해하는 것이란 것(같은 책: 304)을 강조했다. 딜타이의 관념에 전제된 그런 "호모 클라우수스"가 과장일 경우에도 딜타이의 견해에 대한 두 가지 원칙적인 반론은 적절하다.

첫째, 개인에 대한 작용과 그 개인의 사회에 대한 반작용의 통로는 딜타이에게는 우선 정신적인 "종교·예술·국가"이며, 그는 "학문"도 강조한다.(같은 책: 304, 306) 그러나 그 인물의 체질은 어린 시절부터 벌써 시작되며, 순전히 인지적 경로를 거쳐서만 진행되지는 않는다.

가족 관계, (순수한 지식 매개를 넘어선) 학교 경험, 사회적 공간에서의 경험도 똑같이 중대한 역할을 한다. 이는 마르크스 전기의 경우, 당시의 정치적·경제적 사정을 배경으로 취하는 것만으로는, 철학, 경제 및 정치 이론으로부터 지적 영향을 고찰하고 그 영향이 독자적인 이론적 사고와 실천적 행동으로 어떻게 전환되는지를 알려 주는 데는 충분치 않다는 말이다. 어떻게 사회적·인지적 경험이 가공될 수 있었는지, 무엇이 사회적으로 각인되어 있는지, 한 개인의 독자적 감각이 대체로 어떻게 그리고 얼마나 발달될 수 있었으며 발달되었는지에 관한 짐작을 얻는 데는 당시의 생활 조건이 포괄적인 의미(제한성과 가능성)에서 감안되어야만 한다.

여기서 이야기되는 인물의 체질은 심층 심리적 성격 연구와 혼동되어서는 안 될 것이다. 정신분석적인 이론 형성의 내적 문제는 완전히 논외로 하고서 그 초역사적 적용은 결코 자명하지 않다. 가령 에릭슨(1958)의 청년 마르틴 루터의 정체성 위기에 대한 연구(그 이론적 토대에 대해서는 Erikson 1966을 참조하라)처럼 몇 가지 별로 흥미롭지 않은 시도들이 있기는 하다. 카를 마르크스의 경우에서도 1837년의 신변상의 위기는 필시 그러한 정체성 위기로 이해될 수 있을 것이다. 물론 우리는 마르크스의 인생 정황과 초기의 인격 발달에 대해 그런 식의 추측을 어느 정도 확실하게 근거 짓기에는 세세한 것을 너무나도 잘 모른다. 심층 심리학적 분석을 마르크스 전기에 통합시키려는 어느 정도 신중한 최초의 시도를 오토 륄레(Otto Rühle 1928)가 감행했으며, 그는 알프레트 아들러의 개인 심리학에 강하게 영향을 받은 사람이었다. 하지만 여기서 이미 어떤 규모로 그러한 사업이 단순한 사변에 의존했는지가 드러났는데, 이는 우리가 마르크스의 생활 상황에 많은 세부 내용들을 단순히 알지 못하기 때문이다. 심리학적 해석의 사뭇 경악스러운 예는 퀸클리의 카를 마르크스에 관한『심리 묘사Psychographie』(1966)다. 상당히 신속하게 여기서 마르크스의 심상에 관한 아주 강한 테제들이 정식화된다. 그러나 이 테제들에 대한 설득력 있는 증거를 제시하는 대신 퀸클리는 거듭하여 "우리는 정말로 이 사건이 아무 영향도 미치지 못했다고 상상할 수 있는가?" 같은 종류의 암시적 질문을 가지고 작업한다. 그런 질문에 근거하여 우선 추측으로 정식화되는 것이 다음 장에서는 확고한 사실로 등장하여 이것이 더 많은 추측의 토대가 되고, 이 추측은 곧 마찬가지로 사실로서 취급된다. 필그림(Pilgrim 1990)도 완전히 비슷한 방식으로 난폭한 사변을 차곡차곡 쌓아 올렸다. 자이겔(Seigel 1978)은『마르크스의 운명』에 대한 탐구에서 좀 더 신중하게 논지를 편다. 이와 달리 안드레아스 빌트(Andreas Wildt 2002)는 마르크스의 성격을 1837년 아버지에게 보내는 편지의 그림언어와 초기 시들에서 결정하려고 시도하는데, 이는 마르크스보다는 저자의 연상 능력에 대해 말해 주는 것이 더 많은 듯하다.

둘째, 더 이상의 문제화 없이 딜타이는 한편에서의 "역사적 세계"를 다른 한편에서의 "개인"으로부터 분리하며 그 둘이 서로에게 "작용"하고 "반작용"하게 한다. 그렇지만 상황은 그렇게 명확히 구분되지 않고 상호적 구성 과정이 일어난다. "역사적 세계"는 본질적으로 개별 인물들의 구성에 기여하지만, 그들은 이 구성을 오직 자신들의 행동·의사소통·관계에서만 경험할 수 있어서, 이로써 그들은 동시에 "역사적 세계"를 형성하는 데 참여한다. 즉 "작용"과 "반작용"은 대부분의 경우에 비록 시기와 결과의 규모에서는 다를지라도 동시에 일어난다. 그러나 여러 전기들에서 개인에 대한 이 "작용"과 그 개인의 사회에 대한 "반작용"은 시간적으로 분리된다. 처음에 그 인물은 외부로부터의 영향을 통해 형성되고 그다음에 이 완성된 인물은 외부를 향해 작용하고 성공을 거두거나 반격을 받는다. 해너에게서 이 분리는 심지어 전기의 구조 원리로 격상된다. "전기적 전사前史"에 "통합점", 즉 개인의 역사적 과정에 대한 작용이 시작되는 점이 이어진다. 질문은 물론 이 통합점이 정해질 때 그 수단이 되는 기준을 제공하는 것이 무엇이냐 하는 것이다. 해너에게서 이는 그려지는 인물에 대한 대중의 감지인 것으로 보이며, 거기서는 무조건 동시대인들의 감지가 중요한 것이 아니라 오히려 기록되는 인물의 행동의 그간 드러난 귀결을 근거로 한 후세의 감지가 중요하다. 스퍼버 Sperber의 마르크스 전기에서 이 점은 1848년에 시작된 것으로 보인다. 목차에 따르면 "각인"은 1847년까지 지속하고 "투쟁"은 1848년에 시작되지만 그러면서도 물론 이 구분의 일시를 어떤 식으로든 정당화하려는 시도는 취해지지 않는다. 마르크스의 인생행로를 단지 거칠게만 조망해 보더라도 해너의 통합점을 확정하는 것은 어지간히 어렵다는 것이 금방 명확해진다. 마르크스에게서 우리는 그의 라인신문 동업에서 시작하여 신라인신문을 거쳐 제1차 인터내셔널의 사실상의 영도에 이르기까지 한편으로 공적인 인지와 효능의 연속적인 상승을 발견하지만, 다른 한편으로 이는 거듭하여 비非인지의 시기들로 인해 끊긴다. 오늘날 그의 가장 유명한 저작인 1848년의 『공산당 선언』과 1867년에 출간된 『자본』제1권은 발간 당시에는 단지 조금밖에 인지되지 않았다. 그 책들의 수용(그리고 유명세)은 나중에 가서야 비로소 시작되었다. 유럽에서 마르크스가 정말로 알려진 것은 그의 파리 코뮌에 대한 분석인『프랑스에서의 내전』을 통해 1871년에 비로소 된 일이었다.

마르크스의 경우, 역사적 과정에서 정확한 '통합점'을 정하는 것이 지극히 어렵다는 문제만 있는 것이 아니다. 그 인물의 '특성이 만들어진 것'이 언제 완결되었는지도 똑같이 말할 수가 없다. 베를린에서 학창 시절이 끝나면서인가? 아니면 라인신문의 금지 그리고 마르크스가 자신의 초기의 정치적 구상들의 실패를 이해하려는 크로이츠나흐에서의 시도 이후인가? 파리와 브뤼셀에서의 망명 그리고 '공산주의자 동맹'에서 마르크스가 얻으려 애썼고 도달하기도 한 역할로 완결되었는가? 아니면 이 특성 형성은 마르크스가 1848/49년 혁명의 실패를 복기하고 망명자들의 파벌 형성으로부터 결별하며 그가 추구하던『정치경제학 비판』에 얼마나 엄청난 연구 작업이 필요한지가 그에게 대체로 천천히 명확해지던 1850년대 초에야 달성된 것인가? 마르크스의 생활 조건과 정치적·학문적 참여의 가능성도 그의 인생에서 여러 번 급진적으로 달라졌다. 마르크스는 이에 대해 배우려는, 그리고 이제까지 얻은 견해들을 문제시하려는 엄청난 태세로 반응했다. 그 인물의 특성의 형성과 역사적 과정에 대한 영향은 마르크스에게서는 시간적으로 서로 분리되지도 않고 특정한 시간적 마디로 한정되지도 않는다.

우리가 통상적으로 '인물'로 붙잡으려고 시도하는 것은 단순한, 명확히 구획된 단위도 아니고 단순한 환상도 아니며 작용들의 엮임의 계속 이어져 가는 결과물이다. 이 작용들은 시간상으로 변동적일 뿐 아니라 적어도 그것들 중 일부는 관찰되는 인물의 행동의 결과물이다. 그 인물을 형성하는 이런 작용들의 효과는 많은 사람들에게서 시간이 지나면서 줄어들 수 있어서 당시 인물이 특정 시점부터 완성되었다는 인상을 받을 수 있다. 이 구성 과정이 종결을 맞이하는지 그리고 얼마나 그런지는 연구의 일부가 되어야 하며, 가능한 경우에 특정 연령에 따라 전기 작가가 단순히 가정해서는 안 된다. 어쩌면 마르크스라는 인물은 상시적이고 종결되지 않은 구성 과정으로 드러날 터이다.

인생과 저작, 의미 그리고 행동의 운신 공간

지난 150년간 마르크스는 전 세계적으로 정치적으로 영향력이 가장 큰 인물이었다. 그는 바리케이드 투쟁이나 심금을 울리는 연설을 통해 이런 영향력에 도달하지 않았다. 마르크스는 또한 의회나 정부의 구성원도 결코 아니었다. 그 영향력을 무엇보다도 자신의 글을 통해서 얻었으며 그는 생애와 그 후에도 우선은 저자로서 작용했다. 그렇기 때문에 벌써 대부분의 마르크스 전기에서 단지 아주 피상적으로만 그의 저작을 살펴본다면 이는 문제 삼을 만한 일이다. 이 저작의 내용은 마르크스의 인생에는 완전히 결정적인 의미를 가졌다. 흔히 새로운 통찰들이 생겨나 마르크스가 오랜 친구와 결별하고 새로운 결속 관계를 구하도록 하는 데 기여했다. 저작의 발달 없이는 마르크스 인생의 여러 모습이 이해가 되지 않는다. 거꾸로 반복되는 저작 발달에서의 중단과 새로운 단초도 마르크스의 인생행로에서의 방향 전환 없이는 온전히 이해될 수 있는 것으로 있지 않다.

(정치적) 행동 그리고 또한 이론적 작업의 결과물에 대한 연구에서 감안해야 할 점은 그것들의 "의미"가 행동하는 자나 집필자에 의해

단독으로 정해지는 것이 아니라 공동의 사회적 행동 및 의사소통 과정의 결과물이라는 것이다. 그래서 저작에 대한 고찰은 중요한 결과물이나 내용 정보를 열거하는 데 국한될 수 없으며, 오히려 (거듭하여 중단되고 깨어진) 작성과정 그리고 이 저작의 의도된 작용만이 아니라 실제적인 작용도 중요할 수밖에 없다. 그러나 거기서 당대의 작용은 오늘날의 작용과는 구분되어야 한다. 오늘날 가장 유명한 마르크스의 저작들 중 몇 가지(가령 이른바 『청년기의 글』 혹은 『그룬트리세』 같은)는 그의 사후 수십 년 뒤에 비로소 출간된 반면, 거꾸로 그의 언론 기고문 다수는 높은 파도를 일으켰던 것인데 오늘날에는 좀처럼 알려져 있지 않다. 그러나 생전에 출간된 많은 글들, 가령 『공산당 선언』이나 『브뤼메르 18일』 같은 것은 처음에는 오랜 기간 전반적으로 알려지지 않은 채로 있었다.

마르크스의 텍스트가 미친 작용을 고찰해 본다면 영국의 역사가 퀜틴 스키너Quentin Skinner가 강조한 하나의 구분이 아주 쓸모 있는 것으로 드러난다. 전통적 견해와는 상반되게 스키너는 정치 철학의 고전적 저작들이 근본적인 정치 관념들에 관한 시간을 초월한 담론에 기여한 것이 아니라 특정한 정치적 분쟁과 논쟁에의 개입으로서 먼저 이를 재구성할 수밖에 없는 것이라 보았다. 스키너는 그 때문에 한 텍스트의 의미론적 의미, 그래서 텍스트의 내용, 그것의 중심 발언과 언어 행위로서의 텍스트, 즉 특정한 상황에서의 책략으로서의 텍스트 간에 구분을 했다.(Skinner 2009: 8ff.) 스키너는 말하여지는 것만 중요한 것이 아니라 그것으로 어떤 행동이 이것을 말함으로써 실행되는지도 중요하다고 강조했다.

마르크스의 저작들도 특정한 분쟁들과 문제 형국에의 개입이며 그러한 개입으로 분석될 수밖에 없다. 그러나 거기서 저자의 의도에 대한 스키너의 방향 설정을 넘어서 가야 한다. 스키너는 바로 복잡한 정치적 혹은 사회이론적 텍스트가 통상적으로 저자가 의도한 것보다 더 많은 의미론적 의미 지평을 담는다는 것을 인정하기는 한다. 그러나 언어 행위로서의 텍스트에서 그는 결정적인 변수로서 저자의 의도에 집착한다.(같은 책: 15f., 82ff.) 바로 전기의 틀에서는 그려지는 인물의 의도가 — 결코 자명한 것은 아닌 것으로서 이 의도가 사실상 확정되는 한에서는 — 월등하게 중대한 변수이지만 의미론의 지평에서 그리고 언어 행위의 지평에서 의도되지 않은 것도 고려되지 않은 채로 있어서는 안 된다.

또한 스키너가 고찰되는 저작들에 도무지 당시의 개입을 넘어서는 의미를 허용해 주려고 하지 않는다는 것도 문제시된다.

> 발언은 언제나 특정한 동기 유발을 일으키려는 특정한 의도를 구체화하며, 특정한 문제의 해결에 소용되려는 것이다. 그렇기 때문에 이를 이 특정한 상황을 넘어서 일반화하기를 원하는 것은 단지 순진한 것으로만 여겨질 수 있다. 말하자면 고전적 텍스트들은 결코 우리의 질문에 매달리지 않고 그 자체의 질문에 홀로 매달린다는 것이다. (Skinner 2009: 62)

정치철학에 대한 완전히 시간을 초월한 견해에 대한 스키너의 비판은 확실히 정당하다. 물론 한 텍스트는 특정한 상황에서 작성되었다는 사실은 이 텍스트가 영구성의 가치를 주장할 수는 없을 경우라도 한 조각도 그것이 생겨났던 상황 너머에 도달할 수는 없다는 데 대한 충분한 근거를 제공해 주는 것은 아니다. 이는 특별히 마르크스의 경우에서처럼 그의 텍스트들이 생겨난 근본적인 조건이 우리의 현재 조건과 그렇게 근본적으로 다르지 않을 경우에 타당하다. 마르크스의 모든 텍스트가 때로는 완전히 논쟁적 개입으로서, 때로는 사뭇 간접적으로 그 시대의 논란들 중에 있을 경우에도 그것들이 이 맥락 너머를 가리키는지, 그렇다고 한다면 얼마나 그렇게 가리키는지를 탐구해야 한다.

물론 스키너가 강조한 의도성도 그것이 대체로 확인 가능한 한에서는 그에게서 그런 것보다 좀 더 비판적으로 고찰되어야 한다. 『지식의 고고학』 연구에서 미셸 푸코(1969)는 학문의 대상은 결코 저절로 주어지는 것이 아니라 오히려 담론적으로 형성된다는 것을 강조한다. 이런저런 것을 말하고 싶은 의도는 이미 존재하는 담론적 조성組成 내에서 일어나며 이 조성은 대상만이 아니라 개념, 의사 표시의 양태 그리고 이론적인 접근 방법을 선택하는 전략에도 관련되는 것이다. 물론 이 조성은 처음에 주어져 있더라도 결코 불변하는 것은 아니다. 후속 연구에서 푸코는 지식·진실·권력의 관계, 즉 '진실의 정치학'(Foucault 1972: 13ff.; 1978: 51을 참조하라)을 탐구했는데, 이는 개별 발언의 진실성이 아니라 제도와 관행에 고정된 진실의 '생산'에 대한 담론적 및 비담론적 질서의 변화에 관한 것이다. 이로써 언제나 명백하지는 않은 하나의 틀로서 그 안에서 일체의 의도성이 생겨나는 틀이 표시된다.

마르크스의 행동과 저작을 개입 행위들로 분석하려면 사회적이고 정치적인 조건, 발화發話와 그것의 조절에 대한 당시의 가능성, 행위자들의 의미 지평, 제공되는 행동상의 운신 공간을 탐구하는 것이 필요하다. 거기서 외관상 자명한 것들이 목격될 수밖에 없다. 당시에 '신문'이나 '당파'는 무엇인가? 또한 개입 행위도 전체적으로 살펴보아야 한다. 한 텍스트에는 그 내용만이 아니라 그 문체와 수사학도 포함된다. 그중에서 주로 시대적으로 조건 지어지는 것과 마르크스의 특정한 몫인 것을 구분해야 한다.

우리가 오늘날 이전 상황들에서 간파한다고 믿는 의미들, 의미 지평, 그리고 행동상의 운신 공간은 우선은 일단 현재적 시야의 덕택이다. 그러나 이 현재적 시야는 이전의 시야와는 상당히 구분될 수 있다. 마르크스가 예컨대 1840년에 헤겔 철학에 대해 혹은 1845년에 정치경제학에 대해 가졌던 시야는 우리의 오늘날의 시야와는 완전히 다른 것이다. 우리는 철학적이고 경제이론적인 사고가 어떻게 차후에 계속 발달해 왔는지를 알 뿐만 아니라 더 많은 텍스트상의 증거들을 기초로 당시의 철학적이고 경제학적인 이론들에서 마르크스가 알 수 있었던 것보다 더 많은 세부 내용도 오늘날에는 안다. 그리고 우리 자신의 시야는 또한 마르크스의 계속된 발달 그리고 그의 철학 및 경제학과의 씨름에 대한 지식을 통해서도 적지 않게 영향을 받는다. 우리는 이처럼 우리가 오늘날 헤겔이나 리카도에 관해 아는 것과 마르크스가 알았거나 알 수 있었던 것 간에 구분을 해야 한다. 거기서 마르크스의 시야는 우리에게 직접 주어지는 것이 결코 아니다. 마르크스에게 철학·경제학·공산주의 등의 의미론을 이루었던 것이 무엇인지 먼저 밝혀져야 한다.

서술의 형태, 인생사의 파국과 우발 사태

연대기적으로 방향이 설정된 서술은 언제나 사회적 담론적 조건들의 분석이 끼어듦을 통해 겨우 중단이 되는 성장소설로 읽힐 위험에 처할 것이다. 성장소설로 이해될 때 서술은 아주 급속히 목적론적 경향을 띤다. 사건들의 사실적 진행은 다소간에 불가피한 것으로 보인다. 일어난 일은 일어날 수밖에 없었던 것이다. 그러나 역사는 열린 과정이라는 것은 큰 역사에만 맞는 것이 아니라 개인의 인생사에도 들어맞는다. 계속되어 가는 성숙과 목표에의 접근의 역사를 (가능하다면 마르크스가 모든 대결들에서 항시 옳았던 판본으로) 이야기하는 대신, 우선 일단 외적인 조건에, 그리고 다르게 활용할 행위 선택지에 기인하는 우발 사태와 파국이 확정되어야 한다.

목적론적 제시의 특수한 판본은 나중의 사태 전개에 대한 앞서의 이유들을 찾아나서는 데 있다. 단 하나의 사태 전개 가능성만 있었다고 넌지시 말해진다. 그처럼 네페(Neffe 2017: 52)는 마르크스가 이미 트리어에서 "인생을 위한 사명을 얻었고" 베를린에서 공부하면서 그 다음으로 결정적인 "전철轉轍(궤도 전환 — 옮긴이)"이 일어났다고 믿는다. (같은 책: 58) 마르크스는 헤겔 철학에 맞닥뜨리게 된다는 것이고 "헤겔 없는 마르크스도 없다"(같은 책: 73)고 네페는 계속해서 말한다. 물론 마르크스에게는 베를린에서의 헤겔 수용만 있는 것이 아니라 그에 뒤이은 1840년대 중반의 헤겔 비판 그리고 (적어도) 다시 시작된, 진용이 달라진 1850년대의 헤겔 수용도 있다. 헤겔 철학과의 첫 번째 만남을 통해 마르크스의 그 철학과의 관계도 그 자신의 발달도 확정되지 않았다.

그러나 마르크스와 관련해서만 목적론의 위험이 있는 것은 아니며 "주변 인물들", 마르크스의 친구들과 적들의 서술에도 마찬가지로 존재한다. 특별히 친구였다가 적이 된 자들에게서 그들의 역사는 빈번히 끝에서부터 이야기된다. 우정은 단지 조금의 공간만 얻으며 파탄과 그 이유가 강조되고 빈번히는 오직 마르크스의 시각에서만 그렇게 된다. 그러나 이로써 마르크스의 후기의 시야는 해당 인물의 전체 서술에 뒤집어 씌워진다. 그러나 왜 예컨대 브루노 바우어는 여러 해에 걸쳐 마르크스의 가장 친한 친구였는지 혹은 왜 마르크스는 프루동을 처음에 한때는 아주 높이 평가했는지는 그러한 전개 방식에서는 정말로 뚜렷이 드러날 수 없다.

나아가 우리가 아는 것만 관찰하는 것이 아니라 알지 못하는 것도 관찰하는 것이 중요하다. 많은 대목에서 마르크스의 충동들과 두려움에 관해 정확한 지식이 결여될 뿐 아니라 그가 무엇을 언제 그리고 어디서 했는지에 관해서도 결여되어 있다. 그러한 무지가 이미 서론에서 이야기한 그런 전기적 픽션으로 대체되지 않을 경우에도, 단순히 그냥 넘어갈 경우에도 이는 서술을 사실상 그러하고 그럴 수 있는 것보다 더 일관적이고 완결된 것으로 여겨지게 한다. 그렇기 때문에 지식만이 아니라 무지도 뚜렷이 강조되어야 한다.

어떤 전기에서든 있어야 할 역사적 정확성과 시야상의 성격

이미 서론에서 출처를 가지고서 정확한 작업을 하는 것의 중요성이 강조되었다. 출처에서 사실상 무엇을 취할지는 전기 작가의 추측과는 뚜렷하게 구분되어야 할 것이다. 한 출처가 사실상 말해 주는

것은 개별 경우에서는 논란이 될 수도 있지만 — 그럴 때는 이 논란의 경우를 전달해 주어야 한다. 그러나 그러한 논란의 경우는 예컨대 특정한 이름이 한 편지에서 거명되었는지 아니면 전기 작가가 특정한 의사 표시에서 이 인물을 빗대어 말하는 것이라 겨우 추측하는 것인지의 문제가 아니다. 그러한 구분은 서술에서 뚜렷이 나타내야 할 것이다.

개개의 출처가 아주 세심하게 다루어지고 서술이 어떠한 전기적 허구와도 거리를 둘 경우에도 그렇다고 해서 그 인물에 대한 틀림없는, '객관적인' 묘사가 나오는 것은 아니다. 전기의 작성에서는 존재하는 출처들로부터 선별이 되고, 선정된 자료는 특정한 방식으로 비중이 부여되고 정리되어야 한다. 어떤 연관들은 강조되고 다른 연관들은 뒷전에 놓인다. 어떤 전기이든 이를 통해서 벌써 구성적인, 전기 작가의 시야에 의존하는 성격을 얻는다. 이 시야는 의식적으로 취해진 정치적 시야로 싸잡아 말해지는 것이 아니다. 이런 시야가 명백하고, 많은 마르크스 전기에서 그런 것으로서 그려지는 인물의 긍정적 혹은 부정적인 과장으로 이끈다면 이는 읽으면서 비교적 간단히 간파될 수 있다. 영국의 역사가 에드워드 할렛 카Edward Hallet Carr의 마르크스 전기 『카를 마르크스: 열광주의의 한 연구』(1934)라는 책을 들어 보자면, 그 제목을 통해 이미 독자를 기다리고 있는 것이 무엇인지가 뚜렷이 나타난다.[5] 선호가 그렇게 뚜렷이 공공연히

---

5) 나중에 카도 이 전기를 지극히 비판적으로 보았다: "그것은 바보스러운 사업이었고 바보스러운 책을 산출했다. 나는 그것을 무선제본으로 재인쇄하자는 일체의 제안을 거절했다."(Carr 1980: XVIII) 물론 그 전기는 시종 효력을 지녔고 그중에서도 아사야 벌린의 마르크스 전기에 영향을 주었다.(Berlin 1939)

제시되지 않고 긍정적인 것이든 부정적인 것이든, 칭찬이든 비판이든 서술에 흘러들어온다면 더 어려워진다. 그럴 때에는 독자들에게 균형과 객관성이 있는 것처럼 믿게 만들어서 이는 독자들에게 전기 작가의 판단을 쉽게 수용하게 하는데, 이는 그들이 막상 논해야 할 것인 판단이 문제가 된다는 것을 눈치채지 못하기 때문이다.

이러한 의식적으로 취해진 전기 작가의 시야에 또 상황에 따라 역사적인 시야가 더해진다.(이는 결코 같은 상황에서 집필하는 모든 이들에 대해 같은 논리적 귀결로 이끌 수밖에 없는 것은 아니다) 어떤 전기이든지 특정한 시대에 작성되며 특정한 역사적 경험, 예컨대 소련의 상승과 몰락 같은 것이 행해졌다. 이런 시대 상황은 차이가 있는 복기復棋로 이끌 것인데, 예컨대 소련이 마르크스를 옳게 준거로 삼았는가 아니면 틀리게 준거로 삼았는가 하는 문제에 다른 대답이 되기는 하지만, 소련이란 역사의 존재로 (그리고 또한 많은 다른 사건들과 발달들의 존재로) 2018년을 위해, 예를 들어 프란츠 메링의 마르크스 전기가 나온 1918년과는 완전히 다른 경험 공간이 구성된다. 전기 작가가 의식적으로 취한 시야는 당시의 역사적 상황의 (주관적으로 다른) 복기에 기인하는, 그리고 전기 작가에게 흔히 같은 정도로 의식되지는 않는 시야에 의해 포개어져 덮인다. 다른 그럴듯한 것들이 존재하고 다른 질문들이 중요해지며 다른 연관들이 만들어진다.

그러나 서술의 시야상의 종속성은 그려지는 인물에만 관계되는 것이 아니다. 예를 들어서 젊은 마르크스의 헤겔 철학에 대한 혹은 낭만적인 시 짓기에 대한 관계가 질문된다면 헤겔의 철학 혹은 낭만주의는 결코 주어진 기지수既知數가 아님을 고려해야 한다. 200년간의 수용사는 우리의 오늘날의 헤겔에 관한 내지는 낭만주의에 관한 표상에 들어오며 헤겔이나 낭만주의에 관한 차이가 날 뿐 아니라 부분적으로는 상반되기도 한 견해들을 초래했다. 그러나 낭만주의가 사뭇 보수적이고, 반反계몽적 흐름으로 이해되는지 아니면 적어도 부분적으로는 진보적인 흐름으로 이해되는지, 헤겔이 보수적인, 프로이센을 찬양하는 철학자로 간주되는지 아니면 자유주의적 가치를 수호하고 그의 철학은 프로이센 국가에 파괴적인 잠재성을 보유한 그런 자로 간주되는지는 마르크스의 낭만주의 혹은 헤겔 철학과의 관계에 대한 어떠한 논의에도 상당한 영향을 미친다. 그러나 마르크스 전기 작가들은 여기서 보통 그들 자신의 평가가 결코 자명하지 않으며, 전승사와 수용사의 특정한 복기의 결과물이란 성찰을 함께 하지 않는다. 그래서 나는 몇 대목에서 중대한 저작들이나 유파들의 수용사를 적어도 간략하게 스케치하기를 시도했다.

여기서 전기에 관하여 말해지는 것, 그것이 주어진 사태의 '객관적' 재현이 아니라 시야에 따른 서술이라는 것은 일반적으로 역사적 주제에 관해 타당하며 역사학에서는 아직도 상당 부분 그러한 객관적 서술의 가능성을 전제로 한 역사주의와의 대결에서도 성찰되었다. 필시 거기서 가장 급진적인 입장을 대표한 것은 하이든 화이트 (Hayden White 1973)였으며, 그는 역사 서술을 본질적으로 시적인 활동으로 이해한다. 역사가가 설명으로 제시하는 것은 무엇보다 그의 구연口演 전략에 의해 정해진다는 것인데, 화이트는 시학적인 범주들을 가지고서 이를 분류하며 그것도 로망스·비극·희극 그리고 풍자로 분류한다. 구연 전략들이 물론 다양한 작가들에서 다른 규모로 역할을 한다는 것은 논박되는 것이 아니며, 상응하는 대목에서 나는 또한 화이트의 이와 관련된 헤겔 및 마르크스에 대한 견해와 대결할

것이다. 그렇지만 역사적 설명이 핵심에서 그런 구연 구조로 싸잡아
볼 수 있다는 발언은 나에게는 논지를 좀 과도하게 밀고 나가는 것
으로 보인다.

역사적 서술에 불가피한 시야성에 대한 더 적당한 이해는 한스-
게오르크 가다머가 『진리와 방법』(1960)에서 자신의 이해 이론의 중
심에 둔 전승사에 대한 숙고가 전해 주는 것으로 보인다. 슐라이어
마허와 딜타이에 반대하여 가다머는 우리의 이해에는 텍스트에 대
한 직접적 포착이 근저에 깔리지 않으며 어떤 이해이든 "전승사" 안
에 끼워져 있다는 것을 강조한다. 해석자는 언제나 이미 전승으로부
터 나오는, 그 대상에 대한 전前이해를 가진다.(가다머는 "선입견"에 관
해 이야기하지만 이는 경멸적인 의미로 말한 것은 아니다) 거기서 가다머는
위르겐 하버마스와의 대결에서, 그가 전승을 홀로 문화적 전승으로
이해한다는 암묵적 가정에 맞서 격렬하게 자신을 지켰다. "실질적
요인들인 노동과 지배가 그 한계 바깥에 있는 것은 해석학적 문제
설정에서 보자면 아주 터무니없는 것으로" 여겨진다는 것이다. "그
렇다면 해석학적 노력에서 성찰할 가치가 있는 선입견들은 달리 무
엇인가? 그것들은 달리 어디서 오는 것인가?"(Gadamer 1967: 242)

이해는 가다머에게 이미 존재하는 의미의 사후 성취가 아니고 한
의미의 (불가피한) 형상화다. 이 형상화는 자유의지나 자의와 혼동되
어서는 안 된다. "한 텍스트에 대한 우리의 이해를 인도하는 의미의
예상은 주관성의 행동이 아니라 우리를 전승과 연결해 주는 공통성
으로부터 정해진다." 그러나 "공통성"도 "전승"도 정적인 것, 주어
진 것이 아니다.

그러나 이 공통성은 전승에 대한 우리의 관계 속에서 상시적인 형성에 사로잡혀 있다. 그것은 우리가 그 가운데 이미 언제나 서 있는 전제조건이 아니고 우리가 이해하고 전승사건에 참여하고 그것을 이를 통해 스스로 계속 확정해 가는 한에서 그 공통성을 스스로 세운다. (Gadamer 1960: 298f.)

우리는 전승사건에서 뛰쳐나올 수 없지만 그것을 변화시키고 이를 통해서 미래의 이해가 일어날 수 있는 새로운 조건을 창조한다.[6]

카를 마르크스의 전기에 유관한 것일 수도 있을 새로운 자료를 발견하는 것과는 완전히 무관하게 이미 이런 회피할 수 없는 서술의 시야성, 그리고 결코 종결되지 않은 수용사와 전승사만으로도 궁극적으로 타당한 마르크스 전기 같은 것은 결코 있을 수 없도록 해 준다. 어떤 세대도 역사적으로 달라진 정황 하에서 마르크스의 인생과 저작에 대한 새로운 시야를 발달시킬 것이며, 이는 또한 새로운 마르크스 전기로 이끌어 줄 것이다.

---

6) 『진리와 방법』 제3부에서 가다머는 논란이 된 언어존재론적 전환을 실행한다. (텍스트의 이해만이 아니라) 모든 이해는 언어에 묶여 있다고 하지만 언어는 미리 주어진 것의 단순히 그림이 아니라 의미를 가진 전체의 언어가 됨이라는 것이므로 가다머는 자신의 유명한 격언 "이해될 수 있는 존재는 언어다"(같은 책: 478)라는 것에 도달했다. 위에서 스케치된 『진리와 방법』 제2부로부터의 통찰들은 그러나 이 존재론과는 독립적이다.

참고 문헌

Adelslexikon, 18 Bände (1972–2012), Limburg: Starke.

Adler, Georg (1887): *Zur Orientierung über Marx' Leben und Entwicklungsgang*, Anhang in: ders., Die Grundlagen der Karl Marxschen Kritik der bestehenden Volkswirtschaft, Tübingen (Nachdruck Hildesheim: Olms 1968) 226–290.

Allgemeines deutsches Conversations–Lexicon für die Gebildeten eines jeden Standes in 10 Bänden und 2 Supplements, Herausgegeben von einem Vereine Gelehrter (1839–1844), Leipzig: Gebrüder Reichenbach.

Arnim, Bettina von (1835): *Goethe's Briefwechsel mit einem Kinde*, in: dies., Werke und Briefe, Bd. 2. Frankfurt am Main: Deutscher Klassiker Verlag 1992.

Arnim, Bettina von (1843): *Dies Buch gehöort dem König*, in: dies., Werke und Briefe Bd. 3. Frankfurt am Main: Deutscher Klassiker Verlag 1995.

Asmis, Elizabeth (2020): A Tribute to a Hero: Marx's Interpretation of Epicurus in his dissertation. In: Donncha O'Rourke (ed.), Approaches to Lucretius. Cambridge: Cambridge University Press, 241–258.

Ascher, Saul (1815): *Die Germanomanie. Skizze zu einem Zeitgemälde*, Berlin: Achenwall.

Bachmann, Karl Friedrich (1833): *Ueber Hegel's System und die Nothwendigkeit einer nochmaligen Umgestaltung der Philosophie*, Leipzig: Vogel.

Bachmann, Karl Friedrich (1835): *Anti-Hegel. Antwort an Herrn Professor Rosenkranz in Königsberg auf dessen Sendschreiben*, Jena: Cröker.

Baertschi, Annette M.; King, Colin G. (Hg.) (2009): *Die modernen Väter der Antike. Die Entwicklung der Altertumswissenschaften an Akademie und Universität im Berlin des 19. Jahrhunderts*, Berlin: Walter de Gruyter.

Barbour, Charles (2020): A Liberal before Liberalism: Karl Hermann Scheidler and the New Hegelians. In: *Modern Intellectual History* 18 (3), 658–680.

Barnikol, Ernst (1972): *Bruno Bauer. Studien und Materialien*. Aus dem Nachlaß ausgewählt und zusammengestellt von Peter Reimer und Hans-Martin Sass, Assen: Van Gorcum.

Baronovitch, Laurence (1992): Karl Marx and Greek Philosophy: Some Explorations into the Themes of Intellectual Accomodation and Moral Hypocrisy, in: McCarthy, GeorgeE. (Hg.): *Marx and Aristotle: Nineteenth Century German Social Theory and Classical Antiquity*, Lanham, MD: Rowman & Littlefield, 155–171.

Barth, Hans (1945): *Wahrheit und Ideologie*, Frankfurt/M.: Suhrkamp 1974.

Barthes, Roland (1968): The Death of the Author, in: Leitch, Vincent et al. (eds.), *The Norton Anthology of Theory & Criticism*, New York: W.W. Norton and Company.

Bauer, Bruno (1829): *Über die Prinzipien des Schönen. Eine Preisschrift*, hrsg. von Douglas Moggach und W. Schultze, Berlin: Akademie Verlag 1996.

Bauer, Bruno (1834): [Rezension von] August Heydenreich, *Die eigenthümlichen Lehren des Christenthums rein biblisch dargestellt*. Erster Band, in: *Jahrbücher für wissenschaftliche Kritik*, 1834/II, 196–200.

Bauer, Bruno (1835/36): [Rezension von] David Friedrich Strauß, *Das Leben Jesu*, in: *Jahrbücher für wissenschaftliche Kritik*, 1835/II, 879–894, 897–912, 1836/I,681–694, 697–704.

Bauer, Bruno (1838a): *Kritik der Geschichte der Offenbarung. Erster Theil: Die Religion des Alten Testaments in der geschichtlichen Entwickelung ihrer Principien*, 2 Bände, Berlin: Dümmler.

Bauer, Bruno (1838b): [Rezension von] David Friedrich Strauß, *Streitschriften zur Vertheidigung meiner Schrift über das Leben Jesu und zur Charakteristik der gegen wärtigen Theologie*, in: *Jahrbücher für wissenschaftliche Kritik*, 1838/I, 817–838.

Bauer, Bruno (1839): *Herr Dr. Hengstenberg. Kritische Briefe über den Gegensatz des Gesetzes und des Evangelium*, Berlin: Dümmler.

Bauer, Bruno (1840a): *Die evangelische Landeskirche Preußens und die Wissenschaft*, Leipzig: Otto Wigand.

Bauer, Bruno (1840b): *Kritik der evangelischen Geschichte des Johannes*, Bremen: Schünemann.

Bauer, Bruno (1841): *Kritik der evangelischen Geschichte der Synoptiker*. Erster Band, Leipzig: Wigand.

Bauer, Bruno (1844a): *Briefwechsel zwischen Bruno Bauer und Edgar Bauer während der Jahre 1839–1842 zwischen Bonn und Berlin*, Charlottenburg: Verlag von Egbert Bauer.

Bauer, Bruno (1844b): Erkenntnis des Oberzensurgerichts in Betreff der zwei ersten Bogen des Briefwechsels zwischen Bruno und Edgar Bauer, in: *Allgemeine Literaturzeitung*. Monatsschrift hrsg. von Bruno Bauer, Heft 6, Mai 1844, 38–41.

Bauer, Joachim; Pester, Thomas (2012): Promotion von Karl Marx an der Universität Jena 1841. Hintergründe und Folgen, in: Bodsch, Ingrid (Hg.), *Dr. Karl Marx. Vom Studium zur Promotion – Bonn, Berlin, Jena. Begleitbuch zur gleichnamigen Ausstellung des Stadtmuseum Bonn*. Bonn: Verlag Stadtmuseum, 47–82.

Bayly, Christopher (2006): *Die Geburt der modernen Welt. Eine Globalgeschichte 1780–1914*, Frankfurt/M.: Campus.

Behler, Ernst (1978): Nietzsche, Marx und die deutsche Frühromantik, in: Grimm, Reinhold; Hermand, Jost (Hrsg.), *Karl Marx und Friedrich Nietzsche. Acht Beiträge*, Königstein/Ts.: Athenäum.

Behler, Ernst (1992): *Frühromantik*, Berlin: Walter de Gruyter.

Beiträge zur Marx-Engels-Forschung Neue Folge. Sonderband 1: David Borisovic Rjazanov und die erste MEGA (1997), Hamburg: Argument.

Bentzel–Sternau, Karl Christian Ernst Graf von (1818): *Anti–Israel. Eine Vorlesung in der geheimen Akademie zum grünen Esel als Eintrittsrede gehalten*, in: Steiger, Johann Anselm (Hg.): *Karl Christian Ernst von Bentzel–Sternau, Anti–Israel. Eine projüdische Satire aus dem Jahre 1818. Nebst den antijüdischen Traktaten Friedrich Rühs' und Jakob Friedrich Fries' (1816)*, Heidelberg: Manutius 2004.

Berlin, Isaiah (1939): Karl Marx. Sein Leben und sein Werk (nach der 3. revidierten engl. Ausgabe von 1963), Frankfurt/Main, Berlin: Ullstein 1968.

Bethmann–Hollweg, Moritz August von (1850): *Ueber die Germanen vor der Völkerwanderung. Festgabe dem Fürsten Deutscher Rechtslehrer Friedrich Carl von Savigny zur Jubelfeier des 31. Oktober 1850*, Bonn: Adolph Marcus.

Blamberger, Gunter (2008): Poetik der Biographie. Über Konstruktionsprinzipien von Lebensgeschichten. in: Fullmann, R. u.a. (Hrsg.), *Der Mensch als Konstrukt. Festschrift fur Rudolf Drux zum 60. Geburtstag*. Bielefeld: Aisthesis, 359.371.

Blank, Hans–Joachim (2017): Zur Dissertation von Karl Marx. Über ihre Überlieferungs–, Editions– und Entstehungsgeschichte, in: *Beiträge zur Marx–Engels Forschung*. Neue Folge 2016/17, 225–254.

Blänkner, Reinhard; Göhler, Gerhard; Waszek, Norbert (Hg.) (2002): *Eduard Gans (1797–1839). Politischer Professor zwischen Restauration und Vormärz*, Leipzig: Leipziger Universitätsverlag.

Blumenberg, Werner (1962): *Karl Marx. Mit Selbstzeugnissen und Bilddokumenten*, Reinbek: Rowohlt.

Bockmühl, Klaus (1980): *Leiblichkeit und Gesellschaft. Studien zur Religionskritik und Anthropologie im Frühwerk von Ludwig Feuerbach und Karl Marx*, 2. Aufl., Gießen: Brunnen.

Bödeker, Hans Erich (2003): Biographie. Annäherungen an den gegenwärtigen Forschungs– und Diskussionsstand, in: ders. (Hrsg.), *Biographie schreiben*, Göttingen: Wallstein, 9–63.

Bodsch, Ingrid (2012): Marx und Bonn 1835/36 und 1841/42, in: dies. (Hg.), *Dr. Karl Marx. Vom Studium zur Promotion – Bonn, Berlin, Jena. Begleitbuch zur gleich namigen Ausstellung des Stadtmuseum Bonn*, Bonn: Verlag Stadtmuseum, 9–27.

Böning, Jürgen (2017): *Karl Marx in Hamburg. Der Produktionsprozess des «Kapital»*, Hamburg: VSA.

Börne, Ludwig (1832–34): *Briefe aus Paris*, in: ders., *Werke in zwei Bänden*, Bd. 2, 5–275, Berlin: Aufbau Verlag 1981.

Böse, Heinz–Günther (1951): *Ludwig Simon von Trier (1819–1872). Leben und Anschauungen eines rheinischen Achtundvierzigers*, Dissertation, Mainz.

Bourdieu, Pierre (1998): Die biographische Illusion, in: ders., *Praktische Vernunft. Zur Theorie des Handelns*, Frankfurt/M.: Suhrkamp. 75–83.

Braun, Johann (1997): *Judentum, Jurisprudenz und Philosophie. Bilder aus dem Leben des Juristen Eduard Gans (1797–1839)*, Baden–Baden: Nomos.

Braun, Johann (2005): Einführung des Herausgebers, in: Eduard Gans, *Naturrecht und Universalgeschichte. Vorlesungen nach G.W.F. Hegel*. Herausgegeben und eingeleitet von Johann Braun, Tübingen: Mohr Siebeck, xix–lvii.

Braun, Johann (2011): Einleitung, in: *Eduard Gans, Briefe und Dokumente*, herausgegeben von Johann Braun, Tübingen: Mohr Siebeck.

Breckman, Warren (1999): *Marx, the Young Hegelians, and the Origins of Radical Social Theory*, Cambridge: Cambridge University Press.

Breuer, Karl Hugo (1954): *Der junge Marx. Sein Weg zum Kommunismus*, Inaugural–Dissertation an der philosophischen Fakultät der Universität Köln, Köln: Luthe–Druck.

Breuer, Mordechai (1996): Frühe Neuzeit und Beginn der Moderne, in: Meyer, Michael A. (Hg.): *Deutsch–Jüdische Geschichte in der Neuzeit. Band I: Tradition und Aufklärung 1600–1780*, München: Beck, 85–247.

Briese, Olaf (2013): Akademikerschwemme, Junghegelianismus als Jugendbewegung, in: Lambrecht, Lars (Hg.): *Umstürzende Gedanken. Radikale Theorie im Vorfeld der 1848er Revolution*, Frankfurt/M.: Peter Lang, 123–142.

Brilling, Bernhard (1958): Beiträge zur Geschichte der Juden in Trier, in: *Trierisches Jahrbuch 1958*, Trier: Lintz, 46–50.

Brophy, James M. (2007): *Popular Culture and the Public Sphere in the Rhineland 1800–1850*, Cambridge: Cambridge University Press.

Browning, Gary K. (2000): Marx's Doctoral Dissertation: The Development of a Hegelian Thesis, in: Burns, Tony; Fraser, Ian (eds.), *The Hegel–Marx Connection*, Houndmills: Macmillan, 131–145.

Buchbinder, Reinhard (1976): *Bibelzitate, Bibelanspielungen, Bibelparodien, theologische Vergleiche und bei Marx und Engels*, Berlin: Erich Schmidt Verlag.

Büchner, Georg (1988): Werke und Briefe. Munchner Ausgabe, Munchen: Hanser.

Bunzel, Wolfgang (2003): «Der Geschichte in die Hände arbeiten» Zur Romantik-konzeption der Junghegelianer, in: Bunzel, Wolfgang; Stein, Peter; Vaßen, Florian (Hg.), *Romantik und Vormärz* (Forum Vormärz Forschung, Vormärz Studien X), Bielefeld: Aisthesis, 313–338,.

Bunzel, Wolfgang; Hundt, Martin; Lambrecht, Lars (2006): *Zentrum und Peripherie. Arnold Ruges Korrespondenz mit Junghegelianern in Berlin*, Frankfurt/M.: Peter Lang.

Burns, Tony (2000): Materialism in Ancient Greek Philosophy and in the Writings of the Young Marx, in: *Historical Materialism*, No. 7, 3–39.

Carlyle, Thomas (1841): *On Heroes, Hero–Worship and the Heroic in History*, London: Fraser.

Carr, Edward Hallett (1934): *Karl Marx. A Study in Fanaticism*, London: Dent.

Carr, Edward Hallett (1980): An Autobiography, in: E. H. Carr: *A Critical Appraisal*, edited by Michael Cox, Houndmills: Palgrave 2000, xiii–xxii.

Carrière, Moriz (1914): *Lebenserinnerungen (1817–1847)*, hrsg. von Wilhelm Diehl, in: *Archiv für Hessische Geschichte und Altertumskunde*. N.F. Bd. X, H.2, Darmstadt.

Cieszkowski, August von (1838): *Prolegomena zur Historiosophie*, Berlin: Veit.

Clark, Christopher (2009): *Preußen. Aufstieg und Niedergang 1600–1947*, Müchen: DVA.

Clemens, Gabriele B. (2004): Trier unter dem Hammer – die Nationalgüter-verkäufe, in: Dühr, Elisabeth; Lehnert-Leven, Christl (Hg.): *Unter der Trikolore. Trier in Frankreich, Napoleon in Trier 1794–1814*, Trier: Städtisches Museum Simeonsstift, 383–395.

Cornu, Auguste (1934): *Karl Marx, l'homme et l'oeuvre. De l'hegelianisme au materialism historique (1818-1845)*, Paris: Felix Alcan.

Cornu, Auguste (1954): *Karl Marx und Friedrich Engels. Leben und Werk. Band 1: 1818-1844*, Berlin: Aufbau Verlag.

Cornu, Auguste (1962): *Karl Marx und Friedrich Engels. Leben und Werk. Band 2: 1844-1845*, Berlin: Aufbau Verlag.

Cornu, Auguste (1968): *Karl Marx und Friedrich Engels. Leben und Werk. Band 3: 1845-1846*, Berlin: Aufbau Verlag.

Courth, Franz (1980): Die Evangelienkritik des D. Fr. Strauß im Echo seiner Zeitgenossen. Zur Breitenwirkung seines Werkes, in: Georg Schwaiger (Hg.), *Historische Kritik in der Theologie. Beiträge zu ihrer Geschichte*, Göttingen: Vandenhoeck & Ruprecht.

Craig, Gordon A. (1982): *The Germans*, New York: Meridian.

Czóbel, Ernst (1934): *Karl Marx. Chronik seines Lebens in Einzeldaten*, Frankfurt/M.: Makol 1971.

Deckert, Helmut (1966): Marx und seine Kommilitonen als Hörer Schlegels in Bonn. Zu einem Marx-Autograph der Sächsischen Landesbibliothek, in: *Festschrift zum 60. Geburtstag von Prof. Dr. phil. Hans Lülfing am 24. November 1966. 83. Beiheft zum Zentralblatt für Bibliothekswesen*, Leipzig: Bibliographisches Institut, 33-53.

Demetz, Peter (1969): *Marx, Engels und die Dichter. Ein Kapitel deutscher Literaturgeschichte*, Frankfurt/M.: Ullstein.

D'Hondt, Jacques (1973): *Hegel in seiner Zeit*, Berlin: Akademie Verlag.

Dietz, Josef (1968): Bürger und Studenten, in: Höroldt, Dietrich (Hg.): *Stadt und Universität. Rückblick aus Anlaß der 150 Jahr-Feier der Universität Bonn. Bonner Geschichtsblätter Band 22*, Bonn, 215-266.

Dilthey, Wilhelm (1970): *Der Aufbau der geschichtlichen Welt in den Geisteswissenschaften*, Frankfurt/M.: Suhrkamp.

Dlubek, Rolf (1994): Die Entstehung der zweiten Marx-Engels-Gesamtausgabe (MEGA) im Spannungsfeld von legitimatorischem Auftrag und editorischer Sorgfalt, in: *MEGA-Studien* 1994/1, 60-106.

Dohm, Christian Wilhelm (1781): *Ueber die bürgerliche Verbesserung der Juden*, Berlin: Nicolai.

Dowe, Dieter (1970): *Aktion und Organisation. Arbeiterbewegung, sozialistische und kommunistische Bewegung in der preußischen Rheinprovinz 1820–1852*, Hannover: Verlag für Literatur und Zeitgeschehen.

Dreyer, Michael; Ries, Klaus (Hg.) (2014): *Romantik und Freiheit. Wechselspiele zwischen Ästhetik und Politik*, Heidelberg: Universitätsverlag Winter.

Dronke, Ernst (1846): *Berlin*, Berlin: Rütten & Löning 1987.

Duden (2007): *Das Herkunftswörterbuch. Etymologie der deutschen Sprache*, 4. neubearbeitete Auflage, Mannheim: Duden.

Dühr, Elisabeth (Hg.) (1998): *«Der schlimmste Punkt der Provinz» Demokratische Revolution 1848/49 in Trier und Umgebung*, Trier: Städtisches Museum Simeonstift.

Eberlein, Hermann P. (2009): *Bruno Bauer: Vom Marx-Freund zum Antisemiten*, Berlin: Dietz.

Eichler, Martin (2015): *Von der Vernunft zum Wert. Die Grundlagen der ökonomischen Theorie von Karl Marx*, Bielefeld: transcript.

Elias, Norbert (1969): Über den Prozeß der Zivilisation, Bern: Francke.

Engelberg, Ernst (1985): *Bismarck. Band I: Urpreuße und Reichsgründer*, Berlin: Siedler 1998.

Engelberg, Ernst; Schleier, Hans (1990): Geschichte und Theorie der historischen Biographie, in: *Zeitschrift für Geschichtsforschung*, Jg. 38, 195–217.

Engels, Friedrich: siehe Werkregister Karl Marx und Friedrich Engels.

Erikson, Erik H. (1958): *Der junge Mann Luther. Eine psychoanalytische und historische Studie*, Frankfurt/M.: Suhrkamp 2016.

Erikson, Erik H. (1966): *Identität und Lebenszyklus*, Frankfurt/M.: Suhrkamp.

Erler, Michael (1994): Epikur. In: Grundriß der Geschichte der Philosophie, Bd. 4: Die Hellenistische Philosophie. Erster Halbband, Basel: Schwabe, 29–202.

Essbach, Wolfgang (1988): *Die Junghegelianer. Soziologie einer Intellektuellengruppe*, München: Fink.

Euringer, Martin (2003): *Epikur. Antike Lebensfreude in der Gegenwart*, Stuttgart: Kohlhammer.

Ewald, Johann Ludwig (1816): *Ideen, über die nöthige Organisation der Israeli-ten in Christlichen Staaten.* Herausgegeben und mit einem Nachwort versehen von Johann Anselm Steiger, Heidelberg: Manutius 1999.

Ewald, Johann Ludwig (1817): Der Geist des Christenthums und des ächten deutschen Volksthums, dargestellt, gegen die Feinde der Israeliten, in: ders., *Projüdische Schriften aus den Jahren 1817 bis 1821*, herausgegeben von Johann Anselm Steiger, Heidelberg: Manutius 2000, 7–92.

Ewald, Johann Ludwig (1821): Beantwortung der Fragen: Was sollten die Juden jetzt, und was sollte der Staat für sie thun? in: ders., *Projüdische Schriften aus den Jahren 1817 bis 1821*, herausgegeben von Johann Anselm Steiger, Heidelberg: Manutius 2000, 111–139.

Fenves, Peter (1986): Marx's Doctoral Thesis on two Greek Atomists and the Post-Kantian Interpretations, in: *Journal of the History of Ideas*, vol. 47, 433–452.

Fetz, Bernhard (Hg.) (2009): *Die Biographie. Zur Grundlegung ihrer Theorie*, Berlin: Walter de Gruyter.

Feuerbach, Ludwig (1830): *Gedanken über Tod und Unsterblichkeit*, in: ders., *Gesammelte Werke*, Bd.1, 177–515.

Feuerbach, Ludwig (1835a): *Kritik des Anti-Hegels. Eine Einleitung in das Studium der Philosophie*, in: ders., *Gesammelte Werke*, Bd.8, Berlin: Akademie Verlag 1989, 62–127.

Feuerbach, Ludwig (1835b): [Rezension von] Friedrich Julius Stahl, *Philosophie des Rechts nach geschichtlicher Ansicht*, in: ders., *Gesammelte Werke*, Bd. 8, Berlin: Akademie Verlag 1989, 24–43.

Feuerbach, Ludwig (1838): Zur Kritik der positiven Philosophie, in: *Hallische Jahrbücher*, H. 289–293.

Feuerbach, Ludwig (1839a): Über Philosophie und Christentum in Beziehung auf den *der Hegelschen Philosophie gemachten Vorwurf der Unchristlichkeit*, in: ders., *Gesammelte Werke*, Bd. 8, 219–292.

Feuerbach, Ludwig (1839b): *Kritik der Hegelschen Philosophie*, in: *Hallische Jahrbücher*, Nr. 208–216.

Feuerbach, Ludwig (1841): *Das Wesen des Christentums*, in: ders., *Gesammelte Werke*, Bd. 5.

Feuerbach, Ludwig (1967–2004): *Gesammelte Werke*, 21 Bände, Herausgegeben von Werner Schuffenhauer, Berlin: Akademie Verlag.

Finelli, Roberto (2015): *A Failed Parracide. Hegel and the Young Marx*, Leiden: Brill.

Fischer, Karl Philipp (1839): *Die Idee der Gottheit. Ein Versuch, den Theismus speculativ zu begründen und zu entwickeln*, Stuttgart: Liesching.

Foster, John Bellamy (2000): *Marx's Ecology. Materialism and Nature*, New York: Monthly Review Press.

Foucault, Michel (1969): *Archälogie des Wissens*, Frankfurt/M.: Suhrkamp 1973.

Foucault, Michel (1969a): Was ist ein Autor? In: ders., *Schriften zur Literatur*, Frankfurt/M.: Fischer 1988, 7–31.

Foucault, Michel (1972): *Die Ordnung des Diskurses*, Frankfurt/M.: Fischer 1991.

Foucault, Michel (1978): *Dispositive der Macht. Uber Sexualität, Wissen und Wahrheit*, Berlin: Merve.

Frauenstädt, Julius (1839): [Rezension von] August v. Cieszkowski, *Prolegomena zur Historiosophie*, in: *Hallische Jahrbücher* Nr. 60–61.

Friedenthal, Richard (1981): *Karl Marx. Sein Leben und seine Zeit*, München: Piper.

Fries, Jakob Friedrich (1816): *Ueber die Gefährdung des Wohlstandes und Charakters der Deutschen durch die Juden. Eine aus den Heidelberger Jahrbüchern für Litteratur besonders abgedruckte Recension der Schrift des Professors Rühs in Berlin: «Ueber die Ansprüche der Juden an das deutsche Bürgerrecht. Zweyter verbesserter Abdruck etc.»*, Heidelberg Mohr und Winter 1816 (wieder abgedruckt in Bentzel-Sternau 1818: 125–153).

Fulda, Hans Friedrich (2007): Hegels These, dass die Aufeinanderfolge von philosophischen Systemen dieselbe sei wie die von Stufen logischer Gedankenentwicklung, in: Heidemann, Dietmar; Krijnen, Christian (Hrsg.), *Hegel und die Geschichte der Philosophie*, Darmstadt: Wissenschaftliche Buchgesellschaft, 4–14.

Gabriel, Mary (2011): *Love and Capital. Karl and Jenny Marx and the Birth of a Revolution*, New York: Little, Brown and Co.

Gadamer, Hans-Georg (1960): *Wahrheit und Methode. Grundzüge einer philosophischen Hermeneutik*, in: Gesammelte Werke, Bd. 1, Tübingen: Mohr Siebeck 1993.

Gadamer, Hans-Georg (1967): Rhetorik, Hermeneutik und Ideologiekritik. Metakritische Erörterungen zu «Wahrheit und Methode», in: Gesammelte Werke Bd. 2, Tübingen: J.C.B. Mohr (Paul Siebeck) 1993, 232.250.

Gall, Lothar (2011): *Wilhelm von Humboldt. Ein Preuße von Welt*, Berlin: Propyläen.

Gans, Eduard (1824): *Das Erbrecht in weltgeschichtlicher Entwicklung*. Band 1, Berlin: Maurer.

Gans, Eduard (1825): *Das Erbrecht in weltgeschichtlicher Entwicklung*. Band 2, Berlin: Maurer.

Gans, Eduard (1836): *Rückblicke auf Personen und Zustände*. Neudruck. Herausgegeben, kommentiert und mit einer Einleitung versehen von Norbert Waszek, Stuttgart: frommann-holzboog 1995.

Gans, Eduard (2005): *Naturrecht und Universalrechtsgeschichte. Vorlesungen nach G.W.F. Hegel*. Herausgegeben und eingeleitet von Johann Braun, Tübingen: Mohr Siebeck.

Geibel, Emmanuel (1909): *Jugendbriefe*, Berlin: Karl Curtius.

Geisthövel, Alexa (2008): *Restauration und Vormärz 1815–1847*, Paderborn: Schöningh.

Gemkow, Heinrich (1977): Karl Marx und Edgar von Westphalen – Studiengefährten in Berlin, in: *Beiträge zur Marx-Engels-Forschung* 1, 15–22.

Gemkow, Heinrich (1978): Nachträge zur Biographie der Studenten Karl Marx und Edgar von Westphalen, in: *Beiträge zur Marx-Engels-Forschung* 3, 143–146.

Gemkow, Heinrich (1999): Edgar von Westphalen. Der ungewöhnliche Lebensweg des Schwagers von Karl Marx, in: *Jahrbuch für westdeutsche Landesgeschichte*, Band 25, 401–511.

Gemkow, Heinrich (2008): Aus dem Leben einer rheinischen Familie im 19. Jahrhundert. Archivalische Funde zu den Familien Westphalen und Marx, in: *Jahrbuch für westdeutsche Landesgeschichte*, Band 34, 497–524.

Gerhardt, Hans (1926): *Hundert Jahre Bonner Corps. Die korporationsgeschichtliche Entwicklung des Bonner S.C. von 1819 bis 1918*, Frankfurt/M.: Verlag der Deutschen Corpszeitung.

Gerhardt, Volker; Mehring, Reinhard; Rindert, Jana (1999): *Berliner Geist. Eine Geschichte der Berliner Universitätsphilosophie bis 1946. Mit einem Ausblick auf die Gegenwart der Humboldt-Universität*, Berlin: Akademie Verlag.

Gesetz-Sammlung für die Königlichen Preußischen Staaten 1816. Enthält die Verordnungen vom 3ten Januar 1816 bis zum 12ten Dezember 1816, Berlin: Decker.

Gerstenberger, Heide (2017): *Markt und Gewalt. Die Funktionsweise des historischen Kapitalismus*, Münster: Westfälisches Dampfboot.

Gestrich, Andreas (1988): Einleitung: Sozialhistorische Biographieforschung, in: ders. u.a. (Hrsg.), *Biographie – sozialgeschichtlich. Sieben Beiträge*, Göttingen: Vandenhoek u. Ruprecht, 5–28.

Gestrich, Christoph (1989): *Das Erbe Hegels in der Systematischen Theologie an der Berliner Universität* im 19. Jahrhundert, in: Besier, Gerhard; Gestrich, Christoph (Hrsg.), 450 Jahre Evangelische Theologie in Berlin, Göttingen: Vandenhoeck & Ruprecht, 183–206.

Gielkens, Jan (1999): *Karl Marx und seine niederländischen Verwandten. Eine kommentierte Quellenedition*, aus dem Karl-Marx-Haus 50, Trier.

Gockel, Eberhard (1989): *Karl Marx in Bonn. Alte Adressen neu entdeckt*, Bonn.

Goethe, Johann Wolfgang von (1795/96): *Wilhelm Meisters Lehrjahre*, in: ders., Werke Bd. 7.

Goethe, Johann Wolfgang von (1808): *Faust. Der Tragödie erster Teil*, in: ders., Werke Bd. 3, 7–145.

Goethe, Johann Wolfgang von (1811): *Dichtung und Wahrheit*, Bd. 1, in: ders, Werke Bd. 9.

Goethe, Johann Wolfgang von (1822): *Campagne in Frankreich* 1792, in: ders., Werke Bd. 10, 188–363.

Goethe, Johann Wolfgang von (2000): *Werke* in 14 Bänden, herausgegeben von Erich Trunz (Hamburger Ausgabe), München: Deutscher Taschenbuch Verlag.

Goldschmidt, Werner (1987): Bauer als Gegenstand der Marx-Forschung, in: *Marxistische Studien. Jahrbuch des IMSF 12* (I/1987), Frankfurt/M.: Institut für marxistische Studien, 68-81.

Görres, Joseph (1838): *Athanasius*, Regensburg: Manz.

Göschel, Karl Friedrich (1829): *Aphorismen über Nichtwissen und absolutes Wissen im Verhältnisse zur christlichen Glaubenserkenntniß. Ein Beytrag zum Verständnisse der Philosophie unser Zeit*, Berlin: Franklin.

Grab, Walter (1985): *Georg Büchner und die Revolution von 1848. Der Büchner Essay von Wilhelm Schulz aus dem Jahr 1851. Text und Kommentar*, Königstein/ Ts.: Athenäum.

Grab, Walter (1987): *Dr. Wilhelm Schulz aus Darmstadt. Weggefährte von Georg Büchner und Inspirator von Karl Marx*, Frankfurt/Main: Büchergilde Gutenberg.

Graetz, Michael (1996): Jüdische Aufklärung, in: Meyer, Michael A. (Hg.): *Deutsch-Jüdische Geschichte in der Neuzeit. Band I: Tradition und Aufklärung 1600-1780*, München: Beck, 251-359.

Graf, Friedrich Wilhelm (1978): Friedrich Strauß und die Hallischen Jahrbücher, in: *Archiv für Kulturgeschichte*, Jg. 60, 383-430.

Grandt, Jens (2006): *Ludwig Feuerbach und die Welt des Glaubens*, Münster: Westfälisches Dampfboot.

Greenblatt, Stephen (2012): *The Swerve: How the World Became Modern*, New York: W.W. Norton and Company.

Greiling, Werner (1993): *Varnhagen von Ense. Lebensweg eines Liberalen*, Köln: Böhlau.

Grimm, Jacob; Grimm Wilhelm (1860): *Deutsches Wörterbuch*, Bd. 2, Leipzig: Hirzel.

Gross, Guido (1956): *Trierer Geistesleben. Unter dem Einfluß von Aufklärung und Romantik (1750-1850)*, Trier: Lintz.

Gross, Guido (1962): Geschichte des Friedrich-Wilhelm-Gymnasiums, in: Jakob Schwall (Hrsg.), *400 Jahre Friedrich-Wilhelm-Gymnasium Trier. Festschrift*, Trier: Paulinus Verlag, 7-73.

Gross, Guido (1994): Johann Steininger (1794–1874). Erinnerungen an einen Trierer Pädagogen, Geologen und Historiker, in: *Neues Trierisches Jahrbuch*, Bd.34, 85–104.

Gross, Guido (1998): Trier und die Trierer im Vormärz, in: Dühr, Elisabeth (Hg.): «Der schlimmste Punkt der Provinz» Demokratische Revolution 1848/49 in Trier und *Umgebung*, Trier: Städtisches Museum Simeonstift, 72–91.

Große, Wilhelm (2011): «Ein deutsches Lesebuch für Gymnasialklassen» Oder: Was hielt Karl Marx im Deutschunterricht in Händen? Zum Deutschunterricht in der ersten Hälfte des 19. Jahrhunderts am Gymnasium in Trier, in: *Kurtrierisches Jahrbuch*, Jg. 51, 347–356.

Grünberg, Carl (1925): Marx als Abiturient, in: *Archiv für die Geschichte des Sozialismus und der Arbeiterbewegung*, Jg. 11, 424–444.

Grünberg, Carl (1926): Nachtrag zu: Marx als Abiturient, in: *Archiv für die Geschichte des Sozialismus und der Arbeiterbewegung*, Jg. 12, 239–240.

Gutzkow, Karl (1835): *Wally, die Zweiflerin*, Stuttgart: Reclam 1979.

Hachtmann, Rüdiger (2016): *Prediger wider alle demokratischen*, Teufel: Ernst.

Hengstenberg, Wilhelm (1802–1869), in: Schmidt, Walter (Hg.): *Akteure eines Umbruchs. Männer und Frauen der Revolution von 1848/49*, Band 5, Berlin: Fides, 129–180.

Hähner, Olaf (1999): *Historische Biographie. Die Entwicklung einer geschichts- wissenschaftlichen Darstellungsform von der Antike bis ins 20. Jahrhundert*, Frankfurt/M.: Peter Lang.

Hansen, Joseph (1906): *Gustav von Mevissen. Ein rheinisches Lebensbild (1815 –1899)*, 2 Bände, Berlin: Reimer.

Hausen, Karin (1988): «⋯ eine Ulme für das schwanke Efeu». Ehepaare im deutschen Bildungsbürgertum, in: Frevert, Ute (Hg.): *Bürgerinnen und Bürger. Geschlechterverhältnisse im 19. Jahrhundert*, Göttingen: Vandenhoeck & Ruprecht, 85–117.

Haym, Rudolf (1857): *Hegel und seine Zeit. Vorlesungen über Entstehung und Entwicklung, Wesen und Werth der Hegel'schen Philosophie*, Berlin: Rudolf Gärtner.

Haym, Rudolf (1870): *Die romantische Schule. Ein Beitrag zur Geschichte des deutschen Geistes*, Berlin: Gaertner.

Hecht, Hartmut (2001): *Marx' frühe Leibniz-Exzerpte als Quelle seiner Dialektik. in: Berliner Debatte Initial*, Jg. 12, Heft 4, 27–37.

Hecker, Rolf (2000): Erfolgreiche Kooperation. Das Frankfurter Institut für Sozialforschung und das Moskauer Marx-Engels-Institut (1924–1928), in: *Beiträge zur Marx-Engels-Forschung. Neue Folge. Sonderband 2*, Hamburg: Argument Verlag, 9–118.

Hecker, Rolf (2001): Fortsetzung und Ende der ersten MEGA zwischen National-sozialismus und Stalinismus (1931–1941), in: *Beiträge zur Marx-Engels-Forschung. Neue Folge. Sonderband 3*, Hamburg: Argument Verlag, 181–311.

Hecker, Rolf; Limmroth, Angelika (Hg.) (2014): *Jenny Marx. Die Briefe*, Berlin: Dietz.

Hegel, Georg Wilhelm Friedrich (1795): *Das Leben Jesu*, in: ders., *Frühe Studien und Entwürfe 1787–1800*, bearbeitet und kommentiert von Inge Gellert, Berlin: Akademie Verlag, 129–214.

Hegel, Georg Wilhelm Friedrich (1807): *Phänomenologie des Geistes*, in: ders., *Werke* Bd. 3, Frankfurt/M. Suhrkamp.

Hegel, Georg Wilhelm Friedrich (1812–16): *Wissenschaft der Logik*, in: ders., *Werke* Bde. 5–6, Frankfurt/M. Suhrkamp.

Hegel, Georg Wilhelm Friedrich (1818): *Konzept der Rede beim Antritt des philosophischen Lehramtes an der Universität Berlin*, in: ders., *Werke* Bd. 10, Frankfurt/M.: Suhrkamp, 399–417.

Hegel, Georg Wilhelm Friedrich (1821): *Grundlinien der Philosophie des Rechts*, in: ders., *Werke* Bd. 7, Frankfurt/M. Suhrkamp.

Hegel, Georg Wilhelm Friedrich (1821a): *Grundlinien der Philosophie des Rechts oder Naturrecht und Staatswissenschaft im Grundrisse*, nach der Ausgabe von Eduard Gans herausgegeben von Hermann Klenner, Berlin: Akademie Verlag 1981.

Hegel, Georg Wilhelm Friedrich (1822): *Vorrede zu Hinrichs' Religions-philosophie*, in: ders., *Werke* Bd. 11, Frankfurt/M. Suhrkamp, 42–67.

Hegel, Georg Wilhelm Friedrich (1830): *Enzyklopädie der philosophischen Wissenschaften*, in: ders., *Werke* Bde. 8–10, Frankfurt/M. Suhrkamp.

Hegel, Georg Wilhelm Friedrich (1832): *Vorlesungen über die Philosophie der Religion*, in: ders., *Werke* Bde. 16–17, Frankfurt/M. Suhrkamp.

Hegel, Georg Wilhelm Friedrich (1833–36): *Vorlesungen über die Geschichte der Philosophie*, in: ders., *Werke* Bde. 18–20, Frankfurt/M. Suhrkamp.

Hegel, Georg Wilhelm Friedrich (1835–38): *Vorlesungen über die Ästhetik*, in: ders., *Werke* Bde. 13–15, Frankfurt/M. Suhrkamp.

Hegel, Georg Wilhelm Friedrich (1836): V*orlesungen über die Philosophie der Geschichte*, in: ders., *Werke* Bd. 12, Frankfurt/M. Suhrkamp.

Hegel, Georg Wilhelm Friedrich (1952–1977): *Briefe von und an Hegel. 4 Bände*, Band 1–3 herausgegeben von Johannes Hoffmeister 1952–1954, Band 4 (in zwei Teilen) herausgegeben und völlig neu bearbeitet von Friedhelm Nicolin 1977, Hamburg: Meiner.

Hegel, Georg Wilhelm Friedrich (1973/74): *Vorlesungen über Rechtsphilosophie 1818–1831*. Edition und Kommentar in sechs Bänden [vier Bände sind erschienen] von Karl–Heinz Ilting, Stuttgart: frommann–holzboog, 1977.

Heil, Johannes (1997): «Antijudaismus» und «Antisemitismus». Begriffe als Bedeutungsträger, in: *Jahrbuch für Antisemitismusforschung* 6, Frankfurt/M.: Campus, 92–114.

Heimers, Manfred (1988): Trier als preußische Bezirkshauptstadt im Vormärz (1814–1848), in: Düwell, Kurt; Irsigler, Franz (Hg.): *2000 Jahre Trier Bd. III: Trier in der Neuzeit*, Trier: Spee, 399–420.

Heine, Heinrich (1832): *Französische Zustände*, in: ders., *Sämtliche Schriften*, Bd. 5, 89–279.

Heine, Heinrich (1835): *Zur Geschichte der Religion und Philosophie in Deutschland*, in: ders., Sämtliche Werke, Düsseldorfer Ausgabe, Bd. 8/1, 9–120, Hamburg: Hoffmann und Campe, 1979.

Heine, Heinrich (1836): *Die romantische Schule*, in: ders., *Sämtliche Werke*, Düsseldorfer Ausgabe, Bd.8/1, 121–249., Hamburg: Hoffmann und Campe, 1979.

Heine, Heinrich (1843): *Atta Troll. Ein Sommernachtstraum*, in: ders., *Sämtliche Schriften*, Bd. 7, 491–570.

Heine, Heinrich (1981): *Sämtliche Schriften in 12 Bänden*. von Klaus Briegleb, Frankfurt/M.: Ullstein.

Heinrich, Michael (2017): *Die Wissenschaft vom Wert. Die Marxsche Kritik der politischen* Ökonomie zwischen wissenschaftlicher Revolution und klassischer Tradition, 7. um ein Nachwort erweiterte Auflage, Münster: Westfälisches Dampfboot.

Henckmann, Wolfhart (1970): *Nachwort*, in: Solger (1815), München: Fink, 471a–541.

Henke, Manfred (1973): Die Vereinigung der Gläubigen mit Christo nach Joh. 15, 1–14, in ihrem Grund und Wesen, in ihrer unbedingten Nothwendigkeit und in ihren Wirkungen dargestellt – Bemerkungen zum Religionsaufsatz von Karl Marx und seinen evangelischen Mitschülern in der Reifeprüfung, in: *Der unbekannte junge Marx. Neue Studien zur Entwicklung des Marxschen Denkens 1835–1847*, Frankfurt/M.: v. Haase & Köhler, 115–145.

Henne, Thomas; Kretschmann, Carsten (2002): Carl von Savignys Antijudaismus und die «Nebenpolitik» der Berliner Universität gegen das preußische Emanzipationsedikt von 1812, in: *Jahrbuch für Universitätsgeschichte* 5, 217–225.

Herres, Jürgen (1990): Cholera, Armut und eine «Zwangssteuer» 1830/32. Zur Sozialgeschichte Triers im Vormärz, in: *Kurtrierisches Jahrbuch* 30.Jg., 161–203.

Herres, Jürgen (1993): *Das Karl-Marx-Haus in Trier. 1727–heute*, Trier: Karl-Marx-Haus.

Herres, Jürgen; Holtz, Bärbel (2011): Rheinland und Westfalen als preußische Provinzen (1814–1888). In: Mölich, Georg; Veltzke, Veit; Walter, Bernd (Hg.), *Rheinland, Westfalen und Preußen. Eine Beziehungsgeschichte*, Münster: Aschendorff, 113–208.

Hertz-Eichenrode, Dieter (1959): *Der Junghegelianer Bruno Bauer im Vormärz*, Inaugural-Dissertation zur Erlangung des Grades eines Doktors der Philosophie der Philosophischen Fakultät der Freien Universität Berlin, Berlin.

Hess, Moses (1959): *Briefwechsel*. Herausgegeben von Edmund Silberner, s-Gravenhage: Mouton.

Hillmann, Günther (1966): *Marx und Hegel. Von der Spekulation zur Dialektik*, Frankfurt/M.: Europäische Verlagsanstalt.

Hillmann, Günther (1966a): Zum Verständnis der Texte, in: Karl Marx, *Texte zu Methode und Praxis I: Jugendschriften 1835–1841*, herausgegeben von Günther Hillmann, Reinbek: Rowohlt, 196–236.

Hirsch, Emanuel (1924): Die Beisetzung der Romantiker in Hegels Phänomenologie. Ein Kommentar zu dem Abschnitte über die Moralität, in: Fulda, Hans Friedrich; Henrich, Dieter (Hrsg.), *Materialien zu Hegels Phänomenologie des Geistes*, Frankfurt/M.: Suhrkamp 1973, 245–275.

Hirsch, Emanuel (1949–54) (Hrsg.): *Geschichte der neuern evangelischen Theologie im Zusammenhang mit den allgemeinen Bewegungen des europäischen Denkens, 5 Bände*, Gütersloh: Mohn.

Hirsch, Helmut (1955): *Denker und Kämpfer. Gesammelte Beiträge zur Geschichte der Arbeiterbewegung*, Frankfurt/M.: Europäische Verlagsanstalt.

Hirsch, Helmut (1955a): *Karl Friedrich Köppen, der intimste Berliner Freund Marxens*, in: Hirsch (1955), 19–81.

Hirsch, Helmut (2002): *Freund von Heine, Marx/Engels und Lincoln. Eine Karl Ludwig Bernays Biographie*, Frankfurt/M.: Peter Lang.

Hodenberg, Christina von (1996): *Die Partei der Unparteiischen. Der Liberalismus der preußischen Richterschaft 1815–1848/49*, Göttingen: Vandenhoeck & Ruprecht.

Höhn, Gerhard (2004): *Heine Handbuch. Zeit – Person – Werk*, 3. Auflage, Stuttgart: Metzler.

Höfele, Karl Heinrich (1939): *Die Stadt Trier und der preußische Staat im Vormärz*, Inaugural-Dissertation an der J.W. Goethe Universität zu Frankfurt a.M., Frankfurt/M.

Hoffmann, E.T.A. (1815/16): *Die Elixiere des Teufels*, in: ders., *Sämtliche Werke in sechs Bänden*, Band 2.2, Frankfurt/M.: Deutscher Klassiker Verlag 1988, 9–352.

Hoffmann, E.T.A. (1819/21): *Lebens-Ansichten des Katers Murr nebst frag-mentarischer Biographie des Kapellmeisters Johannes Kreisler in zufälligen Makulaturblättern*, in: ders., *Sämtliche Werke in sechs Bänden*, Band 5, Frankfurt/M.: Deutscher Klassiker Verlag 1992, 9–458.

Hoffmann, E.T.A. (1822): *Meister Floh. Ein Märchen in sieben Abenteuern zweier Freunde*, in: ders., Sämtliche Werke in sechs Bänden, Band 6, Frankfurt/M.: Deutscher Klassiker Verlag 2004, 303–467.

Holbach, Paul Henri Thierry d' (1770): *System der Natur oder von den Gesetzen der physischen und der moralischen Welt*, Frankfurt/M.: Suhrkamp 1978.

Holtz, Bärbel (2013): Zensur und Zensoren im preußischen Vormärz. In: Gabriele B. Clemens (Hg.): *Zensur im Vormärz. Pressefreiheit und Informationskontrolle in Europa*, Ostfildern: Jan Thorbecke Verlag, 105–119.

Hook, Sidney (1936): *From Hegel to Marx: Studies in the Intellectual Develop-ment of Karl Marx*, New York: Columbia University Press 1994.

Höroldt, Dietrich (1968a): Stadt und Universität, in: ders. (Hg.), *Stadt und Universität. Rückblick aus Anlaß der 150 Jahr-Feier der Universität Bonn. Bonner Geschichtsblätter Band 22*, Bonn, 9–132.

Höroldt, Dietrich (Hg.) (1968): *Stadt und Universität. Rückblick aus Anlaß der 150 Jahr-Feier der Universität Bonn. Bonner Geschichtsblätter Band 22*, Bonn.

Horowitz, H. (1928): Die Familie Lwów, in: Monatsschrift für Geschichte und Wissenschaft des Judentums, 72.Jg., 487–499, Frankfurt/M.: J. Kaufmann.

Houben, Heinrich Hubert (1906): *Heinrich Laube*, in: *Allgemeine Deutsche Biographie*, Bd. 51, Leipzig: Duncker & Humblot, 752–790.

Hubmann, Gerald (1997): *Ethische Überzeugung und politisches Handeln. Jakob Fries und die deutsche Tradition der Gesinnungsethik*, Heidelberg: Universitäts-verlag C. Winter.

Hubmann, Gerald; Münkler, Herfried; Neuhaus, Manfred (2001): «··· es kömmt drauf an sie zu verändern». Zur Wiederaufnahme der Marx-Engels- Gesamt-ausgabe (MEGA), in: *Deutsche Zeitschrift für Philosophie* 49, Heft 2, 299–311.

Humboldt, Alexander von (2004): *Die Kosmos-Vorträge 1827/28 in der Berliner Singakademie*, Frankfurt/M.: Insel.

Humboldt, Wilhelm von (1792): *Ideen zu einem Versuch die Grenzen der Wirksamkeit des Staates zu bestimmen*, in: ders., *Gesammelte Schriften*, Bd. 1, Berlin: Behr 1903, 97–254.

Humboldt, Wilhelm von (1809a): Über den Entwurf zu einer neuen Constitution für *die Juden*, in: ders., *Gesammelte Schriften*, Bd. 10, Berlin: Behr 1903, 97–115.

Humboldt, Wilhelm von (1809b): *Bericht der Sektion des Kultus und des Unterrichts, Dezember 1809*, in: ders., *Gesammelte Schriften*, Bd. 10, Berlin: Behr 1903, 199–224.

Hundt, Martin (1994): Marx an Adolf Friedrich Rutenberg. Ein unbekannter früher Brief, in: *MEGA-Studien* 1994/1, 148–154.

Hundt, Martin (1996): Marx, Engels, MEGA und der Junghegelianismus. In: Lars Lambrecht (Hg.): *Philosophie, Literatur und Politik vor den Revolutionen von 1848. Zur Herausbildung der demokratischen Bewegungen in Europa*, Frankfurt/Main: Peter Lang, 471–490.

Hundt, Martin (2000): Was war der Junghegelianismus? in: *Sitzungsberichte der Leibniz-Sozietät*, Band 40, Heft 5, 5–32, Berlin.

Hundt, Martin (Hg.) (2010a): *Der Redaktionsbriefwechsel der Hallischen, Deutschen und Deutsch-Französischen Jahrbücher (1837–1844)*, Berlin: Akademie Verlag.

Hundt, Martin (2010b): Junghegelianismus im Spiegel der Briefe, in: ders. (Hg.), *Der Redaktionsbriefwechsel der Hallischen, Deutschen und Deutsch-Französischen Jahrbücher (1837–1844)*, Apparat, 1–78.

Hundt, Martin (2012): *Theodor Echtermeyer (1805–1844). Biographie und Quellenteil mit unveröffentlichten Texten*, Frankfurt/M.: Peter Lang.

Hundt, Martin (2015): Stichwort: Linkshegelianismus, in: *Historisch-kritisches Wörterbuch des Marxismus*, Bd. 8.2, Hamburg: Argument.

Hunt, Tristram (2012): *Friedrich Engels. Der Mann, der den Marxismus erfand*, Berlin: Propyläen.

Ilting, Karl-Heinz (1973): Einleitung: Die «Rechtsphilosophie» von 1820 und Hegels Vorlesungen über Rechtsphilosophie, in: *Hegel (1973/74) Erster Band*, Stuttgart: frommann-holzboog; 23-126.

Ilting, Karl-Heinz (1974): Einleitung des Herausgebers, in: *Hegel (1973/74). Dritter Band*, Stuttgart: frommann-holzboog; 37-86.

Ilting, Karl-Heinz (1974): Einleitung des Herausgebers: Der exoterische und der esoterische Hegel (1824-1831), in: *Hegel (1973/74). Vierter Band*, Stuttgart: frommann-holzboog; 45-66.

Jachmann, Reinhold Bernhard (1812): Ideen zur Nations-Bildungslehre, in: *Archiv deutscher Nationsbildung*, 1. Bd., Berlin: Maurer, 1-45.

Jacobi, Friedrich Heinrich (1785): Über die Lehre des Spinoza in Briefen an den Herrn *Moses Mendelssohn*, Hamburg: Meiner 2000.

Jacoby, Johann (1841): *Vier Fragen beantwortet von einem Ostpreußen*, Mannheim: Hoff.

Jaeschke, Walter (1986): *Die Vernunft in der Religion. Studien zur Grundlegung der Religionsphilosophie Hegels*, Stuttgart: frommann-holzboog.

Jaeschke, Walter (2000): Genealogie des Deutschen Idealismus. Konstitutions-geschichtliche Bemerkungen in methodologischer Absicht, in: Arndt, Andreas; Jaeschke, Walter (Hg.): *Materialismus und Spiritualismus. Philosophie und Wissenschaften nach 1848*, Hamburg: Meiner, 219-234.

Jaeschke, Walter (2003): *Hegel Handbuch*, Stuttgart: Metzler.

Jaeschke, Walter (2020): Hegels Kritik an der Romantik, in: ders., *Hegels Philosophie*, Hamburg: Meiner.

Jaeschke, Walter; Arndt, Andreas (2012): *Die Klassische Deutsche Philosophie nach Kant. Systeme der reinen Vernunft und ihre Kritik 1785-1845*, München: Beck.

Jamme, Christoph (Hg.) (1994): *Die «Jahrbücher für wissenschaftliche Kritik». Hegels Berliner Gegenakademie*, Stuttgart: frommann-holzboog.

Jeismann, Karl-Ernst (1996): *Das preußische Gymnasium in Staat und Gesellschaft, 2 Bände*, Stuttgart: Klett-Cotta.

Jersch-Wenzel, Stefi (1996): Rechtslage und Emanzipation, in: Meyer, Michael A. (Hg.): *Deutsch-Jüdische Geschichte in der Neuzeit. Band II: Emanzipation und Akkulturation 1780–1871*, München: Beck, 15–56.

Kadenbach, Johannes (1970): *Das Religionsverständnis von Karl Marx*, München: Schöningh.

Kägi, Paul (1965): *Genesis des historischen Materialismus*, Wien: Europa Verlag.

Kanda, Junji (2003): *Die Gleichzeitigkeit des Ungleichzeitigen und die Philosophie. Studien zum radikalen Hegelianismus im Vormärz*, Frankfurt/M.: Peter Lang.

Kanda, Junji (2010): Bauer und die Promotion von Karl Marx, in: Kodalle, Klaus-M; Reitz, Tilman (Hg.): *Bruno Bauer (1809–1882). Ein 'Partisan des Weltgeistes?'* Würzburg: Königshausen & Neumann, 151–164.

Kant, Immanuel (1781): *Kritik der reinen Vernunft*, in: ders., *Werkausgabe* hrsg. von Wilhelm Weischedel, Bd. III/IV, Frankfurt/M.: Suhrkamp 1968.

Kant, Immanuel (1785): *Grundlegung zur Metaphysik der Sitten*, in: ders., *Werkausgabe* hrsg. von Wilhelm Weischedel, Bd. VII, Frankfurt/M.: Suhrkamp 1968.

Kant, Immanuel (1788): *Kritik der praktischen Vernunft*, in: ders., *Werkausgabe* hrsg. von Wilhelm Weischedel, Bd. VII, Frankfurt/M.: Suhrkamp 1968.

Kant, Immanuel (1797): *Die Metaphysik der Sitten*, in: ders., *Werkausgabe* hrsg. von Wilhelm Weischedel, Bd. VIII, Frankfurt/M.: Suhrkamp 1968.

Kasper-Holtkotte, Cilli (1996): *Juden im Aufbruch. Zur Sozialgeschichte einer Minderheit im Saar-Mosel-Raum um 1800*, Hannover: Hahnsche Buchhandlung.

Kaube, Jürgen (2020): *Hegels Welt*, Berlin: Rowohlt Berlin Verlag.

Kaupp, Peter (1995): Marx als Waffenstudent. Burschenschafter an seinem Lebensweg, in: *Darstellungen und Quellen zur Geschichte der deutschen Einheitsbewegung im 19. und 20. Jahrhundert*, 15. Band, Heidelberg: Winter, 141–168.

Keller, Gottfried (1874): *Kleider machen Leute*, Stuttgart: Reclam 2000.

Kelley, D.R (1978): The Metaphysics of Law: An Essay on the Very Young Marx, in: *American Historical Review*, Vol. 83, No. 1, 350–367.

Kempski, Jürgen von (1982): Samuel Reimarus als Ethologe, in: Reimarus (1760), 21–56.

Kentenich, Gottfried (1915): *Geschichte der Stadt Trier von ihrer Gründung bis zur Gegenwart. Denkschrift zum Hundertjährigen Jubiläum der Zugehörigkeit der Stadt zum Preussischen Staat*, Trier: Lintz.

Kiehnbaum, Erhard (2013): Der unbekannte Freund oder: Wer war Kleinerz alias Richartz? Versuch einer biographischen Skizze, in: Lambrecht, Lars (Hg.): *Umstürzende Gedanken. Radikale Theorie im Vorfeld der 1848er Revolution*, Frankfurt/M.: Peter Lang, 191–210.

Kimmich, Dorothee (1993): *Epikureische Aufklärungen*, Darmstadt: Wissenschaftliche Buchgesellschaft.

Kisch, Egon Erwin (1983): *Karl Marx in Karlsbad*, Berlin und Weimar: Aufbau Verlag.

Klein, Christian (Hrsg) (2002): *Grundlagen der Biographik. Theorie und Praxis des biographischen Schreibens*, Stuttgart: Metzler.

Klein, Christian (Hrsg) (2009): *Handbuch Biographie: Methoden, Traditionen, Theorien*, Stuttgart: Metzler.

Klein, Dietrich (2009): *Hermann Samuel Reimarus (1694–1768). Das theologische Werk*, Tübingen: Mohr Siebeck.

Klenner, Hermann (1981): Hegels Rechtsphilosophie in der Zeit, in: G.W.F. Hegel, *Grundlinien der Philosophie des Rechts oder Naturrecht und Staatswissenschaft im Grundrisse*, nach der Ausgabe von Eduard Gans herausgegeben von Hermann Klenner, Berlin: Akademie Verlag, 565–609.

Klenner, Hermann (1984): Der Jurist Marx auf dem Wege zum Marxismus, in: ders, *Vom Recht der Natur zur Natur des Rechts*, Berlin: Akademie Verlag, 68–78.

Klenner, Hermann (1991): *Deutsche Rechtsphilosophie im 19. Jahrhundert. Essays*, Berlin: Akademie Verlag.

Klenner, Hermann; Oberkofler, Gerhard (1991): Savigny-Voten über Eduard Gans nebst Chronologie und Bibliographie, in: *Topos*, H. 1, 123–148.

Kliem, Manfred (1970): *Karl Marx. Dokumente seines Lebens*, Leipzig: Reclam.

Kliem, Manfred (1988): *Karl Marx und die Berliner Universität 1836 bis 1841*, Berlin: Humboldt Universität.

Klupsch, Tina (2012): *Johann Hugo Wyttenbach. Eine historische Biographie*, Trier: Kliomedia.

Klupsch, Tina (2013): *Wyttenbach, der Pädagoge*. In: *Kurtrierisches Jahrbuch*, Jg. 53, 161–173.

Klutentreter, Wilhelm (1966): *Die Rheinische Zeitung von 1842/43*, Dortmund: Ruhfuss.

Kober, Adolf (1932): Marx' Vater und das napoleonische Ausnahmegesetz gegen die Juden 1808, in: *Jahrbuch des Kölnischen Geschichtsvereins*, Jg. 14, 111–125.

Kondylis, Panajotis (1987): *Marx und die griechische Antike. Zwei Studien*, Heidelberg: Manutius

Köpke, Rudolf (1860): *Die Gründung der königlichen Friedrich-Wilhelms-Universität zu Berlin*, Berlin: Schade.

Köppen, Karl Friedrich (1837): *Literarische Einleitung in die nordische Mythologie*, Berlin: Bechtold und Hartje.

Köppen, Karl Friedrich (1839): Über Schubarths Unvereinbarkeit der Hegel-schen Lehre mit dem Preußischen Staate, in: Riedel, Manfred (Hrsg.): *Materialien zu Hegels Rechtsphilosophie*, Bd.1, Frankfurt/M.: Suhrkamp 1975, 276–284.

Köppen, Karl Friedrich (1840): *Friedrich der Große und seine Widersacher. Eine Jubel schrift*, in: Köppen (2003), Bd.1, 135–227.

Köppen, Karl Friedrich (2003): *Ausgewählte Schriften in zwei Bänden, herausgegeben von Heinz Pepperle*, Berlin: Akademie Verlag.

Koselleck, Reinhart (1967): *Preußen zwischen Reform und Revolution. Allgemeines Landrecht, Verwaltung und soziale Bewegung von 1791-1848*, Stuttgart: Klett, 2. Aufl. 1975.

Kossack, Heinz (1978): Dokumente über die Studienzeit von Karl Marx an der Berliner Universität, in: *Beiträge zur Marx-Engels-Forschung* 2, 105–108.

Kowalewski, Maxim (1909): Erinnerungen an Karl Marx, in: *Mohr und General. Erinnerungen an Marx und Engels*, Berlin: Dietz 1983, 343–364.

Kracauer, Siegfried (1930): Biographie als neubürgerliche Kunstform, in: ders., *Das Ornament der Masse*, Frankfurt/M.: Suhrkamp 1970.

Kracauer, Siegfried (1937): *Jacques Offenbach und das Paris seiner Zeit*, Frankfurt/M.: Suhrkamp 1976.

Kraul, Margret (1984): *Das deutsche Gymnasium 1780-1980*, Frankfurt/M.: Suhrkamp.

Kraus, Hans Christof (2007): Geschichte als Lebensgeschichte. Gegenwart und Zukunft der politischen Biographie, in: *Historische Zeitschrift*, Beiheft 44, 311 -332.

Krosigk, Anna von (o.J.): *Werner von Veltheim. Eine Lebensgeschichte zum Leben. Aus Tagebüchern und Briefen*, Bernburg.

Krosigk, Konrad von (1973): Ludwig von Westphalen und seine Kinder. Bruchstücke familiärer Überlieferungen, in: *Zur Persönlichkeit von Marx' Schwiegervater Johann Ludwig von Westphalen*, Schriften aus dem Karl-Marx- Haus Nr. 9, Trier, 43-79.

Krosigk, Lutz Graf Schwerin von (1957): *Die grosse Zeit des Feuers. Der Weg der deutschen Industrie. Band I*, Tübingen: Rainer Wunderlich Verlag.

Krosigk, Lutz Graf Schwerin von (1975): *Jenny Marx. Liebe und Leid im Schatten von Karl Marx*, Wuppertal: Staats-Verlag.

Krüger, Peter (2000): Johann Steininger (1794-1874) – europaweit bekannter Geologe, Naturkundelehrer des Gymnasiasten Karl Marx, in: *Beiträge zur Marx-Engels-Forschung Neue Folge 2000*, 144-156.

Kugelmann, Franziska (1983): Kleine Züge zu dem großen Charakerbild von Karl Marx, in: *Mohr und General. Erinnerungen an Marx und Engels*, Berlin: Dietz 1983, 252-285.

Kunze, Erich (1955): Die drei finnischen Runen in der Volksliedersammlung des jungen Marx, in: *Deutsches Jahrbuch für Volkskunde*, Jg. 1, H. 1/2, 41-63.

Künzli, Arnold (1966): *Karl Marx. Eine Psychographie*, Wien: Europa.

Kux, Ernst (1967): *Karl Marx – Die revolutionäre Konfession*, Erlenbach-Zürich: Eugen Rentsch Verlag.

Lafargue, Paul (1890/91): Karl Marx. Persönliche Erinnerungen, in: Mohr und General. Erinnerungen an Marx und Engels, Berlin: Dietz 1983, 286-312.

Lambrecht, Lars (1993): «···Mit der Heftigkeit der französischen Revolution von 1792···»? Zur Rezeption der französischen Revolution und der Philosophie

Fichtes durch den Junghegelianer A.Rutenberg," in: Losurdo, Domenico (Hg.): *Rivoluzione francese e filosofica classica tedesca*, Urbino: QuattroVenti, 147–168.

Lambrecht, Lars (2002): Ruge: Politisierung der Ästhetik? In: Lambrecht, Lars; Tietz, Karl Ewald (Hg.): *Arnold Ruge (1802–1880). Beiträge zum 200. Geburtstag*, Frankfurt/M.: Peter Lang, 101–124.

Lambrecht, Lars (2018): David Friedrich Strauß: Seine Fraktionen der Hegel-Schule, seine Charakterisierung Schleiermachers und das lange 19. Jahrhundert. In: Barbara Potthast, Volker Henning Drecoll (Hg.): *David Friedrich Strauß als Schriftsteller*, Heidelberg: Universitätsverlag Winter, 39–53.

Lämmermann, Godwin (1979): *Kritische Theologie und Theologiekritik. Die Genese der Religions-und Selbstbewußtseinstheorie Bruno Bauers*, München: Christian Kaiser Verlag.

Lange, Erhard; Schmidt, Ernst-Günther; Steiger, Günter, Taubert, Inge (Hg.) (1983): *Die Promotion von Karl Marx. Jena 1841. Eine Quellenedition*, Berlin: Dietz.

Lange, Friedrich Albert (1866): *Geschichte des Materialismus. 2 Bände*, Berlin: Suhrkamp 1974.

Lässig, Simone (2009): Die historische Biographie auf neuen Wegen? In: *Geschichte in Wissenschaft und Unterricht*, Jg. 10, 540–553.

Laube, Heinrich (1841): *Gans und Immermann*, in: *Gesammelte Werke* hrsg. von Heinrich Hubert Houben, Bd. 50, Leipzig: Hesse 1909, 98–164.

Laube, Heinrich (1875): *Erinnerungen 1810–1840*, in: *Gesammelte Werke* hrsg. von Heinrich Hubert Houben, Bd. 40, Leipzig: Hesse 1909.

Lauchert, Friedrich (1880): *August Wilhelm Heffter*, in: *Allgemeine Deutsche Biographie*, Bd. 11, 250–254.

Lauermann, Manfred (2011): Bauer nach zweihundert Jahren – ein Forschungsbericht, in: *Marx-Engels Jahrbuch 2010*, Berlin: Akademie Verlag, 163–176.

Laufner, Richard (1975): Marx und die Regulierung der Steuerschulden der trierischen Judenschaft, in: Laufner, Richard; Rauch, Albert (Hg.): *Die Familie*

Marx und die Trierer Judenschaft, Schriften aus dem Karl Marx Haus 14, Trier, 5–17.

Le Goff, Jacques (1989): Wie schreibt man eine Biographie? In: Braudel, Fernand u.a., *Der Historiker als Menschenfresser. Über den Beruf des Historikers*, Berlin: Wagenbach, 103–112.

Lehmkühler, Karsten (2010): Offenbarung und Heilige Schrift bei Bauer, in: Kodalle, Klaus-M; Reitz, Tilman (Hg.): *Bruno Bauer (1809–1882). Ein «Partisan des Weltgeistes»?* Würzburg: Königshausen & Neumann, 47–62.

Lenz, Max (1910): *Geschichte der Königlichen Friedrich-Wilhelms-Universität zu Berlin*, 4 Bände, Halle: Verlag der Buchhandlung des Waisenhauses.

Leo, Heinrich (1838a): *Sendschreiben an J. Görres*, 2. Aufl., Halle: Anton.

Leo, Heinrich (1838b): *Die Hegelingen. Actenstücke und Belege zu der s.g. Denunciation der ewigen Wahrheit*, Halle: Anton.

Leonhard, Karl Cäsar von (1856): *Aus unserer Zeit in meinem Leben*. Zweiter Band, Stuttgart: Schweizerbart.

Leopold, David (2007): *The Young Karl Marx: German Philosophy, Modern Politics and Human Flourishing*, Cambridge: Cambridge University Press.

Lessing, Gotthold Ephraim (1777): *Über den Beweis des Geistes und der Kraft*, in: ders., *Werke und Briefe*, Bd. 8, Frankfurt/M.: Deutscher Klassiker Verlag 1989, 437–446.

Lessing, Gotthold Ephraim (1779): *Nathan der Weise*, in: ders., *Werke und Briefe*, Bd. 9, Frankfurt/M.: Deutscher Klassiker Verlag 1993, 483–666.

Levin, Michael (1974): Marxism and Romanticism: Marx's Debt to German Conservativism, in: *Political Studies*, Jg. 22, H. 4, 400–413.

Levine, Norman (2012): *Marx's Discourse with Hegel*, Houndmills: Palgrave Macmillan.

Lexikon Westfälischer Autorinnnen und Autoren 1750–1950, http://www.lwl.org/ literaturkommission/alex/index.php?id=00000002.

Liebknecht, Wilhelm (1896): Karl Marx zum Gedächtnis. Ein Lebensabriß und Erinnerungen, in: *Mohr und General. Erinnerungen an Marx und Engels*. Berlin: Dietz 1983, 5–162.

Liebmann, Otto (1893): *Henrik Steffens*, in: *Allgemeine Deutsche Biographie*, Bd. 35, Leipzig: Duncker & Humblot, 555–558.

Liedmann, Sven-Eric (2018): *A World to Win: The Life and Works of Karl Marx*, London: Verso (erw. Übersetzung aus dem Schwedischen: *Karl Marx. En biografi*, Stockholm: Albert Bönniers 2015).

Lifschitz, Michail (1960): *Karl Marx und die Ästhetik*, Dresden: Verlag der Kunst.

Limmroth, Angelika (2014): *Jenny Marx. Die Biographie*, Berlin: Karl Dietz.

Lindgren, Uta (2003): *Carl Georg Ritter*, in: *Neue Deutsche Biographie*, Band 21, Berlin: Duncker & Humblot, 655–656.

Lindner, Urs (2013): *Marx und die Philosophie. Wissenschaftlicher Realismus, ethischer Perfektionismus und kritische Sozialtheorie*, Stuttgart: Schmetterling.

Long, A. A.; Sedley, D. N. (2000): *Die hellenistischen Philosophen. Texte und Kommentare*, Stuttgart: Metzler.

Losurdo, Domenico (1989): *Hegel und das deutsche Erbe. Philosophie und nationale Frage zwischen Revolution und Reaktion*, Köln: Pahl-Rugenstein.

Löwith, Karl (1941): *Von Hegel zu Nietzsche. Der revolutionäre Bruch im Denken des neunzehnten Jahrhunderts*, Hamburg: Meiner 1995.

Löwith, Karl (1953): *Weltgeschichte und Heilsgeschehen. Die theologischen Voraussetzungen der Geschichtsphilosophie*, Stuttgart: Kohlhammer.

Löwith, Karl (1962): *Die Hegelsche Linke*, Stuttgart: Frommann.

Löwith, Karl (Hg.) (1964): *Aufhebung der christlichen Religion*, in: Klaus Oehler, Richard Schaeffler (Hg.), *Einsichten. Gerhard Krüger zum 60. Geburtstag*, Frankfurt/Main: Klostermann, 156–203 (ebenfalls abgedruckt in Hegel-Studien, Beiheft 1 (1964), 193–236).

Lübbe, Hermann (Hg.) (1962): *Die Hegelsche Rechte*, Stuttgart: Frommann.

Lucas, Hans-Christian (2002): «Dieses Zukünftige wollen wir mit Ehrfurcht begrüßen» – Bemerkungen zur Historisierung und Liberalisierung von Hegels Rechts- und Staatsbegriff durch Eduard Gans, in: Blänkner, Reinhard; Göhler, Gerhard; Waszek, Norbert (Hg.): Eduard Gans (1797–1839). *Politischer Professor zwischen Restauration und Vormärz*, Leipzig: Leipziger Universitätsverlag, 105–136.

Lukrez (2014): *Über die Natur der Dinge*, neu übersetzt und kommentiert von Klaus Binder, Berlin: Galiani.

Magdanz, Edda (2002): Gans' Stellung im Konstitutionsprozeß der junghegelianischen Bewegung, in: Blänkner, Reinhard; Göhler, Gerhard; Waszek, Norbert (Hg.): *Eduard Gans (1797–1839). Politischer Professor zwischen Restauration und Vormärz*, Leipzig: Leipziger Universitätsverlag, 177–206.

Mah, H.E (1986): Karl Marx in Love: The Enlightenment, Romanticism and Hegelian Theory in the Young Marx, in: *History of European Ideas*, Vol. 7, No. 5, 489–507.

Mah, Harold (1987): *The End of Philosophy and the Origin of «Ideology»: Karl Marx and the Crisis of the Young Hegelians*, Berkeley: University of California Press.

Mallmann, Lutwin (1987): *Französische Juristenausbildung im Rheinland 1794 bis 1814. Die Rechtsschule von Koblenz*, Köln: Böhlau.

Marx, Eleanor (1883): Karl Marx (Erstveröffentlichung: Progress May 1883, 288–294, June 362–366), in: Rjazanov, David (1928): *Karl Marx als Denker, Mensch und Revolutionär*, Frankfurt/M.: Makol 1971.

Marx, Eleanor (1895): Karl Marx. Lose Blätter, in: *Mohr und General. Erinnerungen an Marx und Engels*, Berlin: Dietz 1983, 242–251.

Marx, Eleanor (1897/98): Ein Brief des jungen Marx, in: *Mohr und General. Erinnerungen an Marx und Engels*, Berlin: Dietz 1983, 236–241.

Marx-Engels-Jahrbuch 1 (1978), Aus Briefen verschiedener Personen über Leben und Wirken von Marx und Engels in den Jahren 1841 bis 1846, 335–434, Berlin: Dietz.

Marx, Karl siehe Werkregister Karl Marx und Friedrich Engels.

Massiczek, Albert (1968): *Der menschliche Mensch. Karl Marx' jüdischer Humanismus*, Wien: Europa Verlag.

Mayer, Gustav (1913): Die Anfänge des politischen Radikalismus im vormärzlichen Preußen, in: ders., *Radikalismus, Sozialismus und bürgerliche Demokratie*, Frankfurt/M.: Suhrkamp; 1969, S. 7–107.

Mayer, Gustav (1918): Der Jude in Karl Marx, in: ders., *Aus der Welt des Sozialismus. Kleine historische Aufsätze*, Berlin: Weltgeist Bücher Verlagsgesellschaft 1927.

Massiczek, Albert (1968): *Der menschliche Mensch. Karl Marx' jüdischer Humanismus*, Wien: Europa Verlag.

Mayer, Gustav (1918): Der Jude in Karl Marx, in: ders., *Aus der Welt des Sozialismus. Kleine historische Aufsätze*, Berlin: Weltgeist Bücher Verlagsgesellschaft 1927.

Mayer, Gustav (1919/32): *Der Friedrich Engels. Eine Biographie. 2 Bände*, Frankfurt/M.: Ullstein, 1975.

Mayr, Ernst (1982): Geleitwort, in: Reimarus (1760), 9–18.

McIvor, Martin (2008): The Young Marx and German Idealism: Revisiting the Doctoral Dissertation, in: *Journal of the History of Philosophy*, vol. 46(3), 395–419.

McLellan, David (1974): *Die Junghegelianer und Karl Marx*, München: dtv.

McLellan, David (1974): *Karl Marx. Leben und Werk*, München: Edition Praeger.

McLellan, David (1987): *Marxism and Religion*, New York: Harper & Row.

Mediger, Walther; Klingebiel, Thomas (2011): *Herzog Ferdinand von Braunschweig–Lüneburg und die alliierte Armee im Siebenjährigen Krieg (1757–1762)*, Hannover: Verlag Hahnsche Buchhandlung.

Mehlhausen, Joachim (1965): *Dialektik, Selbstbewusstsein und Offenbarung. Die Grundlagen der spekulativen Orthodoxie Bruno Bauers in ihrem Zusammenhang mit der Geschichte der theologischen Hegelschule dargestellt*, Dissertation, Bonn.

Mehlhausen, Joachim (1968): Bruno Bauer. In: *Bonner Gelehrte. Beiträge zur Geschichte der Wissenschaften in Bonn. Evangelische Theologie*, Bonn: Bouvier/Röhrscheid, 42–66.

Mehlhausen, Joachim (1999): Die religionsphilosophische Begründung der spekulativen Theologie Bruno Bauers, in: ders., *Vestigia Verbi. Aufsätze zur Geschichte der evangelischen Theologie*, Berlin: Walter de Gruyter, 188–220.

Mehring, Franz (1892): *Die von Westphalen*, in: ders., *Gesammelte Schriften* Bd. 6, Berlin: Dietz, 404–418.

Mehring, Franz (1902): *Aus dem literarischen Nachlass von Karl Marx, Friedrich Engels und Ferdinand Lassalle. Erster Band: Gesammelte Schriften von Karl Marx und Friedrich Engels 1841–1850*, Stuttgart: Dietz.

Mehring, Franz (1913): *Aus dem literarischen Nachlss von Karl Marx, Friedrich Engels und Ferdinand Lassalle. Vierter Band: Briefe von Ferdinand Lassalle an Karl Marx und Friedrich Engels 1849–1862*, 2. Auflage, Stuttgart: Dietz.

Mehring, Franz (1918): *Karl Marx. Geschichte seines Lebens*, in: Gesammelte Schriften, Bd. 3, Berlin: Dietz 1960.

Meier, Olga (Hrsg). (1983): *Die Töchter von Karl Marx. Unveröffentlichte Briefe*, Frankfurt/M.: Fischer.

MEJ 8: Marx–Engels–Jahrbuch 8 (1985), Berlin: Dietz.

Meurin, Ferdinand (1904): *Plusquamperfektum. Erinnerungen und Plaudereien*, 2. Aufl., Coblenz: Schuth.

Meyen, Eduard (1839): *Heinrich Leo, der verhallerte Pietist. Ein Literaturbrief*, Leipzig: Otto Wigand.

Michelet, Karl Ludwig (1838): *Geschichte der letzten Systeme der Philosophie in Deutschland von Kant bis Hegel*, 2. Band, Berlin: Reprint: Hildesheim, Olms, 1967.

Miller, Sepp; Sawadzki, Bruno (o.J. [1956]): *Karl Marx in Berlin. Beiträge zur Biographie von Karl Marx*, Berlin: Das neue Berlin.

Miruss, Alexander (1848): *Diplomatisches Archiv für die Deutschen Bundesstaaten. Dritter Theil*, Leipzig: Renger'sche Buchhandlung.

Moggach, Douglas (2003): *The Philosophy and Politics of Bruno Bauer*, Cambridge: Cambridge University Press.

Moggach, Douglas (Hg.) (2006): *The New Hegelians: Politics and Philosophy in the Hegelian School*, Cambridge: Cambridge University Press.

Monz, Heinz (1973): *Karl Marx. Grundlagen der Entwicklung zu Leben und Werk*, Trier: NCO–Verlag.

Monz, Heinz (1973a): Betrachtung eines Jünglings bei der Wahl eines Berufes – Der Deutschaufsatz von Karl Marx und seinen Mitschülern in der Reife-prüfung, in: *Der unbekannte junge Marx. Neue Studien zur Entwicklung des Marxschen Denkens 1835–1847*, Mainz: Hase & Köhler, 9–114.

Monz, Heinz (1973b): Die jüdische Herkunft von Karl Marx, in: *Jahrbuch des Instituts für deutsche Geschichte*, Bd. 2, Tel Aviv, 173–197.

Monz, Heinz (1973c): Marx und Heinrich Heine verwandt? In: *Jahrbuch des Instituts für deutsche Geschichte*, Bd. 2, Tel Aviv, 199–207.

Monz, Heinz (1973d): Anschauung und gesellschaftliche Stellung von Johann Ludwig von Westphalen, in: *Zur Persönlichkeit von Marx' Schwiegervater Johann Ludwig von Westphalen*, Schriften aus dem Karl-Marx-Haus Nr. 9, Trier.

Monz, Heinz (1979): *Ludwig Gall – Leben und Werk*, Trier: NCO-Verlag.

Monz, Heinz (1979a): Advokatanwalt Heinrich Marx – Die Berufsausbildung eines Juristen im französischen Rheinland, in: *Jahrbuch des Instituts für deutsche Geschichte*, Bd. 8, Tel Aviv, 125–141.

Monz, Heinz (1981): Funde zum Lebensweg von Karl Marx' Vater, in: *Osnabrücker Mitteilungen* 87, Meinders & Elstermann, 59–71.

Monz, Heinz (1990): Briefe aus Niederbronn (Elsaß). Berichte der Jenny von Westphalen aus dem Jahre 1838 an Karl Marx in Berlin und ihre Mutter Caroline von Westphalen in Trier, in: *Kurtrierisches Jahrbuch*, 30. Jg., 237–252.

Monz, Heinz (1995): *Gerechtigkeit bei Karl Marx und in der Hebräischen Bibel*. Übereinstimmung, Fortführung und zeitgenössische Identifikation, Baden-Baden: Nomos.

Moog, Willy (1930): *Hegel und die Hegelsche Schule*, München: Reinhardt.

Moser, Matthias (2003): *Hegels Schüler C. L. Michelet: Recht und Geschichte jenseits der Schulteilung*, Berlin: Duncker & Humblot.

Müller, Michael (1988): Die Stadt Trier unter französischer Herrschaft (1794–1814), in: Düwell, Kurt; Irsigler, Franz (Hg.): *2000 Jahre Trier Bd. III: Trier in der Neuzeit*, Trier: Spee, 377–398.

Museum für Deutsche Geschichte (Hg.) (1986): *Karl Marx und Friedrich Engels. Ihr Leben und ihre Zeit*, 4. Aufl., Berlin: Dietz.

Nalli-Rutenberg, Agathe (1912): *Das alte Berlin, Jubiläumsausgabe*, Berlin: Curt Thiem.

Neffe, Jürgen (2017): *Marx. Der Unvollendete*, München: Bertelsmann.

Negri, Antonio (2011): Rereading Hegel: The Philosopher of Right, in: Zizek, Slavoj u.a. (Hg.), *Hegel & the Infinite: Religion, Politics, and the Dialectic*, New York: Columbia University Press, 31–46.

Neue Gesellschaft für Bildende Kunst Berlin (NGBK) (Hg.) (1974): *Honoré Daumier und die ungelösten Probleme der bürgerlichen Gesellschaft*, Berlin.

Neuhaus, Manfred; Hubmann, Gerald (2011): Halbzeit der MEGA: Bilanz und Perspektiven, in: *Z. Zeitschrift marxistische Erneuerung*, Nr. 85, März, 94–104.

Nicolaevsky, Boris; Maenchen-Helfen, Otto (1933): *Karl und Jenny Marx. Ein Lebensweg*, Berlin: Der Bücherkreis.

Nicolaevsky, Boris; Maenchen-Helfen, Otto (1937): *Karl Marx. Eine Biographie*, Frankfurt/Main: Fischer 1982.

Nicolin, Günther (Hg.) (1970): *Hegel in Berichten seiner Zeitgenossen*, Hamburg: Meiner.

Novalis (1797–1798): *Fragmente und Studien*, in: Novalis, *Werke*. Herausgegeben und kommentiert von Gerhard Schulz, München: C.H. Beck 1969, 375–413.

Oelkers, Jürgen (1974): Biographik – Überlegungen zu einer unschuldigen Gattung, in: *Neue Politische Literatur*, Jg. 19, 296–309.

Oiserman, Teodor (1980): *Die Entstehung der marxistischen Philosophie*, Berlin: Dietz.

Osterhammel, Jürgen (2009): *Die Verwandlung der Welt. Eine Geschichte des 19. Jahrhunderts*, München: Beck.

Ottmann, Henning (1977): *Individuum und Gemeinschaft bei Hegel. Band I: Hegel im Spiegel der Interpretationen*, Berlin: Walter de Gruyter.

Padover, Saul K. (1978): *Karl Marx: An Intimate Biography*, New York: McGraw-Hill.

Palatia (1899): *Corps-Chronik der Palatia zu Bonn. Vom 10. August 1838 bis Dezember 1898*, J. F. Carthaus, Bonn.

Palatia (1913): *Pfälzer Leben und Treiben von 1838 bis 1913. Dritter Beitrag zur Korpschronik*. Überreicht bei der Feier des 75. Stiftungsfestes der Bonner Pfälzer am 14. 15. 16. Juli 1913.

Pannenberg, Wolfhart (1976): *Grundzüge der Christologie*, 5. Aufl., Gütersloh: Gütersloher Verlagshaus.

Paulsen, Friedrich (1885): *Geschichte des gelehrten Unterrichts auf den deutschen Schulen und Universitäten vom Ausgang des Mittelalters bis zur Gegenwart mit besonderer Rücksicht auf den klassischen Unterricht*, Leipzig: Veit.

Paulus, Heinrich Eberhard Gottlob (1821): Rezension von G.W.F. Hegel, *Grundlinien der Philosophie des Rechts*, in: Riedel, Manfred, *Materialien zu Hegels Rechtsphilosophie* Bd.1, Frankfurt/M.: Suhrkamp 1975, 53–66.

Payne, Robert (1968): *Marx*, London: W.H. Allen.

Pepperle, Heinz (2003): Einleitung, in: Köppen (2003) Bd. 1, 11–123.

Pepperle, Heinz; Pepperle, Ingrid (Hg.) (1985): *Die Hegelsche Linke. Dokumente zu Philosophie und Politik im deutschen Vormärz*, Leipzig: Reclam.

Pepperle, Ingrid (1971): Einführung in die Hallischen und Deutschen Jahrbücher (1838–1843), in: *Hallische Jahrbücher für Deutsche Wissenschaft und Kunst* (Reprint), Glashütten im Taunus: Auvermann: Detlev Auvermann, i–xl.

Pepperle, Ingrid (1978): *Junghegelianische Geschichtsphilosophie und Kunsttheorie*, Berlin: Akademie.

Peters, Heinz Frederick (1984): *Die rote Jenny. Ein Leben mit Karl Marx*, München: Kindler.

Pilgrim, Volker Ellis (1990): *Adieu Marx. Gewalt und Ausbeutung im Hause des Wort führers*, Reinbek: Rowohlt.

Pinkard, Terry (2000): *Hegel: A Biography*, Cambridge: Cambridge University Press.

Pöggeler, Otto (1986): Begegnung mit Preußen, in: Lucas, Hans-Christian; Pöggeler, Otto (Hg.): *Hegels Rechtsphilosophie im Zusammenhang der europäischen Verfassungsgeschichte*, Stuttgart: frommann-holzboog, 311–351.

Pöggeler, Otto (1999): *Hegels Kritik der Romantik*, München: Wilhelm Fink Verlag.

Popper, Karl (1945): *Die offene Gesellschaft und ihre Feinde*, 2 Bände, 7. Aufl., Tübingen: Mohr Siebeck 1992.

Prawer, Siegbert S. (1976): *Karl Marx und die Weltliteratur*, München: Beck 1983.

Quante, Michael (2011): *Die Wirklichkeit des Geistes. Studien zu Hegel*, Frankfurt/M.: Suhrkamp.

Raddatz, Fritz J. (1975): *Karl Marx. Der Mensch und seine Lehre*, Hamburg: Hoffmann und Campe.

Rasche, Ulrich (2007): Geschichte der Promotion in absentia. Eine Studie zum Modernisierungsprozess der deutschen Universitäten im 18. und 19. Jahrhundert, in: Rainer Christoph Schwinges (Hrsg.), *Examen, Titel, Promotionen. Akademisches und staatliches Qualifikationswesen vom 13. bis zum 21. Jahrhundert*, Basel: Schwabe, 275–351.

Rauch, Albert (1975): Der Große Sanhedrin zu Paris und sein Einfluß auf die jüdische Familie Marx in Trier, in: Laufner, Richard; Rauch, Albert (Hg.): *Die Familie Marx und die Trierer Judenschaft*, Schriften aus dem Karl Marx Haus 14, Trier, 18–41.

Raussen, Bernd (1990): Die mathematische Schriften Maturitätsprüfung im Jahre 1835 am Trierer Gymnasium. Zugleich ein Beitrag zur Karl Marx Forschung, in: *Kurtrierisches Jahrbuch*, 30. Jg., 205–236.

Reimarus, Hermann Samuel (1754): *Die vornehmsten Wahrheiten der natürlichen Religion in zehn Abhandlungen auf eine begreifliche Art erkläret und gerettet*, 3. erw. Aufl. von 1766, in: ders., *Gesammelte Schriften* Bd. I, Göttingen: Vandenhoeck & Ruprecht, 1985.

Reimarus, Hermann Samuel (1972): *Apologie oder Schutzschrift für die vernünftigen Verehrer Gottes, Im Auftrag der Joachim Jungius Gesellschaft herausgegeben von Gerhard Alexander*, Frankfurt/M.: Insel.

Reimarus, Hermann Samuel (1760): *Allgemeine Betrachtungen über die Triebe derThiere, hauptsächlich über ihre Kunsttriebe*, Göttingen: Vandenhoeck & Ruprecht, 1982.

Reinalter, Helmut (2010): Arnold Ruge, der Vormärz und die Revolution 1848/ 49, in: ders. (Hrsg.), *Die Junghegelianer. Aufklärung, Literatur, Religionskritik und politisches Denken*, Frankfurt/M.: Peter Lang 139–159.

Reinalter, Helmut (2020): Arnold Ruge (1802–1880). *Junghegelianer, politischer Philosoph und bürgerlicher Demokrat*, Würzburg: Königshausen & Neumann.

Reinke, Andreas (2007): *Geschichte der Juden in Deutschland 1781–1933*, Darmstadt: Wissenschaftliche Buchgesellschaft.

Reissner, Hanns Günther (1965): *Eduard Gans. Ein Leben im Vormärz*, Tübingen: Mohr.

Riedel, Manfred (1967): Hegel und Gans, in: Braun, Hermann; Riedel, Manfred (Hg.): *Natur und Geschichte. Karl Löwith zum 70. Geburtstag*, Stuttgart: Kohlhammer, 257–273.

Riedel, Manfred (1975): Einleitung, in: Riedel, Manfred (Hg.): *Materialien zu Hegels Rechtsphilosophie*, Frankfurt/M.: Suhrkamp, Bd. 1, 11–49.

Riedel, Dieter (1995): «Beziehungen, Verhältnisse». Spuren einer Leibnizlektüre von Marx, in: *Beiträge zur Marx-Engels-Forschung. Neue Folge 1995*, 166–188.

Ries, Klaus (Hg.) (2012): *Romantik und Revolution. Zum politischen Reformpotential einer unpolitischen Bewegung*, Heidelberg: Universitätsverlag Winter.

Ring, Max (1898): *Erinnerungen*, Erster Band, Berlin: Concordia.

Ringer, Fritz (2004): Die Zulassung zur Universität, in: Ruegg, Walter (Hrsg.), *Geschichte der Universität in Europa, Bd. III: Vom 19. Jahrhundert zum Zweiten Weltkrieg 1800–1945*, München: C.H. Beck, 199–226.

Rjazanov, David (1929): Einleitung, in: *Marx/Engels Gesamtausgabe*, Erste Abteilung, Band 1, Zweiter Halbband, Berlin: Marx-Engels-Verlag, ix–xlv.

Röder, Petra (1982): *Utopische Romantik, die verdrängte Tradition im Marxismus. Von der frühromantischen Poetologie zur marxistischen Gesellschaftstheorie*, Würzburg: Königshausen & Neumann.

Rohls, Jan (1997): *Protestantische Theologie der Neuzeit, 2 Bände*, Tübingen: Mohr Siebeck.

Rönne, Ludwig von (1855): *Die höhern Schulen und die Universitäten des Preußischen Staates*, Berlin: Veit.

Rose, Margaret A. (1978): *Reading the Young Marx and Engels: Poetry, Parody and the Censor*, London: Rowman and Littlefield.

Rosen, Zvi (1977): *Bruno Bauer and Karl Marx: The Influence of Bruno Bauer on Marx's Thought*, Den Haag: Martinus Nijhof.

Rosenkranz, Karl (1844): *Georg Wilhelm Friedrich Hegels Leben*, Darmstadt: Wissenschaftliche Buchgesellschaft 1977.

Ruda, Frank (2011): *Hegels Pöbel. Eine Untersuchung der «Grundlinien der Philosophie des Rechts»*, Konstanz: Konstanz University Press.

Ruge, Arnold (1837): Unsere gelehrte kritische Journalistik, in: *Blätter für literarische Unterhaltung*, Nr. 223, Leipzig: Brockhaus, 905–907, Nr. 224, 909–910.

Ruge, Arnold (1838a): [Rezension von] Die Philosophie unserer Zeit. Apologie und Erläuterung des Hegel'schen Systems von Dr. Julius Schaller, in: *Hallische Jahrbücher* Nr. 97–98, Leipzig: Wigand.

Ruge, Arnold (1838b): [Rezension von] Sendschreiben an J. Görres von Heinrich Leo, in: *Hallische Jahrbücher* Nr. 147–151, Leipzig: Wigand.

Ruge, Arnold (1838c): Die Denunciation der Hallischen Jahrbücher, in: *Hallische Jahrbücher* Nr. 179–180, Leipzig: Wigand.

Ruge, Arnold (1838d): [Rezension von] David Friedrich Strauß' *Streitschriften*, Drittes Heft, in: *Hallische Jahrbücher* Nr. 239–240, Leipzig: Wigand.

Ruge, Arnold (1839): Karl Streckfuß und das Preußenthum, in: *Hallische Jahrbücher* Nr. 262–264, Leipzig: Wigand.

Ruge, Arnold (1840): [Rezension von] Friedrich Köppen, *Friedrich der Große und seine Widersacher. Eine Jubelschrift*, in: *Hallische Jahrbücher*, 125, Leipzig: Wigand.

Ruge, Arnold (1840a): [Rezension von] Wilhelm Heinse's *Sämmtliche Schriften*, in: *Hallische Jahrbücher*, Nr. 209–212, Leipzig: Wigand.

Ruge, Arnold (1840b): [Rezension von] *Die evangelische Landeskirche Preußens und die Wissenschaft*, in: *Hallische Jahrbücher* Nr. 229, Leipzig: Wigand.

Ruge, Arnold (1840c): Politik und Philosophie, in: *Hallische Jahrbücher* Nr. 292–293, Leipzig: Wigand.

Ruge, Arnold (1842a): Die wahre Romantik und der falsche Protestantismus, ein Gegenmanifest. In: *Deutsche Jahrbücher*, Nr. 169–171.

Ruge, Arnold (1842b): Der christliche Staat. Gegen den Wirtemberger über das Preußenthum (*Hallische Jahrbücher* 1839), in: *Deutsche Jahrbücher*, H. 267–268.

Ruge, Arnold (1842a): Die wahre Romantik und der falsche Protestantismus, ein Gegenmanifest, in: *Deutsche Jahrbücher*, H. 169–171.

Ruge, Arnold (1846): *Zwei Jahre in Paris. Studien und Erinnerungen, 2 Bde., Reprographischer Nachdruck*, Hildesheim: Gerstenberg 1977.

Ruge, Arnold (1867): *Aus früherer Zeit*, Bd. 4, Berlin: Duncker.

Ruge, Arnold; Echtermeyer, Theodor; (1839/40): Der Protestantismus und die Romantik: zur Verständigung über die Zeit und ihre Gegensätze. Ein Manifest, in: *Hallische Jahrbücher*, 1839: Nr. 245–251, 256–271, 301–310; 1840: Nr. 53–54, 63–65.

Rühle, Otto (1928): *Karl Marx. Leben und Werk*, Hellerau bei Dresden: Avalun.

Rühs, Friedrich (1816): *Ueber die Ansprüche der Juden an das deutsche Bürgerrecht. Zweiter verbesserter und erweiterter Abdruck. Mit einem Anhange über die Geschichte der Juden in Spanien*, Berlin: Realschulbuchhandlung.

Salomon, Ludwig (1906): *Geschichte des deutschen Zeitungswesens von den ersten Anfängen bis zur Wiederaufrichtung des Deutschen Reiches. Dritter Band: Das Zeitungswesen seit 1814*, Oldenburg: Schulzesche Hof-Buchhandlung.

Sandberger, Jörg F. (1972): *David Friedrich Strauß als theologischer Hegelianer*, Göttingen: Vandenhoeck & Ruprecht.

Sandmann, Nikolaus (1992): Heinrich Marx. Jude, Freimaurer und Vater von Karl Marx – Anmerkungen zu einer überraschenden Entdeckung in der Nationalbibliothek Paris, in: *Humanität*, H. 5, 13–15.

Sandmann, Nikolaus (1993): Französische Freimaurerlogen in Osnabrück während der napoleonischen Annexion, in: *Osnabrücker Mitteilungen*, Bd. 98, 127–159.

Sannwald, Rolf (1957): *Marx und die Antike*, Zürich: Polygraphischer Verlag.

Sartre, Jean-Paul (1964): *Marxismus und Existenzialismus. Versuch einer Methodik*, Reinbek: Rowohlt.

Sartre, Jean-Paul (1971/72): *Der Idiot der Familie. Gustave Flaubert 1821 bis 1857*, Reinbek: Rowohlt 1977–79.

Saß, Friedrich (1846): *Berlin in seiner neuesten Zeit und Entwicklung 1846*, Berlin: Frölich & Kaufmann 1983.

Sass, Hans-Martin (1963): *Untersuchungen zur Religionsphilosophie in der Hegelschule 1830–1850*, Inaugural-Dissertation an der Philosophischen Fakultät der Westfälischen Wilhelms-Universität Münster.

Sass, Hans-Martin (Hg.) (1968): *Bruno Bauer, Feldzüge der reinen Kritik*, Frankfurt/M.: Suhrkamp.

Sassin, Horst (2019): Zur Deutung der Quellen über die Konversion von Heinrich Marx – Mit weiteren Aspekten der evangelischen Familiengeschichte von Karl Marx, seinen Eltern und Geschwistern. In: *Jahrbuch für Evangelische Kirchengeschichte des Rheinlandes* 68. Bonn: Habelt. 107–135.

Savigny, Friedrich Karl v. (1814): Vom Beruf unsrer Zeit für Gesetzgebung und Rechtswissenschaft, in: Hattenhauer, Hans (Hg.): *Thibaut und Savigny. Ihre programmatischen Schriften*, 2. erw. Aufl. München: Vahlen 2002, 61–127.

Savigny, Friedrich Karl v. (1815): Über den Zweck dieser Zeitschrift, in: Hattenhauer, Hans (Hg.): *Thibaut und Savigny. Ihre programmatischen Schriften*, 2. erw. Aufl., München: Vahlen 2002, 201–205.

Savigny, Friedrich Karl v. (1816): Erste Beylage. Stimmen für und wider neue Gesetzbücher, in: Hattenhauer, Hans (Hg.): *Thibaut und Savigny. Ihre programmatischen Schriften*, 2. erw. Aufl., München: Vahlen 2002, 172–199.

Schafer, Paul M. (2003): The Young Marx on Epicurus: Dialectical Atomism and Human Freedom, in: Gordon, Dane R.; Suits, David B. (eds.), *Epicurus: His Continuing Influence and Contemporary Relevance*, Rochester: Rochester Institute of Technology, Cary Graphics Arts Press, 127–138.

Scheidler, Karl Hermann (1846a): Hegelsche Philosophie und Schule, in: *Das Staats-Lexikon, hrsg. von Carl von Rotteck und Carl Welcker*, zweite Auflage, Bd. 6, Altona: Hammerich, 606–629.

Scheidler, Karl Hermann (1846b): Hegel (Neuhegelianer), in: *Das Staats-Lexikon*, hrsg. von Carl von Rotteck und Carl Welcker, zweite Auflage, Bd. 6, Altona: Hammerich, 629–664.

Schelling, Friedrich Wilhelm Joseph (1795a): *Vom Ich als Princip der Philosophie oder über das Unbedingte im menschlichen Wissen*, in: ders.,

Historisch-kritische Ausgabe, Reihe 1, Werke Bd. 2, Stuttgart: frommann-holzboog 1980, 67–175.

Schelling, Friedrich Wilhelm Joseph (1795b): *Philosophische Briefe über Dogmatismus und Kriticismus*, in: ders., Historisch-kritische Ausgabe, Reihe 1, Werke Bd. 3, Stuttgart: frommann-holzboog 1982, 47–112.

Scheuer, Helmut (1979): *Biographie. Studien zur Funktion und zum Wandel einer literarischen Gattung vom 18. Jahrhundert bis zur Gegenwart*, Stuttgart: J.B. Metzler.

Schiel, Hubert (1954): *Die Umwelt des jungen Karl Marx. Ein unbekanntes Auswanderungsgesuch von Karl Marx*, Trier: Jacob Lintz.

Schiller, Friedrich (1793): Über Anmut und Würde, in: ders., *Sämtliche Werke*, Band 5, München: Deutscher Taschenbuch Verlag 2004, 433–488.

Schiller, Friedrich (1795/96): Über die ästhetische Erziehung des Menschen in einer *Reihe von Briefen*, in: ders., *Sämtliche Werke*, Band 5, München: Deutscher Taschenbuch Verlag 2004, 570–669.

Schimmenti, Gabriele (2023): Marx's Dissertation in Light of the Value-Form. In: *Historical Materialism* 31 (4), 206–230.

Schlegel, Friedrich (1798): «Athenäums»-Fragmente, in: ders., *«Athenäums»-Fragmente und andere Schriften*, Stuttgart: Reclam 1978, 76–142.

Schleiermacher, Friedrich (1821/22): *Der christliche Glaube nach den Grundsätzen der evangelischen Kirche im Zusammenhang dargestellt*, 2 Bände, Berlin: Reimer.

Schmidt am Busch, Hans-Christoph; Siep, Ludwig; Thamer, Hans-Ulrich, et al. (Hg.) (2007): *Hegelianismus und Saint-Simonismus*, Paderborn: Mentis.

Schmidt am Busch, Hans-Christoph; Siep, Ludwig; Thamer, Hans-Ulrich, et al. (Hg.) (2007): *Hegelianismus und Saint-Simonismus*, Paderborn: Mentis.

Schmidt, Ernst Günther (1977): Neue Ausgaben der Doktordissertation von Karl Marx (MEGA I/1) und der Promotionsurkunde, in: *Philologus. Zeitschrift für klassische Philologie*, Jg. 121, 273–297.

Schmidt, Ernst Günther (1980): MEGA 2 IV/1. Bemerkungen und Beobachtungen, in: *Klio*, Jg. 62, H. 2, 247–287.

Schmidt, Karl (1905): *Schillers Sohn Ernst. Eine Briefsammlung mit Einleitung*, Paderborn: Schöningh.

Schmidt, Peter Franz (1955): *Geschichte der Casino-Gesellschaft zu Trier*, Trier: Lintz.

Schnädelbach, Herbert (2000): *Hegels praktische Philosophie. Ein Kommentar der Texte in der Reihenfolge ihrer Entstehung*, Frankfurt/M.: Suhrkamp.

Schnitzler, Thomas (1988): Die Anfänge des Trierer Turnens (1817-1820) in Zusammenhang der deutschen Einheitsund Verfassungsbewegung, in: *Kurtrierisches Jahrbuch* 28.Jg., 133-176.

Schnitzler, Thomas (1993): *Zwischen Restauration und Revolution. Das Trierer Turnen im Organisations- und Kommunikationssystem der nationalen Turnbewegung (1815-1852)*, Frankfurt/M.: Peter Lang.

Schöncke, Manfred (1993): *Karl und Heinrich Marx und ihre Geschwister*, Bonn: Pahl-Rugenstein Nachfolger.

Schöncke, Manfred (1994): Ein fröhliches Jahr in Bonn? Was wir über Karl Marx' erstes Studienjahr wissen, in: *Beiträge zur Marx-Engels-Forschung Neue Folge 1994*, 239-255.

Schöncke, Manfred (2006): Die Bibliothek von Heinrich Marx im Jahre 1838. Ein annotiertes Verzeichnis, in: *Marx-Engels Jahrbuch* 2005, 128-173.

Schorn, Karl (1898): *Lebenserinnerungen. Erster Band (1818-1848)*, Bonn.

Schubarth, Karl Ernst (1839): Über die Unvereinbarkeit der Hegelschen Staatslehre mit dem obersten Lebens- und Entwicklungsprinzip des Preußischen Staates, in: Riedel, Manfred (Hrsg.): *Materialien zu Hegels Rechtsphilosophie*, Bd.1, Frankfurt/M.: Suhrkamp 1975, 249-266.

Schubarth, Karl Ernst; Carganico, L. A. (1829): Über Philosophie überhaupt und Hegels Encyclopädie der philosophischen Wissenschaften insbesondere, in: Riedel, Manfred (Hrsg.): *Materialien zu Hegels Rechtsphilosophie*, Bd.1, Frankfurt/M.: Suhrkamp 1975, 209-213.

Schulte, Paul (2001): *Solgers Schönheitslehre im Zusammenhang des deutschen Idealismus: Kant, Schiller, W. v. Humboldt, Schelling, Solger, Schleiermacher, Hegel*, Kassel: Kassel University Press.

Schulz, Wilhelm (1843): *Die Bewegung der Produktion. Eine geschichtlich-statistische Abhandlung*, Glashütten im Taunus: Auvermann 1974.

Schulze, Hagen (1978): Biographie in der «Krise der Geschichtswissenschaft», in: *Geschichte in Wissenschaft und Unterricht*, Jg. 29, 508–518.

Schweitzer, Albert (1906): *Geschichte der Leben-Jesu-Forschung*, Tübingen: J.C.B. Mohr (Paul Siebeck) 1984.

Seigel, Jerrold (1978): *Marx's Fate: The Shape of a Life*, Princeton: University Press.

Senk, Norman (2007): *Junghegelianisches Rechtsdenken. Die Staats-, Rechts- und Justizdiskussion der «Hallischen» und «Deutschen Jahrbücher» 1838–1843*, Paderborn: Mentis.

Sens, Walter (1935): *Karl Marx. Seine irreligiöse Entwicklung und antichristliche Einstellung*, Halle: Akademischer Verlag Halle.

Sgro´, Giovanni (2005): Le «Considerazioni di un giovane in occasione della scelta di una professione»: il tema di tedesco di Karl Marx per l'esame di licenza liceale (12 agosto 1835). In: *Archivio di storia della cultura*, XVIII, 79–117.

Sgro´, Giovanni (2013): «Aus dem einen Metalle der Freiheit errichtet». Zu Eduard Gans' Interpretation und Weiterentwicklung der Hegel'schen Rechtsphilosophie, in: Lambrecht, Lars (Hg.): *Umstürzende Gedanken. Radikale Theorie im Vorfeld der 1848er Revolution*, Frankfurt/M.: Lang, 21–37.

Siep, Ludwig (2015): Säkularer Staat und religiöses Bewusstsein. Dilemmata in Hegels politischer Theologie, in: Quante, Michael; Mohseni, Amir (Hg.): *Die linken Hegelianer. Studien zum Verhältnis von Religion und Politik im Vormärz*, Paderborn: Wilhelm Fink Verlag, 9–27.

Skinner, Quentin (2009): *Visionen des Politischen*, Frankfurt/M.: Suhrkamp.

Solger, Karl Wilhelm Ferdinand (1815): *Erwin. Vier Gespräche über das Schöne und die Kunst. Mit einem Nachwort und Anmerkungen herausgegeben von Wolfhart Henckmann*, München: Fink 1971.

Sommer, Michael (2008): Karl Marx in Hamburg, in: *Sozialismus*, Jg. 35, H. 1, 55–59.

Spargo, John (1910): *Karl Marx. Sein Leben und Werk*, Leipzig: Meiner 1912.

Sperber, Jonathan (2013): *Karl Marx. Sein Leben und sein Jahrhundert*, München: Beck.

Sperl, Richard (2004): «Edition auf hohem Niveau». Zu den Grundsätzen der Marx-Engels-Gesamtausgabe, Hamburg: Argument.

Stahl, Friedrich Julius (1833): *Die Philosophie des Rechts nach geschichtlicher Darstellung. Zweyter Band: Christliche Rechts- und Staatslehre. Erste Abtheilung*, Heidelberg: J.C.B. Mohr.

Stedman Jones, Gareth (2017): *Karl Marx. Die Biographie*, Frankfurt/M.: Fischer.

Steidele, Angela (2019): *Poetik der Biographie*, Berlin: Mathes & Seitz.

Stein, Hans (1932): Der Übertritt der Familie Heinrich Marx zum evangelischen Christentum, in: *Jahrbuch des Kölnischen Geschichtsvereins*, Jg. 14, 126-129.

Stein, Hans (1936): Pauperismus und Assoziation, in: *International Review of Social History*, Jg. 1, 1-120.

Steinke, Hannah (2010): *Die Begründung der Rechtswissenschaft seit 1810*, in: Tenorth, Heinz-Elmar (Hg.): *Geschichte der Universität Unter den Linden. Band 4: Genese der Disziplinen. Die Konstitution der Universität*, Berlin: Akademie Verlag, 95-121.

Sterne, Lawrence (1759-67): *Leben und Ansichten von Tristram Shandy, Gentleman*, Ins Deutsche übertragen und mit Anmerkungen von Michael Walter, Frankfurt/M.: Fischer Taschenbuch Verlag 2010.

Strauß, David Friedrich (1835): *Das Leben Jesu kritisch bearbeitet, 2 Bände, Nachdruck der Ausgabe Tübingen 1835*, Darmstadt: Wissenschaftliche Buchgesellschaft 2012.

Strauß, David Friedrich (1837): *Streitschriften zur Verteidigung meiner Schrift über das Leben Jesu und zur Charakteristik der gegenwärtigen Theologie*, 3 Hefte in einem Band, Tübingen: Osiander (Reprint: Hildesheim: Olms 1980).

Streckfuß, Adolf (1886): *500 Jahre Berliner Geschichte. Vom Fischerdorf zur Weltstadt*, 4. Aufl., 2 Bände, Berlin: Goldschmidt.

Strenge, Barbara (1996): *Juden im preussischen Justizdienst 1812-1918. Der Zugang zu den juristischen Berufen als Indikator der gesellschaftlichen Emanzipation*, München: Saur.

Stuke, Horst (1963): *Philosophie der Tat. Studien zur Verwirklichung der Philosophie bei den Junghegelianern und den Wahren Sozialisten*, Stuttgart: Klett.

Taubert, Inge; Labuske, Hansulrich (1977): Neue Erkenntnisse über die früheste philosophische Entwicklung von Karl Marx, in: *Deutsche Zeitschrift für Philosophie*, Jg. 25, H. 6, 697–709.

Tenorth, Heinz-Elmar (2012): Eine Universität zu Berlin – Vorgeschichte und Einrichtung, in: Tenorth, Heinz-Elmar (Hg.): *Geschichte der Universität Unter den Linden. Band 1: Gründung und Blütezeit der Universität zu Berlin 1810–1918*, Berlin: Akademie Verlag, 3–75.

Theißen, Gerd; Merz, Annette (2011): *Der historische Jesus. Ein Lehrbuch*, 4. Aufl., Göttingen: Vandenhoeck & Ruprecht.

Thibaut, Anton Friedrich Justus (1814): Über die Notwendigkeit eines allgemeinen bürgerlichen Rechts in Deutschland, in: Hattenhauer, Hans (Hg.): *Thibaut und Savigny. Ihre programmatischen Schriften*, 2. erw. Aufl. München: Vahlen 2002, 37–59.

Thom, Martina (1984): Marx' unorthodoxes Verhältnis zu Hegel im Zeitraum 1839–1841. In: *Marx-Engels-Forschungsberichte* 2, 5–32.

Thom, Martina (1986): *Dr. Karl Marx. Das Werden der neuen Weltanschauung 1835–43*, Berlin: Dietz.

Thomas, Rüdiger (1973): Der unbekannte junge Marx (1835–1841), in: *Der unbekannte junge Marx. Neue Studien zur Entwicklung des Marxschen Denkens 1835–1847*, Main: v. Haase & Köhler, 147–257.

Tomba, Massimiliano (2005): *Krise und Kritik bei Bruno Bauer. Kategorien des Politischen im nachhegelschen Denken*, Frankfurt/M.: Peter Lang.

Treitschke, Heinrich von (1879): *Deutsche Geschichte im Neunzehnten Jahrhundert, Bd. 1*, Leipzig: Hirzel. *Trierer Biographisches Lexikon* (2000), Trier: Wissenschaftlicher Verlag Trier.

Trierer Biographisches Lexikon (2000), Trier: Wissenschaftlicher Verlag Trier.

Ullrich, Volker (2007): Die schwierige Königsdisziplin, in: *Die Zeit*, Nr. 15, 4. April.

Varnhagen von Ense, Karl August (1861a): *Tagebücher* Bd. 1, 2. Auflage, Leipzig: Brockhaus.

Vieweg, Klaus (2012): *Das Denken der Freiheit. Hegels Grundlinien der Philosophie des Rechts*, München: Wilhelm Fink Verlag.

Vieweg, Klaus (2019): *Hegel. Der Philosoph der Freiheit*, Biographie. München: Beck.

Wachstein, Bernhard (1923): Die Abstammung von Karl Marx, in: Fischer, Josef (Hrsg.), *Festskrift i anledning af Professor David Simonsens 70-aarige fødselsdag*, Kopenhagen: Hertz, 277–289.

Walter, Ferdinand (1865): *Aus meinem Leben*, Bonn: Marcus.

Walter, Stephan (1995): *Demokratisches Denken zwischen Hegel und Marx. Die politische Philosophie Arnold Ruges: eine Studie zur Geschichte der Demokratie in Deutschland*, Düsseldorf: Droste.

Waser, Ruedi (1994): *Autonomie des Selbstbewusstseins. Eine Untersuchung zum Verhältnis von Bruno Bauer und Karl Marx (1835–1843)*, Tübingen: Francke.

Waszek, Norbert (1988): Gans und die Armut: Von Hegel und Saint-Simon zu frühgewerkschaftlichen Forderungen, in: *Hegel-Jahrbuch* 1988, Bochum: Germinal, 355–363.

Waszek, Norbert (1991): *Eduard Gans (1797–1839): Hegelianer, Jude, Europäer. Texte und Dokumente*, Frankfurt/M.: Peter Lang.

Waszek, Norbert (1994): Eduard Gans, die «Jahrbücher für wissenschaftliche Kritik» und die französische Publizistik der Zeit. In: Christoph Jamme (Hg.): *Die «Jahrbücher für wissenschaftliche Kritik». Hegels Berliner Gegenakademie*, Stuttgart: frommann-holzboog, 93–118.

Waszek, Norbert (2006): Eduard Gans on Poverty and the Constitutional Debate, in: Moggach, Douglas (Hg.): *The New Hegelians: Politics and Philosophy in the Hegelian School*, Cambridge, MA: Cambridge University Press, 24–49.

Waszek, Norbert (2015): Eduard Gans (1797–1839) der erste Links- oder Junghegelianer? In: Quante, Michael; Mohseni, Amir (Hg.): *Die linken Hegelianer. Studienzum Verhältnis von Religion und Politik im Vormärz*, Paderborn: Wilhelm Fink Verlag, 29–51.

Wehler, Hans-Ulrich (2008): *Deutsche Gesellschaftsgeschichte. 5 Bände*, München: Beck.

Wessell, Leonard P. (1979): *Karl Marx, Romantic Irony, and the Proletariat: The Mythopoetic Origins of Marxism*, Baton Rouge: Louisiana State University Press.

Westphalen, Ferdinand von (1842): Nekrolog auf Johann Ludwig von Westphalen, in: *Triersche Zeitung* Nr. 72 vom 15. März 1842, wiederabgedruckt in Schöncke (1993), 882–883.

Westphalen, Ferdinand von (1866): *Westphalen, der Secretär des Herzogs Ferdinand von Braunschweig-Lüneburg. Biographische Skizze*, Berlin: Verlag der Königlichen Geheimen Ober-Hofbuchdruckerei.

Westphalen, Ferdinand von (Hg.) (1859): *Philipp von Westphalen: Geschichte der Feldzüge Herzog Ferdinands von Braunschweig-Lüneburg, Band 1*, Berlin: Decker.

Wheen, Francis (1999): *Karl Marx*, London/New York: W. W. Norton.

White, Hayden (1973): *Metahistory. Die historische Einbildungskraft im 19. Jahrhundert in Europa*, Frankfurt/Main: Fischer 1991.

Wigand's Conversations-Lexikon. Für alle Stände. Von einer Gesellschaft deutscher Gelehrten bearbeitet, 15 Bände (1846–1852), Leipzig: Otto Wigand.

Wilcke, Gero von (1983): Marx Trierer Verwandtschaftskreis. Zu seinem 100. Todestag, in: *Genealogie. Zeitschrift für deutsche Familienkunde*, Heft 12, 761–782.

Wildt, Andreas (2002): Marx Persönlichkeit, seine frühesten Texte und die Moral der Militanz, in: *Deutsche Zeitschrift für Philosophie*, Jg. 50, H. 5, 693–711.

Williamson, Hugh (1771): An Attempt to Account for the Change of Climate, Which Has Been Observed in the Middle Colonies in North America. In: *Transactions of the American Philosophical Society*, Vol. 1, 272–280.

Windelband, Wilhelm (1880): *Die Geschichte der neueren Philosophie in ihrem Zusammenhange mit der allgemeinen Cultur und den besonderen Wissenschaften dargestellt, Band 2: Die Blüthezeit der deutschen Philosophie. Von Kant bis Hegel und Herbart*, Leipzig: Breitkopf und Härtel.

694

Windfuhr, Manfred (1981): Apparat, in: Heine, Heinrich, *Sämtliche Werke*, Düsseldorfer Ausgabe, Bd.8/2, Hamburg: Hoffmann und Campe.

Winiger, Josef (2011): *Ludwig Feuerbach. Denker der Menschlichkeit*, Darmstadt: Lambert Schneider.

Wyttenbach, Johann Hugo (1847): *Schulreden vom Jahre 1799 bis 1846*, Trier: Lintz.

Zedlitz, L. Freiherr von (1834): *Neuestes Conversations-Handbuch für Berlin und Potsdam zum täglichen Gebrauch der Einheimischen und Fremden aller Stände*, Berlin.

Zenz, Emil (1979): *Geschichte der Stadt Trier im 19. Jahrhundert, Band I*, Trier: Spee.

마르크스와 엥겔스 저작 색인

— 본 권에 언급된 마르크스 엥겔스 저작

카를 마르크스의 저작

1835

고졸자격시험 논술문, 종교Abituraufsatz, Religion (MEGA I/1: 449-452; MEW 40: 598-601) 204, 205, 206, 207, 209, 215

고졸자격시험 논술문, 독일어Abituraufsatz, Deutsch (MEGA I/1: 454-457; MEW 40: 591-594) 207, 209, 211, 214, 360, 539

1835-1837

문학적 습작들Literarische Versuche (MEGA I/1: 475-770; Teilabdruck: MEW 40: 602-615) 335, 336, 345-348, 350, 351, 367, 537-539

아버지에게 보낸 편지Brief an den Vater, 10. November 1837 (MEGA III/1: 9-18; MEW 40: 3-12) 304, 329, 356, 359, 362, 367, 369, 378, 404, 422, 423, 539, 540

1839-1841

에피쿠로스 철학에 대한 노트Hefte zur epikureischen Philosophie, 1839/40 (MEGA IV/1: 5-152; MEW 40: 13-255) 555, 558, 561, 562, 566, 588, 593

베를린 시절 노트Berliner Hefte, 1841 (MEGA IV/1: 153–288) 567

데모크리토스와 에피쿠로스의 자연철학의 차이Differenz der demokritischen und epikureischen Naturphilosophie, 1840/41 (MEGA I/1: 5–92; MEW 40: 257–373) 16, 554, 568-570

1842

『쾰른신문』제179호 사설Der leitende Artikel in der Nr. 179 der «Kölnischen Zeitung», in: Rheinische Zeitung, 10. Juli bis 14. Juli (MEGA I/1: 172–190; MEW 1: 86–104) 543

그루페의「브루노 바우어와 학문적인 교수의 자유」에 관한 또 한 가지 말할 것Noch ein Wort über «Bruno Bauer und die akademische Lehrfreiheit» von Dr. O. F. Gruppe, Berlin 1842, in: Deutsche Jahrbücher, 16. November (MEGA I/1: 245–248, MEW 40: 381–384) 535

1843

대심문관으로서의『라인·모젤신문』Die «Rhein-Mosel Zeitung» als Großinquisitor, in: Rheinische Zeitung, 12. März (MEGA I/1: 360–362; MEW 40: 431–433) 233

헤겔 법철학 비판 서문Zur Kritik der Hegelschen Rechtsphilosophie (MEGA I/2: 3–137; MEW 1: 201–333) 455

1844

1843년도 서신집Ein Briefwechsel von 1843 (MEGA I/2: 471–489; Teilabdruck: MEW 1: 337–346) 549

유태인 문제에 관하여Zur Judenfrage (MEGA I/2: 141–169; MEW 1: 347–377) 109

헤겔 법철학 비판 서문Zur Kritik der Hegelschen Rechtsphilosophie. Einleitung (MEGA I/2: 170–183; MEW 1: 378–391) 455

경제학·철학 수고Ökonomisch-philosophische Manuskripte (MEGA I/2: 187–322; MEW 40: 465–588) 65, 70, 344

1845

포이어바흐에 관한 테제Thesen über Feuerbach (MEGA IV/3: 19–21; MEW 3: 5–7) 65

신성가족 혹은 비판적 비판의 비판. 브루노 바우어와 그 일파에 반대하여Die Heilige Familie oder Kritik der kritischen Kritik. Gegen Bruno Bauer und Konsorten (MEGA I/4: 3-210; MEW 2: 3-223) 601

1845-1846
독일 이데올로기Die Deutsche Ideologie (MEGA I/5; MEW 3) 41, 65, 308, 508, 566, 585

1848
공산당 선언Manifest der Kommunistisches Partei (MEW 4: 459-493) 41, 159, 325, 634, 637

1850
프랑스에서의 계급투쟁, 1848년에서 1850년까지Die Klassenkämpfe in Frankreich 1848 bis1850 (MEGA I/10: 119-196; MEW 7: 9-107) 153

1852
루이 보나파르트의 브뤼메르 18일Der 18. Brumaire des Louis Bonaparte (MEGA I/11: 96-189; MEW 8 : 111-207) 594, 637
망명지의 위인들Die großen Männer des Exils (MEGA I/11: 219-311; MEW 8: 233 -335) 367, 500
＊『신성가족』,『독일 이데올로기』,『공산당 선언』,『망명지의 위인들』은 마르크스·엥겔스 공저

1857
서론Einleitung (MEGA II/1: 17-45; MEW 42: 15-45) 336

1859
프로이센의 형편Die Lage in Preußen (MEW 12: 683-687) 403
정치경제학 비판을 위한 시론: 제1노트Zur Kritik der politischen Ökonomie. Erstes Heft (MEGA II/2 MEW 13: 3-160) 42, 409

1860
포크트 씨Herr Vogt (MEGA I/18: 51-339; MEW 14: 381-686) 176

1864/65
자본 제3권Das Kapital, Dritter Band (MEGA II/4.2; MEW 25) 51

1867

자본 제1권Das Kapital, Erster Band (MEGA II/5; MEW 23) 51, 52, 376

1872/73

자본 제1권, 제2판Das Kapital, Erster Band, 2. Aufl. (MEGA II/6; MEW 23) 451

프리드리히 엥겔스의 저작

1841

에른스트 모리츠 아른트Ernst Moritz Arndt (MEGA I/3: 210-222; MEW 41: 118-
131) 507

1845

영국 노동자 계급의 상태Die Lage der arbeitenden Klasse in England (MEGA I/4:
231-504; MEW 2: 225-506) 386

1851-1852

독일에서의 혁명과 반혁명Revolution und Konterrevolution in Deutschland (MEGA
I/11: 3-85; MEW 8: 3-108) 403

1883

카를 마르크스의 장례Das Begräbnis von Karl Marx (MEGA I/25: 407-413; MEW
19: 335-339) 43

1886

루트비히 포이어바흐와 독일 고전철학의 종말Ludwig Feuerbach und der Ausgang
der klassischen deutschen Philosophie (MEGA I/30: 122-162; MEW 21: 259-
307) 311, 510

1892

마르크스, 하인리히 카를Marx, Heinrich Karl (MEGA I/32: 182-188; MEW 22: 337
-345) 77, 134

인명 색인

마르크스, 헨리에테Marx, Henriette(1820-1845) 카를 마르크스의 여동생 78

마르하이네케Marheineke, Philipp Konrad(1780-1846) 헤겔의 영향을 받은 프로테
스탄트교 신학자, 베를린 대학 교수 429, 471, 512, 519, 522

마리아 테레지아Maria Theresia(1717-1780) 1740년부터 오스트리아 대공비, 헝가
리 왕비 103

마이엔Meyen, Eduard(1812-1870) 언론인, 청년 헤겔주의자. 베를린에서 카를 마르
크스의 지인, 나중에 민족자유주의자가 된다 292, 432, 433, 493, 507, 543, 546

마흐무드 2세Mahmud II(1785-1839) 1808년부터 오스만 제국의 술탄 434

메세리히Messerich, Johann August(1806-1876) 트리어 출신 변호사, 카를 마르크스
의 친구 156, 157

메테르니히Metternich, Clemens Wenceslaus von(1773-1859) 1809년부터 오스트
리아의 외무장관, 1821-1848년간 오스트리아의 수상 154

멘델스존Mendelssohn, Moses(1729-1786) 독일 유태 철학자, 유태 계몽주의 대표자
105, 451

모르데카이Mordechai (Marx Levi)(약 1743-1804) 트리어의 유태 율법학자, 하인리
히 마르크스의 아버지, 카를 마르크스의 조부 109-112

모이린Meurin 베를린의 재무관리, 하인리히 마르크스의 지인 201, 202, 295

몬티니Montigny, Eduard 트리어의 서적상 80

무하마드 알리 파샤Muhammad Ali Pascha(약 1770-1849) 이집트의 부왕副王(총독)
434

문트Mundt, Theodor(1808-1861) 문필가, 문학사가. '청년 독일'에 속했다 231

뮈게Mügge, Theodor(1802-1861) 문필가, 모험소설 작가, 마르크스의 베를린에서의
젊은 시절의 지인 432

뮐러, 아담Müller, Adam(1779-1829) 경제학자, 국가이론가, 정치적 낭만주의의 대표
자 342

뮐러, 아르투르Müller, Arthur 마르크스의 베를린에서의 젊은 시절의 지인 432

미슐레Michelet, Karl Ludwig(1801-1893) 철학자, 헤겔의 제자 432, 478, 510, 512,
598, 599

바더Baader, Franz von(1765-1841) 종교성이 강한 철학의 대표자 599

바우르Baur, Ferdinand Christian(1792-1860) 프로테스탄트교 신학자 471, 566

생시몽Saint-Simon, Henri de(1760-1825) 언론인, 초기사회주의자 97, 185, 324

샤를 10세Karl X(1757-1836) 프랑스의 1824-1830년 국왕 152, 153, 184

샤미소Chamisso, Adelbert von(1781-1838) 독일 시인, 자연과학자 354

샤이들러Scheidler, Karl Hermann(1795-1866) 학우회원, 법학자, 철학자. 예나 대학
　　교수 309

샤퍼Schapper, Karl(1812-1870) 프랑크푸르트 경비대 습격사건에 가담했고, 나중에
　　공산주의자 동맹과 국제노동자협회 회원이 되었다 157

세네카Seneca(기원전 약 4-서기 65) 로마의 스토아 철학자, 자연과학자 217, 561, 575

섹스투스Sextus Empiricus(서기 2세기) 의사, 철학자, 회의주의의 대표자 560

셰익스피어Shakespeare, William(1564-1616) 영국의 시인, 배우 83, 276, 291, 594

셸링Schelling, Friedrich Wilhelm Joseph(1775-1854) 철학자, 휠데를린과 헤겔의
　　젊은 시절 친구, 1827년부터 뮌헨 대학 교수, 1841년부터 베를린 대학 교수 308,
　　312, 330, 368, 371, 373, 439, 458, 470, 471, 476, 500, 539, 540, 566, 571, 589

셍켈Schinkel, Karl Friedrich(1781-1841) 프로이센의 건축행정관리, 건축가, 도시계
　　획자, 화가 289

슈나벨Schnabel, Heinrich(1778-1853) 라인지방의 두백道伯 154

슈네만Schneemann, Johann Gerhard(1796-1864) 트리어 김나지움 시절 카를 마르
　　크스의 교사 165, 199

슈말츠Schmalz, Theodor(1760-1830) 법학자, 베를린 대학 설립 총장 116

슈미트Schmidt, Johann Caspar : 슈티르너Stirner, Max를 보라

슈바르트Schubarth, Karl Ernst(1796-1861) 교사, 보수주의적 언론인 425, 493

슈벤들러Schwendler, Heinrich(1792-1847) 트리어 김나지움 시절 카를 마르크스의
　　교사 199

슈크만Schuckmann, Friedrich von(1755-1834) 1814-1830년간 프로이센의 내무장
　　관 106, 133, 181

슈타르Stahr, Adolf(1805-1876) 교사, 『할레 연감』의 동업자 482, 485, 551

슈타이닝거Steininger, Johannes(1794-1874) 트리어 김나지움 시절 카를 마르크스의
　　교사 200

슈탈Stahl, Friedrich Julius(1802-1861) 보수주의적 국가법학자. 베를린 대학 교수로
　　서 에두아르트 간스의 후계자 284, 439, 476, 494

슈테펜스Steffens, Henrik(1773-1845) 노르웨이·독일의 철학자, 자연과학자. 카를 마
　　르크스가 사사한 베를린 대학 교수 330, 409

슈토르Storr, Gottlob Christian(1746-1805) 프로테스탄트교 신학자 457, 458

슈트라우스Strauß, David Friedrich(1808-1874) 프로테스탄트교 신학자 14, 16, 406, 411, 412, 443, 471-479, 484, 486, 502, 506, 507, 513-529, 598

슈티르너Stirner, Max (Johann Caspar Schmidt)(1806-1856) 철학자, 언론인, 청년 헤겔주의자 292, 508, 509, 566, 603

슐라이어마허Schleiermacher, Friedrich(1768-1834) 복음주의 신학자, 철학자, 베를린대학 교수 188, 298, 301, 411, 412, 457, 460-462, 526, 646

슐라이허Schleicher, Robert(1806-1846) 트리어에서 베스트팔렌 가족의 주치의 165

슐레겔, 아우구스트 빌헬름Schlegel, August Wilhelm(1767-1845) 문학사가, 번역가, 인도학자, 낭만주의의 중요 대표자. 마르크스가 사사한 본대학 교수 248, 251-253, 257, 344

슐레겔, 프리드리히Schlegel, Friedrich(1772-1829) 시인, 철학자, 인도학자, 낭만주의의 중요 대표자 361, 362, 368

슐레징거Schlesinger, Jakob(1892-1855) 화가, 예술작품 복원기술자 305, 306

슐뢰처Schlözer, August von(1735-1809) 역사가, 국가법학자. 괴팅겐대학 교수 177

슐링크Schlink, Johann Heinrich(1793-1863) 트리어에서 변호사로 활동했고, 하인리히 마르크스와 친분이 있었다 98, 99, 142, 162, 415, 416

슐체Schulze, Johannes(1786-1869) 알텐슈타인 내각의 고급행정참사관, 헤겔의 친구 196, 302, 303

슐츠Schulz, Wilhelm(1797-1860) 언론인, 게오르크 뷔히너의 친구, 프랑크푸르트 민족의회 의원 353

스턴Sterne, Lawrence(1713-1768) 아일랜드·영국의 문필가, 목사 352

스토바이오스Stobaios, Ioannes(서기 5세기) 그리스 철학자 561

스피노자Spinoza, Baruch de(1632-1677) 네덜란드의 철학자 444, 445, 451, 452, 497, 557, 566-568

실러, 에른스트 폰Schiller, Ernst von(1796-1841) 프리드리히 실러의 아들. 다년간 트리어에서 판사로 활동했다 85, 87, 89, 91, 117

실러, 프리드리히Schiller, Friedrich(1759-1805) 시인, 의사, 역사가 190, 213, 348, 360, 361, 365

아르님, 베티나 폰Arnim, Bettina von(1785-1859) 낭만주의 문필가. 클레멘스 브렌타노의 자매, 아힘 폰 아르님의 부인 316, 430, 431

에베어스 형제Evers, Gustav und Friedrich 베를린 대학 대학생으로서 카를 마르크스의 지인들이었을 개연성이 있다 391

에서Esser, Johann Peter(1786-1856) 라인의 상고법원과 베를린의 항소법원의 추밀 상고고문. 하인리히 마르크스의 지인 295, 296

에우리피데스Euripides(기원전 약 480-406) 그리스의 시인 408

에피쿠로스Epikur(기원전 약 341-약 271) 그리스의 철학자 16, 207, 554-593, 608

에히터마이어Echtermeyer, Theodor(1805-1844) 교사, 문학사가. 아르놀트 루게와 『할레 연감』을 공동 창간했다 343, 480, 499

엥겔스Engels, Friedrich(1820-1895) 사회주의자, 카를 마르크스의 절친한 친구, 투쟁 동지 34, 40-44, 54, 57, 62-64, 68, 77, 126, 134, 140, 167, 181, 185, 193, 221, 226, 229, 231, 235, 275, 278, 308-311, 334, 339, 367, 386, 402, 425-428, 431, 433, 436, 439, 479, 481, 498, 499, 500, 507-512, 517, 540, 545, 549, 566, 568, 569, 603, 617-619

예니겐Jaehnigen, Franz Ludwig(1801-1866) 법학자, 베를린의 추밀상고법률고문. 하인리히 마르크스의 지인 295, 296

오비디우스Ovid (Publius Ovidius Naso)(기원전 43-서기 17) 로마의 시인 202, 334, 335

오스발트Oswald, Friedrich 프리드리히 엥겔스의 가명 433

오언Owen, Robert(1771-1858) 영국의 사업가, 초기 사회주의자 97

울스턴Woolston, Thomas(1668-1733) 영국의 신학자 445

위셔트Wishart of Pittarow, Jeanie(1742-1811) 필립 폰 베스트팔렌의 부인, 루트비히 폰 베스트팔렌의 어머니 176, 271

윌리엄슨Williamson, Hugh(1735-1819), 미국의 정치인, 의사, 자연과학자 204

융Jung, Georg Gottlob(1814-1886) 법학자, 라인신문 공동창간자 552

이사야Jesaja(기원전 8세기) 유태 예언자, 기원전 740-701년에 활동했다 408, 430, 526, 541

자비니Savigny, Friedrich Carl von(1779-1861) 법학자, 역사법학파 대표자, 카를 마르크스가 사사한 베를린 대학 교수 252, 295, 312, 314-321, 329, 331-333, 373, 408, 437

자이델만Seydelmann, Karl(1793-1843) 독일의 비중 있는 배우 291

잔트Sand, Karl Ludwig(1795-1820) 학우회원으로서 아우구스트 코체부에를 살해했다 149, 296

잘Saal, Nikolaus 1830년대 트리어 김나지움 교사 232

헤라클레이토스Heraklit(기원전 약 520-약 460) 그리스 철학자 559

헤르더Herder, Johann Gottfried(1744-1803), 시인, 철학자, 신학자 117, 414

헤르메스Hermes, Georg(1775-1831) 가톨릭 신학자, 철학자, 본대학 교수 170, 542-554

헤르츠Herz, Henriette(1764-1847) 베를린의 초기 낭만주의 살롱 운영자 105

헤스, 모제스Hess, Moses(1812-1875) 독일의 유태 철학자, 언론인, 사회주의자. 때에 따라 마르크스·엥겔스와 긴밀히 협력했다 75, 257

헤프터Heffter, August Wilhelm(1796-1880) 카를 마르크스가 사사한 베를린 대학 법학 교수 295, 330

헹스텐베르크Hengstenberg, Ernst Wilhelm Theodor(1802-1869) 프로테스탄트교 신학자, 베를린 대학 교수, 『복음주의 교회신문*Evangelischen Kirchenzeitung*』발행인 321, 470, 477, 493, 512, 521, 524-526, 549

호메로스Homer(기원전 8-7세기) 그리스의 시인 251, 257

호이벨, 카롤리네Heubel, Caroline(1779-1856) 루트비히 폰 베스트팔렌의 두 번째 부인, 예니 폰 베스트팔렌의 어머니 178

호이벨, 크리스티아네Heubel, Christiane(약 1775-1842) 카롤리네 호이벨의 언니. 트리어의 카롤리네 집에서 같이 살았다 180

호토Hotho, Heinrich Gustav(1802-1873) 철학자, 예술사가, 헤겔의 제자 302, 303, 367, 430, 512

호프만 폰 팔러슬레벤Hoffmann von Fallersleben, August Heinrich(1798-1874) 시인, 언어학자 435

호프만, 에른스트 테오도르Hoffmann, Ernst Theodor Amadeus(1776-1822) 법학자, 관현악 지휘자, 낭만주의 문필가 150, 352

홈머Hommer, Josef von(1760-1835) 1824년부터 트리어의 가톨릭 주교 90, 97

횔데를린Hölderlin, Friedrich(1770-1843) 서정시인, 헤겔과 셸링의 젊은 시절 친구 312, 366, 458

후고Hugo, Gustav von(1764-1844) 법학자, 괴팅겐 대학 교수, '역사법학파' 창시자 177, 252, 312, 314, 318

훔볼트, 빌헬름 폰Humboldt, Wilhelm von(1767-1835) 프로이센의 정치인, 대학 개혁자, 언어학자 104, 188, 190-192, 298-300

훔볼트, 알렉산더 폰Humboldt, Alexander von(1769-1859) 프로이센의 자연과학자, 탐험가 91, 407

흄Hume, David(1711-1776) 스코틀랜드의 철학자, 경제학자, 역사가 445, 566, 567
힌릭스Hinrichs, Hermann Friedrich Wilhelm(1794-1861) 신학자, 철학자, 헤겔의
　　제자 462, 482, 512

카를 마르크스와 근대 사회의 탄생

2025년 1월 10일 초판 1쇄 인쇄
2025년 1월 20일 초판 1쇄 발행

지은이 미하엘 하인리히
옮긴이 이승무
펴낸이 류현석

펴낸곳 21세기문화원
등   록 2000.3.9 제307-2000-18호
주   소 서울 성북구 북악산로1가길 10
전   화 02-923-8611
팩   스 02-923-8622
이메일 21_book@naver.com

ISBN 979-11-92533-22-3 94300
ISBN 979-11-92533-21-6 (세트)

값 50,000원